Guttentagsche Sammlung
Nr. 91. Deutscher Reichsgesetze. Nr. 91.
Textausgaben mit Anmerkungen.

Die Eisenbahn-Verkehrsordnung

vom 16. Mai 1928

mit

Allgemeinen Ausführungsbestimmungen

sowie

dem Internationalen Übereinkommen über den Eisenbahnfrachtverkehr vom 30. Mai 1925 und dem Internationalen Übereinkommen über den Eisenbahn-Personen- und -Gepäckverkehr vom 12. Juni 1925

Textausgabe mit Anmerkungen

4. Auflage

Nach dem Tode von Dr. jur. Blume
herausgegeben mit Anmerkungen von
Dr. jur. W. Weirauch
Direktor der Deutschen Reichsbahn-Gesellschaft

Berlin und Leipzig 1928
Walter de Gruyter & Co.
vormals G. J. Göschen'sche Verlagshandlung – J. Guttentag, Verlagsbuchhandlung – Georg Reimer – Karl J. Trübner – Veit & Comp.

Druck von Walter de Gruyter & Co., Berlin W 10.

Inhaltsverzeichnis

Seite

VII. Beförderung von lebenden Tieren

VIII. Beförderung von Gütern

Abkürzungen und Literatur

AAB. = Allgemeine Ausführungsbestimmungen.
Arch. f. Eis. = Archiv für Eisenbahnwesen.
Begr. I = Begründung des Reichs-Eisenbahnamtes zum Entwurfe der EVO. vom 23. 12. 1908.
Begr. II = Begründung zum Entwurf der neuen deutschen Eisenbahn-Verkehrsordnung.
BGB. = Bürgerliches Gesetzbuch.
BBO. = Eisenbahn-Bau- und -Betriebsordnung vom 17. Juli 1928 (RGBl. II S. 541).
Blume = Internationales Übereinkommen, Berlin 1910, Springer.
DEGT. = Deutscher Eisenbahngütertarif.
DEP. u. GepT. = Deutscher Eisenbahn-Personen- und -Gepäcktarif.
Dernburg = Die Schuldverhältnisse nach dem Rechte des Deutschen Reichs und Preußens, 1899/1901.
DJZ. = Deutsche Juristen-Zeitung.
Düringer-Hachenburg = HGB., 2. Aufl., 1913.
EE. = Egers Eisenbahnrechtliche Entscheidungen (Bd. 1—26) bez. Egers Eisenbahn- und Verkehrsrechtliche Entscheidungen und Abhandlungen (Bd. 27 ff.).
Eger = Eger, Die Eisenbahnverkehrsordnung vom 23. Dezember 1908.
ENBl. = Eisenbahnnachrichtenblatt.
EVBl. = Eisenbahnverordnungsblatt.
EVO. = Eisenbahnverkehrsordnung.
Fritsch = Handbuch der Eisenbahngesetzgebung in Preußen und im Reich, 2. Aufl., 1912.
Fritsch ER. = Das deutsche Eisenbahnrecht von K. Fritsch, Berlin 1927.
Gerstner = Internationales Eisenbahnfrachtrecht.
Hertzer = Handkommentar zur EVO. 1902.
HGB. = Handelsgesetzbuch vom 10. Mai 1897.
IÜG. = Internationales Übereinkommen über den Eisenbahnfrachtverkehr vom 30. Mai 1925 (RGBl. 1925 II S. 183).

JÜP. = Internationales Übereinkommen über den Eisenbahn-Personen- und -Gepäckverkehr vom 12. Juni 1925 (RGBl. II S. 483).
JW. = Juristische Wochenschrift.
Kittel, EVO. = Kittel, Eisenbahnverkehrsordnung, Leipzig 1910.
Loening = Kommentar zum Internationalen Übereinkommen über den Eisenbahnfrachtverkehr von Dr. O. Loening, Berlin 1927.
PAB. = Allgemeine Bedingungen für Privatgleisanschlüsse.
PrEisGes. = Gesetz über die Eisenbahnunternehmungen vom 3. November 1838 (PrGS. S. 505).
RGBl. = Reichsgesetzblatt.
RVerf. = Verfassung des Deutschen Reichs vom 11. August 1919.
RG. = Entscheidungen des Reichsgerichts in Zivilsachen.
RGes. = Reichsgesetz.
ROHG. = Entscheidungen des Reichsoberhandelsgerichts.
Rundnagel, BefGesch. = Rundnagel, Beförderungsgeschäfte, Leipzig 1915.
Rundnagel, Haftung = Rundnagel, Die Haftung der Eisenbahn für Verlust, Entschädigung und Lieferfristüberschreitung nach deutschem Eisenbahnfrachtrecht, 2. Aufl., Leipzig 1909.
Rundnagel-Sperber = Rundnagel, Die Haftung der Eisenbahn, 3. und 4. Aufl., bearbeitet von Fritsch und Sperber, 1924.
Senckpiehl = Senckpiehl, Das Eisenbahntransportgeschäft 1909.
Staub = Staubs Kommentar zum HGB., 12./13. Aufl., 1927.
VR. = Verkehrsrechtliche Rundschau, herausgegeben von Dr. Hermann Roeber, Berlin.
ZPO. = Zivilprozeßordnung.
ZVDEisV. = Zeitung des Vereins Deutscher Eisenbahnverwaltungen.

Einleitung[1]

1. Geschichte der Eisenbahnverkehrsordnung

Zur Regelung der vertraglichen Beziehungen zwischen den zunächst privaten Eisenbahnunternehmern und dem Publikum dienten die von jenen aufgestellten Lokal- oder Spezial-„Betriebsreglements". Mit der Ausdehnung des Verkehrs machten sich „Verbandsbetriebsreglements" erforderlich. Der späterhin wichtigste Verband („Verein Deutscher Eisenbahnverwaltungen", Statut v. 28. Juni 1847) gab 1847 die „Normalbestimmungen für die Reglements der zum Deutschen Eisenbahnverein gehörigen Verwaltungen über die Personen-, Gepäck-, Equipagen-, Pferde- und Viehbeförderung" und 1850 ein „Reglement für den Güterverkehr" heraus (Festschrift über die Tätigkeit des VDEisV. 1846 bis 1896, Berlin 1896; Festschrift zur Hauptversammlung anläßlich des 75. Vereinsjahres S. 30 ff.).

[1] Näheres bei Gerstner, Entstehungsgeschichte d. EVO.; Arch. f. öffentl. Recht 11 161 ff.; Koch, Deutschlands Eisenbahnen, 1858; Krönig, Verwaltung 1 61; Ulrich in v. Stengels Wörterbuch des Verwaltungsrechtes: Eisenbahnbetriebsreglement 1 334; v. d. Leyen ebenda Erg.-Band: Eisenbahnbetriebsreglement S. 47; ders. in Goldschmidts Zeitschrift 41 501 u. 49 381; Fleck, Das Betriebsreglement für die Eisenbahnen Deutschlands und die Allgemeine Tarifvorschrift der deutschen Eisenbahnen; Fritsch, Handbuch der Eisenbahngesetzgebung, 2. Aufl. 1912; derselbe: Das Deutsche Eisenbahnrecht 1927; Eger, Eisenbahnverkehrsordnung v. 23. Dez. 1908, 3. Aufl. 1910; Endemann, Das Recht der Eisenbahnen, 1886; Hertzer, Handkommentar zur EVO., 1912; Kittel, Die deutsche EVO., 1910; Rundnagel, Die Haftung der Eisenbahn für Verlust, Beschädigung und Lieferfristüberschreitung, 3./4. Auflage 1924; derselbe, Beförderungsgeschäfte, 1915.

Die Vertragsfreiheit wurde zunächst für den Güterverkehr nennenswert beschränkt durch das Allgemeine Deutsche Handelsgesetzbuch (eingeführt 1861 bis 1863). Auf den darin enthaltenen gesetzlichen Grundlagen ist das „Reglement für den Vereinsgüterverkehr auf den Bahnen des VDEisV." vom 1. März 1862 (Neuauflage 1. März 1865) aufgebaut, zugleich mit einem „Vereinsreglement für die Beförderung von Personen, Reisegepäck, Leichen, Fahrzeugen und lebenden Tieren" vom 1. März 1865. Diese Reglements waren freiwillig vereinbarte Beförderungsbestimmungen; erst die Verfassung des Norddeutschen Bundes (26. Juni 1867) und die Reichsverfassung (16. April 1871) änderten diesen Rechtszustand (R.-Verf. Art. 4 Ziff. 8 und 45). Am 10. Juni 1870 (RGBl. S. 419) erließ der Kanzler des Norddeutschen Bundes das „Betriebsreglement für die Eisenbahnen des Norddeutschen Bundes", ausgedehnt unter dem 22. Dezember 1871 (RGBl. S. 473) auf alle deutschen Bahnen (außer Bayern). Neubearbeitung: 11. Mai 1874 (RGBl. S. 84). Das Berner Frachtübereinkommen (in Kraft seit 1. Januar 1893) (RGBl. 1892 S. 793) erforderte erneute Durchsicht. Aus ihr ging das Reglement als „Verkehrsordnung für die Eisenbahnen Deutschlands" vom 15. November 1892 (RGBl. S. 923) hervor. Neubearbeitung (nötig durch BGB., HGB. und Zusatzabkommen z. Berner FrÜb.) am 26. Oktober 1899 (RGBl. S. 557) und vom 23. Dezember 1908 (RGBl. 1909 S. 93).

Über die Weiterbildung des Verkehrsrechtes bestimmt Art. 91 der Reichsverfassung vom 11. August 1919: „Die Reichsregierung erläßt mit Zustimmung des Reichsrats die Verordnungen, die den ... Verkehr der Eisenbahnen regeln. Sie kann diese Befugnis mit Zustimmung des Reichsrats auf den zuständigen Reichsminister übertragen." Dies hat sie getan durch die Verordnung vom 29. Oktober 1920 (RGBl. S. 1859), betreffend die Ermächtigung des Reichsverkehrsministers zur selbständigen Ergänzung und Änderung der Verordnungen, die den ... Verkehr der Eisenbahnen regeln, jedoch mit der Einschränkung, daß dadurch keine grundlegenden Bestimmungen dieser Ordnung geändert werden. Man wollte auf diese Weise „die Reichsregierung und den Reichstag von der Beratung und Beschlußfassung über minder wichtige Angelegenheiten entlasten und ferner die rasche Durchführung dringender Maßnahmen, wie sie der Eisenbahnbetrieb und -verkehr nötig machen, ermöglichen" (Begr.).[2]

Inzwischen ist durch Reichsgesetz vom 3. Januar 1920 (RGBl. S. 13) die Reichsaufsicht über die nicht vom Reich verwalteten Eisenbahnen des allgemeinen Verkehrs (Art. 95 R.-Verf.) dem Reichsverkehrsministerium übertragen, das nachgeordnete Behörden (Eisenbahnkommissare) damit beauftragen kann. Die Aufsicht über andere Bahnen (in Preußen: Kleinbahnen) verbleibt den Ländern (in Preußen: Handelsministerium).

Durch § 16 (3) des Reichsbahngesetzes vom 30. August 1924 (RGBl. II S. 272) ist bestimmt worden, daß die für die Eisenbahnen allgemein geltenden Gesetze und Verordnungen auf die Deutsche Reichsbahn-Gesellschaft insoweit anzuwenden sind, als sie diesem „Gesetz" oder der Gesellschaftssatzung nicht widersprechen. Damit ist die Anwendung der EVO. auch auf die von der Deutschen Reichsbahn-Gesellschaft abzuschließenden Beförderungsverträge sichergestellt worden.

Am 23. 5. 24 ist in Bern eine neue Fassung des Internationalen Übereinkommens über den Eisenbahnfrachtverkehr vereinbart und gleichzeitig ein Internationales Übereinkommen über den Eisenbahn-Personen- und Gepäckverkehr unterzeichnet worden. Beide Übereinkommen haben durch die Zustimmung der deutschen gesetzgebenden Körperschaften und durch die Veröffentlichung im Reichsgesetzblatt (RGBl. 1925 Teil II S. 183 ff., 483 ff.) die Eigenschaft von Reichsgesetzen erlangt und treten am 1. 10. 1928 in Kraft, nachdem die Ratifikationsurkunden am 18. 10. 1927 in Bern ausgetauscht worden sind.

Um eine Übereinstimmung der EVO. mit dem neuen internationalen Recht herbeizuführen, war eine Neubearbeitung der EVO. erforderlich. Die jetzige Fassung ist im RGBl. 1928 Teil II S. 401 veröffentlicht worden und tritt ebenfalls am 1. 10. 1928 in Kraft. Die §§ 13 (2), 18 (3) und 26 (3) der neuen Fassung sind im Zusammenhang mit der Einführung des Zweiklassen-Systems am 7. 10. 28 durch VO. v. 20. 9. 28 (RGBl. II S. 609) geändert worden.

[2] Siehe Anschütz: Verfassung des Deutschen Reiches, 1926 S. 263 u. Giese: Die Reichsverfassung 7. Auflage S. 262. Damit ist die alte Streitfrage, ob die EVO. rechtsgültig sei, begraben.

2. Die rechtliche Bedeutung der Eisenbahnverkehrsordnung

Die Vereinsbetriebsreglements waren „von den Eisenbahnunternehmern entworfene und veröffentlichte Vertragsbedingungen". Für den einzelnen Reisenden und Verfrachter wurden sie erst dadurch verbindlich, daß er sich durch Abschluß des Beförderungsvertrages ihnen unterwarf. Dies änderte sich auch nicht durch den Erlaß der Bundesratsverordnungen von 1870, 1874 und 1892. Diese waren Verwaltungsvorschriften der Staatsgewalt, gerichtet an die Eisenbahngesellschaften; sie legten diesen auf, ihren Beförderungsverträgen gewisse Bestimmungen zugrunde zu legen (vgl. Gerstner, Arch. f. öffentl. Recht, **11** 176; ZVDEisV. 1899 Nr. 84, 85; RG. in JW. 1900 S. 533; siehe Denkschrift II zum HGB. S. 268).

Hierin brachte erst das Handelsgesetzbuch vom 10. Mai 1897 eine wesentliche Änderung: Durch die Bestimmung im § 454 und § 472 wurde die EVO., wenn auch nicht ausdrücklich, zur Rechtsverordnung erhoben.[1] Damit konnte die Auslegung ihrer Vorschriften Gegenstand der Revision durch das Reichsgericht werden (siehe ZPO. § 549; vgl. Gerstner, Arch. f. öffentl. Recht, **11** 161). Auch für die Beurteilung des Irrtums über die Vorschriften der EVO. ist diese Änderung von Bedeutung (vgl. Hertzer, ZVDEisV. 1898 Nr. 74; vgl. auch Staub Vorbem. vor § 453 Anm. 1; Schunck, EE. **26** 109).

Für das Eisenbahnfrachtrecht sind sonach folgende Vorschriften maßgebend:

1. die zwingenden Vorschriften des HGB. (vgl. § 471 sowie § 432 Abs. 1, 2, §§ 438, 439, 453, 455 bis 470);
2. die Vorschriften der EVO. mit den auf Grund des Art. 91 RVerf. erlassenen Verordnungen (siehe Einl. 1);
3. die Vertragsabmachungen (in der Hauptsache die tarifarischen Vorschriften);
4. die übrigen Vorschriften des HGB. und des Handelsrechts (HGB. § 454);
5. das BGB. und das sonstige bürgerliche Recht, dies jedoch nur insoweit, als nicht eine Materie (z. B. Lieferfrist-

[1] Vgl. hierüber Rundnagel, BefGesch. S. 285 und die dort Angef., sowie Anm. 1 zu Einl. 1.

überschreitung, Zahlung für Verlust) in den Vorschriften der Ziff. 1 bis 3 erschöpfend geregelt ist;

6. endlich etwa zulässige besondere Abmachungen.

In der Praxis vereinfacht sich die Handhabung dadurch, daß die EVO. auch die zwingenden Vorschriften des HGB. enthält, wenn auch leider manchmal mit abweichendem Wortlaut. Die den Güterverkehr regelnden Vorschriften der EVO. sind zwingenden Rechts; sie können durch Parteivereinbarungen nicht geändert werden, weder zugunsten noch zuungunsten der Eisenbahnverwaltung (HGB. § 471): Staub, Vorbem. vor § 453 Anm. 3 (vgl. auch abw. Hertzer, EVO. Einl. S. X).

Für die während des Weltkrieges im Militärbetriebe befindlichen Bahnen galt die EVO. nicht. Diese Bahnen konnten daher selbständige Frachtbedingungen aufstellen, namentlich ihre Haftung beschränken oder ausschließen.

3. Ausführungsbestimmungen

EVO. § 2 (1) gestattet den Eisenbahnen, mit Genehmigung des Reichsverkehrsministers Ausführungsbestimmungen zur EVO. zu erlassen; § 6 (1) macht es ihnen zur Pflicht, Tarife aufzustellen, die über alle für den Beförderungsvertrag maßgebenden Bestimmungen usw. Auskunft geben.

Der einzelne Beförderungsvertrag wird sonach auf Grund dieser Tarife abgeschlossen, die die Eisenbahn aufstellen muß. Sie enthalten die Bestimmungen der EVO. und die durch EVO. § 2 vorgesehenen Ausführungsbestimmungen. Auch bezüglich dieser Ausführungsbestimmungen ergab sich bald die Notwendigkeit eines Zusammenschlusses der deutschen Bahnen. Bereits 1876 einigte man sich auf ein bestimmtes Tarifschema, das durch die Generalkonferenz der deutschen Eisenbahnverwaltungen am 12. bis 13. Februar 1877 endgültig beschlossen wurde. „Auf Anregung des Ministers der öffentlichen Arbeiten wurde durch Vereinbarung der im Besitz von Staatsbahnen befindlichen deutschen Bundesregierungen unter Beitritt der deutschen Privatbahnen die periodische Wiederholung derartiger Generalkonferenzen festgesetzt und zur Vorbereitung der Verhandlung eine ständige Tarifkommission" bestellt, der auf Anregung der Reichseisenbahnverwaltung ein „ständiger Ausschuß der

Verkehrsinteressenten" beigegeben worden ist. [1] Seitdem kennt man auf den deutschen Eisenbahnen folgende Tarife:

1. den Personen-, Gepäck- und Expreßguttarif, Teil I und II;
2. den Tiertarif, Teil I und II;
3. den Gütertarif, Teil I und II.

Die Teile I (Allgemeine Bestimmungen) enthalten die entsprechenden Abschnitte der EVO. sowie die allgemeinen Ausführungsbestimmungen; die Teile II enthalten besondere Bestimmungen.

Da die EVO. somit erst im Zusammenhang mit den allgemeinen Ausführungsbestimmungen die eigentliche Grundlage für den einzelnen Beförderungsvertrag bildet, sind sie mit abgedruckt. Ihrer rechtlichen Natur nach sind sie nicht anders zu beurteilen als die ehemaligen von den Verwaltungen erlassenen Betriebsreglements. Dadurch aber, daß sie in § 6 (1) EVO. — die in § 2 (1) vorgeschriebene Genehmigung vorausgesetzt — zur Grundlage des Beförderungsvertrages erhoben werden, der gegenüber nach § 6 (2) jede Preisermäßigung und sonstige Begünstigung verboten und nichtig ist, daß jeder Vertrag auf ihrer Grundlage geschlossen werden muß, sind sie Vorschriften geworden, die praktisch bindende Kraft haben.

4. Die Dienstvorschriften

Zur Regelung der sich aus den Beförderungsverträgen ergebenden verkehrstechnischen Vorgänge haben die Eisenbahnverwaltungen eine große Anzahl von Dienstvorschriften erlassen. Hierher gehören vor allem die vom „Deutschen Eisenbahnverkehrsverband" für die ihm angehörenden Verwaltungen ergangenen „Kundmachungen"; deren wichtigste sind die „Allgemeinen Abfertigungsvorschriften". Sie alle sind lediglich innere Dienstanweisungen, deren Beachtung allein die Aufsichtsstellen zu überwachen berechtigt sind. Für das Verhältnis zwischen Eisenbahnverwaltung und Verkehrsinteressenten haben sie keinerlei rechtliche Bedeutung. Sie sollen nicht etwa die EVO. und die Ausführungsbestimmungen ergänzen und können daher auch niemals eine Grundlage für im Rechtswege verfolgbare Ansprüche oder etwa für die Begründung einer behaupteten groben Fahrlässigkeit der Eisenbahnen bilden.

---

[1] Siehe Fleck, Eisenbahnbetriebsreglement S. 194.

Eisenbahnverkehrsordnung
vom 16. Mai 1928 (RGBl. II S. 401)
nebst allgemeinen Ausführungs-bestimmungen

(Die Ausführungsbestimmungen sind in lateinischer Schrift gedruckt)

I. Eingangsbestimmungen

§ 1. Geltungsbereich

(1) Die Eisenbahn-Verkehrsordnung[1] (abgekürzte Bezeichnung: EVO.) gilt auf allen dem allgemeinen Verkehr[3] dienenden Eisenbahnen[2] Deutschlands*).[4]

(2) Für den Verkehr mit den ausländischen Bahnen gilt sie nur insoweit, als er nicht durch besondere Bestimmungen geregelt[5] ist.[6]

Die Bestimmungen der EVO. gelten auch:

a) wenn Abgangs- (Versand-) und Bestimmungsbahnhof im Gebiet des Deutschen Reichs liegen, bei der Beförderung das Gebiet eines anderen, am Internationalen Übereinkommen über den Eisenbahn- / Eisenbahn-Personen- und

---

*) Die Eisenbahnen des Saargebiets[6] zählen unbeschadet der staats- und völkerrechtlichen Stellung dieses Gebiets bis auf weiteres nicht zu den Eisenbahnen Deutschlands im Sinne dieser Ordnung.

Im Verkehr zwischen Ostpreußen und dem übrigen Deutschland gilt das mit Polen und der Freien Stadt Danzig abgeschlossene Abkommen über den Durchgangsverkehr (Pariser Staatsvertrag vom 21. 4. 21. Reichsgesetzbl. 1921 S. 1069 ff.).

Frachtverkehr / Gepäckverkehr vom 23. Oktober 1924 beteiligten Staates nur im Durchgang berührt wird und die Durchgangsstrecke von einer deutschen Eisenbahnverwaltung betrieben wird;

b) für Beförderung zwischen einem im Gebiet des Deutschen Reichs liegenden Bahnhof und Bahnhöfen, die im Gebiet eines am Internationalen Übereinkommen über den Eisenbahn-Frachtverkehr / Eisenbahn-Personen und Gepäckverkehr vom 23. Oktober 1924 beteiligten Nachbarstaates liegen, wenn die Beförderung auf der ganzen Strecke von einer deutschen Eisenbahn bewirkt wird, bei Beförderung auf Grund eines Frachtbriefs jedoch nur unter der Bedingung, daß der Absender durch die Wahl eines deutschen Frachtbriefs die Anwendung der EVO. verlangt.

HGB. §§ 453 ff., 471; JÜP. Art. 1; JÜG. Art. 1.

Literatur: Heine, Zum Begriff der Eisenbahn, EE. 34 153.

1. Über den rechtlichen Charakter der EVO. siehe oben Einl. 2.

2. Die Eisenbahn ist ein Beförderungsmittel, durch das auf einer besonderen, für bestimmte Fahrzeuge benutzbaren Spurbahn unter Anwendung von Maschinenkraft Menschen, Güter und Nachrichten bewegt werden (v. d. Leyen, Wörterbuch der Staatswissenschaften Bd. 1 S. 656). Begriff, aber nur für Haftpflichtsachen, siehe RG. 1 252. Hierher gehören nicht nur Lokomotivbahnen, sondern auch elektrische Bahnen, Schwebebahnen, Drahtseilbahnen, nicht dagegen stillgelegte Bahnen (ROHG. 21 60) oder noch nicht eröffnete Bahnen (RG. 42 283); ob die Bahnen Haupt- oder Nebenbahnen sind, ist ohne Bedeutung. Staatliche Genehmigung zum Betrieb ist nicht Voraussetzung (ROHG. 21 244). Bahnen, die nur dem Personenverkehr dienen, unterstehen bezüglich einzelner Gütertransporte dem Landfrachtrecht (Staub, Vorbem. vor § 453 Anm. 10).

3. Keine Bahnen des „allgemeinen Verkehrs" (siehe R.-Verf. Art. 98) sind die nur Privatzwecken dienenden Bahnen, wie Bergwerksbahnen, Privatanschlußbahnen (RG. 58 271), Rübenbahnen (RG. 1 247, 7 40, 2 38), Hafenbahnen. Im Sinne der EVO. gehören hierher ferner nicht die Kleinbahnen (für Preußen vgl. Gesetz v. 28. Juli 1892); für sie gilt demnach die EVO. nicht (HGB. § 473), auch dann nicht, wenn etwa versehentlich auf dem Bahnhof einer Großbahn ein Frachtbrief mit dem Bestimmungsbahnhof einer Kleinbahn angenommen wird (vgl. EVO. § 56 (1) b,

(2) f und § 75 (6)). Es tritt keine Haftungsgemeinschaft ein; zwei getrennte Frachtverträge liegen vor (vgl. hierzu Rundnagel-Sperber § 8); es entsteht kein durchgehender Frachtvertrag (siehe EE. 42 82, 46 195; v. d. Leyen 23 77). Zwar ist grundsätzlich eine Transportgemeinschaft zwischen Groß- und Kleinbahn möglich (HGB. § 432; siehe RG. 105 347, Rottebohm in ZVDEisV. 23 474), aber nur durch Vertragsrecht (Tarife!) (siehe auch EVO. § 2 (7)). Kleinbahnen haben infolgedessen nach den Vorschriften ihren Annahmestempel nicht auf die an sich hierfür vorgesehene Stelle des Frachtbriefes zu setzen. Aber selbst wenn sie dies tun, wird dadurch nicht die EVO. für sie anwendbar. Sie gelten für den Hauptfrachtvertrag bei Auslieferung von der Kleinbahn als Bevollmächtigte des Absenders (vgl. Sperber, VR. 1 195, 282; EE. 42 82; abweichend JW. 24 1187); für die umgekehrte Richtung schließt die Großbahn den Kleinbahnfrachtvertrag namens des Absenders ab, ermächtigt durch die EVO

4. EVO. gilt auf Bahnen im Auslande nur gemäß AAB. zu § 1 (RG. 18 171).

5. Siehe AAB. zu § 1 sowie JüP. und JüG. Art. 1.

6. Über die völkerrechtliche Stellung der Saarbahnen siehe ZVDEisV. 21 667, Loening S. 15 und Sarter-Kittel, Die Deutsche Reichsbahn-Gesellschaft, 2. Aufl. S. 127.

§ 2. Ausführungsbestimmungen.[1] Abweichungen. Änderungen

(1) Die Eisenbahn kann mit Genehmigung des Reichsverkehrsministers Ausführungsbestimmungen[2] erlassen.

(2) Der Reichsverkehrsminister kann in Berücksichtigung besonderer Verhältnisse Abweichungen[3] von den Bestimmungen dieser Ordnung für einzelne Bahnstrecken, Bahnhöfe, Fahrzeuge, Züge oder Zuggattungen sowie für gewisse Abfertigungsarten[4] genehmigen.

(3) Solche Ausführungsbestimmungen und Abweichungen bedürfen zu ihrer Gültigkeit der Aufnahme in den Tarif.[5] Die Genehmigung des Reichsverkehrsministers muß aus dem Tarif zu ersehen sein.[6]

(4) Vorübergehende Änderungen[7] einzelner Vorschriften dieser Ordnung kann der Reichsverkehrsminister verfügen.[8]

(5) Änderungen der Anlagen dieser Ordnung verfügt der Reichsverkehrsminister.

(6) Änderungen nach Abs. (4) und (5) sind im Reichsgesetzblatt zu veröffentlichen.

(7)[9] **Wenn die Tarife der Eisenbahn Kleinbahn-, Kraftwagen-, Schiffs- oder Luftstrecken[10] einbeziehen, so können die Beförderungsbedingungen für diese Strecken der Eigenart des Verkehrsmittels entsprechend festgesetzt werden. Die Haftung für Verlust, Minderung oder Beschädigung muß jedoch abgesehen von Luftstrecken den Bestimmungen dieser Ordnung entsprechen.**

HGB. § 471; JüP. Art. 61; JüG. Art. 2, 61.

1. Über die Fortbildung des Verkehrsrechts siehe R.-Verf. Art. 91 und Einleitung 1; die Ermächtigung des Reichsverkehrsministers (siehe Verordnung v. 29. 10. 20 [RGBl. 1859]) in nicht grundlegenden Fragen die EVO. zu ergänzen und zu ändern, die sich inhaltlich nicht völlig mit den ihm durch EVO. § 2 verliehenen Befugnissen deckt, besteht daneben fort.

2. Ausführungsbestimmungen sollen die Handhabung der Bestimmungen der EVO. erleichtern, sie erläutern oder ergänzen; sie können allgemein eingeführt werden für alle deutschen Eisenbahnen oder als besondere für einzelne Verwaltungen (vgl. Fritsch S. 289 f.); sie haben nur vertragsmäßigen Charakter (daher Abs. 3) und müssen sich im Rahmen der EVO. halten (Einleitung 3).

3. Abweichungen stehen mit der EVO. in Widerspruch; sie dürfen aber niemals den zwingenden Vorschriften des HGB. § 471 widersprechen. Auch sie sind nur vertragsmäßig (siehe Anm. 2); sie können dauernd sein.

4. Also nur für örtlich oder sachlich begrenzte Gebiete, z. B. Schmalspurbahnen, Zahnradbahnen, Fähren, Arzneikisten, Milch.

5. Ohne diese sind sie ungültig. Veröffentlichung hat zu erfolgen entweder als Tarif oder für sich nach den für die Veröffentlichung der Tarife vorgeschriebenen Bestimmungen (siehe ROHG. 21 108; RG. 99 251); wer sich auf solche Bestimmungen beruft, hat deren rechtmäßiges Bestehen zu beweisen (EE. 1 244). Vgl. bezüglich der Tarife EVO. § 6.

6. Gültigkeit ist hiervon nicht abhängig (Sollvorschrift); so Rundnagel, BefGesch. § 92 Anm. 1 S. 290; Eger § 2 Anm. 7; a. A. RG. 99 251.

7. Auch sie müssen sich innerhalb des Rahmens des HGB. § 471 Abs. 1 halten; siehe oben Anm. 3; Denkschr. II zum Entwurf eines HGB. S. 269.

8. Gültigkeit des Abs. 4 i. V. mit Abs. 6 war bestritten, da kein Vertragsrecht (siehe Anm. 2 u. 3), sondern Gesetzesrecht, und da früher der Bundesrat zur Übertragung dieser Befugnis auf eine andere Instanz nicht befugt war (vgl. Eger § 2 Anm. 8 S. 8; Rundnagel, Haftung § 91 Anm. 3 S. 89). Es ist aber nicht einzusehen, weshalb die EVO., der im Rahmen des § 471 HGB. ganz allgemein die Regelung des Fracht-

geschäfts der Eisenbahnen übertragen worden ist, nicht befugt sein sollte, ein vereinfachtes Verfahren für den Erlaß vorübergehender Änderungen einzuführen, wenn dadurch den Erfordernissen des Verkehrs gedient werden sollte (§ 454 HGB.); siehe RG. I. ZivSen. v. 17. März 1923 — I 254/22 —.

9. In der Nachkriegszeit hat sich eine Zusammenarbeit vor allem zwischen der Eisenbahn und dem Kraftwagen in folgenden Formen herausgebildet:

a) Zubringer- und Abholverkehr: Das Gut wird mit dem Kraftwagen zur Eisenbahn gebracht oder bei ihr abgeholt.

b) Der durchgehende Zwischenverkehr: In den Eisenbahntransport wird auf einer Zwischenstrecke zur Erreichung einer besseren Betriebsgestaltung eine Kraftwagenbeförderung eingeschaltet.

c) Parallelverkehr: Das Gut soll nicht auf, sondern ausschl. neben der Schiene mit dem Kraftwagen befördert werden.

Der Fall a) wird sich im allgemeinen nach EVO. §§ 63 (9), 77 regeln. Bei entsprechender Tarifgestaltung ist jedoch auch eine restlose Unterstellung der Kraftwagenbeförderung unter die EVO. möglich. In dem Fall b) muß zur Herbeiführung einer durchgehenden Abfertigung das Gut stets mit Eisenbahnfrachtbrief aufgegeben werden. In dem Fall c) ist außer der Aufgabe mit dem Eisenbahnfrachtbrief noch eine solche mit einem anderen Begleitpapier möglich. Dann kommt jedoch kein Eisenbahnfrachtvertrag i. S. des § 61 EVO., sondern ein Landfrachtvertrag im Sinne der §§ 425 ff. HGB. zustande.

An sich bedarf die Eisenbahn bei Verwendung eines anderen Verkehrsmittels nicht der Zustimmung des Absenders, sofern der Frachtvertrag auch in diesem Fall ausschl. den Bestimmungen der EVO. untersteht. Denn die Rechte der Verkehrsinteressenten gegenüber der Eisenbahn, insbesondere ihre Ansprüche wegen Verlust, Minderung, Beschädigung des Gutes und Lieferfristüberschreitung, werden dadurch, daß das Gut nicht oder nicht ausschl. auf der Schiene befördert wird, nicht berührt.

Die Sachlage ändert sich jedoch dann, wenn die Eisenbahn Wert darauf legt, die Beförderungsbedingungen für die Strecke, auf der ein anderes Verkehrsmittel verwendet wird, abweichend von der EVO. zu gestalten. Dazu bedarf sie der Zustimmung des Absenders und muß infolgedessen gem. § 2 (7) EVO. die in Frage kommende Strecke in den Tarif einbeziehen. Völlig frei in der Gestaltung der Vertragsbestimmungen ist die Eisenbahn jedoch auch in diesem Falle nicht, soweit es sich nicht um Luftstrecken handelt. Denn ihre Haftung kann sie nicht abweichend von EVO. §§ 82 ff. regeln.

10. Über den Flugeisenbahnverkehr (Zusammenarbeit zwischen der Deutschen Reichsbahn-Gesellschaft und der Lufthansa) siehe

Tarif- und Verkehrsanzeiger für den Personen-, Gepäck- und Expreßgutverkehr der Deutschen Reichsbahn-Gesellschaft und der Deutschen Privateisenbahnen 1927 Nr. 40 a; Joseph ZVDEisV. 28 169 ff.; Sommerlatte in „Die Reichsbahn" 28 689.

II. Allgemeine Bestimmungen

§ 3. Pflicht zur Beförderung [1]

Die Eisenbahn kann die Beförderung nur verweigern,[2] wenn

a) den geltenden Beförderungsbedingungen[3] und den sonstigen allgemeinen[4] Anordnungen[5] der Eisenbahn nicht entsprochen wird,[6] oder

b) die Beförderung mit den regelmäßigen Beförderungsmitteln[7] nicht möglich ist,[8] oder

c) die Beförderung durch Umstände verhindert wird, die als höhere Gewalt[9] zu betrachten sind.

HGB. §§ 453, 471; JÜP. Art. 4; JÜG. Art. 5. Vgl. Rundnagel, BefGesch. §§ 30 u. 94; Coermann, EE. 22 204 u. 323; Fritsch, ER. S. 306 ff.; siehe auch EVO. § 53 und ZVDEisV. 07 263, 08 1331, 1347.

1. Gesetzlicher Zwang zum Abschluß und zur Ausführung von Beförderungsverträgen nach Maßgabe der allgemein gültigen Bestimmungen (Beförderungszwang und Zwangsgemeinschaft! v. d. Leyen, Z. f. d. g. Handelsrecht 39 62; Gerstner, Arch. f. Eis. 96 171 ff.) und Verpflichtung zur gleichmäßigen Behandlung bei gleichliegenden rechtlichen und tariflichen Voraussetzungen (RG. 64 128); vgl. HGB. § 471. Gilt nicht nur für den Güterverkehr (so HGB. § 453 Abs. 1; vgl. aber EVO. § 63 (1)), sondern auch für die Personenbeförderung (hier aber mit Einschränkungen weiterer Art; vgl. Rundnagel, BefGesch. § 166 S. 498; EVO. § 26). Beförderungspflicht nach nicht dem öffentlichen Verkehr dienenden Bahnen besteht nicht (a. M. Senckpiehl S. 119), auch nicht auf nichtöffentlichen Anlagen, namentlich Anschlußgleisen u. ä. (vgl. RG. 2 38, 7 43; ROHG. 21 60; Jahrbuch des Rechts 25 790; EVO. § 1 Anm. 3).

2. Anspruch ist verfolgbar vor den ordentlichen Gerichten, aber nur durch Leistungs- und nicht durch Feststellungsklage oder einstweilige Verfügung (Loening S. 66 und EE. 44 264 f.); schuldhafte Nichterfüllung verpflichtet zu Schadensersatz! (HGB. § 453 Abs. 4; RG. 18 166; EE. 5 377). Den Kläger trifft die Beweislast, daß Eisenbahn Beförderung verweigert hat; streitig ist, ob Eisenbahn das Vorliegen der Ausnahmefälle a bis c zu beweisen hat (so Staub § 453 Anm. 6 a. E.; Düringer-Hachenburg

§ 453 HGB.; a. A. Lehmann-Ring § 453 Anm. 13); es gelten die allgemeinen Beweisregeln; maßgebend das Recht am Ort der Weigerung (RG. 57 145, 48 114; EE. 20 350, 21 47; Teubner, ZVDEisV. 07 263). Durch die Bestimmung HGB. § 453 Abs. 4, daß eine Zuwiderhandlung einen Anspruch auf Schadensersatz begründet, soll nicht etwa der Erfüllungsanspruch ausgeschlossen werden. Siehe hierzu Rundnagel, BefGesch. § 94 S. 305; auch EE. 41 67. Hat die Eisenbahn aber eine Beförderung übernommen, obwohl sie dazu nicht verpflichtet war, so ist sie dem Absender haftpflichtig (siehe a. Anm. 9 c); die Annahme zur Beförderung gibt aber dem Absender noch keine Rechte auf die Rückbeförderung oder zur Weiterbeförderung über den Bestimmungsbahnhof hinaus auf Grund des ursprünglichen Frachtvertrages; siehe ROHG. 16 195; RG. 110 326.

3. HGB.; EVO. (§§ 10 u. 54, Anl. C, BVO.).

4. D. h. für alle gleichmäßig geltenden und veröffentlichten.

5. Fahrpläne, Tarife (Hahn, HGB., 2. Aufl. S. 702), Rollfuhrordnungen, nicht aber etwa von der Eisenbahn erlassene Anordnungen zwangswirtschaftlicher Art; denn die Eisenbahn hat kein Recht, Zwangswirtschaft einzuführen.

6. HGB. verlangt, daß der Absender sich „unterwirft"; geschieht meist stillschweigend (Kauf einer Fahrkarte, Übergabe des ausgefüllten Frachtbriefes; vgl. RG. 18 166 ff.).

7. Hierunter fallen nicht nur Lokomotiven und Wagen, sondern auch Werkzeuge und Geräte zum Verladen, Bedecken usw. der Güter. Über die Entstehungsgeschichte vgl. Rundnagel, BefGesch. § 94 S. 298 ff. „Regelmäßig" d. h. den gewöhnlichen Bedürfnissen des Verkehrs der betr. Bahn entsprechend. Gegensatz: Spezialwagen für besondere Beförderungsgegenstände (Kanonen, Elefanten [EE. 23 21]), Sonderzüge (EVO. § 4). Vorhalten von Wagen für sog. Verkehrsspitzen ist nicht gemeint. Es besteht keine zivilrechtliche Haftung dafür, daß die Eisenbahn rechtzeitig für Vermehrung ihres Wagenparkes sorgt; so Rundnagel, BefGesch. § 94 S. 303; Reindl in ZVDEisV. 97 1045; Halke 08 1232 ff.; Staub § 453 Anm. 6 und Loening S. 68; abw. die herrschende Meinung (Eger, EVO. § 3 Anm. 14 S. 13; Düringer-Hachenburg, S. 921 [regelmäßig = die bei periodisch eintretenden und insofern regulären Verkehrssteigerungen notwendigen]; Coermann, EE. 22 207; Sendpiehl S. 120). Zulässig nur Beschwerde an Aufsichtsbehörde (Reichsverkehrsministerium). Gegen die Beförderungspflicht verstößt es nicht, wenn Eisenbahn zum Zwecke gleichmäßiger Versorgung aller Gebiete leere Wagen abdisponiert oder Teildeckung anordnet (ZVDEisV. 08 1331, 1347 [Halke]).

8. Der Mangel berechtigt nur zur zeitweisen Weigerung.

9. Über den Begriff der „höheren Gewalt" vgl. Rundnagel,

„Haftung", 1. Aufl. S. 98: Geschichtliche Darstellung, und derselbe, BefGesch. § 137 S. 436; Staub § 456 Anm. 7; ferner EE. 18 76, 20 265, 23 214. Eine treffende Kritik der bisherigen Rechtsprechung gibt v. Kienitz in EE. 41 281. Das JÜP. und JÜG. suchen den Begriff zu vermeiden; siehe JÜP. Art. 4, JÜG Art. 5; vgl. aber JÜG. Art. 27 (dazu Fritsch, Arch. f. Eis. 24 594 ff.). Nach der herrschenden Meinung ist höhere Gewalt ein außergewöhnliches Ereignis, das von außerhalb des Betriebs an die Eisenbahn herantritt, nach menschlicher Erfahrung nicht voraussehbar und auch durch die zweckmäßigste, wirtschaftlich zu rechtfertigende Sorgfalt nicht zu vermeiden ist (ROHG. 12 107, 13 71, 20 19; RG. 50 94, 54 406, 60 304, 64 404, 70 98, 75 390, 101 95). Wer sich auf höhere Gewalt beruft, muß diejenigen Tatsachen angeben, in denen er die höhere Gewalt als verwirklicht ansieht. Allgemeiner Hinweis darauf, daß die Ordnung und Sicherheit aufgehört hätte, genügt nicht (ZVDEisV. 22 917). Im einzelnen ist zu beachten:

a) Das Ereignis muß außergewöhnlich sein, d. h. das Ereignis darf nicht zu solchen gehören, die zwar unvermeidbar sind, aber mit gewisser Häufigkeit beim Betriebe einzutreten pflegen (RG. 54 404; JW. 18 176).

α) Naturereignisse: Blitz, Überschwemmung, Sturm, Gewalt Bergsturz (RG. 93 305, 95 64), Tunneleinsturz.

β) Menschliche Eingriffe in den Betrieb: Verbrecherische Handlungen Dritter (JW. 26 2290, 02 591; RG. 70 98), unverständiges Gebahren von Kindern, Aufruhr, Krieg, Gewalt, Raub, Feindeseinfall (Arch. f. Eis. 09 491), „Sanktionen" des Feindbundes, Plünderung (RG. in VR. 1 181; EE. 39 40; Arch. f. Eis. 21 992), Ruhreinbruch (JW. 26 1324), Steinwurf gegen den fahrenden Zug durch Unbekannte (EE. 46 95, 317).

b) Das Ereignis muß von außerhalb kommen, d. h. es muß außer Zusammenhang mit dem Betrieb oder dessen Einrichtungen stehen (RG. 95 64, 93 305; EE. 18 204; JW. 22 1320). Hierzu gehören also nicht die sog. inneren Zufälle, die durch Leute der Eisenbahn im Dienst, durch Mängel der Einrichtung oder Betriebsmittel der Bahn bedingt sind, z. B. Schienen-, Radbruch (EE. 24 48), Geisteskrankheit des Lokomotivführers (RG. 89 346; JW. 27 2203; a. A. Fischer in Jherings Jahrb. 37 215), Funkenflug (?) (ZVDEisV. 11 297; JW. 11 93; abw. ZVDEisV. 19 119), Beschlagnahme im polnischen Korridor, weil versehentlich der Frachtbrief vorausgesandt war (RG. in JW. 23 180; Arch. f. Eis. 23 342; ZVDEisV. 21 805), Beschlagnahme von Kohlen durch den Kohlenkommissar (Schlesw.-Holst. Anz. 25 94); sonst siehe oben unter α, β und Loening S. 614.

c) Nichtvoraussehbarkeit. Ob die Nichtvoraussehbarkeit des Ereignisses bei der Frage der Entschädigung ein notwendiges Merkmal der höheren Gewalt ist, mag zweifelhaft sein (RG. 104 151). Jedoch hat RG. die Eisenbahn für haftbar erklärt, weil sie Gut angenommen und befördert hat, obwohl sie hat annehmen müssen, daß das Gut auf der Beförderungsstrecke der Plünderung anheimfallen würde (RG. in Zeitschr. f. Kleinbahnen 20 324; JW. 23 925; Recht 1921 Nr. 1985); siehe auch ROHG. 2 357 und die Ausführungen unter e. Das Urteil dürfte kaum zu verallgemeinern sein (vgl. Entsch. in VR. 5 232).

d) Zufälle, die dem Eisenbahnbetriebe eigentümlich sind und mehr oder minder häufig vorkommen, und auf die die Eisenbahn daher gerüstet sein muß, gehören nicht zur höheren Gewalt (RG. 11 147, 19 42, 44 27, 50 94, 54 407, 64 404). Verkehrsandrang: EE. 33 87; RG. 40 31; ferner JW. 18 176, 11 596.

e) Die Ereignisse müssen unvermeidbar sein; hier genügt aber die relative Unvermeidbarkeit, d. h. die von der Eisenbahn zu treffenden Maßregeln müssen wirtschaftlich erträglich sein und dürfen den wirtschaftlichen Erfolg des Unternehmens nicht ausschließen (RG. 70 99, 112 284; JW. 14 38; EE. 44 221). In der Frage der Umleitung von Gütern um gefährdete Gebiete (z. B. Aufstandsgebiete; siehe oben unter c) soll die Eisenbahn beweisen, daß sie den Schaden durch alle ihr zu Gebote stehenden Mittel nicht hat abwenden können. Man wird hierbei beachten müssen, daß Eisenbahn Annahme- und Beförderungspflicht hat, also nicht auf bloße Gefährdung hin die Güterbeförderung einstellen kann, und daß die Umleitung auf Hilfswegen betriebs- und verkehrstechnisch nicht immer leicht durchführbar sein, auch oft den Verkehr auf den Hilfswegen in Frage stellen wird (vgl. RG. I. ZivSen. v. 14. März 1923 — 456/22 —).

Die Zeitverhältnisse haben folgende Streitfälle gebracht: Die Beschlagnahme durch die Arbeiter- und Soldatenräte, durch Betriebsräte und den Streik.

a) Arbeiter- und Soldatenräte. Diese galten während ihrer Herrschaft als Vertreter des Reiches oder Landes, je nach der Art hoheitsrechtlicher Funktionen, die sie ausübten; es lag sonach bei der Beschlagnahme durch diese ein Hoheitsakt vor, für den die Eisenbahnverwaltung nicht zu haften hat (RG. 104 150).

b) Betriebsräte. Gehören diese nicht zu Leuten der Eisenbahnverwaltung und war die Eisenbahnverwaltung nicht in der Lage, die Beschlagnahme durch Mittel zu verhindern, die aufzuwenden man ihr billigerweise zumuten kann, so liegt höhere Gewalt vor. Es ist nicht Sache der Eisenbahnverwaltung, sich mit Gewalt eines solchen Eingriffs zu erwehren oder gar Abwehrmaßnahmen zu ergreifen, die zu den Aufgaben der allgemeinen Polizei gehören. Sind dagegen die Betriebsräte Bedienstete der Eisenbahnverwaltung, so kann zweifelhaft sein, ob nicht die Eisenbahnverwaltung alsdann gemäß § 5 EVO. für ihre Taten einstehen muß. Zwar liegt es außerhalb der Dienstobliegenheiten der Betriebsräte, Beschlagnahmen auszusprechen oder Verkehrsanordnungen zu treffen; da die Betriebsräte aber Eisenbahnbedienstete sind, wird die Eisenbahnverwaltung für deren Taten einstehen müssen, wenn sie sich ihrer nicht sofort entledigt oder gegen sie einschreitet (siehe ZVDEisV. 22 633; Sperber in VR. 1 425).

c) Streik der Eisenbahnbeamten und -arbeiter; siehe RG. in EE. 40 29, 32; Arch. f. Eis. 23 332; über Rückgriffsrecht der Eisenbahn gegen die streikenden Beamten siehe EE. 44 218. Hierbei ist zu unterscheiden:

I. Ein Beförderungsvertrag ist noch nicht abgeschlossen: Eisenbahn haftet alsdann nur nach § 831 BGB., da § 5 EVO. nicht gilt; zu einer Haftung der Eisenbahn wird man nicht gelangen.

II. Ist ein Beförderungsvertrag bereits abgeschlossen, so will Staub § 456 Anm. 9 (10./11. Auflage) eine Haftung der Eisenbahn nicht anerkennen, da § 82 EVO. sich niemals auf den Fall völliger Betriebseinstellung beziehen lasse, abgesehen von vorliegendem Verschulden der Eisenbahn (vgl. auch Schultz S. 74 und Hartmann in VR. 1 307). Dieser Ansicht wird man nicht beitreten können. Das Gesamtverhalten der Beamten- und Arbeiterschaft in bezug auf die Wahrnehmung des Dienstes wird man wohl als inneren Betriebsvorgang aufzufassen haben; Streik des Personals fällt sonach in den Betriebskreis der Eisenbahnen, sofern er aus der eigenen Entschließung der Bediensteten hervorgegangen und ihnen nicht etwa von außen aufgenötigt worden ist (siehe RG. 104 150, 110 209; JW. 22 1320; Oertmann, ZVDEisV. 25 1841). Über die bisherige Rechtsprechung vgl. Rundnagel, Haftung S. 112; EE. 17 319, 21 293, 328, 23 91; aber auch 21 395, 23 372, 399, 25 197, 20 113; Baumgarten, EE. 21 328; Bovensiepen in VR. 1 331; v. d. Leyen in JW. 22 1320; Goldschmidt 22 102; JW. 23 133; Sommerfeldt in ZVDEisV. 22 466. Sperber in VR. 1 425 lehnt die Haftung ab, da streikende Angestellte nicht als „Werkzeuge des Unternehmens" anzusehen sind. Dagegen RG. 110 211. Unbestritten ist, daß die Haftung nicht auf § 839 BGB. und § 1 des Preuß. Gesetzes vom 22. Mai 1910 gestützt werden kann; denn die Beamten haben nicht in Ausübung der ihnen anvertrauten öffentlichen Gewalt gehandelt.

Für den Personenverkehr ist § 24 (1) EVO. zu beachten. (Unrichtig auf Grund des § 276 Abs. 2 BGB. Eger, der den § 278 Abs. 2 übersieht.)

d) Passive Resistenz. Für diese gilt das gleiche wie für Streik (vgl. EE. 23 372, 25 197).

§ 4. Züge

(1) Zur Beförderung dienen die regelmäßig nach bestimmtem Fahrplan[1] und die nach Bedarf verkehrenden Züge.[2]

(2) Die Ausführung von Sonderfahrten[3] auf Bestellung unterliegt dem Ermessen der Eisenbahn.[4]

Wegen der Beförderungsbedingungen und Gebühren für Sonderzüge zur Personenbeförderung und für Sonderzüge von Zirkusbesitzern, Kunstreitergesellschaften, Schaustellungen wilder Tiere und dgl., ferner von Marktreisenden, Schaustellern und Wanderhändlern vgl. Ausf.Best. B zu § 12. Unter welchen Bedingungen und zu welchen Gebühren Sonderzüge für die Beförderung von Gütern und Tieren gestellt werden, bestimmen die Allgemeinen Tarifvorschriften im Deutschen Eisenbahn-Gütertarif, Teil I Abteilung B und im Deutschen Eisenbahn-Tiertarif, Teil I.

JüP. Art. 22.

1. Vgl. EVO. § 9.

2. Auch Triebwagen.

3. Sonderfahrten für Personenbeförderung Absch. III; für Güterbeförderung (Fahrzeuge) oder gemischte Beförderung (Künstlergesellschaften) Abschn. VIII; beide ergänzend HGB. (vgl. EE. 22 258), Werkvertrag; Vorschriften über Handgepäck, Reisegepäck, Expreßgut sind nicht anwendbar; vgl. AAB. zu EVO. § 12.

4. Bei der Deutschen Reichsbahn-Gesellschaft der Reichsbahndirektion.

§ 5. Haftung der Eisenbahn für ihre Leute [1]

Die Eisenbahn haftet[2] für ihre Leute und für andere Personen, deren[3] sie sich bei Ausführung der Beförderung[4] bedient.

HGB. §§ 431, 458, 471; JüP. und JüG. Art. 39; Rundnagel-Sperber, Haftung § 4; EE. 17 366; Hertzer in ZVDEisV. 01 Nr. 23, 06 273, 705; EE. 22 407; Sperber in VR. 1 426; G. Eger in Danziger Jurist. Monats-Schrift 5 83.

1. Die Bestimmung gilt für das gesamte Gebiet der Haftung aus Beförderungsverträgen (Personen, Gepäck und Fracht) (JW 04 358, 05 426, 24 205; EE. 21 68, 22 165; RG. 37 12, 88 317). Die Haftung geht weiter als die der §§ 278 BGB., 431 HGB., nämlich so weit, als die Haftung der Eisenbahn selbst geht, umfaßt also auch Haftung ohne Verschulden (Zufall und höhere Gewalt) (RG. 23 148). Eisenbahn haftet ausschließlich und unmittelbar (EE. 21 68 und 28 445; RG. 7 199). Beförderungs-

berechtigter kann also die Leute der Eisenbahn nicht unmittelbar haftbar machen (EE. 33 217); dies gilt auch für den Rollfuhrunternehmer (Staub § 458 Anm. 3; RG. in ZVDEisV. 22 709; EE. 23 359). Leute haften höchstens aus § 823 BGB. (RG. 105 302) für eigenes Verschulden. § 5 gilt nicht für Handlungen, die außerhalb des Vertrags liegen, z. B. Tarifauskunft (EE. 25 8; ZVDEisV. 28 933; siehe EVO. § 6 Anm. 4), Auskunft über das Bestehen eines Ausfuhrverbotes, auch nicht für unerlaubte Handlungen (EE. 33 217 und RG. 89 341). Vgl. ferner RG. 97 16 (Einladen von Wagenladungsgut ohne schriftlichen Antrag), RG. in EE. 33 217 (Schmerzensgeld), VR. 6 37 (Auskünfte von Eisenbahnbediensteten über Art der Verladung bei Selbstverladung durch den Abs.). Haftung des Frachtführers Dritten gegenüber ergibt sich höchstens aus § 831 BGB. (Rspr. OLG. 16 135), Haftung der Deutschen Reichsbahn-Gesellschaft außerdem aus §§ 31 und 89 BGB. (EE. 37 119). Staub (Vorbem. vor § 453 Anm. 12) verneint Haftung der Deutschen Reichsbahn aus dem Reichsbeamtenhaftungsgesetz vom 22. 5. 1910 (RGBl. S. 798), da Reichsbahnbeamte nicht unmittelbare Reichsbeamte seien (fraglich). Trifft Verschulden eines Dritten mit dem der „Leute" zusammen, Ausgleich gemäß § 254 BGB. Gegebenenfalls Gesamthaftung der Eisenbahn und ihrer Leute nach § 840 BGB. (teilweise abw. Hertzer, EVO. § 9; siehe RG. 105 302).

2. Die herrschende Meinung erweitert die Haftung der Eisenbahn dahin, daß sie jede Handlung von Bediensteten umfaßt, sobald sie nur in einer gewissen Beziehung zum Angestelltenverhältnis steht (RG. 7 127, 104 150; dagegen mit Recht Rundnagel-Sperber § 4 S. 18 u. ZVDEisV. 23 749). Man wird aber verlangen müssen, daß die Handlung während der dienstlichen Tätigkeit des Bediensteten oder in unmittelbarem Anschluß hieran begangen ist, und daß sie offenbar in den dienstlichen Wirkungskreis des Bediensteten fällt. Wer einen zufällig dienstlich unbeschäftigten Bediensteten bittet, seinen Koffer zum Zuge zu tragen, kann die Eisenbahn für den Verlust nicht haftbar machen. Plündert eine Menge einen Güterzug, so haftet die Eisenbahn auch dann nicht, wenn unter den Plünderern sich Eisenbahner befunden haben. Auskunfterteilung über Güte und Zahlungsfähigkeit von Spediteuren ist keine Aufgabe der Schalterbeamten; Auskunft über Fahrpläne hat ein Bahnarbeiter oder Lokomotivführer nicht zu geben; das weiß auch der Reisende. Er muß sich deshalb auch sagen, daß die Eisenbahn für falsche Auskunft nicht haftet.

Über Haftung bei Streik und passiver Resistenz siehe oben § 3.

3. Der Relativsatz bezieht sich nicht auf Leute (siehe JW. 06 460).

4. D. h. der vertraglich übernommenen Leistung; im Güter-

verkehr ist dies die Bewegung des Gutes von der Annahmestelle bis zur Ablieferung. Nicht hierunter fällt aber die Beförderung des sog. Avises mit der Post. Die Post gehört in dieser Tätigkeit nicht zu den „Leuten" des § 5 (EVO. § 78 Anm. 6; ferner Reindl in ZVDEisV. 28 459, 16 1005).

§ 6. Tarife [1]

(1) Die Eisenbahn hat Tarife aufzustellen, die alle für den Beförderungsvertrag maßgebenden Bestimmungen und alle zur Berechnung der Beförderungspreise[2] und der Gebühren für die Nebenleistungen[3] der Eisenbahn (Nebengebühren) notwendigen Angaben[4] enthalten.[5] Die Tarife sind bei Erfüllung der darin angegebenen Bedingungen für jedermann in derselben Weise anzuwenden.[6]

(2) Jede Preisermäßigung oder sonstige Begünstigung gegenüber[7] den Tarifen ist verboten[8] und nichtig.[9]

(3) Für Zwecke der öffentlichen Verwaltungen,[10] für Wohlfahrtszwecke[11] und für den Eisenbahndienst[12] sind Preisermäßigungen und sonstige Begünstigungen mit Genehmigung des Reichsverkehrsministers zulässig.

(4) Die Tarife bedürfen zu ihrer Gültigkeit der Veröffentlichung[13] und treten frühestens mit dem Zeitpunkt ihrer Veröffentlichung in Kraft. Tariferhöhungen[14] oder andere Erschwerungen der Beförderungsbedingungen[15] treten jedoch frühestens zwei Monate, für die Beförderung von Personen und Reisegepäck frühestens zwei Wochen[16] nach der Veröffentlichung in Kraft, wenn nicht die Abkürzung der Veröffentlichungsfrist vom Reichsverkehrsminister genehmigt ist. Die Genehmigung muß aus der Veröffentlichung ersichtlich sein. War ein Tarif nur für eine bestimmte Zeit eingeführt, so bedarf seine Aufhebung keiner besonderen Veröffentlichung.

Die näheren Bestimmungen über die Veröffentlichung der einzelnen Tarife sind im Vorwort jedes Tarifs[17] festgesetzt.

HGB. §§ 454, 471; IÜP. Art. 23, 24; IÜG. Art. 9, 10.

Vgl. oben Einleitung 3. — Literatur: siehe die bei Rundnagel BefGesch. S. 291 Anm. 6 Angeführten. Einen Überblick über das Tarifwesen gibt Wulff (Kap. 30) in „Deutsch. Eisenbahnwesen der Gegenwart", Weirauch ebenda 3. Aufl.; siehe ferner Sendpiehl, EE. 40 86; Goltermann, EE. 41 171; v. d. Leyen im Handwörterbuch der Staatswissenschaften 4. Aufl. Bd. 3

573; Knebel: Die Reichsbahn-Personentarife und ihre wirtschaftliche Bedeutung.

1. Tarife im engeren Sinne sind Verzeichnisse der Fahr- und Frachtpreise; im weiteren Sinne sind sie die Bedingungen, unter denen die Eisenbahn die Beförderung von Personen und Gütern im öffentlichen Verkehr übernimmt (ROHG. 21 208). Über ihre materielle Bildung enthält die EVO. keine Bestimmung; sie verlangt nur Aufstellung, Veröffentlichung und gleichmäßige Anwendung. Frühere Vorschrift, daß sie „zu Recht bestehen" müßten, ist weggefallen, weil selbstverständlich. Die Tarife enthalten Vertragsrecht. Sie dürfen nicht im Widerspruch zur EVO. stehen, auch nicht zugunsten der Verkehrtreibenden (vgl. Staub, Vorbem. vor § 453 Anm. 3—4, § 471 Anm. 2; Bering, EE. 12 354; a. M.; Eger, EVO. § 2 Anm. 4 S. 5). Das frühere Reichseisenbahnamt hat für die Aufstellung der Tarife Bestimmungen getroffen, die noch weiter beachtet werden (siehe Erl. d. REisAmts v. 12. Okt. 1900).

2. Zur Berechnung der Beförderungspreise für den Personenverkehr dienen die Preistafeln und zur Berechnung der Frachtsätze für den Güterverkehr die Frachtsatzzeiger in den Teilen II der Tarife.

3. Nebengebührentarif. Schrifttum über Nebengebühren bei Loening S. 216.

4. Eisenbahn haftet für Irrtümer bei der Veröffentlichung (RG. 6 100; vgl. aber EE. 2 236, 9 196); doch kann auf offensichtliche Druckfehler im Tarif ein Frachterstattungsantrag nicht gestützt werden (EE. 31 318, 46 80); vgl. Bering, EE. 12 358, 13 86ff.; ROHG. 20 373; EE. 23 256, 21 78. Unklare Fassung der Tarife geht zum Schaden der Eisenbahn (Müller-Erzbach, Zeitschr. f. HR. 86 121ff.; EE. 21 30, 78, 46 295); Auslegung der Tarife: EE. 26 205; Beweislast: EE. 1 244, 23 372; Zweckbestimmung als Tarifbezeichnung s. Rundnagel § 92 S. 293 und EVO. § 57 Anm. 1. Falsche Auskunft eines Beamten begründet kein Recht auf abweichende Berechnung (Gerstner S. 204; EE. 20 161, 22 5, 25 8; Hertzer 22 408); vor Abschluß des Beförderungsvertrags haftet Eisenbahn überhaupt nicht für unrichtige Auskunfterteilung nach Frachtrecht (vgl. EVO. § 5 Anm. 1; EE. 22 5, 25 8; VR. 6 292; a. A. EE. 45 299); höchstens haftet der Auskunfterteilende persönlich, aber nur bei Verschulden (vgl. aber BGB. §§ 676, 826; siehe Gruchot. Archiv 47 105; EE. 42 334).

5. Die zahlreiche Literatur siehe bei Rundnagel, BefGesch § 92 Anm. 11 und Loening S. 220—221.

6. Grundsatz der Gleichheit der Tarife: PrEisGes. §§ 26, 32; IÜG. Art. 10; IÜP. Art. 24; HGB. §§ 454, 471; RG. 64 123. Trotzdem können für dasselbe Gut verschiedene Frachtsätze auf-

gestellt werden (Stückgut, Ladungsfracht, Ausnahmetarife) oder die Anwendung eines Tarifs von der Erfüllung gewisser Bedingungen abhängig gemacht werden (Auflieferung einer bestimmten Mindestmenge; Verwendungszweck; Seehafenausfuhr u. dergl.); dies ist zulässig, wenn die Bedingungen hierfür veröffentlicht werden und jedem Absender, der diese Bedingungen erfüllt, auch der gleiche Tarif gewährt wird (RG. v. 12. Nov. 1898; JW. 99 9; RG. 93 280). Unrichtig Laband, Staatsrecht § 74 S. 124 Anm. 4; Rosenthal, Rechtsgutachten, Jena 1901; vgl. EE. 15 327. Die Einführung eines Ausnahmetarifs für eine einzelne größere Beförderung ist nicht zulässig.

7. Verbot der sog. Refaktien, d. s. einzelnen Verkehrtreibenden auf Grund von Einzelabmachungen gewährte Frachtermäßigungen, auch wenn sie nur mittelbar gewährt werden (unentgeltliche Hergabe von Lagerplätzen, Anschlußgleisen usw.); RG. v. 19. Nov. 1898 (EE. 15 327). Vgl. aber Abs. 3. Frachtnachlaß kann auch nicht deshalb zugestanden werden, weil ein Beamter eine falsche Tarifauskunft gegeben hat (siehe Fritsch S. 304 Anm. 4 oben und EVO. § 5 Anm. 1).

8. Öffentlich-rechtlich; Beschwerde im Aufsichtswege. Strafrechtliche Folgen hat indes ein Sonderabkommen nicht (v. d. Leyen, Zeitschr. f. HR. 39 50).

9. Privatrechtlich, BGB. §§ 139 ff. Daraus folgt aber noch nicht, daß der gesamte Beförderungsvertrag unwirksam ist. Nur die Begünstigung ist zu beseitigen; einzusetzen ist der richtige Preis; dies gilt auch, wenn ein Tarif infolge Formmangels überhaupt nicht zustande gekommen ist (vgl. Eger § 6 Anm. 22). Über nachträgliche Berichtigung vgl. EVO. § 57 Anm. 1.

10. Erleichterungen zugunsten der Militärverwaltung: RGes. v. 13. Febr. 1875 (RGBl. 1898 S. 360) in der Fassung der Bekanntmachung v. 6. 4. 25 (RGBl. 1925 Teil I S. 44), v. 18. Jan. 1899 (RGBl. S. 15; Militärtransportordnung); der Postverwaltung: Ges. v. 20. Dez. 1875 (RGBl. S. 318; Eisenbahnpostgesetz); der Zollverwaltung: Eisenbahnzollregulativ v. 5. Juli 1888 § 12; Vereinszollgesetz v. 1. Juli 1869 (Bundes-Gesetz Bl. 1869 S. 317); Eisenbahnzollordnung v. 21. Dez. 1912 (Zentralblatt für das Deutsche Reich 1913 S. 31) u. a. m. (vgl. Vorbem. C vor EVO § 9). Für die Deutsche Reichsbahn gilt aber nunmehr § 13 des Reichsbahngesetzes v. 30. Aug. 1924 (RGBl. II S. 272). Danach sind Leistungen der Gesellschaft für die Reichspost- und Reichstelegraphenverwaltung und für sonstige Verwaltungen des Reichs, der Länder oder der Gemeinden (Gemeindeverbände) sowie Leistungen dieser Verwaltungen für die Gesellschaft gegenseitig nach den im geschäftlichen Verkehr üblichen Sätzen angemessen abzugelten. Die bestehenden Vergünstigungen für Militärtrans-

porte bleiben aufrechterhalten, solange und soweit sie nicht durch neue Vereinbarungen zwischen der Reichsregierung und der Gesellschaft abgeändert werden.

11. Z. B. für Sendungen an Wohlfahrtsanstalten, nach bestimmten von Unwettern betroffenen Gegenden, Seuchengebieten.

12. Z. B. Freifahrt der Bahnärzte, Frachtfreiheit der Eisenbahndienstgüter. Ist Eisenbahn selbst Absender und Empfänger, liegt ein Frachtgeschäft überhaupt nicht vor. Siehe a. Vorbem. C vor EVO. § 9.

13. Grundsatz der Öffentlichkeit der Tarife. Gilt auch für Änderungen (Ermäßigungen, Erhöhungen), aber nur für Tarife des öffentlichen Verkehrs (nicht also z. B. für Überfuhrgebühren nach Privatanschlußgleisen). Über Art und Form der Veröffentlichung sagt EVO. nichts (siehe aber EVO. § 2) (siehe ROHG. 21 108); Aushang genügt nicht; über die Veröffentlichung bestimmt jetzt ein übereinstimmendes Vorwort zu den einzelnen Tarifen (siehe Anm. 17). Asch (JW. 21 888) verlangt Veröffentlichung des Wortlauts im Reichsanzeiger (siehe auch RG. 99 253; Bering in Gruchots Archiv 21 410). Diese Anschauung dürfte als überholt zu betrachten sein (siehe Anm. 17 u. EE. 46 79). Nicht gehörig veröffentlichte Tarife können einer Frachtberechnung nicht zugrunde gelegt werden (vgl. Bering, EE. 13 86).

14. D. s. zahlenmäßige Erhöhungen der Beförderungspreise, daher auch Aufhebung von Ausnahmetarifen (Hay in Deutsche Wirtschafts-Zeitung 28 204).

15. D. s. auch Aufhebung von Beförderungserleichterungen (z. B. Aufhebung direkter Abfertigung!), nicht aber Berichtigung offensichtlicher Druckfehler.

16. Abkürzung ist neu (siehe Begr. II).

17. Das Vorwort zu den einzelnen Tarifteilen lautet nunmehr:

Die Beförderung von Frachtgütern, Eilgütern[1]) und beschleunigten Eilgütern erfolgt auf Grund der Allgemeinen Bestimmungen des Deutschen Eisenbahngütertarifs, Teil I Abteilung A und B, sowie der für die einzelnen Verkehre bestehenden besonderen Vorschriften, die in einem Teile II für jeden Verkehr besonders ausgegeben werden.

Die Ausgabe der Teile I A und I B und der dazu erscheinenden Nachträge wird in dem Tarif- und Verkehrsanzeiger für den Güter- und Tierverkehr der Deutschen Reichsbahn-Gesellschaft und der deutschen Privateisenbahnen (TVA. I) und in der Zeitung des Vereins Deutscher Eisenbahnverwaltungen bekanntgemacht.

Änderungen und Ergänzungen der Teile I A und I B können

---

[1]) Für die Beförderung von lebenden Tieren in Käfigen, Kisten, Säcken und dergl. gelten die Bestimmungen des Deutschen Eisenbahn-Tiertarifs, Teil I.

auch durch Abdruck ihres Wortlautes in dem genannten Tarif- und Verkehrsanzeiger bekanntgemacht werden; auf derartige Bekanntmachungen wird in der Zeitung des Vereins Deutscher Eisenbahnverwaltungen hingewiesen.

Für die Gültigkeit der Bekanntmachungen ist lediglich die Veröffentlichung in dem Tarif- und Verkehrsanzeiger für den Güter- und Tierverkehr der Deutschen Reichsbahn-Gesellschaft und der deutschen Privateisenbahnen maßgebend.

§ 7. Ordnungsvorschriften

(1) Wegen der allgemeinen Vorschriften über das Verhalten innerhalb des Bahngebiets vergleiche §§ 77 ff. der Eisenbahn-Bau- und Betriebsordnung.[1]

(2) Über Meinungsverschiedenheiten zwischen Reisenden[2] und Bediensteten entscheidet auf dem Reiseantritts- und -endbahnhof der Aufsichtsbeamte, während der Fahrt[3] der Zugführer.[4]

(3) Beschwerden sind an die vorgesetzte Dienststelle[5] zu richten; sie können auch mündlich angebracht werden.

(4) Auf Beschwerden ist sobald wie möglich ein Bescheid zu erteilen.[6]

1. Über Meinungsverschiedenheiten auf Bahnhöfen, wo der Reisende die Fahrt unterbricht oder auf einen anderen Zug übergeht, entscheidet der Aufsichtsbeamte.
2. Die Bediensteten der Eisenbahn sind verpflichtet, den Beschwerdeführern auf Verlangen die vorgesetzte Dienststelle bekanntzugeben.

1. Vorschriften betreffen Betreten der Bahnanlagen, Überschreiten der Bahn, Bahnbeschädigungen und Betriebsstörungen, Verhalten der Reisenden, Bestrafung von Übertretungen.

2. Auch Inhabern von Bahnsteigkarten.

3. Im Falle des § 21 EVO. zunächst der Schaffner.

4. Die Entscheidung ist bis auf weiteres maßgebend. Verstoß hiergegen ist Vertragsverletzung, macht schadensersatzpflichtig und hat unter Umständen Bestrafung zur Folge (BBO. § 82); vgl. auch EVO. § 10. Gegen die Entscheidung Beschwerde (siehe Anm. 5) oder Rechtsweg.

5. Wahl der Dienststelle bleibt dem Beschwerdeführer überlassen; bei schriftlicher Beschwerde am besten an die den äußeren Dienststellen vorgesetzten Verkehrs-, Betriebs- oder Maschinenämter, bei wichtigeren Sachen an die Reichs- oder Privatbahndirektionen; bez. Frachtreklamationen siehe EVO. § 95.

6. Auch mündlich (Fernsprecher).

§ 8. Zahlungsmittel

Die Eisenbahn hat die Umrechnungskurse fremder Währungen auf den Bahnhöfen, wo hierfür ein Bedürfnis[1] besteht, durch Schalteraushang[2] bekanntzugeben.[3]

1. Insbesondere Grenzorte, Kurorte, Großstädte. Entscheidung trifft die Eisenbahnverwaltung; gegebenenfalls Aufsichtsbeschwerde.

2. EVO. § 8 bezieht sich nicht nur wie bisher auf das Gold- und Silbergeld der Nachbarländer, sondern allgemein auf fremde Währungen (Begr. II).

3. Gegen zu niedrige Kursfestsetzung nur Beschwerde gemäß Anm. 1, keine Klage.

III. Beförderung von Personen

Vorbemerkung: Der Personenbeförderungsvertrag (HGB. § 472; EVO. Abschn. III).

Literatur: Rundnagel, BefGesch. § 80 S. 267, § 166 S. 497 und die dort in Anm. 1 Angeführten; Eger, Anm. 33 S. 28 ff.; Göppert, Zur rechtlichen Natur der Personenbeförderung auf Eisenbahnen, Berlin 1894; Eger, DJZ. 01 107 f.; Coermann, EE. 15 176, 372

A. Allgemeines

I. Der Personenbeförderungsvertrag ist nicht Frachtvertrag im Sinne der §§ 425, 454 HGB.; demgemäß ist also eine auch nur entsprechende Anwendung des Abschn. VIII (§§ 453, 455 bis 476 HGB.) ausgeschlossen (Staub § 472 Anm. 3; a. M. bez. des § 472 Abs. 2 Satz 2 Rundnagel, BefGesch. § 80 S. 267). Im Großbetriebe ist er Handelsgeschäft (HGB. § 1 Abs. 2 Ziff. 5; § 343 Abs. 1). HGB. enthält über ihn keine Sondervorschrift; § 472 verweist lediglich auf EVO., also Abschn. I bis III. Ergänzend gelten die allgemeinen Vorschriften des HGB. (z. B. § 1 Abs. 2 Ziff. 5 und § 343) und EinfG. z. HGB. Art. 2 (BGB. §§ 631 ff.; siehe RG. in JW. 05 427, 484; RG. 62 122, 66 14). Auch für die Personenbeförderung besteht Transportzwang (EVO. § 3).

II. Personenbeförderungsvertrag ist Werkvertrag (vgl. Eger Anm. 33 S. 29; Staub § 472 Anm. 3; RG. in JW. 05 426; EE. 22 178), aber nur dann, wenn die Beförderung gegen Entgelt geschieht. Erfolgt die Beförderung unentgeltlich, so liegt „unentgeltliche Herbeiführung eines Erfolges“ vor, eine Vertragsart, für die das BGB. besondere Bestimmungen nicht getroffen hat (siehe unter C). Im Beförderungsvertrag übernimmt die Eisenbahn die Verpflichtung, den Vertragsgegner von einem Ort zum andern zu befördern (RG. in EE. 5 237). Streitfrage, ob die Eisenbahn auch verpflichtet ist, den Reisenden wohlbehalten an zubringen. Die herrschende Meinung bejaht dies; sie legt damit der Eisenbahn den Nachweis auf, daß sie an einer etwaigen Verletzung kein Verschulden trifft (vgl. RG. 66 15; JW. 08 196; a. M. Sauter, EE. 31 181; siehe auch JW. 12 686, 348, 05 185; EE. 24 47; ZVDEisV. 14 317); wichtig ist diese Entscheidung für die Frage der Verjährung (siehe unten D).

B. Der entgeltliche Vertrag

III. Der Personenbeförderungsvertrag wird formlos abgeschlossen in der Regel durch Fordern des Fahrausweises durch den Reisenden und dessen Hingabe durch den Schalterbeamten (Rundnagel, BefGesch. S. 501 § 169 und die dort in Anm. 3 Angeführten, darunter Weber, ZVDEisV. 02 147; EE. 12 310, 22 8, 24 389; a. M. Staub § 472 Anm. 17; Eger § 13 Anm. 46); der Abschluß geschieht aber auch durch Entnahme einer Karte aus dem Fahrkartenautomaten, ferner auch ohne Fahrausweis durch Besteigen des Zuges, wenn ein Reisender mit Wissen der zuständigen Bediensteten ohne gültigen Fahrausweis den Zug benutzt (vgl. EVO. § 15 Ziff. 3 letzter Satz), also nicht beim sog. blinden Passagier (EE. 14 241); hier fehlt ja auf beiden Seiten der Vertragswille (siehe auch unter C). Für jeden Reiseabschnitt, für den besondere Fahrausweise verlangt und verabfolgt werden, wird ein besonderer Beförderungsvertrag abgeschlossen. Die Beförderung von Kindern unter 4 Jahren, für die kein besonderer Platz beansprucht wird, gehört mit zum Inhalt des Beförderungsvertrages, den die mit dem Kind reisende erwachsene Person mit der Eisenbahn abschließt (RG. in Arch. f. Eis. 06 826; siehe auch EVO. § 11 Anm. 4). Tarif ist nur Anregung zum Vertragsabschluß.

IV. Haftung der Eisenbahn, und zwar kumulativ: a) Außervertragliche Haftung für alle im eigentlichen Betriebe herbeigeführten Tötungen und Körperverletzungen; siehe RHaftpflichtG. v. 7. Juni 1871 (RGBl. S. 207). Strenge Anforderung an den Schuldbeweis; siehe JW. 23 121. Über die Auslegung siehe Eger, Das Reichshaftpflichtgesetz und Seligsohn, Reichshaftpflichtgesetz. Vor allem wird der Begriff „beim Betriebe" sehr weit ausgelegt. Unfälle beim Ein- und Aussteigen rechnen grundsätzlich zu den Betriebsunfällen, Unfälle auf den Bahnsteigen dann, wenn Eile und Hast den Reisenden in Gefahr bringt (siehe Arch f. Eis. 22 1129; ZVDEisV. 22 387) oder sonst ein unmittelbarer Zusammenhang mit einem bestimmten Betriebsvorgang besteht (EE. 39 144). Über Unfälle beim Schließen von Abteiltüren siehe Freudenberger, ZVDEisV. 27 1415. b) Haftung aus BGB. §§ 823 ff (unerlaubte Handlungen) bei widerrechtlicher sowie vorsätzlicher oder fahrlässiger Verletzung des Lebens, des Körpers, der Gesundheit usw. der Reisenden (hierbei gilt nicht EVO. § 5; siehe Anm. 1

zu § 5). Lagern von Schienen auf dem Bahnsteig siehe RG. v. 13. März 1922 (BR. 2 62). c) **Vertragliche Haftung aus dem Personenbeförderungsvertrag**: vgl. Sauter, EE. 31 29 ff.; Rundnagel, BefGesch. § 177 S. 518, namentlich Anm. 20 und die dort Angeführten; RG. 61 56, 62 119; siehe auch EVO. § 13 Anm. 3. Eisenbahn haftet nach § 276 BGB. für Vorsatz und Fahrlässigkeit, und zwar auch ihrer gesetzlichen Vertreter und ihrer Leute (§ 278 BGB.); siehe auch EVO. § 5; siehe RG. in EE. 21 68. Bei der Prüfung der Schuldfrage ist zu beachten, daß die Eisenbahn ein Massenbetrieb ist; man muß von jedem Reisenden verlangen, daß er auf die Eigentümlichkeiten des Bahnbetriebes Rücksicht nimmt und sich mit den Einrichtungen der Eisenbahn vertraut macht (Fahrpläne, Schilder, Richtungsanzeiger, Verbotstafeln usw.; vgl. Rundnagel, BefGesch. § 177 S. 519). Es kann nicht jedem Reisenden ein Bediensteter beigegeben werden, der für seine Sicherheit sorgt (vgl. RG. 69 557; Arch. f. Eis. 09 491: Raubanfall im Abteil); viel zu weit geht RG. in EE. 31 371; mit Recht dagegen: EE. 34 1 (Heizung des Zuges während der Nacht); EE. 37 264 (Herandrängen an einen einfahrenden Zug). Vertragliche Haftung der Eisenbahn kommt hauptsächlich in Frage bei Unfällen, die mit dem Eisenbahnbetriebe als solchem (siehe oben IV a) selbst bei weitester Auslegung nicht in rechtlichen Zusammenhang zu bringen sind. Hierher gehören vor allem die Unfälle, die vor dem Einsteigen in den Zug und nach dem Aussteigen erfolgen, ohne daß der Betrieb (Eile!) verursachend mitgewirkt hat (Aussteigen während der Fahrt, siehe EE. 37 256). Voraussetzung ist aber: 1. Ein Beförderungsvertrag muß bereits abgeschlossen sein (siehe oben Anm. III; vgl. EE. 24 389, 29 339, 31 87, 242). 2. Es muß ein besonderer innerer Zusammenhang des Unfalls mit dem Beförderungsvertrag dargetan werden (Arch. f. Eis. 22 1129). 3. Der Unfall muß sich innerhalb des Bahngebietes vollzogen haben (hierzu gehört nicht der öffentliche Bahnhofszufuhrweg, auch wenn er im Eigentum der Eisenbahn steht), und zwar auf einem Gang, der mit der Beförderung selbst in Verbindung steht (RG. 4 192; EE. 27 214) (also nicht Aufsuchen der Bahnhofswirtschaft ohne die Absicht des Reisens). Beispiele: Sicherer Zu- und Abgang (RG. 4 192, 66 13; EE. 32 119; JW. 11 824; EE. 5 237, 20 252, 22 364, 28 165, 88, 341, 23 169, 24 389, 27 214, 21 178; ZVDEisV. 28 248); Fehltritt beim Aussteigen außerhalb des Bahnsteigs (RG. in Arch. f. Eis. 08 1263); mangelhafte Beleuchtung (RG. in EE. 24 49; EE. 31 316); Glätte im Bahnhof (RG. in Arch. f. Eis. 09 279); sicherer Zugang zum Bahnhof (RG. in EE. 24 43, 49; Arch. f. Eis. 08 751); gefahrloser Ausgang: Mangel an Sicherheitsvorkehrungen (RG. in Arch. f. Eis. 08 485); unebener Plattenbelag

(RG. in EE. 22 40; JW. 05 185; Gruchot, Beiträge 48 885); Loslösung einer Platte (RG. in Arch. f. Eis. 05 725, 728); Verletzung durch den Pförtner, der einen Trunkenen entfernt (RG. in EE. 21 69; JW. 04 358); Glätte (RG. in Arch. f. Eis. 04 476; ferner RG. 55 336; EE. 25 32); Aufstellen einer unbeleuchteten Karre auf dem Bahnsteig (Arch. f. Eis. 21 1224; EE. 39 64). Der Eisenbahn bleibt aber der Gegenbeweis, daß sie im Einzelfall ein Verschulden nicht trifft, namentlich weil sie innerhalb der Grenzen des Möglichen das zur Abwehr eines drohenden Zustandes Erforderliche veranlaßt hat (vgl. RG. in EE. 32 119, 332, 33 213, 321, 22 364; JW. 11 824); z. B. Glätte, geschützte Tunneltreppe (RG. in Arch. f. Eis. 06 661; EE. 31 195); geringer Konstruktionsfehler einer Treppe (RG. in Arch. f. Eis. 05 725). Werden Arbeiten innerhalb eines Bahnhofs, durch die für den Reisenden Gefahren entstehen können, einem Unternehmer übertragen, kann die Eisenbahn die Sorge für die Sicherheit der Reisenden nicht dem Unternehmer überlassen (siehe RG. in EE. 32 112 ff.). Auf der Fahrt: Schlägerei im Abteil (RG. in Arch. f. Eis. 07 796); Ausgleiten auf dem Trittbrett (RG. in Arch. f. Eis. 07 1442); Bestreuung vereister Trittbretter (EE. 31 195); herabfallendes Gepäckstück (RG. in Arch. f. Eis. 08 762); Hinausstürzen eines Kindes (RG. in EE. 22 400). Auch Verletzung durch schadhafte Einrichtung der Beförderungsmittel fällt hierunter; so wird man wohl Heizung der Züge auf den großen Durchgangslinien verlangen können (vgl. Reindl, ZVDEisV. 14 1065; EE. 31 321, 371; aber 34 1; Senckpiehl S. 160); Auseinanderbrechen eines Stuhles (EE. 32 332); Fehlen von Fensterscheiben in den Abteilen; Glätte in den Wartesälen (EE. 31 193). Die Eisenbahn haftet nicht für Einrichtungen der Bahnhofswirte und Bahnhofsbuchhändler (EE. 21 386, 25 388).

V. Fraglich ist, ob Haftung bei Überfüllung der Abteile gegeben ist. Grundsätzlich wird dies zu verneinen sein (vgl. Lehmann, Handelsrecht § 216 S. 956 Anm. 6; Eger, DJZ 02 23 f.; Hertzer ebendort 218; ZVDEisV. 09 111, 02 2, 791 [Holzbecher]; auch Gorden, EE. 18 290); a. A. EE. 39 66, wo Einsteigen in ein überfülltes Abteil nicht als mitwirkendes Verschulden bezeichnet ist (siehe auch RG. in VR. 1 298); dagegen mit Recht Roeder a. a. O. S. 299. Ohnmacht eines Reisenden infolge Überfüllung ist Betriebsunfall (EE. 24 392); siehe auch Arch. f. Eis. 21 1225 (Quetschung der Hand).

VI. Bezüglich der minderjährigen Reisenden ist zu beachten: Den Beförderungsvertrag kann regelmäßig nur der gesetzliche Vertreter abschließen (Ausnahme: BGB. § 110), der Minderjährige nur mit dessen Zustimmung. Ohne diese kein Vertrag; bezl. der Schadenhaftung vgl. EE. 22 302 (mitwirkendes Verschulden); RG.

54 404 (höhere Gewalt); kein Einwand aus §§ 276, 278 BGB. (vgl. auch EVO. § 11 Anm. 4).

VII. Die Haftung der Eisenbahn endet ohne Rücksicht auf die Bahngrenzen nach Beendigung der Fahrt und beim Verlassen der eigentlichen Bahnanlagen (RG. in EE. 29 339).

C. Der unentgeltliche Beförderungsvertrag

kommt vor bei Freifahrten (Eisenbahnbediensteten, Zollbeamten, Landtagsabgeordneten. Weitere Beispiele bei Fritsch, ER. S. 341). Hier liegt ein Vertragsverhältnis nicht vor. Haftung aus Vertrag ist sonach nicht gegeben. Für Reichstagsabgeordnete zahlt das Reich einen Pauschalbetrag. Hier liegt also ein Beförderungsvertrag vor. Das gleiche gilt für Kinder unter vier Jahren, für die ein besonderer Platz verlangt wird. Mit dem blinden Passagier wird ein Vertrag nicht abgeschlossen. Bei diesem also nur Haftung nach §§ 823 ff. BGB., nicht nach RHaftpflG. (Josef in EE. 43 367); a. A. Sendpiehl, der Vertrag auch annimmt, wenn jemand betrügerischerweise mitfahren will (BefGesch. S. 38; vgl. auch Anm. 1 S. 39 daselbst). Dem kann man nicht zustimmen; beide Parteien wollen ja gar keinen Vertrag abschließen. Anspruch der Eisenbahn auf Fahrgeld (§ 15 (2) (3) EVO.) ist gesetzlicher, nicht vertraglicher Anspruch.

D. Verjährung

1. Ansprüche der Eisenbahn auf Bezahlung des Fahrgeldes verjähren in zwei Jahren, beginnend mit Jahresschluß (BGB. § 196). 2. Ansprüche gegen die Eisenbahn verjähren: a) aus dem RHaftpflichtG. in zwei Jahren vom Unfall an (Reichs-Ges. v. 7. Juni 1871, § 8); b) aus §§ 823 ff. BGB. in drei Jahren nach Kenntnis vom Schaden und der Person des Ersatzpflichtigen, spätestens aber in 30 Jahren nach Begehung der Tat; c) aus dem Personenbeförderungsvertrag α) Ansprüche auf Rückerstattung des Fahrgeldes 6 Monate nach Ablauf der Gültigkeitsdauer des Fahrausweises (EVO. § 19 (7), keine Verjährungs-, sondern Ausschlußfrist); Ersatz von Aufenthaltskosten infolge Unfalls ebenfalls in sechs Monaten (BGB. § 638; JW. 08 196; Fritsch S. 306 Anm. 23); β) Ansprüche aus Körperverletzung und Sachschaden (außer IV a und b) würden nach § 638 in gleicher Zeit verjähren (so Blume § 26). Die herrschende Meinung, namentlich des RG. (siehe 62 119, 122, 64 41, 66 12; JW. 08 196, 12 686; EE. 24 274, 383 ff.), nimmt aber an, daß es sich bei Verletzung oder Sachschaden nicht um einen Mangel der Beförderungsleistung selbst, sondern um positive Zuwiderhandlung gegen die pflichtmäßige Sorgfalt gegenüber dem noch nicht vollendeten Werke handelt; sie nimmt daher eine Verjährungsfrist von 30

Jahren an. Ein für die Eisenbahn fast unerträglicher Zustand; dadurch wird ihr für diese lange Zeitdauer der Nachweis auferlegt, daß sie kein Verschulden trifft (vgl. hierzu Rundnagel, BefGesch. S. 519 Anm. 20 und weiter die dort Angeführten, namentlich Staub § 472 Anm. 22; a. A. siehe EE. 22 178).

E

Der Anspruch aus dem Beförderungsvertrag steht nur dem Vertragsgegner zu, das ist derjenige, der den Vertrag abgeschlossen hat. Das ist nicht immer derjenige, der den Fahrausweis gelöst hat (vgl. EE. 22 165) — die Lösung kann auch durch einen Dritten geschehen —, beispielsweise der Inhaber einer Monatskarte („eigenhändige Unterschrift") oder derjenige, der mit einem Fahrausweis die Reise begonnen hat; nicht aber die Hinterbliebenen einer getöteten Reisenden (EE. 24 272), z. B. der Ehemann (vgl. EVO. § 13 Anm. 3; Arch. f. Eis. 06 657). Werden Fahrausweise für Strecken verschiedener Verwaltungen ausgegeben, so fehlt eine dem § 96 EVO. entsprechende Vorschrift. Da aber derartige Fahrausweise nur nach gegenseitiger Vereinbarung der Eisenbahnen (Verbandsverkehr) ausgegeben werden können, ist anzunehmen, daß die verkaufende Verwaltung als bevollmächtigte Vertreterin den Beförderungsvertrag zugleich namens jeder einzelnen an der Beförderung beteiligten Verwaltung abschließt (vgl. Rundnagel, Bef.-Gesch. § 170 S. 504; siehe auch EE. 46 380); für internationalen Verkehr siehe JÜP. Art. 42.

§ 9. Fahrpläne

(1) Die Fahrpläne[1] sind vor ihrem Inkrafttreten bekanntzugeben[2] und auf den Bahnhöfen rechtzeitig auszuhängen.[3] Änderungen sind ebenfalls bekanntzugeben und auf den aushängenden Fahrplänen ersichtlich zu machen. Aus den Fahrplänen müssen Gattung, Wagenklassen und Abfahrzeiten, für die größeren Übergangs- und die Endbahnhöfe auch die Ankunftszeiten der Züge sowie die wichtigeren Zuganschlüsse zu ersehen sein.[4] Die ausgehängten Fahrpläne[5] des eigenen Verwaltungsbezirks müssen auf hellgelbes, die anderer inländischer Verwaltungen auf weißes Papier gedruckt sein. Außer Kraft getretene Fahrpläne sind zu entfernen.

(2) Die Eisenbahn hat, soweit ein Bedürfnis[6] besteht, dafür zu sorgen, daß auf Bahnhöfen und im Zuge Auskunft über Zugverbindungen erteilt werden kann.

1. Beschränkungen in der Benutzung bestimmter Züge oder Wagenklassen sind aus den Fahrplänen zu ersehen.

2. Im Zuge wird nur über den Lauf des Zuges und über seine wichtigeren Anschlüsse, auf kleineren Bahnhöfen nur über Zugverbindungen auf den angrenzenden Strecken Auskunft erteilt.

HGB. § 472; JÜP. Art. 22; Vollrath, EE. 28 23 ff.; v. Rinaldini, Haftung für Verspätung und Ausfall von Zügen (EE. 20 95); Fritsch, ER. S. 246.

1. Gilt nur für den regelmäßigen Personenverkehr; für den Tierverkehr vgl. EVO. § 48; vgl. auch EVO. § 4.

2. Die Gestaltung der Fahrpläne ist innere Angelegenheit der Verwaltungen. Art der Bekanntgabe ist durch EVO. nicht vorgeschrieben.

3. Rechtlich bedeutet der Fahrplan Aufforderung zum Vertragsabschluß, nicht etwa ein Angebot ad incertam personam, an das die Eisenbahnverwaltung durch Annahme, z. B. Besteigen und die nachfolgenden Bestimmungen des Abschn. III sowie EVO.

4. Die Eisenbahnen sind nach Maßgabe der veröffentlichten Fahrpläne zur Beförderung verpflichtet (vgl. aber EVO. § 3 a—c und die nachfolgenden Bestimmungen des Abschn. III sowie EVO. § 63 (1)). Bei Verstößen gegen die Vorschriften des § 9 entweder Aufsichtsbeschwerde oder Schadensersatzanspruch (vgl. aber EVO. § 24).

5. Jede Verwaltung haftet für die Richtigkeit ihrer amtlichen Fahrpläne und Kursbücher. Haftung für Fehler vgl. Senckpiehl S. 129; EE. 28 23; siehe BGB. § 121. Als amtlich sind lediglich die gelben und weißen Aushangfahrpläne auf den Bahnhöfen anzusehen, nicht auch die im Buchhandel erscheinenden Fahrplanbücher, es sei denn, daß sie als amtliche bezeichnet sind. Fehler in den nichtamtlichen Büchern berechtigen nur zur Rückgängigmachung des Kaufes (BGB. §§ 459, 462). Das gleiche gilt für die Richtigkeit der Angaben im Reichskursbuch, das jetzt von der Reichsbahn und von der Reichspost herausgegeben wird.

6. Ob ein solches besteht, unterliegt ausschließlich der Beurteilung durch die Eisenbahnverwaltung. Gegen ihre Entscheidung Beschwerde an die Aufsichtsbehörde. Frage ist der Nachprüfung durch den Richter entzogen.

§ 10. Von der Beförderung ausgeschlossene oder nur bedingungsweise zugelassene Personen [1]

(1) Personen, welche die vorgeschriebene Ordnung[2] nicht beachten, sich den Anordnungen der Bediensteten nicht fügen oder durch grobe Verletzung des Anstands den Mitreisenden lästig fallen, insbesondere betrunkene Personen, können[3] von

der Beförderung ausgeschlossen werden.[4] Sie haben keinen Anspruch auf Erstattung von Fahrpreis oder Gepäckfracht.

(2) Pestkranke oder -verdächtige dürfen nicht befördert werden.[5]

(3) An Aussatz (Lepra), asiatischer Cholera, Fleckfieber (Flecktyphus), Gelbfieber oder Pocken (Blattern) erkrankte oder einer solchen Krankheit verdächtige Personen dürfen nur dann befördert werden, wenn der für den Zugangsbahnhof zuständige beamtete Arzt die Zulässigkeit der Beförderung bescheinigt und wenn ihnen ein besonderer Wagen — bei Aussatzkranken genügt ein abgeschlossenes Abteil mit besonderem Abort — angewiesen werden kann.[6] An Fleckfieber erkrankte oder dieser Krankheit verdächtige Personen müssen zuverlässig entlaust sein.[6]

(4) Personen, die an Typhus (Unterleibstyphus), Diphtherie, Ruhr, Genickstarre, Rotz, Scharlach, Masern oder Keuchhusten leiden oder wegen einer anderen Krankheit Mitreisenden offenbar lästig fallen würden, werden nur dann befördert, wenn ihnen ein besonderes Abteil angewiesen werden kann.

(5) Unterwegs erkrankte Personen werden jedoch wenigstens bis zum nächsten geeigneten Bahnhof befördert, wo sie Pflege finden können; Fahrpreis und Gepäckfracht werden nach Abzug des Betrags für die durchfahrene Strecke gemäß § 19 erstattet. Die Mitreisenden sind in anderen Abteilen unterzubringen.

(6) Liegen Anzeichen dafür vor, daß jemand mit einer der in den vorstehenden Absätzen genannten Krankheiten behaftet ist, so kann die Eisenbahn die Vorlegung eines ärztlichen[7] Zeugnisses verlangen.

(7) Für den besonderen Wagen oder das besondere Abteil ist die tarifmäßige Gebühr zu entrichten.

(8) Wegen Rückgabe des Gepäcks vgl. § 33 (3), (5) und (6).

JüP. Art. 13.

1. Ausnahmen von der Regel (§ 3) der Beförderungspflicht. Die Vorschriften befinden sich an dieser Stelle, weil sie schon vor der Lösung von Fahrausweisen beachtet werden müssen (Begr. I). Da aber der Reisende seine Fahrkarte auch durch Dritte lösen lassen kann, so darf aus dieser Bestimmung kein Schluß auf den Abschluß des Beförderungsvertrages gezogen werden, wie dies Eger (EVO. Anm. 38 S. 35) tut (siehe Rundnagel, BefGesch. § 170 S. 503). § 10 gibt der Eisenbahn das Recht, entweder den

Abschluß des Beförderungsvertrages zu verweigern oder vom Vertrage zurückzutreten.

2. Allgemein vorgeschriebene Ordnung, d. h. die durch die allgemeinen Ordnungsvorschriften vorgeschriebene, im Gegensatz zu den Anordnungen der Bediensteten für den Einzelfall, vgl. §§ 77, 82 BBO.; EE. 2 7, 3 203. Hierzu gehören namentlich die Ordnungsvorschriften der EVO. und BBO. (siehe EVO. § 7 Anm. 1). Bahnpolizeiliche Anordnungen sind zu befolgen, auch wenn dadurch Vertragsrecht beeinträchtigt wird (siehe EE. 6 251); übermäßig langer Aufenthalt in den Warteräumen (EE. 7 12).

3. Nicht müssen. Entscheidungsrecht EVO. § 7 (2). Ausschluß erfolgt nur für den Einzelfall.

4. Daneben strafrechtliche Ahndung, neben derjenigen aus BBO. § 82, z. B. wegen Widerstandes (StGB. § 113; EE. 2 7, 3 255, 6 294), Hausfriedensbruchs (StGB. § 123) auf Bahnsteigen (EE. 1 375, 7 326, 21 287), Bahnhöfen (EE. 4 156), in Empfangsgebäuden (EE. 4 304 ff.), Wartesälen (EE. 25 372; RGSt. 36 188, 37 260) und in Schlafwagen (EE. 25 68); Beamtenbeleidigung (StGB. § 196).

Auf Handlungen in Abteilen ist StGB. §§ 183, 186 nicht anwendbar (ZVDEisV. 97 708, 779; a. A. Coermann ebendort 98 885).

5. Vorschriften sind zwingend. Nichtbeachtung zieht nicht nur zivilrechtliche Schadensersatzansprüche, sondern auch polizei- und strafrechtliche Verfolgung nach sich.

6. Bis zur Erfüllung dieser Bedingungen hat die Beförderung zu unterbleiben.

7. Auch eines amtsärztlichen.

§ 11. Fahrpreise. Fahrpreisermäßigungen

(1) Auf jedem Bahnhof ist ein Tarifauszug[1] auszuhängen oder auszulegen, der die Preise der dort verkäuflichen Fahrausweise[2] für die gangbarsten Verbindungen enthält.[3]

(2) Der Tarif bestimmt, ob und welche Preiszuschläge für die Benutzung von Schnellzügen und anderen Zügen mit besonderer Geschwindigkeit und Bequemlichkeit zu entrichten sind und unter welchen Bedingungen die Benutzung der Schlafwagen gestattet ist.

(3) Kinder bis zum vollendeten vierten Lebensjahr, für die kein besonderer Platz beansprucht wird, werden ohne Fahrausweis frei befördert.[4] Kinder vom vollendeten vierten bis zum vollendeten zehnten Lebensjahr und jüngere Kinder, für die ein besonderer Platz beansprucht wird,[5] werden zur Hälfte

des gewöhnlichen Fahrpreises befördert. Maßgebend ist das Lebensalter am Tage des Reiseantritts.[6]

(4) Ob und welche sonstigen Fahrpreisermäßigungen gewährt werden, bestimmt der Tarif.

A. Bekanntgabe der Fahrpreise

Der Tarifauszug kann die Entfernungen und Preise getrennt angeben.

B. Eilzüge, Schnellzüge und Fernschnellzüge

1. Soweit die Fahrausweise nur für Personenzüge gelten, sind bei Benutzung von Eil- und Schnellzügen Zuschlagkarten zu lösen.
2. Der Preis der Zuschlagkarten beträgt für Tarifentfernungen

a) für Eilzüge

in den Zonen:

	Nahzone	Zone I	Zone II	Zone III	Zone IV	Zone V
	für Tarifentfernungen von:					
	1—35 km	36—75 km	76—150 km	151—225 km	226—300 km	über 300 km
2. Klasse	RM	RM	RM	RM	RM	RM
	0,50	1,00	2,00	3,00	4,00	5,00
3. Klasse	0,25	0,50	1,00	1,50	2,00	2,50

b) für Schnellzüge

in den Zonen:

	Zone I	Zone II	Zone III	Zone IV	Zone V
	für Tarifentfernungen von:				
	1—75 km	76—150 km	151—225 km	226—300 km	über 300 km
	RM	RM	RM	RM	RM
1.u.2.Kl.	2,00	4,00	6,00	8,00	10,00
3. Klasse	1,00	2,00	3,00	4,00	5,00

Abweichungen werden in den Tarifteilen II veröffentlicht.

3. Geht ein Reisender in eine niedrigere Wagenklasse eines zuschlagpflichtigen Zuges über mit einem Fahrausweis,

der für die betreffende Zuggattung nicht gültig ist, so hat er den Zuschlag für die niedrigere Klasse zu zahlen. Bereits gezahlte Zuschläge werden hierbei angerechnet.

4. Zuschlagkarten für Eil- und Schnellzüge werden nur zugleich mit einem Fahrausweis oder gegen Vorlage eines solchen ausgegeben.
5. Über den Bestimmungsbahnhof eines Fahrausweises hinaus werden Zuschlagkarten für Eil- und Schnellzüge nur verabfolgt, wenn der Reisende
   a) keinen Fahrausweis bis zum Endbahnhof seiner Reise erhalten kann und einen Fahrausweis bis zu einem Unterwegsbahnhof löst, der seinem Bestimmungsbahnhof möglichst nahe liegt,
   b) wenn er für die Anfangs- oder Endstrecke seiner Fahrt Fahrausweise (z. B. Zeitkarten oder Fahrausweise, die als zur Rückfahrt gekennzeichnet sind) bereits besitzt.

   Die Zuschlagkarte wird in diesen Fällen ausdrücklich für die ganze zu benutzende zuschlagpflichtige Strecke gültig geschrieben und ihr Preis nach der Tarifentfernung für diese Strecke berechnet.
6. Die Zuschlagkarte gilt nur zu einer, wenn auch mit Unterbrechung zurückgelegten Fahrt.
7. Die Zuschlagkarte gilt solange wie der Fahrausweis, zu dem sie gelöst ist. Gilt jedoch der Fahrausweis zu mehr als einer Fahrt in einer Richtung (Zeitkarte) oder ist die Zuschlagkarte über den Bestimmungsbahnhof eines Fahrausweises hinaus verabfolgt (vgl. allg. Ausf. Best. 5), so gilt sie — auch bei Fahrtunterbrechung — vier Tage.
8. Bei Benutzung von Fernschnellzügen (in den Fahrplänen mit „FD" oder „FFD" bezeichnet) ist außer dem Schnellzugzuschlag ein besonderer Fernschnellzugzuschlag zu bezahlen. Der Fernschnellzugzuschlag für FD-Züge beträgt für alle Tarifentfernungen in der 1. und 2. Klasse 4 RM. Der Fernschnellzugzuschlag für FFD-Züge wird durch Schalteraushang veröffentlicht. Für die Fernschnellzugzuschlagkarten gelten dieselben Bestimmungen wie für die Schnellzugzuschlagkarten.

C. Expreß- und Luxuszüge

1. Bei Benutzung von Expreß- und Luxuszügen ist außer dem Schnellzugzuschlag ein in den besonderen Tarifen festgesetzter Preiszuschlag zu bezahlen.
2. Luxuszüge werden in den Fahrplänen mit „L" bezeichnet.

D. Schlafwagen

1. Die Benutzung der Bettplätze 1., 2. oder 3. Klasse ist, soweit Plätze vorhanden sind, dem Reisenden gegen Lösung einer Bettkarte gestattet, wenn er mit einem Fahrausweis der entsprechenden oder einer höheren Wagenklasse oder Zuggattung versehen ist.
2. Die Schlafwagenläufe und die Preise der Bettkarten sind bei den Bahnhöfen und Fahrkartenausgaben zu erfragen.
3. Der Bettkartenpreis wird von dem Zugausgangsbahnhof aus berechnet, auch wenn der Bettplatz erst von einem Unterwegsbahnhof aus benutzt wird. Wenn nach der Einrichtung des Wagens nicht zwischen Bettplätzen 1. und 2. Klasse unterschieden ist, haben die Inhaber von Bettkarten 1. Klasse Anspruch darauf, daß von zwei übereinander angebrachten Betten nur eins belegt wird.
4. Für Kinder bis zum vollendeten vierten Lebensjahre, für die kein besonderes Bett beansprucht wird, brauchen keine Bettkarten gelöst zu werden. Wird aber für ein solches Kind ein besonderes Bett beansprucht, so ist ein Fahrausweis zum halben Preise und eine Bettkarte zum vollen Preise zu lösen.

   Für Kinder über vier Jahre müssen Bettkarten zum vollen Preise gelöst werden, auch wenn sie das Bett mit einem Erwachsenen teilen. Für zwei Kinder bis zum vollendeten zehnten Lebensjahr, die zusammen ein Bett benutzen, ist nur eine Bettkarte zu lösen.
5. Bettkarten können an den Abgangsorten der Schlafwagen gelöst werden entweder
   a) bei den hierfür eingerichteten Vorverkaufsstellen innerhalb der festgesetzten Dienststunden gegen eine Vormerkgebühr oder

b) innerhalb der letzten Stunde vor Zugabgang bei der Fahrkartenausgabe oder

c) bei dem Schlafwagenschaffner ohne Vormerkgebühr.

Auf Unterwegsbahnhöfen, wo keine Bettkarten ausgegeben werden, sind sie nur bei dem Schlafwagenschaffner zu lösen.

6. Bettkarten können auch schriftlich sowie für bestimmte Schlafwagen durch Vermittlung der Bahnhöfe der am Schlafwagenlaufe beteiligten Verwaltungen telegraphisch bestellt werden.

7. Bei Bestellung oder Lösung von Bettkarten ist anzugeben, ob Bettplätze 1., 2. oder 3. Klasse gewünscht werden, in welcher Anzahl und ob sie für einen Herrn, eine Dame oder für eine Familie bestimmt sind. Ferner ist der Bahnhof zu bezeichnen, von dem ab der Reisende den Schlafwagen benutzen will.

8. Bettkartenpreis und Vormerkgebühr sind bei der schriftlichen Bestellung postgeldfrei einzusenden, bei telegraphischer Bestellung vor Aufgabe des Telegramms zu bezahlen.

9. Wird die Abfassung der telegraphischen Bestellung dem annehmenden Beamten überlassen, so wird für Bestellung und Antwort zusammen ohne Rücksicht auf die Zahl der bestellten Plätze die Gebühr nach Anlage V Zif. 6 erhoben. Der Reisende kann bestimmen, daß die Antwort an einen anderen Bahnhof zu richten ist.

Konnten bestellte Bettplätze nicht bereitgehalten werden, so erhält der Besteller den Bettkartenpreis und die Vormerkgebühr zurück. Telegrammgebühren werden nicht erstattet.

10. Ein Anspruch auf einen telegraphisch oder schriftlich bestellten Platz wird nach Zahlung des Bettkartenpreises und der Vormerkgebühr erst durch die zusagende Antwort erworben.

11. Die zusagende Antwort auf die schriftliche oder telegraphische Bestellung dient dem Schlafwagenschaffner gegenüber als Ausweis für den Anspruch auf die bestellten Plätze.

Wenn der Reisende den Eingang der Antwort nicht

abwartet, so gilt dem Schlafwagenschaffner gegenüber, wenn die Plätze freigehalten werden konnten, die Quittung über Bettkartenpreis und Vormerkgebühr als Ausweis.

Das Antworttelegramm oder die Quittung ist bei Zuweisung des bestellten Platzes dem Schlafwagenschaffner auszuhändigen.

12. Ist der zugesagte Bettplatz eine Stunde nach Abfahrt des Zuges von dem nach der allg. Ausf. Best. 7 bezeichneten Bahnhof nicht eingenommen, so erlischt der Anspruch.

E. Fahrpreisermäßigungen

I. Allgemeines

Aufrundung

1. Bei Beförderung zum halben Preise wird der Preis für jeden Fahrausweis auf 5 Reichspfennig aufgerundet, und zwar für jede Fahrt, und wenn mehrere Erwachsene auf einen Fahrausweis befördert werden, auch für jeden Erwachsenen. (Wegen der Kinder vgl. Abschnitt II, III 13, V 38, VII 67, VIII 86, XI 138 und XII 171.)

Benutzung von FD-, FFD-, Expreß- und Luxuszügen

2. In FD-, FFD-, Expreß- und Luxuszügen wird nur die Ermäßigung für Kinder nach Abschnitt II gewährt, soweit nicht die Eisenbahnverwaltung für eine der übrigen Ermäßigungen etwas anderes anordnet.

Unternehmerfahrscheinhefte

3. Auf Unternehmerfahrscheinhefte werden nur die Fahrpreisermäßigungen für Kinder (Abschn. II) und Gesellschaftsfahrten (Abschn. VII) gewährt.

Fahrtunterbrechung

4. Soweit Fahrtunterbrechung zugelassen ist, gelten die allg. Ausf. Best. zu § 23.

Anträge und Ausweise

5. Wo der Tarif Muster vorschreibt, dürfen nur die Vordrucke der Eisenbahnverwaltung verwendet werden.

Beschränkungen

6. Bei Lösung von Zeitkarten oder anderen Fahrausweisen, die schon eine Ermäßigung enthalten, werden die nachstehenden Ermäßigungen nicht gewährt.
7. Bei Zuwiderhandlungen gegen die Tarifbestimmungen ist die Eisenbahnverwaltung berechtigt, den in nachstehenden Abschnitten III bis XVIII genannten Anstalten, Vereinigungen, Körperschaften oder Einzelpersonen die Ermäßigung vorübergehend oder dauernd zu entziehen.

II. Für Kinder

8. Für Kinder vom vollendeten vierten bis zum vollendeten zehnten Lebensjahre und für jüngere Kinder, für die ein Platz beansprucht wird, ist ein Fahrausweis, auch Eilzug- oder Schnellzugzuschlagkarte, zum halben Preise zu lösen. Für zwei Kinder kann eine Fahrkarte zum vollen Preise gelöst werden. Jedes Kind, für das bezahlt wird, hat Anspruch auf einen ganzen Platz.

III. Für Schulfahrten

Berechtigte

9. a) Studierende folgender staatlichen und städtischen Anstalten: der Universitäten, technischen Hochschulen, Bergakademien, Forstakademien, landwirtschaftlichen und tierärztlichen Hochschulen, pädagogischen Akademien, Akademien der bildenden Künste und Musikhochschulen, ferner Studierende der staatlichen und städtischen und der staatlich genehmigten Handelshochschulen;
   b) Schüler folgender öffentlichen (staatlichen und städtischen) Schulen: der Gymnasien, Progymnasien, Realgymnasien, Realprogymnasien, Oberrealschulen, Realschulen, Deutschen Oberschulen und Aufbauschulen, Mittelschulen, Bürgerschulen, Volksschulen, höheren Mädchenschulen, Frauenschulen, Seminare, Fortbildungsschulen (Berufsschulen), Blindenanstalten, Taubstummenanstalten

und der staatlich genehmigten Privatschulen mit dem Ziel der vorgenannten Lehranstalten;

c) Schüler der öffentlichen (staatlichen und städtischen) und staatlich genehmigten privaten Fachschulen, z. B. Kunstgewerbe-, Gewerbeschulen, Landwirtschaftsschulen, Handelsschulen. Fachschulen sind nur schulmäßig betriebene Anstalten, die besondere Fachgebiete lehren und eine abgeschlossene Fachausbildung für einen bestimmten Beruf vermitteln;

d) die begleitenden Lehrer, die einer der Lehranstalten zu a) bis c) angehören müssen;

e) Studierende und Schüler außerdeutscher Anstalten und die begleitenden Lehrer mit Genehmigung der Eisenbahnverwaltung.

Art und Zweck der Reise

10. Gemeinschaftliche Fahrten unter Leitung und Aufsicht von Lehrern zu wissenschaftlichen und belehrenden Zwecken.

Teilnehmerzahl

11. Der halbe Fahrpreis ist mindestens für 10 Erwachsene zu bezahlen.

Zahl der Lehrer

12. Zugelassen ist für 9 Studierende oder Schüler ein Lehrer und für je weitere 9 Studierende oder Schüler, auch wenn diese Zahl nicht voll erreicht ist, noch ein Lehrer. Eine größere Zahl von Lehrern kann die Eisenbahnverwaltung in besonderen Ausnahmefällen zulassen.

Preise, Wagenklasse, Züge

13. Halber Fahrpreis 2. oder 3. Klasse in Personenzügen, in Eilzügen außerdem voller Eilzugzuschlag. Zwei Schüler der vier unteren Klassen der Volksschulen und derjenigen Klassen privater Grundschulen, die im allgemeinen von Kindern unter 10 Jahren besucht werden, zahlen zusammen den halben Fahrpreis. Ein einzelnes Kind zahlt den halben Fahrpreis ohne weitere Ermäßigung.

14. Die Ermäßigung kann in Schnellzügen — auch auf

Teilstrecken — gegen Bezahlung des vollen Schnellzugzuschlags gewährt werden, wenn der Fahrausweis auf mindestens 150 km lautet.

15. Die Beförderung in Triebwagen kann nicht verlangt werden.
16. Sämtliche Teilnehmer haben dieselbe Wagenklasse zu benutzen.
17. Bei Übergang in die 2. Klasse wird der Unterschied zwischen den ermäßigten Preisen der 3. und 2. Klasse erhoben. Übergang in die 1. Klasse ist nicht zulässig.

Art des Fahrausweises

18. Beförderungsschein, je nach Antrag für einfache Fahrt oder für Hin- und Rückfahrt. Er ist bei Beendigung der Fahrt abzugeben.

Fahrtunterbrechung

19. Fahrtunterbrechung ist wie bei gewöhnlichen Fahrausweisen zulässig.

Beschränkungen

20. Schnellzüge:
    Vom zweiten Tage vor bis zum zweiten Tage nach den beiden Oster-, Pfingst- und Weihnachtsfeiertagen ist Schnellzugbenutzung ausgeschlossen.
    Die Eisenbahnverwaltung kann die Schnellzugbenutzung auch an anderen Tagen, z. B. zu Anfang der großen Sommerferien allgemein versagen, sie kann auch einzelne Schnellzüge dauernd oder vorübergehend ausschließen.
21. Übrige Züge:
    Die Eisenbahnverwaltung kann die Ermäßigung an einzelnen Tagen, z. B. zu Ferienanfang und -schluß, Weihnachten, Ostern und Pfingsten versagen oder die Teilnehmer auf bestimmte Züge verweisen.

Antrag

22. Der leitende Lehrer (Zif. 9 a), c) und e)) oder der Schulleiter (Zif. 9 b)) hat den Antrag nach vorgeschriebenem Muster für einfache Fahrt oder für Hin- und Rückfahrt bei dem Abgangsbahnhof zu stellen.
    Der Antrag bleibt bei dem Abgangsbahnhof.

Anmeldefrist

23. Die Fahrt ist zwei Tage vorher anzumelden. Die Anmeldung kann noch bis zwei Stunden vor der Abfahrt berücksichtigt werden. Wollen mehr als 20 Teilnehmer einen Schnellzug benutzen, so beträgt die Anmeldefrist 8 Tage.

IV. Für Unterstützte des Deutschen Museums in München

Berechtigte

24. Die aus der Reisestiftung des Deutschen Museums in München unterstützten
    a) Schüler von Gymnasien, Realgymnasien, Oberrealschulen, Realschulen, Lehrerbildungsanstalten und Fachschulen, auch unmittelbar nach Abschluß ihres Schulbesuchs,
    b) jüngeren Arbeiter und Handwerkslehrlinge,
    c) Studierenden der Naturwissenschaft und Technik an Universitäten und Hochschulen.

Art und Zweck der Reise

25. Fahrt vom Wohnort nach München und zurück zum Studium der Sammlungen des Deutschen Museums in München.

Preise, Wagenklasse, Züge

26. Halber Fahrpreis 3. Klasse in Personenzügen, in Eil- und Schnellzügen außerdem voller Zuschlag.

27. Übergang in höhere Wagenklassen ist nicht zulässig.

Art des Fahrausweises

28. Fahrausweise zum halben Preise.

Fahrtunterbrechung

29. Fahrtunterbrechung ist wie bei gewöhnlichen Fahrausweisen zulässig.

Antrag

30. Für jede einzelne Fahrt hat das Deutsche Museum bei dem Abgangsbahnhof einen Antrag nach vorgeschriebenem Muster zu stellen, darin den Namen und Wohnort des Unterstützten anzugeben und zu bescheinigen
    a) für die Hin- und Rückreise,
    daß der Berechtigte aus der Reisestiftung zum Studium der Sammlungen unterstützt wird,

b) für die Rückreise,
daß der Unterstützte nach den Stiftungssatzungen die Sammlungen studiert hat.

31. Den Antrag gibt die Fahrkartenausgabe bei der Lösung eines Fahrausweises abgestempelt zurück. Der Unterstützte hat ihn auf Verlangen jederzeit vorzuzeigen und bei Beendigung der Fahrt mit dem Fahrausweis abzugeben.

V. Für Ferienkolonien

Berechtigte

32. Kinder mittelloser Eltern bis zum vollendeten 16. Lebensjahr, wenn Vereine oder Behörden mindestens ein Viertel der Kosten für die Entsendung in eine Ferienkolonie tragen.
33. Die erforderlichen Begleiter, wenn Vereine oder Behörden das gesamte Fahrgeld für sie tragen.

Art und Zweck der Reise

34. Fahrten vom Wohnort nach der Ferienkolonie und zurück und Ausflüge während des Aufenthaltes in der Ferienkolonie.

Teilnehmerzahl

35. Unbeschränkt.

Zahl der Begleiter

36. Zugelassen ist bei gemeinsamen Fahrten von 4 bis 9 Kindern ein Begleiter, für je weitere 9 Kinder, auch wenn diese Zahl nicht voll erreicht ist, noch ein Begleiter.
37. Bei Rückfahrt erkrankter Kinder aus der Ferienkolonie wird jedoch stets ein Begleiter zugelassen, wenn die Erkrankung und die Notwendigkeit der Begleitung ärztlich bescheinigt sind.

Preise, Wagenklasse, Züge

38. Halber Fahrpreis 3. Klasse in Personenzügen, in Eilzügen außerdem voller Eilzugzuschlag. Zwei Kinder von 4 bis 10 Jahren zahlen zusammen den halben Fahrpreis. Ein einzelnes Kind zahlt den halben Fahrpreis ohne weitere Ermäßigung.
39. Die Beförderung in Triebwagen kann nicht verlangt werden.

41. Schnellzüge sind ausgeschlossen.

42. Übergang in höhere Wagenklassen ist nicht zulässig.

Art des Fahrausweises

43. Beförderungsschein, je nach Antrag für einfache Fahrt oder für Hin- und Rückfahrt. Er ist bei Beendigung der Fahrt abzugeben.
Alleinreisende Begleiter erhalten Fahrausweise.

Fahrtunterbrechung

44. Fahrtunterbrechung ist wie bei gewöhnlichen Fahrausweisen zulässig.

Beschränkung

45. Die Eisenbahnverwaltung kann die Ermäßigung an einzelnen Tagen versagen oder die Teilnehmer auf bestimmte Züge verweisen.

Antrag

46. Die Behörden oder Vereine haben den Antrag nach vorgeschriebenem Muster für einfache Fahrt oder für Hin- und Rückfahrt bei dem Abgangsbahnhof zu stellen. Sie müssen darin erklären, daß sie mindestens ein Viertel der Kosten für die Entsendung der Kinder und alle Fahrgelder für die Begleiter tragen.

47. Außerdem ist eine Bescheinigung der Gemeinde-(Ortspolizei-)behörde oder des Bezirksfürsorgeverbandes (Wohlfahrtsamts) über die Mittellosigkeit nach vorgeschriebenem Muster erforderlich. Bei gemeinsamer Beförderung mehrerer Kinder genügt eine Bescheinigung, die die Namen aller Kinder enthält.

48. Der Antrag und die Mittellosigkeitsbescheinigung bleiben bei dem Abgangsbahnhof.

49. Für die Alleinfahrten des Begleiters vom Erholungsorte der Kinder nach dem Abgangsbahnhof und zur Abholung der Kinder ist je ein besonderer Antrag zu stellen. Er wird bei jeder Lösung eines Fahrausweises abgestempelt und zurückgegeben. Der Begleiter hat ihn auf Verlangen jederzeit vorzuzeigen und bei Beendigung der Fahrt mit dem Fahrausweis abzugeben.

Anmeldefrist

50. Die Fahrt ist 2 Tage vorher anzumelden. Die Anmeldung kann noch bis 2 Stunden vor der Abfahrt berücksichtigt werden.

VI. Für Theaterunternehmungen und Orchestervereinigungen

Berechtigte

51. Theaterunternehmungen und Orchestervereinigungen,
    a) die ausschließlich oder überwiegend auf Wandertätigkeit angewiesen sind,
    b) die bei ihren Veranstaltungen zur Kunstpflege oder Volksbildung gemeinnützige Zwecke verfolgen,
    c) die vom Reich oder von den Ländern unterhalten oder wesentlich unterstützt werden, und
    d) bei denen die Landesbehörden anerkannt haben, daß die Erfordernisse zu a) bis c) erfüllt sind.
52. Ausgeschlossen sind Unternehmungen, die sich nur mit Tanz-, Puppen-, Jugend-, Laienspielen u. dgl. befassen, und Vereinigungen, die keine Instrumentalorchester darstellen.

Art und Zweck der Reise

53. Gemeinschaftliche Fahrten der Mitglieder der Theaterunternehmungen und Orchestervereinigungen nach und von Orten, an denen die Aufführungen veranstaltet werden.

Teilnehmerzahl

54. Der halbe Fahrpreis ist mindestens für 5 Erwachsene zu bezahlen.

Preise, Wagenklasse, Züge

55. Halber Fahrpreis 2. oder 3. Klasse in Personenzügen, in Eil- und Schnellzügen außerdem voller Zuschlag.
56. Die Beförderung in Triebwagen kann nicht verlangt werden.
57. Bei Übergang in die 2. Klasse wird der Unterschied zwischen den ermäßigten Preisen der 3. und der 2. Klasse erhoben. Übergang in die 1. Klasse ist nicht zulässig.

Art des Fahrausweises

58. Fahrausweise zum halben Preise. Bei größerer Teilnehmerzahl wird ein Beförderungsschein ausgestellt. Jeder Teilnehmer erhält alsdann außerdem eine Gesellschaftskarte, die mit dem Beförderungsschein als Fahrausweis im Sinne des Tarifs gilt. Beförderungs-

schein und Gesellschaftskarten sind bei Beendigung der Fahrt abzugeben.

Fahrtunterbrechung

59. Fahrtunterbrechung ist wie bei gewöhnlichen Fahrausweisen zulässig.

Antrag

60. Der Leiter der Unternehmung hat für jede einzelne Fahrt einen Antrag nach vorgeschriebenem Muster bei dem Abgangsbahnhof zu stellen.

61. Mit dem Antrag hat er eine für das Kalenderjahr geltende Bescheinigung der Eisenbahnverwaltung darüber vorzulegen, daß die Landesbehörde die Unternehmung anerkannt hat. Die Bescheinigung erhält der Leiter zurück. Er muß sie auf Verlangen jederzeit vorzeigen.

62. Der Antrag wird bei jeder Lösung eines Fahrausweises abgestempelt und zurückgegeben. Auf Verlangen ist er jederzeit vorzuzeigen und bei Beendigung der Fahrt abzugeben. Bei Ausstellung eines Beförderungsscheins bleibt der Antrag bei dem Abgangsbahnhof.

Anmeldefrist

63. Die Fahrt ist 2 Tage vorher anzumelden. Die Anmeldung kann noch bis 2 Stunden vor der Abfahrt berücksichtigt werden.

VII. Für Gesellschaftsfahrten

Berechtigte

64. Personen, die sich zu gemeinsamen Fahrten zusammengeschlossen haben.

Art und Zweck der Reise

65. Gemeinschaftliche Fahrten von Gesellschaften auf eine Mindestentfernung von 30 Tarifkilometern oder bei Bezahlung für diese Entfernung. Hin- und Rückfahrt gelten je als eine Fahrt.

Teilnehmerzahl

66. Der ermäßigte Fahrpreis ist mindestens für 20 Erwachsene zu bezahlen.

Preise, Wagenklasse, Züge

67. Fahrpreis für einfache Fahrt 1., 2. oder 3. Klasse in Per-

sonenzügen, ermäßigt um 25 v. H. Bei Benutzung von Eil- oder Schnellzügen wird der Fahrpreis für Eil- oder Schnellzüge der Fahrpreisberechnung zugrunde gelegt. Aufrundung für jede Person auf 10 Reichspfennig.
Zwei Kinder im Alter von 4 bis 10 Jahren gelten als ein Erwachsener. Für ein einzelnes Kind wird der Fahrpreis eines Erwachsenen erhoben.

68. Die Teilnehmer können verschiedene Wagenklassen — auch auf Teilstrecken — benutzen.
69. Der Übergang in höhere Wagenklassen — auch für Teilstrecken und für einzelne Teilnehmer — ist zulässig. Bei Übergang ist der Unterschied zwischen den ermäßigten Preisen zu zahlen.
70. Die Beförderung in Triebwagen kann nicht verlangt werden.

Art des Fahrausweises

71. Beförderungsschein, je nach Antrag für einfache Fahrt oder für Hin- und Rückfahrt. Jeder Teilnehmer erhält außerdem eine Gesellschaftskarte, die mit dem Beförderungsschein als Fahrausweis im Sinne des Tarifs gilt. Beförderungsschein und Gesellschaftskarten sind bei Beendigung der Fahrt abzugeben.
72. Nach näherer Bestimmung der Eisenbahnverwaltung können an Stelle des Beförderungsscheins und der Gesellschaftskarten Unternehmerfahrscheinhefte verwendet werden.

Fahrtunterbrechung

73. Fahrtunterbrechung ist wie bei gewöhnlichen Fahrausweisen zulässig.

Beschränkungen

74. Die Eisenbahnverwaltung kann die Ermäßigung an einzelnen Tagen, z. B. zu Ostern, Pfingsten, Weihnachten oder zu Ferienanfang und -schluß versagen oder die Teilnehmer auf bestimmte Züge verweisen.
75. Die Eisenbahnverwaltung kann auch einzelne Züge ausschließen.
76. Schnellzüge dürfen Gesellschaften von mehr als 50 Teilnehmern nur mit Genehmigung des Abgangsbahnhofs benutzen.

Antrag

77. Schriftliche Anmeldung für einfache Fahrt oder für Hin- und Rückfahrt ohne Vordruck bei dem Abgangsbahnhof unter Angabe
des Reisetages,
des Reisezieles,
der Züge,
der Wagenklasse und
der Teilnehmerzahl.

Anmeldefrist

78. Die Fahrt ist 2 Tage vorher, bei Schnellzugbenutzung durch mehr als 50 Teilnehmer 3 Tage vorher anzumelden. Die Anmeldung kann noch bis 2 Stunden vor der Abfahrt berücksichtigt werden.

79. Das Fahrgeld muß spätestens 2 Stunden vor der Abfahrt bezahlt werden.

Kostenersatz für Vorbereitung

80. Wird eine Gesellschaftsfahrt abgesagt, so sind die Kosten der Vorbereitung nach allg. Ausf. Best. B I 12 zu § 12 zu ersetzen.

VIII. Für Jugendpflege

Berechtigte

81. Vereine für Jugendpflege, die behördlich anerkannt und der Eisenbahnverwaltung namhaft gemacht sind.

Art und Zweck der Reise

82. Gemeinschaftliche Fahrten Jugendlicher zu Zwecken der Jugendpflege mit sachverständigen Führern. Die Entfernung muß mindestens 10 Tarifkilometer betragen oder das Fahrgeld für diese Entfernung bezahlt werden. Die Jugendlichen dürfen das 20. Lebensjahr nicht überschritten haben.

83. Die Führer müssen mindestens 18 Jahre alt sein und einen behördlich ausgestellten Führerausweis mit Lichtbild haben, wonach sie befähigt sind, Ausflüge zu Zwecken der Jugendpflege sachverständig zu leiten.

Teilnehmerzahl

84. Der halbe Fahrpreis ist mindestens für 10 Erwachsene zu bezahlen.

Zahl der Führer

85. Zugelassen mit gleicher Ermäßigung ist für je 9 Jugendliche ein Führer und für je weitere 9 Jugendliche, auch wenn diese Zahl nicht voll erreicht ist, noch ein Führer.

Preise, Wagenklasse, Züge

86. Halber Fahrpreis 3. Klasse in Personenzügen, in Eilzügen außerdem voller Eilzugzuschlag. Zwei Kinder unter 10 Jahren zahlen zusammen den halben Fahrpreis. Ein einzelnes Kind zahlt den halben Fahrpreis ohne weitere Ermäßigung.

87. Die Beförderung in Triebwagen kann nicht verlangt werden.

88. Schnellzüge sind ausgeschlossen.

90. Übergang in höhere Wagenklassen ist nicht zulässig.

Art des Fahrausweises

91. Beförderungsschein, je nach Antrag für einfache Fahrt oder für Hin- und Rückfahrt. Jeder Teilnehmer erhält außerdem eine Gesellschaftskarte, die mit dem Beförderungsschein als Fahrausweis im Sinne des Tarifs gilt.

Beförderungsschein und Gesellschaftskarten sind bei Beendigung der Fahrt abzugeben.

Fahrtunterbrechung

92. Fahrtunterbrechung ist wie bei gewöhnlichen Fahrausweisen zulässig.

Beschränkungen

93. Die Eisenbahnverwaltung kann die Ermäßigung an einzelnen Tagen, z. B. zu Ostern, Pfingsten, Weihnachten oder zu Ferienanfang und -schluß, versagen oder die Teilnehmer auf bestimmte Züge verweisen.

Antrag

94. Den Antrag für einfache Fahrt oder für Hin- und Rückfahrt hat der Verein nach vorgeschriebenem Muster bei dem Abgangsbahnhof zu stellen.

Der Verein muß den Antrag unterstempeln und unterschreiben.

95. Der Führer, der den Ausflug leitet, hat zu bescheinigen, daß die Jugendlichen das 20. Lebensjahr nicht überschritten haben.

96. Mit dem Antrag sind vorzulegen:
a) die behördliche Bescheinigung über die Anerkennung als Jugendpflegeverein (gültig für das Kalenderjahr),
b) für jeden Führer der Führerausweis nach Zif. 83 (ohne Zeitbeschränkung).

Die Ausweise zu a) und b) sind auf Verlangen jederzeit vorzuzeigen.

97. Der Antrag (Zif. 94) bleibt bei dem Abgangsbahnhof.

Anmeldefrist

98. Die Fahrt ist 2 Tage vorher anzumelden. Die Anmeldung kann noch bis 2 Stunden vor der Abfahrt berücksichtigt werden.

99. Das Fahrgeld muß spätestens 2 Stunden vor der Abfahrt bezahlt werden.

IX. Für öffentliche Krankenpflege

Berechtigte

100. Die berufsmäßig tätigen Krankenpfleger (-pflegerinnen) und die Leiter der im Deutschen Reich ansässigen weltlichen und geistlichen Vereine (Genossenschaften) oder ihrer Zweigniederlassungen, deren Hauptzweck nach den Satzungen die öffentliche Krankenpflege in freier Liebestätigkeit ist, einschl. der Anstalten zur Pflege der Blöden, Schwachsinnigen, Fallsüchtigen oder Krüppel

101. Ausgeschlossen von der Vergünstigung sind Vereine, die oder deren Mitglieder die Krankenpflege erwerbsmäßig betreiben.

102. Die Fahrpreisermäßigung wird bei den Fahrten zu Zif. 103 b) auch den berufsmäßig tätigen Krankenpflegern gewährt, die dem Verein angehören, aber einer Anstalt des Staates oder eines Selbstverwaltungskörpers überwiesen sind, ohne von diesen unmittelbar angestellt zu sein.

Art und Zweck der Reise

103. Fahrten der berufsmäßig tätigen Krankenpfleger
a) zur Ausübung der öffentlichen Krankenpflege,
b) bei Versetzungen, zur Fortbildung, Kur und Erholung; bei Fahrten zur Kur und Erholung auch

nach und von ausländischen Orten auf den deutschen Strecken.

104. Fahrten der Leiter zur Aufsicht über die Krankenpfleger. Die Leiter müssen der Eisenbahnverwaltung namentlich bekanntgegeben werden und eine von dieser ausgestellte Bescheinigung mit Lichtbild haben. Die Geltungsdauer der Bescheinigung ist nicht beschränkt.

Preise, Wagenklasse, Züge

105. Halber Fahrpreis 2. oder 3. Klasse in Personenzügen, in Eil- und Schnellzügen außerdem voller Zuschlag.

106. Bei Übergang in die 2. Klasse wird der Unterschied zwischen den ermäßigten Preisen der 3. und der 2. Klasse erhoben. Übergang in die 1. Klasse ist nicht zulässig.

Art des Fahrausweises

107. Fahrkarten zum halben Preise.

Fahrtunterbrechung

108. Fahrtunterbrechung ist wie bei gewöhnlichen Fahrausweisen zulässig.

Beschränkungen

109. Ausgeschlossen von der Ermäßigung sind Fahrten der Krankenpfleger,
a) wenn die Pflege oder die Begleitung der Kranken auf deren Kosten gehen,
b) zum Eintritt in die Vereine.

Antrag

110. Für jede einzelne Fahrt hat der Vorstand des Vereins oder der Zweigniederlassung einen Antrag nach vorgeschriebenem Muster bei dem Abgangsbahnhof zu stellen. Der Vorstand des Vereins muß den Antrag unterschreiben und unterstempeln.

111. Bei Fahrten der Krankenpfleger muß im Antrag außerdem bestätigt sein, daß sie den Vereinen als berufsmäßige Krankenpfleger angehören.

112. Werden Kranke außerhalb eines öffentlichen Krankenhauses gepflegt oder Kranke begleitet, so ist im Antrag zu bestätigen, daß die Pflege unentgeltlich ausgeübt wird.

113. Der Antrag wird bei jeder Lösung eines Fahrausweises

abgestempelt und zurückgegeben. Auf Verlangen hat der Inhaber ihn jederzeit vorzuzeigen und bei Beendigung der Fahrt mit dem Fahrausweis abzugeben.

114. Der Leiter hat mit dem Antrag stets die Bescheinigung mit Lichtbild (Zif. 104) vorzulegen und sie auch sonst auf Verlangen jederzeit vorzuzeigen.

X. Zur Fürsorge für gefallene Frauen und Mädchen

Berechtigte

115. Die berufsmäßig tätigen Pfleger und die Leiter der im Deutschen Reich ansässigen Vereine (Anstalten) oder ihrer Zweigniederlassungen, die sich nach den Satzungen in freier Liebestätigkeit ausschließlich der Fürsorge für gefallene oder für gefallene und für sittlich gefährdete Frauen, Mädchen und Kinder widmen.

116. Ausgeschlossen von der Vergünstigung sind Vereine und Anstalten, die oder deren Mitglieder die Fürsorge erwerbsmäßig betreiben.

Art und Zweck der Reise

117. Fahrten der berufsmäßig tätigen Pfleger
a) zur Fürsorge für die Schützlinge,
b) bei Versetzungen, zur Kur und Erholung.

118. Fahrten der Leiter zur Aufsicht über die Pfleger. Die Leiter müssen der Eisenbahnverwaltung namentlich bekanntgegeben werden und eine von dieser ausgestellte Bescheinigung mit Lichtbild haben. Die Geltungsdauer der Bescheinigung ist nicht beschränkt.

Preise, Wagenklasse, Züge

119. Halber Fahrpreis 2. oder 3. Klasse in Personenzügen, in Eil- und Schnellzügen außerdem voller Zuschlag.

120. Bei Übergang in die 2. Klasse wird der Unterschied zwischen den ermäßigten Preisen der 3. und der 2. Klasse erhoben. Übergang in die 1. Klasse ist nicht zulässig.

Art des Fahrausweises

121. Fahrausweise zum halben Preise.

Fahrtunterbrechung

122. Fahrtunterbrechung ist wie bei gewöhnlichen Fahrausweisen zulässig.

Beschränkung

123. Ausgeschlossen von der Ermäßigung sind Fahrten der Pfleger zum Eintritt in die Vereine.

Antrag

124. Für jede einzelne Fahrt hat der Vorstand des Vereins oder der Zweigniederlassung einen Antrag nach vorgeschriebenem Muster bei dem Abgangsbahnhof zu stellen. Der Vorstand des Vereins muß den Antrag unterschreiben und unterstempeln.

125. Bei Fahrten der Pfleger muß im Antrag außerdem bestätigt sein, daß sie den Vereinen als berufsmäßige Pfleger angehören.

126. Der Antrag wird bei jeder Lösung eines Fahrausweises abgestempelt und zurückgegeben. Auf Verlangen hat ihn der Inhaber jederzeit vorzuzeigen und bei Beendigung der Fahrt mit dem Fahrausweis abzugeben.

127. Der Leiter hat mit dem Antrag stets die Bescheinigung mit Lichtbild (Zif. 118) vorzulegen und sie auch sonst auf Verlangen jederzeit vorzuzeigen.

XI. Für mittellose Kranke

Berechtigte

128. Mittellose Kranke, denen der Fürsorgeverband — oder die entsprechende ausländische Stelle — aus eigenen Mitteln oder zusammen mit gemeinnützigen Verbänden vom Beginn der Anstaltsbehandlung einen Zuschuß von mindestens einem Viertel der Anstaltskosten gewährt.

129. Mittellose Kranke, denen eine öffentliche Kuranstalt oder eine in erster Linie Kurzwecken dienende Anstalt (Zif. 133) die Gebühren für die Benutzung ihrer Bäder oder sonstigen Kureinrichtungen mindestens um ein Viertel ermäßigt.

130. Kranke Kinder Mitteloser, denen der Fürsorgeverband — oder die entsprechende ausländische Stelle — aus eigenen Mitteln oder zusammen mit gemeinnützigen Verbänden vom Beginn der Heilstättenbehandlung einen Zuschuß von mindestens einem Viertel der Kosten gewährt.

131. Kinder Mittelloser, die zur Verhütung des Siechtums

auf Kosten von Gemeinden, Behörden oder Vereinen entsandt werden.

Art und Zweck der Reise

132. Zu Zif. 128:
a) Fahrten zur Aufnahme in öffentliche Krankenhäuser, öffentliche Kliniken, öffentliche Anstalten für Geisteskranke und für Krüppel (Krüppelheime), in Privatanstalten dieser Art, die aus öffentlichen Mitteln unterstützt werden, um Mittellose kostenfrei aufzunehmen, und bei der Entlassung aus diesen Anstalten,
b) Fahrten zur Besuchsbehandlung in diesen Anstalten und in Krüppelfürsorgestellen.

133. Zu Zif. 129: Fahrten nach und von Kurorten, wenn der Kranke dort eine öffentliche Kuranstalt oder eine in erster Linie Kurzwecken dienende Anstalt in Anspruch nimmt, die mit besonderen Kureinrichtungen ausgestattet ist und Vergünstigungen an Mittellose allgemein gewährt.

134. Zu Zif. 130: Fahrten zur Aufnahme in Kinderheilstätten und bei der Entlassung.

135. Zu Zif. 131: Fahrten von Kindern zum Landaufenthalt und zurück.

Begleiter

136. Ist Begleitung notwendig, so erhält der Begleiter dieselbe Ermäßigung wie der Berechtigte, wenn er
a) Kranke oder Kinder unterbringt,
b) vom Unterbringungs- nach dem Wohnort allein zurückfährt,
c) vom Wohnort zur Wiederabholung fährt,
d) Kranke oder Kinder nach dem Wohnort zurückbringt,
e) mit Kranken zur Besuchsbehandlung fährt.

137. Für jeden Kranken, für jedes alleinreisende Kind und für mehrere zusammenreisende Kinder ist ein Begleiter, für einen Geisteskranken sind auch mehrere Begleiter zugelassen. Die Notwendigkeit der Begleitung und gegebenenfalls die Zahl der Begleiter ist bei Erwachsenen stets, bei Kindern nur dann ärztlich

zu bescheinigen, wenn bei gemeinsamen Reisen von Kindern mehr als ein Begleiter mitfahren soll.

Preise, Wagenklasse, Züge

138. Halber Fahrpreis 3. Klasse in Personenzügen, in Eil- und Schnellzügen außerdem voller Zuschlag. Zwei Kinder von 4 bis 10 Jahren zahlen zusammen den halben Fahrpreis. Ein einzelnes Kind zahlt den halben Fahrpreis ohne weitere Ermäßigung.

139. Übergang in höhere Wagenklassen ist nicht zulässig.

Art des Fahrausweises

140. Fahrausweise zum halben Preise. Reisen mehrere Kinder gleichzeitig nach einer Kinderheilstätte oder zum Landaufenthalt oder zurück, so kann ein Beförderungsschein ausgestellt werden. Der Beförderungsschein ist bei Beendigung der Fahrt abzugeben.

Fahrtunterbrechung

141. Fahrtunterbrechung ist wie bei gewöhnlichen Fahrausweisen zulässig.

Antrag

142. Für jede einzelne Fahrt ist bei dem Abgangsbahnhof ein Antrag nach vorgeschriebenem Muster zu stellen und eine Mittellosigkeitsbescheinigung vorzulegen. (Wegen der einzelnen Fälle vgl. Zif. 143 bis 167.)

Bei Aufnahme in öffentliche Krankenhäuser usw. (Zif. 128 und 132 a)):

143. Für Kranke

Hinfahrt: Bestätigung der Anstalt über die Aufnahme, in dringenden Fällen Bescheinigung des Arztes (ohne Vordruck).

Rückfahrt: Bestätigung der Anstalt über die Entlassung.

144. Für Begleiter

a) wenn sie mit dem Kranken fahren:
besonderer Antrag wie für den Kranken; bei Begleitung Erwachsener ferner ein ärztliches Zeugnis über die Notwendigkeit der Begleitung (ohne Vordruck);

b) wenn sie allein fahren:
besonderer Antrag wie für den Kranken; der Begleiter ist namentlich zu bezeichnen und ihm zu

bescheinigen, daß er den Kranken untergebracht hat oder ihn abholt.

145. Zu Zif. 143 und 144 b) bedarf es außerdem je für Hin- und Rückfahrt einer Bescheinigung der Gemeinde-(Ortspolizei-)behörde oder des Bezirkfürsorgeverbandes (Wohlfahrtsamts) darüber, daß der Kranke mittellos ist, daß keine andere Fürsorge, auch nicht die Kranken-, Invaliden- und Unfallversicherung, einzutreten hat, und daß der Fürsorgeverband — oder die entsprechende ausländische Stelle — vom Beginn der Anstaltsbehandlung einen Zuschuß von mindestens einem Viertel der Anstaltskosten gewährt.

146. Die Mittellosigkeitsbescheinigung (Zif. 145) kann für Pfleglinge der öffentlichen Anstalten für Geisteskranke oder Krüppel auch die Anstaltsleitung, für Frauen und Kinder der Unteroffiziere und Mannschaften der deutschen Wehrmacht auch die vorgesetzte Befehlsstelle ausstellen.

147. Mittellosigkeitsbescheinigungen ausländischer Behörden werden nur anerkannt, wenn das deutsche Konsulat sie beglaubigt und dabei bescheinigt, daß die ausländische unterstützende Stelle den deutschen Fürsorgeverbänden entspricht. Fremdsprachlichen Bescheinigungen ist eine vom deutschen Konsulat beglaubigte Übersetzung beizugeben, die mit der Urschrift fest verbunden sein muß.

Bei Besuchsbehandlung (Zif. 128 und 132 b)):

148. Für Kranke

Hinfahrt: Bescheinigung der Anstalt oder Krüppelfürsorgestelle über die Besuchsbehandlung; in dringenden Fällen Bescheinigung des Arztes (ohne Vordruck).

Rückfahrt: Bescheinigung der Anstalt oder Krüppelfürsorgestelle über das Erscheinen zur Besuchsbehandlung.

149. Für Begleiter

Besonderer Antrag wie für den Kranken, bei Begleitung Erwachsener ferner ein ärztliches Zeugnis über die Notwendigkeit der Begleitung (ohne Vordruck).

150. Zu Zif. 148 und 149: Mittellosigkeitsbescheinigung wie zu Zif. 145 und 146.

Bei Besuch von Kurorten (Zif. 129 und 133):

151. Für Kranke

Hinfahrt: Bestätigung der Kuranstalt darüber, daß der Kranke sie in Anspruch nimmt und daß sie die Gebühren für ihre Bäder oder sonstigen Kureinrichtungen allgemein für Mittellose mindestens um ein Viertel ermäßigt.

Rückfahrt: Bescheinigung der Kuranstalt über die Beendigung der Kur.

152. Für Begleiter

a) wenn sie mit dem Kranken fahren:
besonderer Antrag wie für den Kranken, bei Begleitung Erwachsener ferner ein ärztliches Zeugnis über die Notwendigkeit der Begleitung (ohne Vordruck);

b) wenn sie allein fahren:
besonderer Antrag wie für den Kranken; der Begleiter ist namentlich zu bezeichnen und ihm zu bescheinigen, daß er den Kurbedürftigen untergebracht hat oder ihn abholt.

153. Zu Zif. 151 und 152 b) bedarf es außerdem für Hin- und Rückfahrt einer Bescheinigung der Gemeinde-(Ortspolizei-)behörde oder des Bezirksfürsorgeverbandes (Wohlfahrtsamts) darüber, daß der Kranke mittellos ist und daß keine andere Fürsorge, auch nicht die Kranken-, Invaliden- und Unfallversicherung, einzutreten hat.

154. Die Mittellosigkeitsbescheinigung (Zif. 153) kann für Frauen und Kinder der Unteroffiziere und Mannschaften der deutschen Wehrmacht auch die vorgesetzte Befehlsstelle abgeben.

155. Mittellosigkeitsbescheinigungen ausländischer Behörden wie Zif. 147.

Bei Aufnahme in Kinderheilstätten (Zif. 130 und 134):

156. Für Kinder
Hinfahrt: Bescheinigung der Heilstätte über die Aufnahme, in dringenden Fällen eine Bescheinigung des Arztes (ohne Vordruck).
Rückfahrt: Bescheinigung der Heilstätte über die Entlassung.
Bei gemeinsamer Beförderung mehrerer Kinder genügt eine Bescheinigung, die die Namen aller Kinder enthält.

157. Für Begleiter
a) wenn sie mit den Kindern fahren: besonderer Antrag wie für die Kinder;
b) wenn sie allein fahren: besonderer Antrag wie für die Kinder; der Begleiter ist namentlich zu bezeichnen und ihm zu bescheinigen, daß er die Kinder untergebracht hat oder sie abholt.

158. Zu Zif. 156 und 157 b) Mittellosigkeitsbescheinigung wie zu Zif. 145.

159. Die Mittellosigkeit kann auch die Behörde bescheinigen, die die Kinder entsendet, für Kinder der Unteroffiziere und Mannschaften der deutschen Wehrmacht auch die vorgesetzte Befehlsstelle.

160. Bei gemeinsamer Beförderung mehrerer Kinder genügt eine Mittellosigkeitsbescheinigung, die die Namen aller Kinder enthält.

Bei Landaufenthalt der Kinder (Zif. 131 und 135):

161. Für Kinder
Hinfahrt: Bescheinigung der Gemeinde, der Behörde oder des Vereins, daß die Kinder auf deren Kosten zum Landaufenthalt entsendet werden und Bescheinigung des Arztes, daß die Entsendung notwendig ist, um Siechtum zu verhüten.
Rückfahrt: Bescheinigung der entsendenden Gemeinde, der Behörde oder des Vereins, daß der Landaufenthalt beendet ist.

162. Bei gemeinsamer Beförderung mehrerer Kinder wie Zif. 156, letzter Abs.

163. Für Begleiter
a) wenn sie mit den Kindern fahren:
besonderer Antrag wie für die Kinder;
b) wenn sie allein fahren:
besonderer Antrag wie für die Kinder; der Begleiter ist namentlich zu bezeichnen und ihm zu bescheinigen, daß er die Kinder untergebracht hat oder sie abholt.

164. Zu Zif. 161 und 163 b) bedarf es außerdem je für Hin- und Rückfahrt einer Bescheinigung der Gemeinde-(Ortspolizei-)behörde oder des Bezirksfürsorgeverbandes (Wohlfahrtsamts) darüber, daß die Eltern der Kinder mittellos sind und keine andere Fürsorge, auch nicht die Kranken-, Invaliden- und Unfallversicherung einzutreten hat.

165. Die Mittellosigkeit kann auch die Behörde bescheinigen, die die Kinder entsendet, für Kinder der Unteroffiziere und Mannschaften der deutschen Wehrmacht auch die vorgesetzte Befehlsstelle.

166. Bei gemeinsamer Beförderung mehrerer Kinder wie bei Zif. 160.

167. Die Anträge und Bescheinigungen werden bei jeder Lösung eines Fahrausweises abgestempelt und zurückgegeben. Die Inhaber haben sie auf Verlangen jederzeit vorzuzeigen und bei Beendigung der Fahrt mit dem Fahrausweis abzugeben. Bei Ausstellung eines Beförderungsscheins für Kinder (Zif. 140) bleiben die Anträge und Bescheinigungen bei dem Abgangsbahnhof.

XII. Für mittellose Zöglinge und Pfleglinge von Blindenanstalten, Waisenanstalten usw.

Berechtigte

168. Mittellose Zöglinge und Pfleglinge:
a) der öffentlichen Blinden-, Taubstummen-, Schwerhörigen- und Krüppelanstalten, der öffentlichen Heil- und Pflegeanstalten für Fallsüchtige und der öffentlichen Pflegeanstalten für blöde Kinder,
b) der unter Aufsicht des Staates stehenden Waisenanstalten.

Art und Zweck der Reise

169. Fahrten
a) zur Unterbringung in eine Anstalt,
b) bei Versetzung aus einer Anstalt in eine andere gleichartige Anstalt,
c) zum Besuche der Angehörigen,
d) bei Entlassung aus der Anstalt.

Begleiter

170. Zugelassen mit gleicher Ermäßigung ist für die in Zif. 168 a) aufgeführten Berechtigten ein Begleiter, wenn er
a) den Zögling oder Pflegling unterbringt,
b) vom Unterbringungs- nach dem Wohnort allein zurückfährt,
c) vom Wohnort zur Wiederabholung des Zöglings oder Pfleglings fährt,
d) den Zögling oder Pflegling nach dem Wohnort zurückbringt,
e) den Zögling oder Pflegling zum Besuche seiner Angehörigen begleitet.

Preise, Wagenklasse, Züge

171. Halber Fahrpreis 3. Klasse in Personenzügen, in Eil- und Schnellzügen außerdem voller Zuschlag. Zwei Kinder von 4 bis 10 Jahren zahlen zusammen den halben Fahrpreis. Ein einzelnes Kind zahlt den halben Fahrpreis ohne weitere Ermäßigung.

172. Übergang in höhere Wagenklassen ist nicht zulässig.

Art des Fahrausweises

173. Fahrausweise zum halben Preise.

Fahrtunterbrechung

174. Fahrtunterbrechung ist wie bei gewöhnlichen Fahrausweisen zulässig.

Antrag

175. Für Zöglinge und Pfleglinge
Für jede einzelne Fahrt hat der Vorstand der Anstalt einen Antrag nach vorgeschriebenem Muster bei dem Abgangsbahnhof zu stellen und darin den Zweck der Reise und die Mittellosigkeit zu bescheinigen. In dem Antrag bei Reisen zur Unterbringung in einer Anstalt, bei Versetzung aus einer Anstalt in eine

andere gleichartige Anstalt, oder bei Entlassung aus der Anstalt ist außerdem zu bescheinigen, daß eine andere Fürsorge, insbesondere nach der Verordnung über die Fürsorgepflicht, nicht einzutreten hat.

176. Für Begleiter
  a) wenn er mit dem Zögling oder Pflegling fährt:
     besonderer Antrag wie für den Zögling oder Pflegling;
  b) wenn er allein fährt:
     besonderer Antrag wie für den Zögling oder Pflegling; der Begleiter ist namentlich zu bezeichnen und ihm zu bescheinigen, daß er den Zögling oder Pflegling untergebracht hat oder ihn abholt.

177. Der Antrag wird bei jeder Lösung eines Fahrausweises abgestempelt und zurückgegeben. Der Inhaber hat ihn auf Verlangen jederzeit vorzuzeigen und bei Beendigung der Fahrt mit dem Fahrausweis abzugeben.

XIII. Für mittellose Blinde, Taubstumme und Schwerhörige

Berechtigte

178. Mittellose Blinde, Taubstumme und Schwerhörige.

Art und Zweck der Reise

179. Fahrten Blinder und Taubstummer zum vorübergehenden Besuch in Blinden- und Taubstummenanstalten.

180. Fahrten Taubstummer und Schwerhöriger zum Besuch eines behördlich gebilligten oder überwachten Taubstummen- oder Schwerhörigengottesdienstes in dem ihrem Wohnorte am nächsten gelegenen oder in einem durch die zuständige Behörde für ihren Bezirk bestimmten Orte, sofern nicht an ihrem Wohnorte selbst solche Gottesdienste abgehalten werden.

Begleiter

181. Zugelassen mit gleicher Ermäßigung ist für mittellose Blinde und soweit erforderlich auch für mittellose Taubstumme ein Begleiter. Fährt er allein, so genießt er keine Ermäßigung.

Preise, Wagenklasse, Züge

182. Halber Fahrpreis 3. Klasse in Personenzügen, in Eil- und Schnellzügen außerdem voller Zuschlag.

183. Übergang in höhere Wagenklassen ist nicht zulässig.

Art des Fahrausweises

184. Fahrausweis zum halben Preise.

Fahrtunterbrechung

185. Fahrtunterbrechung ist wie bei gewöhnlichen Fahrausweisen zulässig.

Antrag

186. Für Blinde, Taubstumme und Schwerhörige
Der Vorstand der Anstalt oder bei Fahrten zum Taubstummen- oder Schwerhörigengottesdienst der den Gottesdienst leitende Geistliche oder Taubstummenlehrer hat für jede einzelne Fahrt einen Antrag nach vorgeschriebenem Muster bei dem Abgangsbahnhof zu stellen und darin den Zweck der Reise und die Mittellosigkeit zu bescheinigen.

187. Für Begleiter der Blinden und Taubstummen
Besonderer Antrag wie für den Schützling. Bei Taubstummen ist die Notwendigkeit der Begleitung ärztlich zu bescheinigen.

188. Der Antrag wird bei jeder Lösung eines Fahrausweises abgestempelt und zurückgegeben. Der Inhaber hat ihn auf Verlangen jederzeit vorzuzeigen und bei Beendigung der Fahrt mit dem Fahrausweis abzugeben.

XIV. Für Blinde zu Berufsreisen

Berechtigte

189. Blinde, die in Ausübung ihres Berufs die Eisenbahn benutzen müssen.

Art und Zweck der Reise

190. Fahrten zur Ausübung des Berufs.

Begleiter

191. Zugelassen mit gleicher Ermäßigung ist ein Begleiter. Fährt er allein, so genießt er keine Ermäßigung.
Ist der Blinde Schwerkriegsbeschädigter, so gelten daneben die allg. Ausf.Best. unter Abschnitt XVIII.

Führerhund

192. Ein Führerhund ist zugelassen, wenn der Blinde allein reist.

Preise, Wagenklasse, Züge

193. Halber Fahrpreis 3. Klasse in Personenzügen, in Eil- und Schnellzügen außerdem voller Zuschlag.
Der Führerhund wird frei befördert.

194. Übergang in höhere Wagenklassen ist nicht zulässig.

Art des Fahrausweises

195. Fahrausweise zum halben Preise.
Für den Führerhund ist kein Fahrausweis zu lösen.

Fahrtunterbrechung

196. Fahrtunterbrechung ist wie bei gewöhnlichen Fahrausweisen zulässig.

Antrag

197. Bei Lösung des Fahrausweises ist eine Bescheinigung der Eisenbahnverwaltung darüber vorzulegen, daß der Inhaber erblindet ist und welchen Beruf er ausübt. Sie wird für das Kalenderjahr ausgestellt und gilt auch für den Begleiter oder den Führerhund. Der Inhaber hat die Bescheinigung auf Verlangen jederzeit vorzuzeigen.

198. Die Bescheinigung wird auf Antrag des Blinden von der Eisenbahnverwaltung ausgestellt, in deren Bezirk er wohnt. Dem Antrag sind beizufügen:
a) das Zeugnis eines beamteten Arztes über die Blindheit oder darüber, daß der Antragsteller auf keinem Auge mehr als $1/25$ der normalen Sehschärfe hat und wie ein völlig Blinder hilflos ist,
b) eine Bescheinigung der Gemeinde-(Ortspolizei-)behörde darüber, welchen Beruf der Blinde ausübt und daß er dazu die Eisenbahn benutzt,
c) das Lichtbild des Blinden.
Das unter a) genannte Zeugnis ist nur bei dem erstmaligen Antrag erforderlich. Die Eisenbahnverwaltung kann das Zeugnis durch ihren Vertrauensarzt nachprüfen lassen.

XV. Für Kriegsteilnehmer

Berechtigte

199. Deutsche Kriegsteilnehmer von 1864, 1866, 1870/71 und 1914/18, die unterstützt werden von
a) dem Zentralkomitee der deutschen Vereine vom

Roten Kreuz oder dem bayrischen Landeshilfsverein vom Roten Kreuz,

b) dem Zentralverband deutscher Kriegsbeschädigter und Kriegshinterbliebener oder einem seiner Landes-, Bezirks- oder Kreisverbände.

200. Deutsche Kriegsteilnehmer von 1864, 1866, 1870 71 und 1914 18, die angehören:

a) einem deutschen Landeskriegerverbande oder einem seiner Unterverbände (in Preußen Kreisverband),

b) dem Zentralverband Deutscher Kriegsbeschädigter und Kriegshinterbliebener oder einem seiner Landes-, Bezirks- oder Kreisverbände.

201. Deutsch-österreichische Kriegsteilnehmer von 1914 18, die unterstützt werden vom Zentralkomitee der Deutschen Vereine vom Roten Kreuz.

Art und Zweck der Reise

202. a) zu Zif. 199 und 201: Fahrten nach und von Kurorten, wenn der Kriegsteilnehmer dort eine Kuranstalt in Anspruch nimmt, die den Gebrauch ihrer Bäder oder der sonstigen Kureinrichtungen unentgeltlich oder zu ermäßigtem Preise zugestanden hat,

b) zu Zif. 200: Fahrten nach und von Kriegererholungsheimen, wenn der Aufenthalt im Heim unentgeltlich oder zu ermäßigtem Preise zugestanden ist.

Begleiter

203. Zugelassen mit gleicher Ermäßigung ist ein Begleiter, wenn die Notwendigkeit der Begleitung ärztlich bescheinigt ist (ohne Vordruck).

Fährt er allein, so genießt er keine Ermäßigung.

Preise, Wagenklasse, Züge

204. Halber Fahrpreis 2. oder 3. Klasse in Personenzügen, in Eil- und Schnellzügen außerdem voller Zuschlag.

205. Bei Übergang in die 2. Klasse wird der Unterschied zwischen den ermäßigten Preisen der 3. und der 2. Klasse erhoben. Übergang in die 1. Klasse ist nicht zulässig.

Art des Fahrausweises

206. Fahrausweise zum halben Preise.

Fahrtunterbrechung

207. Fahrtunterbrechung ist wie bei gewöhnlichen Fahrausweisen zulässig.

Antrag

208. Für den Kriegsteilnehmer:
Die in Zif. 199, 200 und 201 genannten Verbände haben für jede einzelne Fahrt einen Antrag nach vorgeschriebenem Muster bei dem Abgangsbahnhof zu stellen.

209. Im Antrag muß bescheinigt sein
a) beim Besuch von Kurorten (Zif. 202 a)), daß der Verband dem Kriegsteilnehmer eine Unterstützung und die Kuranstalt den Gebrauch der Bäder oder sonstigen Kureinrichtungen unentgeltlich oder zu ermäßigtem Preise zugestanden hat,
b) bei Entsendung in Kriegererholungsheime (Zif. 202b)), daß der Inhaber an einem Feldzuge teilgenommen hat, dem Verbande angehört, und daß ihm der Aufenthalt in dem Kriegererholungsheim unentgeltlich oder zu ermäßigtem Preise zugestanden ist.

210. Ferner muß der Antrag für die Rückreise enthalten die Bescheinigung der Kuranstalt oder des Kriegererholungsheims über die Beendigung des Aufenthalts.

211. Für den Begleiter:
a) ein besonderer Antrag wie für den Kriegsteilnehmer (Zif. 208—210); der Begleiter muß darin namentlich bezeichnet werden;
b) ärztliches Zeugnis über die Notwendigkeit der Begleitung (ohne Vordruck).

Für die Hin- und Rückfahrt genügt ein Zeugnis.

212. Die Anträge und ärztlichen Zeugnisse werden bei jeder Lösung eines Fahrausweises abgestempelt und zurückgegeben. Die Kriegsteilnehmer haben sie auf Verlangen jederzeit vorzuzeigen und bei Beendigung der Fahrt mit dem Fahrausweis abzugeben.

Krankenfahrstühle und Selbstfahrer

213. Wegen frachtfreier Beförderung von Krankenfahrstühlen und Selbstfahrern vgl. allg. Ausf.Best. 8 zu § 30.

XVI. Für deutsche Kriegsbeschädigte bei bestimmten Reisen

Berechtigte

214. Teilnehmer an den Feldzügen von 1864, 1866, 1870/71, 1914/18, am China-Feldzug und an den Kolonialkriegen, die infolge einer in diesen Kriegen erlittenen, amtlich anerkannten Dienstbeschädigung dauernde Schädigungen der Gesundheit zurückbehalten haben.

Art und Zweck der Reise

215. Fahrten, die in ursächlichem Zusammenhang mit der Kriegsdienstbeschädigung stehen und als notwendig anerkannt sind, und zwar:

Hin- und Rückfahrt zwischen dem Aufenthaltsort des Kriegsbeschädigten und den Zielorten:

a) zur Behandlung durch Fachärzte,
b) zur Unterbringung in Heilanstalten,
c) zum Besuch von Kurorten und Erholungsheimen,
d) zum Erholungsaufenthalt,
e) zur Unterbringung in Ausbildungsanstalten,
f) zum Besuch von Ausbildungslehrgängen,
g) zum Aufsuchen von Beratungsstellen, die von der amtlichen Kriegsbeschädigtenfürsorge oder von Gewerkschaften eingerichtet sind,
h) zur Vorstellung beim Arbeitgeber;

einfache Fahrt zwischen dem Aufenthaltsort und dem Arbeitsort des Kriegsbeschädigten:

i) zum Stellenantritt,

Weiterfahrt:

k) von den Beratungsstellen zur Vorstellung beim Arbeitgeber oder zum Stellenantritt.

Begleiter

216. Zugelassen mit gleicher Ermäßigung ist ein Begleiter, wenn der Arzt oder die amtliche Fürsorgestelle für Kriegsbeschädigte die Notwendigkeit der Begleitung bescheinigt und der Begleiter

a) mit dem Kriegsbeschädigten fährt,
b) allein von dem Unterbringungsort zurückkehrt oder zur Abholung des Kriegsbeschädigten nach dem Unterbringungsort fährt,

Wegen freier Beförderung der Begleiter von Schwerkriegsbeschädigten vgl. Abschnitt XVII.

Preise, Wagenklasse, Züge

217. Halber Fahrpreis 2. oder 3. Klasse in Personenzügen, in Eil- und Schnellzügen außerdem voller Zuschlag.

218. Bei Übergang in die 2. Klasse wird der Unterschied zwischen den ermäßigten Preisen der 3. und der 2. Klasse erhoben. Übergang in die 1. Klasse ist nicht zulässig.

Art des Fahrausweises

220. Fahrausweise zum halben Preise.

Fahrtunterbrechung

221. Fahrtunterbrechung ist wie bei gewöhnlichen Fahrausweisen zulässig.

Antrag

222. Für den Kriegsbeschädigten
Für jede einzelne Fahrt ist bei dem Abgangsbahnhof ein Antrag nach vorgeschriebenem Muster zu stellen.

223. Bei Behandlung durch Fachärzte (Zif. 215 a))
Hinfahrt: Eine Bescheinigung der amtlichen Fürsorgestelle für Kriegsbeschädigte [7] darüber, daß die Entsendung mit der Dienstbeschädigung zusammenhängt und als notwendig anerkannt worden ist.
Rückfahrt: Bescheinigung wie bei der Hinfahrt. Außerdem muß der Facharzt bescheinigen, daß er den Kriegsbeschädigten untersucht hat.

224. Bei Unterbringung in Heilanstalten, Besuch von Kurorten und Erholungsheimen, Erholungsaufenthalt, Unterbringung in Ausbildungsanstalten (Zif. 215 b—e))
Hinfahrt: Eine Bescheinigung der amtlichen Fürsorgestelle für Kriegsbeschädigte [7] wie zu Zif. 223. Bei der Fahrt zum Erholungsaufenthalt muß die amtliche Fürsorgestelle für Kriegsbeschädigte außerdem bescheinigen, daß das Zeugnis eines beamteten Arztes vorgelegen hat.

Rückfahrt: Bescheinigung wie bei der Hinfahrt. Außerdem Bescheinigung der Anstalt, der Kurverwaltung, des Erholungsheims oder bei Erholungsaufenthalt Bescheinigung der Gemeinde-(Ortspolizei-)behörde über die Beendigung des Aufenthalts.

225. Bei Besuch von Ausbildungslehrgängen (Zif 215 f))
Hin- und Rückfahrt:
Je eine Bescheinigung der amtlichen Fürsorgestelle [7] wie zu Zif. 223. Außerdem bei der Rückfahrt Bescheinigung vom Leiter des Ausbildungslehrganges, daß der Lehrgang beendet ist.

226. Bei Aufsuchen von Beratungsstellen (Zif. 215 g) und k))
Hin- und Rückfahrt:
Je eine Bescheinigung der amtlichen Fürsorgestelle [7] wie zu Zif. 223. Außerdem bei der Rückfahrt Bescheinigung der Beratungsstelle, daß die Beratung stattgefunden hat.
Weiterfahrten:
Bescheinigung der amtlichen Fürsorgestelle wie zu Zif. 223.

227. Bei Vorstellung beim Arbeitgeber (Zif. 215 h))
Hin- und Rückfahrt:
Je eine Bescheinigung der amtlichen Fürsorgestelle [7] wie zu Zif. 223. Außerdem bei der Rückfahrt Bescheinigung des Arbeitgebers, daß sich der Kriegsbeschädigte bei ihm vorgestellt hat.

228. Bei Stellenantritt (Zif. 215 i))
Bescheinigung der amtlichen Fürsorgestelle [7] wie zu Zif. 223.

229. Für den Begleiter
a) wenn er mit dem Kriegsbeschädigten fährt:
besonderer Antrag wie für den Kriegsbeschädigten; der Begleiter muß darin namentlich bezeichnet werden;
ein ärztliches Zeugnis (ohne Vordruck) oder Zeugnis der amtlichen Fürsorgestelle für Kriegsbeschädigte [7] (ohne Vordruck) über die Notwendigkeit der Be-

gleitung. Für Hin- und Rückfahrt genügt ein Zeugnis.

b) wenn er allein fährt:
besonderer Antrag wie für den Kriegsbeschädigten; der Begleiter ist darin namentlich zu bezeichnen und ihm zu bescheinigen, daß er den Kriegsbeschädigten untergebracht hat oder ihn abholt.

230. Die Anträge und ärztlichen Zeugnisse werden bei jeder Lösung eines Fahrausweises abgestempelt und zurückgegeben. Die Inhaber haben sie auf Verlangen jederzeit vorzuzeigen und bei Beendigung der Fahrt mit dem Fahrausweis abzugeben.

XVII. Für ständige Begleiter von deutschen Kriegsbeschädigten

Berechtigte

240. Begleiter solcher Schwerkriegsbeschädigten, die infolge Verletzung oder dauernder Schädigung ihrer Gesundheit bei ihren Reisen ständig begleitet werden müssen.

Art und Zweck der Reise

241. Fahrten, die der Begleiter lediglich zur Begleitung des Schwerkriegsbeschädigten ausführt ohne Rücksicht darauf, ob der Schwerkriegsbeschädigte selbst eine Ermäßigung nach Abschnitt XVI erhält oder nicht.

242. Alleinfahrten des Begleiters, wenn er einen Schwerkriegsbeschädigten untergebracht hat oder ihn abholt.

Führerhund

243. Für alleinreisende erblindete Kriegsteilnehmer ist ein Führerhund zugelassen.

Preise, Wagenklasse, Züge

244. Freie Beförderung des Begleiters in Personen-, Eil- und Schnellzügen in der vom Schwerkriegsbeschädigten benutzten Wagenklasse, wenn der Begleiter allein fährt, in der 3. Wagenklasse.
Der Führerhund wird ebenfalls frei befördert.

Art des Fahrausweises

245. Kein Fahrausweis. Wegen des Ausweises vgl. Zif. 248 und 250.

246. Übergang in eine höhere Wagenklasse ist nur bei gleichzeitigem Übergang des begleiteten Schwerkriegsbeschädigten zulässig.
Fährt der Begleiter allein, so ist der Übergang in höhere Wagenklassen nicht zulässig.

Fahrtunterbrechung

247. Fahrtunterbrechung ist wie bei gewöhnlichen Fahrausweisen zulässig.

Antrag

248. Wenn der Begleiter mit dem Schwerkriegsbeschädigten fährt:
Bescheinigung der Eisenbahnverwaltung, in deren Bezirk der Schwerkriegsbeschädigte wohnt, daß der Inhaber Schwerkriegsbeschädigter ist und ständig eines Begleiters bedarf. Die Bescheinigung muß mit seinem Lichtbild versehen sein und ist auf Verlangen jederzeit vorzuzeigen. Sie gilt für das Kalenderjahr.

249. Dem Antrag auf Ausstellung der Bescheinigung nach Zif. 248 sind beizufügen:
a) das Zeugnis eines beamteten Arztes über die Notwendigkeit einer ständigen Begleitung,
b) das Lichtbild des Schwerkriegsbeschädigten,
c) bei dem erstmaligen Antrag eine Bescheinigung (Militärpapiere) der zuständigen Militärbehörde über die Eigenschaft als Schwerkriegsbeschädigter.

Wenn ein beamteter Arzt die Notwendigkeit der ständigen Begleitung für die ganze Lebenszeit des Schwerkriegsbeschädigten bescheinigt, so ist auch das unter a) genannte Zeugnis nur bei dem erstmaligen Antrag erforderlich. Die Eisenbahnverwaltung kann das Zeugnis durch ihren Vertrauensarzt nachprüfen lassen.

250. Wenn der Begleiter allein fährt:
die Bescheinigung zu Zif. 248, außerdem Fahrausweis der Gemeinde-(Ortspolizei-)behörde nach vorgeschriebenem Muster, daß der Begleiter den Schwerkriegsbeschädigten untergebracht hat oder ihn abholt. In dem Fahrausweis müssen die Namen des Begleiters und des Schwerkriegsbeschädigten angegeben sein.

Der Fahrausweis der Gemeindebehörde gilt nur in Verbindung mit der Bescheinigung zu Ziff. 248. Er wird von der Fahrkartenausgabe vor Antritt der Fahrt abgestempelt und gilt unter Einschluß des Tages der Abstempelung 4 Tage.

251. Die Eisenbahnverwaltung gibt die Vordrucke für die Fahrausweise nur gegen Vorlage der Bescheinigung nach Ziff. 248 an die Kriegsbeschädigten ab.

Krankenfahrstühle und Selbstfahrer

252. Wegen frachtfreier Beförderung von Krankenfahrstühlen und Selbstfahrern vgl. allg. Ausf. Best. 8 zu § 30.

JüP. Art. 7.

1. Aus den zu den Personen- und Gepäcktarifen (Teil II) gehörigen Preistafeln.

2. Auch der handschriftlich auszufertigenden (sog. Blankokarten) (Begr. I).

3. Daß außerdem die Fahrkartenausgaben zur Auskunftserteilung über die Fahrpreise verpflichtet sind, ist selbstverständlich (Begr. II).

4. Es liegt hier ein eigentlicher Beförderungsvertrag nicht vor (siehe Einl. zu Abschn. III Anm. III).

5. Den Beförderungsvertrag schließt dann der mitreisende Erwachsene ab (RG. in Arch. f. Eis. 06 823; EE. 23 94). Ein Kind, das im Alter unter vier Jahren allein reisen sollte, würde einen Fahrausweis zu lösen haben (RG. in ZVDEisV. 06 1020). Meinungsverschiedenheiten bez. des Kindesalters zu entscheiden nach EVO. § 7 (2); bewußt unrichtige Angabe des Kindesalters zur rechtswidrigen Erlangung ermäßigter Fahrausweise ist strafrechtlicher Betrug.

6. Rückfahrt, auch wenn Rückfahrkarten ausgegeben werden, gilt als neue Reise (DJZ. 06 644; Eger Anm. 45 S. 56). Über die Berechnung des Alters siehe BGB. § 187 Abs. 2 (am zehnten Geburtstage muß bereits eine volle Karte gelöst werden).

7. Die amtlichen Ausweise der amtlichen Fürsorgestellen für Kriegsbeschädigte sind öffentliche Urkunden i. S. von §§ 267, 268 StGB., auch wenn die Formvorschriften nicht allenthalben genau beachtet worden sind (DJZ. 28 384).

§ 12. Sonderwagen und Sonderzüge

Unter welchen Bedingungen auf Antrag Sonderwagen oder Sonderzüge gestellt werden, bestimmt der Tarif.

A. Sonderwagen

1. Wenn die Einstellung bahneigener oder anderer Personenwagen, auch Salon-, Schlaf- oder Speisewagen, sowie besonders eingerichteter Krankenwagen gestattet wird, so sind für die Beförderung ohne Rücksicht auf die Achsenzahl Fahrausweise 1. Kl. der betreffenden Zuggattung zum gewöhnlichen Fahrpreis für so viel Personen, wie den Wagen benutzen, mindestens für 12 Personen für jeden eingestellten Wagen zu lösen (s. jedoch allg. Ausf.Best. 5).

   Außer der Beförderungsgebühr wird für die Stellung von Salon-, Schlaf- und Speisewagen eine Benutzungsgebühr nach Vereinbarung mit der Wageneigentümerin berechnet. Wenn bei Stellung von bahneigenen Salon- und Schlafwagen Betten des Wagens benutzt werden, oder der Wagen auf Verlangen des Bestellers im Inlande länger als 24 Stunden stillsteht oder ins Ausland geht, beträgt die Benutzungsgebühr:

   a) bei Benutzung von Betten für jedes Bett und jede Nacht .... 15 Reichsmark,

   b) bei einem Stillager über 24 Stunden für jeden Wagen und je angefangene 24 Stunden 60 Reichsmark.

   Dieselbe Gebühr wird von dem Zeitpunkt an berechnet, wo ein Wagen den Grenzbahnhof nach dem Ausland verläßt, bis zu dem Zeitpunkt, wo er auf dem Grenzbahnhof wieder eintrifft.

2. Werden auf Verlangen zur Beförderung des Gepäcks besondere Wagen eingestellt, so wird für jeden Wagen eine Gebühr von 80 Reichspfennig für das Tarifkilometer erhoben.

3. Die einstellende Verwaltung kann jedem nach der allg. Ausf.Best. 1 gestellten Wagen zur Überwachung und Bedienung der technischen Einrichtungen einen Begleiter (Wagenmeister) beigeben. Hierfür wird keine Gebühr erhoben. Wird aus anderen Gründen Begleitung gefordert, so bleibt es der den Wagen einstellenden Verwaltung vorbehalten, die Bedingungen dafür mit dem Besteller zu vereinbaren. In diesem

Falle ist für den Begleiter ein Fahrausweis der niedrigsten im Zuge befindlichen Wagenklasse zu lösen.

4. (1) Werden auf Bestellung besonders bezeichnete Wagen eingestellt, so werden für ihre Beförderung auf Strecken, die diese Wagen unbesetzt durchfahren, auf dem Hin- oder Rücklauf 20 Reichspfennig für das Tarifkilometer erhoben.

(2) Als besonders bezeichnet gelten Wagen dann, wenn der Besteller die Auswahl des Wagens nicht der Eisenbahn überläßt, sondern ihn nach Nummer oder Bauart, Größe, Standort oder Eigentümer usw. besonders nennt. Werden Wagen nur nach ihrer Gattung, z. B. Schlafwagen, Salonwagen, Speisewagen, nach einem Bahnhof verlangt, wo gewöhnlich keine Wagen dieser Gattung stehen, so wird Zuführungsgebühr nicht erhoben.

(3) Die Gebühr wird auch erhoben, wenn der Wagen der Eisenbahnverwaltung nicht gehört; sie wird in diesem Falle, und zwar für die Hin- und Rückfahrt, auch dann berechnet, wenn der Wagen auf besonderes Verlangen vorher oder nachher zur Instandsetzung nach einer Werkstätte gesandt wird.

(4) Im übrigen bleibt vorbehalten, mit dem Besteller die weiteren Bedingungen zu vereinbaren, unter denen die gewünschten Wagen überlassen werden.

5. (1) Wird für die Beförderung der Kranken ein Gepäck- oder Güterwagen, ein Wagen 3. Klasse gewöhnlicher Bauart oder mit Krankenabteil eingestellt, so sind für die Kranken ganze Fahrausweise 3. Klasse der betreffenden Zuggattung zum gewöhnlichen Fahrpreis, mindestens jedoch 8 ganze Fahrausweise, zu lösen. Als Mindestgebühr werden 30 Reichsmark erhoben.

(2) Die Platzvormerkgebühr nach der allg. Ausf. Best. 1 zu § 14 wird in diesem Falle nicht erhoben.

(3) 2 Begleiter werden in dem Krankenwagen oder besonderen Krankenabteil frei befördert; weitere in demselben Wagen oder Abteil mitreisende Begleiter haben je einen ganzen Fahrausweis 3. Klasse der betreffenden Zuggattung zum gewöhnlichen Fahrpreis zu lösen.

(4) Die zur Bequemlichkeit und Notdurft der Kranken während der Fahrt nötigen Gegenstände können in dem Wagen oder in dem Krankenabteil gebührenfrei mitgeführt werden. Für das sonstige Reisegepäck ist die tarifmäßige Gepäckfracht zu entrichten.

(5) Bettwäsche müssen die Besteller der Wagen mitbringen. Wird sie ausnahmsweise von der Eisenbahn geliefert, so ist eine Benutzungsgebühr zu zahlen und ein Betrag als Sicherheit zu hinterlegen, wie in Anlage V Zif. 1 bestimmt wird.

6. Wenn für die Beförderung eines Kranken mit Tragbett ein Wagenabteil 3. Klasse überlassen wird, so sind für den Kranken 2 ganze Fahrausweise, für jeden in dem Abteil mitfahrenden Begleiter ein ganzer Fahrausweis der betreffenden Zuggattung zum gewöhnlichen Fahrpreis zu lösen.

Die Platzvormerkgebühr nach der allg. Ausf.Best. 1 zu § 14 wird in diesem Falle nicht erhoben.

7. Liegende oder im Selbstfahrer oder Krankenfahrstuhl sitzende Kranke oder Krüppel können gegen Lösung von 2 ganzen Fahrausweisen 3. Klasse für den Kranken, ihre Begleiter gegen Lösung von je einem ganzen Fahrausweis 3. Klasse der betreffenden Zuggattung zum gewöhnlichen Fahrpreis im Gepäckwagen der Personen-, Eil- oder Schnellzüge oder der Güterzüge befördert werden, wenn es der Gepäckverkehr zuläßt. Für die Krankenkörbe (Traggestelle, Tragbetten) und die Selbstfahrer und Krankenfahrstühle wird hierbei keine Fracht erhoben.

8. Werden Wagen der in den Ziffern 1, 2 und 5 genannten Art über Verbindungsbahnen befördert, die der betreffende Zug nicht befährt, so werden außerdem Überfuhrgebühren nach Anlage I erhoben.

9. Bei Berechnung der Mindestgebühr nach allg. Ausf. Best. 1 werden 2 Fahrausweise zum halben Preise als ein Fahrausweis gerechnet.

10. Die Gebühren zu 2, 4 und 8 sind auf dem Abgangsbahnhof voraus zu bezahlen. Der Besteller erhält einen Abfertigungsschein, den er bei Beendigung der Fahrt abzugeben hat.

11. Wird ein Wagen, auch ein Wagen 3. Klasse mit Krankenabteil oder ein Tragbett, abbestellt oder nicht benutzt, so sind der Eisenbahn alle durch Ausführung der Bestellung erwachsenen Kosten zu erstatten. Dabei werden gerechnet:
    a) für jeden Wagen und jedes Tarifkilometer der durch die Bestellung veranlaßten Leerläufe 20 Reichspfennig,
    b) für die Hin- und Rückbeförderung eines Tragbettes von und nach dem Heimatbahnhof die Eilgutfracht.
12. Die Gebühren nach den allg. Ausf. Best. 2, 4, 8 und 11 a werden nach den Entfernungen des Personenverkehrs berechnet und auf volle Reichsmark aufgerundet.
13. Die Fahrpreisermäßigungen nach den allg. Ausf. Best. E zu § 11 werden für die in diesem Abschnitt aufgeführten besonderen Beförderungsarten nicht gewährt.

B. Sonderzüge

1. Über die Stellung von Sonderzügen entscheidet die dem Abgangsbahnhof vorgesetzte Eisenbahnverwaltung.
2. Die Beförderungsgebühren für Sonderzüge werden nach den Entfernungen der Tarifteile II berechnet, wenn diese nicht anders bestimmen.
3. Bestehen keine durchgehenden Entfernungen, oder wird die Beförderung über einen im Tarif nicht vorgesehenen Bahnweg verlangt, so wird die Gesamtstreckenlänge durch Zusammenrechnung von Teilentfernungen der Tarifteile II ermittelt.

I. Bestellte Sonderzüge

Sonderzüge für Einzelbesteller

4. Als Gebühr für die Beförderung werden für das Tarifkilometer erhoben:
    a) für die Lokomotive .... 6 Reichsmark,
    b) für jede Achse eines Wagens 20 Reichspfennig,

   mindestens jedoch 11 Reichsmark für das Tarifkilometer und 250 Reichsmark im ganzen.
5. Hin- und Rückfahrt des Sonderzuges innerhalb

24 Stunden gelten für die Berechnung des Mindestbetrages als eine Fahrt.

6. Für die Beförderung von Sonderzügen über Verbindungsbahnen werden außerdem Überfuhrgebühren nach der Anlage I erhoben.

7. Fährt der Sonderzug nachts über Strecken ohne regelmäßigen Nachtdienst, so werden außerdem 4 Reichsmark für das Tarifkilometer als Bahnbewachungsgebühr erhoben. Diese Gebühr wird, wenn mehrere Züge befördert werden, nur einmal erhoben.

8. (1) Werden auf Antrag des Bestellers besonders bezeichnete Wagen gestellt, so sind für ihre Beförderung auf Strecken, die der Sonderzug nicht befährt, hin und her je 20 Reichspfennig auf die Achse und das Tarifkilometer zu zahlen. Als besonders bezeichnet gelten Wagen dann, wenn der Besteller die Auswahl des Wagens nicht der Eisenbahn überläßt, sondern ihn nach Nummer oder Bauart, Größe, Standort oder Eigentümer usw. besonders nennt. Werden Wagen nur nach ihrer Gattung, z. B. Schlafwagen, Salonwagen, Speisewagen, nach einem Bahnhof verlangt, wo gewöhnlich keine Wagen dieser Gattung stehen, so wird die Zuführungsgebühr nicht erhoben.

(2) Die Gebühr wird auch erhoben, wenn der Wagen der Eisenbahn nicht gehört; sie wird in diesem Falle, und zwar für die Hin- und Rückfahrt, auch dann berechnet, wenn der Wagen auf besonderes Verlangen vorher oder nachher zur Instandsetzung nach einer Werkstätte gesandt wird.

(3) Im übrigen bleibt vorbehalten, mit dem Besteller die weiteren Bedingungen zu vereinbaren, unter denen die gewünschten Wagen überlassen werden.

9. Für die Beförderung der Lokomotiven und der Wagen nach dem Abgangsbahnhof des Sonderzuges und für ihre Rückbeförderung von dem Bestimmungsbahnhof des Sonderzuges nach dem Heimatbahnhof wird, unbeschadet der Bestimmungen unter Zif. 8, nichts berechnet.

10. Der Beförderungspreis für den Sonderzug (allg. Ausf. Best. 4—8) ist auf dem Abgangsbahnhof vorauszu-

bezahlen. Der Besteller erhält einen Abfertigungsschein, den er bei Beendigung der Fahrt abzugeben hat.

11. Ein Sonderzug soll spätestens 4 Tage vorher mit Angabe der Strecke und Zeit sowie der Anzahl und Gattung der Wagen bei der dem Abgangsbahnhof vorgesetzten Eisenbahnverwaltung entweder unmittelbar oder durch Vermittlung eines Bahnhofs bestellt werden.

12. Wird ein Sonderzug abbestellt oder nicht benutzt, so sind der Eisenbahn alle durch Ausführung der Bestellung erwachsenen Kosten zu erstatten. Dabei werden auf jedes Tarifkilometer, das die Fahrzeuge bei der Beförderung vom Heimatbahnhof zum Abgangsbahnhof des Sonderzuges oder auf dem Rückwege durchlaufen haben, für jede Achse der Wagen und Lokomotive 20 Reichspfennig berechnet.

13. Die Gesamtgebühren werden auf volle Reichsmark aufgerundet.

14. Die allg. Ausf.Best. 4—13 gelten auch für Sonderzüge von Zirkusbesitzern, Kunstreitergesellschaften, Schaustellungen wilder Tiere u. dgl., ferner von Marktreisenden, Schaustellern und Wanderhändlern (allg. Ausf. Best. zu § 4).

Die Gebühr von 20 Reichspfennig für jede Achse eines Wagens gilt für alle im Sonderzug befindlichen Wagen (Gepäck-, Personen-, Tier- und Güterwagen). Für die mitfahrenden Personen einschließlich der Tierbegleiter wird kein besonderer Fahrpreis erhoben.

Für die Desinfektion der Eisenbahnwagen gilt die allg. Ausf. Best. III zu § 50 des Deutschen Eisenbahn-Tiertarifs, Teil I.

Gesellschaftssonderzüge

Für Sonderzüge, die auf Antrag zu gemeinschaftlichen Reisen größerer Gesellschaften gestellt werden (Gesellschaftssonderzüge) gelten folgende Bestimmungen:

15. Soweit die Tarifteile II keine Abweichungen enthalten, werden Fahrausweise 1.—3. Klasse für einfache Fahrt und, wo Hin- und Rückfahrt im Sonderzuge zurückgelegt werden, Fahrausweise für Hin- und Rückfahrt ausgegeben. Der Fahrpreis für einfache Fahrt wird in

der Weise berechnet, daß der gewöhnliche Fahrpreis um $33^1/_3$ v. H. ermäßigt und auf volle 10 Reichspfennig aufgerundet wird. Der Fahrpreis für Hin- und Rückfahrt beträgt das Doppelte des Fahrpreises für einfache Fahrt.

Es sind mindestens zu lösen:

bei Benutzung der 1. Klasse 125 ganze Fahrausweise vom Abgangs- bis zum Bestimmungsbahnhof des Sonderzuges

" " 2. Klasse 250 desgl.,

" " 3. " 380 desgl.,

" verschiedener Klassen soviel Fahrausweise vom Abgangs- bis zum Bestimmungsbahnhof des Sonderzuges, daß der Preis der Mindestzahl an Fahrausweisen für die niedrigste im Sonderzuge geführte Wagenklasse (250 2. oder 380 3.) erreicht wird.

In jedem Falle sind für die ganze Sonderzugstrecke mindestens 250 Reichsmark zu entrichten. Je zwei Fahrausweise zum halben Preise werden als ein Fahrausweis gerechnet.

16. Wird ausnahmsweise auf Antrag des Bestellers ein Zug aus D-Zug-Wagen gebildet, so erhöht sich der Fahrpreis für den einzelnen Fahrausweis um den allgemeinen Schnellzugzuschlag.

17. Die Benutzung des Sonderzuges kann auch von Unterwegsbahnhöfen aus zu den in den allg. Ausf. Best. 15 und 16 angegebenen Sätzen gestattet werden, und zwar gegen Lösung von Fahrausweisen für die Reststrecke des Zuges, wenn der Preis für die vorgeschriebene Mindestzahl von Fahrausweisen und die vorgeschriebene Mindestgebühr erreicht ist oder hierdurch erreicht wird, sonst gegen Lösung von Fahrausweisen für die ganze Sonderzugstrecke.

18. Bei Sonderzügen zu Schulausflügen und Ausflügen zur Jugendpflege kann anstatt der Fahrpreisermäßigung für Gesellschaftssonderzüge auch die Fahrpreisermäßigung nach den allg. Ausf. Best. E III und VIII zu § 11 zugestanden werden, wenn der Preis der vor-

geschriebenen Mindestzahl von Fahrausweisen für Gesellschaftssonderzüge und die vorgeschriebene Mindestgebühr (allg. Ausf. Best. 15 und 16) erreicht wird.

19. Ein Gesellschaftssonderzug soll spätestens 8 Tage vorher mit Angabe der Strecke und Zeit, der Wagenklassen und der ungefähren Zahl der Reisenden beim Abgangsbahnhof oder bei der diesem vorgesetzten Eisenbahnverwaltung bestellt werden.

20. Schlaf-, Salon- und Speisewagen können auf Antrag in Gesellschaftssonderzüge — Speisewagen nur in solche aus D-Zug-Wagen — nach dem Ermessen der Eisenbahnverwaltung eingestellt werden.

Für jeden Schlafwagen sind gewöhnliche ganze Fahrausweise 2. Klasse mit Schnellzugzuschlag für so viel Personen zu lösen, wie den Wagen benutzen, mindestens für 18 Personen.

Bei Einstellung von Salonwagen werden die Gebühren nach der allg. Ausf. Best. A 1 besonders erhoben.

Fahrpreisermäßigung nach den allg. Ausf. Best. 15 und 16 tritt nicht ein. Die Benutzer von Schlaf- und Salonwagen haben keine Sonderzugkarten zu lösen.

Ein Speisewagen wird unentgeltlich eingestellt, für jeden weiteren werden Gebühren nach der allg. Ausf. Best. B 4 — auf jede Achse und das Tarifkilometer 20 Reichspfennig — erhoben.

Die Beförderungsgebühren für die Salonwagen und für den etwa mitgeführten zweiten und weiteren Speisewagen werden nicht auf die nach den allg. Ausf. Best. 15 und 16 zu erhebende Mindestgebühr angerechnet.

Die Benutzungsgebühr für Schlaf-, Salon- und Speisewagen unterliegt der Vereinbarung mit der Wageneigentümerin.

21. Die allg. Ausf.Best. B 5–8 und 12 sind anzuwenden. Auch kann die Stellung der Züge von der Einzahlung eines die Mindestgebühr deckenden Betrages abhängig gemacht werden.

22. Kinder genießen die Fahrpreisermäßigung nach den allg. Ausf.Best. E 1 und 8 zu § 11.

23. Fahrtunterbrechung ist im Sonderzuge ausgeschlossen.

II. Feriensonderzüge

(Die allg. Ausf.Best. B. 24—31 gelten bis auf weiteres nicht)

24. Für die Feriensonderzüge werden Fahrausweise zur Hin- und Rückfahrt ausgegeben. Sie berechtigen zur Hinfahrt im Sonderzuge und zur Rückfahrt in fahrplanmäßigen Zügen. Es können auch Fahrausweise nach Bahnhöfen ausgegeben werden, die über den Zielbahnhof des Sonderzuges hinaus oder an unterwegs abzweigenden Strecken liegen. Bei der Fahrt in fahrplanmäßigen Zügen ist Schnellzugbenutzung gegen Lösung des Schnellzugzuschlages gestattet.
25. Die Fahrausweise gelten 2 Monate, vom Abfahrtstage an gerechnet. Die Rückreise muß mit Ablauf des letzten Geltungstages beendet sein.
26. Es werden Fahrausweise 3. Klasse ausgegeben. Der Fahrpreis wird in der Weise berechnet, daß der gewöhnliche Fahrpreis um $33^1/_3$ v. H. ermäßigt, auf volle 10 Reichspfennig aufgerundet und alsdann verdoppelt wird.
27. Fahrtunterbrechung ist im Sonderzuge ausgeschlossen, in fahrplanmäßigen Zügen nach den allg. Ausf. Best. zu § 23 gestattet; auf Buchfahrausweise darf jedoch innerhalb ihrer Geltungsdauer die Fahrt beliebig oft unterbrochen werden.
28. Der Übergang in eine höhere Wagenklasse ist in den fahrplanmäßigen Zügen gestattet. Bei Berechnung des Preises der Übergangskarten gelten die Sonderzugkarten als gewöhnliche Fahrausweise.
29. Kinder genießen die Fahrpreisermäßigung nach den allg. Ausf.Best. E 1 und 8 zu § 11.
30. Die Eisenbahnverwaltung kann Feriensonderzüge wegen schlechter Besetzung ausfallen lassen. Die Fahrausweise werden dann gegen Erstattung des gezahlten Preises zurückgenommen.
31. Abweichungen von diesen Bestimmungen und sonstige Bedingungen werden jeweils besonders veröffentlicht.

III. Verwaltungssonderzüge

32. Für Sonderzüge, die von der Eisenbahn aus besonderem Anlaß für den allgemeinen Verkehr gefahren werden,

werden die Beförderungsbedingungen von Fall zu Fall veröffentlicht.

§ 13. Fahrausweise

(1) Der Reisende muß bei Antritt der Fahrt mit einem Fahrausweis versehen sein.[1],[2],[3],[4] Der Tarif kann Ausnahmen zulassen.[5] Die Angaben des Fahrausweises sind für die Beförderung maßgebend.

(2) Der Fahrausweis muß Strecke, Zuggattung, Wagenklasse und Fahrpreis[6] angeben.[7] Wenn die Benutzung verschiedener Wege oder Beförderungsmittel gestattet ist, so ist dies ersichtlich zu machen.

(3) Die Geltungsdauer der Fahrausweise wird durch den Tarif bestimmt.

(4) Ein Fahrausweis ist, soweit der Tarif keine Ausnahmen zuläßt, nur übertragbar, wenn er nicht auf den Namen lautet und die Reise noch nicht angetreten ist.[8]

(5) Die Fahrkartenschalter sind so rechtzeitig vor Abfahrt eines Zuges zu öffnen, wie es der Verkehrsumfang des Bahnhofs erfordert, mindestens aber eine Viertelstunde vor der Abfahrt.[9]

(6) Der Anspruch auf Verabfolgung eines Fahrausweises erlischt fünf Minuten vor der Abfahrt des Zuges.[10]

(7) Die Eisenbahn kann verlangen, daß der Fahrpreis abgezählt entrichtet wird.[11]

(8) Sind die Beförderungspreise unrichtig erhoben worden, so ist der Unterschiedsbetrag nachzuzahlen oder zu erstatten.[12] Die Eisenbahn hat, soweit dies möglich ist, alsbald nach Feststellung des Irrtums den Verpflichteten zur Nachzahlung aufzufordern oder dem Berechtigten den zuviel erhobenen Betrag zurückzuzahlen. Der Anspruch auf Nachzahlung oder Erstattung erlischt, wenn er nicht binnen eines Jahres nach Ablauf der Gültigkeitsdauer des Fahrausweises geltend gemacht wird.

Lösung

1. Wo der Bahnhof keine Fahrkartenausgabe hat, verkauft der Zugführer die Fahrausweise.
2. Der Reisende hat beim Empfang des Fahrausweises die Angaben über Bestimmungsbahnhof, Weg und Wagenklasse zur Richtigstellung etwaiger Irrtümer

zu prüfen und, wenn er Geld zurückbekommt, sich sofort von der Richtigkeit des Betrages zu überzeugen.

Abstempelung

3. Die Fahrausweise, auch solche, die zur Rückfahrt gelöst und entsprechend gekennzeichnet sind, werden bei der Ausgabe mit dem ersten Geltungstage abgestempelt. Fahrausweise, die zwischen 23 und 24 Uhr gelöst werden, erhalten den Stempel des nächsten Tages. Die vom Zugführer ausgegebenen oder aus Selbstgebern (Automaten) entnommenen Fahrausweise brauchen nicht abgestempelt zu werden. Weitere Ausnahmen bestimmen die Tarifteile II.

Besondere Fahrausweise

4. Im Stadt-, Vorort-, Markt- und Ausflugsverkehr werden nach Bedarf Fahrausweise für Hin- und Rückfahrt zum doppelten Preise der einfachen Fahrausweise (Doppelkarten) ausgegeben.
5. Im Verkehr mit Ostsee- und Nordseebädern können, soweit Schiffs- und Fuhrwerkstrecken in die Fahrausweise einbezogen sind, nach den Tarifteilen II Fahrausweise für Hin- und Rückfahrt ausgegeben werden.
6. Für die Benutzung der Fahrscheinhefte der Reiseunternehmer gelten neben diesem Tarif die Vorschriften für die Unternehmerfahrscheinhefte nebst Verzeichnis der Unternehmerfahrscheine und die Bestimmungen auf den Heftumschlägen und Fahrscheinen.

   Die allg. Ausf.Best. 10, zweiter Absatz, und 11 gelten auch hier.

Wege

7. Fahrausweise ohne Wegangabe gelten, soweit keine Ausnahmen zugelassen sind, nur für den kürzesten Weg.
8. Nach dem Ermessen der Eisenbahnverwaltung kann der Reisende gegen Zahlung des Fahrpreisunterschiedes einen längeren als den tarifmäßigen Weg benutzen. Er hat dann eine Umwegkarte zu lösen. Diese gilt nur so lange wie der Fahrausweis, zu dem sie gelöst ist, Berechtigt dieser Fahrausweis zu mehr als einer Fahrt, so gilt die Umwegkarte gleichwohl nur zu einer,

wenn auch mit Unterbrechung zurückgelegten Fahrt und nicht länger als vier Tage.

9. Fahrausweise, die zur Rückfahrt gelöst und entsprechend gekennzeichnet sind, gelten nur zur Fahrt in der Richtung von dem darin angegebenen Bestimmungsbahnhof nach dem Ausgabebahnhof.

Geltungsdauer

10. Die Geltungsdauer der Fahrausweise, auch der in der allg. Ausf.Best. 9 bezeichneten, beträgt vier Tage. Dies gilt auch für die zur Hin- und Rückfahrt gültigen Fahrausweise, wenn in den Tarifteilen II nicht anders bestimmt ist. Beförderungsscheine, die zur Hin- und Rückfahrt ausgestellt sind, gelten für die Hinfahrt und für die Rückfahrt je vier Tage.

Die Geltungsdauer beginnt mit dem Tage des Ausgabestempels, bei Beförderungsscheinen mit dem Tage, der für die Hinfahrt oder Rückfahrt eingetragen ist. Für Fahrausweise, die nach allg. Ausf.Best. 3 nicht abgestempelt werden, beginnt die Geltungsdauer mit dem Tage der ersten Lochung. Die Reise kann an einem beliebigen Tage innerhalb der Geltungsdauer angetreten werden. Die Eisenbahnverwaltung kann jedoch durch Aushang allgemein oder für einzelne Züge bekannt geben, daß die Fahrt am ersten Tage der Geltungsdauer des Fahrausweises angetreten werden muß.

11. Die Reise muß spätestens mit einem Zuge beendet sein, der fahrplanmäßig um 24 Uhr des letzten Geltungstages auf dem Bestimmungsbahnhof eintrifft.

12. Wegen der Schnellzugzuschlagkarten vgl. die allg. Ausf.Best. B. 7 und 8 zu § 11, wegen der Übergangskarten vgl. die allg. Ausf.Best. 3 zu § 19.

Wegen Verlängerung der Geltungsdauer bei Versäumung der Abfahrt vgl. § 20 Abs. (3) EVO und die allg. Ausf.Best. 1 hierzu.

Telegraphische Bestellungen von Fahrausweisen usw.

13. Fahrausweise, Gepäckscheine, Übergangskarten und Schnellzugzuschlagkarten können bei dem Bahnhof,

wo neu abgefertigt werden soll, telegraphisch bestellt werden.

Wird die Abfassung des Telegramms dem annehmenden Beamten überlassen, so wird die Gebühr nach Anlage V Zif. 2 erhoben. Wird mehrmals neue Abfertigung erforderlich, so können die Telegramme sämtlich schon am Abgangsort aufgegeben werden. Für jedes Telegramm wird dann die Gebühr besonders erhoben.

Wird bei räumlich getrennten Bahnhöfen desselben Ortes der benutzte Zug nicht nach dem Bahnhofe übergeführt, wo neu abgefertigt werden soll, so hat der Reisende für die eigene Überführung und die seines Gepäcks von einem zum anderen Bahnhof selbst zu sorgen.

Sonstiges

14. Bestimmungen über die Gültigkeit der Fahrausweise und die Überführung von Reisenden an Orten mit getrennten Bahnhöfen oder zwischen benachbarten Orten enthält die Anlage II (Abschnitte A und C I).

15. Wegen Bestellung von Bettkarten vgl. allg. Ausf.Best. D zu § 11.

JüP. Art. 6, 8.

Literatur: Rundnagel, BefGesch. § 170 S. 503 und namentlich die dort Anm. 1 Angeführten; Staub § 472 Anm. 19; Göppert, Rechtliche Natur der Personenbeförderung, S. 67 ff.; Beyersdorff, EE. 20 79 und „Die rechtliche Natur der Eisenbahnfahrkarte".

1. Fahrkarte, geschriebener Fahrschein usw.. Fahrausweis ist die Grundlage für den regelmäßigen Personenbeförderungsvertrag; er beweist zugleich den Vertragsabschluß. Er ist Inhaberpapier im Sinne des § 807 BGB. (sog. Inhabermarke) (siehe RG. in JW. 05 426; Arch. f. Eis. 06 657; EE. 22 165; Fritsch S. 311 Anm. 7; abw. hiervon: Eger § 13 Anm. 46, § 11 Anm. 38; vgl. auch EE. 20 81, 22 85, 221, 23 101; Sendpiehl S. 148; ZVDEisV. 02 148; diese sehen in ihm nur Quittung über Zahlung des Kaufpreises und damit Legitimation zur Fahrt). Bez des Fahrscheins der Straßenbahnen siehe Seelmann, EE. 22 85, 221 (unverkürzt: Arch. f. bürg. Recht 25 186 ff.). Aus dem Charakter als Inhaberpapier folgt: a) Die Eisenbahn kann die Leistung verweigern, wenn der Inhaber zur Verfügung über die Urkunde nicht berechtigt ist (Ausgabe von Schlafwagenkarten auf den Namen, um den Handel [z. B. durch Hotelbiener] zu ver-

hindern) (BGB. § 793 Abs. 1 Satz 1). b) Auch Leistung an einen nicht zur Verfügung berechtigten Inhaber befreit (BGB. § 793 Abs. 1 S. 2; EE. 9 272). c) Auch wenn der Fahrausweis gegen den Willen der Eisenbahn in den Verkehr gelangt ist (z. B. gestohlen), wird diese zur Leistung verpflichtet; selbstverständlich muß der Inhaber gutgläubig sein (§§ 794, 935 Abs. 2 BGB.; siehe Lehmann-Ring § 472 Anm. 1 S. 402). d) Einwendungen gegen den Inhaber eines Fahrausweises stehen der Eisenbahn nur zu, wenn sie die Gültigkeit der Ausstellung betreffen (z. B. Fälschung), sich aus der Urkunde selbst ergeben (Ablauf der Gültigkeit) oder der Eisenbahn unmittelbar gegen den Inhaber zustehen (z. B. EVO. § 10, namentlich Abs. 3; siehe BGB. § 796). e) Die Eisenbahn ist nur gegen Aushändigung des Fahrausweises zur Leistung verpflichtet (BGB. § 797). f) Die Kraftloserklärung des Fahrausweises richtet sich nach Landesrecht (EG. z. BGB. Art. 102; für Preußen: AG. z. ZPO. § 7). g) Der Eisenbahnfahrausweis gehört zunächst dem Käufer.

2. Fahrausweis ist nur nebenher zugleich Quittung über den Fahrpreis; es fehlt sogar im Text jeder Hinweis auf die Zahlung; Verlust des Ausweises bewirkt daher Untergang des Rechts auf Fahrt.

3. Ehemann kann aus dem von ihm durch Lösung des Fahrausweises für seine Ehefrau geschlossenen Beförderungsvertrag nicht Schaden geltend machen, den er durch ihren bei der Beförderung durch Überfahren erfolgten Tod erlitten hat; nur die Ehefrau ist aus dem Vertrag berechtigt und verpflichtet (siehe Vorbem. E vor EVO. § 9).

4. Fahrausweise der Reichs- und Staatseisenbahnen waren öffentliche Urkunden (RGSt. 8 409; RG. in VR. 1 182); auch die der Deutschen Reichsbahn-Gesellschaft sind es (siehe EE. 43 77; DJZ. 26 72; ZVDEisV. 25 1362; RGSt. 59 56; abw. EE. 43 76; ZVDEisV. 26 53). Fälschung des Tagesstempels siehe RGSt. 37 319; EE. 25 213; Arch. f. Eis. 21 1225; aber vgl. RGSt. 29 118 (Durchlochung); 28 42 (Unterschrift auf einer Zeitkarte); RG. in JW. 05 548 (Kilometerheft). Die Bestellung falscher Fahrausweise beim Drucker ist strafbare vorbereitende Handlung (RGSt. 13 212; siehe auch Eger, EE. 25 213; auch EE. 3 394 [ungeschickte Fälschung des Stempels]; siehe ferner EVO. § 15 Anm. 13). Wiederbenutzung bereits benutzter Fahrausweise ist Betrug oder Urkundenfälschung (RG. in VR. 2 70). Das Zurückbehalten bereits entwerteter Fahrausweise kann Unterschlagung darstellen (RG. in VR. 2 66). Über Fahrkartenautomaten und deren strafrechtlichen Schutz vgl. Compter in EE. 23 403, 24 81; über Verfälschung von Fahrscheinen einer städtischen Straßenbahn DJZ. 28 251.

5. Z. B. auf Strecken mit Zugführerverkauf.

6. Bis 31. 12. 29 dürfen Fahrpreise auf den Fahrausweisen abweichend von EVO. § 13 (2) angegeben werden. Näheres siehe VO. vom 20. 9. 28 (RGBl. II S. 609).

7. Regelmäßig kommt noch der Tagesstempel hinzu, aber nicht wesentlich; er fehlt z. B. bei den Vorortkarten und Karten aus Automaten.

8. Wenn Fahrausweis nicht übertragbar ist, muß dies aus ihm selbst zu ersehen sein (z. B. Aufdruck: „Nicht übertragbar"; Anbringung eigenhändiger Namensunterschrift [z. B. bei Monatskarten]). Übertragbarkeit endet aber auch hier nicht mit der Namensunterschrift, sondern erst mit dem Reiseantritt durch die Namensperson, d. h. der einmal geschriebene Name kann bis dahin durch einen anderen ersetzt werden (a. M. Rundnagel, Bef.-Gesch. § 170 S. 504; siehe EE. 15 62, 18 262). Über die Frage der Übertragbarkeit der früheren Rückfahrkarten mit Preisermäßigung vgl. die umfangreiche Literatur, angegeben bei Rundnagel, BefGesch. § 170 S. 504 Anm. 4. Benutzung einer als nicht übertragbar bezeichneten Karte ist Betrug (RGSt. 5 243; EE. 5 108). Über Kraftloserklärung der Fahrausweise siehe oben Anm. 1.

9. Nicht rechtzeitige Öffnung macht die Eisenbahn ersatzpflichtig

10. Über den Umtausch von Fahrausweisen siehe EVO. §§ 19 (2), 24 (2)—(4), siehe aber auch EVO. § 24 (1).

11. Ordnungsvorschrift; zur Vermeidung von Aufenthalten (auch mit Rücksicht auf die anderen Reisenden) wird Rechtsanspruch auf Geldwechseln verneint.

12. Ohne Rücksicht darauf, ob ein Verschulden der Eisenbahn oder des Reisenden vorliegt oder nicht (siehe auch EVO. § 70 (1)). Die Vorschrift wird mit Rücksicht auf die geringe Möglichkeit, die Person des Reisenden festzustellen, selten praktisch werden.

§ 14. Vorausbestellung von Abteilen oder einzelnen Plätzen

(1) Ganze Abteile werden den Reisenden auf Verlangen für den tarifmäßigen Preis zur Verfügung gestellt, wenn keine Rücksichten des Betriebs oder Verkehrs entgegenstehen.[1] Die Abteile müssen mindestens eine Stunde vor der Abfahrtzeit bestellt werden.

(2) Für das Abteil sind höchstens soviel Fahrausweise zu bezahlen, wie es Plätze enthält.[2] Es dürfen[3] nur soviel Personen aufgenommen werden, als Fahrausweise gelöst sind.

(3) Bestellte Abteile sind kenntlich zu machen.[4]

(4) Ob und unter welchen Bedingungen für einzelne Züge bestimmte Plätze bestellt werden können, bestimmt der Tarif.[5]

Bestellung von Abteilen

1. Ganze Abteile können in der 1. Wagenklasse schon gegen

Lösung von 4, in der 2. Wagenklasse von 6, in der 3. Wagenklasse von 8 Fahrausweisen, Halbabteile in der 1. Wagenklasse gegen Lösung von 2, in der 2. Wagenklasse von 3, in der 3. Wagenklasse von 4 Fahrausweisen zum gewöhnlichen Fahrpreis überlassen werden. In Wagen 3. Klasse ohne geschlossene Abteile werden keine Abteile zur Verfügung gestellt.

Zwei Fahrausweise zum halben Preise werden dabei als ein Fahrausweis gerechnet. Mindestens ist für jede Person ein Fahrausweis zu lösen. Außerdem ist die Vormerkgebühr nach Anlage V Zif. 5 so oft zu entrichten, wie Fahrausweise der betreffenden Gattung zu lösen sind. (Vgl. jedoch allg. Ausf. Best. A 5 (2) und 6 zu § 12.)

Muß das Abteil schon von einem Bahnhof an freigehalten werden, der vor dem Zugangsbahnhof liegt, so sind die Fahrausweise schon von diesem Bahnhof an zu lösen.

2. Über die Überlassung von Abteilen entscheidet der Abgangsbahnhof, nur bei Beförderung von Edelmetallen, Kostbarkeiten usw. nach § 24 (6) des Deutschen Eisenbahn-Gütertarifs, Teil I B die ihm vorgesetzte Eisenbahnverwaltung. Bestellte Abteile werden mit der Anschrift »Bestellt« versehen. Der Besteller erhält eine Bescheinigung.

Konnten bestellte Abteile nicht freigehalten werden, so werden dem Besteller die eingezahlten Beträge abzüglich der Telegrammgebühr (allg. Ausf.Best. 4) gegen Empfangsbescheinigung zurückgezahlt.

3. Ein Recht auf Freihaltung nicht bezahlter Plätze für die Dauer der ganzen Reise wird nicht eingeräumt. Bei Bedarf dürfen die nicht bezahlten Plätze zeitweise oder dauernd mit anderen Reisenden besetzt werden. Hierüber entscheidet auf den Bahnhöfen der Aufsichtsbeamte, während der Fahrt der Zugführer.

4. Die Abteile können telegraphisch bestellt werden. Wird die Abfassung des Telegramms dem annehmenden Beamten überlassen, so wird die Gebühr nach Anlage V Zif. 3 erhoben.

Bestellung von Plätzen

5. Reisende, die Fahrausweise für einen in den Fahrplänen mit »D«, »FD« oder »FFD« bezeichneten Zug oder einen Expreßzug von dessen Abgangsbahnhof oder vom Abgangsbahnhof einzelner planmäßig in D-, FD-, FFD- oder Expreßzüge übergehender Wagen besitzen oder bestellen, können sich bestimmte Plätze im voraus sichern. Die Platzbestellung kann auf bestimmte Züge und auf bestimmte Wagen beschränkt werden.

6. Der Reisende hat die dafür in Anlage V Zif. 5 festgesetzten Gebühren zu entrichten. Sie sind bei schriftlicher Bestellung postgeldfrei einzusenden, bei telegraphischer Bestellung vor Aufgabe des Telegramms bei dem Bahnhof zu entrichten. Überläßt der Reisende die Abfassung des Telegramms dem annehmenden Beamten, so hat er für jedes Telegramm die Gebühr nach Anlage V Zif. 4 zu zahlen. Werden in dem an einen Bahnhof gerichteten Telegramm gleichzeitig Fahrausweise, Gepäckscheine und Plätze bestellt, so wird diese Gebühr nur einmal erhoben.

Bestellte Plätze werden gekennzeichnet.

7. Die bestellten Plätze müssen auf dem Abgangsbahnhof des Zuges oder des Wagens eingenommen werden, andernfalls erlischt der Anspruch auf den bestellten Platz. Von mehreren Bahnhöfen eines Ortes gilt der letzte als Abgangsbahnhof.

8. Konnten bestellte Plätze nicht bereitgehalten werden, so werden dem Besteller die eingezahlten Beträge abzüglich der Telegrammgebühr gegen Empfangsbescheinigung zurückgezahlt.

JüP. Art. 9.

1. Allgemein besteht keine Gewähr auf Freihaltung bestellter Abteile (siehe AAB. 2); ist dem Reisenden aber ein Abteil zur Verfügung gestellt, so hat er ein Recht auf alleinige Benutzung bis zur Zahl der bezahlten Plätze.

2. Durch die Zuweisung eines ganzen Abteils oder auch eines einzelnen Platzes (Platzkarte) wird nicht etwa neben dem Beförderungsvertrag ein besonderer Mietvertrag abgeschlossen: in beiden Fällen wird ja nicht einmal immer Miete (Vormerkgebühr oder Platzgebühr) erhoben. Die sich aus dieser Überlassung ergebenden Rechte und Pflichten gründen sich lediglich auf den Be-

förderungsvertrag (siehe Rundnagel, BefGesch. § 177 S. 515 Anm. 3; Staub § 472 Anm. 9; RG. 62 119; JW. 06 403; a. M. Kommentar der RGRäte z. BGB., Einl. zum VII. Titel [Werkvertrag]; Göppert, Rechtl. Natur der PersBef., S. 62).

3. Außer Kindern unter 4 Jahren.

4. Das Gleiche (wie Anm. 1) gilt für die Benutzung der der Eisenbahn gehörenden Schlafwagen. Die EVO. enthält hierüber keine weitere Bestimmung (siehe aber EVO. § 11 AAB. E.). Vgl. auch Rundnagel, BefGesch. § 176 S. 513.

5. Werden die Schlafwagen (Mitropa, JSG.), Speisewagen oder ganze Züge (Luxuszüge, Rivieraexpreß) von selbständigen Unternehmern gestellt, so gelten diese hinsichtlich der Beförderung als Erfüllungsgehilfen der Eisenbahn; ihre Bediensteten fallen unter EVO. § 5 (siehe Rundnagel, BefGesch. § 176 S. 513; Staub § 472 Anm. 10; ZVDEisV. 00 622). Abw. nehmen an: a) Haftung der Schlafwagengesellschaft auf Grund des § 701 BGB.: Planck (Vorbem. zu § 701 in den älteren Auflagen; a. A. 4. Auflage, Vorbem. II 4 vor § 701; Cosack, Lehrb. d. BR. 1 643; Fuld, Mietrecht S. 264; DJZ. 00 227; EE. 24 324; b) Haftung der Schlafwagengesellschaft als selbständiger Frachtführer: Dernburg, Bürgerl. Recht 2 353; EE. 23 394, 24 196, 13 127, 14 207; c) Haftung aus allgemeinem Vertragsrecht: DJZ. 03 294; Eger, EVO. § 28 Anm. 110. Dem ist nicht beizutreten. Wageneinstellung bleibt interner Vorgang zwischen Eisenbahn und Gesellschaft hinsichtlich der Beförderung. Was die Bedienung anbelangt (Verkauf von Speisen, Getränken usw.), so liegt Kauf vor zwischen Reisenden und Gesellschaft; auch außervertragliche Beziehungen sind möglich, z. B. Beschädigung von Geschirr im Speisewagen. Dagegen ist die Gestellung des Bettes im Schlafwagen reine Beförderungsangelegenheit. Es haftet also wie beim bahnamtlichen Rollfuhrunternehmer nur die Eisenbahn (a. M. EE 18 367, 19 88, 24 195, 319 [Reindl], 24 324 [Fuld]). Haftung der Schlafwagengesellschaft für den Zoll: JW. 02 302; EE. 25 68. Die Bettkarten der Schlafwagengesellschaften sind beförderungssteuerpflichtig (EE. 46 280).

§ 15. Prüfung der Fahrausweise. Fahrpreiszuschläge. Bahnsteigkarten

(1) Der Reisende ist verpflichtet, auf Verlangen[1] den Fahrausweis[2] jederzeit[3] zur Prüfung vorzuweisen und bei Beendigung der Fahrt abzugeben.[4]

(2) Wer ohne gültigen Fahrausweis in einem zur Abfahrt bereitstehenden Zuge verweilt[5] oder mehr Plätze belegt,[6] als

ihm für sich und die mit ihm reisenden Personen zustehen, hat die tarifmäßige Gebühr[7] zu entrichten.

(3) Im übrigen hat ein Reisender,[8] der keinen gültigen[9] Fahrausweis[10] vorweisen kann, für die von ihm zurückgelegte Strecke und, wenn der Zugangsbahnhof nicht sofort nachgewiesen werden kann, für die ganze vom Zuge zurückgelegte Strecke das Doppelte des Fahrpreises, mindestens jedoch drei Reichsmark zu entrichten.[11] Wer unaufgefordert[12] dem Schaffner oder Zugführer meldet, daß er keinen gültigen Fahrausweis habe, hat einen Zuschlag von 50 Reichspfennig zum tarifmäßigen Preis, jedoch nicht mehr als das Doppelte dieses Preises zu zahlen.[13] Vgl. auch § 19 (1).

(4) Ein Reisender, der die sofortige Zahlung[14] verweigert, kann ausgesetzt werden;[15] er hat keinen Anspruch auf Erstattung von Fahrpreis oder Gepäckfracht.[16]

(5) Wer auf Bahnhöfen mit Bahnsteigsperre ohne gültigen Fahrausweis die abgesperrten Teile des Bahnhofs betreten will, hat eine Bahnsteigkarte zu lösen.[17] Diese Karte ist beim Durchschreiten der Sperre vorzuweisen und bei der Rückkehr abzugeben. Sie berechtigt nicht zum Betreten des Zuges. Wer ohne gültigen Ausweis die abgesperrten Teile eines Bahnhofs[18] betritt,[19] hat 50 Reichspfennig zu zahlen.[20]

(6) Den Eisenbahnen bleibt überlassen, mit Genehmigung des Reichsverkehrsministers die Fälle durch den Tarif[21] einheitlich zu regeln, wo aus Billigkeit[22] von der Erhebung der in den Absätzen (2), (3) und (5) bezeichneten Beträge ganz oder teilweise abgesehen wird.

(7) Über jede Nachzahlung ist eine Bescheinigung zu erteilen.[23]

Prüfung der Fahrausweise

1. Werden mehrere aneinander anschließende Fahrausweise zu einer zusammenhängenden Fahrt benutzt, so sind sämtliche Fahrausweise bei Beendigung der Fahrt vorzuzeigen.

2. Ob ein beschädigter Fahrausweis noch als gültig anzusehen ist, entscheidet auf den Bahnhöfen der Aufsichtsbeamte, während der Fahrt der Zugführer. Fahrausweise, deren Inhalt unbefugt geändert worden ist, sind ungültig und werden abgenommen.

3. Scheine von Fahrscheinheften und von Fahrausweisen in Buchform, deren Umschlag nicht vorgezeigt werden kann und außer der Reihe befindliche Scheine sind ungültig und werden abgenommen.

Fahrpreiszuschläge

4. Wer bei einer Fahrt nach allg. Best. 1 für eine Teilstrecke keinen gültigen Fahrausweis vorzeigen kann, hat für diese Teilstrecke das Doppelte des gewöhnlichen Fahrpreises, mindestens aber 3 Reichsmark zu entrichten.
5. Drei Reichsmark hat zu entrichten:
   a) wer ohne gültigen Fahrausweis in einem zur Abfahrt bereitstehenden Zuge verweilt oder
   b) wer mehr Plätze belegt, als ihm für sich und Mitreisende zustehen.

   Jedoch dürfen Inhaber von Bahnsteigkarten oder von Ausweisen, die zum Betreten des Bahnsteigs berechtigen, die Züge vorübergehend betreten, um Kranke oder andere hilfsbedürftige Reisende (Frauen, Kinder u. dgl.) unterzubringen.
6. Keinen Zuschlag hat zu zahlen:
   a) wer auf einem Anschlußbahnhof wegen Verspätung seines Zuges oder wegen kurzer Übergangszeit keinen Fahrausweis zur Weiterfahrt hat lösen können und dies dem Schaffner sofort unaufgefordert meldet,
   b) wer in demselben Zuge über den Bahnhof, bis zu dem sein Fahrausweis gilt, hinausfahren will, dort aber keine Zeit zum Lösen eines Fahrausweises hat und die Absicht der Weiterfahrt spätestens auf dem ursprünglichen Bestimmungsbahnhof dem Schaffner meldet,
   c) wer in einem Zuge, der auf dem Bestimmungsbahnhof seines Fahrausweises nicht hält, weiterfahren will und dies dem Schaffner spätestens auf dem letzten Haltebahnhof vor dem ursprünglichen Bestimmungsbahnhof meldet,
   d) wer in eine höhere Wagenklasse übergeht und dies vorher dem Schaffner unaufgefordert meldet,
   e) wer einen Zug mit höheren Fahrpreisen benutzt und dies dem Schaffner sofort unaufgefordert meldet.

7. Fährt ein Reisender unfreiwillig oder unwissentlich eine Strecke mit einem dafür nicht gültigen Fahrausweis oder benutzt er einen seinem Fahrausweis nicht entsprechenden Zug mit höheren Fahrpreisen, so kann statt der in § 15 Abs. (3), EVO bestimmten Beträge der einfache Fahrpreis oder der tarifmäßige Zuschlag für den Übergang erhoben werden, sofern der Reisende zur sofortigen Zahlung bereit ist.

8. Bei Berechnung des Fahrpreiszuschlags, den Reisende ohne gültigen Fahrausweis zu zahlen haben, wird der etwa schon gezahlte Fahrpreis angerechnet, wenn er aus dem Fahrausweis ohne weiteres erkennbar ist.

Bahnsteigkarten

9. Der Inhaber einer Bahnsteigkarte darf den Bahnsteig und die in die Bahnsteigsperre einbezogenen Warteräume nur einmal betreten und nur solange die Sperre geöffnet ist. Er hat die abgesperrten Teile des Bahnhofs zu verlassen, wenn es der Aufsichtsbeamte anordnet.

Die Bahnsteigkarte gilt nur an dem Tage, an dem sie der Bahnsteigschaffner entwertet hat. Die Eisenbahn kann Ausnahmen zulassen. Eine zwischen 23 und 24 Uhr entwertete Karte gilt auch am folgenden Tage.

10. Die Bahnsteigkarte kostet 10 Reichspfennig. Für zwei Kinder von vollendetem vierten bis zum vollendeten zehnten Lebensjahr braucht nur eine Bahnsteigkarte gelöst zu werden. Kinder bis zum vollendeten vierten Lebensjahr werden ohne Bahnsteigkarte zugelassen.

11. Für jeden auf den Bahnsteig mitgenommenen Hund ist eine Bahnsteigkarte zu lösen.

IüP. Art. 12.

Literatur: Eger Anm. 57 ff. und EE. 23 213; Gorden, EE. 20 193; Hausmann (Der blinde Passagier) in ZVDEisV. 09 1425; Ebermayer in VR. 3 489. Über geschichtliche Entwicklung siehe Boethke, EE. 21 87.

1. Des zuständigen Bediensteten (siehe EVO. § 7). Bei Weigerung Zurückweisung, Ausschluß von der Fahrt (EVO. § 10), bahnpolizeiliche Strafe (BBO. §§ 77, 82) oder Zahlung gemäß Abs. 2.

2. Fahrausweis aller Art, also auch Schnellzugzuschlagkarte, Bettkarte usw.

3. Beim Eintritt in den Warteraum, beim Betreten und Verlassen des Bahnsteiges, beim Einsteigen in den Wagen, jederzeit

während der Fahrt. Daher Aufbewahrungspflicht bis zum Verlassen des Bahnsteigs oder, wo eine Bahnsteigsperre nicht besteht, des Zuges.

4. Siehe § 797 BGB. (oben § 13 Anm. 1), auch nur auf Verlangen. Über die Ablieferung der Monatskarten siehe EE. 26 306, auch 446.

5. Siehe Neumann, ZVDEisV. 03 101. Verweilen ist mehr als Einsteigen; es ist Sichaufhalten, um z. B. mit Abreisenden zusammen zu sein, oder gar um Mitreisende oder Beamte über die Besetzung des Abteils zu täuschen; für die früheren, anderslautenden Bestimmungen siehe Holzbecher, ZVDEisV. 02 663; Neumann 03 101; auch EE. 20 193. Begleitern von unselbständigen Reisenden (Kranken, Kindern) wird das Betreten zum Zwecke der Hilfeleistung (z. B. beim Unterbringen von Gepäck) nicht versagt werden können (siehe auch AAB. 5).

6. Das Belegen der Plätze ist nur den Reisenden selbst, nicht aber den Inhabern von Bahnsteigkarten gestattet und nur beim Einsteigen, nicht vorher.

7. Nicht Vertragsstrafe im Sinne des § 339 BGB. (also auch keine Herabsetzung gemäß § 343 a. a. O.), auch keine Strafe des öffentlichen Rechtes oder obligatio ex lege, sondern erhöhtes Fahrgeld, zivilrechtliche Verpflichtung; siehe ZVDEisV. 94 121, 10 1547; EE. 21 87, 27 406; abw. Eger, EVO. Anm. 58 S. 73; Sendpiehl S. 155; Rundnagel, BefGesch. § 173 S. 508.

8. Für Minderjährige haftet gesetzlicher Vertreter (siehe ZVDEisV. 14 877).

9. Für den betreffenden Zug, die benutzte Klasse; Sonntagskarte an Wochentagen, Kinderkarte für Erwachsene (siehe EE. 26 446; ZVDEisV. 20 9).

10. Die Tatsache des Nichtvorweisens (Können oder Wollen) genügt (siehe hierzu die Literatur bei Rundnagel, BefGesch. § 173 S. 508 Anm. 7; ferner ZVDEisV. 20 9); maßgebend ist der Zeitpunkt des „Verlangens" nach Abs. 1. Weder der Nachweis, daß der Fahrausweis gelöst, aber verlorengegangen ist, noch sein Wiederauffinden befreit von der Zahlung (siehe EE. 14 241, 353; Gorden, EE. 16 77); auch Irrtum über die Gültigkeit der Fahrausweise ist unbeachtlich (a. M. ZVDEisV. 94 121; EE. 43 204).

11. Das Fahrgeld ist nicht noch besonders zu berechnen. Beträgt der Fahrpreis also z. B. 2 RM., ist ein Betrag von 4 RM zu erheben, nicht etwa daneben noch der Fahrpreis; bei unrechtmäßiger Benutzung einer höheren Wagenklasse ist ebenso der doppelte Fahrpreis zu zahlen. Über die Anrechnung des etwa schon gezahlten Fahrpreises siehe AAB. 8.

12. D. h. vor dem Platz nehmen im Zuge (nicht nur keinen, sondern auch keinen gültigen, z. B. im Luxuszug einen Fahraus-

weis für die Holzklasse oder einen Fahrausweis der niedrigeren Wagenklasse). Meldung erst bei der Prüfung der Fahrausweise ist verspätet.

13. Neben Übertretung der §§ 77, 82 BBO. kann noch der Tatbestand strafrechtlicher Vergehen vorliegen; eine Strafe schließt die andere nicht aus (siehe Sauter, EE. 29 146, 25 213). a) Betrug (§§ 263, 264 StGB.): Fahrt ohne Fahrausweis in der rechtswidrigen Absicht, ohne Entgelt befördert zu werden; Vergehen vollendet spätestens mit Beginn der Fahrt. Versehentliches Vorzeigen eines ungültigen Fahrausweises macht nicht strafbar (siehe EE. 33 186; RGSt. 4 295, 7 124); falsche Angabe des Zugangsbahnhofes: ebendort 17 217. Verhinderung der Entwertung, auch wenn im Einverständnis mit dem Zugpersonal, siehe RGSt. in EE. 7 214; RGSt. 17 217, 25 412. Die herrschende Meinung verlangt aber eine tatsächliche Irrtumserregung in einem zuständigen Bediensteten (Bahnsteigschaffner, z. B. durch Vorweisen einer Bahnsteigkarte) (siehe Leipziger Kommentar zum StGB. [Ebermayer-Lobe-Rosenberg] 3. Aufl. § 263 Anm. 3). Doch wird Betrug auch begangen, wenn Schaffner einverstanden ist. Tatbestand der Bestechung schließt Bestrafung wegen Betrugs nicht aus (siehe EE. 7 214, 11 227; RGSt. 17 217, 25 412); aber RGSt. 42 40 (Hausmann, ZVDEisV. 09 1425). Kein Betrug, wenn Reisender nachweislich die Absicht hatte, sofort nach Ankunft den Fahrpreis zu zahlen (RG. in EE. 31 65), wohl aber bei bewußt rechtswidriger Benutzung einer nicht übertragbaren Monatskarte (EVO. § 13 Anm. 8) oder eines ungültigen Fahrausweises (EE. 25 386). Des versuchten Betruges macht sich schuldig, wer durch täuschendes Verhalten freie Fahrt zu erschleichen sucht und durch die Täuschung unentgeltlich auf den Bahnsteig gelangt, dann aber die Fahrt nicht antritt (RG. in „Recht" 26 Nr. 141). b) Urkundenfälschung (§§ 267, 268 StGB.): Fälschung eines Fahrausweises in rechtswidriger Absicht und von beweiserheblicher Bedeutung. Änderung des Datums: EE. 3 48, abw. 394, 27 325; des Fahrpreises; des Reisewegs: EE. 5 60; bei Staats- und Reichsbahn: öffentliche Urkundenfälschung: EE. 3 48; RGSt. 8 409, 28 42; siehe auch EE. 4 387 (Versuch), 22 151; Fälschung der Unterschrift auf einer Zeitkarte: RGSt. 28 42; des Militärurlaubspasses: EE. 23 155; eines Staatsbahnfreifahrtscheines: EE. 26 312; Fälschung der Durchlochung bei einer Bahnsteigkarte: RGSt. 29 188; vgl. auch EVO. § 13 Anm. 4. c) Bestechung (§§ 332, 333 StGB.): EE. 3 203, 4 385, 6 69, 7 214. d) Widerstand gegen die Staatsgewalt: § 113 StGB.; Bahnsteigschaffner: EE. 21 287.

14. Des Fahrpreises nebst Strafe und Zuschlag.

15. Auf Anfangs- und jedem Zwischenbahnhof. Der Anspruch

auf Zahlung der verwirkten Beträge wird hierdurch nicht berührt; auch vorläufige Festnahme ist zulässig bei Fluchtverdacht oder mangelndem Ausweis der Persönlichkeit (BBO. § 75 (4)).

16. Siehe EVO. § 10 (1) Satz 2. Der Ausgesetzte kann nicht verlangen, daß ihm sein Reisegepäck auf einem anderen als dem Bestimmungsbahnhof zur Verfügung gestellt wird, da nach EVO. § 33 (2) ein solcher Anspruch nicht besteht.

17. Durch Lösung einer Bahnsteigkarte entsteht kein Vertragsverhältnis zwischen Eisenbahn und Inhaber. Daher keine Haftung aus Vertrag, sondern nur aus Haftpflichtgesetz und BGB. (unerlaubter Handlung). Inhaber hat auch keinen privatrechtlichen Anspruch auf Zutritt oder Belassung auf dem Bahnsteig (z. B. bei bahnpolizeilicher Regelung, Absperrung, Verbot an Hausdiener und ähnliche Personen). Kein Schadensersatz beim Verbot des Betretens. Eisenbahn ist zum Verkauf von Bahnsteigkarten nicht verpflichtet, kann aber Betreten des Bahnsteigs nicht immer versagen (z. B. Begleitung gebrechlicher Reisender) (§ 242 BGB. [2]). Die Bahnsteigkarte ist Inhaberpapier wie der Fahrausweis (EVO. § 13 Anm. 1; siehe Weber, EE. 25 122 [Sonderheft]; Kaldbrenner, EE. 26 211; RG. 24 382; a. M. Sendpiehl S. 156; ZVDEisV. 08 345). Personen mit gültigem Fahrausweis brauchen keine Bahnsteigkarte zu lösen; dies gilt aber nicht für Leute, die lediglich des niedrigeren Preises wegen einen Fahrausweis zum Betreten des Bahnsteiges lösen; mangels übereinstimmenden Willens ist ein Beförderungsvertrag gar nicht zustande gekommen (vgl. Holzbecher, ZVDEisV. 08 205, 345, 593, 07 964; DJZ. 07 1319; EE. 25 218 u. a.).

18. Geht weiter als Bahnsteig.

19. Entscheidend ist lediglich die Tatsache des Eintritts ohne Karte.

20. Zu dieser Strafe tritt noch der Betrag einer Bahnsteigkarte, nicht aber auch der Betrag Abs. 3, möglicherweise aber auch Abs. 2 (a. M. Eger Anm. 61; Rundnagel, BefGesch. § 174 S. 511). Außerdem kann Bestrafung aus §§ 77, 82 BBO. sowie aus StGB. erfolgen (RGSt. 4 295; EE. 7 124); Hausfriedensbruch: EE. 1 375.

21. D. h. durch AAB. (Teil I), nicht etwa Lokaltarif.

22. Z. B. weil die Absicht der Fahrgeldhinterziehung fehlt.

23. § 15 gibt der Eisenbahn kein gesetzliches Pfandrecht; siehe aber BGB. §§ 229 ff. (Notangriff, Selbsthilfe) (vgl. EE. 33 194, 293).

§ 16. Warteräume [1]

(1) Die Warteräume[2] sind auf Bahnhöfen mit geringerem Verkehr mindestens eine halbe Stunde, auf Bahnhöfen mit

größerem Verkehr mindestens eine Stunde vor Abfahrzeit eines Zuges zu öffnen.[3]

(2) Auf Übergangsbahnhöfen ist es den ankommenden Reisenden gestattet, sich in dem Warteraum[4] der Bahn, die sie zur Weiterreise benutzen wollen, bis zur Abfahrt ihres Zuges aufzuhalten.[5] Sie können aber nicht beanspruchen, daß der Warteraum ihretwegen in der Zeit von 23 bis 6 Uhr offengehalten wird.[6] Beträgt jedoch die Zeit von der Ankunft des letzten bis zum Abgang des ersten Zuges weniger als fünf Stunden, so sind auf Übergangsbahnhöfen oder auf Bahnhöfen, wo Züge über Nacht stehen bleiben, die Warteräume für Durchgangsreisende offenzuhalten.[7]

(3) Den im § 10 aufgeführten Personen kann der Aufenthalt in den Warteräumen untersagt werden.[8]

(4) Das Rauchen in den Warteräumen kann verboten werden.[9] Wer dem Verbot zuwiderhandelt, hat zwei Reichsmark zu zahlen.

Sind die Warteräume auf einzelnen Bahnhöfen nach § 2 Abs. (2) EVO nur kürzere Zeit geöffnet, so wird dies durch Aushang bekanntgemacht.

Literatur: Gerland, Die Eisenbahnpolizei, besonders in Bahnhofswirtschaften (PrVerwBl. 05 953); Gerstberger, Die Gültigkeit der Polizeistunde in Bahnhofswirtschaften (ZVDEisV. 05 455); Holzbecher, ZVDEisV. 07 1421; Weber, ebenda 05 709.

1. Eisenbahn haftet nach Abschluß des Personenbeförderungsvertrages für gefahrlosen Aufenthalt im Warteraum (RG. 4 192, 55 335; EE. 2 14, 5 237, 20 252, 21 68, 22 40, 24 49, 25 32; Arch. f. Eis. 08 485; siehe auch Vorbem. zu Abschn. III B IV). Über die Haftung des Pächters der Bahnhofswirtschaft siehe EE. 21 386; JW. 05 48.

2. Warteräume sind nur für den Reiseverkehr im weiteren Sinne bestimmt. Gegen mißbräuchliche Benutzung hat Eisenbahn einzuschreiten.

3. Eindringen in nicht dem öffentlichen Verkehr freigegebene Räume oder Teile des Bahnhofs stellt Hausfriedensbruch dar (§ 123 StGB.); siehe RG. in EE. 1 375, 7 326 (Bahnsteig); ferner EE. 4 156, 304 ff., 7 12 (Wartesaal); RG. in EE. 25 68 (Schlafwagenabteile). Das Hausrecht steht der Eisenbahn und deren Organen zu (Bahnhofsvorstand), kann aber auch auf den Bahnhofswirt zur Mitwahrnehmung übertragen werden. Das ist in der Regel anzunehmen (RGSt. 36 188, 37 263; auch in EE. 20 151; JW. 08 320).

4. Eine Verpflichtung, eine Bahnhofswirtschaft einzurichten, besteht nicht.

5. Auch solchen ohne durchgehende Fahrkarte (Begr. I).

6. Kein Anspruch auf Nachtquartier, auch nicht auf Offenhaltung einer Bahnhofswirtschaft.

7. Verstoß macht schadensersatzpflichtig.

8. Unter der Voraussetzung von EVO. § 10 sind auch Dauerbahnhofsverweise zulässig (EE. 45 290).

9. Streitig ist, ob Bahnhofswirtschaften, Bahnhofsbuchhandlungen, Wechselstuben, Friseurstuben, Wascheinrichtungen, Automaten, Speisewagen usw. den Vorschriften der Gewerbeordnung, namentlich §§ 33, 43 (Konzession), 41 a (Sonntagsruhe), 139 e (Ladenschluß), 120 (Fortbildungsschulunterricht für Lehrlinge) unterworfen sind. Zu verneinen ist dies mindestens insoweit, als derartige Einrichtungen tatsächlich dem Reiseverkehr dienen; daß nebenbei auch Nichtreisende von ihr Gebrauch machen, ändert hieran nichts. Über die sehr umfangreiche und wechselnde Spruchpraxis, die Literatur und Verordnungen siehe Fritsch, ER. S. 181 ff.; Eger Anm. 68 S. 81; Senckpiehl S. 157. Über die Handhabung der Vorschriften über Ladenschluß usw. hat die Deutsche Reichsbahn-Gesellschaft mit den einzelnen Ländern Vereinbarungen getroffen. (Vgl. z. B. PreußMinBl. der Handels- und Gewerbe-Verwaltung 1927 S. 84 ff., MinBl. für die Sächs. innere Verwaltung 1927 Ausgabe A Nr. 3.)

§ 17. Nichtraucher- und Frauenabteile

(1) In jeder[1] Wagenklasse ist eine angemessene Anzahl von Abteilen für Nichtraucher vorzuhalten. In den übrigen Abteilen ist das Rauchen gestattet. Sofern im Zuge nur ein Abteil der ersten, zweiten oder dritten Wagenklasse vorhanden ist, darf in diesem nur mit Zustimmung aller Mitreisenden geraucht werden. Bei Zügen mit Wagen ohne geschlossene Abteile ist, soweit dafür ein Bedürfnis besteht, für gesonderte Unterbringung von Nichtrauchern Sorge zu tragen.[2]

(2) Die Eisenbahn kann, soweit dafür ein Bedürfnis besteht, Frauenabteile einrichten.[3] In diese dürfen Männer auch mit Einverständnis der darin fahrenden Frauen nicht zugelassen werden.[4] Die Mitnahme von Knaben bis zum vollendeten zehnten Lebensjahr ist gestattet. Bei Überfüllung der anderen Abteile kann der Schaffner auch Männern Plätze in Frauenabteilen anweisen.

(3) Nichtraucher- und Frauenabteile sind durch Aufschrift kenntlich zu machen. In diesen Abteilen und in den Gängen,

wo durch Anschlag das Rauchen verboten ist, darf auch mit Zustimmung der Mitreisenden nicht geraucht werden.[5] Wer dem zuwiderhandelt, hat zwei Reichsmark zu zahlen.

1. In den Triebwagen gibt es keine Frauenabteile.
2. In den Triebwagen ohne Raucherabteil ist das Rauchen untersagt.

Literatur: Friebe in ZVDEisV. 28 554; BBO. §§ 77, 82.

1. Der Zwang zur Einrichtung besonderer Nichtraucherabteile, der nach der EVO. von 08 auf die 2. und 3. Wagenklasse (alter Art) beschränkt war, ist mit Rücksicht auf die Fortschritte in der Bauart der Wagen auf sämtliche Wagenklassen ausgedehnt worden (Begr. II).

2. Rauchen in D-Zug- und Schlafwagen siehe ZVDEisV. 07 629.

3. Nach der EVO. von 08 mußte jeder Zug mindestens je ein Frauenabteil 2. und 3. Klasse (alter Art) enthalten, wenn er drei oder mehr Abteile der betreffenden Klasse führte. Für die Aufrechterhaltung dieser Regelung bestand kein praktisches Bedürfnis.

4. Bei Verstoß EVO. § 10 (1) und BBO. §§ 77, 82 (Bahnpolizeistrafe).

5. Der bisherige Zusatz, daß die Abteile und Seitengänge nicht mit brennenden Zigarren usw. betreten werden dürfen, ist zur Vermeidung von Härten gestrichen worden (Begr. II).

§ 18. Einnehmen der Plätze[1]

(1) Der Schaffner ist berechtigt und auf Verlangen verpflichtet, den Reisenden die Plätze anzuweisen.

(2) Wer seinen Sitzplatz verläßt, ohne ihn deutlich erkennbar zu belegen, verliert den Anspruch darauf.[2]

(3) Findet ein Reisender der zweiten oder dritten Wagenklasse in der seinem Fahrausweis entsprechenden Klasse keinen Sitzplatz, so ist ihm tunlichst in der nächsthöheren Klasse ein solcher anzuweisen, falls dort noch Sitzplätze frei sind.[3] Das gleiche gilt für Reisende der vierten Klasse, wenn sie dort auch keinen Stehplatz finden.[3a] Der Reisende wird in der höheren Klasse, in der ihm ein Platz angewiesen wurde, ohne Zahlung des Preisunterschiedes so lange befördert, bis ihm in der seinem Fahrausweis entsprechenden Klasse ein Platz angewiesen werden kann. Erhält er auch in der nächsthöheren Klasse keinen Sitzplatz, so kann er entweder gegen Erstattung des Preisunterschieds[4] in einer niedrigeren Klasse fahren oder

die Fahrt gegen Erstattung von Fahrpreis und Gepäckfracht für die nicht durchfahrene Strecke aufgeben.[5] Eine weitere Entschädigung steht ihm nicht zu.[6]

1. Der Reisende darf beim Einsteigen für sich und mit ihm reisende Personen je einen Sitzplatz belegen.
2. Reisende, die nach § 18 Abs. (3) EVO in der nächsthöheren Wagenklasse unterzubringen sind, dürfen erst dann in der höheren Wagenklasse Platz nehmen, wenn ihnen der Aufsichtsbeamte oder der Schaffner hier einen Platz anweist. Wer eigenmächtig in einer höheren Wagenklasse Platz nimmt, wird nach § 15 Abs. (3) EVO als Reisender ohne gültigen Fahrausweis behandelt.

1. Das Abrufen ist durch Verordnung des Reichsverkehrsministers vom 4. Mai 1926 als entbehrlich bezeichnet worden.

2. Es genügt nicht Belegen des oberhalb des Sitzplatzes befindlichen Teiles des Gepäcknetzes. Bestimmung bezieht sich auch auf die nach EVO. § 14 (4) bestellten Plätze.

3. Der tatsächliche Zustand entscheidet; ob Eisenbahn schuldhaft nicht für Vermehrung der Plätze gesorgt hat, ist unbeachtlich (siehe Eger Anm. 82 S. 88). Über Haftung bei Überfüllung siehe Vorbem. zu Abschn. III Anm. V. Der Reisende hat jedoch keinen Rechtsanspruch darauf, daß der Schaffner ihm einen Platz in der nächsthöheren Wagenklasse anweist. Zu verneinen ist auch das Recht, daß das Abteil nur mit einer bestimmten Anzahl von Reisenden besetzt wird (z. B. 1. Klasse mit nur 4 Reisenden).

3a. Abs. 3 Satz 2 ist durch VO. v. 20. 9. 28 (RGBl. II S. 609) gestrichen worden.

4. Keine Abzüge gem. EVO. § 19 (4) und (5).

5. Siehe hierüber ZVDEisV. 02 2 und 791 (Holzbecher 09 111); DJZ. 02 23, 218; Gorden, EE. 18 290; vgl. EVO. §§ 11 (3), 20 (2), 24 (2), (3).

6. Weder für wirklichen Schaden noch für entgangenen Gewinn.

§ 19. Übergang in eine höhere Wagenklasse.[1] Fahrpreiserstattung

(1) Soweit der Tarif nichts anderes bestimmt,[2] ist dem Reisenden der Übergang in eine höhere Wagenklasse oder in einen Zug mit höheren Fahrpreisen gegen Zahlung des Unterschiedsbetrags gestattet.[3] § 15 (3) gilt sinngemäß.

(2) Ist ein Fahrausweis nicht benutzt worden, so kann vorbehaltlich der in den Abs. (4) und (5) bezeichneten Abzüge der bezahlte Fahrpreis zurückverlangt werden.[4] Ist der

Fahrausweis zum Betreten des Bahnsteigs benutzt worden, so wird außerdem der Preis einer Bahnsteigkarte abgezogen.

(3) Ist ein Fahrausweis infolge von Tod, Krankheit oder Unfall des Reisenden oder wegen anderer zwingender Gründe nur teilweise benutzt worden, so wird vorbehaltlich der in den Abs. (4) und (5) bezeichneten Abzüge der Unterschied zwischen dem bezahlten Gesamtpreis und dem gewöhnlichen Fahrpreis für die zurückgelegte Strecke erstattet.

(4) Die Gebühren für Platzkarten werden nicht zurückerstattet.

(5) Von dem zu erstattenden Betrag werden die Herstellungskosten für Fahrausweise in Heftform, die für den Verkauf der Fahrausweise gezahlten Vermittlungsgebühren, etwaige Postgebühren für die Zusendung des Erstattungsbetrags sowie eine Gebühr von 10 v. H., jedoch nicht weniger als 20 Reichspfennig und nicht mehr als 2 Reichsmark für den Fahrausweis abgezogen. Diese Beträge dürfen nicht abgezogen werden, wenn ein unbenutzter Fahrausweis am Ausgabetag der Ausgabestelle zurückgegeben wird.

(6) Für verlorene Fahrausweise wird keine Rückerstattung gewährt.

(7) Der Erstattungsanspruch erlischt,[5] wenn er nicht binnen sechs Monaten nach Ablauf der Gültigkeitsdauer des Fahrausweises bei der Eisenbahn geltend gemacht worden ist.

(8) Der Tarif kann abweichende Bestimmungen treffen, die jedoch für die Reisenden nicht ungünstiger sein dürfen. Bei Fahrausweisen zu ermäßigten Preisen kann der Tarif die Rückerstattung ausschließen oder an bestimmte Bedingungen knüpfen. Die nach § 11 ausgegebenen Kinderfahrausweise gelten nicht als Fahrausweise zu ermäßigtem Preis im Sinne dieser Bestimmung.

(9) Wegen der Erstattung der Gepäckfracht vergleiche § 33 (5).

Übergang in eine höhere Wagenklasse

1. Beim Übergang aus einer niederen in eine höhere Wagenklasse ist der Preisunterschied der beiden Klassen und gegebenenfalls auch der Zuggattungen durch Lösen einer Übergangskarte zu entrichten.
2. Soweit nicht in den Tarifteilen II anders bestimmt ist, wird beim Übergang erhoben:

a) von der 3. in die 2. Wagenklasse der Preis einer halben Personenzugfahrkarte 3. Klasse,
b) von der 2. in die 1. Wagenklasse der Preis einer ganzen Personenzugfahrkarte 2. Klasse.

Daneben wird beim Übergang in einen zuschlagpflichtigen Zug der Zuschlag, beim Übergang in eine höhere Wagenklasse eines zuschlagpflichtigen Zuges oder eines Zuges mit höherem Zuschlag der Unterschied der Zuschläge erhoben.

3. Eine Übergangskarte gilt solange wie der Fahrausweis, zu dem sie gelöst ist.

Fahrpreiserstattung

4. Bei Fahrpreiserstattungen nach § 18 Abs. (3) und § 24 Abs. (2) EVO wird der Preis einer Bahnsteigkarte nicht abgezogen.
5. Bei Fahrausweisen zu ermäßigten Preisen, mit Ausnahme der Kinderfahrausweise zum gewöhnlichen Fahrpreis (§ 11 Absatz (3) EVO), kann keine Erstattung verlangt werden.
6. Wenn kein Rechtsanspruch auf Erstattung besteht, kann die Eisenbahnverwaltung aus Billigkeit erstatten.
7. Der Reisende hat bei Erstattungsanträgen die Fahrausweise vorzulegen und die Tatsachen, die die Erstattung begründen, glaubhaft zu machen. Hat er einen Fahrausweis nur teilweise benutzt, so muß dies vom Aufsichtsbeamten bestätigt sein.

IüP. Art. 26.

1. Die bisherige Beschränkung des Überganges in eine höhere Wagenklasse auf Teilstrecken ist zugunsten der Reisenden weggefallen (Begr. II).

2. Z. B. für Schüler- und Arbeiterkarten.

3. Beim Übergang in eine niedrigere Klasse oder Zug mit niedrigeren Fahrpreisen kein Erstattungsanspruch (Ausnahme: EVO. § 18 (3)).

4. Während bisher der Fahrpreis für nicht oder nur für Teilstrecken benutzte Fahrausweise nur aus Billigkeitsgründen erstattet wurde, steht dem Reisenden jetzt ein Rechtsanspruch auf Rückerstattung von Fahrpreis und Gepäckfracht, also die Befugnis zur Kündigung des Vertrages gem. BGB. § 649, zu, und zwar, soweit Fahrausweis überhaupt nicht benutzt worden ist, unbedingt, soweit er teilweise benutzt worden ist, unter den Vor-

aussetzungen des Abs .3. Fahrpreis und Gepäckfracht werden im Gegensatz zum früheren Recht auch erstattet, wenn der Reisende die Abfahrt versäumt hat. Für Rückerstattung wird Nachweis der Nicht- oder nur teilweisen Benutzung verlangt (AAB. 7).

5. Ausschluß-, nicht Verjährungsfrist. Im Rechtsstreit hat der Richter von Amts wegen zu prüfen, ob Erstattungsanspruch rechtzeitig geltend gemacht worden ist.

§ 20. Abfahrt. Versäumung der Abfahrt

(1) Nach dem Abfahrzeichen[1] darf[2] niemand mehr einsteigen.

(2) Wer die Abfahrt versäumt, hat keinen Anspruch auf Entschädigung.[3]

(3) Will der Reisende einen späteren Zug benutzen, für den sein Fahrausweis nicht ohne weiteres gilt, so hat er letzteren ohne Verzug dem Aufsichtsbeamten vorzulegen, um ihn gültig schreiben zu lassen. Die Geltungsdauer des Fahrausweises kann hierbei erforderlichenfalls um einen Tag verlängert werden.[4] Bei Benutzung eines Zuges mit höheren oder niedrigeren Fahrpreisen ist der Unterschied auszugleichen. Für Fahrausweise zu ermäßigten Preisen kann der Tarif abweichende Bestimmungen treffen.

(4) Für die Rückgabe des Gepäcks gelten die Vorschriften im § 33 (3), (5) und (6).[5]

1. Bei Fahrausweisen zu ermäßigten Preisen, mit Ausnahme der Kinderfahrausweise zum gewöhnlichen Fahrpreis (§ 11 Abs. (3) EVO), wird die Geltungsdauer nicht verlängert.
2. Wird ein Fahrausweis, der durchlocht, aber zur Fahrt nicht benutzt worden ist, wieder gültig geschrieben, so wird der Preis einer Bahnsteigkarte nicht erhoben, selbst wenn der Fahrausweis gegen einen solchen für einen Zug mit höheren oder niedrigeren Fahrpreisen umgetauscht wird.

JüP. Art. 16.

1. BBO. § 65 Abs. 6; Abfahrzeit: Bahnhofsuhr BBO. § 26 Abs. 2, § 49 Abs. 3, § 65 Abs. 1. Mitteleuropäische Zeit: RG. v. 12. März 1893 und v. 31. Juli 1895 (RGBl. S. 93 und 426). Am 15. 5. 1927 ist im inneren und äußeren Dienstverkehr der deutschen Eisenbahnen die durchgehende Bezeichnung der Stunden von 0—24 eingeführt worden.

2. Auch wenn sich der Zug noch nicht in Bewegung gesetzt

hat. Zuwiderhandlung: Bestrafung aus §§ 77, 82 BBO.; eigenes Verschulden: § 1 RHaftpflichtges. und § 254 BGB.

3. Außer bei Verschulden der Bahnverwaltung (EVO. §§ 13 (5), 18 (1)), aber ohne Rücksicht auf eigenes Verschulden (vgl. noch EVO. § 24 (2), (3)). Wegen Erstattung des Fahrpreises siehe EVO. § 19 (2) und Anm. 4 daselbst.

4. Neu. Verlängerung ist zum Zwecke der Rechtsangleichung an das österreichische Recht zugelassen worden.

5. D. h. das schon im Zuge befindliche Gepäck muß er gegebenenfalls auf seine Kosten zurückbefördern lassen.

§ 21. Verhalten während der Fahrt

(1) Wenn sich die Reisenden über das Öffnen und Schließen der Fenster, der Lüftungsvorrichtungen oder der Türen, über das Abblenden der Beleuchtung oder die Betätigung der Heizung und dergleichen nicht verständigen können, so entscheidet der Schaffner.[1]

(2) Wird ausnahmsweise außerhalb eines Bahnhofs längere Zeit angehalten, so dürfen die Reisenden nur mit ausdrücklicher Zustimmung des Zugführers aussteigen. Sie müssen sich sofort von den Gleisen entfernen und auf das erste Zeichen des Zugführers[2] wieder einsteigen.

1. Bei Nichtbeachtung: EVO. § 10 (1); ev. Bestrafung nach § 82 BBO.

2. Zeichen anderer Bediensteter (des Lokomotivführers) ist nicht maßgebend. Bei Nichtbeachtung des Zeichens EVO. § 20.

§ 22. Verunreinigung und Beschädigung von Eisenbahneigentum

Ein Reisender, der Anlagen, Fahrzeuge oder Ausrüstungsstücke der Eisenbahn verunreinigt, hat die Reinigungskosten zu erstatten.[1,2] Wer sie beschädigt, hat die Instandsetzungskosten zu tragen, es sei denn, daß ihn kein Verschulden trifft.[3] Die Eisenbahn kann sofortige Zahlung oder Sicherheitsleistung verlangen. Sie kann für die Entschädigung feste Sätze bestimmen, die durch Anschlag bekanntzumachen sind.[4]

Für Verunreinigungen oder Beschädigungen bestehen feste Sätze. Trifft keiner dieser Sätze zu, so werden die Kosten abgeschätzt.

BBO. § 80; StGB. §§ 303, 304, 315; Rundnagel, BefGesch. § 178.

1. Haftung aus dem Personenbeförderungsvertrag; § 22 gilt also nur für Reisende; für Nichtreisende gilt BGB. § 823; für den Tierverkehr siehe EVO. § 48; für Güterverkehr §§ 60, 62.

2. Feststellung des Schadens, des Täters, der Höhe des Ersatzbetrages und der Sicherheitsleistung zunächst durch die zuständigen Bediensteten (EVO. § 7), vorbehaltlich der Aufsichtsbeschwerde und des Rechtsweges. Die alte Streitfrage, ob Verschulden des Reisenden die Voraussetzung für seine Ersatzpflicht bildet, ist dahin entschieden, daß der Reisende Reinigungskosten ohne Rücksicht auf ein Verschulden, Instandsetzungskosten dagegen nur dann zu tragen hat, wenn ihm ein Verschulden zur Last fällt. Der Entlastungsbeweis liegt dem Reisenden ob.

3. Die Eisenbahn kann sofortige Zahlung verlangen. Verweigert sie der Reisende, bleibt nur Klage vor dem ordentlichen Gericht übrig. Ist die Person des Täters nicht mit Sicherheit festzustellen, liegen die Voraussetzungen der Selbsthilfe vor (BGB § 229): vorläufige Festnahme und Feststellung der Persönlichkeit durch Organe der Bahnpolizei gem. BBO. § 75 (4), durch Polizeiorgane gem. StPO. § 127 Abs. 2. Der Eisenbahn steht aber auch nach § 273 BGB. ein Zurückbehaltungsrecht an ihrer Leistung zu (Verweigerung der Beförderung, der Herausgabe des Gepäcks; auch des Frachtgutes? [z. B. beim Viehbegleiter?] wohl zu verneinen, da ein selbständiger, besonderer Vertrag!).

4. Nach billigem Ermessen (BGB. § 315). Die Eisenbahnen haben für die häufigsten Fälle Pauschsätze vorgesehen.

§ 23. Unterwegsbahnhöfe. Fahrtunterbrechung

(1) Bei Ankunft auf einem Bahnhof werden sein Name und der etwa stattfindende Wagenwechsel ausgerufen, außerdem die Dauer des Aufenthalts, wenn er mehr als vier Minuten beträgt, soweit möglich auch die Kürzung eines fahrplanmäßigen Aufenthalts.

(2) Wie oft, wie lange und unter welchen Bedingungen der Reisende die Fahrt auf Unterwegsbahnhöfen unterbrechen darf, bestimmt der Tarif.[1],[2],[3].

1. Der Reisende hat selbst dafür zu sorgen, daß er auf dem Abgangsbahnhof und auf den Übergangsbahnhöfen in den richtigen Zug gelangt, und daß er am Ziel seiner Reise den Wagen verläßt.
2. Auf Fahrausweise für einfache Fahrt darf die Fahrt nur einmal, auf Fahrausweise für Hin- und Rückfahrt je einmal hin und her unterbrochen werden, soweit in den Tarifteilen II nicht anders bestimmt ist.

Die Geltungsdauer der Fahrausweise wird durch eine Fahrtunterbrechung nicht verlängert (vgl. jedoch § 20 Abs. (2) und (3) EVO). Innerhalb der Geltungsdauer kann die Fahrt beliebig lange unterbrochen werden.

Auf Fahrscheinhefte der Reiseunternehmer darf die Reise innerhalb der Geltungsdauer des Heftes beliebig oft unterbrochen werden.

3. Die unterbrochene Reise kann auch von einem anderen, dem Bestimmungsbahnhof näher gelegenen Bahnhof desselben Bahnwegs fortgesetzt werden.
4. Wird auf Fahrausweise, die wahlweise für mehrere Wege gelten, die Fahrt auf einem dieser Wege unterbrochen, so darf sie nur auf demselben Wege fortgesetzt werden.
5. Als Fahrtunterbrechung wird nicht angesehen das lediglich durch den Fahrplan verursachte Erwarten des nächsten Anschlußzuges, selbst im Falle der Übernachtung. Hierzu gehört auch der Übergang aus einem Zuge, der auf dem Bestimmungs- oder Unterbrechungsbahnhof nicht hält, in den nächsten dort anhaltenden Anschlußzug sowie der Übergang in einen Zug, mit dem das Reiseziel früher oder billiger erreicht werden kann als mit dem vorher benutzten Zuge.

1. Fahrtunterbrechung kann auch in besonderen Fällen ausgeschlossen werden, z. B. bei Arbeiterkarten, Sonderzügen (EVO § 2 Abs. 2 mit Genehmigung des Reichsverkehrsministeriums); Ausweis kann auch nur für einen bestimmten Zug ausgestellt sein (Messezug).

2. Fahrtunterbrechung bewirkt keine Verlängerung der Geltungsdauer des Fahrausweises, wenn nicht die Tarife ein anderes vorschreiben (vgl. AAB. 2). Siehe auch EVO. §§ 20 (3), 24 (5).

3. Eine Bescheinigung der Fahrtunterbrechung ist in Deutschland nicht mehr erforderlich (vgl. aber VerBetrRegl. § 24, Zus.-Best. 2 b bis 6). Vorgeschrieben ist eine zusätzliche Lochung.

§ 24. Verspätung oder Ausfall von Zügen.[1] Betriebsstörungen

(1) Die verspätete[2] Abfahrt oder Ankunft oder das Ausfallen eines Zuges begründen keinen Anspruch auf Entschädigung.[3]

(2) Wird infolge einer Zugverspätung der Anschluß an einen anderen Zug versäumt oder fällt ein Zug ganz oder

teilweise aus, so kann der Reisende Fahrpreis und Gepäckfracht für die nicht durchfahrene Strecke[4] zurückfordern.

(3) Gibt der Reisende in einem solchen Falle die Weiterfahrt auf und kehrt er mit dem nächsten, günstigsten Zuge ohne Fahrtunterbrechung zum Abgangsbahnhof zurück, so werden ihm Fahrpreis und Gepäckfracht ohne Abzug erstattet, auch freie Rückbeförderung gewährt. Der Reisende hat seine Ansprüche bei Vermeidung des Verlustes unter Vorlegung des Fahrausweises unverzüglich nach Ankunft auf dem Bahnhof, wo er die Reise aufgibt, und bei Rückkehr auf dem Abgangsbahnhof dem Aufsichtsbeamten zu melden. Auf beiden Bahnhöfen ist die Meldung dem Reisenden zu bescheinigen.

(4) Verzichtet der Reisende auf Ersatz des Fahrpreises und freie Rückbeförderung und wünscht er die angefangene Reise fortzusetzen, so darf er ohne Preiszuschlag[5] mit seinem Gepäck den nächsten dem Personenverkehr dienenden Zug benutzen, der auf der gleichen oder auf einer anderen Strecke am schnellsten denselben Bestimmungsbahnhof erreicht. Der Rückgriff der Bahnen untereinander wird dadurch nicht berührt.

(5) Führt der nach Abs. (3) und (4) für die Rück- oder Weiterfahrt zugelassene Zug nicht die dem Fahrausweis entsprechende Klasse, so darf der Reisende die nächsthöhere Klasse benutzen. Soweit erforderlich, wird auch die Geltungsdauer des Fahrausweises verlängert.

(6) Die Eisenbahn ist berechtigt, durch den Tarif oder durch die Fahrpläne einzelne Züge oder Zuggattungen von der hilfsweisen Benutzung auszuschließen.

(7) Verhindern Naturereignisse oder andere zwingende Umstände die Weiterfahrt eines Zuges, so hat die Eisenbahn tunlichst für die Weiterbeförderung der Reisenden über eine Hilfsstrecke oder auf andere Weise zu sorgen.[6]

(8) Die Eisenbahn kann weitere Erleichterungen durch den Tarif festsetzen.[7]

(9) Zugverspätungen von mehr als 15 Minuten und Betriebsstörungen sind durch Anschlag bekanntzumachen.[8]

1. In den Fällen des § 24 Abs. (4) EVO hat der Bahnhof, von dem aus die Weiterreise nach dem Bestimmungsbahnhof angetreten wird, die Anschlußversäumnis oder den Zugausfall auf dem Fahrausweis zu bescheinigen, ihn

für eine andere Strecke, für einen Zug mit höheren Fahrpreisen oder für eine höhere Wagenklasse gültig zu schreiben, auch, soweit erforderlich, seine Geltungsdauer zu verlängern.

Nach Einholung des Zuges, an den der Anschluß versäumt war, haben die Reisenden auf diesen Zug überzugehen.

2. Ist der Betrieb auf einzelnen Strecken vorübergehend unterbrochen, so kann die Benutzung einer Hilfsstrecke nach § 24 Abs. (4) EVO auch solchen Reisenden gestattet werden, die die Fahrt nach einem auf dem geraden Wege nicht erreichbaren Bahnhof erst antreten wollen.
3. Die Benutzung der FFD-, Expreß- und Luxuszüge ist in den Fällen des § 24 Abs. (3) und (4) EVO ausgeschlossen.
4. Bei Anschlußversäumnis können Reisende auf kurze Strecken auch mit einem Güterzug in einem besonders eingestellten Personenwagen, im Gepäckwagen oder in einem geeigneten Güterwagen weiterbefördert werden. Wenn die Reisenden keine Fahrausweise für die Weiterfahrt besitzen, wird bei der Beförderung in einem Personenwagen der Personenzugfahrpreis der benutzten Wagenklasse, bei der Beförderung im Gepäck- oder Güterwagen der Fahrpreis der 3. Wagenklasse Personenzug erhoben.
5. Wenn infolge von Anschlußversäumnis usw. die Fahrt über eine Hilfsstrecke ausgeführt werden soll, wird das Gepäck je nach Wunsch des Reisenden über diese oder über den ursprünglichen Bahnweg weiterbefördert. Bei räumlich getrennten Bahnhöfen hat der Reisende für Überführung seines Gepäcks nach dem Anschlußbahnhof selbst zu sorgen.

IüP. Art. 16; HGB. § 472.

Literatur: Eger Anm. 93 S. 97; Rinaldini, EE. 20 95 ff.; Zurückbleiben eines einzelnen Wagens: EE. 22 258 f.

1. Gilt nicht für den Güterverkehr: EE. 22 258.

2. Für verfrühte Abfahrt haftet die Eisenbahn nach allgemeinen Grundsätzen, also bei Verschulden. Maßgebend: Bahnhofsuhr (siehe oben § 20). Für verspätete Abfahrt und Ausfall der Züge keine Haftung, auch nicht bei Vorsatz (Rundnagel, Bef.-

Gesch. § 177 S. 516; ZVDEisV. 12 510; a. A. unter Hinweis auf BGB. § 276 Abs. 2: Eger § 26 Anm. 94).

3. Also weder für den wirklichen Schaden (Nachtquartier, Zehrkosten) noch für entgangenen Gewinn (z. B. bei Geschäftsreisenden), sondern nur Leistungen nach Abs. 2 ff.

4. Also gegebenenfalls für die ganze oder eine Teilstrecke. Abzüge der Eisenbahn nach EVO. § 19 (4) und (5) sind nicht zulässig (siehe EVO. § 24 (3)).

5. Auch wenn ein Zug mit höheren Fahrpreisen benutzt wird.

6. Ohne, wie bisher, dafür Kosten — abzüglich des Fahrgeldes für die nicht befahrene Strecke — einziehen zu dürfen (Begr. I). Über die Rechtsnatur dieser Verpflichtung siehe Weber, ZVDEisV. 02 147.

7. Die Genehmigung des Reichsverkehrsministers zu diesen Maßnahmen ist im Gegensatz zum früheren Recht nicht mehr erforderlich.

8. Siehe RG. 46 340; ZVDEisV. 09 264; EE. 22 8.

§ 25. Mitnahme von Tieren in die Personenwagen [1]

(1) Lebende Tiere dürfen in die Personenwagen nicht mitgenommen werden,[2] jedoch sind kleine Hunde und andere kleine Tiere zugelassen, wenn keine Polizeivorschriften entgegenstehen und die Mitreisenden nicht widersprechen. Als klein gelten solche Tiere, die auf dem Schoße getragen werden können.[3] In Schlaf- und Speisewagen dürfen keine Tiere mitgenommen werden. Tiere, die entgegen dieser Vorschrift in die Personen-, Schlaf- oder Speisewagen mitgenommen werden, sind aus diesen Wagen zu entfernen.[4]

(2) Hunde jeder Größe dürfen mitgeführt werden, soweit Reisenden mit Hunden besondere Abteile zur Verfügung gestellt werden können.[5]

(3) In die Personenwagen mitgenommene Tiere sind von dem Reisenden selbst zu beaufsichtigen.

(4) Im übrigen werden Hunde, die von den Reisenden mitgenommen werden sollen, in besonderen Wagenräumen befördert. Sind solche nicht vorhanden oder schon besetzt, so kann die Beförderung nicht verlangt werden. Für das Ein- und Ausladen sowie für das Umladen solcher Hunde auf Übergangsbahnhöfen hat der Reisende zu sorgen.[6] Die Eisenbahn ist nicht verpflichtet, Hunde, die nicht unverzüglich nach Ankunft auf dem Bestimmungsbahnhof abgeholt werden, zu verwahren.[7]

(5) Der Tarif bestimmt, ob und für welche Tiere eine Beförderungsgebühr zu bezahlen ist. Über die Zahlung ist dem Reisenden ein Ausweis zu erteilen. Ob und welcher Zuschlag zu entrichten ist, wenn ein gebührenpflichtiges Tier ohne solchen Ausweis mitgeführt wird, bestimmt der Tarif. § 15 (4) und (6) sowie § 24 gelten sinngemäß.

(6) Die Eisenbahn haftet für die nach den Vorschriften dieses Paragraphen beförderten Tiere nur bei Verschulden.[8]

1. Der Reisende muß für seinen Hund einen beißsicheren Maulkorb mit sich führen.

   Er hat seinem Hund den Maulkorb anzulegen, wenn Mitreisende gefährdet oder belästigt oder Sachen beschädigt werden können.

   In den Bahnhöfen und Zügen sind Hunde kurz an der Leine zu führen.

2. Ob und unter welchen Bedingungen außer kleinen Hunden auch andere Hunde (§ 25 Abs. (2) EVO) in Triebwagen mitgeführt werden dürfen, wird besonders bekanntgegeben.

3. Für Hunde, die von den Reisenden mitgeführt werden, ist die in den Tarifteilen II festgesetzte Beförderungsgebühr zu entrichten. Wegen der Beförderung von Hunden in Behältern im Packwagen vgl. allg. Ausf. Best. 19 zu § 30, wegen der Gebührenfreiheit der Führerhunde von Blinden bei Berufsreisen und von Schwerkriegsbeschädigten vgl. allg. Ausf.Best. E 193 und 244 zu § 11.

4. Für andere kleine Tiere und kleine Vögel in Käfigen, die von den Reisenden mitgeführt werden, ist keine Beförderungsgebühr zu bezahlen.

5. Wegen Bahnsteigkarten für Hunde vgl. allg. Ausf. Best. 11 zu § 15.

6. Für jedes gebührenpflichtige Tier, das ohne Ausweis mitgeführt wird, ist bei rechtzeitiger Meldung (§ 15 Abs. (3) EVO) ein Zuschlag von 50 Reichspfennig zu der tarifmäßigen Beförderungsgebühr, jedoch nicht mehr als das Doppelte dieser Gebühr zu zahlen. Ohne solche Meldung ist das Doppelte der Beförderungsgebühr, mindestens jedoch 3 Reichsmark, zu zahlen.

7. Ausnahmsweise kann dienstlich reisenden Polizeibeamten und Militärpersonen, die Polizeidienst- oder Meldehunde mit sich führen, und Jägern gestattet werden, mit ihren Hunden im Dienstabteil oder im Gepäck- oder Güterwagen Platz zu nehmen, wenn keine Bedenken wegen der darin verladenen Gepäckstücke und Güter oder wegen der persönlichen Sicherheit der Reisenden bestehen (vgl. § 57 der Eisenbahn-Bau- und Betriebsordnung). Unter denselben Voraussetzungen können auch Blinde mit Führerhund im Dienstabteil Platz nehmen.

HGB. § 465; JüP. Art. 15.

1. § 25 betrifft Mitnahme von Tieren als Handgepäck. Diese Eigenschaft behält das Tier auch, wenn z. B. Reisender und Hund sich trennen (so Rundnagel, BefGesch. § 183 S. 530; EE. 24 400 [daher auch die Bestimmung Abs. 4 Satz 3]). Es liegt wie bei sonstigem Handgepäck nur eine Erweiterung des Personenbeförderungsvertrages vor. Hierin ändert auch die Erhebung einer Beförderungsgebühr nichts (Rundnagel, BefGesch. S. 529). Wegen sonstiger Beförderung von Tieren siehe EVO. §§ 28 (3), 40 ff. und 48 ff.

2. Verstoß: EVO. § 10 (1); BVO. § 82.

3. Entscheidung zunächst gemäß § 7 EVO.

4. Wegen der weiteren Behandlung siehe Abs. 4.

5. Sog. Hundeabteile (EE. 24 400).

6. Eisenbahn ist nicht verpflichtet, Reisenden zur Umladung besonders aufzufordern; laden Eisenbahnbedienstete um, weil Reisender sich nicht darum kümmert oder sie dazu auffordert, handeln sie als Beauftragte des Reisenden.

7. Über die Gültigkeit dieser Bestimmung, die zu bejahen ist, vgl. Eger Anm. 103 S. 103 und Angeführte.

8. Die Haftung für den von den Tieren angerichteten Schaden richtet sich nach BGB. §§ 833, 834.

§ 26. Mitnahme von Handgepäck in die Personenwagen

(1) Leicht tragbare Gegenstände (Handgepäck)[1] dürfen unentgeltlich in die Personenwagen mitgenommen werden, wenn keine zoll-, steuer-, polizei- oder sonstigen verwaltungsbehördlichen Vorschriften entgegenstehen.[2]

(2) In der ersten, zweiten und dritten Wagenklasse steht dem Reisenden nur der Raum über und unter seinem Sitzplatz

für Handgepäck zur Verfügung.[3] Ein Reisender darf nur insgesamt 25 Kilogramm Handgepäck mit sich führen. Handgepäckstücke von mehr als 25 Kilogramm Einzelgewicht werden auch dann nicht zugelassen, wenn mehrere Personen zusammen reisen. Reisende, denen kein Sitzplatz angewiesen werden kann, haben wegen Unterbringung ihres Handgepäcks den Anordnungen der Bediensteten Folge zu leisten.

(3) In die vierte Klasse[3a] dürfen auch Handwerkzeug, Traglasten in Körben, Säcken oder Kiepen und ähnliche Gegenstände mitgenommen werden, die ein Fußgänger tragen kann.[4] Die Eisenbahn kann die Mitnahme dieser Gegenstände bei bestimmten Zügen oder Wagen ausschließen. Ein Reisender darf nur insgesamt 50 Kilogramm solcher Gegenstände mit sich führen. Gegenstände von mehr als 50 Kilogramm Einzelgewicht werden auch dann nicht zugelassen, wenn mehrere Personen zusammen reisen.

(4) Gegenstände, die entgegen den Vorschriften in Abs. (2) und (3) als Handgepäck mitgeführt werden, werden in den Packwagen gebracht und dort bis zur endgültigen Abfertigung verwahrt. Für diese Gegenstände wird von dem Bahnhof ab, auf dem der Reisende zugestiegen ist oder, wenn der Zugangsbahnhof nicht sofort unzweifelhaft nachgewiesen wird, vom Ausgangsbahnhof des Zuges ab die Gepäckfracht mit einem Zuschlag von 10 Reichsmark, jedoch nicht mehr als die doppelte Fracht erhoben. § 15 (4) und (6) gilt sinngemäß.

(5) Der Reisende hat die von ihm mitgeführten Sachen selbst zu beaufsichtigen.[5] Die Eisenbahn haftet für sie nur bei Verschulden.[6,7,8,9]

1. Die zugelassene Traglast kann auch aus mehreren Stücken bestehen. Gegenstände, die wegen ihres Umfanges oder ihrer Anzahl ein einzelner Fußgänger nicht tragen kann, oder die sich wegen ihres Umfanges zur Mitnahme in die Personenwagen nicht eignen, werden auch dann nicht als Traglasten zugelassen, wenn mehrere Fahrausweise vorgezeigt werden.

2. Als Traglasten dürfen auch kleinere Tiere, ausgenommen Ferkel, mitgenommen werden; Hunde vgl. jedoch allg. Ausf.Best. 2 und 3 zu § 25.

4. Fahrräder — gleichviel ob zerlegt oder unzerlegt — dürfen in die Personenwagen nicht mitgenommen werden.

5. Schneeschuhe und Rodelschlitten dürfen in die Personenwagen der Schnellzüge und in die 2. Wagenklasse der Eil- und Personenzüge nicht mitgenommen werden, in die 3. Wagenklasse der Eil- und Personenzüge nur dann, wenn Belästigung der Reisenden und Beschmutzung der Wagensitze ausgeschlossen ist. Die Eisenbahnverwaltung kann bei einzelnen Eil- und Personenzügen auch die Mitnahme in die 3. Wagenklasse ausschließen.

HGB. § 465 Abs. 3; JÜP. Art. 15.

Literatur: Eger Anm. 107 S. 105 ff.; Rundnagel, BefGesch. § 181 S. 524 ff. und die dort S. 525 Anm. 1 Angeführten.

1. Handgepäck sind nicht als Reisegepäck aufgegebene, leicht tragbare Gegenstände eines Reisenden, auch die Gegenstände, die er auf dem Leibe trägt (SeuffArch. 48 440). Daß der Reisende der Gegenstände zur Reise bedarf, ist nicht erforderlich (EE. 24 229); es entsteht kein besonderer Vertrag, sondern nur eine Erweiterung des Personenbeförderungsvertrages (EE. 19 140; Zeitschrift f. Handelsrecht 36 270; RGSt. 35 226). Also keine auch nur entsprechende Anwendung der Bestimmungen in Abschn. VI u. VII HGB. (EE. 24 400); zu beachten §§ 465 Abs. 3, 471 HGB. Von EVO. gelten demgemäß nur Abschn. I u. II, von Abschn. III die §§ 26 und 27; a. M. Eger Anm. 110 S. 107, 139 und 142; vgl. auch EE. 20 80.

2. Bez. der postzwangpflichtigen Sendungen, namentlich Zeitungen, ist zu bemerken: Mitnahme als Handgepäck im Umfang des Abs. 2 ist erlaubt (RGSt. 35 220; Arch. f. Eis. 02 1135, 07 552; EE. 26 175, 22 260; JW. 05 763); nicht jedoch, daß Reisender mehr mit sich führt oder z. B. an jedem Bahnhof, an dem der Zug hält, Teile abgibt an dorthin bestellte Abholer (siehe RG. in Arch. f. Eis. 07 552, 04 1221; RGSt. 37 98, 38 136; auch EVBl. 02 349 und 04 201; ferner RGSt. 3 300 und EE. 19 139; vgl. auch EVO. § 28 (1) und Schulz: Reichsbahn—Reichspost S. 9 ff.).

3. Auf den Sitzplätzen darf Handgepäck nicht untergebracht werden. Hiervon macht auch das sog. Kuriergepäck keine Ausnahme. Indessen braucht dieses mit Rücksicht auf die Notwendigkeit, es ständig unter Augen zu behalten, auch dann nicht aus den Abteilen entfernt zu werden, wenn zu seiner Unterbringung mehr Platz als der Raum unter und über dem Sitz des Kuriers beansprucht wird. Jedoch ist in diesem Falle die tarifmäßige Gepäckfracht zu bezahlen. Werden ganze Abteile oder Halbabteile ausgefüllt, siehe EVO. § 14 (1).

3a. Durch VO. v. 20. 9. 28 (RGBl. II S. 609) sind die Worte

„In die vierte Klasse" ersetzt worden durch die Worte „In besonders gekennzeichnete Wagen 3. Klasse".

4. Und zwar nicht nur etwa ein kurzes Stück von der Sperre zum Wagen; Eger verlangt mit Recht: „mittlerer Maßstab und Üblichkeit der Last". Die Lösung mehrerer Fahrausweise durch eine Person berechtigt nicht zur Mitnahme größerer Mengen (siehe auch AAB. 1).

5. Siehe EE. 22 368.

6. Auch leichtes Verschulden ihrer selbst oder ihrer Leute. Beweis hierfür liegt dem Reisenden ob (siehe RG. in JW. 06 607; Staub § 465 Anm. 5—6; EE. 41 251; a. A. Rundnagel, Bef.-Gesch. § 151 S. 526). Entlastungsbeweis nach § 831 BGB. ist unzulässig (EE. 22 11). Ist Verlust unaufgeklärt, muß der Reisende ihn tragen. Es fehlt eine dem § 467 HGB. entsprechende Bestimmung; hier muß § 254 BGB. einspringen.

7. Zahlung auf vollen Schadensersatz (ZVDEisV. 07 379).

8. Über die Haftung der Eisenbahn als Schlafwagenunternehmer oder der privaten Schlafwagengesellschaften für die eingebrachten Sachen der Reisenden vgl. die Literatur bei Eger Anm. 110 S. 109. Da es sich hier nur um eine Erweiterung des Beförderungsvertrags handelt (ZVDEisV. 00 692), haften Eisenbahn und Unternehmer nur nach § 465 Abs. 3 HGB. (EVO. § 26 (5)); vgl. Staub § 472 Anm. 10; EE. 18 367, 24 195, auch 324. Haftung nach BGB. § 701 ist abzulehnen (Fuld, DJZ. 00 10).

9. Die Haftung endet, wenn Handgepäck im Zuge zurückgelassen wird. Wegen verlorener Gegenstände vgl. BGB. § 978 (siehe EE. 22 11, 368, 24 229; Kröner, EE. 46 27). Über Verjährung siehe ZVDEisV. 02 387, 05 1057, 1514 (Rehse), 1273, 06 311; EE. 16 165.

§ 27. Von der Mitnahme ausgeschlossene Gegenstände

(1) Gefährliche Gegenstände, insbesondere geladene Schußwaffen, explosionsfähige, leicht entzündbare und ätzende Stoffe sowie Gegenstände, die geeignet sind, den Mitreisenden[1] lästig zu fallen oder die Wagen zu beschädigen, sind von der Mitnahme in die Personenwagen ausgeschlossen. Der Tarif kann Erleichterungen zulassen.

(2) Wer dieser Vorschrift zuwiderhandelt, kann erforderlichenfalls ohne Anspruch auf Erstattung von Fahrpreis oder Gepäckfracht ausgesetzt werden und haftet für jeden aus der Zuwiderhandlung entstehenden Schaden.[2] Je nach Lage des Falles hat er außerdem bahnpolizeiliche Bestrafung[3] zu gewärtigen.[4]

(3) Die Bediensteten sind berechtigt, sich von der Beschaffen

heit der mitgenommenen Gegenstände zu überzeugen, wenn Tatsachen vorliegen, die eine Zuwiderhandlung gegen die Bestimmungen des Abs. (1) vermuten lassen.

(4) Personen, die in Ausübung des öffentlichen Dienstes oder mit verwaltungsbehördlicher Genehmigung eine Schußwaffe führen,[5] dürfen Handmunition mitnehmen. Den Begleitern von Gefangenen, die mit diesen in besonderen Wagen oder Wagenabteilen fahren, ist gestattet, geladene Schußwaffen mitzuführen.

1. Amtliche Desinfektoren dürfen in den Personenwagen höchstens 9 kg Reinigungsmittel (und zwar höchstens 3 kg Ammoniak, 2 kg Spiritus und 4 kg Formalin) mit sich führen. Das Ammoniak und der Spiritus müssen in Behältern aus Kupferblech, das Formalin in einer verzinnten Blechflasche verpackt, die Gefäße außerdem in einem Koffer verwahrt sein.
2. Wegen der Mitnahme von Schneeschuhen und Rodelschlitten vgl. allg. Ausf. Best. 5 zu § 26.

JÜP. Art. 14, 15.

1. Durch Größe, Geruch usw.

2. Keine dem Frachtzuschlag (EVO. § 60) entsprechende zivilrechtliche Strafe (selbst nicht, wenn Leichen als Handgepäck befördert werden).

3. BBO. § 82 Abs. 2, sofern nicht StGB. eingreift (§ 304: Sachbeschädigung; § 309: fahrlässige Brandstiftung; §§ 315 f.: Transportgefährdung; § 367 Ziff. 5, 6, 11: Übertretungen; siehe EE. 10 185 und 12 325).

4. Nur bei Verschulden.

5. Bahnpolizeibeamte, Grenzzollbeamte, Beamte der allgemeinen Polizei usw.

IV. Beförderung von Reisegepäck

§ 28. Begriff des Reisegepäcks

(1) Der Reisende kann Gegenstände als Reisegepäck[1] aufgeben, die in Reisekoffern, Reisekörben, Reisetaschen, Reisesäcken, Rucksäcken, Hutschachteln, handlichen Kisten oder dergleichen verpackt sind.[2]

(2) Ferner kann der Reisende folgende Gegenstände, und zwar, soweit nachstehend nichts anderes bestimmt ist, auch unverpackt als Reisegepäck aufgeben:

a) Krankentrag- und -fahrstühle, Selbstfahrer für Kranke, auch mit Hilfsmotor, Liegestühle;
b) Kinderwagen;
c) Handwagen und Handkarren;
d) ein- und zweisitzige Hand- und Sportschlitten, Schneeschuhe und Schlittschuhsegel, Wasserfahrzeuge bis zu 3 Meter Länge;
e) Fahrräder, auch mit Hilfsmotor, einsitzige Kraftzweiräder, auch mit Hilfssitz;
f) Warenproben und Musterkoffer;
g) tragbare Musikinstrumente in Kasten, Futteralen und anderen Umschließungen;
h) Geräte für Schaustellungen von Artisten unter der Bedingung, daß ihre Art und Verpackung, der Rauminhalt und ihr Gewicht das rasche Verladen und Unterbringen in die Gepäckwagen gestatten;
i) Vermessungsgeräte bis zu 5 Meter Länge und Handwerkszeug.[3]

Der Tarif kann die Menge der als Gepäck aufzugebenden Gegenstände dieser Art beschränken.[3a] Die Behälter der Fahrzeuge mit motorischem Antrieb dürfen auch Betriebsstoff enthalten.

(3) Ob und unter welchen Bedingungen sonstige Gegenstände oder in Behältern aufgelieferte Tiere als Gepäck angenommen werden, bestimmt der Tarif.[4]

(4) Die von der Beförderung als Frachtgut ausgeschlossenen[5] und die im § 27 aufgeführten Gegenstände dürfen bei Vermeidung der im § 60 festgesetzten Frachtzuschläge nicht als Gepäck aufgegeben werden.[6] § 27 (3) gilt sinngemäß.

(5) Ob und unter welchen Bedingungen die im § 54 (2) b) genannten Gegenstände als Gepäck angenommen werden, bestimmt der Tarif.[7]

Beschränkung der Menge

1. Von nachgenannten Gegenständen darf jeder Reisende nur je 2 Stück als Reisegepäck aufgeben:
   Krankentrag- und -fahrstühle,
   Selbstfahrer für Kranke,
   Liegestühle,
   Kinderwagen,
   Hand- und Sportschlitten,

Wasserfahrzeuge,
Fahrräder.

Von Kraftzweirädern darf jeder Reisende nur 1 Stück als Reisegepäck aufgeben.

Annahme sonstiger Gegenstände

2. Als Reisegepäck werden nach Absatz (3) angenommen:

a) Krankenkörbe, Traggestelle und Tragbetten, auch fahrbare, ferner Ausrüstungsgegenstände der freiwilligen Sanitätskolonnen, der Samaritervereine vom Roten Kreuz und der Genossenschaft freiwilliger Krankenpfleger im Kriege vom Roten Kreuz,
wenn Art und Verpackung, Rauminhalt und Gewicht das rasche Verladen und Unterbringen in die Gepäckwagen gestatten; der Aufgeber ist auf Verlangen verpflichtet, beim Ein-, Um- und Ausladen zu helfen;

b) zum Sport und zum Turnen mitgeführte Geräte, auch drei- und mehrsitzige Hand- und Sportschlitten,
wenn Art und Verpackung, Rauminhalt und Gewicht das rasche Verladen und Unterbringen in die Gepäckwagen gestatten; der Aufgeber ist auf Verlangen verpflichtet, beim Ein-, Um- und Ausladen zu helfen;

c) Theatergeräte und andere Ausrüstungsgegenstände, die Theater- und Konzertunternehmen bei auswärtigen Vorstellungen mit sich führen und Geräte (auch Marktschirme) von Schaustellern und Markthändlern, Aufnahmegeräte der Filmunternehmen,
wenn Art und Verpackung, Rauminhalt und Gewicht das rasche Verladen und Unterbringen in die Gepäckwagen gestatten; der Aufgeber ist auf Verlangen verpflichtet, beim Ein-, Um- und Ausladen zu helfen;

d) Waren von Warenhändlern bis zum Höchstgewicht von 50 kg, nur in Personenzügen;

e) gewerbliche, zur Ablieferung an die Unternehmer bestimmte Erzeugnisse im Gewichte bis zu 50 kg, die von Hausgewerbetreibenden in eigenen Betriebsstätten im Auftrage und für Rechnung anderer Gewerbeunternehmer hergestellt oder bearbeitet worden sind, nur in Personenzügen. Dasselbe gilt für die Beförderung der zur Bearbeitung erhaltenen Rohstoffe nach den Werkstätten des Hausgewerbetreibenden;

f) lebende Tiere in Käfigen, Kisten, Steigen und Körben, und zwar Hunde von jeder Größe, sonstige kleine Tiere bis zum Höchstgewicht von 50 kg (vgl. § 3 der Anlage B zur EVO, Tiertarif Teil I);

g) frisch geschossenes Wild darf der Jäger mit sich führen, wenn dafür gesorgt ist, daß andere Gegenstände nicht durch Blut beschmutzt werden können.

Ausgeschlossene Gegenstände

3. Folgende von der Beförderung als Frachtgut ausgeschlossene Gegenstände werden nach § 28 Abs. (3) EVO nicht als Reisegepäck angenommen:

a) die dem Postzwang unterliegenden Gegenstände*),

---

*) Die einschlägigen Bestimmungen des Gesetzes über das Postwesen des Deutschen Reiches vom 28. Oktober 1871 mit den Ergänzungen durch das Gesetz vom 20. Dezember 1899 lauten:

§ 1. Die Beförderung

1. aller versiegelten, zugenähten oder sonst verschlossenen Briefe;
2. aller Zeitungen politischen Inhalts, die öfter als einmal wöchentlich erscheinen,

gegen Bezahlung von Orten mit einer Postanstalt nach anderen Orten mit einer Postanstalt des In- oder Auslandes auf andere Weise als durch die Post ist verboten. Hinsichtlich der politischen Zeitungen erstreckt dieses Verbot sich nicht auf den zweimeiligen Umkreis ihres Ursprungsorts.

Wenn Briefe und Zeitungen (Nr. 1 und 2) vom Auslande eingehen und nach inländischen Orten mit einer Postanstalt bestimmt sind oder durch das Gebiet des Deutschen Reiches transitieren sollen, so müssen sie bei der nächsten inländischen Postanstalt zur Weiterbeförderung eingeliefert werden.

Unverschlossene Briefe, die in versiegelten, zugenähten oder sonst verschlossenen Paketen befördert werden, sind den verschlossenen Briefen gleichzuachten. Es ist jedoch gestattet,

b) Gegenstände, deren Beförderung nach gesetzlicher Vorschrift oder aus Gründen der öffentlichen Ordnung verboten ist,
c) explosionsgefährliche Gegenstände, das sind alle Gegenstände, die explosionsfähige Stoffe enthalten, nämlich:
   1. Sprengstoffe, insbesondere Spreng- und Schießmittel; Stoffe, die nicht zum Sprengen oder Schießen geeignet sind, durch Flammenzündung nicht zur Explosion gebracht werden können und gegen Stoß oder Reibung nicht empfindlicher sind als Dinitrobenzol, gelten nicht als Sprengstoffe;
   2. Munition,
   3. Zündwaren, Feuerwerkskörper und dergleichen,
   4. verdichtete und verflüssigte Gase,
   5. Stoffe, die in Berührung mit Wasser entzündliche oder die Verbrennung unterstützende Gase entwickeln,
d) selbstentzündliche Stoffe,
e) brennbare Flüssigkeiten,
f) ekelerregende, übelriechende, giftige und ätzende Stoffe.

Bedingungsweise zugelassene Gegenstände

4. Gold und Silber, Platin, Geld, Münzen und Papiere mit Geldwert, auch amtliche Wertzeichen, Dokumente, Edelsteine und echte Perlen, besonders wertvolle Spitzen und besonders wertvolle Stickereien sowie andere Kostbarkeiten,[7] ferner Kunstgegenstände, wie Gemälde, Bildwerke, Gegenstände aus Erzguß und Kunstaltertümer

---

versiegelten, zugenähten oder sonst verschlossenen Paketen, die auf andere Weise als durch die Post befördert werden, solche unverschlossene Briefe, Fakturen, Preiskurante, Rechnungen und ähnliche Schriftstücke beizufügen, die den Inhalt des Pakets betreffen.

§ 1 a. Die §§ 1 usw. dieses Gesetzes finden auch Anwendung auf verschlossene und solchen gleichzuachtende Briefe, die innerhalb der Gemeindegrenzen ihres mit einer Postanstalt versehenen Ursprungsortes verbleiben.

werden zur Gepäckbeförderung unter folgenden Bedingungen zugelassen:

a) die Gepäckstücke müssen fest verschlossen sein;

b) der Wert der Gepäckstücke ist — unbeschadet der allg. Ausf.Best. zu § 35 — bei der Aufgabe anzugeben.[7] Statt der Wertangabe genügt auch die Erklärung, daß die Gepäckstücke Kostbarkeiten enthalten. Die Angaben sind im Gepäckschein zu vermerken.

JüP. Art. 17.

1. Bisher war streitig, ob zum Reisegepäck lediglich die Gegenstände gehören, deren ein Reisender für sich und seine mitreisenden Angehörigen während der Reise und der etwaigen Abwesenheit von seinem gewöhnlichen Aufenthaltsort bedarf, oder darüber hinaus auch noch andere Gegenstände. Die neue EVO. trägt der Rechtsprechung des RG., die im Laufe der Zeit dem Begriff eine erweiterte Auslegung gegeben hat, Rechnung. Danach sind Reisegepäck die von einem Reisenden in Verbindung mit einem Fahrausweis zur Beförderung aufgegebenen Gegenstände, die — mit Ausnahme der in EVO. § 28 (2) aufgeführten Gegenstände — ordnungsmäßig zur Reise hergerichtet, insbesondere sicher und dauerhaft verpackt sind, und denen auch nach der Verkehrsanschauung die Eigenschaft als Reisegepäck zukommt. Siehe auch schwedische EVO. v. 12. 6. 25 § 29 ff. (deutsche Übersetzung im Arch. f. Eis. 27 216) und österreichische EVO. § 28 (veröffentlicht im Bundesgesetzblatt für die Republik Österreich 1928 S. 815). Auf die Zweckbestimmung kommt es also nicht mehr an. Kein Reisegepäck sind: Hamstergut, Handelsware u. a. (siehe auch v. d. Leyen, JW. 20 781; ZVDEisV. 23 513). Auch Umzugsgut fällt nicht hierunter. Die Verbindung mit der Reise ist grundsätzlich Voraussetzung des Rechts auf Abfertigung von Reisegepäck (siehe aber Anm. 1. a. E. und EVO. § 30 (1) Satz 2). Das gilt namentlich auch für Inhaber von Fahrausweisen, mit denen das Recht auf Freigepäck verbunden ist (Abgeordnete, Eisenbahnbedienstete). Es ist sonach nicht statthaft, eine Sendung als Freigepäck aufzugeben, obwohl eine Reiseabsicht gar nicht vorliegt, und etwa den Gepäckschein mit der Post an den Bestimmungsort einem Dritten zu übersenden, damit er das Stück abhole. Ebensowenig ist es statthaft, das Recht auf Freigepäck ganz oder teilweise auf dritte Personen zu übertragen (EE. 21 170). In beiden Fällen kann strafrechtlicher Betrug vorliegen. Nicht erforderlich ist, daß der Reisende denselben Zug benutzt, zu dem er das Gepäck aufgibt. Neuerdings wird Reisegepäck auch ohne Fahrausweis angenommen (EVO. § 30 AAB. 4). Auch hier liegt ein besonders gearteter Beförderungsvertrag vor.

2. Bei nicht ordnungsmäßiger Verpackung Ausschluß von der Beförderung als Reisegepäck (EVO. § 29 (1)).

3. Darunter fallen auch Apparate und Entnahmeflaschen für wasserhygienische Untersuchungen, das Malgerät der Kunstmaler.

3a. Um eine mißbräuchliche Benutzung der Bestimmung und Beförderungsschwierigkeiten zu vermeiden.

4. Siehe hierzu AAB. zu § 30.

5. Über postzwangspflichtige Zeitungen vgl. AAB. 3 a; EVO. § 26 Anm. 2 sowie EE. 19 138; ZVDEisV. 02 890; JW. 05 763; RGSt. 3 300.

6. Kann sich nicht auch auf EVO. § 27 (4) beziehen. Werden sie doch angenommen, kommt ein Gepäckvertrag zustande (vgl. EVO. § 54 Anm. 1). Haftung der Eisenbahn richtet sich nach EVO. § 35 (1) i. V. mit § 83 (1) e.

7. Fehlt die Wertangabe, haftet die Eisenbahn für diese Gegenstände nicht (EE. 25 120). Bei Kostbarkeiten kann als Vergleichsgegenstand nur anderes Reisegepäck, nicht gewöhnliches Frachtgut in Frage kommen (EE. 44 198).

§ 29. Verpackung. Bezeichnung

(1) Das Gepäck muß ordnungsgemäß zur Beförderung hergerichtet, insbesondere, soweit im § 28 keine Ausnahmen vorgesehen sind, sicher und dauerhaft verpackt sein,[1] sonst kann es zurückgewiesen werden. Wird Gepäck, das diesen Vorschriften nicht entspricht oder beschädigt ist, gleichwohl zur Beförderung angenommen,[2] so kann die Eisenbahn auf den Gepäckschein einen entsprechenden Vermerk setzen.[3] Die Annahme des Gepäckscheins mit dem Vermerk gilt als Anerkenntnis des mangelhaften Zustands.[4]

(2) Jedes Gepäckstück muß mit der genauen und dauerhaft befestigten Anschrift des Reisenden (Name, Wohnort, Wohnung) versehen sein, auch kann die Angabe des Versand- und Bestimmungsbahnhofs verlangt werden. Nicht derart gekennzeichnetes Gepäck kann zurückgewiesen werden. Ältere Bezeichnungen (Eisenbahn- oder Postbeförderungszeichen sowie andere Zeichen, die mit den Eisenbahnbeförderungszeichen verwechselt werden können) müssen von den Gepäckstücken entfernt oder deutlich durchstrichen sein.[5]

1. Unverpackte oder ungenügend verpackte Gepäckstücke, auch solche, die nicht ordnungsmäßig zur Beförderung hergerichtet sind, werden angenommen, wenn sie sich

nach dem Ermessen des abfertigenden Beamten zur Beförderung eignen.

2. Wegen der Annahme unverpackter Fahrräder vgl. allg. Ausf.Best. 11—18 zu § 30.
3. In der Bezeichnung muß auch der Versand- und Bestimmungsbahnhof enthalten sein.
4. Die Bezeichnung ist auf dem Gepäckstück selbst oder auf einem Beklebezettel, einer Tafel oder einem Anhänger aus haltbarem Stoff anzubringen, die dauerhaft befestigt sein müssen. Wird die vollständige Bezeichnung auf dem Gepäckstück selbst niedergeschrieben oder mit Farbe angebracht, so ist das Gepäck außerdem durch den auffälligen Vermerk „Gepäck" besonders zu kennzeichnen. Ist das Gepäck nicht nach diesen Vorschriften oder nur undeutlich oder unvollständig bezeichnet, oder genügen die Befestigung oder die Beschaffenheit der Beklebezettel, Tafeln oder Anhänger den vorstehenden Anforderungen nicht, so kann die Eisenbahn die Annahme ablehnen oder die vorgeschriebene Bezeichnung gegen die in der Anlage V Zif. 7 festgesetzte Gebühr übernehmen.

HGB. § 459 Abs. 1 Ziff. 2; JüP. Art. 19.

Literatur: Mangelhafte Verpackung von Gepäckstücken: ZVT.-EisV. 03 297; EE. 22 414 und RG. in EE. 22 28; Goltd. Arch. 49 322.

1. Soweit es seine Natur erfordert (EVO. §§ 62, 83 (1) b; Rundnagel, BefGesch. § 187).

2. Wozu Eisenbahn nicht verpflichtet ist, auch nicht gegen Vermerk.

3. Haftung siehe EVO. § 35. Sind die Mängel äußerlich erkennbar, haftet Eisenbahn, es sei denn, daß sie die Mängel auf dem Gepäckschein vermerkt hat, und der Schaden den Umständen nach aus diesen Mängeln entstehen konnte; waren die Mängel äußerlich nicht erkennbar, entfällt die Haftung (§ 82 EVO.).

4. Es ist wohl anzunehmen, daß auch diese Form der Vorschrift des § 459 Ziff. 2 HGB. entspricht; Düringer S. 941 Anm. 9 verneint dies (siehe auch Reindl, EE. 17 361 ff.; vgl. auch EVO. § 62 (2)).

5. Siehe Arch. f. Eis. 05 957. Weggelassen ist, als dem § 466 Abs. 1 HGB. gegenüber rechtsungültig, der frühere Schlußsatz, der die Haftung für die Verschleppung infolge älterer Bezeichnungen von der Eisenbahn abwälzen sollte. Eger Anm. 121

S. 119 nimmt äußerlich erkennbaren Mangel an; Haftung demgemäß nach EVO. §§ 29 und 62 (3); Rundnagel, BefGesch. S. 534 sieht darin einen Verstoß des Reisenden gegen seine Vertragspflichten; er will prüfen, ob § 254 BGB. (gegenseitiges Verschulden) anwendbar ist. Letztere Auffassung dürfte richtig sein und zu sachgemäßerem Ergebnis führen (vgl. EE. 22 28 und 414; Senckpiehl [unklar] S. 172; ZVDEisV. 03 38).

§ 30. Aufgabe. Gepäckschein

(1) Das Gepäck ist innerhalb der für die Lösung der Fahrausweise festgesetzten Zeit[1] bei der Gepäckabfertigung aufzugeben; auf größeren Bahnhöfen braucht indes die Eisenbahn Gepäck für die einzelnen Züge nur bis zu einer Viertelstunde vor ihrer Abfahrt anzunehmen.[2] Der Tarif muß einheitlich bestimmen, ob bei der Aufgabe des Gepäcks der Fahrausweis vorzuzeigen ist.[3]

(2) Der Reisende kann bei der Aufgabe den Wert, den er der unversehrten und fristgemäßen Lieferung des Gepäcks beimißt -- Lieferwert (Interesse an der Lieferung) — angeben.[4] Hierfür ist die tarifmäßige Gebühr zu zahlen. Ist die Ersatzpflicht nach § 35 (3) auf einen Höchstbetrag beschränkt, so ist eine Angabe des Lieferwerts über diesen Betrag hinaus unzulässig.

(3) Die Gepäckfracht ist bei der Aufgabe zu entrichten. § 13 (8) gilt sinngemäß.

(4) Bei der Annahme wird dem Reisenden ein Gepäckschein[5] ausgehändigt, dessen Angaben für die Beförderung maßgebend sind.

(5) Der Gepäckschein muß folgende Angaben enthalten:

a) den Aufgabe- und Bestimmungsbahnhof;
b) erforderlichenfalls den Beförderungsweg;
c) den Tag der Aufgabe und den Zug, zu dem das Gepäck aufgegeben worden ist;
d) die Anzahl und das Gesamtgewicht der Gepäckstücke;
e) die Gepäckfracht und etwaige andere Gebühren;
f) gegebenenfalls den gemäß Abs. (2) angegebenen Betrag des Lieferwerts.[6]

(6) Für die Abfertigung von Fahrrädern,[7] Sportgeräten und Tieren in Behältern kann der Tarif besondere Vorschriften treffen.

(7) Wird in dringenden Fällen Gepäck ausnahmsweise unter Vorbehalt späterer Abfertigung befördert[8] oder wird Gepäck auf Bahnhöfen ohne Gepäckabfertigung angenommen, so gilt es gleichwohl mit dem Zeitpunkt der Annahme als zur Beförderung übernommen. Die Eisenbahn hat dem Reisenden eine Empfangsbescheinigung zu übergeben.

Annahme

1. Gepäck wird zu den Sätzen des Gepäcktarifs nur gegen Vorlage von Fahrausweisen angenommen, und zwar nur nach dem Bahnhof, bis zu dem der Fahrausweis gilt, oder nach einem näher gelegenen Bahnhof des Beförderungsweges. Auch auf Zeitkarten wird Gepäck, einschließlich der Fahrräder, die nach den allg. Ausf.Best. 14—18 auf Fahrradkarte unverpackt aufgegeben werden, angenommen, soweit die Tarifteile II nicht anders bestimmen.
2. Gilt der Fahrausweis wahlweise nach verschiedenen Bahnhöfen, so hat der Reisende bei Aufgabe des Gepäcks anzugeben, nach welchem Bahnhof es abgefertigt werden soll. Kommen verschiedene Bahnhöfe desselben Orts in Frage, und kann der Reisende auf ausdrückliches Befragen den Bahnhof, nach dem das Gepäck befördert werden soll, nicht angeben, so ist nach den Vorschriften der Anlage II Abschn. B zu verfahren.
3. Gepäck wird auch nach einem über den Bestimmungsbahnhof der vorgelegten Fahrausweise hinausgelegenen Bahnhof angenommen, wenn durchgehende Fahrausweise bis zu diesem Bahnhof nicht oder nicht über den vom Reisenden benutzten Weg bestehen, der Reisende aber Fahrausweise bis zu einem seinem Bestimmungsbahnhof möglichst nahegelegenen Unterwegsbahnhof gelöst hat.
4. Gepäck wird auch ohne Vorlage von Fahrausweisen zu den Sätzen des Expreßguttarifs nach Bahnhöfen angenommen, nach denen Expreßgut abgefertigt wird. Das Mindestgewicht für die Frachtberechnung beträgt 10 kg. Bei Gegenständen im Gewicht von 11—15 kg wird die Fracht für 20 kg berechnet. Für die in der Anlage VI genannten sperrigen Güter wird die Fracht nach der allg. Ausf.Best. 20 zu § 40 berechnet. Die

Beschränkung in der Anzahl der Stücke nach der allg. Ausf.Best. 1 zu § 28 gilt hier nicht.

5. Wegen telegraphischer Vorausbestellung von Gepäckscheinen vgl. allg. Ausf.Best. 13 zu § 13.

Frachtberechnung und Nebengebühren

6. Die Gepäckfracht wird für je 10 kg erhoben, wobei Zwischenkilogramme auf volle 10 kg aufgerundet werden. Sie beträgt mindestens 20 Reichspfennig und wird für mindestens 10 km berechnet.

7. Der Reisende hat beim Empfang des Gepäckscheins die Angaben über Bestimmungsbahnhof und Weg zur Richtigstellung etwaiger Irrtümer zu prüfen, und, wenn er Geld zurückbekommt, sich sofort von der Richtigkeit des Betrages zu überzeugen.

8. Krankenfahrstühle und Selbstfahrer, auch mit Hilfsmotor, die Kriegsteilnehmer oder Kriegsbeschädigte für ihren Gebrauch bei Reisen mit sich führen, für die sie nach den allg. Ausf.Best. E XV—XVII zu § 11 eine Fahrpreisermäßigung oder nach der allg. Ausf. Best. E XVIII freie Beförderung des Begleiters genießen, werden gegen Vorlage der Fahrausweise auf Gepäckschein frachtfrei befördert. Die Überfuhrgebühren nach Anlage II (Abschn. C II) sind jedoch zu entrichten.

9. Für Angabe des Lieferwerts (Interesse an der Lieferung) wird die in der Anlage V Zif. 9 festgesetzte Gebühr erhoben.

10. Wird Gepäck unabgefertigt mitgenommen, so wird auf dem Bahnhof, der die Nachbehandlung vornimmt, außer der tarifmäßigen Gepäck- oder Expreßgutfracht und sonstigen Kosten die in der Anlage V Zif. 8 festgesetzte Gebühr erhoben. Davon ist abzusehen, wenn die Einrichtungen der Eisenbahn die Nachbehandlung erforderlich machen, also z. B., wenn der Zugangsbahnhof für den Gepäckverkehr nicht eingerichtet ist oder das Gepäck beim Fehlen von Tarifsätzen nur nach einem Unterwegsbahnhof abgefertigt werden kann, und dort die Umschlagzeit zur Umbehandlung nicht ausreicht. Im Falle des § 26 Abs. (4) EVO wird diese Gebühr nicht erhoben.

Abfertigung von unverpackten Fahrrädern und Kraftfahrrädern

11. Der Frachtberechnung werden folgende Gewichte zugrunde gelegt:
    a) für Fahrräder
       für einsitzige Zweiräder .... 20 kg
       für zweisitzige Zweiräder .... 30 „
       für einsitzige Zweiräder mit aufgebautem Hilfsmotor .... 30 „
       für einsitzige Dreiräder .... 40 „
       für zweisitzige Dreiräder .... 50 „ ;
    b) für einsitzige Kraftzweiräder, auch mit Hilfssitz, das nach der Reichsverordnung über den Kraftfahrzeugverkehr vom 5. Dezember 1925 auf dem Typenschild angegebene Eigengewicht.

    Wenn bei Fahrrädern unter a) von dem Reisenden ausdrücklich Verwiegung beantragt und auf der Bahnhofswaage vorgenommen wird, so gilt das ermittelte Gewicht für die Frachtberechnung. Der Reisende muß bei der Feststellung des Gewichts mitwirken.

12. Werden mehrere unverpackte einsitzige Zweiräder für sich allein oder zusammen mit anderem Gepäck auf Gepäckschein abgefertigt, so werden als Mindestfracht der ganzen Sendung 40 Reichspfennig für jedes Rad erhoben.

13. Die Laterne und das am Rade befestigte Gepäck außer der Satteltasche und der innerhalb des Rahmens befestigten Gepäcktasche — sind abzunehmen. Die Laterne kann am Rade belassen werden, wenn sie mit ihm fest verbunden (verschraubt) und nicht ohne weiteres abnehmbar ist.

Besondere Bestimmungen für die Abfertigung von Fahrrädern auf Fahrradkarte

14. Auf Entfernungen bis zu 150 Tarifkilometer werden unverpackte einsitzige Zweiräder — außer Kraftfahrrädern und Fahrrädern mit aufgebautem Hilfsmotor — auf Wunsch des Reisenden auch gegen Lösung von Fahrradkarten als Gepäck abgefertigt.

15. Die Fahrradkarten kosten:

auf Entfernungen von	1— 25	km	30	Reichspfennig
,, ,, ,,	26—100	,,	50	,,
,, ,, ,,	101—150	,,	80	,,

16. Die Geltungsdauer der Fahrradkarte beträgt 4 Tage, den Lösungstag eingerechnet.
17. Für die Abfertigung auf Fahrradkarte gilt folgendes:
   a) Der Reisende hat das Rad auf dem Abgangsbahnhof nach dem Gepäckwagen zu bringen, es beim Zugwechsel auf Unterwegsbahnhöfen von Gepäckwagen zu Gepäckwagen überzuführen und auf dem Bestimmungsbahnhof am Gepäckwagen in Empfang zu nehmen.
   b) Vor der Aufgabe des Rades hat der Reisende die Fahrradkarte nach Abtrennung des Abschnitts fest an der Lenkstange anzubinden. Besondere Kennzeichnung durch die Anschrift des Reisenden und den Versand- und Bestimmungsbahnhof ist nicht erforderlich. Wegen Abnahme der Laterne und des Gepäcks vgl. allg. Ausf.Best. 13. Den Abschnitt der Karte hat der Reisende bei Übergabe des Rades am Gepäckwagen zur Annahmebescheinigung vorzuzeigen. Durch die Annahme des Abschnitts erkennt der Reisende an, daß das Rad unverpackt ist.
   c) Auf einen Fahrausweis darf nur ein Rad, aber gleichzeitig anderes Gepäck aufgegeben werden.
   d) Das Rad wird gegen Rückgabe des Abschnitts ausgehändigt. Wird das Rad auf einen anderen Zug übergeführt, so hat der Reisende den Abschnitt beim Empfang des Rades zur Entwertung der Annahmebescheinigung und bei der Übergabe am Gepäckwagen des Anschlußzuges zur Erteilung einer neuen Annahmebescheinigung vorzuzeigen.
   e) Wird das Rad auf dem Bestimmungsbahnhof oder Zugwechselbahnhof am Gepäckwagen nicht abgeholt, so ist die in der Anlage V Zif. 10 festgesetzte Ausladegebühr zu entrichten.
   f) Auf den Ankunftsbahnhöfen der Orte mit mehreren Bahnhöfen wird der Abschnitt der darüber hinaus geltenden Fahrradkarte bei Aushändigung des

Rades am Gepäckwagen dem Reisenden belassen, wenn die Fahrt von einem anderen Bahnhof dieser Orte aus fortzusetzen ist. Er hat dann den Abschnitt bei der Übergabe des Fahrrades am Gepäckwagen des Zuges, mit dem er die Fahrt fortsetzt, zur Annahmebescheinigung vorzuzeigen.

g) Die nachträgliche Abfertigung unabgefertigt mitgenommener Fahrräder auf Fahrradkarten ist ausgeschlossen.

18. Im übrigen gelten die allgemeinen Bestimmungen.

Besondere Bestimmungen über die Abfertigung von Hunden in Behältern

19. Hunde in Behältern, die von Reisenden mitgeführt werden, werden gegen dieselbe Gebühr wie bei Mitnahme im Personenwagen (allg. Ausf.Best. 3 zu § 25) auch im Gepäckwagen befördert. § 25 Abs. (4) EVO Satz 3 und 4 gilt sinngemäß. Angabe des Lieferwerts ist nicht gestattet.

Die Abfertigung von Hunden in Behältern auf Gepäckschein (vgl. allg. Ausf.Best. 2 f) zu § 28) wird hierdurch nicht berührt.

JÜP. Art. 20.

Literatur: Die rechtliche Natur des Gepäckscheins: EE. 23 309 ff., 413 ff. und die bei Rundnagel, BefGesch. § 188 Anm. 4 angeführten Dissertationen.

1. EVO. § 13 (5).

2. Auf kleineren Bahnhöfen muß Auflieferung so rechtzeitig erfolgen, daß Abfertigung nach den Einrichtungen noch möglich ist. Erfolgt auf größeren Bahnhöfen die Annahme später, haftet die Eisenbahn trotzdem für Innehaltung der Zeit aus § 33 (2) (ZVDEisV. 07 380). Doch wird man ihr unmöglich den Beweis abschneiden können, daß eine Beförderung mit dem gewünschten Zuge infolge des verspäteten Auflieferns unmöglich war.

3. Siehe EVO. § 28 Anm. 1 a. E. und AAB. 4.

4. Vgl. §§ 35, 37, 89, 90 EVO. Die Ersetzung des bisherigen Ausdruckes „Interesse an der Lieferung" durch Lieferwert dient lediglich der Verdeutschung und bedeutet keine sachliche Änderung. Der Lieferwert umfaßt den Wert und das Verzugsinteresse sowie den entgangenen Gewinn. Nicht verlangt ist Angabe in Buchstaben (arg. e contrario EVO. § 89 (2)). Unrichtig Eger Anm. 129 S. 131.

5. Siehe Rundnagel, BefGesch. S. 535 Anm. 4 und S. 537

Anm. 14; Werneburg, EE. 33 236; Gumprecht, EE. 23 309, 413. Gepäckschein ist zunächst Quittung über die Aushändigung des Gepäcks, sodann Beweisurkunde über den Abschluß des Gepäckbeförderungsvertrages und Legitimationspapier für die Rückforderung des Gepäcks. Er ist kein Wert- oder Inhaberpapier; siehe Rundnagel, BefGesch. S. 537. BGB. §§ 794, 796 sind also nicht anwendbar. Der Gepäckschein der Reichsbahn ist öffentliche Urkunde (EE. 21 385; RGSt. 37 318; JW. 05 244, 25 2746).

6. An anderer Stelle hat die Angabe keine rechtliche Wirkung.

7. Vgl. Rundnagel, BefGesch. § 190 S. 541 und AAB. 11—18. Fahrräder können zunächst verpackt oder unverpackt wie jedes andere Reisegepäck aufgeliefert werden (AAB. 1—13). Daneben Auflieferung auf Fahrradkarte (AAB. 14 ff.). Hier erfolgt Vertragsabschluß nicht schon durch Lösung der Fahrradkarte, sondern erst durch Auflieferung und Annahme, diesmal am Packwagen (siehe EE. 41 43; a. A. EE. 44 191); jedesmaliger Neuabschluß bei Zugwechsel, wenn dabei das Rad dem Reisenden wieder ausgehändigt wird (a. M. Rundnagel a. a. O. S. 542). EVO. § 33 (1) S. 2 und (6) gelten auch hier. Der Charakter der Fahrradkarte ist der gleiche wie der des Gepäckscheins (siehe oben Anm. 5; abw. Goltermann EE. 39 157). Haftung der Eisenbahn vermindert sich, wenn der Reisende mit Abholung des Fahrrades in Verzug gerät (BGB. § 300).

8. Wozu eine Verpflichtung nicht besteht.

§ 31. Beförderung [1]

(1) Das Gepäck wird über den Weg oder einen der Wege befördert, für die der vorgelegte Fahrausweis gilt. Auf Antrag wird es auch über einen anderen Weg befördert, wenn durchgehende Abfertigung möglich ist.

(2) Wird der Zug, mit dem das Gepäck befördert werden soll, nicht bei der Aufgabe vom Absender bezeichnet, so wird es mit dem nächsten geeigneten Zuge befördert. Die Eisenbahn ist berechtigt, die Beförderung von Gepäck bei einzelnen Zuggattungen oder Zügen auszuschließen oder zu beschränken. Anordnungen dieser Art sind durch den Tarif oder durch Aushang bekanntzumachen.

(3) Muß Gepäck unterwegs auf einen anderen Zug übergehen, so kann die Weiterbeförderung mit dem Anschlußzug nur verlangt werden, wenn dieser der Gepäckbeförderung dient und genügende Zeit zur Überladung vorhanden ist. Sonst wird es mit dem nächsten geeigneten Zuge weiterbefördert.

(4) Über die Behandlung des Gepäcks in besonderen Fällen vgl. §§ 10 (1) und (5), 15 (4) und 24.

1. Gilt der Fahrausweis wahlweise über verschiedene Wege, so hat der Reisende bei der Aufgabe des Gepäcks anzugeben, über welchen Weg es befördert werden soll.
2. In Triebwagen wird Gepäck nur befördert, soweit dies für einzelne Strecken zugelassen ist.
3. Besondere Bestimmungen über die Überführung des Gepäcks in Orten mit getrennten Bahnhöfen oder zwischen benachbarten Orten enthält die Anlage II (Abschnitt C II).

1. Geschieht in den Gepäckwagen der Personenzüge; Eisenbahn kann das Gepäck auch mit anderen, z. B. schnelleren Zügen befördern, als sie der Reisende benutzt; wichtig für EVO. § 33 (3) (Unterwegsauslieferung); siehe dort Anm. 5.

§ 32. Zoll-, steueramtliche oder sonstige verwaltungsbehördliche Abfertigung

Der Reisende hat die zoll- oder steueramtliche und die sonstige verwaltungsbehördliche Abfertigung seines Gepäcks selbst zu betreiben und ihr beizuwohnen. Unterläßt er dies, so haftet die Eisenbahn nicht für den daraus entstehenden Schaden.[1] In einem solchen Falle kann die Eisenbahn die Abfertigung veranlassen[2] und dafür außer der Vergütung ihrer Auslagen die tarifmäßige Gebühr erheben.

Wenn Reisegepäck auf Wunsch oder wegen Abwesenheit des Reisenden einem anderen Zollamt zur Verzollung überwiesen werden muß, werden für die Mitwirkung der Eisenbahn bei Erfüllung der Zollvorschriften die Gebühren nach Anlage V Zif. 11 erhoben.

JüP. Art. 25.

1. Insbesondere nicht für Überschreitung der Lieferfrist, zwischenzeitliche Erhöhung der Zolltarife usw. Ebensowenig haftet sie für Handlungen, die in den Bereich der zollamtlichen Tätigkeit fallen (EE. 32 298).

2. Auch durch Überweisung an den Bestimmungsbahnhof (siehe EisZollOrdn. §§ 19, 22).

§ 33. Auslieferung

(1) Das Gepäck wird gegen Rückgabe des Gepäckscheins[1] und Entrichtung der etwa noch nicht bezahlten Kosten aus-

geliefert. Die Eisenbahn ist nicht verpflichtet, die Berechtigung des Inhabers zu prüfen.[2]

(2) Der Reisende ist berechtigt, auf dem Bestimmungsbahnhof[3] nach Ablauf der Lieferfrist die Auslieferung des Gepäcks an der Gepäckausgabe zu verlangen. Die Lieferfrist endet, sobald nach Ankunft des Zuges, mit dem das Gepäck zu befördern war,[4] die zur Bereitstellung und etwa zur zoll- oder steueramtlichen oder sonstigen verwaltungsbehördlichen Abfertigung erforderliche Zeit abgelaufen ist. Auf Verlangen ist das Gepäck gegen die tarifmäßige Gebühr nachzuwiegen.

(3) Das Gepäck wird nur auf dem Bahnhof ausgeliefert, nach dem es abgefertigt war. Auf rechtzeitiges Verlangen des Reisenden kann es jedoch, wenn die Umstände es gestatten, auch keine Zoll-, Steuer-, Polizei- oder sonstigen verwaltungsbehördlichen Vorschriften entgegenstehen, gegen Rückgabe des Gepäckscheins auf dem Aufgabebahnhof zurückgegeben oder auf einem Unterwegsbahnhof ausgeliefert werden.[5] Der Tarif kann bestimmen, daß außer dem Gepäckschein auch der Fahrausweis vorzuzeigen ist.

(4) Unter welchen Bedingungen eine Weitersendung des Gepäcks nach einem anderen Bahnhof zulässig ist, bestimmt der Tarif.

(5) Wird das aufgegebene Gepäck zurückgenommen, ehe es den Aufgabebahnhof verlassen hat, so kann die bezahlte Gepäckfracht zurückverlangt werden. Wird das Gepäck auf einem Unterwegsbahnhof zurückgenommen, so kann Frachterstattung in sinngemäßer Anwendung von § 19 (3) und (7) verlangt werden. In beiden Fällen wird eine Gebühr von 50 Reichspfennig für den Gepäckschein abgezogen. Der Tarif kann abweichende Bestimmungen treffen, die jedoch für den Reisenden nicht ungünstiger sein dürfen.

(6) Wird der Gepäckschein nicht beigebracht, so ist die Eisenbahn zur Auslieferung des Gepäcks nur verpflichtet, wenn die Empfangsberechtigung glaubhaft gemacht wird;[6] auch kann Sicherheitsleistung verlangt werden.[7]

(7) Ein Reisender, dem das Gepäck nicht rechtzeitig ausgeliefert wird, kann verlangen, daß ihm auf dem Gepäckschein Tag und Stunde der Abforderung bescheinigt[8] und daß ihm etwaige Kosten für den Versuch der Abholung vergütet werden.

1. Auf Bahnhöfen, die keine Gepäckabfertigung haben, muß der Reisende das dahin beförderte Gepäck unmittelbar nach Ankunft am Zug abnehmen. Sonst wird es bis zur nächsten Gepäckabfertigung weiterbefördert und dort zur Abnahme bereitgehalten. Für die Strecke, auf der das Gepäck unabgefertigt mitgenommen worden ist, wird die Gepäckfracht besonders berechnet.[9]
2. Die Gebühr für die verlangte Nachwiegung ist in der Anlage V Zif. 13 festgesetzt. Sie wird nur erhoben, wenn kein von der Eisenbahn zu vertretendes Mindergewicht festgestellt worden ist.
3. Auf dem Aufgabe- oder einem Unterwegsbahnhof wird das Gepäck nur zurückgegeben, wenn der Reisende den Fahrausweis vorzeigt.
4. Anträgen auf Nach- oder Weitersendung von Gepäck wird entsprochen, wenn keine zoll-, steuer-, polizei- oder andere verwaltungsbehördliche Vorschriften entgegenstehen. Die Nach- oder Weitersendung ist bei der Gepäckabfertigung zu beantragen, bei der das Gepäck lagert. Solche Anträge vermittelt jeder Bahnhof schriftlich oder telegraphisch. Die Kosten des Telegramms trägt der Reisende. Wird die Abfassung des Telegramms dem Beamten überlassen, so wird die Gebühr nach Anlage V Zif. 2 erhoben. Der ursprüngliche Gepäckschein wird dem Reisenden abgenommen. Anträgen, die von Reisenden unmittelbar ohne Beifügung des Gepäckscheins gestellt werden, wird nur entsprochen, wenn kein Zweifel darüber besteht, daß der Antragsteller verfügungsberechtigt ist.

   Das Gepäck wird, wenn der Reisende nicht anders bestimmt, als Reisegepäck nach- oder weitergesandt. Für die neue Beförderungsstrecke wird die Fracht nach den Bestimmungen und Frachtsätzen für Expreßgut berechnet, wenn der Reisende keinen Fahrausweis für diese Strecke vorzeigt.

   Außer der Gepäck- oder Expreßgutfracht und den übrigen Kosten wird die Gebühr nach Anlage V Zif. 8 erhoben.
5. Nimmt der Reisende das Gepäck auf dem Aufgabebahnhof zurück, bevor es an den Zug gebracht worden

ist, so wird die Gebühr von 50 Reichspfennig nach Abs. (5) EVO nicht abgezogen.

6. Kann der Reisende den Gepäckschein nicht beibringen, so hat er auf vorgeschriebenem Vordruck zu erklären, daß er die Auslieferung des Gepäcks anerkennt, auf alle Rechte aus dem Gepäckschein verzichtet und sich verpflichtet, die Eisenbahn gegen Ansprüche Dritter schadlos zu halten. Für die Ausfertigung dieser Erklärung wird die Gebühr nach Anlage V Zif. 14 erhoben.

JÜP. Art. 21, 26.

1. Siehe EVO. § 30 Anm. 5. Besitzt die Eisenbahn den Gepäckschein, spricht die Vermutung für erfolgte Auslieferung (ZVD.-EisE. 68 577).

2. Es sei denn, daß eine besondere Veranlassung gegeben ist, die Nichtprüfen zum Verschulden macht (Anzeige, daß der Schein dem Reisenden abhanden gekommen ist) (siehe Gumprecht, EE. 23 309, 413; Goltermann, EE. 39 156).

3. Also nicht am Packwagen (vgl. aber AAB. 1).

4. D. h. des Aufgabe- oder Anschlußzuges, mit dem es nach EVO. § 31 (2), (3) zu befördern war (siehe dort Anm. 1).

5. Wegen der Frachterstattung siehe Abs. 5; vgl. auch EVO. § 31 Anm. 1.

6. Für Auslieferung an einen Nichtberechtigten haftet die Bahn (vgl. EVO. § 35 (1)).

7. Für diese gilt BGB. §§ 232 ff. (regelmäßig Hinterlegung von Geld, Wertpapieren, Verpfändung beweglicher Sachen, im Notfall Stellung eines tauglichen Bürgen). Rückgabe der Sicherheit wegen § 36 (1) EVO. nicht vor Ablauf einer Woche (Sendpiehl, EisTranspGesch. S. 182).

8. Wegen EVO. § 36 (1).

9. Kein Beförderungsvertrag mehr.

§ 34. Verzögerung der Abnahme

(1) Wird Gepäck nicht innerhalb 24 Stunden nach Ankunft des Zuges, mit dem es zu befördern war,[1] abgeholt,[2] so ist das tarifmäßige Lagergeld zu entrichten. Wird es nicht innerhalb zweier Wochen nach dem genannten Zeitpunkt abgeholt, so haftet die Eisenbahn nur noch nach § 82 (4). Die Eisenbahn ist auch berechtigt, solches Gepäck unter Einziehung der etwa noch nicht bezahlten Kosten bei einem Spediteur oder in einem öffentlichen Lagerhaus auf Gefahr und Kosten des Reisenden zu hinterlegen.[3]

(2) Die Eisenbahn ist ferner berechtigt, Gepäck, das nicht abgenommen worden ist, drei Monate nach Ablauf der lagergeldfreien Zeit, wenn aber sein Wert durch längeres Lagern unverhältnismäßig vermindert werden würde oder wenn die Lagerkosten in keinem Verhältnis zum Wert des Gepäcks stehen würden,[4] schon früher ohne Förmlichkeit bestmöglich zu verkaufen.[5] Die Eisenbahn hat dem Inhaber des Gepäckscheins den Verkaufserlös nach Abzug der etwa noch nicht bezahlten Kosten zur Verfügung zu stellen. Reicht der Erlös zur Deckung dieser Beträge nicht aus, so ist der Aufgeber zur Nachzahlung des ungedeckten Betrages verpflichtet.

(3) Die Eisenbahn hat den Reisenden, sofern sich sein Aufenthalt ermitteln läßt, von dem bevorstehenden Verkauf des Gepäcks zu benachrichtigen.[6]

Das Lagergeld für Reisegepäck, das länger als 24 Stunden nach der Ankunft lagert, ist in der Anl. V Zif. 12 festgesetzt.

1. Siehe EVO. § 33 Anm. 4.

2. Abnahmepflicht; Verzug beginnt mit Ablauf dieser Frist, da Mahnung unmöglich; während der Lagerung zunächst 2 Wochen lang Haftung der Eisenbahn aus dem GepBefVertrag, nicht aus Verwahrung; danach nur noch Haftung für die Sorgfalt eines ordentlichen Kaufmannes (siehe auch Rundnagel, BefGesch. § 189 S. 541 Anm. 3).

3. Siehe hierzu EVO. § 80 Anm. 16.

4. Siehe hierzu EVO. § 80 Anm. 17.

5. Siehe hierzu EVO. § 80 Anm. 18.

6. Siehe hierzu EVO. § 80 Anm. 19.

§ 35. Haftung der Eisenbahn für Verlust, Minderung oder Beschädigung von Reisegepäck[1]

(1) Für Reisegepäck[2] haftet die Eisenbahn,[3] soweit nicht in diesem Abschnitt Abweichungen vorgesehen sind, nach den Vorschriften über die Haftung für Güter (Abschnitt VIII). §§ 81, 92 bis 94 gelten sinngemäß.[4]

(2) Im Falle der Entschädigungspflicht der Eisenbahn für Verlust, Minderung oder Beschädigung von Reisegepäck kann auch ohne Nachweis eines Schadens eine Entschädigung bis zu 10 Reichsmark für das Kilogramm Rohgewicht verlangt werden,[5] soweit ein Schaden glaubhaft gemacht wird.[6]

(3) Bei besonderen Betriebsverhältnissen kann die Eisenbahn mit Genehmigung des Reichsverkehrsministers die bei

Verlust, Minderung oder Beschädigung von Reisegepäck zu leistende Entschädigung im Tarif[7] auf einen Höchstbetrag beschränken. Wegen Beschränkung der Höhe des Schadensersatzes bei Gegenständen des § 54 (2) b) findet § 86 (3) sinngemäße Anwendung. Wenn Vorsatz oder grobe Fahrlässigkeit der Eisenbahn vorliegt, kann die Beschränkung auf den Höchstbetrag nicht geltend gemacht werden.

(4) Für den Verlust[8] von Reisegepäck haftet die Eisenbahn nur, wenn das Gepäck binnen zweier Wochen nach Ablauf der Lieferfrist[9] auf dem Bestimmungsbahnhof abgefordert wird.[10]

Für Verlust, Minderung oder Beschädigung von Gegenständen, die nach der allg. Ausf.Best. 4 zu § 28 als Reisegepäck zulässig sind, werden nicht mehr als 30 Reichsmark auf 1 kg Reingewicht des unverpackten Gegenstandes (sogenannte innere Verpackung gilt nicht als Ware) und höchstens 300 Reichsmark für alle in der Sendung enthaltenen Kostbarkeiten ersetzt.

HGB. §§ 456, 467, 471; JüP. Art. 28 ff.

1. Über die abweichende Regelung der Haftung im JüP. und JüG. vgl. Friebe ZVDEisV. 28 143.

2. Begriff siehe oben § 28 Anm. 1.

3. Dem Reisenden, der den Beförderungsvertrag abgeschlossen hat (arg. e EVO. § 95). Haftung dem dinglich Berechtigten (Eigentümer) gegenüber regelt sich nach BGB. (siehe Rundnagel, Bef.-Gesch. S. 549; EE. 20 213, 19 7).

4. §§ 36, 81, 82 (1)—(2), (4), 83—85, 90 (1), 91—96 (1); bez. § 91 EVO. vgl. EE. 22 28; wegen der Lieferfristüberschreitung siehe EVO. § 37; bez. § 93 (2) b vgl. § 37 Anm. 1; die Angabe des Lieferwerts ist in EVO. § 30 (2) geregelt. Die besondere Hervorhebung der §§ 81, 92—94 EVO. erklärt sich daraus, daß sie nicht zu den Haftungsbestimmungen im engeren Sinne gehören (Begr. II). Aus der Natur des Gutes sowie der Verschiedenheit der Abfertigungs- und Beförderungsweise ergeben sich einige Schwierigkeiten, namentlich bei Anwendung des § 83 EVO., doch ist mit Rundnagel (BefGesch. S. 550) dessen Anwendbarkeit zu bejahen, ausgenommen Abs. 1 g; nicht anwendbar ist dagegen EVO. § 96 (2) bis (4). Der Reisende kann sich also nur an die Bahn halten, mit der er den Gepäckbeförderungsvertrag abgeschlossen hat (siehe Reindl, EE. 17 361). Haftung der verschiedenen Beförderungsanstalten untereinander nach HGB. § 432 (z. B. Eisenbahn und Dampschiffahrts-Gesellschaft). Ansprüche gegen die Eisenbahn erlöschen mit der Abnahme trotz Vor-

ausbezahlung der Gepäckfracht (Gorden, EE. 31 167). über Verjährung siehe EVO. § 94.

5. Erleichterung ist für den Reisenden geschaffen worden, weil der Inhalt der einzelnen Gepäckstücke im Gepäckschein nicht aufgeführt, und daher für ihn bei Verlust usw. der Nachweis über Anzahl, Art und Wert der aufgegebenen Stücke erschwert ist.

6. Ob der Schaden hinreichend glaubhaft gemacht ist, unterliegt zunächst dem Ermessen der Eisenbahn, im Rechtsstreit dem Ermessen des Gerichts. Im Prozeß kann sich der Reisende aller Beweismittel mit Ausnahme der Eideszuschiebung bedienen, auch zur Versicherung an Eidesstatt zugelassen werden (ZPO. § 294).

7. Eger Anm. 140 S. 144 hält zu Unrecht diese Regelung (durch Tarife statt durch EVO. selbst) nicht für vereinbar mit §§ 465 Abs. 2, 471 Abs. 1 HGB.; a. M. Rundnagel, Haftung, S. 206 (vgl. auch EVO. § 86). Beschränkung der Lieferwertangabe siehe EVO. § 30 (2).

Für den Begriff „Kostbarkeit" gilt auch hier das zu § 54 EVO. Anm. 12 Gesagte (siehe auch Hellmann, EE. 28 8 sowie EVO. § 28 Anm. 7).

8. Nicht Beschädigung (hier gelten die Fristen EVO. §§ 93 und 94 (Staub § 465 Anm. 2)), wohl aber für Minderung (siehe Rundnagel, BefGesch. S. 546; a. A. Staub § 465 Anm. 2). Innehaltung der Frist ist Voraussetzung für die Geltendmachung des Anspruchs auf Schadensersatz. Maßgebend ist, daß das Gepäck zur Zeit der Abforderung in Verlust geraten ist; wann und wie ist gleichgültig, selbst Vorsatz und grobe Fahrlässigkeit (Diebstahl durch Bahnbedienstete) schließen die Anwendung von § 35 nicht aus. Abforderung des vorhandenen oder später wieder vorgefundenen Gepäcks ist auch nach Ablauf der Frist nicht ausgeschlossen. Ob Anspruch aus § 823 BGB. hergeleitet werden kann, ist fraglich (siehe Düringer-Hachenburg § 465 Anm. 6), aber wohl zu verneinen. Präklusivfrist würde naturgemäß nicht für § 823 BGB gelten. Ersatzfordernder hat Verlust und rechtzeitige Abforderung (vgl. EVO. § 33 (7)) zu beweisen (Rundnagel a. a. O. S. 547; Staub § 465 Anm. 3).

9. Siehe EVO. § 33 (2) Satz 2.

10. Wegen Vorlage des Gepäckscheins siehe EVO. § 33 (6). Ist das Gepäck rechtzeitig abgefordert, gilt Verjährungsfrist des § 94 EVO. (läuft von Ende der Lieferfrist) (siehe auch Staub § 465 Anm. 3).

§ 36. Vermutung für den Verlust des Reisegepäcks. Wiederauffinden verlorenen Gepäcks

(1) Ein fehlendes Gepäckstück gilt nach Ablauf einer Woche nach der Abforderung als verloren.[1]

(2) Wird das Gepäck später wiedergefunden, so wird der Reisende, wenn sich sein Aufenthalt ermitteln läßt, hiervon benachrichtigt.[2] Er kann innerhalb eines Monats nach Empfang der Nachricht verlangen, daß ihm das Gepäck auf einem inländischen Bahnhof[3] kostenfrei ausgehändigt wird. Die erhaltene Entschädigung[4] hat er nach Abzug einer etwa wegen Überschreitung der Lieferfrist zu gewährenden Entschädigung zurückzuzahlen. Wird die Rückgabe auf dem Aufgabebahnhof verlangt, so wird von der Rückzahlung die ursprünglich bezahlte Gepäckfracht abgezogen.[5,6]

1. Vermutung nur zugunsten der Berechtigten!, nicht auch der Eisenbahn (vgl. EVO. § 87).
2. Stets! (Anders EVO. § 87 (2)).
3. D. h. in Deutschland gelegenen, nicht nur wie bei § 87 (3) EVO. auf dem Versand- oder Bestimmungsbahnhof. Aushändigungspflicht ist zeitlich unbegrenzt (abw. § 87 (2)).
4. Die volle; also auch bei Entschädigung für Interesseangabe.
5. Also keine Rückzahlung der Fracht, die dem Reisenden als Teil der Verlustentschädigung gezahlt ist.
6. Nach Ablauf der Frist hat die Eisenbahn das Verfügungsrecht über das Gut (EVO. § 35 (1), § 87 (4)).

§ 37. Haftung der Eisenbahn für Überschreitung der Lieferfrist

(1) Bei Überschreitung der Lieferfrist[1] hat die Eisenbahn, wenn nachgewiesen wird, daß dadurch ein Schaden[2] entstanden ist, eine Entschädigung bis zu 40 Reichspfennig für das Kilogramm des Rohgewichts des verspätet ausgelieferten Gepäcks für je angefangene 24 Stunden von der Abforderung an gerechnet, höchstens aber für eine Woche,[3] zu zahlen.

(2) Ist ein Lieferwert angegeben, so kann bei Überschreitung der Lieferfrist beansprucht werden:

a) wenn nicht nachgewiesen wird, daß durch die Überschreitung der Lieferfrist ein Schaden entstanden ist,
   20 Reichspfennig für das Kilogramm Rohgewicht für je angefangene 24 Stunden von der Abforderung an gerechnet, höchstens aber für eine Woche[3] und höchstens bis zum Betrage des Lieferwerts;
b) wenn nachgewiesen wird, daß durch die Überschreitung der Lieferfrist ein Schaden entstanden ist,
   Ersatz des Schadens bis zum Betrage des Lieferwerts.[4]

Ist der Betrag des Lieferwerts geringer als die im Abs. (1) vorgesehene Entschädigung, so kann diese verlangt werden.

(3) Beträge unter einer Reichsmark werden nicht erstattet

(4) Diese Entschädigungen können nicht neben der bei Verlust zu leistenden Entschädigung verlangt werden. Bei Minderung werden sie für den nicht verlorengegangenen Teil entrichtet. Bei Beschädigung treten sie neben die dafür geleistete Entschädigung.

(5) Die Haftung der Eisenbahn ist ausgeschlossen, wenn die Fristüberschreitung durch Umstände herbeigeführt worden ist, die sie nicht abzuwenden und denen sie auch nicht abzuhelfen vermochte.[5]

(6) Wegen der Fälle, in denen voller Ersatz zu leisten ist, vgl. § 91.[6]

HGB. §§ 429, 463, 466, 471; JüP. Art. 34, 35.

1. Die Haftung für Lieferfristüberschreitung ist im Abschn. IV erschöpfend geregelt. Ergänzung aus Abschn. VIII ist nicht gestattet (Ausnahme siehe Abs. 6); so gilt nicht § 93 (2) b; durch vorbehaltlose Annahme des verspäteten Reisegepäcks geht also der Ersatzanspruch unter; schriftliche Anmeldung hemmt ebensowenig die Verjährung wie die Abforderung nach EVO. § 33. § 96 (2)—(4) siehe oben § 35 Anm. 4.

2. Dazu gehört auch der entgangene Gewinn.

3. Siehe EVO. § 36 (1) (Reisender kann nach Ablauf einer Woche Rücknahme verweigern und Ersatz fordern).

4. Vgl. EVO. § 30 (2).

5. Siehe Fritsch, Arch. f. Eis. 24 595—596. Die Verantwortlichkeit der Eisenbahn bleibt insofern hinter der höheren Gewalt zurück, als nicht von den Momenten der Außergewöhnlichkeit und der Einwirkung von außen die Rede ist, die bisher als Kennzeichen der höheren Gewalt angesehen werden (siehe EVO. § 3 Anm. 9). Außerdem haftet die Eisenbahn nach dieser Fassung nicht für Zufall. Beispiele für Haftungsausschluß: Streik (EE. 23 372, 399; abweichend 25 140, 197, 264; Baumgarten, EE. Sonderheft 25 1); eigenmächtige Kontrolle der Betriebsräte; sind dies Eisenbahner, dann, wenn nach der politischen Lage ein Einschreiten unmöglich ist; Beschlagnahme (EE. 22 354); Naturereignisse (Tunneleinsturz, EE. 19 4); Schaden an den Betriebsmitteln (Heißlaufen), aber dann schnelles Umladen (EE. 19 135). Verkehrsstockung infolge Güterandranges ist nicht Betriebsstörung im Sinne von EVO. § 74; sie kann aber der Eisenbahn dann wohl nicht zur Last gelegt werden, wenn sie auf Naturereignisse zurück-

zuführen ist; abweichend wohl RG. in EE. 33 77, unter Hinweis auf die Möglichkeit der Annahmeverweigerung. Ebensowenig haftet Eisenbahn für Verschulden des Reisenden oder die Folgen von dessen nicht auf Verschulden der Eisenbahn zurückzuführender Anweisung oder eine durch Verzögerung in der Zollbehandlung eingetretene Lieferfristüberschreitung (siehe EE. 32 298). Über das Vorliegen gegenseitigen Verschuldens (BGB. § 254) vgl. EE. 29 154.

6. Zahlreiche Beispiele siehe Rundnagel, BefGesch. § 148 Anm. 7.

§ 38. Gepäckträger

(1) Auf Bahnhöfen, wo das Bedürfnis besteht, werden Gepäckträger[1] bestellt,[2] die das Reise- und Handgepäck innerhalb des Bahnhofsbereichs[3] nach den von den Reisenden bezeichneten Stellen zu bringen haben.[4]

(2) Die Gepäckträger müssen durch Dienstabzeichen erkennbar sein und eine gedruckte Dienstanweisung nebst Gebührentarif bei sich tragen. Auf Verlangen haben sie den Tarif vorzuzeigen. Bei der Übernahme des Gepäcks haben sie dem Reisenden eine mit ihrer Nummer versehene Marke zu übergeben.[5]

(3) Der Tarif muß an den Gepäckannahme- und -ausgabestellen und in den zur Gepäckaufbewahrung dienenden Räumen aushängen.

(4) Für das den Gepäckträgern übergebene Reise- oder Handgepäck[6],[7] haftet die Eisenbahn wie für das ihr zur Beförderung übergebene Gepäck.[8]

JüP. Art. 39.

Literatur: EE. 17 282 (Eger); 17 373, 18 182 (Gorden); 17 362, 19 81 (Reindl).

1. Mit Gepäckbeförderung können sich dreierlei Arten von Personen beschäftigen: a) Selbständige Unternehmer (Dienstmänner, Gepäckunternehmer u. ä.). Diese sind Frachtführer, vielleicht auch von der Eisenbahn zugelassen, nicht aber bestellt. Sie haften für ihre Handlungen selbst, verpflichten die Eisenbahn nicht. b) Gepäckarbeiter. Sie verrichten unmittelbar Eisenbahndienste, z. B. Annahme des Gepäcks zur Abfertigung, Beförderung zum Zuge, Verladung in den Packwagen, Entladung, Ausgabe. Auf diese Tätigkeit ist EVO. § 5 anzuwenden. c) Die eigentlichen Gepäckträger (§ 38 (1)). Es ist zweifelhaft, ob die so bestellten Gepäckträger, sofern es sich um Aufträge im Rahmen des Abs. 1 handelt, als Leute der Eisenbahn (EVO. § 5) oder als selbständige Frachtführer anzusehen sind. Die unterschiedliche Fassung von EVO. § 63

(9) und § 38 (4) deutet auf letztere Lösung hin (so Düringer-Hachenburg § 458 Anm. 6; Staub Anm. 4). Zu einem befriedigenden Ergebnis kommt man aber nur, wenn man auch die Gepäckträger im Rahmen des Abs. 1 zu den „Leuten der Eisenbahn" rechnet (vgl. Literatur: Cosack, HR. § 147 S. 509; ZVDEisV. 01 356; Gorden, EE. 17 377, 18 182, 19 285 ff. und Senckpiehl S. 185; Reindl, EE. 17 362, 19 81; Coermann, EE. 12 166). Der Reisende kann sich sonach nur an die Eisenbahn halten; der Gepäckträger ist passiv nicht legitimiert (siehe aber Anm. 3 und 6).

2. Verpflichtung ist nur öffentlich-rechtlich, nicht zivilrechtlich; also bei Nichterfüllung Aufsichtsbeschwerde, kein Schadensersatz (Holzbecher, ZVDEisV. 00 173; Reindl, EE. 17 362; a. A. Senckpiehl S. 185).

3. Bahnsteige, Empfangsgebäude, Warteräume, Bahnhofsvorplatz, aber nur zur Abgabe an die Wagen oder Dienstmänner (siehe Anm. 1 a)), auch zu den Fährschiffen, Kleinbahnbahnhöfen, wenigstens wenn diese in unmittelbarer Nähe des Bahnhofsvorplatzes liegen (siehe Holzbecher oben Anm. 2; Gorden, EE. 17 373 ff., 18 184). Nicht richtig ist Abgrenzung nach dem Bereich der Bahnpolizei. Übernimmt der Gepäckträger die Beförderung des Reisegepäcks über den Umfang des Abs. 1 hinaus, ist er selbständiger (Land-)Frachtführer, auch schon innerhalb des Bahnbereichs. Auch wenn die Eisenbahnverwaltung oder etwa die Gepäckträgergemeinschaft das An- und Abrollen des Reisegepäcks von und nach der Wohnung organisiert, tritt nur Haftung nach Landfrachtrecht ein; das Geschäft fällt aus dem Rahmen der EVO. heraus (siehe Rundnagel, BefGesch. § 196 S. 560; EE. 20 164; Arch. f. Eis. 04 211). Eisenbahn haftet also in diesem Falle nicht für den Gepäckträger oder die Gemeinschaft (a. A. Eger, EVO. Anm .150; EE. 17 364, 378, 18 186).

4. Das Gepäck muß der Träger an der bezeichneten Stelle natürlich dem Reisenden ordnungsgemäß übergeben, es sei denn, daß dieser dies schuldhaft unmöglich macht (ZVDEisV. 23 338).

5. Neu. Entspringt dem Bestreben der Rechtsangleichung an die österreichische EVO. Die Gepäckträger haben dem Reisenden die Marke auch dann zu übergeben, wenn er sie nicht verlangt. Haftung der Eisenbahn nach Abs. 4 tritt auch dann ein, wenn die Gepäckträger dem Reisenden die Marke nicht ausgehändigt haben (Begr. II).

6. Also nicht für andere Handlungen (Besorgen von Fahrausweisen, Verzollung von Gepäck, Auskunft über Gepäckfracht oder Fahrplan) (EE. 20 164). Ob der Auftrag, das Gepäck zum nächsten, erst nach einiger Zeit abgehenden Anschlußzug zu bringen, einen selbständigen Verwahrungsvertrag darstellt, also nicht unter EVO. § 38 (1) fällt, ist Tatfrage. Bei Verwahrung während drei

Stunden (OLG. Augsburg, Urt. v. 1. Febr. 1923 — II 122 —) oder während der Nacht (EE. 39 12) ist Verwahrungsvertrag mit Recht angenommen worden. Hier nur Haftung des Gepäckträgers (siehe Anm. 3).

7. Keine Haftung bei Gegenständen des § 27 EVO. Haftung für Kostbarkeiten nur bei Wertangabe (EE. 28 8).

8. Haftung bis zur höheren Gewalt (Vertauschen, Verlieren, Beschädigen des Gepäcks; Vergessen der Bestellung usw.). Vertragliche Einschränkung der Haftung ist nichtig.

§ 39. Aufbewahrung des Gepäcks

(1) Auf den Bahnhöfen sind, soweit dafür ein Bedürfnis besteht,[1] Aufbewahrungsstellen für Reise- und Handgepäck einzurichten. Die Gebühren sind durch Aushang bekanntzumachen.

(2) Die Eisenbahn haftet in diesem Falle[2] als Verwahrer.[3] Der Tarif kann die Haftung auf einen Höchstbetrag beschränken.[4],[5]

(3) § 34 (2) und (3) gilt sinngemäß.[6]

1. Auf Bahnhöfen, wo Aufbewahrungsstellen eingerichtet sind, wird dies durch Aushang bekanntgemacht.
2. Das Gepäck wird bis zu vier Wochen aufbewahrt, darüber hinaus nur auf ausdrücklichen Antrag des Aufgebers; er erhält einen Hinterlegungsschein.[7]
3. Geld, Münzen und Papiere mit Geldwert, auch amtliche Wertzeichen, ferner leicht verderbliche, feuergefährliche und übelriechende Gegenstände dürfen nicht zur Aufbewahrung übergeben werden.
4. Gepäck, das nicht oder nur mangelhaft verpackt ist, kann zurückgewiesen werden. Wird es angenommen, so ist der Mangel auf dem Hinterlegungsschein zu vermerken. Mit der Annahme des Scheins erkennt der Aufgeber den Vermerk an.

   Für die unverschlossen in Röcken, Mänteln, Reisedecken u. dgl. enthaltenen Sachen wird nicht gehaftet.
5. Der Inhaber des Hinterlegungsscheins[7] kann die hinterlegten Gegenstände jederzeit innerhalb der für die Annahme und Auslieferung von Gepäck bestimmten Zeiten zurückfordern. Sie werden nur gegen Rückgabe des Hinterlegungsscheins[7] und Entrichtung der Aufbewahrungsgebühren ausgeliefert. Wird der Hinterlegungsschein nicht beigebracht, so kann die Eisen-

bahn Nachweis der Empfangsberechtigung, Ausstellung einer Erklärung und unter Umständen Sicherheit fordern. In der Erklärung, die nach vorgeschriebenem Muster auszustellen ist, hat der Hinterleger die Auslieferung der hinterlegten Gegenstände anzuerkennen, auf alle Rechte aus dem Hinterlegungs-. schein zu verzichten und sich zu verpflichten, die Eisenbahn gegen Ansprüche Dritter schadlos zu halten. Für die Ausfertigung dieser Erklärung wird die Gebühr nach Anlage V Zif. 14 erhoben.

6. Für die Aufbewahrung werden die Gebühren nach Anlage V Zif. 15 erhoben.

   Gebührenfrei ist die Aufbewahrung von Krankenfahrstühlen und Selbstfahrern (auch mit Hilfsmotor) Kriegsbeschädigter, die auf Monats- oder Wochenkarten fahren und eine Bescheinigung des Versorgungsamtes beibringen, daß ihnen die Krankenfahrstühle oder Selbstfahrer vom Reiche wegen ihrer Kriegsbeschädigung geliefert worden sind.

7. Für Nach- oder Weitersendung von aufbewahrtem Gepäck gilt die allg. Ausf.Best. 4 zu § 33.

8. Nach Ablauf der Aufbewahrungsfrist werden die aufbewahrten Gegenstände als Fundsachen nach den dafür geltenden Bestimmungen behandelt.

9. Für Verlust, Minderung, Beschädigung oder verspätete Auslieferung der aufbewahrten Gegenstände wird der nachgewiesene Schaden, jedoch nur bis zum Höchstbetrage von 100 Reichsmark auf das Stück ersetzt.[4]

10. Soweit auf Bahnhöfen, wo keine besonderen Aufbewahrungsstellen eingerichtet sind, laut Bekanntmachung andere Stellen Gepäckstücke aufbewahren, haften nur diese; im übrigen gelten die vorstehenden Bedingungen.

BGB. §§ 688 ff., 978.

Literatur: Hertzer, Ausschluß der Haftung für aufzubewahrendes Gepäck (ZVDEisV. 01 728, 1117; Arch. f. Eis. 22 750); Weinberger, Haftungsbeschränkung (EE. 39 10); Coermann, Verjährung (ZVDEisV. 02 387).

1. Früher nur auf größeren Bahnhöfen. Bei Nichteinrichtung Aufsichtsbeschwerde (siehe EVO. § 38 Anm. 2).

2. Also nicht bei nichtbahnamtlicher Aufbewahrung (siehe AAB. 10 und EVO. § 38 Anm. 6).

3. §§ 688 ff. BGB.: selbständiger Verwahrungsvertrag, also keine Haftung der Eisenbahn für ihre Leute nach EVO. § 5, sondern nach BGB. § 278, Haftung nur bei Verschulden, nicht auch für Zufall (RG. 98 33). Ein Lagergeschäft im Sinne des HGB. § 416 liegt nicht vor (vgl. Staub § 416 Anm. 9; Eger Anm. 155 S. 161; Gorden, EE. 22 317; a. M. Senckpiehl, EE. 22 113); Verjährung § 195 BGB.

4. Und zwar hinsichtlich der Höhe des Ersatzes wie auch für falsche Auslieferung. Frage war früher bestritten. Wie hier Rundnagel EE. 18 275, 37 161; EE. 38 50; Staub § 465 Anm. 8; Rspr. OLG. 45 72; a. M. Eger Anm. 155 S. 161; ZVDEisV.: Holzbecher 00 174; Reindl ebenda 01 533, 932; Hertzer ebenda S. 729 und 1117; RG. in EE. 39 48; RG. 98 31; ZVDEisV. 20 14). Die Berufung auf § 471 Abs. 1 HGB. ist aber nicht zutreffend (siehe EE. 37 162, 343, 38 50).

5. Für vom Reisenden zurückgelassene Gegenstände (siehe BGB. §§ 978 bis 982) besteht Verwahrungspflicht der Eisenbahn aus dem Beförderungsvertrage; daher Haftung für Schaffner aus BGB. § 278, nicht § 831 (EE. 22 11; ZVDEisV. 05 1273 und Nehse ebenda 1057, 1514; a. M. Eger Anm. 154 S. 160; siehe a. Staub § 465 Anm. 9).

6. Siehe hierzu auch BGB. § 978 ff.

7. Aufbewahrungsschein ist Legitimationspapier, nicht Inhaberpapier. Aufdrücke auf ihm haben rechtlichen Wert nur, soweit sie mit den geltenden Tarifbestimmungen in Einklang stehen (EE. 43 426).

V. Beförderung von Expreßgut [1]

§ 40. Annahme

(1) Gegenstände, die sich zur Beförderung im Packwagen eignen, werden nach näherer Bestimmung des Tarifs[2] als Expreßgut angenommen.[3]

(2) Jedes Stück muß die genaue Anschrift des Empfängers und die Angabe des Versand- und Bestimmungsbahnhofs tragen. Nicht derartig gekennzeichnetes Expreßgut kann zurückgewiesen werden. Ältere Bezeichnungen (Eisenbahn- oder Postbeförderungszeichen sowie andere Zeichen, die mit Eisenbahnbeförderungszeichen verwechselt werden können) müssen von den Stücken entfernt oder deutlich durchstrichen sein. Soll die Sendung dem Empfänger nicht zugeführt werden, so muß

der Anschrift jedes Stückes noch der Vermerk „Zur Selbstabholung" oder „bahnlagernd" beigefügt sein.

(3) Expreßgut ist bei den von der Eisenbahn bestimmten Annahmestellen während der durch Aushang bekanntzumachenden Dienststunden aufzuliefern.

(4) Die Eisenbahn ist verpflichtet, bei Annahme der Sendung das Gewicht gebührenfrei festzustellen. Dem Absender oder dessen Beauftragten steht frei, der Feststellung beizuwohnen.

(5) Auf Verlangen des Absenders ist die Annahme des Gutes in einer von der Versandbahn zu bestimmenden Form zu bescheinigen.[4]

Abfertigungsstellen

1. Expreßgut wird von und nach solchen Bahnhöfen angenommen, die für den Expreßgutverkehr eingerichtet sind und zwischen denen durchgehende Frachtsätze nach den Tarifen errechnet werden können.

Auch nach den für den Expreßgutverkehr nicht eingerichteten Bahnhöfen kann Expreßgut angenommen werden, wenn es nicht mit Nachnahme belastet ist und Gut und Expreßgutkarte den Vermerk »Selbstabholung am Zug« tragen.

Von der Beförderung ausgeschlossene Gegenstände[5]

2. Nicht angenommen werden:

a) die dem Postzwang unterliegenden Gegenstände *),

b) Gegenstände, deren Beförderung nach gesetzlicher Vorschrift oder aus Gründen der öffentlichen Ordnung verboten ist,

c) explosionsgefährliche Gegenstände, das sind alle Gegenstände, die explosionsfähige Stoffe enthalten, nämlich:

1. Sprengstoffe, insbesondere Spreng- und Schießmittel; Stoffe, die nicht zum Sprengen oder Schießen geeignet sind, durch Flammenzündung nicht

*) Die einschlägigen Bestimmungen des Gesetzes über das Postwesen des Deutschen Reiches vom 28. Oktober 1871 usw. sind in der Fußnote zu AAB. 3a von EVO. § 28 abgedruckt.

zur Explosion gebracht werden können und gegen Stoß oder Reibung nicht empfindlicher sind als Dinitrobenzol, gelten nicht als Sprengstoffe,

2. Munition,
3. Zündwaren, Feuerwerkskörper und dergleichen,
4. verdichtete und verflüssigte Gase,
5. Stoffe, die in Berührung mit Wasser entzündliche oder die Verbrennung unterstützende Gase entwickeln,

d) selbstentzündliche Stoffe,
e) brennbare Flüssigkeiten,
f) ekelerregende, übelriechende, giftige und ätzende Stoffe,
g) Sendungen, die über Orte mit getrennten Bahnhöfen befördert werden müssen, zwischen denen die Eisenbahn Expreßgut nicht überführt,
h) Gegenstände, die nach ihrer Beschaffenheit innerhalb des fahrplanmäßigen Aufenthalts der Züge nicht ver- oder entladen werden können,
i) Gegenstände, die nach der Anlage II zum Deutschen Eisenbahn-Gütertarif, Teil I, Abt. A von der Annahme als Eilstückgut oder beschleunigtes Eilstückgut ausgeschlossen sind.

Bedingungsweise zugelassene Gegenstände[5]

3. Gold und Silber, Platin, Geld ([6]), Münzen ([6]) und Papiere mit Geldwert ([6]), auch amtliche Wertzeichen, Dokumente, Edelsteine, echte Perlen, besonders wertvolle Spitzen und besonders wertvolle Stickereien sowie andere Kostbarkeiten, ferner Kunstgegenstände wie Gemälde, Bildwerke, Gegenstände aus Erzguß und Kunstaltertümer werden unter folgenden Bedingungen zugelassen:

a) die Gegenstände müssen sicher und dauerhaft verpackt sein (vgl. allg. Ausf.Best. 4) und außerdem einen festen Verschluß tragen; ist dies nicht der Fall, so kann die Eisenbahn die Annahme des Gutes ablehnen oder verlangen, daß der Absender das Fehlen oder die Mängel der Verpackung auf der Expreßgutkarte anerkennt;
b) der Wert der genannten in der Sendung enthaltenen Gegenstände, der den Höchstbetrag für die dafür zu

zahlende Entschädigung bilden soll, ist auf der Expreßgutkarte anzugeben.

Wird der Wert oder der Lieferwert mit mehr als 5000 Reichsmark für die genannten in der Sendung enthaltenen Gegenstände angegeben, so werden sie nicht angenommen.

Verpackung

4. Der Absender hat Gegenstände, die ihrer Natur nach zum Schutze gegen Verlust, Minderung oder Beschädigung oder zur Verhütung einer Beschädigung von Personen, Betriebsmitteln oder anderen Gütern einer Verpackung bedürfen, sicher und dauerhaft zu verpacken. Hat der Absender dies verabsäumt, so kann die Eisenbahn die Annahme des Gutes ablehnen oder verlangen, daß der Absender auf der Expreßgutkarte das Fehlen oder die Mängel der Verpackung anerkennt. Der Absender haftet für die Folgen der in der Expreßgutkarte anerkannten fehlenden oder mangelhaften Verpackung sowie für äußerlich nicht erkennbare Mängel der Verpackung. Er hat insbesondere auch der Eisenbahn einen Schaden, der ihr aus solchen Mängeln entsteht, zu ersetzen. Ist ein äußerlich erkennbarer Mangel nicht anerkannt, so haftet der Absender nur, wenn er arglistig handelt.

Zustand

5. Nimmt die Eisenbahn ein Gut zur Beförderung an, das offensichtlich Spuren von Beschädigungen aufweist, so kann sie verlangen, daß der Absender den Zustand des Gutes in der Expreßgutkarte besonders bescheinigt.

Bezeichnung

6. Hat der Bestimmungsort mehrere Bahnhöfe und hat der Absender einen bestimmten Bahnhof in der Expreßgutkarte vorgeschrieben, so hat er diesen Bahnhof auch auf dem Stück anzugeben. Die Bezeichnung ist auf dem Stück selbst oder auf einem an ihm dauerhaft befestigten Beklebezettel oder einer Tafel oder einem Anhänger aus haltbarem Stoff mit dem auffallenden Vermerk »Expreßgut« anzubringen.

Anhänger müssen mit geglühtem oder verzinktem Eisendraht von mindestens 0,5 mm Stärke oder kräftiger

Hanfschnur, aufgenagelte Tafeln und Anhänger durch mindestens vier breitköpfige Nägel befestigt werden.

Genügt die Bezeichnung oder die Befestigung nicht diesen Vorschriften oder ist die Bezeichnung undeutlich, so kann die Annahme abgelehnt werden, wenn nicht die Eisenbahn die vorgeschriebene Bezeichnung gegen Berechnung der Gebühren nach Anlage V Zif. 17 übernimmt.

Mit Nachnahme belastetes Expreßgut ist durch einen roten Zettel nach vorgeschriebenem Muster mit Aufdruck »Nachnahme ..... RM« zu kennzeichnen.

Expreßgutkarte[7]

7. Jede Expreßgutsendung muß mit einer Expreßgutkarte aufgeliefert werden. Das Muster bestimmt die Eisenbahn. Die nicht umrahmten Teile der Expreßgutkarte hat der Absender auszufüllen. Übernimmt dies die Eisenbahn, dann wird hierfür die Gebühr nach Anlage V Zif. 16 erhoben.

Auf eine Expreßgutkarte können bis zu 5 Stück aufgeliefert werden.

8. Jede Nachnahme-Expreßgutsendung muß mit einer Nachnahme-Expreßgutkarte aufgeliefert werden, deren Muster die Eisenbahn bestimmt. Der Absender hat die nicht umrahmten Teile der Nachnahme-Expreßgutkarte und die anhängende Postanweisung oder Zahlkarte auszufüllen und hierbei als Absender des Nachnahmebetrags die Empfangsabfertigung anzugeben. Postanweisung und Zahlkarte sind handschriftlich mit Tinte oder durch Druck mit der Schreibmaschine usw. auszufüllen.

Übernimmt die Ausfüllung die Eisenbahn, dann wird hierfür die Gebühr nach Anlage V Zif. 16 erhoben.

Auf eine Nachnahme-Expreßgutkarte darf nur ein Stück aufgeliefert werden.

Haftung für die Angaben in der Expreßgutkarte

9. Der Absender haftet für die Richtigkeit seiner Angaben und Erklärungen in der Expreßgutkarte und trägt alle Folgen, die daraus entstehen, daß sie unrichtig, ungenau, unvollständig oder unzulässig sind (vgl. allg. Ausf.Best. 13 und 25).

Die Haftung des Absenders ändert sich nicht, wenn die Versandabfertigung auf seinen Antrag die Expreßgutkarte ausfüllt.

Prüfung des Inhalts der Sendung

10. Die Eisenbahn ist berechtigt, die Übereinstimmung der Sendung mit den Angaben in der Expreßgutkarte jederzeit zu prüfen. Gebühren darf sie hierfür nicht erheben. Zur Prüfung des Inhalts ist auf dem Versandbahnhof der Absender, auf dem Bestimmungsbahnhof der Empfänger einzuladen. Erscheint der Berechtigte nicht oder wird die Prüfung auf einem Unterwegsbahnhof vorgenommen, so sind zwei Zeugen zuzuziehen; als solche dürfen Eisenbahnbedienstete nur dann verwendet werden, wenn keine anderen Personen zur Verfügung stehen. Erweisen sich die Angaben in der Expreßgutkarte als unrichtig, so sind die etwa durch die Feststellung verursachten Kosten der Eisenbahn zu erstatten. Weicht das Ergebnis der Prüfung von den Angaben in der Expreßgutkarte ab, so ist es in der Expreßgutkarte zu vermerken.

11. Die Eisenbahn kann auch nach Ablieferung des Gutes den Nachweis der Richtigkeit der Angaben in der Expreßgutkarte fordern, wenn der Verdacht besteht, daß sie unrichtig sind. Absender und Empfänger haben hierzu der Eisenbahn die Einsichtnahme in ihre Geschäftsbücher und sonstigen Unterlagen zu gestatten.

Frachtzuschläge

12. Bei unrichtiger, ungenauer oder unvollständiger Angabe des Inhalts sind ohne Rücksicht darauf, ob ein Verschulden des Absenders vorliegt oder nicht, außer dem etwaigen Frachtunterschied folgende Frachtzuschläge zu entrichten:
   a) 12 Reichsmark für jedes kg Rohgewicht der Sendung, wenn die in der allg. Ausf.Best. 2 c)—e) aufgeführten Gegenstände aufgegeben werden,
   b) 50 Reichspfennig für jedes kg Rohgewicht der Sendung, wenn die in der allg. Ausf.Best. 2 f) aufgeführten Gegenstände aufgegeben werden,
   c) in allen anderen Fällen, wenn hierdurch eine Frachtverkürzung herbeigeführt werden kann, beträgt der

Frachtzuschlag das Doppelte des Unterschieds zwischen der sich aus den unrichtigen Angaben ergebenden und der richtig berechneten Fracht vom Versand- bis zum Bestimmungsbahnhof. Mindestens wird eine Reichsmark erhoben.

Die unter a) bis c) erwähnten Frachtzuschläge werden nebeneinander erhoben, wenn gegen mehrere Vorschriften gleichzeitig verstoßen wird. Außerdem ist der entstandene Schaden zu ersetzen. Die durch andere gesetzliche oder polizeiliche Bestimmungen vorgesehenen Strafen werden hierdurch nicht berührt.

13. Die Eisenbahn kann von Erhebung der Frachtzuschläge absehen oder geringere Zuschläge erheben, wenn der Verstoß gegen die Vorschriften auf entschuldbarem Versehen beruht, ein Schaden für die Eisenbahn nicht oder nicht in Höhe des Frachtzuschlags entstanden und eine erhebliche Gefährdung des Betriebes nicht herbeigeführt worden ist, wenn die Höhe des Zuschlags eine unverhältnismäßige Härte in sich schließt, oder wenn andere Billigkeitsgründe vorliegen. Aus diesen Gründen zurückgezahlte Beträge werden nicht verzinst.

14. Der Frachtzuschlag ist verwirkt, sobald der Beförderungsvertrag abgeschlossen ist. Zur Zahlung ist der Absender verpflichtet. Hat er den Zuschlag noch nicht bezahlt, so braucht die Eisenbahn das Gut an den Empfänger nur abzuliefern, wenn dieser den Zuschlag bezahlt.

15. Die Höhe des Frachtzuschlags und der Grund für seine Erhebung sind auf der Expreßgutkarte zu vermerken.

Abschluß des Beförderungsvertrags

16. Der Beförderungsvertrag ist abgeschlossen, sobald die Versandabfertigung das Gut mit der Expreßgutkarte zur Beförderung angenommen hat. Als Zeichen der Annahme wird der Expreßgutkarte der Tagesstempel der Versandabfertigung aufgedrückt.

17. Über die Annahme von Expreßgut wird auf Antrag ein Annahmeschein ausgefertigt. Dafür wird die Gebühr nach Anlage V Zif. 19 erhoben.

Den Aufgebern, die regelmäßig Expreßgüter versenden, kann die Führung eines Bescheinigungsbuches nach vorgeschriebenem Muster zugestanden werden.

Für Bescheinigungen in diesem Buch wird keine Gebühr erhoben. Werden die Bescheinigungsbücher von der Eisenbahn bezogen, so sind sie zu bezahlen.

Lieferwert

18. Der Absender kann auf der Expreßgutkarte den Wert, den er der unversehrten und fristgemäßen Lieferung des Expreßgutes beimißt — Lieferwert — angeben. Hierfür ist die Gebühr nach Anlage V Zif. 9 zu zahlen.

Ist die Ersatzpflicht auf einen Höchstbetrag beschränkt, so ist eine Angabe des Lieferwerts über diesen Betrag hinaus unzulässig.

Expreßgutfracht

19. Die Fracht und alle übrigen Kosten, die von dem Versandbahnhof berechnet werden können, sind bei der Aufgabe zu bezahlen.

Die Fracht wird für mindestens 5 kg berechnet. Gewichte bis zu 20 kg werden auf volle 5 kg aufgerundet, bei höheren Gewichten wird die Fracht für je 10 kg berechnet, wobei Zwischenkilogramme auf volle 10 kg aufgerundet werden. Die Expreßgutfracht wird auf volle 10 Reichspfennig aufgerundet. Die Mindestfracht beträgt bei gewöhnlichem Expreßgut 40 Reichspfennig.

Sperrige Expreßgüter

20. Für die in der Anlage VI[8] genannten sperrigen Güter wird die Fracht nach dem doppelten wirklichen Gewicht, mindestens für 10 kg berechnet. Wird sperriges und nichtsperriges Expreßgut mit derselben Expreßgutkarte aufgeliefert, so wird die ganze Sendung als sperrig behandelt. Die Mindestfracht beträgt 80 Reichspfennig

Ermäßigter Tarif (vorübergehend gültig)

21. Zu halben Expreßgutsätzen werden

frische Beeren, frisches Obst, frisches Gemüse aller Art und frische Speisepilze, alle, wenn sie einheimischen Ursprungs sind, unter folgenden Bedingungen befördert:

a) die Expreßgutkarte muß in der Spalte »Inhalt« die Angabe enthalten, daß es sich um Güter einheimischen Ursprungs handelt,

b) das Gewicht des einzelnen Expreßgutstückes darf 50 kg nicht übersteigen,

c) die Höchstentfernung beträgt 300 km,
d) die Mindestfracht beträgt 40 Reichspfennig.

Wegen der Beförderung vgl. allg. Ausf.Best. 2 zu § 41.

Überfuhrgebühr

22. Die Überfuhrgebühren für die Überführung von Gepäck an Orten mit getrennten Bahnhöfen (Anlage II Abschnitt C II) werden auch bei Expreßgut erhoben. Für sperrige Expreßgüter wird die Überfuhrgebühr nach dem einfachen Gewicht berechnet.

Nachnahmen

23. Der Absender kann das Gut bis zur Höhe des Wertes mit Nachnahme belasten. Ob eine Nachnahme in der angegebenen Höhe zulässig ist, entscheidet die Versandabfertigung. Die Nachnahme muß mindestens 5 Reichsmark und darf höchstens 1000 Reichsmark betragen. Wird für Expreßgüter der ermäßigte Tarif in Anspruch genommen, so dürfen sie mit Nachnahme nicht belastet werden.

Der Betrag der Nachnahme ist in der Expreßgutkarte an der hierfür vorgesehenen Stelle mit Buchstaben einzutragen. Dieser Eintrag ist auch bei einer Abweichung von einem Eintrag in Ziffern maßgebend.

Für die Belastung einer Sendung mit Nachnahme wird die Gebühr nach Anlage V Zif. 18 erhoben. Bei Umbehandlung[9] einer Sendung oder bei Änderung des Bestimmungsbahnhofs auf nachträgliche Verfügung des Absenders (vgl. allg. Ausf.Best. 30 zu § 40) wird die Nachnahmegebühr nicht nochmals erhoben. Die Nachnahme wird dem Absender von dem Bestimmungsbahnhof auf seine Kosten durch die Post übersandt. Er hat zu diesem Zweck die mit der Nachnahme-Expreßgutkarte verbundene Postanweisung oder Zahlkarte freizumachen. Er kann die Überweisung der Nachnahme verlangen, sobald sie eingezahlt ist. Ist das Gut ohne Einziehung der Nachnahme ausgeliefert worden, so hat die Eisenbahn dem Absender den Schaden bis zum Betrag der Nachnahme zu ersetzen. Der Anspruch des Absenders gegen den Empfänger geht alsdann auf die Eisenbahn über.

Anträge an die Eisenbahn wegen Nachnahme sind nach Wahl des Absenders an die Versand- oder Empfangsbahn zu richten. Wegen der gerichtlichen Geltendmachung der Ansprüche gegen die Eisenbahn vgl. § 96 Abs. (3) EVO.

Frachtnachzahlung und -erstattung

24. Sind Fracht, Frachtzuschläge, Nebengebühren oder sonstige Kosten unrichtig oder gar nicht erhoben worden, so ist der Unterschiedsbetrag nachzuzahlen oder zu erstatten. Die Eisenbahn hat unverzüglich nach Feststellung des Irrtums den Verpflichteten zur Nachzahlung aufzufordern oder dem Berechtigten den zuviel erhobenen Betrag zu erstatten.

25. Weist der Absender nach, daß seine Angaben oder Erklärungen in der Expreßgutkarte auf Irrtum beruhen, so kann die Rückzahlung der dadurch erwachsenen Mehrfracht verlangt werden.

26. Zuwenig gezahlte Beträge hat der Absender nachzuzahlen. Hat der Empfänger das Expreßgut abgenommen, so hat er die Beträge, zu deren Vorauszahlung der Absender nicht verpflichtet ist, zu bezahlen.

27. Zur Geltendmachung von Ansprüchen auf Erstattung von Fracht, Frachtzuschlägen, Nebengebühren oder sonstigen Kosten sowie zur Empfangnahme zuviel erhobener Beträge ist derjenige berechtigt, der die Mehrzahlung an die Eisenbahn geleistet hat.

28. Der Unterschiedsbetrag ist mit Ausnahme der auf Grund der allg. Ausf.Best. 25 zu erstattenden Beträge, auf Verlangen vom Tage des Eingangs des Erstattungsanspruchs an mit 5 v. H. zu verzinsen; Beträge unter 10 Reichsmark für die Expreßgutkarte werden nicht verzinst.

29. Anträge auf Rückzahlung von Fracht, Frachtzuschlägen, Nebengebühren oder sonstigen Kosten können nur an die Eisenbahn, die den Betrag erhoben hat, gerichtet werden. Ist die Fracht auch nur teilweise an die Empfangsbahn entrichtet worden, so können Ansprüche auf Rückzahlung nur gegen diese gerichtet werden. Wegen der gerichtlichen Geltendmachung

der Ansprüche gegen die Eisenbahn vgl. § 96 Abs. (3) EVO.

Nachträgliche Verfügung des Absenders

30. Der Absender kann nachträglich verfügen, daß das Gut
   a) auf dem Versandbahnhof zurückgegeben,
   b) auf dem Bestimmungsbahnhof zurückgehalten,
   c) an einen anderen Empfänger abgeliefert,
   d) auf einem anderen Bestimmungsbahnhof abgeliefert,
   e) nach dem Versandbahnhof zurückgesandt
   oder daß
   f) eine Nachnahme zurückgezogen werden soll.

   Verfügungen anderer Art sind unzulässig.

31. Die Rückbeförderung oder Weitersendung kann aber nur verlangt werden, wenn zwischen dem Bahnhof, von dem die Rückbeförderung oder die Weiterbeförderung stattfinden soll, und dem neuen Bestimmungsbahnhof Expreßgutverkehr nach den allg. Ausf.Best. 1, 2 g) und h) zulässig ist.

32. Jede derartige Verfügung muß sich auf die sämtlichen, auf eine Expreßgutkarte aufgelieferten Stücke erstrecken und für alle Stücke gleich sein.

33. Die Verfügungen sind durch Vermittlung der Versandabfertigung oder unmittelbar bei der Empfangsabfertigung anzubringen. Die Kosten trägt der Absender. Ihre Höhe ergibt sich aus der Anlage V Zif. 25.

34. Für die Rückbeförderung oder Weitersendung wird Fracht berechnet. Von der bereits bezahlten Fracht wird auch dann nichts erstattet, wenn das Expreßgut von einem vor dem Bestimmungsbahnhof liegenden Zwischenbahnhof aus zurück- oder weiterbefördert wird. Dagegen wird die Fracht von der Annahmestelle erstattet, wenn die Sendung auf dem Versandbahnhof noch nicht abgegangen war.

Literatur: Josef in ZVDEisV. 28 225 ff., 261 ff.

1. Expreßgut ist nicht Reisegepäck, sondern Gut im engeren Sinne; es wird ein Frachtvertrag mit der Maßgabe abgeschlossen, daß an die Stelle des Frachtbriefes die Expreßgutkarte tritt (RG 109 165). Es gilt sonach HGB., dem an sich der Begriff Expreßgut fremd ist, soweit die einzelnen Bestimmungen auf Expreßgut anwendbar sind (namentlich also §§ 453, 471, nicht dagegen § 465)

Die Verbindung mit einem Personenbeförderungsvertrag fehlt über die Aufgabe von Gepäck zu Expreßguttarifen siehe oben § 28 Anm. 1. Zeitungen als Expreßgut siehe RGSt. 3 300. Es liegt hier ein Vertrag zugunsten Dritter vor (siehe EVO. § 42).

2. Es gelten Abschn. I, II und V sowie nach den Bestimmungen des Tarifs Abschn. VIII der EVO. Unter Anpassung an die Eigenarten des Expreßgutverkehrs sind übernommen in die AAB. Ziffern 2—3 § 54; 4—5 § 62; 9 § 57; 10—11 § 58; 12—15 § 60; 16 § 61; 18 § 89; 19 § 68; 23 § 71; 24—29 § 70; 30, 32—33 § 72 EVO.

3. Vertrag wird abgeschlossen durch übergabe des Gutes sowie einer Expreßgutkarte und deren Annahme durch die Dienststelle (AAB. 16).

4. Vgl. AAB. 17. Bescheinigung ist weder Doppel noch Ausweispapier für den Empfänger (abw. Eger Anm. 161), sondern lediglich Quittung.

5. Wegen der Haftung siehe EVO. § 42 AAB. 27 i. V. mit EVO. § 83 (1) e.

6. Geld, Münzen und Papiere mit Geldwert, die bisher von der Beförderung als Expreßgut ausgeschlossen waren, sind in Angleichung an die österreichischen Bestimmungen unter die bedingungsweise zugelassenen Gegenstände aufgenommen worden.

7. Expreßgutkarte vertritt den Frachtbrief; sie ihm gleichzustellen, ist nicht angängig (Rundnagel, BefGesch. S. 564; abw. Reindl EE. 27 259). Mitteilungen, die nicht die Sendung betreffen, sind auf der Karte nach dem RPostGes. unzulässig (Fritsch S. 325 Anm. 82).

8. Anl. VI (nicht abgedruckt) enthält: Badewannen, Blumen, Pflanzen, Bühneneinrichtungen, gewisse Fahrzeuge (Boote, Fahrräder, Kinderwagen, Kindersportwagen), Federn, Gestelle aus Holz, Packmittel, Hüte, Hutformen, Korbwaren, Sessel, Stühle, sämtliche Gegenstände, wenn sie unzerlegt sind.

9. Umbehandlung ist die Ausübung aller auf die Anwendung der indirekten Tarife gerichteten Förmlichkeiten (JW. 27 2323; siehe auch RG. 110 324 und 102 94).

§ 41. Beförderung

(1) Expreßgut wird wie Gepäck befördert,[1] in geeigneten Fällen auch in eigens für seine Beförderung gebildeten Zügen. Wird für einzelne Züge die Beförderung beschränkt oder ausgeschlossen, so sind diese bekanntzumachen.

(2) Wird der Zug, mit dem das Gut befördert werden soll, nicht bei der Aufgabe vom Absender bezeichnet, so ist es mit dem nächsten geeigneten Zuge zu befördern.

Züge

1. Die Beförderung von Expreßgut mit einem bestimmten Zuge kann nur beansprucht werden, wenn es spätestens $^1/_2$ Stunde vor dessen Abgang aufgeliefert wird.
2. Güter, für die die Fracht nach den halben Expreßgutsätzen berechnet wird (vgl. allg. Ausf.Best. 21 zu § 40) werden in Schnell-und Eilzügen nicht befördert.

Beförderungshindernisse[2]

3. Stellen sich der Beförderung des Expreßgutes Hindernisse entgegen, die durch Umleitung behoben werden können, so ist es dem Bestimmungsbahnhof auf einem Hilfsweg zuzuführen, ohne daß hierfür eine Mehrfracht erhoben wird; dagegen wird die Lieferfrist über den Hilfsweg berechnet. Den Bahnen bleibt es überlassen, gegeneinander Rückgriff zu nehmen.
4. Bei Beförderungshindernissen, die nicht durch Umleitung behoben werden können, hat die Eisenbahn den Absender um Anweisung zu ersuchen. Der Absender kann in diesem Falle vom Vertrag zurücktreten, hat aber dann der Eisenbahn die Fracht für die bereits zurückgelegte Strecke zu bezahlen, es sei denn, daß die Eisenbahn ein Verschulden trifft.
5. Der Absender hat seine Anweisung durch Vermittlung der Versandabfertigung zu geben.
6. Erteilt der Absender innerhalb angemessener Frist keine ausführbare Anweisung, so ist nach der allg. Ausf.Best. 14 zu § 42 zu verfahren. Vom Zeitpunkt der Säumigkeit des Absenders an ist das tarifmäßige Lagergeld verwirkt.
7. Fällt das Beförderungshindernis vor dem Eintreffen einer Anweisung des Absenders weg, so ist das Gut dem Bestimmungsbahnhof zuzuleiten, ohne daß Anweisungen abgewartet werden; der Absender ist hiervon unverzüglich zu benachrichtigen

1. D. h. grundsätzlich mit allen dem Personenverkehr dienenden Zügen.

2. Die Regelung in AAB. 3—7 entspricht den Vorschriften für den Güterverkehr in EVO. § 73.

§ 42. Auslieferung

(1) Der Empfänger ist berechtigt,[1] auf dem Bestimmungsbahnhof nach Ablauf der Lieferfrist die Auslieferung des Expreßguts bei der Ausgabestelle zu verlangen. Die Lieferfrist endet, sobald nach Ankunft des Zuges, mit dem das Gut zu befördern war, die zur Bereitstellung und etwa zur zoll- oder steueramtlichen oder sonstigen verwaltungsbehördlichen Abfertigung erforderliche Zeit verstrichen ist.[2]

(2) Wird das Gut vom Empfänger nicht alsbald nach Ankunft des Zuges abgeholt und ist es nicht bahnlagernd gestellt, so wird es nach dem Tarif der Empfangsbahn dem Empfänger angemeldet oder zugeführt. Zur Selbstabholung bestimmtes Gut ist dem Empfänger stets anzumelden. Die Anmeldung oder Zuführung muß innerhalb der Fristen erfolgen, die in den §§ 77 und 78 für Eilgut vorgesehen sind.[3]

Zuführung[4]

1. Die Eisenbahn kann Expreßgut dem Empfänger am Orte des Bestimmungsbahnhofs oder nach benachbarten Orten gegen eine durch Aushang bekanntzumachende Gebühr in die Wohnung oder die Geschäftsstelle selbst zuführen oder Rollfuhrunternehmer dafür bestellen. In beiden Fällen haftet die Eisenbahn als Frachtführer nach den Vorschriften der EVO.
2. Die Fristen, innerhalb deren Expreßgüter dem Empfänger zugeführt werden, sind durch Schalteraushang bekanntzumachen.
3. Auch an Orten, wo die Eisenbahn für die Zuführung sorgt, ist der Empfänger, soweit nichts anderes bestimmt ist, berechtigt, alle für ihn eingehenden Sendungen selbst abzuholen oder sie durch andere als die von der Eisenbahn bestellten Fuhrunternehmer abholen zu lassen. Er hat dies der Empfangsabfertigung schriftlich anzuzeigen.
4. Müssen Güter nach Räumen der Zoll- oder Steuerverwaltung gebracht werden, die außerhalb des Bahnhofs liegen, so kann dies die Eisenbahn gegen Erstattung der Kosten selbst besorgen oder unter ihrer Verantwortung auf Kosten des Verfügungsberechtigten besorgen lassen, auch wenn sich der Empfänger die Selbstabholung vorbehalten hat.

Anmeldung [4]

5. Wird das Gut nicht zugeführt, so hat es die Eisenbahn dem Empfänger spätestens 2 Stunden nach Ankunft des Zuges nach ihrer Wahl durch die Post, durch Fernsprecher, durch Telegramm oder schriftlich durch Boten anzumelden. Dabei ist die Frist anzugeben, innerhalb der das Gut abzunehmen ist. Expreßgut, das an Werktagen nach 18 Uhr oder an Sonn- und Feiertagen nach 12 Uhr ankommt, muß spätestens am folgenden Tage 2 Stunden nach Beginn der Dienststunden der Abfertigung angemeldet werden. Der Empfänger kann mit der Empfangsabfertigung eine besondere Art der Anmeldung vereinbaren.
6. Die Anmeldung gilt als bewirkt:
   a) bei Zustellung durch die Post vier Stunden, durch Telegramm eine Stunde nach der Aufgabe,
   b) bei Zustellung durch Fernsprecher mit der Aufgabe,
   c) bei anderer Zustellung mit der Aushändigung.

   Die Anmeldung wird unentgeltlich ausgefertigt, für ihre Zustellung wird die Gebühr nach Anlage V Zif. 20 erhoben.
7. Die Anmeldung unterbleibt, wenn der Empfänger schriftlich, bei bahnlagernd gestellten Gütern auch, wenn der Absender in der Expreßgutkarte ausdrücklich darauf verzichtet hat, oder wenn sie nach den Umständen nicht möglich ist.

Abnahme [4]

8. Expreßgut ist innerhalb 24 Stunden nach der Anmeldung in den bekanntgemachten Dienststunden abzunehmen. Die Frist beginnt mit dem Zeitpunkt, in dem die Anmeldung als bewirkt gilt (vgl. allg. Ausf.Best. 6).

   Hat der Absender bei bahnlagernd gestellten Gütern in der Expreßgutkarte oder hat der Empfänger schriftlich auf Anmeldung verzichtet, oder ist eine Anmeldung nach den Umständen nicht möglich, so beginnt die Abnahmefrist mit der Bereitstellung des Gutes.

   Nachnahmesendungen werden dem Empfänger erst nach Erfüllung der sich für ihn aus dem Beförderungsvertrag ergebenden Verpflichtungen ausgeliefert.

Die Eisenbahn kann Abweichungen von dieser Frist zulassen. Sie werden auf den Bahnhöfen durch Aushang bekanntgemacht.

9. Der Lauf der Abnahmefrist ruht an Sonn- und Feiertagen sowie für die Dauer einer Behandlung durch die Zoll-, Steuer-, Polizei- oder sonstigen Verwaltungsbehörden, soweit die Behandlung nicht durch den Absender oder Empfänger verzögert wird.

10. Der Empfang ist auf der Expreßgutkarte zu bescheinigen, soweit nicht die Eisenbahn für einzelne Bahnhöfe eine Empfangsbescheinigung in einer anderen Form vorschreibt.

Lagergeld [4]

11. Wird eine Sendung nicht innerhalb der in den allg. Ausf. Best. 8 und 9 festgesetzten Frist abgenommen, so ist für je auch nur angefangene 24 Stunden nach Ablauf der Abnahmefrist und für jedes Stück Lagergeld nach Anlage V Zif. 21 zu entrichten.

Verzögerung der Abnahme [4]

12. Sendungen, die auf den für Expreßgutverkehr nicht eingerichteten Bahnhöfen ankommen, und die nicht bei Ankunft des Zuges in Empfang genommen werden, gehen auf Kosten des Absenders an den nächsten zur Vornahme der Frachtberechnung geeigneten Bahnhof weiter. Der neue Bahnhof gilt dann als Bestimmungsbahnhof. Die Fracht wird in diesem Falle von dem Abgangsbahnhof bis zum neuen Bestimmungsbahnhof durchgerechnet. Ausnahmen werden von der Eisenbahnverwaltung durch Aushang bekanntgegeben.

Ablieferungshindernisse [1]

13. Ist der Empfänger des Gutes nicht zu ermitteln oder verweigert er die Annahme oder holt er es nicht binnen 3 Tagen ab oder ergibt sich ein sonstiges Ablieferungshindernis, so hat die Empfangsabfertigung unverzüglich den Absender durch die Versandabfertigung von der Ursache des Hindernisses zu benachrichtigen und seine Anweisung einzuholen. Der Absender hat die Anweisung durch Vermittlung der Versandabfertigung zu treffen. Er kann auch in der Expreßgutkarte vorschreiben, daß

a) er auf seine Kosten unmittelbar telegraphisch durch die Post benachrichtigt werde, wodurch er berechtigt wird, seine Anweisung unmittelbar an die Empfangsabfertigung zu richten,
b) ihm das Gut bei Eintritt eines Ablieferungshindernisses ohne vorherige Benachrichtigung zurückgeschickt werde.

Die Anträge sind in folgender Form zu stellen:

zu a): »Bei Ablieferungshindernis unmittelbare telegraphische (briefliche) Benachrichtigung durch die Empfangsabfertigung auf meine Kosten«, oder

zu b): »Bei Ablieferungshindernis Rücksendung ohne vorherige Benachrichtigung«.

Sonst darf das Gut ohne Anweisung des Absenders nicht zurückgeschickt werden.

Die erwähnte Frist von 3 Tagen beginnt mit der Anmeldung. Ist das Gut nicht anzumelden (vgl. allg. Ausf. Best. 7), so beginnt die Frist mit der Ankunft des Zuges, mit dem das Gut befördert wurde. Die Kosten der Anmeldung hat der Absender zu ersetzen.

Ist das Ablieferungshindernis nicht durch ein Verschulden der Eisenbahn veranlaßt, so ist neben Erstattung der erwachsenen Frachtkosten, Nebengebühren und Auslagen, eine Gebühr für die Benachrichtigung nach Anlage V Zif. 23 und für die Ausführung der Anweisung des Absenders eine Gebühr nach Anlage V Zif. 24 zu erheben.

14. Ist die Benachrichtigung des Absenders nach den Umständen nicht möglich oder ist der Absender mit der Erteilung der Anweisung säumig oder ist die Anweisung nicht ausführbar, so hat die Eisenbahn das Gut auf Gefahr und Kosten des Absenders auf Lager zu nehmen. Sie ist jedoch auch berechtigt, das Gut unter Einziehung der etwa noch nicht bezahlten Kosten bei einem Spediteur oder in einem öffentlichen Lagerhaus auf Gefahr und Kosten des Absenders zu hinterlegen.

15 Die Eisenbahn ist ferner berechtigt:

a) Güter die nicht abgeliefert werden können, wenn sie schnellem Verderben unterliegen oder nach den örtlichen Verhältnissen weder einem Spediteur oder Lagerhaus übergeben noch eingelagert werden können, sofort,

b) Güter, die nicht abgeliefert werden können, und die vom Absender nicht zurückgenommen werden, einen Monat nach Ablauf der lagergeldfreien Zeit, wenn aber ihr Wert durch längere Lagerung unverhältnismäßig vermindert werden würde oder wenn die Lagerkosten in keinem Verhältnis zum Werte des Gutes stehen würden, schon früher

ohne Förmlichkeit bestmöglich zu verkaufen. Von dem bevorstehenden Verkauf ist der Absender zu benachrichtigen, soweit dies nach den Umständen möglich ist.

Für den Verkauf unanbringlicher Expreßgüter durch die Eisenbahn und die Vorbereitung eines nicht vollzogenen Verkaufs werden außer den baren Auslagen die in Anlage V Zif. 26 festgesetzten Gebühren berechnet.

16. Von der Hinterlegung und von erfolgtem Verkauf des Gutes hat die Eisenbahn den Absender zu benachrichtigen, soweit dies nach den Umständen möglich ist; unterläßt sie es, so ist sie zum Schadenersatz verpflichtet. Dem Absender ist der Verkaufserlös nach Abzug der noch nicht bezahlten Kosten sowie der mit dem Verkauf verbundenen Auslagen zur Verfügung zu stellen. Reicht der Erlös zur Deckung dieser Beträge nicht aus, so ist der Absender zur Nachzahlung der ungedeckten Beträge verpflichtet.

Ablieferungsnachweis [4]

17. Der Absender kann einen Ablieferungsnachweis verlangen. Er hat dafür die Gebühren nach Anlage V Zif. 22 und etwaige Post-, Telegramm- und Fernsprechgebühren zu entrichten und auf Verlangen vorauszubezahlen. Die Gebühr wird nicht erhoben oder auf Antrag erstattet, wenn das Gut infolge eines von der Eisenbahn zu vertretenden Verschuldens innerhalb der Lieferfrist auf dem Bestimmungsbahnhof nicht eingegangen ist.

Anweisungen des Empfängers [4]

18. Soweit nicht eine nach der allg. Ausf.Best. 30 zu § 40 zulässige Verfügung des Absenders entgegensteht, kann der in der Expreßgutkarte bezeichnete Empfänger

Anweisung erteilen, daß das Gut nach einem anderen Orte weitergesandt wird.

19. Für die Weitersendung gelten die Bestimmungen in den allg. Ausf.Best. 31 und 32 zu § 40.

20. Für die — auch nur versuchte — Ausführung dieser Anweisung wird außer den baren Auslagen die in der Anlage V Zif. 25 festgesetzte Gebühr erhoben.

21. Die Ausführung der Anweisung kann abgelehnt werden.

Feststellung von Minderung, Beschädigung oder Verlust des Gutes[4]

22. Wird eine Minderung oder Beschädigung des Gutes von der Eisenbahn entdeckt oder vermutet oder vom Verfügungsberechtigten behauptet, so hat die Eisenbahn den Zustand, erforderlichenfalls auch das Gewicht des Gutes und soweit möglich auch den Betrag des Schadens sowie die Ursache und den Zeitpunkt der Minderung oder Beschädigung ohne Verzug schriftlich festzustellen. Eine solche Feststellung hat auch bei Verlust des Gutes stattzufinden.

23. Der Verfügungsberechtigte kann die Bekanntgabe des Ergebnisses oder eine Abschrift der Tatbestandsaufnahme verlangen.

24. Zur Feststellung in Minderungs- oder Beschädigungsfällen sind unbeteiligte Zeugen oder Sachverständige und wenn möglich auch der Verfügungsberechtigte zuzuziehen.

25. Ergibt die vom Verfügungsberechtigten veranlaßte Untersuchung keine oder nur eine von der Eisenbahn schon anerkannte Minderung oder Beschädigung, so ist neben Erstattung der etwa erwachsenen Kosten die Gebühr nach Anlage V Zif. 27 zu zahlen.

26. Der Absender oder Empfänger kann die Minderung oder Beschädigung des Gutes auch durch amtlich ernannte Sachverständige feststellen lassen. Zu dieser Feststellung ist die Eisenbahn einzuladen. Die Vorschriften der Zivilprozeßordnung über die Sicherung des Beweises bleiben unberührt.

Haftung[4]

27. Für Verlust[5], Minderung und Beschädigung von Expreßgut sowie bei Überschreitung der Lieferfrist haftet

die Eisenbahn nach den Vorschriften der Haftung für Verlust, Minderung, Beschädigung und Überschreitung der Lieferfrist von Gütern (Abschnitt VIII der EVO).

28. Für die Überschreitung der Fristen für Zuführung und Anmeldung von Expreßgut (vgl. allg. Ausf.Best. 2, 5 und 6) haftet die Eisenbahn wie bei Überschreitung der Lieferfrist.

Zoll-, Steuer-, Polizei- und sonstige verwaltungsbehördliche Vorschriften [4]

29. Sind Zoll-, Steuer-, Polizei- oder verwaltungsbehördliche Vorschriften vor der Ablieferung an den Empfänger zu erfüllen, so gelten die Bestimmungen für Güter (§ 65 EVO nebst Ausf.Best.).

Erlöschen der Ansprüche aus dem Beförderungsvertrag [4]

30. Sind die auf dem Expreßgut haftenden Forderungen bezahlt und ist das Expreßgut vom Empfänger angenommen, so sind alle Ansprüche gegen die Eisenbahn erloschen.

Ausgenommen hiervon sind die in § 93 Abs. (2) EVO erwähnten Ansprüche.

Verjährung der Ansprüche aus dem Beförderungsvertrag [4]

31. Für die Verjährung der Ansprüche aus dem Beförderungsvertrag gelten die Vorschriften für die Verjährung der Ansprüche aus dem Frachtvertrag (Abschnitt VIII der EVO).

Geltendmachung der Rechte aus dem Beförderungsvertrag [4]

32. Zur Geltendmachung der Rechte aus dem Expreßgut-Beförderungsvertrag gegenüber der Eisenbahn ist nur der befugt, dem das Verfügungsrecht über das Gut zusteht (vgl. jedoch allg. Ausf.Best. 23 und 27 zu § 40).

33. Auf die Geltendmachung außergerichtlicher Ansprüche und die Haftung mehrerer an der Beförderung beteiligter Eisenbahnen finden die §§ 95 Abs. (3) und 96 EVO sinngemäß Anwendung.

1. Vertrag zugunsten Dritter (BGB. § 328).

2. D. h. die tatsächliche Verspätung des Zuges hat niemals Lieferfristüberschreitung zur Folge. Da Expreßgut im allgemeinen wie Gepäck zu befördern ist (§ 41), wird man die Vorschrift des § 31 (3), wonach bei Unterwegsumladungen Beförderung erst mit dem nächsten geeigneten Zug verlangt werden kann, anwenden müssen.

3. Bez. der Ablieferungshindernisse vgl. AAB. 13 ff.

4. Die AAB. zu § 42 sind unter Berücksichtigung der Eigenarten des Expreßgutverkehrs den §§ 77 ff. EVO. nachgebildet worden.

5. Vgl. EE. 44 55, 42 75.

VI. Beförderung von Leichen [1]

§ 43. Auslieferung

(1) Leichen[2] werden nach dem Ermessen der Eisenbahn mit Zügen befördert, die dem Personen- oder Güterverkehr dienen; die Benutzung von Schnellzügen kann ausgeschlossen werden.

(2) Leichensendungen müssen auf dem Ausgangsbahnhof des Zuges mindestens 6 Stunden, auf anderen Bahnhöfen mindestens 12 Stunden vor der Abfahrzeit angemeldet werden.[3]

(3) Jede Leiche muß in einem widerstandsfähigen Metallbehälter luftdicht verschlossen und dieser in einen hölzernen Behälter so fest eingesetzt sein, daß er sich darin nicht verschieben kann.

(4) Bei der Aufgabe ist der Eisenbahn ein von der zuständigen Behörde ausgestellter Leichenpaß nach dem Muster der Anlage A[4] zu übergeben,[5] der bei Auslieferung der Leiche dem Empfänger ausgehändigt wird. Bei Leichensendungen aus ausländischen Staaten, mit denen eine Vereinbarung wegen gegenseitiger Anerkennung der Leichenpässe abgeschlossen ist, genügt ein Leichenpaß der zuständigen ausländischen Behörde.[6] Der Leichenpaß gilt für den ganzen Beförderungsweg.

(5) Leichen sind mit Eilfrachtbrief aufzuliefern.

(6) Das Verladen hat der Absender zu besorgen.

(7) Leichensendungen dürfen nicht mit Nachnahme belastet werden.

(8) Die Fracht ist bei der Aufgabe zu entrichten.

(9) Wer Leichen unter unrichtiger Bezeichnung aufliefert, hat[7] den Frachtunterschied vom Aufgabe- bis zum Bestimmungs-

bahnhof nachzuzahlen und das Vierfache der Gesamtfracht als Frachtzuschlag zu entrichten.[8]

1. Ob Leichen mit den dem Personenverkehr dienenden Zügen befördert werden dürfen, entscheidet die dem Aufgabebahnhof vorgesetzte Eisenbahnverwaltung.
2. Die Abfertigung besorgt je nach Anweisung der Verwaltung die Gepäck- oder Eilgutabfertigung des Aufgabebahnhofs. Bei dieser Stelle wird auch die Wagenbestellung angenommen.
3. Bei der Auflieferung von Leichen nach Orten mit mehreren Bahnhöfen ist im Eilfrachtbrief der Bahnhof zu bezeichnen, nach dem die Sendung befördert werden soll.
4. Leichen dürfen nicht bahnlagernd gestellt werden und werden nicht in Verwahrung genommen.
5. Wird die Beförderung einer Leiche mit einem Eil- oder Schnellzug gewünscht, so hat der Absender oder unterwegs der Begleiter den Antrag in den Eilfrachtbrief unter »zulässige oder vorgeschriebene Erklärungen« aufzunehmen und zu unterschreiben.
6. Für Angabe des Lieferwerts wird die Gebühr nach Anlage V Zif. 9 erhoben.
7. Inwieweit die Abfertigung von Leichen nach und von einzelnen Bahnhöfen ausgeschlossen oder beschränkt ist, ist bei der Abfertigungsstelle zu erfahren.
8. Für jede Leiche, auch wenn mehrere mit einem Eilfrachtbrief aufgegeben und in einem Wagen verladen werden, wird an Fracht auf das Tarifkilometer erhoben:

   bei Beförderung mit Personen- oder Güterzügen 50 Reichspfennig

   „ „ „ Eil- oder Schnellzügen 75 Reichspfennig

   in beiden Fällen unter Zuschlag einer Abfertigungsgebühr von 7,50 Reichsmark für die Leiche.

   Wird eine Leiche teils mit Güter- oder Personenzügen, teils mit Eil- oder Schnellzügen befördert, so werden der für die Gesamtentfernung zum Güter- oder Personenzugsatze berechneten Fracht 25 Reichspfennig auf jedes Tarifkilometer der Eil- oder Schnellzugstrecke hinzugerechnet.
9. Die Fracht für Leichen wird nach den Entfernungen für

den Personenverkehr berechnet. Die Gebühren für Beförderung über Verbindungsbahnen enthält die Anlage I.

Fehlen durchgehende Entfernungen oder wünscht der Absender einen abweichenden Bahnweg, so wird die Gesamtstreckenlänge durch Zusammenrechnung von Teilentfernungen ermittelt. Die Abfertigungsgebühr wird auch in diesem Falle nur einmal erhoben.

10. Wenn Leichen vor dem Abgange des Zuges vom Absender zurückgenommen werden, so wird für jeden Eisenbahnwagen die Gebühr nach Anlage V Zif. 28 erhoben. Werden die bereitgestellten Wagen nicht innerhalb der für den Güterverkehr festgesetzten Frist beladen, so wird für die Fristüberschreitung die Gebühr nach Anlage V Zif. 28 erhoben.

HGB. §§ 425 bis 471; JüP. Art. 3; JüG. Art. 4.

Literatur: Rundnagel, BefGesch. §§ 160 ff.

1. Unterscheiden: a) Beförderung zur Beisetzung (§ 43), b) Versendung zu wissenschaftlichen Zwecken (§ 46 (2)).

2. Leichen gelten im Falle zu Anm. 1 a nicht als Gut im Sinne des Abschn. VIII der EVO.; dagegen sind sie wohl als „Gut" im Sinne der frachtrechtlichen Bestimmungen des HGB. anzusehen (vgl. Dernburg, Bürgerl. Recht II 2, § 326 Anm. 2; Rundnagel, BefGesch. § 29 S. 116; EE. 22 37; andererseits Eger Anm. 167 [der sie des Sarges wegen als Gut ansehen will]; Sendpiehl S. 26). Es können jedenfalls im Falle zu a nur die Bestimmungen der Abschn. I, II und VI sowie des HGB. (§§ 425 ff.) gelten mit den Abweichungen, die sich aus der Natur des zu befördernden Gegenstandes von selbst ergeben (kein Pfandrecht!). Da die Abfertigung auf Eilfrachtbrief erfolgt, liegt Vertrag zugunsten des Empfängers vor.

3. Besser: Die Beförderung kann abgelehnt werden; Gegensatz: „müssen" in Abs. (3).

4. Der Leichenpaß lautet: Die nach Vorschrift eingesargte Leiche d... am ...ten ..... 19... zu ..... an ..... (Todesursache) verstorbenen .. ..jährigen ....(Stand, Vor- und Zuname des Verstorbenen, bei Kindern Stand der Eltern) soll mit der Eisenbahn von ...... über ...... nach ...... zur Bestattung gebracht werden. Nachdem die Überführung der Leiche genehmigt worden ist, werden sämtliche Behörden, deren Bezirke durch die Beförderung berührt werden, ersucht, sie ungehindert und ohne Aufenthalt weitergehen zu lassen. Ort, Datum, Siegel, Unterschrift.

5. Ohne diesen muß Annahme verweigert werden.

6. Die zur Ausstellung von Leichenpässen befugten in- und ausländischen Behörden werden im ReichsMinBl. besonders bekanntgemacht (für die inländischen Behörden siehe ReichsMinBl. 26 837, 27 522; für die ausländischen Behörden Zentralblatt für das Deutsche Reich 10 14, ReichsMinBl. 26 588).

7. Außer einer etwaigen strafrechtlichen Verfolgung.

8. Obligatio ex lege, aber nur für Absender; § 60 (1) EVO. (Zahlungspflicht auch ohne Verschulden) ist wohl versehentlich nicht aufgenommen worden; daher BGB. §§ 339ff. (siehe Rundnagel, BefGesch. S. 495). (Leichen als Reisegepäck: EVO. § 28 (4); Leichen als Handgepäck: Bestrafung aus BBO. § 82.)

§ 44. Beförderung.

(1) Leichen sind in gedeckten Wagen zu befördern.[1] Güter, die nicht zur Leiche gehören, dürfen nicht beigeladen werden. Die Eisenbahn kann verlangen, daß mehrere Leichen, die gleichzeitig von demselben Versandbahnhof nach demselben Bestimmungsbahnhof aufgegeben werden, zusammen in einen Wagen verladen werden.[2] Leichen, die in geschlossenen Leichenfuhrwerken aufgeliefert werden, dürfen in offenen Wagen befördert werden.

(2) Jeder Sendung ist ein Begleiter beizugeben, der einen Fahrausweis zu lösen und denselben Zug zu benutzen hat.[3] Begleitung ist nicht erforderlich, wenn der Absender beim Aufgabebahnhof die schriftliche oder telegraphische Erklärung des Empfängers hinterlegt, daß er die Sendung sofort nach Empfang der Nachricht von ihrem Eintreffen abholen lassen werde. Bei Sendungen an Beerdigungs- und an Leichenverbrennungsanstalten ist diese Erklärung nicht erforderlich.

(3) Leichen dürfen unterwegs nicht ohne Not umgeladen werden. Sie sind möglichst schnell und ohne Unterbrechung zu befördern. Läßt sich auf einem Bahnhof ein längerer Aufenthalt nicht vermeiden, so ist der Wagen mit der Leiche tunlichst auf ein abseits liegendes Gleis zu stellen. Wird die Beförderung einer unbegleiteten Leiche mit den in Aussicht genommenen Zügen unmöglich, so hat der Bahnhof, wo das Hindernis eintritt, dem Empfänger kostenfrei telegraphisch mitzuteilen, mit welchem Zuge die Beförderung erfolgt.

1. Zur Leiche gehörige Gegenstände ([4]) werden bis zu einem Höchstgewicht von 500 kg in dem Wagen, in dem die Leiche verladen ist, unentgeltlich mitbefördert. ([5]) Für

diese Gegenstände übernimmt die Eisenbahnverwaltung keine Haftung.

2. Wenn die Begleiter von Leichen in dem Wagen Platz nehmen, in dem die Leichen verladen sind, haben sie Fahrausweise der im Zuge befindlichen niedrigsten Wagenklasse, sonst der benutzten Wagenklasse zu lösen. Bei Mitfahrt im Güterzuge ist ein Fahrausweis der niedrigsten Wagenklasse Personenzug zu lösen.

HGB. § 459; JüG. Art. 4.

1. Vgl. hierzu EVO. § 46 (2).

2. Nicht erforderlich derselbe Absender oder derselbe Empfänger.

3. Ausnahme EVO. § 46 (2). Bestimmung hat polizeilichen Charakter. Die Begleitung hat nicht die Bedeutung der EVO. § 83 (1) g; so Rundnagel, Haftung § 19 S. 161; Eger Anm. 176; Loening S. 58; a. M. Staub § 459 Anm. 14.

4. Kränze, Leuchter.

5. Kein selbständiger Vertrag, sondern Nebenleistung zum Hauptvertrag. Will der Absender ein größeres Gewicht aufgeben oder der Eisenbahn die Haftpflicht zuweisen, muß er einen besonderen Frachtvertrag (Eil- oder Frachtbrief, Frachtberechnung!) abschließen

§ 45. Auslieferung

(1) Die Ankunft einer unbegleiteten Leiche am Bestimmungsbahnhof ist dem Empfänger auf seine Kosten ohne Verzug durch Telegramm, Fernsprecher oder besonderen Boten mitzuteilen.[1] Bei begleiteten Leichen unterbleibt die Benachrichtigung.

(2) Die Auslieferung von Leichen kann zu dem im § 33 (2) bestimmten Zeitpunkt verlangt werden.[2]

(3) Den Empfang der Leiche hat der Empfänger zu bescheinigen.

(4) Der Empfänger hat innerhalb sechs Stunden nach Ankunft des Zuges auf dem Bestimmungsbahnhof die Sendung auszuladen und abzuholen. Geschieht dies nicht, so kann die Leiche der Ortspolizeibehörde überwiesen werden. Kommt die Leiche nach 18 Uhr an, so wird die Frist vom nächsten Morgen 8 Uhr ab gerechnet. Bei Überschreitung der Abholungsfrist ist die Eisenbahn berechtigt, das tarifmäßige Wagenstandgeld zu erheben.

(5) Der Empfänger hat für die Erfüllung der zoll-, gesundheitspolizeilichen und sonstigen verwaltungsbehördlichen Bestimmungen zu sorgen.

Bei nicht rechtzeitiger Abholung oder Entladung von Leichen wird für die Fristüberschreitung die Gebühr nach Anlage V Zif. 28 erhoben.

1. Gegen Erstattung der Auslagen (BGB. § 683).

2. Zunächst vom Empfänger, an den der Eilfrachtbrief gerichtet ist; sodann wohl auch vom Begleiter, wenn dieser aus den Papieren als solcher zu ersehen ist, nicht aber vom Absender. Haftung für Verzögerung nur bei Verschulden (EE. 22 37).

§ 46. Ausnahmebestimmungen

(1) Für die Beförderung von Leichen nach dem Bestattungsplatz des Aufgabeortes[1] kann die Eisenbahn mit Genehmigung des Reichsverkehrsministers abweichende Bestimmungen erlassen.[2]

(2)[3] Bei Leichen, die von Polizeibehörden, Strafanstalten, Krankenhäusern oder dergleichen an öffentliche höhere Lehranstalten gesandt oder von diesen weiterversandt werden, ist keine Begleitung erforderlich. Sie dürfen in dicht verschlossenen und undurchlässigen Kisten aufgeliefert und in offenen Wagen befördert werden. Güter von fester Beschaffenheit (Holz, Metall oder dergleichen) oder in fester Verpackung (Kisten, Fässer oder dergleichen) dürfen beigeladen werden; es ist aber Vorsorge zu treffen, daß die Leichenkisten nicht beschädigt werden. Von der Beiladung sind ausgeschlossen: Nahrungs- und Genußmittel sowie deren Rohstoffe, ferner die in der Anlage C aufgeführten Gegenstände. Leichenpässe sind für diese Sendungen nicht erforderlich.[4]

Die im Abs. (2) EVO bezeichneten Leichen werden zum Satze von 40 Reichspfennig für den Wagen und das Tarifkilometer als Eilgut befördert, auch wenn eine Beiladung geeigneter Güter nicht möglich ist. Sie werden bei den Eilgutabfertigungen abgefertigt. Abfertigungsgebühr wird nicht erhoben. Die Fracht wird nach den Entfernungen des Gütertarifs berechnet. Die Mindestfracht für eine Sendung beträgt 6,40 Reichsmark.

1. Daß beide in derselben Gemarkung liegen, wird nicht verlangt (z. B. Berlin, Ahrensfelde, Stahnsdorf).

2. Soweit Exklusivberechtigungen der Kirchengemeinden bestehen, dürfen die EVO. oder die besonders erlassenen Bestimmungen der Eisenbahn sie nicht aufheben (RG. 23 22).

3. Auf die Beförderung nach Abs. 2 ist EVO. Abschn. VIII an-

zuwenden, soweit nicht die Eigentümlichkeiten dieses Frachtgutes einzelne Bestimmungen ausschließen (Rundnagel, BefGesch. § 164; Sendtpiehl, EisTrGesch. S. 197; aber 194!).

4. Die bisherige Bestimmung, nach der solche Leichen auf Frachtbrief abzufertigen waren, ist als entbehrlich gestrichen worden, da die in dieser Vorschrift behandelten Leichen tarifmäßig ebenfalls als Eilgut befördert werden und deshalb auch mit dem allgemeinen für Leichen vorgesehenen Eilfrachtbrief aufgeliefert werden können (Begr. II).

§ 47. Weitere Vorschriften

Im übrigen gelten für die Beförderung von Leichen sinngemäß die Vorschriften für die Beförderung von Gütern (Abschnitt VIII).

Soweit nicht im Abschnitt VI besondere Bestimmungen getroffen sind, gelten für die gleichen Nebenleistungen der Eisenbahn die Gebühren im Nebengebührentarif des Deutschen Eisenbahn-Gütertarifs, Teil I Abt. B.

VII. Beförderung von lebenden Tieren

1. Auf die Beförderung von Tieren sind anzuwenden: EVO. Abschn. I und II, ferner: Abschn. III (Tiere als Handgepäck, § 25), Abschn. IV (Tiere als Reisegepäck, § 28 (3)), Abschn. V (Tiere als Expreßgut, §§ 40 ff.), Abschn. VII (Lebende Tiere, §§ 48 ff.), Abschn. VIII (Tote Tiere, §§ 53 ff.); siehe JÜG. Art. 4 § 1 (4).

2. Da Abfertigung von lebenden Tieren (Abschn. VII) nur noch auf Eil- oder Tierfrachtbrief erfolgt (§ 48 (8)), liegt auch hier ein — allerdings besonders gearteter — Eisenbahnfrachtvertrag vor.

3. Die Haftung der Eisenbahnen für Verlust, Beschädigung und Minderung regelt Abschn. VIII.

4. Die Haftung der Eisenbahnen für Unfälle der Begleiter regelt sich nach den allgemeinen Grundsätzen (siehe oben Einl. zu Abschn. III; ZVDEisV. 09 392; EE. 22 45).

5. Die allgemeine Polizei ist nicht zuständig zum Erlaß von Vorschriften über die Beförderung von Tieren auf Haupt- und Nebenbahnen (Kammergericht in EE. 34 79).

6. Begleiter siehe § 48 Anm. 14; § 49 Anm. 1.

§ 48. Auflieferung

(1) Die Eisenbahn hat bekanntzumachen, mit welchen Zügen Tiere befördert werden.[1] Die Beförderung einzelner Stücke,

die nicht mindestens 24 Stunden vorher[3] angemeldet worden sind, kann abgelehnt werden,[2] wenn im Zuge kein geeigneter Raum vorhanden ist.[4]

I Über die Züge, mit denen je nach Art und Richtung der Sendungen von dem Versandbahnhof aus die Beförderung in der Regel stattfindet, geben die Versandabfertigungen auf den Bahnhöfen Auskunft.

II 1 Bei Zügen, die im allgemeinen für die Beförderung von Tieren oder für die Beförderung der in Betracht kommenden Tierart nicht bestimmt sind, kann die Eisenbahn auf Antrag des Absenders — auf Unterwegsbahnhöfen auch des Begleiters — nach ihrem Ermessen die Beförderung von Tieren gegen Zahlung eines Zuschlags (vgl. Abschnitt B)[16] zulassen. Der Antrag ist in den Tierfrachtbrief an der hierfür vorgesehenen Stelle aufzunehmen und unterschriftlich zu bestätigen.

2 Der Zuschlag wird nicht erhoben, wenn die Eisenbahn Tiersendungen, deren fahrplanmäßige Beförderung sich verzögert oder durch den fahrplanmäßigen Ausfall von Güterzügen infolge der Sonntagsruhe unterbrochen wird, ohne Antrag des Absenders mit zuschlagpflichtigen Zügen befördert.

III Wird von der Eisenbahn auf Antrag zugelassen, daß auf einem Bahnhof ein sonst fahrplanmäßig durchfahrender Zug Wagen zur Aufnahme von Tieren einstellt, so wird die im Nebengebührentarif (Abschnitt C)[16] festgesetzte Gebühr erhoben.

IV Tiere in Käfigen, Kisten, Säcken u. dgl. werden bei den Eilgutabfertigungen zur Beförderung als Eilgut oder beschleunigtes Eilgut angenommen.

(2) An Sonn- und Feiertagen[5] werden keine Tiere angenommen. Ausnahmen sind durch Aushang bekanntzumachen.

V Welche Tage als Feiertage gelten, wird durch Aushang bekannt gemacht.

(3) Die Beförderung kranker Tiere kann abgelehnt werden, wenn sie nicht durch einen Tierarzt für zulässig erklärt wird.[2]

(4) Zur Beförderung wilder Tiere[6] ist die Eisenbahn nur verpflichtet, wenn die von ihr aus Gründen der Sicherheit vorzuschreibenden Bedingungen erfüllt sind.[7]

VI Fremdländische (auch die im Tarif nicht genannten) Tiere, insbesondere wilde* Tiere, werden zur Beförderung angenommen, wenn die Gefahr einer Beschädigung von Menschen, Tieren und Gütern durch die Art und Weise der Verpackung oder Verladung nach dem Ermessen der Versandabfertigung ausgeschlossen ist. Größere Raubtiere werden nur in dauerhaften Behältnissen — Käfigen, Kästen, Kisten oder in besonders eingerichteten Fahrzeugen — aus starkem, hartem Holz mit fest verankerten Gitterstäben und durch Blechbeschläge oder Eisenklammern befestigten Ecken zur Beförderung angenommen; die Gitter müssen mit Lattenverschlägen verkleidet oder mit fest angeschlossenen Holzwänden oder Holzrahmen mit Drahtgeflecht versehen sein. Behältnisse für Bären, mit Ausnahme ganz junger Tiere, müssen ferner innen vollständig mit Blech ausgeschlagen sein. Bei Einzelsendungen von Raubtieren sind die Behältnisse außen mit der Bezeichnung »Raubtier« in auffallender Schrift zu versehen. Wegen der Beförderungsgebühren für Schaustellungen wilder Tiere in Sonderzügen vgl. Ausf.Best. zu § 4.

(5) Die Tiere müssen rechtzeitig, einzelne Stücke mindestens eine Stunde vor Abgang des Zuges, zur Verladung bereitgestellt werden.

VII 1 Die Bestellung von Wagen zur Verladung von lebenden Tieren ist — in der Regel schriftlich — an die Versandabfertigung zu richten. In der mit Tag und Unterschrift zu versehenden Bestellung sind Anzahl und Gattung der Wagen — gedeckte oder offene, Stallungs-, Vieh- oder mehrbödige Wagen — der Bestimmungsbahnhof, der Tag sowie tunlichst sowohl die Stunde der Verladung wie Zahl und Gattung der zu verladenden Tiere anzugeben.

2 Das Verlangen auf ausschließliche Benutzung eines Wagens zur Beförderung lebender Tiere hat der Absender bei der Wagenbestellung zu erklären. Späterem Verlangen nachzukommen, ist die Eisen-

bahn nicht verpflichtet. Ebenso ist die Eisenbahn nicht verpflichtet, eine Zurückziehung des Antrages nach der Ladebereitstellung des Wagens anzuerkennen.

3 Die Stellung eines mehrbödigen Wagens oder eines Wagens zur ausschließlichen Benutzung ist durch Eintragung des Wortes »ja« an der im Tierfrachtbrief und im Abschnitt zum Tierfrachtbrief hierfür vorgesehenen Stelle zu beantragen.

(6) Der Absender muß das Einladen der Tiere und ihre sichere Unterbringung im Wagen besorgen und die erforderlichen Befestigungsmittel stellen.[8] Er hat auch die viehseuchenpolizeilichen Vorschriften[9] zu erfüllen und alle dazu erforderlichen Begleitpapiere beizugeben.

VIII Tiere in einzelnen Stücken (ausgenommen Schweine), die in Viehkurs-, Stückgutkurs- oder Gepäckwagen befördert werden, sind mit Tafeln oder Anhängern aus Pergament, Leder, Blech oder Holz zu versehen. Tafeln oder Anhänger aus Papier oder Pappe sind nicht zugelassen. Die Tafeln oder Anhänger müssen in dauerhafter Weise die genaue Anschrift des Empfängers, ferner den Namen des Versand- und Bestimmungsbahnhofs sowie den Tag der Auflieferung enthalten. In Orten mit mehreren Bahnhöfen hat der Absender auch den Versandbahnhof in der Zeichnung der einzelnen Tiere anzugeben. Hat der Bestimmungsort mehrere Bahnhöfe und hat der Absender einen bestimmten Bahnhof im Frachtbrief vorgeschrieben, so hat er diesen Bahnhof auch in der Zeichnung der einzelnen Stücke anzugeben. An Stelle der Anschrift des Empfängers können auch Zeichen und Nummern angegeben werden.

Schweine müssen durch Aufbrennen von Zeichen und Nummern oder Stempeln mit Eisenlack oder sonstigen schnelltrocknenden haltbaren Farbstoffen auf dem Rücken oder durch Ätzen oder Einbrennen an den Ohren gekennzeichnet werden. Anilin- oder sonstige leicht verwischbare Farben dürfen nicht verwendet werden.

Die Kennzeichen sind im Tierfrachtbrief anzugeben. Die Zahl der Stücke ist auf den Tafeln oder Anhängern zu vermerken. Hat der Absender die Tiere nicht nach diesen Vorschriften oder nur undeutlich oder unvollständig gezeichnet oder hat er unvorschriftsmäßige Tafeln oder Anhänger verwendet, so kann die Annahme zur Beförderung abgelehnt werden[9].

IX Für alle außergewöhnlichen, d. h. nicht als natürliche Abnutzung anzusehenden Beschädigungen, die durch Tiere an den Eisenbahnfahrzeugen oder Bahnanlagen bei der Ein-, Um-, oder Ausladung oder während der Beförderung angerichtet werden, haftet der Absender[10], sofern nicht ein Verschulden der Eisenbahn vorliegt. Durch den Eintritt in den Frachtvertrag geht die Haftung auf den Empfänger über.

X Zum Verpacken einzelner Stücke Kleinvieh, zum Verstellen der Türöffnungen und zur Trennung von Großvieh und Kleinvieh und von Tieren verschiedener oder[17] derselben Gattung (§ 2 (5) und § 3 (4) der Anlage B) stellt die Eisenbahn, soweit vorrätig, Käfige, Vorlegebäume, Lattengitter und Bretterverschläge gegen Erhebung der im Nebengebührentarif (Abschnitt C)[16] festgesetzten Gebühren.[11]

XI Das während der Beförderung zur Fütterung der Tiere erforderliche Futter, die zu ihrer Wartung notwendigen Geräte, das vor der Verladung der Tiere benutzte Geschirr und das Handgepäck der Tierbegleiter werden unentgeltlich im Tierwagen mitbefördert (vgl. § 26).[18] Diese Sachen sind von den Tierbegleitern selbst zu beaufsichtigen. Sonstiges Gepäck oder andere Güter dürfen, soweit nicht von der Eisenbahn Ausnahmen zugelassen werden, von dem Absender in den mit Tieren beladenen Wagen nicht untergebracht werden. Sie sind vielmehr der Versandabfertigung zur regelrechten Abfertigung zu übergeben. Bei der Aufgabe als Eilgut sind derartige Güter auf Antrag tunlichst mit den zur Beförderung der Tiere benutzten Zügen zu befördern. Wenn unzulässigerweise Gepäck oder andere Güter mitgeführt werden, so ist, wenn der Einladebahnhof nachgewiesen werden kann, hierfür die tarifmäßige Eilgutfracht für die Beförderungsstrecke, andernfalls die Eilgutfracht für die ganze von der Tiersendung zurückgelegte Strecke und als Frachtzuschlag das Doppelte der Eilgutfracht zu entrichten.[13]

(7) **Die Eisenbahn ist berechtigt, Begleitung der Tiersendungen zu fordern.[2] Stellt der Absender die Begleitung nicht, so kann die Eisenbahn sie gegen die tarifmäßigen Gebühren selbst stellen. Bei kleinen Tieren, die in tragbaren, gut verschlossenen Behältern aufgegeben werden, kann keine Begleitung verlangt werden.**

XII 1 Bei Aufgabe von 10 Stück Großvieh und mehr m u ß[14]) Begleitung gestellt werden; für je 3 Wagen eines Absenders nach demselben Bestimmungsbahnhof ist mindestens 1 Begleiter zu stellen. Bei Aufgabe von weniger als 10 Stück Großvieh oder von Kleinvieh (Schweinen, Kälbern bis zu 6 Monaten, Schafen, Ziegen, Gänsen usw.) kann von der Beigabe eines Begleiters nach dem Ermessen des Versandbahnhofs abgesehen werden.

2 Wenn mehrere Wagen von verschiedenen Sendungen e i n e s Absenders nach demselben Bestimmungsbahnhof unterwegs in einem Zug vereinigt werden, so kann die Zurückziehung so vieler Begleiter zugelassen werden, daß auf jeden verbleibenden Begleiter nicht mehr als 3 Wagen entfallen. Der Fahrgeldunterschied wird nachträglich auf Antrag erstattet.

3 Die Gebühr für die Gestellung von Tierbegleitern durch die Eisenbahn ist im Nebengebührentarif (Abschnitt C)[16] festgesetzt.

4 Die Haftung der Eisenbahn für Verlust oder Beschädigung wird nicht geändert, falls von der Beigabe eines Begleiters abgesehen wird. Die Eisenbahn haftet insbesondere nicht für den Schaden,

für den sie bei Begleitung nicht aufzukommen gehabt hätte.

5 Bei Sendungen lebender Tiere, die auf Tierfrachtbrief befördert werden, ist die Anzahl der beigegebenen Begleiter im Tierfrachtbrief an der hierfür vorgesehenen Stelle anzugeben.

XIII 1 Zu jeder Sendung, und wenn zwei ein- oder zweibödige Wagen statt eines rechtzeitig bestellten mehrbödigen Wagens gestellt werden, zu jedem Wagen, wird 1 Begleiter zugelassen. Für jeden der hiernach zugelassenen oder nach der Ausf.Best. XII 1 zu stellenden Begleiter ist für die der Frachtberechnung zugrunde gelegte Entfernung das Fahrgeld der 3. Klasse Personenzug zu zahlen, wenn sie im Tierwagen, im Packwagen oder in der niedrigsten Klasse des Zuges fahren, sonst das Fahrgeld der benutzten Klasse.

2 Über diese Zahl hinaus werden nach Bedarf Begleiter zur Fahrt in den Güter-, Eilgüter- und Viehzügen zugelassen, soweit Platz vorhanden ist. Für jeden dieser Begleiter ist, wenn sie im Tierwagen oder im Packwagen fahren, für die der Frachtberechnung zugrunde gelegte Entfernung das Fahrgeld der 3. Klasse Personenzug, wenn jedoch Personenwagen gestellt werden, das Fahrgeld der benutzten Klasse zu zahlen.

3 Für Tiere in Käfigen, Kisten, Säcken u. dgl. wird Begleitung nur mit Genehmigung der Versandabfertigung zugelassen.

(8) Tiere sind mit Tierfrachtbrief[15] nach dem Muster der Anlage F,[16] bei Aufgabe in Käfigen, Kisten, Körben, Säcken oder anderen Behältern mit Eilfrachtbrief aufzuliefern.

XIV Die Dienststelle, bei der Sendungen aufzuliefern sind, wird von der Versandbahn bestimmt.

XV 1 Im Tierfrachtbrief hat der Absender die Stückzahl, Gattung und — soweit zur Frachtberechnung erforderlich — das Alter und das Gewicht der Tiere anzugeben, ferner bei Beförderung in Viehkurs-, Stückgutkurs- und Gepäckwagen auch die Kennzeichen der Tiere (vgl. Ausf.Best. VIII).

2 Als Fahrausweis der Begleiter dienen nach näherer Bestimmung der Eisenbahnverwaltungen entweder die besonderen Fahrscheine oder Fahrausweise.

XVI Der Preis des Vordrucks zu Tierfrachtbriefen und die Gebühr für die Ausfüllung ist im Nebengebührentarif (Abschnitt C)[16] festgesetzt. Wegen der Gebühr für die Stempelung der Vordrucke zu Tierfrachtbriefen, wegen der Preise für sonstige Vordrucke und wegen der Gebühren für ihre Ausfüllung und Stempelung siehe den Nebengebührentarif (Zif. I) des Deutschen Eisenbahn-Gütertarifs, Teil I Abteilung B.

XVII Bei unbegleiteten Tiersendungen kann der Absender im Tierfrachtbrief oder im Frachtbrief vorschreiben, daß er oder der Empfänger benachrichtigt wird, wenn ein Tier in der Zeit von der Annahme zur Beförderung bis zur Ablieferung beschädigt, getötet oder verendet ist.

Das Verfügungsrecht des Absenders und des Empfängers wird durch diese Frachtbriefvorschrift nicht berührt.

Die Verpflichtung zur Abgabe der Benachrichtigung tritt ein, sobald die Eisenbahn die Beschädigung oder den Tod des Tieres entdeckt. Eine besondere Verpflichtung der Eisenbahn, dafür zu sorgen, daß diese Kenntnis erlangt werde, wird durch diese Bestimmung nicht begründet.

Der Absender kann vorschreiben, wie die Benachrichtigung erfolgen soll; mangels einer Vorschrift erfolgt sie nach Wahl der Eisenbahn.

Die Barauslagen werden nachgenommen.

Eine Verpflichtung, die Verfügung des benachrichtigten Absenders oder Empfängers abzuwarten, wird durch die Frachtbriefvorschrift und die Benachrichtigung nicht begründet.

XVIII Wegen der Gebühr für Angabe des Lieferwerts siehe den Nebengebührentarif (Abschnitt C).[16]

(9) Der Tarif kann bestimmen, daß die Fracht vorauszubezahlen ist.

XIX Die Fracht ist vorauszubezahlen, sofern nicht der Absender den Frachtbetrag hinterlegt. Die Verwaltung der Versandbahn kann jedoch dem Absender gestatten, daß Tiersendungen ohne Sicherheitsleistung oder gegen Hinterlegung einer allgemeinen Sicherheit in Frachtüberweisung zur Beförderung angenommen werden.

(10) Die näheren Bestimmungen über die Verladung von lebenden Tieren sind in der Anlage B[17] unter I enthalten.

1. Amtliche Tierfahrpläne. Das amtliche Tierkursbuch wird nicht mehr herausgegeben (früher Erl. des REisAmtes v. 13. April 1875). Dafür enthält das Güterkursbuch eine Zusammenstellung der günstigsten Zugverbindungen.

2. Einschränkung von EVO. § 3 b (siehe auch (3), (4), AAB. VIII).

3. Vor Beginn der Beförderung, d. h. Abfahrt des Zuges; dies gilt auch für die Unterwegsbahnhöfe.

4. Maßgebend Ermessen des Aufsichtsbeamten.

5. Die gesetzlichen, d. h. die als allgemeine bürgerliche Feiertage staatlich anerkannten Festtage (vgl. StGB. § 366 Nr. 1; EVO. § 63 (3), § 74 (8), (9)).

6. Wild nicht im Sinne von § 960 BGB., sondern des täglichen Lebens = gefährlich.

7. Nach Erfüllung der Bedingungen ist die Eisenbahn zur Beförderung verpflichtet. Eger (Anm. 188 S. 188) trägt daher Bedenken, ob AAB. VI („nach dem Ermessen") gültig ist; das ist zu bejahen, da es ganz selbstverständlich ist, daß zunächst die Versandabfertigung über die Erfüllung der Bedingungen entscheiden muß.

8. Vgl. wegen der Haftungsbeschränkung EVO. § 83 (1) c. Wegen der Prüfung der Beschaffenheit des Wagens siehe EVO. § 83 Anm. 17. Über die Verladung und Beförderung lebender Tiere auf Eisenbahnen vgl. Anl. B (abgedruckt S. 347 ff.).

9. Desinfektionsvorschriften siehe Kundmachung 7 des Deutschen Eisenbahn-Verkehrs-Verbandes; Viehseuchengesetz vom 26. Juni 1909 (RGBl. S. 519) und Gesetz betr. Beseitigung von Ansteckungsstoffen bei Tierbeförderung vom 25. Februar 1876 (RGBl. S. 163). Siehe auch Fritsch: ER. S. 345 ff. und Scheu: Tierversendungen und Tierseuchenschutz bei der Deutschen Reichsbahn. Ein Tierseuchenanzeiger (früher vom REisAmt) wird nicht mehr herausgegeben. Anordnungen und Verbote des Viehseuchengesetzes fallen unter StGB. § 328 (EE. 20 214).

10. Haftung auch ohne Verschulden. Bestimmung gilt nicht für Personenschäden oder Beschädigung mitverladener Tiere und nur im Verhältnis zwischen den am Frachtvertrag Beteiligten und der Eisenbahn. Sonst BGB. § 833. Empfänger haftet nach Eintritt in den Frachtvertrag; Absender müßte auch nach Eintritt des Empfängers weiterhaften, doch ist es sehr fraglich, ob diese Auslegung bei der Fassung der Bestimmung sich halten läßt. Gewollt ist sie jedenfalls.

11. Vertrag ist keine Leihe (BGB. § 598), sondern erweiterter Beförderungsvertrag.

12. Alle diese Gegenstände gelten also als „Handgepäck"; die Eisenbahn haftet für dieses nur in dem Umfange wie für sonstiges Handgepäck, also nicht für Schäden, die aus mangelnder Beaufsichtigung durch die Eisenbahn oder deren Bedienstete entstehen.

13. Obligatio ex lege; vgl. EVO. § 43 Anm. 8.

14. Abweichungen sind weder dem Versand- noch den Unterwegsbahnhöfen gestattet; wird das Fehlen eines Begleiters festgestellt, hat der betreffende Bahnhof, und zwar nicht nur der Versandbahnhof, sondern jede mit dem Transport befaßte Stelle entweder einen neuen Begleiter auf Kosten des Absenders zu stellen oder bis zur Gestellung eines Begleiters durch den Absender die Beförderung zu verweigern (siehe auch EE. 44 82).

15. Beförderung auf Beförderungsschein ist nicht mehr zugelassen.

16. Hier nicht abgedruckt.

17. Abgedruckt S. 347 ff.

§ 49. Beförderung

(1) Der Absender kann den Beförderungsweg vorschreiben. Solche Vorschriften muß die Eisenbahn beachten, sie kann aber die Fracht für den vorgeschriebenen Weg verlangen.

I Die Vorschrift ist in den Frachtbrief aufzunehmen, und zwar in den Tierfrachtbrief und in den Abschnitt zum Tierfrachtbrief an der hierfür vorgesehenen Stelle, in den Eilfrachtbrief unter »vorgeschriebene oder zulässige Erklärungen« und in beiden Fällen unterschriftlich zu bestätigen. Die Fracht wird für den vorgeschriebenen Weg nach näherer Bestimmung der Tarifteile II erhoben.

(2) Die Begleiter[1] haben während der Beförderung die Tiere zu warten und für die Erfüllung der viehseuchenpolizeilichen Bestimmungen zu sorgen. Der Absender kann im Frachtbrief erklären, daß der Begleiter befugt sein soll, unterwegs

etwa notwendig werdende Anweisungen an seiner Stelle zu treffen.[2] Wenn ein Frachtbriefdoppel ausgestellt ist, kann jedoch der Bestimmungsbahnhof oder die Person des Empfängers nur geändert werden, wenn das Doppel vorgelegt und auch darin die Änderung eingetragen wird [vgl. § 61 (5) und (6) sowie § 72 (7)].

II Etwaige Anweisungen des Begleiters sind schriftlich im Tierfrachtbrief zu erteilen und unterschriftlich zu bestätigen.

(3) Der Aufsichtsbeamte hat den Begleitern auf Verlangen einen Platz im Packwagen oder in einem Personenwagen anzuweisen.[3] Ist zur Abwendung von Betriebsgefahren die Gegenwart der Begleiter im Viehwagen notwendig, so müssen sie sich auf Verlangen des Aufsichtsbeamten oder Zugführers darin aufhalten.

(4) Die näheren Bestimmungen über die Beförderung von lebenden Tieren sind in der Anlage B[4] unter II enthalten.

1. Siehe oben Einl. zu Abschn. VII Anm. 4. Begleiter ist Vertreter des Absenders. Seine Aufgabe ist hauptsächlich: schädigende äußere Einwirkungen fernzuhalten (ZVDEisV. 22 553), Füttern, Tränken, Ausladen erkrankter Tiere (EE. 18 344, 32 311), Beleuchtung des Wagens (EE. 22 121, 15 108), Verhindern des Entweichens, Abwendung der Diebstahlsgefahr (EE. 39 187, 182). Dagegen hat er nicht dafür zu sorgen, daß die Eisenbahnbediensteten ihre Pflicht tun (EE. 14 169), z. B. den Wagen in den richtigen Zug einstellen (EE. 17 115, 15 108, 27 89, 28 163). Eisenbahn hat nicht nachzuprüfen, ob Anordnung des Begleiters dem wirklichen oder mutmaßlichen Willen des Absenders entspricht. Für Verschulden des Begleiters haftet Absender (§ 278 BGB.), gegebenenfalls Schadensausgleich (§ 254 BGB.) (siehe auch Rundnagel-Sperber § 19). Über Haftung der Bahn wegen Verletzung des Begleiters beim Rangieren siehe EE. 25 289, 42 339.

2. Neu. Entspringt einem Verkehrsbedürfnis und dem Bestreben der Rechtsangleichung an das neue österreichische Verkehrsrecht. Erklärung muß auch im Doppel eingetragen sein.

3. Maßgebend ist also das Verlangen der Begleiter, abgesehen vom Falle des Satzes 2. Die Haftung der Eisenbahn ist verschieden, je nachdem sich der Begleiter in dem einen oder anderen Wagen aufhält (vgl. EVO. § 83 (1) g).

4. Siehe unten S. 347 ff.

§ 50. Auslieferung

(1) Tiersendungen sind nach Ankunft auf dem Bestimmungsbahnhof unverzüglich zur Abnahme bereitzustellen.[1] Meldet sich nach Eintreffen unbegleiteter Tiersendungen auf dem Bestimmungsbahnhof kein zum Empfang Berechtigter, so ist der Empfänger unverzüglich, jedenfalls aber innerhalb der für Eilgut festgesetzten Frist [§ 78 (2)] zu benachrichtigen.[2]

I Wird von der Eisenbahn auf Antrag zugelassen, daß auf einem Bahnhof ein sonst fahrplanmäßig durchfahrender Zug zur Abstellung von Tierwagen anhält, so wird die im Nebengebührentarif (Abschnitt C) festgesetzte Gebühr erhoben.

II Die Dienststelle, die die Sendungen ausliefert, wird von der Empfangsbahn bestimmt.

III Für die Desinfektion der Eisenbahnwagen, die zur Beförderung von Pferden, Maultieren, Eseln, Rindvieh, Schafen, Ziegen, Schweinen, lebendem Geflügel, fremdländischen oder wilden Tieren verwendet sind und der bei der Beförderung benutzten Gerätschaften, werden die im Nebengebührentarif (Abschnitt C) festgesetzten Gebühren erhoben. Diese Gebühren sind stets zugleich mit der Fracht zu zahlen.

(2) Der Empfänger hat die Tiere spätestens zwei Stunden nach dem Zeitpunkt, zu dem die Benachrichtigung als bewirkt gilt [§ 78 (3)] abzunehmen, falls aber keine Benachrichtigung erfolgt [§ 78 (5)], spätestens zwei Stunden nach der Bereitstellung. Werden die Tiere nicht innerhalb der Abnahmefrist abgenommen, so kann die Eisenbahn sie auf Gefahr und Kosten des Verfügungsberechtigten in Verpflegung geben[3] oder ihren ferneren Aufenthalt im Wagen oder auf dem Bahnhof gegen Entrichtung der tarifmäßigen Gebühren gestatten.[4] Die Abnahmefrist ruht während einer zoll- oder steueramtlichen oder sonstigen verwaltungsbehördlichen Abfertigung, soweit diese nicht durch den Absender, Empfänger oder Begleiter verzögert wird.

IV Standgeld und Wagenstandgeld sind im Nebengebührentarif (Abschnitt C) festgesetzt.

1. Ordnungsvorschrift. Haftung bei Lieferfristüberschreitung. Behinderung der Entladung infolge seuchenpolizeilicher Vorschriften siehe Calmberg, ZVDEisV. 11 249.

2. Haftung der Eisenbahn bei Verschulden, dann auf vollen Schadensersatz (Rundnagel, BefGesch. S. 490). Benachrichtigungspflicht entfällt bei begleiteten Sendungen (EE. 45 313).

3. Ohne vorherige Benachrichtigung (abw. von § 80 EVO.). Verwahrungsvertrag. Haftung der Eisenbahn für Sorgfalt eines ordentlichen Kaufmanns (HGB § 347).

4. Unter Fortdauer der Haftung aus dem Frachtrecht.

§ 51. Lieferfrist [1]

(1) Die Lieferfristen[2] für die mit Tierfrachtbrief aufgelieferten Sendungen betragen, sofern der Tarif keine kürzeren Fristen vorsieht,

bei einer Entfernung bis zu 150 Tarifkilometern einen Tag,

bei größeren Entfernungen für weitere angefangene je 300 Tarifkilometer einen weiteren Tag.

(2) Die Lieferfrist beginnt für Sendungen, die zu einem vormittags abgehenden Zuge aufgegeben werden, um 12 Uhr mittags, bei Sendungen, die zu einem nachmittags abgehenden Zuge aufgegeben werden, mit der auf die Annahme folgenden Mitternacht. Sie ist gewahrt, wenn vor ihrem Ablauf die Tiere auf dem Bestimmungsbahnhof zur Abholung bereitgestellt sind.[3]

(3) Der Lauf der Lieferfristen ruht außer in den Fällen des § 74 (7)[4] auch für die Dauer des Aufenthalts auf den Tränkbahnhöfen.

(4) Die Auslieferung der mit Personenzügen beförderten Pferde und Hunde kann zu dem im § 33 (2) bestimmten Zeitpunkt verlangt werden. Müssen die Pferde[5] jedoch unterwegs auf einen anderen Zug übergehen, so kann ihre Weiterbeförderung nicht mit dem Anschlußzug, sondern erst mit dem nächsten geeigneten Zuge verlangt werden.

(5) Für Tiere in Käfigen, Kisten, Körben, Säcken und dergleichen gelten die für Eilgut festgesetzten Lieferfristen (§ 74).

(6) Wird vom Absender gemäß § 49 (1) ein besonderer Weg vorgeschrieben, so gelten für die Berechnung der Lieferfrist die Tarifentfernungen für den vorgeschriebenen Weg.

1. Begriff siehe unten EVO. § 74 Anm. 2.

2. Keine Abfertigungsfristen.

3. Benachrichtigung des Empfängers ist also zur Wahrung der Frist nicht erforderlich.

4. Unter die in EVO. § 74 (7) a erwähnten verwaltungsbehördlichen Maßnahmen fällt auch die in der EVO. von 08 besonders hervorgehobene Viehbeschau.
5. Nicht also andere Tiere.

§ 52. Weitere Vorschriften

Im übrigen gelten für die Beförderung von Tieren sinngemäß die Vorschriften für die Beförderung von Gütern (Abschnitt VIII).

I Die näheren Bestimmungen über Erhebung von Frachtzuschlägen bei Überlastung eines Wagens im Tierverkehr sind in den Tarifteilen II enthalten.

II Erleiden Tiersendungen deshalb eine Verzögerung, weil die zur Erfüllung etwa bestehender Zoll-, Steuer-, Polizei- oder sonstiger verwaltungsbehördlicher Vorschriften erforderlichen Begleitpapiere ohne Verschulden der Eisenbahn fehlen oder unzulänglich sind, so wird, falls die Verzögerung mehr als 48 Stunden beträgt, Standgeld oder Wagenstandgeld nach dem Nebengebührentarif (Abschnitt C) erhoben.

III Die Gebühren für die Ausführung nachträglicher Verfügungen, für die Unterbringung von Tieren in überdeckten Räumen, für die Anweisung des Absenders, die Sendung von einem Dritten zur Beförderung anzunehmen, für die Anweisungen des Empfängers, für die Mitwirkung der Eisenbahn bei der zollamtlichen Abfertigung und bei der Untersuchung durch den Grenztierarzt, die Ladegebühren, die Gebühren für die von der Eisenbahn verauslagten Zoll- oder Steuerbeträge, für Nachnahmen nach Eingang, für Barvorschüsse, für Ablieferungsnachweise und für die Nachprüfung der Übereinstimmung der Sendung mit den Angaben im Frachtbrief sind im Nebengebührentarif (Abschnitt C) festgesetzt.

VIII. Beförderung von Gütern

1. „Gut" im Sinne des Abschn. VIII ist nur „Gut" im engsten Sinne, es umfaßt daher nicht Reisegepäck, Expreßgut, Leichen (aber EVO. § 46 (2)) und lebende Tiere. Zu unterscheiden: Stückgut und Wagenladungen; gewöhnliches Frachtgut, Eilgut, beschleunigtes Eilgut (siehe § 67). Sind Privatwagen Güter? siehe EVO. § 82 Anm. 6.

2. Frachtvertrag ist Werkvertrag (Staub § 425 Anm. 1; BGB. § 631 ff.); bestritten ist, ob er auch eine Geschäftsbesorgung zum Gegenstand hat (BGB. § 675) (siehe Düringer-Hachenburg S. 814; Rundnagel-Sperber § 1 S. 2). Dies ist zu verneinen, es sei denn für diejenigen Geschäfte, die als Nebenleistungen aus dem Frachtvertrage entstehen (§ 65! § 69 EVO.). Zugleich ist er ein Vertrag zugunsten Dritter (BGB. § 328) (siehe Rundnagel, BefGesch. S. 141; RG. 73 148; Hellwig, Vertr. auf Leistungen S. 152, 477; EE. 1 132, 4 412; a. A. Eger, EVO. Anm. 384; Blume, Jll. Art. 15 S. 103), dies auch, wenn Absender und Empfänger identisch sind, nicht aber wenn Eisenbahn Empfänger ist. Vertragsparteien sind zunächst Eisenbahn und frachtbriefmäßiger Absender (RG. 99 245). Tod des Absenders läßt Frachtvertrag unberührt (§ 672 BGB.), derjenige des Empfängers verhindert dessen Eintritt in den Frachtvertrag. Konkurs des Absenders beendet an sich, wenn das Gut zur Konkursmasse gehört, den Frachtvertrag (§ 23 Abs. 2 KO.). Eisenbahn hat aber Beförderung oder Verwahrung fortzusetzen (BGB. § 674). Verfügungsrecht des Absenders geht auf den Konkursverwalter über. Im Konkurs hat Eisenbahn Absonderungsrecht (HGB. § 440; KO. § 49); die nach der Konkurseröffnung entstandenen Ansprüche muß Eisenbahn als Konkursgläubiger geltend machen (KO. § 27). Über den Einfluß des Konkurses auf den Eisenbahnfrachtvertrag siehe auch Seybold VR. 4 790. Neben die gesetzlichen Vorschriften tritt das Vertragsrecht der Tarife (siehe DEGT. Teil I Abt. A u. B). Der Dienstgutbeförderung liegt Frachtvertrag nicht zugrunde (ZVDEisV. 21 649).

3. Frachtvertrag ist Formalvertrag, d. h. kein Frachtvertrag kommt zustande, ohne daß ein Frachtbrief ausgestellt ist (siehe EVO. § 55). Ausnahme nur nach EVO. § 55 (5); Beförderung auf besonderen Schein (z. B. Milch). Beförderung von Arzneikisten ohne Begleitpapier ist kein Frachtvertrag im Sinne der EVO.

4. Frachtvertrag ist Realvertrag (§ 61 EVO.). Abschluß durch Hingabe von Gut und Brief sowie Annahme durch Abfertigung an ordentlicher Annahmestelle, d. s. Güter- und Eilgutabfertigung, Güternebenstelle. Ohne Gut und Brief kein Vertrag, auch kein Landfrachtvertrag, es sei denn, es liege eine Ausnahme gemäß EVO. § 55 (5) vor (EE. 33 73; Rundnagel, BefGesch. § 96 S. 309; a. A. Eger Anm. 211); vgl. aber EE. 34 99. Anrollen ist Landfrachtvertrag (EVO. § 63 (9)).

5. Zahl der Briefe ergibt Zahl der selbständigen Frachtgeschäfte (EE. 34 217; Rundnagel, BefGesch. S. 310); Zahl der Güter auf einen Brief beschränkbar (EVO. § 56 (6), (7)).

6. Erfüllungsort ist der Ablieferungsort (RG. 9 52; EE. 5 64, 21 390; JW. 05 147; ZVDEisV. 06 169). Bei Beförderungsverweigerung gilt Recht des Ortes des Auflieferungsversuches (RG. 48 122 u. 57 145).

7. Entgeltlichkeit ist keine Voraussetzung für den Eisenbahnfrachtvertrag; Schienentransport ebenfalls nicht (Fährdampfer, Überführung zwischen Bahnhöfen und Stadt; bei Güternebenstellen (§ 63 (11) EVO.)); Staub Vorbem. vor § 453 Anm. 10; siehe auch EVO. § 2 (7).

8. Über die Rechtsstellung des dinglich Berechtigten zum rollenden Gut siehe Jacoby EE. 33 119; Leutke, Verf.Recht b. Frachtgeschäft. Dem Eigentümer neben den Vertragsansprüchen noch außervertragliche (z. B. dingliche) Ansprüche zu geben, ist nicht angängig. RG. vertritt den entgegengesetzten Standpunkt (siehe 102 38, 105 302, aber auch 77 317, 92 8). Dagegen Rundnagel-Sperber S. 15 Anm. 10; Isaac JW. 22 574; Senckpiehl 23 179. Ist der dinglich Berechtigte am Frachtvertrag nicht beteiligt, stehen ihm die Rechte aus §§ 985 ff., 858 ff. BGB. zu.

9. Die Haftung der Eisenbahn für Verlust, Beschädigung oder Transportverzögerung ist entweder

a) vertraglich (EVO. §§ 82 ff.), oder

b) außervertraglich, und zwar

α) aus unerlaubter Handlung (BGB. 823 ff.). Über das Verhältnis zwischen Vertrags- und Deliktshaftung siehe Rundnagel-Sperber § 3, namentlich S. 12 und 13;

β) auf Grund von Landesgesetzen (EG. z. BGB. Art. 105). Hier ist vor allem das PrEisGes. v. 3. Nov. 1838 § 25 zu erwähnen (RG. 70 176). Den § 25 will das RG. auch auf die in Postwagen verladenen Güter angewendet wissen (siehe RG. 92 8; Gorden EE. 29 29);

γ) als Folge verfassungsmäßiger Vertretung (BGB. §§ 31, 89, die auch für die Deutsche Reichsbahn-Gesellschaft gültig bleiben). Als solche Vertreter gelten der Präsident oder die Dezernenten der Reichsbahndirektionen, nicht aber Betriebsbeamte (EE. 20 179), Bahnmeister (RG. 55 229), Bahnhofsvorsteher (EE. 20 253; siehe auch EE. 33 423);

δ) als Folge der Übertragung von Hoheitsrechten, z. B. der Bahnpolizei (EG. z. BGB. Art. 77; siehe Preuß. Beamtenhaftungsgesetz v. 1. August 1909, RVerf. Art. 131, Reichsgesetz v. 22. Mai 1910).

10. Der Frachtvertrag endet durch Erfüllung, d. h. regelmäßig durch Übergabe von Gut und Frachtbrief an den Empfänger (Ablieferung EVO. § 75). Gerät der Empfänger nach der Ablieferung in Verzug (Nichtentladung ihm zugewiesener Wagenladung), haftet Eisenbahn nur für Vorsatz und grobe Fahrlässigkeit (BGB. § 300). Nimmt sie das Gut auf Lager, haftet sie nach EVO. § 82 (4). Bei Annahmeverzug des Empfängers vor Ablieferung ist nach EVO § 80 zu verfahren. Eisenbahn haftet nach Frachtrecht weiter, bis sie eine Handlung vornimmt, die als Ablieferung anzusehen ist

[vgl. EVO. § 75 (1)]; siehe Rundnagel-Sperber § 9; RG. 102 206; EE. 26 114. Bezüglich des vom Empfänger auf dem Güterboden nach Ablieferung ohne Vorwissen der Eisenbahn zurückgelassenen Gutes entsteht kein Verwahrungsvertrag. Eisenbahn haftet nicht (vgl. v. d. Leyen, JW. 26 797, 21 1318; Arch f. Eis. 21 999; siehe ferner ZVDEisV. 21 787, 22 213; RG. 98 32, 99 245; RG. 102 206 und unten EVO. § 82 (1) Ablieferung!).

§ 53. Durchgehende Beförderung

Die Eisenbahn ist verpflichtet,[1] Güter zur durchgehenden Beförderung[2] von und nach allen Bahnhöfen und Güternebenstellen nach Maßgabe ihrer Abfertigungsbefugnisse[3] anzunehmen.[4]

HGB. § 453; JüG. Art. 5.

Literatur: Coermann, Der Beförderungszwang der Eisenbahn; EE. 22 204; JW. 87 355.

1. EVO. § 3 (für das eigene Bahngebiet; aber auch für den Personenverkehr). Bei verschuldeter Ablehnung Klage auf Annahme oder Schadensersatz (EE. 20 350; EVO. § 3 Anm. 2).

2. D. h. ohne daß es für den Übergang von einer Bahn auf die andere einer Vermittelungsadresse bedarf, und ohne Rücksicht darauf, ob die Bahnen untereinander im Verbandsverkehr stehen. Das Bestehen durchgehender Tarife ist sonach nicht erforderlich, ebensowenig gleiche Spurweite. Verhältnis der Eisenbahnen untereinander siehe EVO. § 96.

3. Einschränkungen der Abfertigungsbefugnisse, z. B. für Sprengstoffe; Einrichtung von Bahnhöfen nur für Personen- oder nur für Güterverkehr; nur für Stückgut- oder Ladungsverkehr oder den Verkehr der angeschlossenen Werke u. a. m.

4. Keine Verpflichtung aus EVO. zur Annahme nach Bahnhöfen außerhalb des Deutschen Reiches (vgl. aber EVO. § 1 AAB.; JüG. Art. 1, 5; RG. 18 171) oder die innerhalb des Deutschen Reiches nicht der EVO. unterstehen (siehe oben § 1 Anm. 3).

§ 54. Von der Beförderung ausgeschlossene oder nur bedingungsweise zur Beförderung zugelassene Gegenstände

(1) Von der Beförderung ausgeschlossen sind,[1] soweit nicht in Abs. (2) Ausnahmen zugelassen sind:

a) die dem Postzwang unterliegenden Gegenstände;[2]

I Die einschlägigen Bestimmungen des Gesetzes über das Postwesen des Deutschen Reiches vom 28. Oktober 1871 mit den Ergänzungen durch das Gesetz vom 20. Dezember 1899 lauten:

§ 1. Die Beförderung
1. aller versiegelten, zugenähten oder sonst verschlossenen Briefe;
2. aller Zeitungen politischen Inhalts, die öfter als einmal wöchentlich erscheinen,

gegen Bezahlung von Orten mit einer Postanstalt nach anderen Orten mit einer Postanstalt des In- oder Auslandes auf andere Weise als durch die Post ist verboten. Hinsichtlich der politischen Zeitungen erstreckt dieses Verbot sich nicht auf den zweimeiligen Umkreis ihres Ursprungsorts.

Wenn Briefe und Zeitungen (Nr. 1 und 2) vom Auslande eingehen und nach inländischen Orten mit einer Postanstalt bestimmt sind oder durch das Gebiet des Deutschen Reiches transitieren sollen, so müssen sie bei der nächsten inländischen Postanstalt zur Weiterbeförderung eingeliefert werden.

Unverschlossene Briefe, die in versiegelten, zugenähten oder sonst verschlossenen Paketen befördert werden, sind den verschlossenen Briefen gleichzuachten. Es ist jedoch gestattet, versiegelten, zugenähten oder sonst verschlossenen Paketen, die auf andere Weise als durch die Post befördert werden, solche unverschlossene Briefe, Fakturen, Preiskurante, Rechnungen und ähnliche Schriftstücke beizufügen, die den Inhalt des Pakets betreffen.

§ 1a. Die §§ 1 usw. dieses Gesetzes finden auch Anwendung auf verschlossene und solchen gleichzuachtende Briefe, die innerhalb der Gemeindegrenzen ihres mit einer Postanstalt versehenen Ursprungsortes verbleiben.

b) Gegenstände, deren Beförderung nach gesetzlicher Vorschrift[3] oder aus Gründen der öffentlichen Ordnung[1] verboten ist;

c) explosionsgefährliche Gegenstände, das sind alle Gegenstände, die explosionsfähige Stoffe enthalten, nämlich:
1. Sprengstoffe, insbesondere Spreng- und Schießmittel;[5] Stoffe, die nicht zum Sprengen oder Schießen geeignet sind, durch Flammenzündung nicht zur Explosion gebracht werden können und gegen Stoß oder Reibung nicht empfindlicher sind als Dinitrobenzol, gelten nicht als Sprengstoffe;

2. Munition,
3. Zündwaren, Feuerwerkskörper und dergleichen,
4. verdichtete und verflüssigte Gase,
5. Stoffe, die in Berührung mit Wasser entzündliche oder die Verbrennung unterstützende Gase entwickeln;

d) selbstentzündliche Stoffe;[6]
e) ekelerregende und übelriechende Stoffe.

(2) Bedingungsweise sind zur Beförderung zugelassen:[7]

a) explosionsgefährliche, selbstentzündliche, ekelerregende oder übelriechende Stoffe [Abs. (1) c) bis e)] sowie die in der Anlage C[8] unter III bis V besonders aufgeführten brennbaren Flüssigkeiten, giftigen und ätzenden Stoffe bei Erfüllung der in der Anlage C vorgeschriebenen Bedingungen.

Solche Gegenstände dürfen miteinander oder mit anderen Gütern nur dann zusammengepackt werden, wenn dies in der Anlage C zugelassen ist. Sie dürfen nicht bahnlagernd gestellt werden.

b) Gold und Silber, Platin, Geld,[9] Münzen und Papiere mit Geldwert,[10] auch amtliche Wertzeichen,[11] Dokumente, Edelsteine, echte Perlen, besonders wertvolle Spitzen und besonders wertvolle Stickereien sowie andere Kostbarkeiten,[12] ferner Kunstgegenstände,[13] wie Gemälde, Bildwerke, Gegenstände aus Erzguß, Kunstaltertümer.[14]

Die Beförderungsbedingungen für diese Gegenstände hat der Tarif zu bestimmen.

II 1 Gold und Silber, Platin, Geld und Münzen mit Geldwert aus edlen Metallen, Papiere mit Geldwert, auch amtliche Wertzeichen, Dokumente, Edelsteine und echte Perlen, besonders wertvolle Spitzen und besonders wertvolle Stickereien, Waren aus Gold, Silber oder Platin, auch in Verbindung mit Edelsteinen oder echten Perlen, ferner Kunstgegenstände, wie Gemälde, Bildwerke, Gegenstände aus Erzguß und Kunstaltertümer, im Einzelwerte von mehr als 5000 Reichsmark, sowie andere Kostbarkeiten sind, soweit sie vorstehend namentlich aufgeführt sind, unter diesen Namen, soweit sie nicht genannt sind, unter ihrer tarifarischen oder handelsüblichen Benennung mit dem Zusatz »Kostbarkeit« oder — unbeschadet der Ausf. Best. zu § 86 (3) — unter Angabe des Wertes im Frachtbrief in der Spalte »Inhalt« zu bezeichnen. Bei Kunstgegenständen im Einzelwert von mehr als 5000 Reichsmark muß die Inhaltsangabe lauten: »Kunstgegenstände im Einzelwert von mehr als 5000 Reichsmark«.

2 Die unter 1 genannten Gegenstände werden nur als Eilgut oder als beschleunigtes Eilgut zur Beförderung angenommen und dürfen nicht bahnlagernd gestellt werden. Wenn die Gegenstände nicht in einer unbedingt sicheren, den Vorschriften des § 62 in jeder Hinsicht entsprechenden Verpackung aufgegeben werden, muß der Absender, wenn nicht die Annahme des Gutes abgelehnt wird, das Fehlen oder die Mängel der Verpackung gemäß § 62 (2) anerkennen. Bei Aufgabe als Eilgut darf das einzelne Stück nicht weniger als 20 kg und bei Aufgabe als beschleunigtes Eilgut nicht weniger als 10 kg wiegen.

Für die Annahme der in den Anlagen C und II verzeichneten Gegenstände als Eilgut oder als beschleunigtes Eilgut gelten die Bestimmungen dieser Anlagen.

3 Die unter 1 genannten Gegenstände können auch mit anderen Gütern zusammengepackt aufgegeben werden. In diesem Falle sind für die ganze Sendung die vorstehend unter 2 genannten Bestimmungen anzuwenden.

Sofern die Gegenstände Umzugsgut darstellen und zusammen mit den zugehörigen Umzugsgütern in Wagenladungen aufgegeben werden, brauchen sie nicht als Kostbarkeiten im Frachtbrief bezeichnet zu werden. Sie unterliegen in diesem Falle nicht den unter 2 genannten Vorschriften. Diese Bestimmung ist jedoch nur anzuwenden, wenn der Wagen mit gut schließenden Schlössern gesichert ist. Möbelwagen müssen außerdem durch eiserne Vorlegestangen verschlossen sein.

4 Auf Antrag des Absenders werden diese Güter in besonderen Wagen mit den von der Eisenbahn zu bestimmenden Zügen befördert. In diesem Falle obliegt das Einladen dem Absender, das Ausladen dem Empfänger; Auflieferung als »Stückgut« ist ausgeschlossen.

Auf Antrag des Absenders kann auch die Beförderung in einem Abteil eines Personenwagens zugelassen werden. Das Einladen obliegt dann ebenfalls dem Absender, das Ausladen dem Empfänger.

Der Antrag ist im Frachtbrief unter »Vorgeschriebene oder zulässige Erklärungen« zu vermerken.

5 Bei Beförderung in besonderem Abteil eines Personenwagens muß mindestens ein Begleiter, bei Beförderung in besonderen Wagen auf Verlangen der Eisenbahn für jeden Wagen ein Begleiter gestellt werden, der in dem Abteil oder Wagen fahren und das Abteil oder den Wagen unter Verschluß halten kann. Weitere Begleiter können auf Verlangen des Absenders zugelassen werden.

6 Für Geld und Münzen mit Geldwert aus unedlen Metallen gelten die allgemeinen Beförderungsbedingungen.

c) Gegenstände, deren Verladung oder Beförderung[15] nach der Anlage oder dem Betrieb einer beteiligten Bahn außergewöhnliche Schwierigkeit verursacht.

Ihre Beförderung kann die Eisenbahn von besonders zu vereinbarenden Bedingungen abhängig machen.[16]

d) Eisenbahnfahrzeuge, die auf eigenen Rädern befördert werden sollen.[17]

Sie müssen sich in lauffähigem Zustand befinden. Lokomotiven, Tender und Triebwagen müssen von einem sachverständigen Beauftragten des Absenders begleitet[18] sein, der sie auch zu schmieren hat.

III 1 Eisenbahnfahrzeuge, die auf eigenen Rädern befördert werden sollen, werden zur Beförderung nur angenommen, wenn die Eisenbahn die Lauffähigkeit festgestellt hat und wenn die Bescheinigung hierüber dem Frachtbrief beigefügt ist. Sie werden nicht zur Beförderung als Eilgut oder beschleunigtes Eilgut angenommen. Dagegen werden leere Privatgüter- und Privattierwagen, die in den Park einer Eisenbahnverwaltung eingestellt sind, sowie Privatkühlmaschinenwagen ohne Laderaum, wenn sie gleichzeitig mit beladenen Kühlwagen als Eilgut aufgeliefert werden und zu deren Versorgung mit Kälte während der Beförderung bestimmt sind, zur Beförderung als Eilgut angenommen.

2 Die Beladung der Eisenbahnfahrzeuge bedarf besonderer Genehmigung. Für die verladenen Gegenstände ist die tarifmäßige Fracht zu zahlen.

3 Anderen Eisenbahnfahrzeugen als Lokomotiven, Tendern und Triebwagen kann ein Begleiter beigegeben

werden. Dieser hat das Schmieren zu besorgen. Ist kein Begleiter beigegeben, so übernimmt die Eisenbahn das Schmieren auf Kosten des Absenders.

4 Die Begleiter von Eisenbahnfahrzeugen werden frei befördert. Sie haben auf oder in den begleiteten Fahrzeugen Platz zu nehmen. Ausnahmsweise kann ihnen der Zugführer den zeitweiligen Aufenthalt im Packwagen oder in einem im Zuge fahrenden Personenwagen gestatten.

HGB. §§ 462, 467; JÜG. Art. 3, 4.

Literatur: v. d. Leyen, ZfHR. 49 388.

1. Ausgeschlossen heißt, sie dürfen nicht zur Beförderung angenommen werden. Werden ausgeschlossene oder nur bedingungsweise zugelassene Güter ohne Erfüllung der gegebenen Bedingungen trotzdem angenommen, so ist der Vertrag gültig (vgl. auch RG. 103 185). Dies ist bestritten; Literatur siehe Loening S. 51. Eisenbahn kann aber anfechten (BGB. §§ 142, 119, 123). Zunächst entstehen jedoch für sie alle Rechte und Pflichten. Wegen der Haftung siehe EVO. § 83 (1) e.

2. Hierzu Frankfurter in DJZ. 26 731ff. Durch Beförderung im Eisenbahn-Postwagen entstehen Beziehungen nur zwischen Eisenbahn und Post, jedoch kein Vertragsverhältnis zwischen Eisenbahn und den einzelnen Versendern von Postsachen (RG. 92 12).

3. Gesetz oder Rechtsverordnung (Postzwang, Entwaffnungsgesetz v. 7. 8. 20).

4. Gesundheitspolizeiliche, strafrechtliche Verbote; solche im Interesse der Landesverteidigung; Aus- und Einfuhrverbote; Zollvorschriften; doch muß das Verbot von einer Stelle ausgehen, die befugt ist, öffentlich-rechtliche Verbote zu erlassen (Polizeiverordnungen, Einzelverbote, ALR. 10 II 17).

5. Gesetz gegen den verbrecherischen und gemeingefährlichen Gebrauch von Sprengstoffen v. 9. Juni 1884 (RGBl. S. 61); StGB. § 367 Ziff. 5; RG. i. EE. 5 138; RGSt. 41 156).

6. Aller Art, z. B. getrocknete Krabben, geteerte Netze. Entscheidung nach pflichtmäßigem Ermessen des Versandbahnhofes. Dagegen Beschwerde an Aufsichtsstelle.

7. Die Bedingungen sind enthalten:

a) in der Anlage C für die Güter unter (2) a,

b) in den Tarifen für die Güter unter (2) b,

c) sind besonders zu vereinbaren für die Güter (2) c.

8. Anlage C ist hier nicht abgedruckt, da sie ständig Änderungen unterliegt. Sie wird veröffentlicht im RGBl. (muß!) und im Reichsanzeiger (soll!). Sie ist bei den Güterabfertigungen besonders käuflich.

9. Auch Papiergeld; außer Kurs gesetztes Geld ist kein Geld mehr.

10. Wertpapiere im weiteren Sinne sind alle Urkunden, die entweder Wertträger sind oder unmittelbar zum Beweis von Rechten dienen, auch wenn sie unverkäuflich sind, z. B. Kreditpapiere, Staatspapiere, Kupons, Hypothekenbriefe, Schuldurkunden (Rundnagel, BefGesch. § 65 S. 226; Düringer-Hachenburg § 429 Anm. 19; a. A. Eger, Frachtrecht I Anm. 45 III).

11. Briefmarken mit Sammelwert fallen nicht hierunter (EE. 24 129).

12. Zum Begriff „Kostbarkeiten" vgl. JW. 20 782; Goltermann, EE. 37 203; Arch. f. Eis. 21 670; RG. 13 36, 75 190, 101 87, 102 258, 105 202; Starck, JW. 21 1304, 22 89: Senckpiehl, Kostbarkeiten im Frachtrecht 1922; dazu Sommerfeld, JW. 22 375; RGZ. VII 513 v. 21. April 1922; Drucker, Kostbarkeitsbegriff 1911. Das JÜG. kennt den Begriff nicht mehr. (Haftungsbeschränkung siehe Art. 29 und 34). Vgl. dazu Friebe, ZVDEisV. 28 142; Loening S. 56 und 699. Über die österreichische Regelung siehe S. 357 f.

Kostbarkeiten im Sinne des Frachtrechts sind Güter, die im Verhältnis zu ihrem Umfang und Gewicht einen außerordentlich und, verglichen mit anderen Gütern gleichen Umfangs und Gewichts, einen ungewöhnlich hohen Wert haben (siehe BGB. §§ 372, 702). Ob dieser Wert sich auf den Stoff, die Bearbeitung oder andere Umstände (Seltenheit, Mode, Liebhaberei) gründet, ist gleichgültig. Nicht erforderlich ist allgemeine Seltenheit oder Luxuseigenschaft; auch das Vorliegen eines besonderen, in der Art der Ware liegenden Merkmals — nämlich daß sie nicht zu den gewöhnlichen Handelsgütern gehört — ist nicht Voraussetzung für den Kostbarkeitsbegriff (siehe Z. f. intern. Tr. 22 77; abw. Eger, JÜ. S. 53; Senckpiehl, EisTrGesch. S. 212). Senckpiehl (siehe EisTrGesch. 213; Kostbarkeiten S. 27 ff.; siehe auch EE. 29 313) will demgemäß alle Gebrauchs- und Verbrauchsgüter ausschließen, ebenso alle Pflanzen und solche Gegenstände, die der Wissenschaft, der Technik und dem Gewerbe dienen. Die allgemeine Verkehrsanschauung ist nur insofern maßgebend, als nach übereinstimmender Anschauung von Absender und Eisenbahn für bestimmte Güter Ausnahmen geschaffen werden können (vgl. Sperber, ZVDEisV. 22 211; a. A. RG. in EE. 45 411).

Streitig ist, ob bei der Prüfung der Kostbarkeitsfrage das Frachtgut als Ganzes zu betrachten ist. Das RG. hat dies in ständiger Rechtsprechung bejaht (RG. 100 110), und zwar nicht nur dann, wenn der Inhalt des Frachtstückes eine einheitliche Warengattung bildet (z. B. Fensterleder, Entsch. I 671 v. 24. Juni 1922) — bei derartigen Sendungen soll es auf gesonderte Betrachtung des Gewichts der Ware und der Verpackung nicht ankommen —, sondern auch dann, wenn das Frachtgut neben Nichtkostbarkeiten auch einzelne Kostbarkeiten enthält, z. B. Schmuck in einem Anzug (RG. 100 110; ZVDEisV. 21 176; RG. in EE. 40 35; wegen Umzuggutes vgl. AAB. II (3)). Das Ergebnis dieser Rechtsprechung ist unbefriedigend und nicht haltbar (vgl. Jahrb. d. Deutschen Rechts 1921 S. 284; Warneyer 1922 Nr. 44). Die Rechtsprechung wendet sich auch von dem ab (RG. 106 369; ZVDEisV. 23 209). Starck (JW. 21 1304) verlangt beim Zusammenpacken von Kostbarkeiten und Nichtkostbarkeiten einen besonderen Frachtbrief für die Kostbarkeiten; dagegen mit Recht Sendpiehl, JW. 22 89; abzulehnen ist ferner die Unterscheidung zwischen absoluten und relativen Kostbarkeiten (Pietzker, Hans. GerZ. 21 81). Über Kostbarkeitsfrage und Inflation vgl. Staub § 429 Anm. 19; RG. 99 251, 100 112, 101 84, 102 257; EE. 38 63. Als Endergebnis ist festzustellen, daß eine durch Geldentwertung hervorgerufene Preissteigerung keinem Gut die Eigenschaft als Kostbarkeit verleihen kann. Immerhin war es gerechtfertigt, während der Inflation die Kostbarkeitsgrenze etwas weiter zu ziehen als nach Festigung der Währung (EE. 45 411). Als Kostbarkeiten wurden anerkannt: Ölgemälde (RG. 13 38), Felle (RG. 102 257, 104 97), Kleider (ZVDEisV. 21 254, 415), Seide (RG. 100 110, 101 167, 102 257), Zobelpelzmäntel (RG. 75 191), Spitzen (RG. 94 115), Rohseide (JW. 19 681; EE. 37 340), Boas (EE. 28 96), Teppiche (EE. 24 8), Manuskripte (EE. 31 211), Kaschmir (EE. 37 204), Damenstrümpfe (EE. 38 63), Cello im Werte von 250 Dollar (EE. 46 299). (Die drei letzten Entscheidungen sind abzulehnen!). Die Eigenschaft als Kostbarkeit wurde verneint bei Filmen (EE. 29 244, 443; 33 88; 30 23; Arch. f. Eis. 19 305; ZVDEisV. 21 177; abw. RG. 94 119; ZVDEisV. 20 107, 21 177), photographischen Apparaten (ZVDEisV. 21 177), Zigarren (RG. 101 84), Kleidern (Arch. f. Eis. 21 995), minderwertigen Fellen und Pelzwaren (EE. 45 411).

13. Kunstgegenstände müssen nach der Art ihrer Herstellung der darstellenden Kunst oder dem Kunstgewerbe angehören und in concreto Kunstwert haben (siehe Rundnagel-Sperber S. 138; Staub § 429 Anm. 19; siehe auch RG. 13 37); letzteres Erfordernis verneint die herrschende Meinung; die Verkehrssitte muß den Maßstab bilden. Die Bezeichnung im Frachtbrief muß erkennen lassen, daß es sich um Gegenstände mit Kunstwert handelt (nicht genügend z. B. Denkmalsgipsstudien [EE. 17 357; ZVDEisV. 01 172]; § 254 BGB. wäre zum mindesten hier am Platze); vgl. noch EE. 24 8. Filme können Kunstgegenstände sein (siehe EE. 29 244, 443, 30 23).

14. Die Bezeichnung „Kostbarkeit" wird durch genaue Beschreibung der Sendung nicht entbehrlich (EE. 39 116).

15. Darüber, ob die Verladung oder Beförderung im Einzelfall außergewöhnliche Schwierigkeiten bereitet, entscheidet zunächst

die Abfertigungsstelle. Dagegen Beschwerde an Aufsichtsbehörde. Im Streitfall unterliegt Frage richterlichem Ermessen. Beschränkungen der Abfertigungsbefugnisse sind aus dem sog. „Stationsverzeichnis" ersichtlich.

16. Die Bedingungen können beliebig sein, auch hinsichtlich der Haftung (siehe Rundnagel, BefGesch. S. 306); abweichend hinsichtlich der Haftung Eger Anm. 209; Coermann, EE. 22 323.

17. Laufen sie nicht auf eigenen Rädern, sind sie gewöhnliches Frachtgut. Nicht zu den Eisenbahnfahrzeugen im Sinne dieser Bestimmung gehören Privatgüterwagen (EVO. § 82 Anm. 6).

18. Dieser ist Begleiter im Sinne von EVO. § 83 (1) g.

§ 55. Form des Frachtbriefs

(1) Jede Sendung muß[1] von einem Frachtbrief[2] begleitet sein, der für gewöhnliches Frachtgut dem Muster der Anlage D,[3] für Eilgut und beschleunigtes Eilgut dem Muster der Anlage E[3] zu entsprechen hat. Bei Aufgabe als beschleunigtes Eilgut muß der Eilfrachtbrief in der Spalte „Vorgeschriebene oder zulässige Erklärungen" den Vermerk „Beschleunigtes Eilgut" enthalten.

(2) Zu den Frachtbriefen ist weißes Schreibpapier in der vom Reichsverkehrsminister festgesetzten Beschaffenheit zu verwenden.[4] Alle Güterabfertigungen sind verpflichtet, Frachtbriefe zu den im Tarif festzusetzenden Preisen zu verkaufen.

(3) Die Frachtbriefe[5] müssen[1] zum Nachweis, daß sie den Vorschriften entsprechen, den Prüfungsstempel einer inländischen Eisenbahn[6] tragen. Für die Stempelung der Frachtbriefe wird eine im Tarif festzusetzende Gebühr erhoben. Die Stempelung kann abgelehnt werden, wenn nicht gleichzeitig mindestens 100 Frachtbriefe vorgelegt werden.[7]

Die Preise der Vordrucke zu Frachtbriefen und die Gebühr für die Stempelung sind im Nebengebührentarif (Teil I Abteilung B) festgesetzt.

(4) Die stark umrahmten Teile des Frachtbriefs sind für die Eintragungen der Eisenbahn,[8] die übrigen für die Eintragungen des Absenders bestimmt.[9]

(5) Für besondere Fälle wie regelmäßig wiederkehrende Sendungen[10] oder für Sendungen in durchgehender Beförderung mit anderen Verkehrsmitteln kann der Reichsverkehrsminister Abweichungen von den vorstehenden Bestimmungen genehmigen.

HGB. § 426; JÜG. Art. 6.

Literatur: siehe EVO. § 54; ferner v. d. Leyen, ZfHR. 65 8; Reindl, EE. 16 4; 25 5.

1. Zwingend; ohne Übergabe eines Frachtbriefs kein Eisenbahnfrachtvertrag im Sinne des Abschn. VIII EVO. [Ausnahme siehe (5)]; siehe Einleitung zu Abschn. VIII Anm. 3; abw. EE. 25 374. Die Nichtbeachtung der sonstigen Formvorschriften der Abs. 1 bis 3 (Verwendung unrichtigen Musters, Papiers, Fehlen des Prüfungsstempels, Herstellung des roten Eilgutrandes mit Buntstift) beeinflußt die Gültigkeit des Vertrags nicht; sie gibt der Eisenbahn aber das Recht und dem Beamten die innerdienstliche Pflicht, die Annahme zu verweigern (siehe Kittel § 55 Anm. 1).

2. Der Frachtbrief ist seiner geschichtlichen Entwicklung nach eine der Sendung beigefügte Mitteilung des Absenders an den Empfänger (offener Brief). Diese Form besaß er früher nach dem Muster der EVO. und besitzt er noch heute im internationalen Verkehr: „Sie empfangen die nachstehend verzeichneten Güter." Im neuen Muster der EVO. ist diese Fassung geändert, so daß nunmehr der Frachtbrief mehr die Form eines Begleitpapiers zeigt. Der Frachtbrief ist Urkunde (StGB. § 267; RGSt. 3 169; EE. 23 181), ferner ist er Vertragsurkunde im Sinne des BGB. § 126 und zugleich Beweisurkunde (EE. 7 397, 18 343), d. h. er liefert Beweis dafür, daß die in ihm enthaltenen Erklärungen von dem Aussteller abgegeben sind. Er ist kein Legitimationspapier. Ob er auch den Beweis für seinen Inhalt liefert, ist Tatfrage (EE. 7 397, 18 343). Nach RGSt. 32 23 wird der Frachtführer Eigentümer des Frachtbriefs (siehe Senckpiehl, Sped.-SchiffZtg. 12 29); das widerspricht der geschichtlichen Entwicklung. Da, wo der Absender die Wahl hat zwischen deutschem und internationalem Recht (siehe EVO. § 1, AAB. zu b), vollzieht er diese durch die Übergabe des entsprechenden Musters; das gleiche gilt für die Unterscheidung von Fracht- und Eilgut. Wird ein internationaler Frachtbrief verwendet, obwohl von vornherein feststeht, daß das Gut nur auf deutschen Strecken befördert wird, gilt EVO., nicht JÜG. (Loening S. 30). Eine dem gewählten Muster nicht entsprechende Frachtbriefangabe ist ungültig (vgl. EVO. § 56 Anm. 1). Bezüglich der strafrechtlichen Seite vgl. EE. 23 181. Frachtbrief der Reichsbahn ist öffentliche Urkunde, ebenso seine einzelnen wichtigen Eintragungen (RGSt. 3 169; Stenglein, Lexikon des deutschen Strafrechtes: 2 1190, 1469, 1528; EE. 43 1, 77).

3. Die Muster sind wegen ihrer allgemeinen Zugänglichkeit nicht abgedruckt.

4. Siehe VO. d. RVerkMin. v. 10. April 1926 (RMinBl. Nr. 15). Danach ist vorgeschrieben: weißes Normalpapier 4 a mit

vorschriftsmäßigen Wasserzeichen (vgl. Din.-Bl. 827, zu beziehen durch Beuth-Verlag, Berlin SW. 19). Für Frachtbriefdoppel, die als solche durch Aufdruck kenntlich sind, ist die Beschaffenheit des Papiers freigegeben. Größe beider 420×297 mm. Das Aufbrauchen alter Bestände ist bis zum 31. 3. 29 zugelassen (siehe VO. vom 4. 7. 28 [RGBl. II S. 506] i. V. mit § 3 der VO. vom 10. 4. 26 und der VO. vom 11. 12. 26 [RGBl. II Nr. 50]).

5. Auch die Frachtbriefdoppel; siehe VO.en d. RVerkMin. in Anm. 4.

6. Irgend einer Eisenbahn, auch wenn sie an der Beförderung nicht beteiligt ist; nicht aber einer Kleinbahn, die der EVO. nicht untersteht.

7. Vertrauenswürdigen Druckereien wird vertraglich das Recht eingeräumt, für Private Frachtbriefe mit amtlichem Stempel zu versehen (siehe EVBl. 01 119). Stempelung ohne Genehmigung siehe StGB. § 360 Ziff. 4, 5 (EVBl. 78 274). Betrug?

8. Über Haftung der Eisenbahn für ihre eigenen Eintragungen siehe EE. 29 256. Füllt Absender stark umrahmte Spalten aus, die an sich von der Eisenbahn auszufüllen wären, so haftet er für diese Angaben nicht (EE. 20 18).

9. Wegen der Haftung des Absenders siehe EVO. § 57.

10. Z. B. Milch, Arzneiwaren (siehe Einl. zu Abschn. VIII Anm. 3).

§ 56. Inhalt des Frachtbriefs

(1) Der Frachtbrief muß[1] folgende Angaben enthalten:[2]

a) Ort und Tag der Ausstellung;[3]

b) die Bezeichnung des Bahnhofs oder der Güternebenstelle, wohin das Gut befördert werden soll (Bestimmungsbahnhof); die Bezeichnung soll möglichst dem Tarif entsprechen;[4]

I Der Absender kann bei Wagenladungen und bei den von ihm selbst verladenen Stückgutsendungen ohne Verbindlichkeit für die Eisenbahn im Frachtbrief unter »Vorgeschriebene oder zulässige Erklärungen« die gewünschte Entladestelle des Bestimmungsbahnhofs und bei Gleisanschlüssen auch die des Gleisanschlusses bezeichnen.

c) Namen, Wohnort und soweit erforderlich auch Wohnung oder Geschäftsstelle dessen, an den das Gut abgeliefert werden soll. Dieser Anschrift des Empfängers können Drahtanschrift und Fernsprechnummer beigefügt werden. Als Empfänger darf nur eine Einzelperson, Firma, juristische Person oder öffentliche Dienststelle angegeben werden. Anschriften, die den Namen des Empfängers nicht bezeichnen, wie „an Order von . . . ." oder „an den Inhaber des Frachtbriefdoppels", sind unzulässig;[5]

II Frachtbriefe, die an die Güterabfertigung des Bestimmungsbahnhofs gerichtet sind, werden nur angenommen, wenn die Berechtigung zur Benutzung dieser Anschrift nachgewiesen wird oder aus dem Tarif hervorgeht. Vgl. im besonderen die Bestimmungen über die Beförderung der Privatwagendecken und der nicht der Eisenbahn gehörenden Deckenträger, Ladegeräte und Wärme- oder Kälteschutzmittel im Abschnitt VI der Allgemeinen Tarifvorschriften (Teil I Abteilung B).

d) die Bezeichnung der Sendung[6] nach ihrem Inhalt, die Angabe des Gewichts[7] oder statt dessen eine den Vorschriften der Versandbahn entsprechende Angabe [vgl jedoch § 58 (3) und (4)], ferner:

bei Stückgut:

Anzahl, Art der Verpackung, Zeichen und Nummer[8] oder statt dessen die Angabe, daß die Güter die Anschrift des Empfängers tragen;

bei Gütern, die vom Absender zu verladen sind:

Nummer, Eigentumsmerkmal, Ladegewicht (bei Privatwagen auch Eigengewicht) des Wagens, ferner die Angabe, ob der Wagen offen oder gedeckt ist.[9]

Bei den im Tarif und in der Anlage C aufgeführten Gütern ist der Inhalt[10] nach der dort gebrauchten, bei allen anderen Gütern nach ihrer handelsüblichen Benennung anzugeben.[11] Der Tarif kann Erleichterungen zulassen. Will der Absender der tarifmäßigen oder handelsüblichen Benennung des Gutes noch eine andere Benennung oder eine besondere Inhaltsangabe beifügen, so hat er diese Angaben in der Frachtbriefspalte „Inhalt" in Klammern oder auf der Rückseite des Frachtbriefs zu machen.

Reicht der für die Bezeichnung der Güter und die Angabe des Gewichts vorgesehene Raum auf der Vorderseite des Frachtbriefs nicht aus, so ist die Rückseite zu benutzen; nötigenfalls sind dem Frachtbrief gleich große Blätter anzuheften und dann besonders zu unterzeichnen.

Im Frachtbrief ist auf sie zu verweisen. Wird das Gesamtgewicht einer solchen Sendung angegeben, so ist es im Frachtbrief an der hierfür vorgesehenen Stelle einzutragen;

III Die Bezeichnungen »Drogen«, »chemische Präparate zum wissenschaftlichen Gebrauch« und »pharmazeutische Präparate« werden als Inhaltsangabe zugelassen, wenn der Absender im Frachtbrief erklärt, daß die Frachtstücke keinen Gegenstand enthalten, der nach den Bestimmungen der Eisenbahn-Verkehrsordnung von der Beförderung ausgeschlossen oder nach dieser Ordnung oder der Anlage II zum Deutschen Eisenbahn-Gütertarif, Teil I Abteilung A, nur bedingungsweise zur Beförderung zugelassen ist. Für regelmäßige Sendungen solcher Güter ist auch die Hinterlegung einer allgemeinen Erklärung nach Anlage I bei der Versandabfertigung statthaft. Auf diese Erklärung ist bei jeder einzelnen Sendung im Frachtbrief Bezug zu nehmen.

IV Bei Gütern, die eingestanzte oder aufgezeichnete Zeichen und Nummern tragen, wie z. B. Stahlflaschen oder Privatwagendecken, sind die eingestanzten oder aufgeschriebenen Bezeichnungen — abgesehen von Marken- oder Herkunftsbezeichnungen — im Frachtbrief anzugeben.

V Fehlt im Frachtbrief

a) die Angabe des Ladegewichts des verwendeten Wagens (und bei Privatwagen auch die Angabe des Eigengewichts) oder

b) die Angabe, ob der Wagen offen oder gedeckt ist,

so trägt die Versandabfertigung die fehlenden Angaben ein.

VI Bei den vom Absender verladenen Sendungen aus ungleich tarifierten Gütern sind, wenn getrennte Frachtberechnung beansprucht wird, außer dem Gesamtgewicht die Gewichte der einzelnen Güter nach Tarifklassen zusammengefaßt an der im Frachtbrief hierfür vorgesehenen Stelle einzutragen. Wird bei Wagenladungen oder bei den vom Absender selbst verladenen Stückgutsendungen aus ungleich tarifierten Gütern das Gewicht für einen Teil der Sendung nicht angegeben und Feststellung des Gesamtgewichts beantragt, so gilt die Ausf.Best. VI zu § 58.

e) die Unterschrift des Absenders mit Namen oder Firma sowie seine Wohnung oder Geschäftsstelle, nach seinem Ermessen auch Drahtanschrift und Fernsprechnummer. Als Absender darf nur eine Einzelperson, Firma, juristische Person oder öffentliche Dienststelle angegeben werden;[12]

ferner zutreffendenfalls:

f) den Antrag auf Ausstellung eines Frachtbriefdoppels [§ 61 (5) bis (7)];[13]

VII Die Ausstellung eines Frachtbriefdoppels ist durch Eintragung des Wortes »ja« an der im Frachtbrief hierfür vorgesehenen Stelle zu beantragen.

g) die Angabe der durch die Zoll-, Steuer-, Polizei- oder sonstigen Verwaltungsbehörden vorgeschriebenen Begleitpapiere,[13a] die dem Frachtbrief beigefügt oder als bei einer bestimmten Stelle hinterlegt bezeichnet sind [§ 65 (1)];

h) die Angabe der Kosten, die der Absender übernehmen will (Freivermerk, § 69);

i) die Höhe einer Nachnahme, mit der das Gut belastet werden soll, oder eines Barvorschusses (§ 71);

k) die Angabe „bahnlagernd",[13b] gegebenenfalls mit einem Verzicht auf die Benachrichtigung des Empfängers gemäß § 78 (5), vgl. jedoch § 54 (2) a);

l) den Betrag des Lieferwerts (§ 89).

(2) Außerdem kann der Frachtbrief folgende Angaben und Erklärungen enthalten:

a) die Bezeichnung des Bahnhofs, auf dem die Zoll- oder Steuerbehandlung vorzunehmen ist, oder der Zoll- oder Steuerstelle [§ 67 (2)];[14]

VIII Wegen des Wortlauts der Erklärung bei Bezeichnung eines Erledigungsbahnhofs, auf dem sich kein zuständiges Zoll- oder Steueramt befindet, vgl. Ausf.Best. IV zu § 65 (3).

b) die Angabe, daß der Absender oder ein von ihm zu bezeichnender Bevollmächtigter zur Zoll- oder Steuerbehandlung zugezogen werden soll [§ 65 (5) und (6)]; Anträge wegen der Art der Zollbehandlung [§ 65 (3)];

IX Wegen des Wortlauts der Erklärung vgl. Ausf. Best. V 1 zu § 65 (5).

c) bei Eilgut und beschleunigtem Eilgut die Angabe des Beförderungswegs [§ 67 (2)];

X Vgl. hierzu Ausf.Best. II und III zu § 67 (2).

d) den Antrag auf Beförderung in offenen oder gedeckten Wagen (§ 66);

e) den Antrag, daß die Eisenbahn auf dem Versand- oder Bestimmungsbahnhof das Gewicht oder die Stückzahl feststellen soll [§ 58 (3) und (4) und § 76];[15]

f) eine Vorschrift über die Weiterbeförderung des Gutes mit Kleinbahn oder anderen Beförderungsmitteln vom Bestimmungsbahnhof bis zum Bestimmungsort, wenn dort kein für den Güterverkehr eingerichteter Bahnhof oder keine Güternebenstelle vorhanden ist [§ 75 (6)];[16]

g) Erklärungen gemäß § 62 (2) (mangelhafte Verpackung), § 59 (1) und § 75 (7) (Vereinbarung über Ver- oder Entladung), § 64 (vorläufige Einlagerung), § 80 (2) (Benachrichtigung bei Ablieferungshindernissen), § 86 (1) (Anwendung ermäßigter Tarife mit Haftungsbeschränkung);

h) im Tierverkehr Erklärungen nach § 49 (1) und (2).

(3) Die Aufnahme anderer Erklärungen in den Frachtbrief[17] und die Beifügung anderer Schriftstücke zum Frachtbrief[18] sind unzulässig, soweit sie nicht durch diese Ordnung oder mit Genehmigung des Reichsverkehrsministers im Tarif vorgeschrieben oder für zulässig erklärt sind. Die Erklärungen und Schriftstücke dürfen nur das Frachtgeschäft betreffen.

XI Vorschriften in den Frachtbriefen über die Verladungs- oder Beförderungsweise, z. B. »Tonnen aufrecht stellen« oder »Gut vor Sonne schützen«, sind für die Eisenbahn nicht verbindlich.

XII Die Vorschrift, auf einem Bahnhof vor dem im Frachtbrief angegebenen Bestimmungsbahnhof das Gut auszuladen oder den Wagen auszusetzen, ist unzulässig.

(4) Soweit das Frachtbriefmuster für die Angaben keine besonderen Spalten vorsieht, sind sie, wenn der Tarif nichts anderes bestimmt, in die Spalte „vorgeschriebene oder zulässige Erklärungen" einzutragen.

(5) Auf die Rückseite des Frachtbriefs darf die Firma des Ausstellers gedruckt werden. Auch können dort kurze Vermerke für den Empfänger, welche die Sendung betreffen, nachrichtlich

angebracht werden, z. B. „Von Sendung des N. N." „Im Auftrage des N. N." „Zur Verfügung des N. N." „Zur Weiterbeförderung an N. N." „Für Schiff N. N." „Aus Schiff N. N." „Zur Ausfuhr nach N. N." „Versichert bei N. N."[19] Für die Eisenbahn sind diese Vermerke unverbindlich.

(6) Jeder Wagenladung[20] muß ein besonderer Frachtbrief beigegeben werden, es sei denn, daß die Gegenstände nach ihren Abmessungen zur Verladung mehr als einen Wagen beanspruchen oder der Tarif die Aufgabe mehrerer Wagen mit demselben Frachtbrief zuläßt.

(7) Mit einem und demselben Frachtbrief dürfen nicht aufgegeben werden:

a) Güter, die nach ihrer Beschaffenheit nicht ohne Nachteil zusammengeladen werden können,

b) Güter, durch deren Zusammenladung Zoll-, Steuer-, Polizei- oder sonstige verwaltungsbehördliche Vorschriften verletzt würden,

c) Güter, die von der Eisenbahn zu verladen sind, mit Gütern, die der Absender zu verladen hat.

(8) Bedingungsweise zur Beförderung zugelassene Güter [§ 54 (2)] sind mit besonderem Frachtbrief aufzugeben, es sei denn, daß ihre Zusammenladung oder Zusammenpackung mit anderen Gütern nach Anlage C zugelassen ist. Im gemeinsamen Frachtbrief müssen dann aber die nur bedingungsweise zugelassenen Güter besonders aufgeführt und durch den Zusatz („bedingungsweise") gekennzeichnet sein.

(9) Alle Eintragungen des Absenders im Frachtbrief müssen in deutscher Sprache[21] deutlich in unauslöschbarer Schrift[22] geschrieben sein. Sie dürfen auch durch Druck oder Stempel oder mit der Schreibmaschine bewirkt werden.[23] Frachtbriefdoppel dürfen auch gepaust sein. Für Vermerke nach Abs. (5) sind auch fremde Sprachen zulässig.

(10) Frachtbriefe mit abgeänderten oder radierten Eintragungen oder mit Überklebungen brauchen nicht angenommen zu werden. Durchstreichungen sind nur zulässig, wenn der Absender sie mit seiner Unterschrift anerkennt. Handelt es sich um die Zahl oder das Gewicht der Stücke, so sind außerdem die berichtigten Mengen in Buchstaben zu wiederholen.

XIII. Auf Antrag übernehmen die Güterabfertigungen die Ausfüllung der Frachtbriefe gegen Erhebung der im

Nebengebührentarif (Teil I Abteilung B) festgesetzten Gebühr, vgl. § 57 (2).

HGB. §§ 426, 455; JÜG. Art. 6.

Literatur: Staub §§ 425, 426, 453; Gerstner, JÜ. S. 110; Fritsch, Arch. f. Eis. 24 598; v. d. Leyen, ZfHR. 49 408.

1. Die Erfordernisse gründen sich auf HGB. § 426. HGB. sagt „soll" enthalten, EVO. ungenau „muß" (folgerichtiger das JÜG.); trotzdem bewirkt Fehlen einer oder mehrerer Angaben nicht Nichtigkeit des Frachtvertrags, es sei denn, daß es sich um eine wesentliche Angabe handelt; als solche wird anzusehen sein: Empfänger, Bestimmungsbahnhof, Bezeichnung der Sendung, Absender (EE. 34 90; siehe auch Staub § 426 Anm. 10, RG. 37 10), wohl kaum Ort und Tag der Ausstellung (Rundnagel, BefGesch. S. 314; vgl. auch RG. 104 345; a. A. für JÜG. Loening S. 102).

2. Nicht vorgeschrieben ist: Versandbahnhof, Bestimmungsbahn, Ausnahmetarife, Eil- oder Frachtgut, Beförderungsweg (siehe EVO. § 67 (2)).

3. Braucht nicht mit Ort und Zeit des Abschlusses des Frachtvertrages zusammenzufallen.

4. Also alle Unterscheidungsmerkmale tragen und nur den Bahnhof einer „Großbahn" (Haupt- oder Nebenbahn) angeben. Soll das Gut nach einer Kleinbahn weitergesandt werden, ist an der dafür vorgeschriebenen Stelle einzutragen: „Nach Bahnhof A., mit der Kleinbahn weiter nach B." Wird versehentlich durchgehender Frachtbrief von Großbahn nach Kleinbahn angenommen, greift EVO. § 75 (6) Platz. Bezgl. unrichtiger Bezeichnung vgl. EVO. § 57 Anm. 1.

5. Empfänger ist, wer im Frachtbrief als solcher bezeichnet ist, ohne Rücksicht darauf, ob er auch das Beförderungsgut zur freien Verfügung erhält oder vom Absender für den Empfänger gehalten wird (EE. 44 213). Bei Vollkaufmann genügt Angabe der im Handelsregister eingetragenen Firma (Literatur: Rundnagel, Bef.-Gesch. § 32 S. 125 Anm. 3). Angabe des Vornamens des Empfängers ist nicht ausdrücklich verlangt. Ist sie aber zur Individualisierung erforderlich, und entstehen durch ihr Fehlen Nachteile, so trägt Absender alle Folgen (Loening S. 106). „Order-" oder Inhaberfrachtbriefe kennt die EVO. nicht. Deutsche Bezeichnung kann nicht verlangt werden, wenn z. B. in gemischtsprachigen Bezirken Firma in fremder Sprache eingetragen ist; siehe aber (9). Bezüglich Sendungen an Güterabfertigungen siehe AAB. II.

6. Im Frachtbrief selbst, nicht in den sonstigen Begleitpapieren (siehe EE. 22 378); gebräuchliche Abkürzungen sind gestattet. Angaben über Menge und Gewicht sind bis zur Feststellung der Unrichtigkeit maßgebend (EE. 23 149). Aus der Bezeichnung muß

mit hinreichender Klarheit entnommen werden, welche tatsächliche Angabe der Absender hat machen wollen (EE. 44 216; RG. 107 26).

7. Siehe EVO. § 58; EE. 19 44; bei unrichtiger Angabe siehe § 60.

8. Siehe EE. 19 55. Über Zeichen und Nummer vgl. JW. 02 29 Nr. 24; SpedSchiffZtg. 12 Nr. 27, 15 Nr. 26, 28.

9. Der Zusatz „Ladegewicht" ist durch VO. v. 20. Nov. 1920 (RGBl. 20 1899) eingeführt (siehe EVO. § 59), die Angabe der Wagengattung und bei Privatwagen die Angabe des Eigengewichts durch die EVO. vom 16. 5. 1928.

10. Siehe EVO. § 58. HGB. sagt „Beschaffenheit"; „eine Kiste", „ein Kollo", „Stückgut" (EE. 45 402) genügt also nicht, wohl aber „eine leere Kiste", „leere Fässer". Im Gegensatz zur EVO. von 08, nach der für die Güterbezeichnung im allgemeinen die handelsübliche Benennung genügte, muß nach der neuen EVO. bei den im Tarif aufgeführten Gütern, soweit der Tarif selbst nicht Erleichterungen zuläßt, die Bezeichnung sich an die Aufzählung in den Allgemeinen Tarifvorschriften und an die Güterklasseneinteilung (DEGT. I B) sowie bei den Gütern der Anlage C an die dort gebrauchte Bezeichnung anschließen. Bei allen anderen Gütern ist die handelsgebräuchliche oder übliche Benennung anzuwenden. Benennung muß so genau sein, daß sie dem Beamten bei sorgfältiger Prüfung eine genügende Unterlage für die Anwendung der entsprechenden Tarifstelle bietet und bei vernünftiger Auslegung Zweifel über die anzuwendende Tarifstelle ausschließt (RG. 107 26, 113, 274). Bezüglich der Benennung der Hölzer vgl. RG. 64 123; ZVDEisV. 27 580. Im Verkehr mit dem Ausland möglichst Inhaltsbezeichnung gemäß RGes., betr. Statistik des Warenverkehrs v. 7. Febr. 1906 (RGBl. S. 109) (EVO. § 65) und Anlage I zu den Ausführungsbestimmungen v. 9. 6. 06 (Zentralblatt für das Deutsche Reich S. 137). Siehe a. VOen. vom 15. 1. 19 (RGBl. S. 53), vom 6. 2 20 (ebenda S. 415) und Bekanntmachungen vom 19. 2. 23 (RMinBl. S. 201) und vom 15. 12. 24 (ebenda S. 423); bezüglich Sammelladungen vgl. EE. 23 137, 24 291, 23 251, 257, 25 147. Eine Rückfragepflicht des annehmenden Beamten ist wohl zu verneinen (RG. Recht 1919 Nr. 2166; siehe auch Literatur zu EVO. § 57).

11. Unrichtige Angabe siehe EVO. §§ 57, 60, 70; auch Haftbefreiung der Eisenbahn (siehe EE. 22 246). Über die Gültigkeit des Frachtvertrags bei unrichtiger Inhaltsangabe siehe Wilhelmy, ZVDEisV. 23 135. Da Inhalt der Sendung wohl ein wesentlicher Teil beim Vertragsabschluß ist, wird man Wilhelmy zustimmen müssen; a. A. OLG. Hamburg a. a. O. Über nachträgliche Berichtigung der Inhaltsangabe siehe Nottebohm, ZVDEisV. 25 1348; EVO. § 57 Anm. 1 a. E., § 60 Anm. 18.

12. Unterschrift bedeutet „eigenhändige Unterschrift"; doch genügt auch Druck, Stempel (EE. 38 212) auch Schreibmaschinenschrift; zugelassen ist aber Unterzeichnung mit dem Namen des Vertretenen durch einen bevollmächtigten Vertreter (Plenarentscheidung RG. 74 69). Für diese Vollmacht ist eine Form nicht vorgeschrieben; sie kann auch nachträglich erfolgen. Erfolgt sie nicht, so wird nicht etwa der Unterschreibende Absender; denn als Absender gilt nur derjenige, der im Frachtbrief als solcher bezeichnet ist (unrichtig EE. 33 76, 34 99) RG. 99 245, nicht etwa der, der den Frachtvertrag tatsächlich abgeschlossen hat (richtig RG. in Zeitschr. f. Kleinbahnen 20 325; EE. 34 90, 35 353). Der ohne Vollmacht mit fremdem Namen Unterschreibende haftet der Eisenbahn nach § 179 BGB. (Erfüllung oder Schadensersatz; siehe Kommentar d. RGRäte zum BGB. § 179 Anm. 1; VR. 1 51; Seybold, Der Absender im Eisenbahnfrachtrecht VR. 4 4). Rollkutscher sind grundsätzlich nicht Vertreter des Absenders; sie sind also zur Abänderung von Frachtbriefen nicht bevollmächtigt. Doch siehe oben RG. 74 69. Als Absender wird auch hier (siehe Abs. (1) c) nur eine natürliche oder juristische Person, eine Firma oder öffentliche Dienststelle zugelassen; also nicht Spediteur A. für Firma B. oder Firma A. und Spediteur B. (siehe EE. 10 173, 19 144, 21 127, 23 10). Schriftgetreue Nachbildung wird nicht verlangt (siehe Staub, HGB. § 426 Anm. 14; siehe auch unten Abs. 9). Beifügung von reklameartigen Zusätzen (z. B. Geschäftsumfang, Preismedaillen) unstatthaft. Firmen unterzeichnen lediglich mit der Firma, die der Eintragung ins Handelsregister entsprechen muß (EE. 34 90), Prokuristen mit Zusatz p. p. (HGB. § 51), Handlungsbevollmächtigte „In Vollmacht" oder „Als Bevollmächtigter". Fälschung der Unterschrift des Absenders strafrechtlich verfolgbar (siehe EE. 31 230). Über Mißbrauch von Frachtbriefen mit Blankounterschriften siehe Seybold VR. 4 3.

13. Der in der EVO. von 08 erwähnte und nur in Bayern zugelassene „Aufnahmeschein" ist weggefallen, da für ihn kein Bedürfnis mehr besteht (Begr. II).

13a. Zu den vor Ablieferung an den Empfänger zu erfüllenden Zoll- usw. Vorschriften (EVO. § 65).

13b. Siehe EVO. § 78 (5). EE. 41 45 und Loening S. 115 sehen ein solches Verlangen schon in dem Vermerk „Bahnstation" in Spalte „Erklärungen". Das ist unrichtig.

14. Bisher durfte der Absender nur die Zoll- oder Steuerabfertigungsstelle selbst vorschreiben; jetzt kann er auch den Bahnhof, auf dem die Zoll- oder Steuerbehandlung vorzunehmen ist, angeben. (Begr. II). Wegevorschrift auch in diesem Falle gleichgültig [EVO. § 67 (2) und § 49 (1)] (siehe Reindl, ZVDEisV. 98 1165, 99 213, 449, 681; RG. 18 171).

15. Aufhebung nur durch nachträgliche Verfügung des Ab-

senders. Einschränkung EVO. § 76 (1). Gegenwart des Empfängers kann nicht vorgeschrieben werden (siehe auch EE. 30 102; vgl. EVO. §§ 61 (4) [Absender!], 75 (13) [Empfänger!], 81 (4) [beide!], 58 (3), (4).

16. Der Bestimmungsort wird im Frachtbrief als Wohnort des Empfängers eingetragen (siehe (1) c). Die Stelle, an die die Erklärung über die Weiterbeförderung zu setzen ist, ist im Frachtbrief besonders kenntlich gemacht.

17. Nicht zugelassen sind namentlich Eintragungen, die mit den Bestimmungen der EVO. im Widerspruch stehen; z. B. Änderung der Haftpflicht, Beförderung von Eilgut in Güterzügen. Weitere Beispiele siehe EE. 33 190, 35 63, 40 290; AAB. XI; hierher gehören vor allem alle Anweisungen über die Behandlung des Gutes (vgl. Loening S. 121).

18. Z. B. der sog. Ursprungsfrachtbriefe, es sei denn, daß der Tarif dies zuläßt, z. B. bei Reexpeditionen (Rundnagel, BefGesch. S. 316 Note 10).

19. Nicht zulässig ist z. B. Rechnungsaufstellung.

20. Bisher war es von dem Ermessen der Eisenbahn abhängig, ob sie mehrere Wagenladungen auf einen oder mehrere Frachtbriefe abfertigen wollte.

21. Bezüglich der Adresse vgl. oben Anm. 5. Name des Bestimmungsbahnhofes muß unter allen Umständen deutsch sein. Verstoß hat Zurückweisung, nicht aber Nichtigkeit zur Folge (Düringer-Hachenburg, HGB. S. 916).

22. Damit ist auch die Ausfüllung des Frachtbriefes mit Tintenstift für zulässig erklärt (Begr. II); sie ist jedoch nicht erwünscht, da die Schrift bei Behandlung des Frachtbriefes im Freien leicht unleserlich wird.

23. Auch von dritter Hand geschrieben oder lithographiert (a. M. Eger Anm. 239 S. 236; vgl. Rundnagel, BefGesch. § 97 Anm. 7; EE. 25 128). Verwendung gedruckter Briefe durch Unbefugte vgl. Senckpiehl, TranspGesch. S. 221.

§ 57. Haftung für die Angaben im Frachtbrief [1]

(1) Der Absender haftet für die Richtigkeit[2] seiner Angaben und Erklärungen im Frachtbrief[3a] und trägt alle Folgen,[3] die daraus entstehen, daß sie unrichtig, ungenau,[4] unvollständig[5] oder unzulässig[6] sind [vgl. jedoch § 60 (3) a) und § 70 (2)].[7, 8]

(2) Die Haftung des Absenders ändert sich nicht, wenn die Güterabfertigung auf seinen Antrag den Frachtbrief ausfüllt.[9]

HGB. § 426; JÜG. Art. 7.

Literatur: Senckpiehl, Frachterstattung bei ungenauer Inhaltsangabe, SpedSchiffZtg. 23 31; derselbe ZfHR. 89 243; Röber, VR. 4 617; Bendix, EE. 38 97; Loening, VR. 5 436.

1. Frachtbrief ist einseitige Erklärung des Absenders über den von ihm beabsichtigten Frachtvertrag (vgl. EVO. § 55 Anm. 2); daher Haftung des Absenders für seine Angaben, auch ohne Verschulden (Rundnagel, BefGesch. S. 132; a. A. Wertheimer, VR. 6 539); bei konkurrierendem Verschulden § 254 BGB.; siehe RG. 37 11; Düringer-Hachenburg § 426 V; eingehend Loening S. 130 und 134ff. Berufung auf eigenen Irrtum oder den seiner Leute bei der Ausstellung ist jedoch durch §§ 60 (3) a und 70 (2) — abweichend von der EVO. v. 08 — jetzt zugelassen. Hiervon zu trennen ist die Frage der Beweiskraft. Angaben des Frachtbriefes liefern Beweis gegen Eisenbahn nur dann, wenn diese Nachprüfung vorgenommen hat oder dazu verpflichtet war (vgl. EVO. § 58) (EE. 25 194, 24 372, 21 164 u. 251, 42 75). Gegenbeweis offen (EE. 21 265). Angabe eines Bahnhofs ohne nähere Bezeichnung und Annahme des Frachtbriefes ist an sich noch kein Verschulden der Eisenbahn (vgl. Sendpiehl, „Verkehr" 21 Nr. 1; siehe auch EE. 16 14, 20 161, 40 125, aber 26 253). Doch kann Annahme eines Frachtbriefs mit als falsch von der Annahmestelle erkanntem Bestimmungsbahnhof wohl als Fahrlässigkeit angesehen werden (EE. 40 125, 32 65). Meist wird in diesem Falle BGB. § 254 anwendbar sein (EE. 19 10, 12 119). Falsche Gewichtsangabe ist nicht maßgebend für Frachtvertrag; bei unrichtiger Bezeichnung des Gutes verliert Absender das Recht auf Anwendung des zutreffenden Tarifs (siehe EE. 34 107), es sei denn, er weist nach, daß seine Erklärungen und Angaben im Frachtbrief auf Irrtum beruhen (EVO. § 70 (2) und § 60 Anm. 15). Dies gilt namentlich dann, wenn Ausnahmetarife bestimmte Formalien vorschreiben (Staub § 453 Anm. 3; VR. 2 55); verlangt wird häufig Angabe des Verwendungszwecks; fehlt dieser, ist erhöhter Tarif anzuwenden. Nachträglicher Nachweis des richtigen Verwendungszwecks ist jedoch unter der Voraussetzung der EVO. § 70 (2) (siehe auch EE. 44 76; JW. 24 1200) zuzulassen. Über Auslegung der Tarifbestimmung „zur Verwendung im eigenen Betrieb" siehe EE. 46 67. Über nachträgliche Berichtigung des Frachtbriefs siehe EE. 13 65, 23 237, 25 237; Nottebohm, ZVDEisV. 25 1347; EVO. § 56 Anm. 11.

2. Vgl. EVO. § 56 Anm. 10. Absender haftet, wenn seine Erklärungen nicht an den vorgeschriebenen Stellen stehen (EE. 21 360; abw. 20 18, 41 45 Tatfrage!). Inwieweit die Eisenbahn eine Prüfungspflicht hat, ist streitig, in dieser Allgemeinheit aber wohl zu verneinen (vgl. Rundnagel, Haftung § 14 S. 83; Bef.-Gesch. § 99 S. 320 Anm. 6; abw. EE. 24 291, 23 114; RG. 37 12).

3a. D. h. außerhalb des stark umrahmten Teils (aber Wagennummer, Ladegewicht, Eigentumsmerkmal, Angabe, ob der Wagen offen oder gedeckt ist, und Eigengewicht bei Privatwagen sind innerhalb des stark umrahmten Teils vom Absender anzugeben, wenn er selbst verlädt (EVO. § 56) (siehe EE. 25 379).

3. Doch müssen diese Folgen im ursächlichen Zusammenhang stehen mit der Unrichtigkeit, Ungenauigkeit usw. der Angaben (RG. 104 345). Es fallen hierunter: Frachtunterschied (siehe EE. 21 9, 23 137, 237, 24 291, 25 120), Frachtzuschlag, Ersatz des der Eisenbahn oder Dritten (EE. 3 289), alleinige Tragung des ihm selbst entstandenen Schadens, strafrechtliche Folgen, Zollstrafen (EE. 18 261) usw.; zum Teil abweichend Rundnagel, Haftung S. 86 Anm. 14. Senckpiehl (Der Verkehr Nr. 39/1922) will als „Folgen" nur diejenigen anerkennen, die von der Eigenart des Gutes herrühren, nicht aber falsche Frachtberechnung. Eine derartige Unterscheidung entbehrt jeder Begründung. Streitig ist, ob Absender auch für die durch seine Angaben verursachten Folgen des Verlustes, der Beschädigung und der Lieferfristüberschreitung haftet. Dies ist unter Hinweis auf die erschöpfende Regelung der §§ 456 HGB., 82 EVO. zu verneinen (Rundnagel, BefGesch. § 136 Anm. 7; EE. 40 2; Rundnagel-Sperber S. 67 Anm. 14; a. A. Loening S. 134).

4. Die Ungenauigkeit darf aber nicht auf unklarer Fassung der Tarife fußen (siehe EE. 21 15, 30 u. 78, 19 55). Diese hat Eisenbahn zu vertreten (siehe auch EVO. § 6 Anm. 4).

5. Vervollständigungen oder Änderungen durch Dritte, namentlich Eisenbahnbedienstete, gehen dann nicht zu seinen Lasten, wenn er keine Kenntnis von ihnen hat oder ihnen nicht zustimmt (Literatur bei Rundnagel, BefGesch. § 99 Anm. 4); siehe EE. 13 65, 23 237; RG. 37 10. Bezüglich der Kutscher siehe EVO. § 56 Anm. 12.

6. Siehe EVO. § 56 Anm. 17.

7. Falsche Inhaltsangabe zwecks Erschleichung der Beförderung ist, da nur Vermögensgefährdung vorliegt, kein Betrug (RGSt 9 168).

8. Daß im Falle unvollständiger oder unrichtiger Frachtbriefangabe ein Frachtvertrag nicht zustande kommt, ist dem Gesetz nicht zu entnehmen (RG. 104 345). Demgemäß ist sogar ein Frachtvertrag und Haftung der Eisenbahn angenommen worden, wenn Absender das Gut falsch bezeichnet (Zigarren als Papier) oder gar nicht im Frachtbrief aufgeführt hat (Kognak in Pferdefutter); siehe EE. 40 2. Letzteres ist unrichtig.

9. Güterabfertigung gilt als Beauftragte des Absenders (EE. 20 161).

§ 58. Prüfung des Inhalts der Sendung. Feststellung von Anzahl und Gewicht

(1) Die Eisenbahn ist berechtigt,[1] die Übereinstimmung der Sendung mit den Angaben im Frachtbrief jederzeit zu prüfen. Gebühren darf sie hierfür nicht erheben.[2] Zur Prüfung des Inhalts ist auf dem Versandbahnhof der Absender, auf dem Bestimmungsbahnhof der Empfänger einzuladen.[3] Erscheint der Berechtigte nicht oder wird die Prüfung auf einem Unterwegsbahnhof vorgenommen, so sind zwei Zeugen zuzuziehen; als solche dürfen Eisenbahnbedienstete nur dann verwendet werden, wenn keine anderen Personen zur Verfügung stehen. Erweisen sich die Frachtbriefangaben als unrichtig, so sind die etwa durch die Feststellung verursachten Kosten der Eisenbahn zu erstatten.[4] Weicht das Ergebnis der Prüfung von den Angaben im Frachtbrief ab, so ist es auf dem Frachtbrief zu vermerken. Geschieht die Prüfung auf dem Versandbahnhof, so ist der Vermerk auch auf das Frachtbriefdoppel zu setzen.

(2) Die Eisenbahn kann auch nach Ablieferung des Gutes den Nachweis der Richtigkeit der Frachtbriefangaben fordern, wenn der Verdacht besteht, daß sie unrichtig sind.[5] Absender und Empfänger haben hierzu der Eisenbahn die Einsichtnahme in ihre Geschäftsbücher und sonstigen Unterlagen zu gestatten.

I Die Einsichtnahme in die Geschäftsbücher und sonstigen Unterlagen darf nur in den Geschäftsräumen oder der Wohnung des Absenders oder Empfängers gefordert werden.

(3) Bei Stückgütern, die von der Eisenbahn verladen werden [§ 59 (1)], ist diese verpflichtet, Anzahl und Gewicht bei der Annahme gebührenfrei festzustellen.[6] Dem Absender oder dessen Beauftragten steht es frei, der Feststellung beizuwohnen.[7] Die Eisenbahn kann von der Verwiegung absehen oder bei gleichartigen Stücken Probeverwiegungen vornehmen, wenn der Absender das Gewicht in den Frachtbrief eingetragen und die Nachwiegung im Frachtbrief nicht verlangt hat.

(4) Bei allen anderen Sendungen[8] ist die Eisenbahn auf Antrag des Absenders im Frachtbrief verpflichtet, das Gewicht und die Stückzahl[9] festzustellen, es sei denn, daß die vorhandenen Wiegevorrichtungen nicht ausreichen oder die Be-

schaffenheit des Gutes oder die Betriebsverhältnisse die Feststellung nicht gestatten. Das Gewicht[10] hat die Eisenbahn auch ohne Antrag festzustellen, wenn es im Frachtbrief nicht angegeben ist. Für diese Feststellungen ist die tarifmäßige Gebühr zu zahlen.[11] Kann das Gewicht auf dem Versandbahnhof nicht festgestellt werden, so geschieht es auf einem anderen Bahnhof.[12]

II Der Antrag auf Feststellung des Gewichts oder der Stückzahl ist im Frachtbrief unter »Vorgeschriebene oder zulässige Erklärungen« zu vermerken.[13] Das Wiegegeld und die Zählgebühr sind im Nebengebührentarif (Teil I Abteilung B) festgesetzt.

III Bei den vom Absender verladenen Sendungen aus ungleich tarifierten Gütern ist die Eisenbahn nur zur Feststellung des Gesamtgewichts verpflichtet, auch wenn das Gewicht für die einzelnen Güter getrennt angegeben ist. Weicht das amtlich ermittelte Gesamtgewicht von der Summe der angegebenen Einzelgewichte ab, so ist zur Frachtberechnung das Mehrgewicht dem Gewicht des höchsttarifierten Gutes zuzuschlagen, das Mindergewicht von dem Gewicht des niedrigst tarifierten Gutes und, wenn dieses nicht ausreicht, der Rest des Mindergewichts von dem Gewicht der nächst höher tarifierten Güter abzuziehen.

(5) Der Absender kann bei der Aufgabe verlangen, daß ihm Gelegenheit geboten wird, der Feststellung der Stückzahl und des Gewichts beizuwohnen, wenn dies auf dem Versandbahnhof geschieht. Stellt er ein solches Verlangen nicht oder versäumt er die ihm gebotene Gelegenheit, so hat er die tarifmäßige Gebühr nochmals zu zahlen, wenn die Feststellung auf seinen Antrag wiederholt wird.

(6) Die Eisenbahn kann die Wagenladungsgüter sowie Stückgüter, die der Absender zu verladen hat, auf der Gleiswaage verwiegen. Als Eigengewicht des Wagens kann hierbei das am Wagen angeschriebene Gewicht zugrunde gelegt werden. Jedoch ist einem Antrag des Verfügungsberechtigten auf Verwiegung des leeren Wagens zu entsprechen, wenn nicht zwingende Gründe des Betriebs entgegenstehen. Ob und welche Gebühr zu erheben ist, bestimmt der Tarif.

IV Ergibt die ohne Antrag des Verfügungsberechtigten vorgenommene bahnamtliche Nachwiegung der Wagenladungsgüter oder der Stückgüter, die der Absender verladen hat, auf der Gleiswaage keine größere Abweichung von dem im Frachtbrief angegebenen Gewicht als 2 v. H., so wird das im Frachtbrief angegebene Gewicht als richtig angenommen.

V Ergibt die von dem Verfügungsberechtigten beantragte Feststellung des Eigengewichts eines Wagens keine größere Abweichung von dem angeschriebenen Eigengewicht als 2 v. H., so wird Wiegegeld erhoben.

(7) **Die Feststellung des Gewichts und der Stückzahl hat die Eisenbahn auf dem Frachtbrief zu bescheinigen.[14] Geschieht die Feststellung auf dem Versandbahnhof, so ist die Bescheinigung auch auf das Frachtbriefdoppel zu setzen.[15]**

VI Die Feststellung des Gewichts oder der Stückzahl wird handschriftlich oder durch Stempel bescheinigt.[16] Wird das Gewicht durch Probeverwiegung ermittelt, so ist dies in der Bescheinigung auszudrücken. Die Bescheinigung des festgestellten Gewichts gilt auch dann nur für das Gesamtgewicht der Sendung, wenn der Absender das Gewicht nur für einen Teil der Sendung im Frachtbrief angegeben hat und die Eisenbahn auf Antrag das Gewicht des anderen Teils der Sendung dadurch ermittelt, daß das im Frachtbrief angegebene Teilgewicht von dem amtlich ermittelten Gesamtgewicht abgezogen wird. Für das Eintragen eines solchen Teilgewichts in den Frachtbrief durch die Eisenbahn gilt § 57 (2).

IÜG. Art. 7 § 2.

Literatur: Senckpiehl, Die Pflicht der Eisenbahn zur Verwiegung der Stückgüter, EE. 22 303; Loening, Haftung der Eisenbahn bei bahnamtlicher Gewichtsfeststellung, EE. 41 1; RG. 106 266; Senckpiehl, Die Haftung von Eisenbahn, Post und Spediteur S. 77; Reindl, ZVDEisV. 00 221; Jahnke, ebenda 27 107.

1. Berechtigt ist jede an der Beförderung beteiligte Verwaltung; über den Umfang der Prüfung siehe EE. 22 17, 24 58; sie erstreckt sich auch auf die Tragfähigkeit des verwendeten Wagens (EE. 22 17). Da die Eisenbahn nur das Recht, nicht die Pflicht zur Prüfung des Inhalts hat (bestr. siehe EVO. § 57 Anm. 2), können ihr aus Nichtausübung dieses Rechtes keine Nachteile erwachsen (EE. 16 38, 34 107). Über Beweislast, wenn Eisenbahn Nachprüfung vorgenommen hat, siehe EVO. § 57 Anm. 1.

2. Wohl aber Auslagen, z. B. Zeugengebühren.

3. Auch Vertreter; Einladung obligatorisch, sonst Verfahren nicht

wirksam. Die Bestimmung bezieht sich nur auf die von der Eisenbahn zwecks richtiger Frachtberechnung vorgenommene Nachprüfung. Die Verfahrensvorschriften für die aus anderm Anlaß vorgenommenen Nachprüfungen richten sich nach den einschlägigen anderweiten Bestimmungen.

4. Von dem aus dem Frachtvertrag Berechtigten, nötigenfalls aus dem Gut.

5. Das Nachprüfungsrecht der Eisenbahn nach Ablieferung des Gutes war in der EVO. von 08 auf die Fälle beschränkt, in denen die Tarife für ein Gut bei Verwendung zu bestimmten Zwecken oder bei Erfüllung gewisser Bedingungen Frachtermäßigungen oder andere Vergünstigungen gewährten. Die Befugnisse der Eisenbahn sind erweitert worden, weil gewisse Güter außerordentlich kunstgerecht und so fest verpackt sind, daß sie nur mit erheblichen Kosten und unter Störung des Verkehrs aus- und eingepackt werden können (Begr. II). Als Ausgleich ist den Verkehrstreibenden das in EVO. § 76 (5) erwähnte Recht neu eingeräumt worden.

6. Die Verpflichtung zur Verwiegung ist nur eine Nebenverpflichtung; die Verwiegung erfolgt lediglich zum Zwecke der Frachtberechnung (EVO. § 70) und zur Sicherung des Beweises über das Gewicht des Gutes bei beendeter Beförderung (EVO. §§ 76, 93). Daher stellt ein Versehen bei der Gewichtsfeststellung auch nur dann eine Verletzung der durch den Frachtvertrag begründeten Verpflichtungen dar, wenn durch dieses Versehen der Zweck des Vertrages, die rechtzeitige Beförderung des Gutes, beeinträchtigt wird. Daher bei rechtzeitiger und richtiger Beförderung nur Rückzahlung zuviel gezahlter Fracht (EVO. § 70), nicht Haftung für sonstige Schäden; also auch dann nicht, wenn z. B. nach Bahngewicht verkauft ist; dies selbst bei Gewichtsfeststellung gegen Gebühr; auch nicht, wenn dadurch Zollschwierigkeiten entstehen (arg. e. EVO. § 61 (4)); siehe Senckpiel, EE. 22 303, 26 410, 20 317, 32 296; SeuffArch. 69 279, 76 193. Abweichend: Senckpiehl, Haftung S. 77; Reindl a. a. O.; Staub, § 453 Anm. 2 für den Fall des Verschuldens bei entgeltlicher Verwiegung, während Loening S. 146 Haftung auch bei unentgeltlicher Verwiegung annimmt. Verwiegung bildet keinen besonderen Werkvertrag, für dessen nicht ordnungsmäßige Erfüllung die Bahn nach §§ 631 ff. BGB. haftet. Auch § 831 a. a. O. ist nicht anwendbar. RG. 106 266 bejaht Haftung, wenn Eisenbahn wußte, daß infolge eines Fehlers der Waage das Gewicht falsch war, und dies dem Absender nicht mitteilte (vgl. dazu Loening, EE. 41 1; ferner EE. 41 143 und v. K. in EE. 42 70). Bei Abweichungen der Gewichtsfeststellungen im Versand und Empfang muß die Eisenbahn beweisen, daß sie das ihr zur Beförderung übergebene Gut vollständig abgeliefert hat (siehe EE. 14 357, 20 175, 317, 17 207, 11 114, 13 46).

An diesen Grundsätzen ändert sich nichts, wenn etwa Angestellte des Versenders oder Empfängers auf das Bahninteresse verpflichtet sein sollten, was namentlich im Zuckerrüben- und Kohlenverkehr üblich ist. Dadurch wird das Gewicht nur dann zu einem bahnamtlichen, wenn dies vertraglich vereinbart ist, aber es darf hierbei nicht der amtliche Wiegestempel aufgedrückt werden (siehe hierüber VR. 4 336). Nicht hierher gehört die Verwiegung außerhalb des Frachtvertrages (z. B. Verwiegung von Vieh auf bahnamtlicher Waage für jedermann). Werkvertrag; Haftung nach BGB. §§ 631 ff., 278 bei Verschulden.

7. Einladung nicht vorgeschrieben.

8. Den vom Absender verladenen, also hauptsächlich Wagenladungen.

9. Je nach Antrag, eins oder beides; nur das tatsächlich Festgestellte liefert Beweis.

10. Nicht auch die Stückzahl.

11. Ist das Gewicht angegeben, muß Nachwiegung gebührenfrei erfolgen, es sei denn, daß sie beantragt ist.

12. D. h. jedem auf dem Beförderungswege liegenden, einschl. des Bestimmungsbahnhofes, nach Wahl der Eisenbahn.

13. Siehe EE. 40 33.

14. Fälschung § 267 StGB. (RGSt. 3 169).

15. Siehe EE. 43 80.

16. Gegenbeweis auch bei plombierten Sendungen (EE. 21 265; Rundnagel, BefGesch. S. 347 Anm. 9).

§ 59. Beladung der Wagen. Überlastung

(1) Ob die Güter durch die Eisenbahn oder durch den Absender zu verladen sind, bestimmt der Tarif,[1] soweit nicht diese Ordnung Vorschriften darüber enthält oder eine besondere Vereinbarung zwischen dem Absender und der Eisenbahn im Frachtbrief[2] getroffen ist.[3], [4]

I Welche Güter die Eisenbahn und welche der Absender zu verladen hat, ist im Abschnitt II der Allgemeinen Tarifvorschriften (Teil I Abteilung B) bestimmt.

II Die Vereinbarung zwischen dem Absender und der Eisenbahn über die Verladung von Stückgütern durch den Absender ist im Frachtbrief unter »Vorgeschriebene oder zulässige Erklärungen« mit folgendem Wortlaut zu vermerken: »Vom Absender als Stückgut verladen nach Vereinbarung mit der Eisenbahn«.

(2) Für die Beladung der Wagen ist das an diesen ver-

merkte Ladegewicht maßgebend.[5] Eine Belastung bis zu der an dem Wagen angeschriebenen Tragfähigkeit ist zulässig, wenn nach der natürlichen Beschaffenheit des Gutes nicht zu befürchten ist, daß die Belastung infolge von Witterungseinflüssen während der Beförderung die Tragfähigkeit überschreitet. Eine die Tragfähigkeit überschreitende Belastung — Überlastung — ist in keinem Falle gestattet. Bei außerdeutschen Wagen, die nur eine die zulässige Belastung kennzeichnende, dem Ladegewicht der deutschen Wagen entsprechende Anschrift tragen, darf die angeschriebene Gewichtsgrenze bis zu 5 v. H. überschritten werden.

(3) Wird auf dem Versandbahnhof bei einer vom Absender verladenen Sendung eine Wagenüberlastung festgestellt, so kann die Eisenbahn vom Absender die Abladung des Übergewichts verlangen. Geschieht dies nicht alsbald oder wird die Überlastung auf einem Unterwegsbahnhof festgestellt, so ist die Eisenbahn berechtigt, das Übergewicht auf Gefahr des Absenders abzuladen. Der abgeladene Teil wird auf Lager genommen und dem Absender zur Verfügung gestellt. Trifft dieser innerhalb angemessener Frist keine Verfügung,[6] so findet § 80 (3) bis (5) Anwendung.

(4) Für das auf dem Wagen verbleibende Gewicht wird die Fracht vom Versand- bis zum Bestimmungsbahnhof berechnet. Für den abgeladenen Teil wird die Fracht für die durchlaufene Strecke nach dem Frachtsatz berechnet, der vom Versand- bis zum Unterwegsbahnhof für die Hauptsendung gilt. Wenn auf Verfügung des Absenders der abgeladene Teil weiter- oder zurückbefördert wird, so ist er als besondere Sendung zu behandeln und für ihn die tarifmäßige Fracht zu berechnen.

III Dem Absender kann die Zuladung des abgeladenen Übergewichts zu einer anderen, von demselben Versandbahnhof kommenden, den Unterwegsbahnhof berührenden Sendung gestattet werden, wenn die Verwiegung ausdrücklich oder durch Unterlassung der Gewichtsangabe im Frachtbrief beantragt war, jedoch mangels einer geeigneten Wiegevorrichtung nicht ausgeführt werden konnte. Der Absender muß dann den zweiten Wagen um dasjenige Gewicht, das er auf dem Unterwegsbahnhof zuladen will, weniger belasten und das Anhalten auf dem Unterwegsbahnhof im Frachtbrief beantragen. Die Fracht wird in diesem Falle für die ganze Sendung, also einschließlich des unterwegs zuzuladenden Teils von dem Versand- bis zum Bestimmungsbahnhof berechnet.

(5) Für Ab- und Aufladen, Einlagerung und Wagenaufenthalt sind die tarifmäßigen Gebühren zu zahlen.

IV 1 Muß eine Wagenladung oder eine vom Absender verladene Stückgutsendung ohne Verschulden des Absenders umgeladen oder anderweit verladen werden, so wird dies durch die Eisenbahn kostenlos bewirkt und ein etwa abgeladener Teil der Sendung ohne besondere Frachtberechnung weiterbefördert. Ist jedoch die Umladung oder anderweite Verladung vom Absender durch mangelhafte Verladung veranlaßt, so hat der Absender oder Empfänger die Kosten zu tragen. Für einen etwa abgeladenen Teil der Sendung gilt Abs. (4).

2 Enthält der Wagen Güter, deren Umladung besondere Sorgfalt oder Sachkenntnis erfordert (z. B. lose verladendes Obst, unverpacktes Glas, Porzellan oder Steingut, Bier in Eispackung u. dgl.), so ist die Eisenbahn berechtigt, vom Absender Anweisung über die Umladung einzuholen.[7]

3 Der Absender kann die Umladung übernehmen; er haftet dann für die ordnungsmäßige Ausführung nach § 83 (1) c).[8] Hat der Absender die Umladung durch mangelhafte Verladung veranlaßt, so kann er den Ersatz seiner Kosten nicht verlangen; andernfalls werden ihm die tarifmäßigen Ladegebühren als Entschädigung gewährt.

4 Ist die Umladung oder anderweite Verladung vom Absender durch mangelhafte Verladung veranlaßt, so wird für den Wagenaufenthalt das tarifmäßige Wagenstandgeld erhoben.

V Für die Einlagerung des abgeladenen Übergewichts wird erhoben:

a) Platzgeld für das auf einem Unterwegsbahnhof abgenommene Übergewicht, wenn es im Freien lagert und die Verwiegung der Sendung ausdrücklich oder durch Unterlassung der Gewichtsangabe im Frachtbrief beantragt war, jedoch mangels einer geeigneten Wiegevorrichtung auf dem Versandbahnhof nicht ausgeführt werden konnte;
b) Lagergeld in allen anderen Fällen.

VI Die Ladegebühren, das Lagergeld, Platzgeld und Wagenstandgeld sind im Nebengebührentarif (Teil I Abteilung B) festgesetzt.

JÜG. Art. 14 § 2; Art. 7 § 8. Haftung siehe EVO. § 83 (1) c Literatur: Ammann, EE. 26 456; Boller, ebenda 29 239; Nolte VR. 4 620.

1. Reihenfolge: a) EVO.; daß dies zulässig ist, siehe Rundnagel-Sperber § 20; b) Vereinbarung (schriftlich im Frachtbrief) zwischen Eisenbahn und Absender; c) Tarifvorschriften.

2. Form bei Selbstverladung von Stückgütern siehe AAB. II. Bestimmte Form oder Unterschrift des Absenders wird jedoch nicht verlangt (EE. 34 314, aber auch EE. 27 219, 415). Bzgl. Weiterabfertigung siehe EE. 40 275.

3. Dem Absender liegt die Verladung ob: bei Wagenladungen, bei lebenden Tieren [§ 48 (6)], bei gewissen Stückgütern der Anl. C, endlich in besonderen Fällen [EVO. § 62 (6), § 63 (11)]. Eisenbahn kann Selbstverladung verlangen — Form nicht vorgeschrieben — bei Stückgütern, die einzeln mehr als 500 kg wiegen oder in gewöhnliche gedeckte Wagen nicht verladen werden können (DEGT. I B §§ 44 ff.); EE. 20 335, 28 185. Für die Entladung siehe EVO. § 75 (7).

4. Hat Absender verladen, haftet er für seine Leute, auch für den in seinem Auftrage verladenden Spediteur (RG. 66 402). Bedient sich der Absender hierbei der Leute der Eisenbahn, gelten sie als seine Leute; das Gleiche gilt, wenn Eisenbahn Geräte stellt. Hier Haftung nur für außervertragliches Verschulden (BGB. § 823 ff.) (siehe EE. 20 351, 22 1), es sei denn, daß etwa eine Vermietung der Geräte (z. B. des Ladekrans) vorliegt (EE. 2 235, 25 381; siehe Rundnagel-Sperber § 20 Anm. 9).

5. Fehlt dies, muß der Absender es feststellen lassen (VVO. § 42).

6. Verfügung des Absenders ist keine nachträgliche Verfügung i. S. von EVO. § 72. Daher bedarf es auch der Vorlage des Frachtbriefdoppels nicht.

7. Wegen der Lieferfrist siehe EVO. § 74 (7).

8. Richtiger: die Eisenbahn haftet nicht (EVO. § 83 (1) c).

§ 60. Frachtzuschläge [1]

(1) Bei unrichtiger,[2] ungenauer[3] oder unvollständiger Angabe des Inhalts, bei unrichtiger Angabe des Gewichts oder der Stückzahl einer Sendung, der Gattung [vgl. § 56 (1) d)] oder des Ladegewichts des verwendeten Wagens, bei Wagenüberlastung oder bei Außerachtlassung der Sicherheits-

vorschriften in Anlage C durch den Absender sind ohne Rücksicht darauf, ob ein Verschulden des Absenders vorliegt oder nicht,[4] außer dem etwaigen Frachtunterschied[5] Frachtzuschläge nach den folgenden Bestimmungen zu entrichten:[6]

a) Wenn die im § 54 (1) c) bis e) und (2) a) aufgeführten Gegenstände unter unrichtiger, ungenauer oder unvollständiger Inhaltsangabe zur Beförderung aufgegeben oder wenn die Sicherheitsvorschriften in Anlage C außer acht gelassen werden, beträgt der Frachtzuschlag für jedes Kilogramm Rohgewicht des Versandstücks, worin ein solcher Gegenstand enthalten war,[7]

bei den gemäß § 54 (1) c) bis e) von der Beförderung ausgeschlossenen sowie bei den in Anlage C unter Ia aufgeführten Sprengstoffen: 12 Reichsmark,

bei den in Anlage C unter Ib, Ic und Id aufgeführten Munitionsgegenständen, Zündwaren und Feuerwerkskörpern, verdichteten und verflüssigten Gasen: 8 Reichsmark,

bei den in Anlage C unter Ie aufgeführten Stoffen, die in Berührung mit Wasser entzündliche oder die Verbrennung unterstützende Gase entwickeln, sowie bei den unter II aufgeführten selbstentzündlichen Stoffen und den unter III aufgeführten brennbaren Flüssigkeiten: 4 Reichsmark,

bei den in Anlage C unter IV, V und VI aufgeführten giftigen, ätzenden, übelriechenden und ekelerregenden Stoffen: 50 Reichspfennig.

b) In anderen Fällen unrichtiger, ungenauer oder unvollständiger Inhaltsangabe oder bei unrichtiger Angabe der Stückzahl oder des Gewichts einer vom Absender verladenen Sendung oder bei unrichtiger Angabe der Gattung [vgl. § 56 (1) d)] oder des Ladegewichts des verwendeten Wagens beträgt, wenn hierdurch eine Frachtverkürzung herbeigeführt werden kann,[8] der Frachtzuschlag das Doppelte des Unterschieds zwischen der sich aus den unrichtigen Angaben ergebenden und der richtig berechneten Fracht vom Versand- bis zum Bestimmungsbahnhof. Mindestens wird eine Reichsmark erhoben. Sind Güter verschiedener Tarifklassen zu einer Sendung vereinigt und kann ihr Einzelgewicht ohne besondere Schwierigkeit festgestellt werden, so wird für die

Ermittlung des Frachtzuschlags die Fracht getrennt berechnet, sofern sich dies billiger stellt.[9]

I Bei Einrechnung der nach dem Gesetz über die Besteuerung des Personen- und Güterverkehrs vom 8. April 1917 zu erhebenden Verkehrssteuer erhöhen sich die Frachtzuschläge für jedes Kilogramm Rohgewicht des Versandstücks

von 12	RM	auf	12,90	RM
» 8	»	»	8,60	»
» 4	»	»	4,30	»
» 0,50	»	»	0,60	»

der Mindestfrachtzuschlag von 1 RM auf 1,10 RM.

c) Bei Wagenüberlastung[10] beträgt der Frachtzuschlag das Sechsfache der Fracht vom Versand- bis zum Bestimmungsbahnhof für das Gewicht, das die im § 59 (2) festgesetzten Belastungsgrenzen übersteigt. Diese Bestimmung gilt nach näherer Bestimmung des Tarifs sinngemäß auch für Gegenstände, deren Fracht nicht nach dem Gewicht zu berechnen ist.

II Beij den vom Absender verladenen Sendungen aus ungleich tarifierten Gütern wird bei getrennter Gewichtsangabe der Frachtzuschlag für Wagenüberlastung auf Grund des höchsten für einen Teil der Sendung geltenden Frachtsatzes berechnet.

III Die näheren Bestimmungen über die Erhebung von Frachtzuschlägen bei Überlastung eines Wagens im Tierverkehr sind in den Tarifteilen II enthalten.

Die unter a) bis c) erwähnten Frachtzuschläge werden nebeneinander erhoben, wenn gegen mehrere dieser Vorschriften gleichzeitig verstoßen wird.[11] Außerdem ist der entstandene Schaden zu ersetzen.[12] Die durch andere gesetzliche oder polizeiliche Bestimmungen vorgesehenen Strafen werden hierdurch nicht berührt.[13]

(2) Der Tarif muß die Grundsätze bestimmen, nach denen etwa von Erhebung der im Abs. (1) festgesetzten Frachtzuschläge aus Billigkeit abgesehen wird oder geringere Zuschläge erhoben werden.[14]

IV Die Eisenbahn kann von der Erhebung der Frachtzuschläge absehen oder geringere Zuschläge erheben, wenn der Verstoß gegen die Vorschriften auf entschuldbarem Versehen beruht, ein Schaden für die Eisenbahn nicht oder nicht in Höhe des Frachtzuschlags entstanden und eine erhebliche Gefährdung der Betriebssicherheit nicht herbeigeführt worden ist, wenn die Höhe des Zuschlags eine unverhältnismäßige Härte in sich schließt oder wenn andere Billigkeitsgründe vorliegen.

Zurückzuzahlende Beträge werden nicht verzinst.

(3) Ein Frachtzuschlag darf nicht erhoben werden:

a) wenn der Absender nachweist, daß seine Angaben auf Irrtum beruhen;[15]

b) bei unrichtiger Gewichtsangabe oder bei Überlastung, wenn die Eisenbahn zur Verwiegung verpflichtet war oder wenn der Absender die Verwiegung durch die Eisenbahn im Frachtbrief beantragt hat, ferner bei unrichtiger Angabe der Stückzahl, wenn der Absender deren Feststellung im Frachtbrief beantragt hat;[16]

c) bei einer während der Beförderung[17] eingetretenen Gewichtszunahme ohne Überlastung, wenn der Absender nachweist, daß die Gewichtszunahme auf Witterungseinflüsse zurückzuführen ist;

d) bei einer während der Beförderung durch Witterungseinflüsse verursachten Überlastung, wenn der Absender nachweist, daß er bei der Beladung des Wagens das angeschriebene Ladegewicht nicht überschritten hat.

V Wird einer der in Abs. (3) a), c) und d) aufgeführten Gründe für Nichterhebung des Frachtzuschlags geltend gemacht, aber der erforderliche Nachweis vom Absender nicht bis zur Einlösung des Frachtbriefs erbracht, so ist die Eisenbahn berechtigt, Hinterlegung eines Betrages in Höhe des Frachtzuschlags zu fordern.

(4) Der Frachtzuschlag ist verwirkt, sobald der Frachtvertrag abgeschlossen ist (§ 61).[18] Zur Zahlung ist der Absender verpflichtet. Hat er den Zuschlag noch nicht bezahlt, so braucht die Eisenbahn das Gut an den Empfänger nur abzuliefern, wenn dieser den Zuschlag bezahlt (§ 75).[19] Wenn der Empfänger eine Anwendungsbedingung eines nach der Inhaltsangabe im Frachtbrief in Anspruch genommenen ermäßigten Tarifs nicht erfüllt, so ist er an Stelle des Absenders zur Zahlung eines hierdurch verwirkten Frachtzuschlags verpflichtet.[19]

(5) **Die Höhe des Frachtzuschlags und der Grund für seine Erhebung sind auf dem Frachtbrief zu vermerken.**[20]

JüG. Art. 7; EVO. § 15 (2), (3), (5), (6), § 25 (5), § 43 (9). Literatur: Vorschriften über die Erhebung von Frachtzuschlägen; Baumgart, EE. 22 333; Schmitt, ebendort 195, 423; Schmitt, Der Frachtzuschlag im Eisenbahnfrachtrecht 1905; Loening, VR. 5 436; derselbe: Art. 7 S. 152.

1. Frachtzuschläge waren ursprünglich privatrechtliche Vertragsstrafen (Konventionalstrafen). Nunmehr (seit 1899) enthält die EVO. Rechtsvorschriften; die Verpflichtung zur Zahlung gründet sich auf Gesetz; es besteht eine reine obligatio ex lege (Rundnagel, BefGesch. S. 361; Blume, BernFracht. Art. 7 S. 67; Loening S. 154); a. A. Eger Anm. 249 und die herrschende Meinung (vgl. RG. 47 38, 108 408; Schmitt a. a. O. § 4), die allerdings sich zum größten Teil auf das alte Recht stützt; aber auch sie erklärt fast alle Bestimmungen des BGB. über die Vertragsstrafe (§§ 339 ff.) für unanwendbar (vgl. Senckpiehl S. 233), mit alleiniger Ausnahme des § 341 Abs. 3 (vgl. hierzu EE. 22 16, 125, 168; Rundnagel, BefGesch. S. 361; JW. 28 558; Loening S. 154). Daß eine Herabsetzung durch das Gericht (BGB. § 343) nicht stattfinden darf, ist fast unbestritten (a. A. Schmitt a. a. O. § 6).

Innerhalb des Vereins Deutscher Eisenbahnverwaltungen erhält den Betrag die entdeckende Verwaltung; sonst wohl Ausgleich unter mehreren Verwaltungen (siehe JüG. Art. 47); vgl. ZVDEisV. 01 309, 09 134; EE. 16 305, 20 53; Loening S. 165.

2. Unrichtigkeit muß sich auf frachtwichtige Punkte erstrecken (siehe EE. 22 176). Hierzu kann Herkunftsort und Verwendungszweck gehören, wobei nicht nötig ist, daß die unrichtige Verwendung bereits bei der Aufgabe beabsichtigt war (Nottebohm, VR. 3 4; RG. 84 237; EE. 44 83; abw. Senckpiehl, EE. 43 262); vgl. auch EVO. § 57 Anm. 1 und § 56 Anm. 10. Bei falscher Angabe eines Teils der Ladung (außer (1) b Satz 3) wird Frachtzuschlag für die ganze Sendung erhoben (EE. 23 152), ebenso, wenn verkehrsüblicher Benennung irreführende Zusätze beigefügt werden. Maßgebend ist die Angabe auf dem Frachtbrief, nicht dem Frachtstück (RG. EE. 14 345) oder den Zollpapieren (EE. 22 378). Jedoch keine Erhebung des Frachtzuschlages, wenn der an sich richtig bezeichneten Sendung trotz strenger Aufsicht von der Beförderung ausgeschlossene Gegenstände in kleinen Mengen versehentlich beigemengt sind (RG. 108 408). Bezüglich Kostbarkeiten vgl. EE. 25 120.

3. Siehe EVO. § 57 (1). Nach der EVO. von 08 durfte die Eisenbahn bei lediglich ungenauen Angaben keine Frachtzuschläge erheben.

4. Die Tatsache der falschen Angabe oder der Außerachtlassung genügt; nicht erforderlich ist der Eintritt eines Schadens (siehe AAB. zu (2)) (EE. 16 305, 33 312) oder Verschulden des Absenders (die entgegenstehenden Entscheidungen des RG. gründen sich auf altes Recht; siehe Schmitt, EE. 22 330); Absender braucht nicht einmal Kenntnis von der z. B. durch seinen Auftraggeber oder seine Leute herbeigeführten Unrichtigkeit zu haben (ZVDEisV. 05 434). Wegen Befreiung des Absenders von der Zahlung des Frachtzuschlages wegen Irrtums siehe Abs. (3) a und Anm. 15. Ob Mitverschulden der Eisenbahn befreit, ist strittig; jedenfalls entfällt der Zuschlag, wenn die Eisenbahn die falsche Angabe wider Treu und Glauben selbst veranlaßt hat (Dernburg, BR. II § 103; ROHG. 23 304; EE. 33 75, abw. EE. 36 278); nach herrschender Meinung entfällt er auch dann, wenn die Eisenbahn bei der Annahme zur Beförderung die wirkliche Beschaffenheit der Güter usw. gekannt hat (siehe Rundnagel, BefGesch. S. 359; Loening S. 155; Eger Anm. 255; EE. 22 331; RG. EE. 22 74; ZVDEisV. 01 309, 05 29). Abweichend, und wohl richtiger, OLG. Celle, EE. 41 134; OLG. Frankfurt EE. 42 315. Kennen müssen steht hierbei der Kenntnis nicht gleich (EE. 17 331, 16 305); also ist Frachtzuschlag auch bei unverpacktem Gute nicht ausgeschlossen (RG. 67 276). Zur Klarstellung der Frachtbriefangaben ist Eisenbahn nicht verpflichtet (EE. 33 75), ebensowenig dazu, den Empfänger auf die unrichtige Angabe des Inhaltes im Frachtbrief hinzuweisen (JW. 28 557); Düringer-Hachenburg verlangt, daß Eisenbahn wenigstens auf offensichtliche Irrtümer und Unrichtigkeiten aufmerksam macht (S. 959 Anm. 3). Dies geht zu weit.

5. EVO. § 70.

6. Grund für Neuregelung waren namentlich die Betriebsgefährdungen (Begr. I; EE. 25 172).

7. Also einschl. Verpackung und der anderen darin verpackten Gegenstände (nötigenfalls muß Abs. 2 eintreten); anders bisher auf Grund der alten Fassung die herrschende Meinung (siehe Baumgart, EE. 22 334).

8. Nicht: „herbeigeführt worden ist" (EE. 31 358).

9. Siehe EE. 23 152.

10. Wegen des Begriffs siehe EVO. § 59 (2). Der Zuschlag für die Überlastung wird auch dann erhoben, wenn das Gewicht für die Sendung im Frachtbrief richtig angegeben worden ist, und er wird auch dann nach der Fracht von dem Aufgabe- bis zum Bestimmungsbahnhof berechnet, wenn die Eisenbahn nach EVO. § 59 (3) das Übergewicht auf dem Versand- oder auf einem Unterwegsbahnhof abgeladen hat (Loening S. 159).

11. Über die Berechnung des Frachtzuschlages siehe ZVDEisV. 01 389, 997, 10 1411; EE. 20 357.

12. Haftung für Verschulden (Senckpiehl, EE. 26 352). Schaden, der der Eisenbahn an Personal, eigenen oder Dritten gehörigen, ihr anvertrauten Sachen entstanden ist; Dritte haben keinen Anspruch gegen den Schädigenden aus EVO. § 60 (1) Abs. 2.

13. Z. B. Betrug (EE. 1 199, 3 377; RGSt. 9 168, 15 267, 8 242; JW. 91 234), Urkundenfälschung (EE. 1 334), Transportgefährdung, Polizei-, Post-, Zollstrafen usw. Diese öffentlich-rechtlichen Strafen können nur den Absender treffen, oder auch nur dessen Leute oder Auftraggeber. Voraussetzung für strafrechtliches Einschreiten ist Verschulden; nicht so bei Zoll- und polizeilichen Übertretungen (siehe auch G. Eger in Zeitschr. f. d. gesamte Strafrechtswissenschaft Bd. 29 S. 799).

14. Vgl. EVO. §§ 15 (6), 25 (5). Nicht ganz unbedenkliche Abweichung von § 6 EVO.

15. Irrtum ist nach BGB. nur beachtlich, wenn er betrifft:

a) den Inhalt einer Willenserklärung;
hierzu gehört auch der Irrtum über solche Eigenschaften einer Person oder Sache, die im Verkehr als wesentlich angesehen werden,

b) die Erklärungshandlung.

Auch Rechtsirrtum gehört hierher, doch darf er nicht lediglich Rechtsfolgen betreffen, die nicht mehr vom Inhalt des Rechtsgeschäfts mitumfaßt werden (RG. 51 283, 76 440, 85 326). Der Irrtum muß erheblich sein. Irrtum im Beweggrund ist unbeachtlich (RG. 75 272); desgl. der Irrtum, der nur die wirtschaftliche Seite des Geschäftes, dessen Ersprießlichkeit betrifft.

Nach Begr. II soll die neue Bestimmung die bisherige strenge Haftung der Verfrachter für ihre Frachtbriefangaben in solchen Fällen mildern, in denen die Unrichtigkeit der Angaben auf Umständen beruht, die als entschuldbar anzusehen sind. Die Befreiung des Frachtzuschlags soll jedoch nicht bei jedem Versehen eintreten, sondern nur dann, wenn es sich um einen Irrtum handelt (§ 119 BGB.). Dabei sollen die in den Paragraphen 119 bis 121 für die Anfechtung wegen Irrtums aufgestellten Voraussetzungen, insbesondere das Erfordernis der unverzüglichen Anfechtung ebenfalls gelten.

Gegenüber der früheren klaren Rechtslage bedeutet diese Neuregelung keinen Fortschritt; der Hinweis der Begründung auf die Entschuldbarkeit ist irreführend; das BGB. kennt dieses Erfordernis beim Irrtum nicht (RG. 62 205; 88 411).

Beispiele zu a) Irrtum liegt vor: bei Verwechseln von Bezeichnungen bei der Inhaltsangabe (Mehl statt Kleie); bei Weitersendung von Ladungen: unrichtige Übernahme zutreffender

Bezeichnungen aus dem Vorfrachtbrief; nicht dagegen bei Irrtum über Kostbarkeitseigenschaft oder bei Irrtum über die Folgen einer unrichtigen Bezeichnung, z. B. von Erbschaftsgut als Umzugsgut.

zu b) Verschreiben, falscher Ausdruck, falsche Gewichtsangabe (z. B. 500 statt 50).

Unkenntnis des Tarifs ist kein Irrtum, der zur Anfechtung berechtigt. Denn ein Auseinanderfallen von Wille und Erklärung wäre in diesem Fall nur möglich, wenn der Absender den Tarif kennen und eine mit seiner Kenntnis nicht übereinstimmende Erklärung abgeben würde. Beachtlich ist nur eigener Irrtum und derjenige solcher Personen, deren sich der frachtbriefmäßige Absender zur Erfüllung seiner Verbindlichkeit bedient. Er muß ihn auch beweisen. Vorsätzlich falsche Angaben schließen Irrtum in jedem Fall aus.

Die Folgen des Irrtumsnachweises sind in EVO. §§ 60 (3) a, 70 (2) erschöpfend geregelt. Für die Anwendung der Bestimmungen des BGB. über die Folgen der Irrtumsanfechtung (z. B. BGB. § 122) ist kein Raum.

16. Siehe EVO. § 58 Abs. 3 ff.

17. D. h. nach Abschluß des Frachtvertrages. Wagen braucht aber Versandbahnhof noch nicht verlassen zu haben.

18. Annahme zur Beförderung, nicht nur gemäß EVO. § 64, auch dann, wenn Eisenbahn Gut nicht hätte annehmen dürfen (RG. 47 40). Ob eine Beförderung ganz oder teilweise ausgeführt, ob das Gut noch vorhanden, ist gleichgültig. Streitig ist, ob nachträgliche Berichtigung der Inhaltsangabe befreit. Rundnagel, Bef.-Gesch. S. 360 verneint dies; a. A. EE. 28 114. Man wird dem Absender das Recht des Rücktritts vom Vertrage wohl nicht streitig machen können, vorausgesetzt, daß Unrichtigkeit seiner Angabe noch nicht entdeckt ist (siehe Düringer-Hachenburg III § 455; oben § 56 Anm. 11).

19. Weil der Zuschlag zu den durch den Frachtvertrag begründeten Forderungen i. S. von EVO. 75 (1) gehört. Wird das Gut ohne Erhebung des Frachtzuschlages an den Empfänger ausgehändigt, so entsteht nicht mehr — wie nach der EVO. von 08 — eine gesamtschuldnerische Haftung von Absender und Empfänger für den Frachtzuschlag schlechthin. Die Eisenbahn kann sich an sich nur an den Absender halten. Der Empfänger haftet in diesem Falle an Stelle des Absenders nur unter den Voraussetzungen des Satzes 3. (Beispiel: Er führt Getreide ins Ausland aus, obwohl dies auf Grund der Angabe des Absenders im Frachtbrief „Getreide zur Verwendung im Deutschen Reich“ an ihn zu einem ermäßigten Tarif befördert worden ist). Dagegen haftet umgekehrt nicht der Empfänger, sondern der Absender für den Frachtzuschlag,

wenn dieser durch eine vom Willen des Empfängers unabhängige, dem Ausnahmetarif nicht entsprechende Verwendung des Gutes nach dessen Auslieferung an den Empfänger herbeigeführt wird (EE. 45 419).

20. Über Verjährung siehe EVO. § 94.

§ 61. Abschluß des Frachtvertrags

(1) Der Frachtvertrag[1] ist abgeschlossen, sobald die Güterabfertigung[2] das Gut mit dem Frachtbrief[3] zur Beförderung[4] angenommen hat.[5] Als Zeichen der Annahme wird dem Frachtbrief der Tagesstempel der Güterabfertigung aufgedrückt.[6] Mit diesem Stempel ist auch jedes der nach § 56 (1) d) dem Frachtbrief etwa angefügten Blätter zu versehen.

I Aus dem Tagesstempel muß zu ersehen sein, ob das Gut vormittags oder nachmittags aufgeliefert worden ist.

II Der Absender kann bei Übergabe des Frachtbriefs die Anweisung erteilen, das Gut von einem Dritten zur Beförderung anzunehmen. Für die — auch nur versuchte — Ausführung dieser Anweisung wird außer den etwa erwachsenden baren Auslagen die im Nebengebührentarif (Teil I Abteilung B) festgesetzte Gebühr erhoben. Die Ausführung der Anweisung kann abgelehnt werden.

(2) Nach vollständiger Auflieferung des Gutes[7] und nach Entrichtung der vom Absender vorauszubezahlenden Beträge[8] ist der Frachtbrief unverzüglich, auf Verlangen des Absenders in seiner Gegenwart, abzustempeln.

(3) Der abgestempelte Frachtbrief dient als Beweis für den Frachtvertrag.[9]

(4) Bei den vom Absender verladenen Gütern dienen die Angaben des Frachtbriefs über das Gewicht und die Anzahl der Stücke nur dann als Beweis gegen die Eisenbahn, wenn sie das Gewicht und die Stückzahl festgestellt und dies im Frachtbrief beurkundet hat.[10]

(5) Die Eisenbahn ist verpflichtet, auf Verlangen des Absenders die Annahme des Gutes unter Angabe des Tages, an dem es zur Beförderung angenommen ist, auf einem ihr mit dem Frachtbrief vorgelegten Frachtbriefdoppel (Duplikat),[11] das als solches zu bezeichnen ist, zu bescheinigen. Die Ausstellung eines Doppels ist auf dem Frachtbrief durch Stempelaufdruck zu beurkunden.

(6) Das Doppel hat nicht die Bedeutung des Frachtbriefs oder eines Ladescheins.

(7) Auf Verlangen des Absenders ist die Annahme des Gutes auch in anderer Form, z. B. durch Unterstempelung eines Eintrags in einem Quittungsbuch oder dergleichen, zu bescheinigen. Eine solche Bescheinigung hat nicht die Bedeutung eines Frachtbriefdoppels.[12]

HGB. §§ 455, 471; JüG. Art. 8.

Literatur: Boethke, Frachtbriefduplikat, EE. 26 427; Nottebohm, Frachtvertrag und unrichtige Inhaltsangabe, ZVDEisV. 24 69; Soelling, Juristische Rundschau 1925 723 ff.; Werneburg EE. 35 290.

1. Siehe Vorbem. zu Abschn. VIII. Zahl der Frachtbriefe ergibt Zahl der Verträge (EE. 34 217).

2. Auch die Güternebenstelle [§ 63 (11)], nicht aber der anrollende Fuhrunternehmer, auch nicht der amtliche.

3. Frachtbrief muß die wesentlichen Erfordernisse enthalten (siehe EVO. § 56 Anm. 1; EE. 34 90).

4. Also nicht zur Verwahrung nach EVO. § 64.

5. Das Gut muß mit Wissen der Eisenbahn in deren Gewahrsam gelangen (EE. 29 100, 33 73, 36 174); vorher entsteht kein frachtrechtliches Verhältnis zwischen Eisenbahn und Absender (EE. 14 178). Beförderung von Stückgut zur Annahmestelle, d. h. dem Raum in oder vor der Annahmeluke, ist Sache des Absenders. Annahme bei Wagenladungen: Absender muß den fertig geladenen Wagen dem Annahmebediensteten zur Beförderung übergeben und den Frachtbrief einliefern (EE. 22 356, 36 174). Über Form und Zeitpunkt der Übernahme von Gütern von Anschlußgleisen siehe PAB. § 16 Abs. 1, abgedruckt S. 354.

6. Annahmestempel bezeugt, nicht erzeugt den Frachtvertrag. Gegenbeweis (Bestehen des Vertrags trotz Fehlens des Stempels [EE. 16 16] und Nichtabschluß trotz Abstempelung [EE. 10 131, 22 162, 356, 24 203]) zugelassen. Über Schadensersatzpflicht der Eisenbahn wegen unterlassener oder verspäteter Abstempelung des Frachtbriefes oder der Empfangsbescheinigung auf dem Frachtbriefdoppel siehe RG. in Juristische Rdschau 1927 Rechtspr. Sp. 669.

7. Bei Auflieferung mehrerer Stücke auf einen Frachtbrief Vertragsabschluß erst nach Annahme aller Teile.

8. Zahlung der Freibeträge wird häufig versäumt. Frachtvertrag kommt trotzdem zustande; Eisenbahn muß Vorsorge treffen, daß Zahlung sichergestellt wird. Ist dem Absender Frachtstundung gewährt, so wird dies für den Zeitpunkt der Annahme so angesehen, als ob die Beträge bereits bezahlt wären.

9. Gegenbeweis gegen Frachtbrief ist zulässig. Vgl. EE. 19 328, 23 357, 24 372, 44 202, 45 298; unrichtig 32 62.

10. Beweisvermutung hängt lediglich von der Tatsache der Nachwiegung und Nachzählung durch die Eisenbahn ab. Unerheblich ist, ob Eisenbahn dazu verpflichtet war. (EE. 19 194, 328; 24 372). Die Nachprüfung muß durch zuständiges Organ der Eisenbahn erfolgen (EE. 19 328).

11. Frachtbriefdoppel: vgl. Rundnagel, BefGesch. § 101; Staub § 455; Hellwig, Verträge zugunsten Dritter, S. 493. Doppel ist als solches bezeichnete zweite Ausfertigung des Frachtbriefes; doch ist bestritten, ob die Bezeichnung als „Frachtbriefdoppel" wesentlich ist (siehe RG. EE. 40 34). Es ist, sofern es vom Absender unterschrieben und von der Eisenbahn mit Annahmebescheinigung versehen ist (Stempel steht der Annahmebescheinigung nicht gleich JW. 26 1438) Beweispapier für die Aufgabe des Gutes und den Abschluß des Frachtvertrages (Staub § 455 Anm. 1) und Sperrpapier hinsichtlich des Verfügungsrechts des Absenders (JW. 27 1353); bestritten, ob „steckengebliebenes Wertpapier" (siehe Z. f. HR. 39 42); im Hinblick auf HGB. § 455 bezeichnet das RG. (SpedSchiffZtg. 22 1324) das Frachtbriefdoppel als unvollkommenes Transportpapier. Bei Abweichungen gilt Angabe im Frachtbrief (Warneyers Jahrb. 09 302; Boethke, EE. 26 427); Verfügungsrecht des Absenders geht nicht auf Inhaber des Doppels über. Übergabe des Frachtbriefdoppels ist für Eigentums- und Besitzverhältnisse ohne Bedeutung (RG. 27 85), es sei denn, daß besondere Umstände einen anderen Vertragswillen annehmen lassen (z. B. Vertrag „Netto Kasse gegen Frachtbriefdoppel"; siehe BGB. §§ 929, 931; RG. 102 96, 110 199; SpedSchiffZtg. 22 1324). Häufig üblich „Zahlung gegen Doppel" (siehe hierüber Staub § 455 Anm. 6). Ist Doppel erschlichen, liegt kein Frachtvertrag vor. Über Fälschung des Doppels nach Abstempelung durch die Eisenbahn siehe EE. 40 16. Das Doppel kann nicht für kraftlos erklärt werden. Bei Verlust muß Absender Sicherheit leisten oder Genehmigung des Empfängers beibringen, wenn er verfügen will (siehe Staub § 455 Anm. 8); vgl. auch EVO. § 72 (9). Bei Abtretungen vgl. BGB. § 402. Eisenbahn haftet, wenn Annahmebediensteter nicht mit der erforderlichen Sorgfalt Urschrift und Doppel vergleicht oder Annahmebescheinigung auf dem Doppel bereits vor Annahme des Gutes erteilt und dadurch ein Schaden entsteht (EVO. § 5; EE. 45 414); ob auch gegenüber dem Absender, der das Doppel ausgestellt hat, ist sehr zweifelhaft. Entweder liegt bei diesem Arglist vor, (dann exceptio doli) oder Mitverschulden (dann § 254 BGB., Teilung des Schadens). Die Einrede der Arglist des Absenders wirkt gegen jedermann, also auch gegen den Empfänger, die Einrede des Mitverschuldens nur gegen Absender (siehe auch Zeitschr. f. Binnenschiffahrt 22 253; vgl. EE. 41 120).

Ob die Ausfolgung des Frachtbriefdoppels nicht unter Umständen als Abtretung des Herausgabeanspruchs aufzufassen ist, vgl. Düringer-Hachenburg III § 455; EE. 25 164; Staub § 455 Anm. 4 u. 5. Die Regel ist dies nicht (siehe auch JW. 21 837). Das Frachtbriefdoppel besagt nur über den formellen Abschluß eines Frachtvertrages, nicht aber z. B. über den wirklichen Inhalt der aufgelieferten Güter (Nottebohm BR. 6 369).

12. Das Quittungsbuch hat nur die Bedeutung einer Quittung; durch diese wird das Verfügungsrecht des Absenders nicht beeinflußt. Quittung ist öffentliche Urkunde (siehe RG. i. EE. 24 353) (ebenso das Doppel), wenn sie von der Reichsbahn ausgestellt ist (EE. 1 334, 3 48; RG. 107 272).

§ 62. Verpackung, Zustand und Bezeichnung des Gutes

(1) Der Absender hat das Gut,[1] soweit dessen Natur[2] eine Verpackung erfordert, zum Schutz gegen Verlust oder Minderung und gegen Beschädigung sowie zur Verhütung einer Beschädigung von Personen, Betriebsmitteln oder anderen Gütern sicher zu verpacken.

(2) Ist der Absender dieser Vorschrift nicht nachgekommen,[3] so kann die Eisenbahn die Annahme des Gutes ablehnen oder verlangen, daß der Absender im Frachtbrief[4] das Fehlen oder die Mängel der Verpackung anerkennt.[5] Pflegt ein Absender gleichartige, der Verpackung bedürftige Güter unverpackt oder mit den gleichen Mängeln der Verpackung bei derselben Güterabfertigung aufzugeben, so kann er eine allgemeine Erklärung nach dem Muster der Anlage G[6] abgeben. In diesem Falle muß der Frachtbrief einen Hinweis auf die allgemeine Erklärung enthalten.

I Nur mit Anerkenntnis oder Erklärung nach Abs. (2) werden z. B. angenommen: unverpackte, nur verschnürte Felle, Zucker in losen Broten und gefüllte Fässer, deren Beschaffenheit wegen Schmutzes oder aus anderen Gründen nicht erkennbar ist, namentlich beschmutzte Öl- und Sirupfässer. Gebrauchte Packmittel, die andere, nicht fest und sicher verpackte Packmittel enthalten, werden ohne Anerkenntnis oder Erklärung nach Abs. (2) nicht angenommen.

(3) Der Absender[7] haftet für die Folgen der im Frachtbrief anerkannten fehlenden oder mangelhaften Verpackung sowie für äußerlich nicht erkennbare Mängel der Verpackung. Er hat insbesondere auch der Eisenbahn einen Schaden, der ihr

aus solchen Mängeln entsteht, zu ersetzen. Ist ein äußerlich erkennbarer Mangel nicht anerkannt, so haftet der Absender nur, wenn er arglistig handelt.[8]

(4) Nimmt die Eisenbahn ein Gut zur Beförderung an, das offensichtlich Spuren von Beschädigungen aufweist, so kann sie verlangen, daß der Absender den Zustand des Gutes im Frachtbrief besonders bescheinigt.[9]

(5) Die Eisenbahn kann verlangen, daß kleine Stückgüter (Kleineisenzeug oder dergleichen), deren Annahme und Verladung sonst nicht ohne erheblichen Zeitverlust möglich wäre, durch Verbindung oder Verpackung zu größeren Einheiten zusammengefaßt werden.

(6) Der Eisenbahn bleibt überlassen, für Güter, die nicht zu den im § 54 (2) a) aufgeführten gehören, die aber wegen ihrer Eigenschaften Unzuträglichkeiten während der Beförderung herbeiführen können, mit Genehmigung des Reichsverkehrsministers durch den Tarif einheitliche Vorschriften über die Verpackung und Verladung zu treffen.

II Die Vorschriften über die Verpackung und Verladung bestimmter Güter, über die Beladung der Wagen und über die Verladung von Fahrzeugen (auch fahrbaren Maschinen) auf offenen Wagen, sind in den Anlagen II, III und IV enthalten.

(7) Der Absender hat die Stückgüter haltbar, deutlich und in einer Verwechslungen ausschließenden Weise zu zeichnen.[10a] Die Zeichen müssen mit den Angaben im Frachtbrief übereinstimmen. Ältere Zeichen (Eisenbahn- oder Postbeförderungszeichen sowie andere Zeichen, die mit den Eisenbahnbeförderungszeichen verwechselt werden könnten) müssen entfernt oder deutlich durchstrichen sein.[10]

III 1 Die Stückgüter sind übereinstimmend mit den Angaben im Frachtbrief entweder mit der Anschrift des Empfängers oder mit Buchstaben und Nummern oder mit Zeichen und Nummern, ferner mit dem Namen des Versandbahnhofs, dem Tag der Aufgabe und dem Namen des Bestimmungsbahnhofs zu versehen. Hat der Bestimmungsort mehrere Bahnhöfe und hat der Absender einen bestimmten Bahnhof im Frachtbrief vorgeschrieben, so hat er diesen Bahnhof auch in der Bezeichnung des Gutes anzugeben.

Einfache Striche oder Kreuze sowie besondere Zeichen, die nicht leicht wiedergegeben werden können, dürfen zum Zeichnen der Güter nicht gebraucht werden. Das gleichzeitige Zeichnen sowohl mit der Anschrift des Empfängers als mit Buchstaben und Nummern ist zulässig. Tragen Güter eingebrannte, eingestanzte oder mit Farbe dauerhaft angebrachte Buchstaben oder besondere Zeichen und Nummern und werden sie außer mit diesen noch mit anderen Zeichen versehen, so müssen im Frachtbrief neben den letzteren auch die eingebrannten, eingestanzten oder mit Farbe fest angebrachten Zeichen angegeben werden. Auch bei Auflieferung mehrerer gleichartiger Stücke auf einen Frachtbrief muß jedes Stück gezeichnet werden.

Die Zeichen sind auf dem Gute selbst oder auf einem an dem Gute dauerhaft befestigten Beklebezettel oder einer Tafel oder einem Anhänger aus haltbarem Stoff nach den von der Eisenbahn festgesetzten und bekanntgegebenen Mustern anzubringen. Die Beschaffenheit der Beklebezettel und Anhänger muß den von der Eisenbahn vorgeschriebenen Mindestanforderungen genügen. Die Beklebezettel und Anhänger müssen für Frachtstückgüter weißen Grund, für Eilstückgüter und beschleunigte Eilstückgüter weißen Grund mit einem 0,4 cm breiten roten Rand an den beiden Längsseiten aufweisen. Die Zettel und Anhänger für beschleunigte Eilstückgüter müssen außerdem den auffälligen, in roter Farbe auszuführenden Vermerk »Beschleunigtes Eilgut« tragen. Soweit zur Befestigung der Anhänger nicht geglühter Draht vorgeschrieben ist, darf auch kräftige Hanfschnur verwendet werden. Für Metallanhänger darf nur geglühter oder verzinkter Eisendraht von wenigstens 0,5 mm verwendet werden. Werden Tafeln oder Anhänger auf dem Gute aufgenagelt, so muß dies durch mindestens vier breitköpfige Nägel geschehen. Auf den Beklebezetteln, Tafeln oder Anhängern ist die Zahl der Stücke zu vermerken. Werden alle Zeichen auf dem Gute selbst durch Einbrennen oder Einstanzen oder mit Farbe angebracht, so sind Eilstückgüter durch den auffälligen Vermerk »Eilgut«, beschleunigte Eilstückgüter durch den auffälligen Vermerk »Beschleunigtes Eilgut« mit roter Farbe besonders zu kennzeichnen.

Beim Versand nachstehend aufgeführter Güter sind noch folgende Vorschriften zu beachten:

a) Auf unverpackten Eisen-, Stahl-, Messing-, Blei- oder Zinkwaren (auch Stahlflaschen) sind die Zeichen, soweit sie auf dem Gute selbst angebracht sind, einzustanzen oder mit Öl-, Lack- oder Mennigfarbe auszuführen. Beklebezettel dürfen nur verwendet werden, wenn sie an einer gegen Abscheuern geschützten Stelle angebracht werden können. Werden zum Zeichnen dieser Güter Tafeln oder Anhänger gewählt, so dürfen nur solche aus starkem Eisenblech, starker Pappe oder Karton verwendet werden. Anhänger aus Karton müssen durch Metallschutzrahmen gegen Abreißen hinreichend gesichert sein. Zur Befestigung sind Klammern oder geglühter Draht zu verwenden.

b) An eisernen Fässern, in denen Petroleum, Benzin, Öl oder andere fetthaltige Flüssigkeiten enthalten sind oder enthalten waren, sind die Anschrift des Empfängers oder die zum Zeichnen gebrauchten Buchstaben (besondere Zeichen) und Nummern auf einem dauerhaft befestigten Metallschild oder in mindestens 10 cm hohen Buchstaben, Zeichen oder Nummern mit schwarzer Öl- oder Lackfarbe auf dem einen Boden des Fasses anzubringen. Dieser Boden muß, wenn das Faß nicht verzinkt ist, mit heller Farbe gestrichen sein.

c) Auf hölzernen Fässern, in denen Petroleum, Benzin, Öl oder andere fetthaltige Flüssigkeiten, Sirup oder Teer enthalten sind oder enthalten waren, sind die Anschrift des Empfängers oder die zum Zeichnen gebrauchten Buchstaben (besonderen Zeichen) und Nummern einzubrennen oder mit Farbe auf dem einen Boden oder auf einer an dem einen Boden dauerhaft befestigten Tafel aus Holz, Pappe oder anderen haltbaren Stoffen anzubringen.

d) Auf Körben, namentlich Reisekörben, sowie auf Ballen darf die Bezeichnung nicht aufgeklebt, sondern sie muß, wenn nicht ein Anhänger benutzt wird, mit starkem Faden aufgenäht oder durch Farbe oder Druck angebracht sein.

e) An unverpackten trockenen Fellen und Häuten sind die Zeichen entweder mit Farbe auf der Innenseite oder auf einer an dem Gute dauerhaft befestigten Tafel oder einem Anhänger anzubringen. Bei gesalzenen oder grünen Fellen und Häuten sind Anhänger aus Metall oder Holz nach dem von der Eisenbahn festgesetzten und bekanntgegebenen Muster zu verwenden.

f) An gefüllten Säcken sind die Zeichen auf einer am Kopfende (Blume oder Kropf) befestigten Tafel oder einem Anhänger aus haltbarem Stoff nach dem von der Eisenbahn festgesetzten und bekanntgegebenen Muster anzubringen.

2 An Stückgütern, die in Seehafenplätzen aufgegeben werden, ist das Zeichnen durch den Absender nicht erforderlich, wenn die Güter ohne dessen Mitwirkung unmittelbar aus den Seeschiffen in die Eisenbahnwagen umgeladen werden.

3 Hat der Absender Stückgüter nicht nach diesen Vorschriften oder nur undeutlich gezeichnet, oder hat er unvorschriftsmäßige Beklebezettel, Tafeln oder Anhänger verwendet, oder diese mit unvorschriftsmäßigen Befestigungsmitteln befestigt, so kann die Annahme zur Beförderung abgelehnt werden, wenn nicht die Eisenbahn das vorgeschriebene Zeichnen gegen Berechnung der im Nebengebührentarif (Teil I Abteilung B) vorgesehenen Gebühr übernimmt. Als ungenügendes Zeichnen ist auch anzusehen, wenn ältere Zeichen, die mit den neuen Eisenbahnbeförderungszeichen nicht genau übereinstimmen, nicht entfernt oder nicht deutlich durchstrichen sind, ferner wenn in Versandorten mit mehreren Bahnhöfen der Abgangsbahnhof oder bei Sendungen nach einem Ort mit mehreren Bahnhöfen ein bestimmter Empfangsbahnhof zwar im Frachtbrief, nicht aber auch in der Bezeichnung des Gutes angegeben ist.

HGB. §§ 456, 459; JüG. Art. 12.

Literatur: Hamburger, EE. 41 20; Sendpiehl, Die mangelhafte Verpackung und ihr Anerkenntnis, EE. 42 131; Sommerfeld, ZVDEisV. 21 165; Derlien, Das Anerkenntnis mangelhafter Verpackung, Zeitschr. f. Verkehrswissensch. 26 27 u. 89 ff.; Classen, JW. 24 1131; Fritsch, Arch. f. Eis. 24 597; Starck, JW. 22 569; Loening, Das Anerkenntnis der Entschädigung, VR. 7 198.

1. Betrifft Stückgut (Verpackung) und Wagenladung (Bedeckung). Verpackung ist nur die äußere Schutzhülle; alles andere ist Gut. Glasballons in Weidenkörben sind Gut; nur die Körbe sind Verpackung (EE. 16 123, 24 341, 18 159; vgl. auch EE.

25 292, 21 161, 19 193); Flüssigkeiten in „Behälterwagen" gelten als unverpackt (EE. 44 209).

2. Hierzu rechnet einmal die Empfänglichkeit für äußere Einwirkungen (Erschütterungen, Schrammen, Licht, Kälte, Hitze, Umfallen), sodann die Gefährlichkeit für andere Güter (Verbreitung von Feuchtigkeit, Geruch); endlich auch wirtschaftliche Eigenschaften (Wert, Anziehungskraft auf Dritte), Diebstahlsgefahr (ROHG. 6 175; ZVDEisV. 22 672; RG. 104 49; JW. 22 1308, 23 507, 597; VR. 1 323, 4 418, 6 222; EE. 40 37, 38 147, 42 73, 46 296; abw. Senckpiehl, SpedSchiffZtg. 23 25; VR. 1 270; EE. 41 147; Rundnagel-Sperber S. 85), Reiben, Anstoßen (EE. 20 37), Verstreuen, Verschütten (EE. 23 186, 26 375; ferner EE. 38 147); vgl. auch RG. 15 151; EE. 19 21 und Anl. C zu § 54. Abweichend Senckpiehl, Haftung S. 58; Roeder, EE. 39 241; VR. 1 270. Zu beachten ferner Zoll- und Steuervorschriften. Beschädigung anderer Güter siehe EE. 42 199.

3. Ob ein Gut als mangelhaft verpackt anzusehen ist, hat die annehmende Eisenbahndienststelle nach billigem Ermessen unter Berücksichtigung der Zeit- und Eisenbahnverhältnisse, insbesondere der dem Eisenbahnbetriebe eigentümlichen Gefahren, zu entscheiden (JW. 23 231; EE. 40 190). Für Expreßgut siehe § 40 AAB. (4); JW. 23 231 u. 597. Einheitliche Vorschriften sind praktisch unmöglich. Der Auffassung der Verkehrskreise über Zulänglichkeit (Handelsbrauch) kommt keine ausschlaggebende Bedeutung zu. (EE. 46 393 u. Schrifttum bei Loening S. 298). Die Eisenbahn kann in Zeiten unsicherer Verkehrsverhältnisse höhere Anforderungen an die Verpackung stellen, als sie es in früheren Zeiten getan hat. Gleichgültig ist, ob die Höhe der Kosten sich für den Absender lohnt (Hamburger EE. 41 27; Roeder VR. 4 415; Starck JW. 22 569; RG. v. 11. Nov. 1922; JW. 23 231 u. 597). Zusammenstellung der Rechtsprechung über Verpackungsmängel bei Loening S. 299.

Gegen Entscheidung der Dienststelle Beschwerde an vorgesetzte Aufsichtsstelle (d. s. bei der Deutschen Reichsbahn Verkehrsamt, Reichsbahndirektion), sowie Klage auf Annahme einer bestimmten Sendung ohne Anerkenntnis oder auf Schadensersatz (Fuld EE. 19 170; Loening EE. 44 264; JW. 24 161; EE. 41 335). Allgemeine Feststellungsklage, daß Eisenbahn nicht berechtigt ist, den Vermerk „Mangelhaft verpackt" zu verlangen, ist, da ein Vertragsverhältnis nicht besteht, nicht zugelassen (ZPO. §§ 256, 259; JW. 88 135; RG. 18 166; RG. I 842/22 v. 5. Dez. 1923; EE. 41 67), desgleichen nicht einstweilige Verfügung zur Erwirkung der Beförderung (EE. 39 267; Loening, EE. 44 264).

Die Prüfung kann nur eine äußere sein; meist wird sie sich auf das „Sehen" beschränken (Rundnagel, Haftung § 16 S. 133 ff.). Hierbei ist Sorgfalt eines ordentlichen Frachtführers anzuwenden.

Kenntnisse eines Fachmannes sind nicht zu verlangen (EE. 12 338, 19 193, 24 241); ebensowenig Beriechen, Behorchen, Befühlen (Sendkpiehl S. 241; Staub § 456 Anm. 12). Noch schwieriger ist die Prüfung bei Wagenladungen (siehe Rundnagel-Sperber S. 82, BR. 6 396).

4. Zwingend. Jede außerhalb des Briefes abgegebene Erklärung ist nichtig (EE. 41 24). Wirkungslos ist auch ein einseitiger Vorbehalt der Eisenbahn bei der Annahme. Eisenbahn hat das Recht, trotz Anerkenntnisses Annahme zu verweigern (so auch Loening S. 303; a. A. Sendkpiehl S. 240).

5. Mängel sollen ihrer Art nach einzeln aufgeführt sein (Staub § 459 Anm. 8), z. B. „Unverpackt", „Nur in Papier verpackt", „Nur zum Teil mit Stroh umwickelt"; doch genügt auch ein in Spalte „Zulässige Erklärungen" enthaltener Hinweis wie: „Ohne Decken", „In Papier" (JW. 22 915; EE. 39 111, 41 65, 42 73 u. 321; RG. 109 165) usw. und endlich die allgemeine Erklärung „Mangelhaft verpackt". Dagegen genügt nicht die bloße Bezeichnung der Verpackung in der Frachtbriefspalte „Art der Verpackung" (JW. 23 241; Starck, BR. 1 269); ferner genügt nicht „Ein Waggon", denn auch Wagenladungen bestehen oft aus verpackten Einzelstücken (siehe Derlien a. a. O. S. 34).

Das Anerkenntnis ist kein besonderer Vertrag, der neben dem Frachtvertrag einhergeht; abweichend Starck, JW. 22 569; Maier, EE. 38 263; Schmidt-Ernsthausen JW. 24 204; mit Recht sieht Hamburger (EE. 41 25) in ihm nur eine Vorleistung des Absenders, durch die eine Tatsache bezeugt wird (s. auch Sendkpiehl EE. 42 134). Rundnagel-Sperber S. 87/88 sieht in ihm ein Beweissicherungszugeständnis (siehe auch EE. 41 67). Gegenüber der Erklärung ist Nachweis, daß das Gut trotz des Anerkenntnisses ordnungsmäßig verpackt war, zulässig (siehe Derlien, a. a. O. S. 92; Starck, JW. 22 569 und 24 204; Rundnagel-Sperber S. 88; EE. 39 183; Roeber, JW. 24 161); abweichend JW. 23 231; v. d. Leyen, ebendort; Brandis, JW. 22 1510. Nicht zu beweisen ist, daß die Abgabe des Anerkenntnisses unbillig und daher unverbindlich verlangt worden sei (vgl. JW. 23 231, 507; abweichend Hamburger a. a. O., Roeber, a. a. O., JW. 23 597; EE. 41 362). Da Anerkenntnis kein Rechtsgeschäft, ist Anfechtung wegen irriger oder erzwungener Abgabe nicht möglich (abweichend Rundnagel-Sperber S. 88 Anm. 15), auch praktisch wegen § 139 BGB. kaum von Wert. Beweis für die Abgabe des Anerkenntnisses liegt der Eisenbahn ob (Rundnagel-Sperber S. 88; Hamburger EE. 41 25).

Das Anerkenntnis muß besonders unterzeichnet sein, wenn es nicht offensichtlich vom Aussteller des Frachtbriefes herrührt. Über Anerkenntnis der Beschädigung des Gutes selbst im Frachtbrief siehe Rundnagel-Sperber S. 88 Anm. 17.

6. Verkäufliche Drucksache (hier nicht abgedruckt).

7. Auch ohne Verschulden (RG. 105 343; a. A. für den durch die gefährliche Beschaffenheit der Sache entstandenen Schaden Senckpiehl EE. 26 352). Eisenbahn, die für die durch Mängel des Gutes an mitverladenen Gütern entstandenen Schäden haftet, braucht für den Rückgriff gegen den Absender nur die Beschädigung nachzuweisen (EE. 45 301).

8. Über die abweichende Regelung des JÜG. siehe Friebe ZVDEisV. 28 145.

9. Gut ist hier im Gegensatz zur Verpackung gebraucht. Bei Verweigerung des Vermerkes kann Eisenbahn den Abschluß des Frachtvertrages verweigern. Macht sie von der Befugnis keinen Gebrauch, so soll das Fehlen des Vermerks die Vermutung begründen, daß das Gut bei der Auflieferung offensichtliche Spuren von Beschädigung nicht aufgewiesen habe (Loening S. 292; Fritsch, Arch. f. Eis. 24 597). Dem ist nicht beizutreten, da für die Eisenbahn nur ein Recht, keine Pflicht, den Vermerk zu verlangen, festgelegt ist.

10a. Angabe von Anschrift und Name des Empfängers erwünscht, aber nicht unbedingt erforderlich (Friebe, ZVDEisV. 28 556; AAB. III 1).

10. Sonst Entfernung durch Eisenbahn (Signiergebühr!). Bei Verstoß gegen (7) kann Eisenbahn sich gegenüber Schadensanspruch auf BGB. § 254 (Verteilung des Schadens nach dem Grade des gegenseitigen Verschuldens) stützen. Für Nichtbeachtung der Vorschrift „Nicht stürzen" haftet sie nicht (EE. 29 153; a. A. EE. 43 414).

§ 63. Annahme

(1) Abgesehen von den allgemeinen Beschränkungen der Beförderungspflicht (§ 3) ist die Eisenbahn nur insoweit verpflichtet, Güter zur Beförderung anzunehmen, als sie sofort befördert werden können. Sie braucht nur solche Gegenstände anzunehmen, die sich nach der Anlage[1] oder dem Betriebe[2] der beteiligten Bahnen zur Beförderung eignen.[3] Gegenstände, deren Ein-, Um- oder Ausladen besondere Vorrichtungen erfordert,[4] braucht sie nur anzunehmen, soweit auf den in Betracht kommenden Bahnhöfen die Vorrichtungen vorhanden sind.[5]

I Zur Beförderung als Eilstückgut oder beschleunigtes Eilstückgut werden nur solche Güter angenommen, die nach Form, Umfang, Gewicht und sonstiger Beschaffenheit hierzu geeignet sind. Wegen der Annahme der in der Anlage C verzeichneten Güter als Eilstückgut und beschleunigtes Eilstückgut vgl. die Ausführungsbestimmungen zur Anlage C.

(2)[6] Sofern zwingende Gründe des Betriebs[7] oder des öffentlichen Wohls[8] es erfordern, kann die Eisenbahn[9] anordnen, daß

a) die Annahme von Gütern ganz oder teilweise eingestellt wird;[10]

b) gewisse Sendungen ausgeschlossen oder nur unter bestimmten Bedingungen zugelassen werden;[11]

c) gewisse Sendungen vorzugsweise zur Beförderung angenommen werden.[11a]

Derartige Maßnahmen sind durch Aushang bekanntzumachen, auch soll in der Presse auf sie hingewiesen werden.[11b] Die Eisenbahn kann Güter, die infolge einer solchen Einschränkung nicht befördert werden können, zurückweisen.

(3) Die Güter müssen[12] während der Dienststunden aufgeliefert[12a] werden, die von der Eisenbahn festzusetzen und durch Aushang bekanntzumachen sind. Der Tarif kann Erleichterungen zulassen. An Sonn- und Feiertagen[13] braucht die Eisenbahn keine Güter anzunehmen. Wo dies doch geschieht, ist es durch Aushang bekanntzumachen.

II An Sonn- und Feiertagen wird Frachtgut nicht angenommen. Welche Tage als Feiertage gelten, wird durch Aushang bekanntgemacht.

(4) Der Absender hat dafür zu sorgen, daß Sendungen, die von der Eisenbahn zu verladen sind, spätestens 24 Stunden[14] nach Beginn der Auflieferung abgefertigt werden können. Verzögert er die Abfertigung dadurch, daß er innerhalb dieser Frist nicht alle zum Frachtbrief gehörigen Güter aufliefert oder den wegen Unrichtigkeit oder Unvollständigkeit beanstandeten Frachtbrief nicht berichtigt zurückgibt oder die etwa zu zahlenden Freibeträge[15] nicht begleicht, so kann die Eisenbahn die Güter auf Lager nehmen.[16]

III Für das eingelagerte Gut wird Lagergeld erhoben.

IV Zur Ansammlung von Wagenladungen oder zur vorübergehenden Niederlegung nach der Entladung kann die Lagerung von Gütern auf verfügbaren Plätzen der Bahnhöfe im Freien gestattet werden. In solchen Fällen wird statt des Lagergeldes Platzgeld erhoben.

Lagergeld und Platzgeld sind im Nebengebührentarif (Teil I Abteilung B) festgesetzt.

(5) Die Bereitstellung der Wagen[17] für Güter, die der Absender zu verladen hat, muß unter Angabe des Gutes, des ungefähren Gewichts und des Bestimmungsbahnhofs für einen bestimmten Tag nachgesucht werden. Können die Wagen nicht gestellt werden, so ist der Besteller, soweit möglich, hiervon kostenfrei zu benachrichtigen.[18] Werden schriftlich zugesagte Wagen[19] nicht rechtzeitig gestellt, so hat die Eisenbahn die Kosten des vergeblichen Versuchs der Auflieferung, mindestens aber den Betrag des Wagenstandgelds für einen Tag zu erstatten. Wird ein Wagen vor der Bereitstellung[20] wieder abbestellt, so hat der Besteller die tarifmäßige Gebühr zu entrichten. Wird ein Wagen nach der Bereitstellung[20] unbeladen zurückgegeben oder nach Ablauf der Beladefrist wegen Nichtbeladung dem Besteller wieder entzogen, so ist vom Zeitpunkt der Bereitstellung an das tarifmäßige Wagenstandgeld zu zahlen. Bei Bestellung eines Wagens kann die Eisenbahn Sicherheit in Höhe des tarifmäßigen Wagenstandgelds für einen Tag verlangen.[21] Auf die Stellung von Wagen besonderer Bauart, von bestimmtem Ladegewicht oder bestimmter Ladefläche hat der Besteller keinen Anspruch; vergleiche jedoch § 66.

V 1 Die Bestellung von Wagen ist in der Regel schriftlich an den Versandbahnhof und, wenn dort eine besondere Güterabfertigung besteht, an diese zu richten, es sei denn, daß für Massengüter wie Kohlen, Erze usw. die Annahme und Ausführung der Wagenbestellung anderen Dienststellen übertragen ist.

2 Bei der Bestellung ist anzugeben, wieviel Wagen, ob gedeckte oder offene, sowie ob größräumige Wagen gewünscht werden. Wegen der Stellung großräumiger Wagen vgl. Abschnitt IV der Allgemeinen Tarifvorschriften (Teil I Abteilung B). Für Güter, die in großräumige gedeckte Wagen verladen werden sollen, sind in der Bestellung die in dem Verzeichnis der zur Beförderung in großräumigen gedeckten Wagen zugelassenen Güter (Teil I Abteilung B) gebrauchten Bezeichnungen anzuwenden. Sollen den in diesem Verzeichnis genannten Gütern andere Güter in großräumigen gedeckten Wagen beigeladen werden, so ist in der

Bestellung das Gewicht der verschiedenen Güter genau anzugeben.

VI Die Gebühr für die Abbestellung von Wagen und das Wagenstandgeld sind im Nebengebührentarif (Teil I Abteilung B) festgesetzt.

(6) Die Verladung durch den Absender hat in der Regel während der Dienststunden der Güterabfertigung zu geschehen. Die Frist, innerhalb deren die Beladung regelmäßig beendet sein muß, bestimmt der Tarif.[22] Ausnahmen sind durch Aushang bekanntzumachen. Wird die Frist überschritten oder wird der wegen Unrichtigkeit oder Unvollständigkeit beanstandete Frachtbrief nicht innerhalb der Ladefrist berichtigt übergeben oder werden die etwa vom Absender zu zahlenden Freibeträge nicht innerhalb derselben Frist beglichen, so hat der Absender das tarifmäßige Wagenstandgeld zu zahlen. Für Sonn- und Feiertage ist Wagenstandgeld nur dann zu zahlen, wenn die Ladefrist schon am Tage vorher 14 Uhr abgelaufen ist; folgen in einem solchen Falle mehrere Sonn- und Feiertage aufeinander, so ist nur für den ersten dieser Tage Wagenstandgeld zu erheben. Die Eisenbahn kann, wenn die Ladefrist um mehr als 24 Stunden überschritten wird, das Gut auf Gefahr und Kosten des Absenders ausladen und es auf Lager nehmen.[23] Sie ist jedoch auch berechtigt, das Gut bei einem Spediteur oder in einem öffentlichen Lagerhaus auf Gefahr und Kosten des Absenders zu hinterlegen.

VII Die regelmäßigen Beladefristen sind in den Tarifteilen II festgesetzt. Welche Tage als Feiertage gelten, wird durch Aushang bekanntgemacht.

(7) Der Lauf der Fristen in den Absätzen (4) und (6) ruht[24] an Sonn- und Feiertagen sowie für die Dauer einer Behandlung durch die Zoll- und Steuer-, Polizei- oder sonstigen Verwaltungsbehörden, soweit die Behandlung nicht durch den Absender verzögert wird.

VIII. Welche Tage als Feiertage gelten wird durch Aushang bekanntgemacht.

(8) Wenn die ordnungsmäßige Abwicklung des Verkehrs durch Güteranhäufungen gefährdet wird, so kann die Eisenbahn die Beladefristen und die lagergeldfreie Zeit soweit nötig abkürzen, das Wagenstandgeld und das Lagergeld sowie die Gebühr für die Abbestellung von Wagen erhöhen. Auch können

die erleichternden Bestimmungen über die Berechnung des Wagenstandgeldes in Abs. (6) außer Kraft gesetzt werden. Solche Maßnahmen sind durch Aushang bekanntzumachen, auch soll in der Presse auf sie hingewiesen werden.

(9) Die Eisenbahn kann die Stückgüter innerhalb von Orten, wo sich ein Bahnhof befindet, oder von benachbarten Orten gegen eine durch Aushang bekanntzumachende Gebühr selbst anfahren oder Rollfuhrunternehmer dafür bestellen.[25] In beiden Fällen hat die Eisenbahn die Pflichten eines Frachtführers nach §§ 425 bis 452 des Handelsgesetzbuchs. Die Rollfuhrleute haben ihren Gebührentarif bei sich zu tragen und auf Verlangen vorzuzeigen.

(10) Den Absendern steht frei, von dieser Einrichtung Gebrauch zu machen oder die Güter selbst anzufahren oder sie durch andere Unternehmer anfahren zu lassen.[26]

(11) Für die Abfertigung von Gütern kann die Eisenbahn Güternebenstellen[27] außerhalb des Bahngebiets einrichten.

(12) Die Eisenbahn kann im Tarif vorschreiben, daß Güter, die auf dem Versandbahnhof von anderen Verkehrsmitteln unmittelbar auf die Eisenbahn umgeladen werden sollen, gegen Zahlung der im Tarif oder durch Aushang bekanntzumachenden Gebühren durch ihre Leute oder durch besondere von ihr bestellte Unternehmer umgeladen werden. In beiden Fällen hat die Eisenbahn die Pflichten eines Spediteurs.[28]

IX Die Bahnhöfe, auf denen die Eisenbahn Güter von Schiffen durch ihre Leute oder durch Unternehmer umladet, sind in den Tarifteilen II genannt.

HGB. § 453 Abs. 2; JüG. Art. 5; EVO. § 3.

1. Z. B. Tragfähigkeit des Oberbaues, Einschränkung des Profils, Belastung der Brücken.

2. Schnellbahnen.

3. Über Eignung entscheidet zunächst Abfertigungsstelle. Dagegen Beschwerde an Aufsichtsbehörde. Im Streitfall entscheidet der Richter. Siehe a. EVO. § 54 Anm. 15.

4. Fahrzeuge (Rampen), Sprengstoffe, Stückgut (Schuppen), Tiere.

5. Übernimmt die Eisenbahn eine Beförderung, zu der sie nicht verpflichtet ist, kann sie beliebige Beförderungsbedingungen nur für den Fall EVO. § 54 (2) c stellen. Im übrigen ist sie an die allgemeinen Beförderungsbedingungen gebunden (Coermann EE. 22 313; abw. Rundnagel, BefGesch. S. 306; vgl. RG. 18 170).

6. Fassung entspricht JÜG. Art. 5 § 5; ob die Bestimmung mit HGB. §§ 453, 471 vereinbar ist, kann zweifelhaft sein. Annahmeverweigerung zu dem Zwecke, das Gut einem andern Beförderungsmittel zuzuführen (z. B. Binnenschiffahrt), ist unzulässig.

7. Unter „Betrieb" ist nicht nur der Betrieb im engeren Sinn, sondern auch der Abfertigungs- und Beförderungsdienst zu verstehen (Fritsch, Arch. f. Eis. 24 591; zu eng RG. 87 244).

8. Siehe EVO. § 67 Anm. 4. Gegensatz: Gründe in der Person des Absenders.

9. Zuständig bei der Deutschen Reichsbahn: Reichsbahndirektionen und Generalbetriebsleitungen; bei Privateisenbahnen Eisenbahnkommissare. Gerichte sind nicht befugt, solche Maßnahmen auf ihre sachliche Berechtigung nachzuprüfen (Klewitz, HansR.-Zeitschr. Bd. 6 S. 133 ff.; EE. 42 192).

10. Über Verkehrssperren Klewitz a. a. O.; Goldschmidt ebenda Bd. 5 S. 751 ff.

11. Zulässig nur Anordnungen allgemeiner Natur (z. B. Möbelwagen).

11a. Z. B. Lebensmittel.

11b. Da von ihnen Dauer des Ruhens der Lieferfrist abhängt (EVO. § 74 (7) d).

12. Sollvorschrift: Gültigkeit des Frachtvertrages davon nicht abhängig. Amtlichem Rollfuhrmann oder bahnamtlich verpflichteter Kraftverkehrsgesellschaft kann gestattet werden, auch außerhalb der Dienststunden aufzuliefern (siehe Rundnagel, BefGesch. S. 332; a. A. Eger Anm. 288).

12a. Über den Begriff der „Auflieferung" siehe Loening S. 336 ff.

13. Welche Feiertage gelten, richtet sich nach den Anordnungen der zuständigen Behörden. Wegen der Bekanntgabe siehe AAB. II.

14. Nachtstunden rechnen mit; nicht aber Sonn- und Feiertage (BGB. § 193).

15. Zur Vorauszahlung von Freibeträgen und sonstigen Kosten kann der Absender nicht nur durch seinen Freivermerk, sondern auch durch diese Ordnung oder durch den Tarif verpflichtet sein (Begr. II).

16. Haftung der Eisenbahn für Sorgfalt eines ordentlichen Kaufmanns nach EVO. § 82 (4). Eisenbahn hat das Recht der Zurückweisung. Ein Verschulden des Absenders wird nicht verlangt. Läßt der Absender ohne Einverständnis der Eisenbahn Gut auf der Annahmerampe stehen, liegt kein Vertrag vor. Gegen Eisenbahn nur Klage aus ungerechtfertigter Bereicherung (vgl. EVO. § 64). Wegen des tarifmäßigen Lagergeldes siehe EVO. § 68 (2) und AAB. III.

17. Wagengestellung geschieht auf Grund eines dem Frachtvertrag vorangehenden Vertrages. Eisenbahn verpflichtet sich, Wagen

zu stellen, Besteller nur dazu, für den Fall der Nichtbenutzung eine Entschädigung zu zahlen. Eine Verpflichtung zur Beladung wird vom Besteller eines Wagens nicht übernommen. Daher auch gegen ihn kein Schadensersatzanspruch etwa in Höhe des entgangenen Frachtgewinns (RG. 109 150). Erfüllt ist der Vertrag mit der Gestellung des Wagens (Realvertrag) (siehe Eger Anm. 292; Rundnagel, Haftung § 2 S. 8; BefGesch. S. 344; ZVDEisV. 23 665); Haftung also nur für Verschulden beim Vertragsabschluß; abweichend Senckpiehl, TranspGesch. 56; Ammann, EE. 26 456; 42 88; Boller a. a. O. 29 239; Senckpiehl, Der Wagengestellungsvertrag, SpedSchiffZtg. 24 83; Loening S. 342. Die Bestellung eines Wagens ist die Erklärung des Bestellers, demnächst einen Wagengestellungsvertrag abschließen zu wollen. Pflicht zum Abschluß eines Frachtvertrages ist nicht gewollt. Abbestellung ist Rücktritt vom Vertrag. Folgen der Nichtgestellung und der Nichtbeladung durch EVO. geregelt (siehe Senckpiehl § 34 S. 56 und 247; RG. 66 402; EE. 23 21, 26 456, 29 239, 328, 28 391); Haftung der Eisenbahn für Schaden nach Gestellung bis zur Auflieferung also nicht aus dem (bereits beendeten) Vertragsverhältnis (abw. EE. 42 88), sondern außervertraglich (§ 25 PrEis.-Ges.). In der Gestellung von Wagen zur Beladung liegt kein Verwahrungsvertrag; daher keine Haftung für Diebstahl zwischen Beladung und Abschluß des Frachtvertrages.

18. Schadensersatz! Siehe EE. 23 368.

19. EVO. § 79 (7). Allgemeine Äußerung (Wagen werde gestellt werden) genügt nicht; nicht erforderlich, daß Bestellung schriftlich erfolgt ist (a. A. EE. 34 91).

20. D. h. Laderechtstellung auf dem Ladegleis. Vorhandensein auf dem Bahnhof oder gar Anrollen von einem anderen Bahnhof genügt nicht.

21. Draufgabe (BGB. §§ 336 ff.).

22. Wird die Ladefrist am Gestellungstage nicht benutzt, kann Eisenbahn den Wagen dem Besteller entziehen, da der Wagen nur für einen bestimmten Tag bestellt war [siehe (5)].

23. Haftung nach EVO. § 82 (4) für die Sorgfalt eines ordentlichen Kaufmannes. (Begr. II).

24. D. h. Frist vor und nach der Unterbrechung wird zusammengezählt. Verzögerung des Absenders hat Eisenbahn zu beweisen.

25. Bahnamtliche Anrollung; (über Zuführung vgl. EVO. § 77); Einrichtung steht im freien Ermessen der Eisenbahn; über Anfuhr von Wagenladungen enthält EVO. keine Bestimmung; Eger Anm. 299 nimmt daher an, sie sei verboten. Dagegen mit Recht Rundnagel, BefGesch. S. 350.

Die Anfuhr liegt vor dem Abschluß des Frachtvertrages (EVO. § 61); Haftung der Eisenbahn, und zwar lediglich der Versandbahn [EVO. § 96 (2)], nur für Verschulden nach Landfrachtrecht. Eisenbahn kann also Güter, die die von ihr bestellten Bahnroller angebracht haben, zurückweisen, wenn sie nicht in Ordnung sind. Auch die Anrollbedingungen können von den eisenbahnfrachtrechtlichen Bedingungen abweichen, sogar hinsichtlich der Haftung.

Amtlicher Rollfuhrmann steht zum Absender in keinem Vertragsverhältnis (siehe Staub § 458 Anm. 3 und Angeführte; Rundnagel S. 350; EE. 23 359, 26 258, 27 65, 28 192; RG. 66 406); a. M. Eger Anm. 299. Er und seine Leute sind Erfüllungsgehilfen, nicht Unterfrachtführer (a. A. Sendpiehl S. 246 und EE. 45 346). Beförderung von der Güternebenstelle zur Eisenbahnabfertigung unterliegt dem Eisenbahnfrachtrecht; denn das Gut ist bereits angenommen (a. A. Sendpiehl S. 246).

26. Selbständiges Frachtgeschäft (HGB. § 425). Dieses Recht ist nicht beschränkbar [anders EVO. § 77 (3)]. Über die nicht bahnamtliche Abholung (Anfuhr) siehe auch Sendpiehl EE. 45 346.

27. Also EVO. § 61 (1), (2); siehe dort Anm. 2.

28. Sie haftet also für ihre Leute nicht nach EVO. § 5, sondern nach BGB. § 278.

§ 64. Vorläufige Verwahrung des Gutes [1]

Auf Verlangen des Absenders hat die Eisenbahn Güter, die nicht sofort befördert werden können, gegen Empfangsbescheinigung einstweilen in Verwahrung zu nehmen, soweit es die Räumlichkeiten gestatten.[2] Der Absender hat sein Einverständnis[3] auf dem Frachtbrief zu erklären und auf dem Doppel zu wiederholen. In diesem Falle haftet die Eisenbahn bis zum Abschluß des Frachtvertrags [§ 61 (1)][4] nach den Grundsätzen für entgeltliche Verwahrung.[5] Die Eisenbahn kann für die Verwahrung das tarifmäßige Lagergeld erheben. Der Frachtvertrag wird erst abgeschlossen, wenn das Gut befördert werden kann.[6] Die Verwahrung leicht verderblicher Güter und der im § 54 (2) aufgeführten Gegenstände kann abgelehnt werden.

I Das Einverständnis des Absenders mit der Verwahrung ist im Frachtbrief unter »Vorgeschriebene oder zulässige Erklärungen« auszusprechen.

II Für die Verwahrung wird Lagergeld erhoben.

III Leicht verderbliche Güter und die in § 54 (2) aufgeführten Güter werden nicht in Verwahrung genommen.

HGB. § 453; JüG. Art. 5.

Literatur: Eger Anm. 303; Rundnagel, BefGesch. § 111 S. 351; Gorden in EE. 15 75, 22 312; Janzer in ZVDEisV. 04 704; Senckpiehl in EE. 21 323, 22 107. Über russische Otschereblagerung vgl. Blume, JÜ. Art. 5 Bem. II S. 50; Sommerfeld, ZVDEisV. 22 6, EE. 23 391.

1. Verwahrungsvertrag (BGB. §§ 688 ff.). Formalvertrag (Sped.-SchiffZtg. 06 11). Abschluß durch Übergabe des Gutes und eines ordnungsmäßigen, das Einverständnis (Satz 2) tragenden Frachtbriefes (RG. in SpedSchiffZtg. 06 11; EE. 22 248, 356, 23 54; vgl. EVO. § 63 Anm. 16). Lediglich die Bereitstellung eines Eisenbahnwagens begründet bis zum Abschluß des Frachtvertrags (EVO. § 61) keine vertragliche Haftung; auch nicht dessen Plombierung durch einen Abfertigungsbeamten (Hans. GerZtg. 20 14; EVO. § 63 Anm. 17). Selbständiger Vertrag, der dem Frachtvertrag vorangeht (Staub § 453 Anm. 4; RG. 2 58); Hinterleger hat jederzeit Recht zur Rückforderung (BGB. § 695); keine Verpflichtung zum Abschluß des Frachtvertrages. Eisenbahn ist nicht Lagerhalter (HGB. § 416); Senckpiehl S. 251; Düringer-Hachenburg § 416 Anm. 2 und § 453 Anm. 13 (siehe auch Anm. 4). Lehnt Eisenbahn vorläufige Verwahrung ab, obwohl Voraussetzungen von EVO. § 64 gegeben sind, ist sie schadensersatzpflichtig (Rundnagel, BefGesch. S. 352; Gorden EE. 15 76).

2. Räume hierfür zu schaffen, ist Eisenbahn nicht verpflichtet.

3. Ohne dies kein Vertrag, sondern rein tatsächliches Verhältnis; aus diesem Haftung nur für ungerechtfertigte Bereicherung, nicht für Diebstahl (siehe EVO. § 63 Anm. 17; EE. 23 54, 22 356), außer bei Verschulden der Eisenbahn. EVO. § 5 ist nicht anzuwenden.

4. Zeitpunkt wichtig für Haftpflicht, Lieferfrist, Frachtsatz, Anspruch des Empfängers, Verjährung. Nötig: schlüssige Handlung der Eisenbahn (Verladung, Aufdrücken des Annahmestempels usw.); siehe RG. 2 57; teilweise abweichend Senckpiehl S. 251; Düringer-Hachenburg S. 922.

5. Haftung der Eisenbahn nach §§ 276, 249, 690 BGB. (Vorsatz, Fahrlässigkeit), nicht nach EVO. § 82 (4); Beweis, daß sie kein Verschulden trifft, liegt Eisenbahn ob (BGB. § 282). Sie hat Zurückbehaltungsrecht (BGB. § 273; HGB. §§ 369, 370). Verjährung nach BGB. § 194 (30 Jahre).

6. Ohne daß es — wie nach der EVO. von 08 — eines entsprechenden besonderen Vorbehaltes der Eisenbahn bei der Annahme des Gutes bedarf.

§ 65. Zoll-, Steuer-, Polizei- und sonstige verwaltungsbehördliche Vorschriften [1]

(1) Der Absender[2] ist verpflichtet, dem Frachtbrief alle Begleitpapiere beizugeben, die zur Erfüllung der Zoll-, Steuer-, Polizei- und sonstigen verwaltungsbehördlichen Vorschriften[1] bis zur Ablieferung an den Empfänger[3] erforderlich sind; sie sind im Frachtbrief einzeln und genau zu bezeichnen.[4] Wenn sie dem Frachtbrief nicht beigegeben, sondern bei der Grenzgüterabfertigung oder einer anderen Stelle hinterlegt sind, so muß der Frachtbrief die Angabe enthalten, wo sie hinterlegt sind. Die Eisenbahn ist nicht verpflichtet, die beigegebenen Papiere auf ihre Richtigkeit und Vollständigkeit zu prüfen.[5] Der Absender haftet[6] der Eisenbahn, sofern sie kein Verschulden trifft,[7] für alle Folgen, die aus dem Fehlen, der Unzulänglichkeit oder der Unrichtigkeit der Papiere entstehen.[8] Auch ist für die Dauer eines hierdurch verursachten Aufenthalts in der Beförderung von mehr als 48 Stunden das tarifmäßige Lager- oder Wagenstandgeld zu zahlen.[9]

I Für alle Güter, die zur Einfuhr nach oder zur Durchfuhr durch das deutsche Zollgebiet bestimmt sind, hat der Absender eine deutlich geschriebene Warenerklärung in doppelter Ausfertigung entweder dem Frachtbrief offen beizulegen oder bei der Eingangsgrenzgüterabfertigung oder einer anderen Stelle offen zu hinterlegen. Die Beigabe ist auf dem Frachtbrief zu vermerken; im Hinterlegungsfalle ist im Frachtbrief anzugeben, bei welcher Stelle die Warenerklärungen hinterlegt sind.

II Güter mit Begleitscheinen des deutschen Zollgebiets, zu denen Frachtbriefe auf einen außerhalb des deutschen Zollgebiets gelegenen Bestimmungsbahnhof lauten, werden nur angenommen, wenn der Begleitschein auf das Ausgangszollamt gestellt ist.

III Das Lager- und Wagenstandgeld sind im Nebengebührentarif (Teil I Abteilung B) festgesetzt.

(2) Die Eisenbahn haftet für die[10] Folgen des Verlustes oder der unrichtigen Verwendung der im Frachtbrief bezeichneten und ihm beigegebenen Papiere wie ein Spediteur.

(3) Hat der Absender[11] für die Behandlung durch die Zoll- oder Steuerbehörde eine unzulässige oder undurchführbare[12]

Vorschrift gegeben oder einen Zollerledigungsbahnhof angegeben, auf dem sich kein zuständiges Zollamt befindet, so handelt die Eisenbahn nach dem mutmaßlichen Willen des Absenders und teilt ihm die getroffenen Maßnahmen mit.

IV Hat der Absender einen Erledigungsbahnhof vorgeschrieben, auf dem sich keine zuständige Erledigungsstelle befindet, so ist das Gut von der Eisenbahn auf dem vorgeschriebenen Erledigungsbahnhof nur dann zu stellen, wenn der Absender im Frachtbrief erklärt hat, daß die zuständige Zoll- oder Steuerstelle die Behandlung auf dem vorgeschriebenen Bahnhof vorzunehmen bereit ist, oder daß der Empfänger bereit ist, das Gut zur Vorführung bei der zuständigen Erledigungsstelle zu übernehmen und auf Verlangen der Eisenbahn Sicherheit zu leisten.

Die Erklärungen sind im Frachtbrief in der Spalte »Vorgeschriebene oder zulässige Erklärungen« in folgender Form zu vermerken:

a) Die Zoll- (Steuer-) Stelle .... ist bereit, die Zoll- (Steuer-) Behandlung in .... (Erledigungsbahnhof) vorzunehmen.

b) Der Empfänger ist bereit, das Gut in .... (Erledigungsbahnhof) zur Vorführung bei der zuständigen Zoll-(Steuer-)stelle zu übernehmen und auf Verlangen der Eisenbahn Sicherheit zu leisten.

Hat der Absender nur eine an sich zwar zuständige, aber nicht an der Eisenbahn gelegene Erledigungsstelle vorgeschrieben, so ist das Gut einem geeigneten Bahnhof zuzuleiten, der zum Bezirk der vorgeschriebenen Stelle gehört. Fehlt die im ersten Absatz erwähnte Erklärung, oder ist die vorgeschriebene, nicht an der Eisenbahn gelegene Erledigungsstelle nicht zuständig, so sind die Sendungen einem geeigneten Erledigungsbahnhof zuzuführen.

(4) Der Absender ist verpflichtet, für die Verpackung und Bedeckung der Güter entsprechend den Zoll- und Steuervorschriften zu sorgen. Sendungen, deren zoll- oder steueramtlicher Verschluß verletzt oder mangelhaft ist, kann die Eisenbahn zurückweisen.

(5) Solange das Gut unterwegs[13] ist, sind die Zoll- und Steuervorschriften von der Eisenbahn für den Verfügungsberechtigten zu erfüllen.[14] Hat der Absender im Frachtbrief er-

klärt, daß er selbst oder ein Bevollmächtigter zu dieser Behandlung zugezogen werden soll, so ist dem hiernach Berechtigten die Ankunft des Gutes auf dem Bahnhof, wo die Behandlung stattfindet, mitzuteilen. Der Absender oder sein Bevollmächtigter ist berechtigt,[15] alle nötigen Aufklärungen über das Gut zu geben, er ist jedoch nicht befugt, das Gut in Besitz zu nehmen oder die Behandlung selbst zu betreiben; erscheint er nicht binnen angemessener Frist, so ist die Behandlung ohne ihn zu veranlassen.

V 1 Die Erklärung des Absenders ist im Frachtbrief unter »Vorgeschriebene oder zulässige Erklärungen« in folgender Form auszusprechen:

Ich beantrage, zur $\frac{\text{Zoll-}}{\text{Steuer-}}$behandlung in ....

$\frac{\text{den}}{\text{mich}}$ .... (genaue Wohnungsangabe) hinzuzuziehen.

....

Unterschrift.

2 Wenn der Absender oder sein im Frachtbrief benannter Bevollmächtigter zu der Zoll- oder Steuerbehandlung zugezogen worden ist, können sie den Zoll- oder Steuerbetrag bezahlen und die Bescheinigung hierüber übernehmen. Der Empfang der Bescheinigung ist auf dem Frachtbrief in folgender Form zu bestätigen:

Bescheinigung über $\frac{\text{bezahlten Zoll}}{\text{bezahlte Steuer}}$ erhalten.

Genaue Unterschrift

(einschl. ausgeschriebenem Vornamen).

VI Der Absender oder sein im Frachtbrief benannter Bevollmächtigter gilt von dem Zeitpunkt an als säumig, von dem an unter Berücksichtigung der Entfernung und der zur Verfügung stehenden Benachrichtigungsmittel sein Eintreffen oder das des Bevollmächtigten erwartet werden kann, frühestens jedoch 24 Stunden nach dem vermutlichen Eingang der Benachrichtigung bei ihm oder seinem Bevollmächtigten.

(6) Auf dem Bestimmungsbahnhof hat, wenn der Absender im Frachtbrief nichts anderes bestimmt hat, der Empfänger

das Recht,[16] die Zoll- oder Steuerbehandlung zu betreiben. Will er von diesem Rechte Gebrauch machen, so muß er vorher den Frachtbrief einlösen.[17] Löst er den Frachtbrief nicht binnen der tarifmäßigen Frist ein, oder betreibt er nach der Einlösung die Zoll- oder Steuerbehandlung nicht binnen der tarifmäßigen Frist, so kann die Eisenbahn je nach Lage des Falles entweder die Behandlung selbst veranlassen[18] oder aber nach § 80 verfahren. Hat der Absender im Frachtbrief erklärt, daß er selbst oder ein von ihm bezeichneter Bevollmächtigter auf dem Bestimmungsbahnhof der Zoll- oder Steuerbehandlung beiwohnen[19] will, so ist dem hiernach Berechtigten die Ankunft des Gutes mitzuteilen; erscheint er nicht binnen angemessener Frist, so kann die Behandlung ohne ihn vorgenommen werden.

VII Will der Empfänger von seinem Recht nach Absatz 6 Gebrauch machen, so kann die Eisenbahn verlangen, daß der Empfänger eine Sicherheit hinterlegt, bevor er die unter Zoll- oder steueramtlichem Verschluß stehenden Güter oder die Güter mit Begleitscheinen I zur Verfügung an die Zoll- oder Steuerbehörde übernimmt.

VIII Güter, die auf einen von der Eisenbahn ausgewirkten Begleitschein II abgefertigt sind, werden nur ausgeliefert, wenn nachgewiesen wird, daß der Begleitschein durch Zahlung oder Stundung des Zolls oder der Steuer erledigt ist.

IX 1 Die Fristen, innerhalb deren die Frachtbriefe einzulösen sind, sind in der Ausf.Best. I zu § 80 (1) festgesetzt.

2 Der Empfänger hat die Zoll- oder Steuerbehandlung spätestens innerhalb zweier Tage nach Einlösung des Frachtbriefs zu betreiben.

3 Die Bestimmungen in § 79 (5) und (6) über die Erhebung von Lager- oder Wagenstandgeld bei Überschreitung der Abnahmefrist bleiben unberührt.

X Der Absender oder sein im Frachtbrief benannter Bevollmächtigter gilt von dem Zeitpunkt an als säumig, von dem an unter Berücksichtigung der Entfernung und der zur Verfügung stehenden Benachrichtigungsmittel sein Eintreffen oder das des Bevollmächtigten erwartet werden kann, frühestens jedoch 24 Stunden nach dem vermutlichen

Eingang der Benachrichtigung bei ihm oder seinem Bevollmächtigten.

(7) Die Eisenbahn hat bei der ihr nach Abs. (5) und (6) obliegenden Tätigkeit die Pflichten eines Spediteurs. Sie kann für diese Tätigkeit die tarifmäßigen Gebühren erheben. Sie kann auch die Zoll- oder Steuerbehandlung unter ihrer Verantwortlichkeit auf Kosten des Verfügungsberechtigten durch einen Spediteur vornehmen lassen.[20]

XI Die Preise der Vordrucke zu Zoll- und Steuerpapieren, die Gebühren für ihre Ausfüllung sowie für die Erfüllung der Zoll-, Steuer-, Polizei- und sonstigen verwaltungsbehördlichen Vorschriften durch die Eisenbahn sind im Nebengebührentarif (Teil I Abteilung B) festgesetzt.

(8) Bei den über die Grenzen des deutschen Zollgebiets ein-, aus- oder durchzuführenden Gütern hat der Absender oder der Empfänger die nach den Bestimmungen über die Statistik des Warenverkehrs vorgeschriebenen Anmeldescheine zu beschaffen. Werden die Papiere nicht beigebracht, so kann sie die Eisenbahn gegen die tarifmäßigen Gebühren beschaffen und ausfüllen. Anmeldescheine, die nicht den Stempel des Statistischen Reichsamts tragen, hat die Eisenbahn gegen die tarifmäßige Gebühr auf ihre Übereinstimmung mit dem vorgeschriebenen Muster zu prüfen und abzustempeln.

XII Der Preis der Anmeldescheine für die Statistik und die Gebühren für ihre Ausfüllung oder Abstempelung sowie für die Erfüllung der statistischen Vorschriften durch die Eisenbahn sind im Nebengebührentarif (Teil I Abteilung B) festgesetzt.

HGB. § 427; JÜG. Art. 13, 15.

Literatur: Blume, Arch. f. Eis. 13 1201; ZVDEisV. 05 256, 1241, 548; Fuld, EE. 21 304; Pechtold, Haftung der Eisenbahn für Zölle und Zollnachforderungen, ZVDEisV. 26 510; Seybold, EE. 44 132.

1. Zusammenstellung sämtlicher Zoll- usw. Vorschriften in der Kundmachung 6 des Eisenbahnverkehrsverbandes. Vereinszollgesetz v. 1. Juli 1869; Zollbegleitschein- und Niederlage-Regulativ vom 1. Februar 1870; Eisenbahnzollordnung v. 21./23. Dez. 1912 (Zentrbl. f. d. Deutsche Reich 1913 S. 31); wegen der Gesetze betr. Statistik siehe EVO. § 56 Anm. 10; siehe auch die Polizeivorschriften über die Beförderung von bestimmten Gütern; Reblaus v. 3. Nov. 1881 (RGBl. 82 125); Sprengstoffe v. 9. Juni

1884 (RGBl. S. 61); Ges. betr. Fleischbeschau v. 3. Juni 1900 (RGBl. S. 547); Weinzollordnung v. 17. Juli 1909 (Zentrbl. f. d. Deutsche Reich S. 333); Ges. betr. Absatz von Kalisalzen v. 25. Mai 1910 (RGBl. S. 775); Branntwein v. 8. April 1922 (RGBl. I S. 405); Essigsäure v. 15. Juli 1909; Zucker v. 27. Mai 1896, 6. Jan. 1903; Salz v. 12. Okt. 1867; Schaumwein v. 9. Mai 1902; Tabak v. 15. Juli 1909; Zigaretten v. 3. Juni 1906, 15. Juli 1909; Zündwaren und Beleuchtungsmittel v. 15. Juli 1905; Spielkarten v. 9. Juli 1923.

2. Nicht der Eigentümer.

3. Die Verpflichtung der Beigabe der erforderlichen Papiere besteht bis zur Ablieferung. Werden z. B. die Gesetze während der Beförderung geändert, sind die neuen Papiere nachzuliefern. Wird Zollbehandlung unterwegs erforderlich, hat Eisenbahn im Zweifel sie vorzunehmen (ROHG. 24 206).

4. Siehe EVO. § 56 Anm. 13a. Eisenbahn ist beweispflichtig, daß ihr die im Frachtbrief aufgeführten Papiere nicht übergeben sind. Pflicht, die Papiere zu verwahren, siehe EE. 10 192.

5. Über Beweislast siehe Düringer-Hachenburg § 427 S. 828.

6. Auch ohne Verschulden (EE. 14 105; ROHG. 24 213; Seybold in EE. 44 135), z. B. Änderung der Ausfuhrgesetzgebung während der Beförderung.

7. „Alleiniges Verschulden!" (EE. 40 53). BGB. § 254 (bei beiderseitigem Verschulden) ist nicht ausgeschaltet (Staub § 427 Anm. 5; Sperber, VR. 3 472; RG. 77 317). Die herrschende Meinung verlangt aber, daß Eisenbahn den Absender auf den Mangel der Papiere, der ihr bekannt ist, aufmerksam macht (siehe Rundnagel, BefGesch. 373; EE. 24 41; JW. 95 16; VR. 3 472). Kein Verschulden, wenn Zollfolgen sich auf bahnamtliche Verwiegung gründen (EE. 22 303). Unrichtig EE. 14 109, 41 1, 42 69 (siehe oben § 58 Anm. 6); siehe auch Z. f. int. EisTransp. 23 271. Unrichtige Auskunft von Bahnleuten über die beizufügenden Zoll- pp. Papiere ist kein Verschulden der Bahn.

8. Für den Frachtvertrag ist der Inhalt der Zoll- usw. Papiere gleichgültig (EE. 22 378). An Folgen können entstehen: Kosten, Gebühren, Konfiskation, auch Zollstrafen (VerZollGes. §§ 59, 94, 134, 143; RG. 20 78, 15 51; EE. 2 461, 4 41, 82, 177, 391); Ausladung ROHG. 13 6, 16 30.

9. Standgeld und zollamtliche Untersuchung siehe Wertheimer, VR. 4 378.

10. Unmittelbaren und mittelbaren (Loening S. 333; EE. 40 53).

11. Anträge des Empfängers hat sie nicht zu beachten (EE. 14 46). Bestimmung ist erweitert (siehe Begr. II).

12. Z. B. Verzollung nach Rein- statt nach Rohgewicht, von

Holz nach Festmetern statt nach Gewicht (Begr. I). Abweichung, nur um eine günstigere Abfertigung zu erreichen, ist nicht gestattet (a. M. Blume, Arch f. Eis. 13 1207).

13. „Unterwegs" ist das Gut, sobald es aufgeliefert ist (EE. 43 102; a. M. Rundnagel, BefGesch. S. 373 [Verlassen des Versandbahnhofes]).

14. Klarierungsmonopol (RG. 67 214). Pflicht ist nicht abwälzbar (EE. 21 254, 43 102); siehe aber (7).

15. Absender braucht nicht im Besitz des Frachtbriefdoppels zu sein, und wenn er es noch besitzt, braucht er es nicht vorzuzeigen, da seine Tätigkeit nicht in die Rechte des Empfängers eingreift (Rundnagel, BefGesch. S. 376).

16. Die Eisenbahn hat weder das Recht noch die Pflicht, den Empfänger zur Ausübung dieses Rechtes aufzufordern (EE. 43 102).

17. Recht des Empfängers erstreckt sich nicht auf polizeiliche oder statistische Vorschriften. Bestritten ist, ob Eisenbahn berechtigt ist, dem Empfänger das Gut zwecks Vornahme der Verzollung zu überlassen, auch wenn sie den Zollbegleitschein beantragt hat und die Abfertigung auf einem Amte erfolgen muß, das nicht mit der Empfangsabfertigung in räumlicher Verbindung steht, die Überführung aber durch den Empfänger erfolgt. Dies wird meist verneint.

18. Sie ist zur Vornahme der Zoll- oder Steuerbehandlung nur berechtigt, nicht verpflichtet — wie nach § 65 (5) der EVO. von 08 (Begr. II).

19. „Betreiben" darf er sie nach Vereinszollgesetz § 66 (2) i. V. mit §§ 23, 25 (1) und Eisenbahnzollordnung §§ 51, 54 nicht (Begr. II).

20. Nebenverpflichtung aus dem Frachtvertrag, wenn Eisenbahn diese Übertragung wählt; keine Pflicht hierzu. Ansprüche gegen Eisenbahn fallen daher unter EVO. § 93 (1); abw. EE. 29 47. Eisenbahn hat Sorgfalt eines ordentlichen Spediteurs anzuwenden (RG. 38 26; EE. 14 46). Eisenbahn hat aber auch die Rechte! Siehe EE. 18 34. Bedeutung dieser Bestimmung zweifelhaft; soll wohl nur die Haftung für diese Tätigkeit verringern (z. B. BGB. § 278, nicht EVO. § 5; HGB. §§ 407 ff.). Haftung für Verlust, Beschädigung und Lieferfristüberschreitung bleibt unverändert (Literatur siehe Rundnagel, BefGesch. S. 374 Anm. 12).

§ 66. Verwendung gedeckter oder offener Wagen

(1) Der Absender ist, wenn nicht Bestimmungen dieser Ordnung[1] oder Zoll-, Steuer-, Polizei- und sonstige verwaltungsbehördliche Vorschriften[2] oder zwingende Gründe

des Betriebs entgegenstehen, berechtigt, im Frachtbrief zu verlangen:

a) daß Güter, für die der Tarif offene Wagen vorsieht, in gedeckten Wagen befördert werden;

b) daß Güter, für die der Tarif gedeckte Wagen vorsieht, in offenen Wagen befördert werden.

(2) Als offen gelten solche Wagen, die ohne festes Dach gebaut sind.[3]

(3) Für die Beförderung in gedeckten Wagen kann der Tarif eine höhere Fracht vorsehen.

(4) Ob[4] und unter welchen Bedingungen die Eisenbahn Decken für offene Wagen überläßt,[5] bestimmt der Tarif.

Die Bestimmungen über die Beförderung der Güter in gedeckten oder offenen Wagen, über die Frachtberechnung für Güter, die auf Verlangen des Absenders in gedeckten Wagen befördert werden, und über die Überlassung von Wagendecken befinden sich im Abschnitt III der Allgemeinen Tarifvorschriften (Teil I Abteilung B).

Die Deckenmiete, die Verzögerungsgebühr für verspätete Rückgabe von Decken und die Gebühr für Abbestellung von Decken sind im Nebengebührentarif (Teil I Abteilung B) festgesetzt.

JÜG. Art. 14.

1. Namentlich Anl. C (nicht abgedruckt).

2. Siehe EVO. § 65.

3. Ungenau. Denn es kommt nicht lediglich darauf an, ob der Wagen eine Bedachung hat oder nicht (VR. 1 3). Offen gebaut ist vielmehr jeder Wagen, der sowohl keine feste Bedachung hat als auch infolge seiner Bauart ringsherum nicht abgeschlossen ist (Staub § 459 Anm. 3; Rundnagel-Sperber S. 109; siehe a. EVO. § 83 Anm. 5).

4. Eine Verpflichtung zur Deckenhergabe besteht nicht; regelmäßig Antrag des Absenders notwendig; Schriftlichkeit oder Abgabe im Frachtbrief ist nicht vorgeschrieben. Antrag ist nicht erforderlich, wenn Zoll- und Steuervorschriften Bedeckung verlangen (Begr. D). Siehe EGT. Abt. I B § 58.

5. Die Überlassung erfolgt in der Regel nur „gegen Gebühr"; es liegt jedoch kein Mietvertrag vor; Hergabe der Decken erfolgt innerhalb des Eisenbahnfrachtvertrags (Rundnagel, BefGesch. S. 338 ff.; EE. 8 324; Loening S. 350; abweichend Eger § 66 S. 313; Senckpiehl, TranspGesch. S. 257; EE. 7 14, 14 49, 22 294, 24 141, 26 89). Privatdecken des Absenders (oder von Dritten

gemietete) sind Gut (EE. 40 1, 41 63, 42 327; siehe auch EE. 44 196).

§ 67. Art und Reihenfolge der Beförderung

(1) Das Gut ist je nach der Art der Aufgabe [§ 55 (1)] als Frachtgut, Eilgut oder beschleunigtes Eilgut zu befördern.

I Das Verlangen, eine Sendung nur auf einem Teile der Beförderungsstrecke als Eilgut oder als beschleunigtes Eilgut zu befördern, ist unzulässig.

(2) Hat der Absender im Frachtbrief den Bahnhof, auf dem die Zoll- oder Steuerbehandlung stattfinden soll, oder die Zoll- oder Steuererledigungsstelle angegeben [§ 56 (2) a)][1] oder bei Eilgut oder beschleunigtem Eilgut den Beförderungsweg vorgeschrieben [§ 56 (2) c)], so hat die Eisenbahn diese Vorschriften zu beachten [vgl. jedoch § 65 (3)]. Sie kann dann Fracht[2] und Lieferfrist für den sich hiernach ergebenden Weg berechnen.[3]

II Wird im Frachtbrief das Zoll- oder Steueramt für die zoll- oder steueramtliche Abfertigung, bei Eilgut und beschleunigtem Eilgut der Beförderungsweg vorgeschrieben, so wird die Fracht für den vorgeschriebenen Weg erhoben.

Nur in die Zoll- und Steuerpapiere eingetragene Bezeichnungen einer Zoll- oder Steuererledigungsstelle verpflichten die Eisenbahn nicht.

III Frachtbriefe, die unzulässige Vorschriften über den Weg oder für die Behandlung durch die Zoll- oder Steuerbehörde enthalten, werden dem Absender oder seinem Beauftragten zurückgegeben. Er hat diese Vorschriften zu streichen und die Streichung unterschriftlich zu bestätigen. Ist die Rückgabe nicht tunlich, so werden die unzulässigen Vorschriften von der Versandabfertigung »Von Amts wegen gestrichen«.

(3) Die Güter sind in der Reihenfolge zu befördern, in der sie zur Beförderung angenommen wurden, wenn nicht zwingende Gründe des Eisenbahnbetriebs oder des öffentlichen Wohls[4] eine Ausnahme rechtfertigen. Bei Nichtbeachtung dieser Vorschriften hat die Eisenbahn den daraus entstehenden Schaden zu ersetzen.[5]

HGB. § 453; JüG. Art. 5.

1. Nicht aber den Weg dorthin, außer da, wo er auch sonst

den Beförderungsweg vorschreiben kann (Eilgut, beschleunigtes Eilgut, Tiere). Vorschrift muß deutlich im Frachtbriefe vermerkt sein; daß sie an der vorgeschriebenen Stelle steht, wird nicht unter allen Umständen verlangt (ZVDEisV. 04 1063).

2. Absender kann nicht Anwendung eines direkten Frachtsatzes verlangen, wenn er eine vom Leitungsweg abweichende Beförderung vorschreibt (abweichend RG. EE. 33 68; siehe auch 22 270).

3. Zusicherungen auf Einhaltung eines bestimmten Weges sind rechtlich unbeachtlich; abweichend EE. 41 256.

4. Mobilmachung, Feuersbrunst, Versorgung der Großstädte mit Nahrungsmitteln, Düngemittel zur Bestellzeit, innere Unruhen. Absender, der kurz vor Tariferhöhungen Gut aufliefert, kann nicht besonders beschleunigte Abfertigung verlangen (EE. 41 359; VR. 4 107).

5. Frachtvertrag muß abgeschlossen sein (Teubner, ZVDEisV. 07 263; abweichend Eger Anm. 325). Haftung nach allgemeinen Rechtsgrundsätzen, d. h. nur bei Verschulden (Staub § 453 Anm. 10; Coermann, EE. 22 326; abweichend Eger Anm. 322; EE. 21 47), aber auch für entgangenen Gewinn. Der letzte Satz besagt allerdings dann etwas Selbstverständliches. Beweislast für Eintritt und Höhe des Schadens trifft den Absender (Loening S. 80, 87). Besondere Beschleunigung in der Beförderung seiner Güter kann niemand verlangen, außer es sei im Tarif festgelegt (EE. 43, 401). Mündliche Zusagen sind unerheblich (EE. 34 91).

§ 68. Berechnung der Fracht [1]

(1) Die Eisenbahn hat die Frachtberechnung vorzunehmen, die nach dem am Tage der Abfertigung geltenden Tarif[2] die billigste Fracht ergibt.[3] Sie hat die tarifmäßigen Beträge für Fracht, Nebengebühren[4] und etwaige Frachtzuschläge[5] in den Frachtbrief einzutragen.[6]

I Bei Neuabfertigung einer Sendung mit demselben Frachtbrief ist für die Berechnung der Fracht der am Tage der Neuabfertigung geltende Tarif maßgebend. Die Grundsätze für die Frachtberechnung, die Gütereinteilung und den Nebengebührentarif enthält Teil I Abteilung B.

(2) Nimmt die Eisenbahn nach den Vorschriften dieser Ordnung[7] oder des Tarifs ein Gut auf Lager, so kann sie das tarifmäßige Lagergeld erheben.

II Das Lagergeld ist im Nebengebührentarif (Teil I Abteilung B) festgesetzt.

(3) Außer diesen Beträgen darf die Eisenbahn nur Barauslagen[8] in Rechnung stellen, z. B. verauslagte Zoll- und Steuerabgaben, Ausgaben für notwendige Arbeiten zur Erhaltung des Gutes, statistische und Postgebühren.[9] Auch diese Beträge sind, soweit möglich unter Beifügung der Beweisstücke, im Frachtbrief ersichtlich zu machen.

(4) Die Eisenbahn darf für bare Auslagen die tarifmäßige Gebühr erheben, soweit es sich nicht um verauslagte Rollgelder,[10] Vorfrachten oder Postgebühren handelt.

III Die Gebühr wird nur für die von der Eisenbahn verauslagten Zoll- oder Steuerbeträge erhoben, sofern nicht der Absender den voraussichtlichen Betrag bei der Versandabfertigung hinterlegt hat, und diese einer deutschen Verwaltung untersteht. Die Gebühr ist im Nebengebührentarif (Teil I Abteilung B) festgesetzt.

IV Die Gebühren für verauslagte Zoll- oder Steuerbeträge, für Nachnahmen nach Eingang oder Barvorschüsse werden getrennt berechnet. Bei Neuabfertigung einer Sendung mit demselben Frachtbrief oder bei Änderung des Bestimmungsbahnhofs auf nachträgliche Verfügung des Absenders wird die Gebühr für verauslagte Zoll- oder Steuerbeträge nicht nochmals erhoben.

JüG. Art. 9; EVO. §§ 6, 8.

Literatur: Reindl, ZVDEisV. 99 545; Blume, Z. f. int. Eis.-Transp. 13 280, 310; Sendpiehl, EE. 40 86; Goltermann, EE. 41 171.

1. Fracht ist Beförderungspreis; Eisenbahn berechnet ihn und setzt den Betrag in den Frachtbrief ein; dieser Betrag ist maßgebend unter der Voraussetzung, daß er dem Tarif entspricht. Ist dies nicht der Fall, ist er für beide Teile unverbindlich (Rundnagel, BefGesch. S. 163, 363; ROHG. 9 73, 21 181, 185). Kommen Fehler vor, siehe EVO. § 70. Beweislast hat der, der einen billigeren Tarif verlangt (a. A. EE. 23 372, 13 100, 14 325).

2. Durchgehender Tarif. Eisenbahn braucht von Amts wegen keine Umabfertigung (darüber siehe EVO. § 40 Anm. 9) vorzunehmen, um einen billigeren Frachtsatz zu erreichen (RG. 18 172; EE. 15 255, 45 66). Sie hat keine größere Aufmerksamkeit anzuwenden, als der Absender (EE. 24 2).

3. EE. 22 270, 24 239. Schadensersatzpflicht bei Verschulden (EE. 21 374, 23 352).

4. Vergütungen für besondere Leistungen, die nicht unmittelbar

zur Beförderung gehören (Wiegen, Zählen, Deckenmiete, Nachnahmegebühr usw.); siehe die Entscheidungen bei Rundnagel, Bef.-Gesch. S. 291 Anm. 2 und Nebengebührentarif.

5. EVO. § 70.

6. Ordnungsvorschrift. Frachtbrief besagt: „Für den Frachtvertrag gelten EVO. und die in Betracht kommenden Tarife." Beträge müssen also gezahlt werden, auch wenn sie versehentlich nicht eingetragen sind [siehe EVO. §§ 70, 75 (3); ROHG. 21 184; EE. 43 209].

7. Z. B. EVO. §§ 59 (3), (5), 63 (4), 65 (6), 72 (11), 80 (3)

8. Das sind Zahlungen an Dritte für Absender oder Empfänger, die die Eisenbahn den Umständen nach für erforderlich halten durfte (BGB. §§ 677, 683). Hierzu gehören auch die Barvorschüsse und namentlich die Zölle. Barauslagen sind keine Gebühren, wohl aber die Auslagenprovision; trotzdem erfolgt nachträgliche Rückzahlung der Barauslagen auf Grund des Frachtvertrages gem. EVO. § 70 (1). Verjährung gem. EVO. § 94. Bezüglich der Nacherhebung von Auslagen (namentlich bei Zöllen) gilt: Zahlungspflichtig ist der Absender gemäß seinem Freivermerk und dann, wenn Empfänger nicht in den Frachtvertrag eintritt. Bestritten ist, ob Absender auch dann herangezogen werden kann, wenn die Einziehung vom Empfänger ohne Verschulden der Eisenbahn unmöglich ist. Dies wird zu bejahen sein, wenn die Auslage auf seine Anweisung (z. B. Verzollung) oder in seinem Interesse (z. B. Reparatur) entstanden ist (siehe hierüber Blume, Arch. f. Eis. 13 1216; EE. 15 232, 249, 18 34). Eine nachträgliche Erstattungspflicht des Empfängers besteht infolge der (bewußten) Abweichung der §§ 435 und 436 HGB. [ebenso EVO. § 75 (1) und (3) (Frachtbrief und Frachtvertrag)] nur dann, wenn aus dem Frachtbrief die Höhe der Auslage oder wenigstens der Vorgang, der die Auslage verursacht hat, ersichtlich ist (siehe hierzu Denkschrift zum Entwurf eines HGB. 1897 S. 280; ROHG. 20 409; abw. RG. JW. 09 502; siehe ferner RG. 71 342; EE. 1 304, 13 324, 24 348; aber auch 25 149). Wegen der Verjährung von Nachforderungen siehe EVO. § 94. Zu prüfen wäre im Einzelfall, ob ungerechtfertigte Bereicherung des Empfängers vorliegt (siehe EE. 25 278; ferner 1 304, 13 324, 24 348; aber auch 25 149). Diese Regelung ist unerwünscht.

9. Keine Auslagen sind z. B. Ansprüche aus Beschädigung des Wagens durch das Gut (EE. 20 64, 163), Forderungen aus anderen Frachtverträgen (EE. 32 54).

10. D. h. die Kosten für die von der Eisenbahn (ihre Leute, bahnamtliche Anrollung) bewirkte Anfuhr. (Eine bahnamtliche Anrollung gibt es neuerdings nur noch in Ausnahmefällen). Die

von den sog. Bahnspediteuren nachgenommenen Kosten für die Anfuhr ihrer Privatkundschaft sind gebührenpflichtig (Begr. I).

§ 69. Zahlung der Fracht

(1) Der Absender hat die Wahl,[1] ob er die Fracht bei Aufgabe des Gutes bezahlen oder auf den Empfänger überweisen will.

(2) Bei Gütern, die nach dem Ermessen der Versandbahn schnell verderben oder die wegen ihres geringen Wertes oder ihrer Natur nach die Fracht nicht sicher decken, kann jedoch Vorausbezahlung der Fracht verlangt werden.[2] Der Tarif kann ferner bei Gewährung von Ermäßigungen gegenüber den gewöhnlichen Frachtsätzen bestimmen, daß die Fracht bei Aufgabe des Gutes zu bezahlen oder auf den Empfänger zu überweisen ist.[3]

I Für Güter, die schnell verderben oder die wegen ihres geringen Wertes oder ihrer Natur nach die Fracht nicht sicher decken, muß die Fracht vorausbezahlt werden, sofern nicht dem Absender von der Verwaltung der Versandbahn[4] die Überweisung gestattet worden ist. Als solche Güter sind z. B. anzusehen:

Ballons, gebrauchte, in Körben,
Christbäume (Weihnachtsbäume),
Eis,
Fische, frische,
Fleisch, frisches,
Geflügel, geschlachtetes,
Gemüse, frisches,
Girlanden,
Hefe,
Kisten, gebrauchte,
Körbe, gebrauchte,
Kränze,
Obst, frisches, bei Aufgabe in der Zeit vom 1 Oktober bis zum 30. April,
Pflanzen, lebende,
Seeschaltiere,
Wildbret,
Zweige, frische.

II Soweit bei Gewährung ermäßigter Tarife Vorausbezahlung oder Überweisung der Fracht verlangt wird, ist dies in den Tarifteilen II bestimmt.

(3) Der Absender kann als Freibetrag auch gewisse nach ihrer Art zu bezeichnende Kosten oder die Fracht bis zu einem beliebigen Bahnhof oder einen bestimmten Betrag übernehmen.[5]

(4) Die Beträge, die der Absender übernehmen will, hat er in der dafür bestimmten Spalte des Frachtbriefs anzugeben (Freivermerk).[6] Durch Ausfüllung des Freivermerks ohne Beifügung einer Beschränkung verpflichtet sich der Absender zur Bezahlung der ganzen Fracht und aller übrigen Kosten, die nach Maßgabe des Tarifs von der Versandabfertigung in Rechnung gestellt werden können. Auf Nebengebühren und Auslagen, die erst nach der Annahme des Gutes zur Beförderung erwachsen, bezieht sich der Freivermerk nicht. Will der Absender die Zahlung auch dieser Kosten übernehmen, so hat er es im Frachtbrief besonders zu erklären.

III Der Freivermerk [7] hat wie folgt zu lauten:

1 wenn der Absender die ganze Fracht und alle Kosten, die nach Maßgabe des Tarifs von der Versandabfertigung in Rechnung gestellt werden können, übernehmen will: »frei«;

2 wenn der Absender neben den Kosten zu Punkt 1 noch weitere Kosten übernehmen will:

»frei einschließlich........................«
(Bezeichnung der Kosten)

z. B. »frei einschließlich Zoll«,
»frei einschließlich aller Nebengebühren und Auslagen«, oder dgl.;

3 wenn der Absender die ganze Fracht, jedoch von den in Punkt 1 angeführten übrigen Kosten nur bestimmte Gebühren übernehmen will:

»frei ausgenommen .... «
(Bezeichnung der Gebühren)

z. B. »frei ausgenommen Nachnahmegebühr«, oder dgl.;

4 wenn der Absender nur die Fracht oder nur bestimmte Kosten übernehmen will:

»frei ....«
(Bezeichnung der Kosten)

z. B. »frei Fracht«,
»frei Gebühr für Angabe des Lieferwerts«,
»frei Zoll«,
oder dgl.;

5 Wenn der Absender nur die Fracht und auch diese nur bis zu einem bestimmten Bahnhof übernehmen will:
»frei Fracht bis ....«
(Bezeichnung des Bahnhofs)

6 wenn der Absender im Falle des Punktes 5 außer der Teilfracht noch die den Freivermerk einschließenden Nebenkosten nach Punkt 1 mitübernehmen will:
»frei bis ....«
(Bezeichnung des Bahnhofs);

7 wenn der Absender lediglich einen bestimmten Betrag übernehmen will:
»frei .... RM. .... Rpf.«
(Betrag in Buchstaben)

(5) Frachtbeträge und sonstige Kosten, deren Bezahlung der Absender nicht laut Frachtbriefvorschrift übernommen hat, gelten als auf den Empfänger überwiesen.[8]

(6) Die vom Absender übernommenen Beträge hat die Versandabfertigung außer im Frachtbrief auch im Doppel einzeln aufzuführen.

(7) Wenn der vom Absender zu bezahlende Freibetrag bei der Aufgabe des Gutes nicht berechnet werden kann, so ist die Versandabfertigung berechtigt, die Hinterlegung einer diesem Betrage voraussichtlich entsprechenden Sicherheit zu verlangen. Ebenso kann für die vom Absender übernommenen Zoll- und ähnlichen Kosten Sicherheit verlangt werden.[9]

IV Für Freibeträge, deren Höhe bei der Aufgabe des Gutes nicht berechnet werden kann, sowie für die vom Absender übernommenen Zoll- und ähnlichen Kosten ist eine Sicherheit zu hinterlegen. Die Abrechnung erfolgt nach Feststellung der zu zahlenden Beträge.

JÜG. Art. 17.

Literatur: Boethke, Die Frachtforderung der Eisenbahn (EE. 24 302). Über Frachtstundung siehe EE. 39 7, 118, 44 226. Über Aufwertung der Frachtstundungssicherheiten: Oertmann, VR. 4 78; EE. 44 192.

1. Die Wahl geschieht gemäß (4). Die Verpflichtung zur Fracht-

zahlung bleibt bestehen, auch wenn Absender Gut vor Beginn oder Beendigung der Beförderung zurücknimmt (BGB. § 649); doch läßt Eisenbahn hiervon Ausnahmen zu (vgl. EVO. § 72 AAB. VI). Literatur: Frachtforderung bei unterwegs eingetretenem Untergang siehe Reindl, ZVDEisV. 03 1233; Boethke, EE. 24 302, 404.

2. Frankaturzwang; ist bei der Auflieferung geltend zu machen (EE. 17 338) und auch nur hinsichtlich der reinen Fracht, nicht wegen der Nebenkosten. Weitere Fälle des Frankaturzwanges siehe EVO. § 30 (3) (Gepäck); § 40 AAB. 19 (Expreßgut); § 43 (8) (Leichen); § 48 (9) (Tiere). Privatwagendecken (DEGT. I Abt. B § 56). Ob Voraussetzungen für Anspruch auf Vorauszahlung vorliegen, entscheiden im Streitfall Gerichte (Loening S. 423). Klage auf unfrankierte Annahme und Schadensersatz.

3. Richtiger: überwiesen werden darf.

4. Im Bereich der ehemaligen Preußisch-Hessischen Eisenbahn: Verkehrsamt, gegebenenfalls gegen Sicherheit.

5. Vorausgesetzt, daß die Tarife dies zulassen. Über nachträgliche Frankierung siehe EVO. § 72 (1) h.

6. Zahlt Absender trotz Freivermerks nicht, ist das Gut zurückzuweisen; geschieht dies versehentlich nicht, kommt trotzdem ein Frachtvertrag zustande; Empfänger muß dann zahlen. Haben trotz Freivermerks beide gezahlt, hat nur Empfänger Rückforderungsrecht (VR. 4 594; EE. 44 57; vgl. EVO. § 70 Anm. 10).

7. Vorschrift „Frei Haus" ist nicht zugelassen.

8. Der Absender kann für überwiesene, aber bei Auslieferung des Gutes an den Empfänger nicht erhobene Kosten nicht nachträglich in Anspruch genommen werden (EE. 18 334, 42 69).

9. Frankaturvorschüsse; keine Hinterlegung im Rechtssinn, sondern Vorschußzahlung; Verjährung läuft von Abrechnung ab (EE. 16 135, 19 204). Über Aufwertung hinterlegter Beträge RG. 109 181 ff.

§ 70. Frachtnachzahlung und -erstattung [1]

(1) Sind Fracht, Frachtzuschläge, Nebengebühren oder sonstige Kosten unrichtig[2] oder gar nicht erhoben[3] worden,[4] so ist der Unterschiedsbetrag nachzuzahlen oder zu[5] erstatten.[6] Die Eisenbahn hat unverzüglich[7] nach Feststellung des Irrtums den Verpflichteten zur Nachzahlung aufzufordern oder dem Berechtigten den zuviel erhobenen Betrag zu erstatten.

(2) Weist der Absender nach, daß seine Angaben oder Erklärungen im Frachtbrief auf Irrtum beruhen, so kann die Rückzahlung der dadurch erwachsenen Mehrfracht verlangt werden.[8]

(3) Zuwenig gezahlte Beträge hat der Absender nachzuzahlen, wenn der Frachtbrief nicht eingelöst wird. Hat der Empfänger den Frachtbrief eingelöst, so obliegt dem Absender nur die Nachzahlung derjenigen Kosten, zu deren Vorauszahlung er entweder durch den Freivermerk oder nach den besonderen Bestimmungen dieser Ordnung oder des Tarifs verpflichtet ist; im übrigen liegt die Nachzahlung dem Empfänger ob.[9]

(4) Zur Geltendmachung von Ansprüchen auf Erstattung von Fracht, Frachtzuschlägen, Nebengebühren oder sonstigen Kosten sowie zur Empfangnahme zuviel erhobener Beträge ist derjenige berechtigt, der die Mehrzahlung an die Eisenbahn geleistet hat.[10]

(5) Bei Geltendmachung dieser Ansprüche ist der Frachtbrief vorzulegen. Ist die Mehrfracht durch den Absender gezahlt, so kann dieser die Erstattung des Unterschiedsbetrags auch auf Grund des etwa ausgestellten Frachtbriefdoppels beantragen; die Eisenbahn kann jedoch bei der endgültigen Erledigung des Erstattungsanspruchs die Vorlage der Urschrift des Frachtbriefs verlangen, um auf ihm die Erledigung zu beurkunden.

(6) Der Unterschiedsbetrag ist mit Ausnahme der auf Grund des Abs. (2) zu erstattenden Beträge auf Verlangen vom Tage des Eingangs des Erstattungsanspruchs an mit 5 v. H. zu verzinsen;[11] Beträge unter 10 Reichsmark für den Frachtbrief werden jedoch nicht verzinst.

(7) Anträge auf Rückzahlung von Fracht, Frachtzuschlägen, Nebengebühren oder sonstigen Kosten können, soweit der Tarif keine Ausnahmen vorsieht, nur an die Eisenbahn, die den Betrag erhoben hat, gerichtet werden. Ist die Fracht auch nur teilweise an die Empfangsbahn entrichtet worden, so können Ansprüche auf Rückzahlung nur gegen diese gerichtet werden.[12] Wegen der gerichtlichen Geltendmachung der Ansprüche gegen die Eisenbahn vgl. § 96 (3).[13]

HGB. § 407; JüG. Art. 18.

Literatur: Reindl, ZVDEisV. 99 545; EE. 21 318; DJZ. 03 100; Schmidt, EE. 22 195, 328, 423; Epstein, EE. 21 95; 22 320; ZVDEisV. 02 386, 553, 627; Neugebauer, JW. 24 399; Rundnagel, BefGesch. § 114, namentlich S. 363 Anm. 3; Goltermann, EE. 41 171; Eger, Nachzahlungspflicht bei unrichtiger Tarifanwendung, VR. 5 286.

1. Sog. Frachterstattungsanträge. An sich Anspruch aus ungerechtfertigter Bereicherung, der aber durch EVO. § 70 zum Vertragsanspruch wird; so Begr. I und Senckpiehl S. 266, auch Rundnagel, BefGesch. S. 242 Anm. 4 und S. 364; JW. 27 2319; auch Loening S. 433; abweichend Eger Anm. 338, der sogar diese Regelung für ungültig hält. § 70 galt nach der EVO. von 08 nur für Fracht und Gebühren. Er ist in Anpassung an Art. 18 § 1 JÜG. auf Frachtzuschläge und sonstige Kosten ausgedehnt worden. Unter letztere fallen sämtliche Barauslagen der Eisenbahn einschl. Zollauslagen (EVO. § 68 (3)). Nach der Begr. II soll der Vorschrift ein möglichst breiter Rahmen gegeben werden. Sie „bezieht sich auf alle Fälle, in denen die Fracht usw. unrichtig oder überhaupt nicht erhoben worden ist."

2. Z. B. unrichtige Tarifanwendung (EE. 15 30); Nichtanwendung eines Ausnahmetarifs; falsche Berechnung infolge eines Wiegefehlers (EE. 22 305; Senckpiehl); Anwendung eines noch nicht oder nicht mehr geltenden Tarifs (EE. 21 387) (siehe auch Reindl, ZVDEisV. 99 546; vgl. ferner EE. 24 291; 20 59, 25 47); Nichtanwendung direkter Sätze (EE. 20 59, 21 128, 33 68); ungerechtfertigte Erhebung von Nebengebühren (EE. 21 114) oder Frachtzuschlägen (EE. 22 16, 23 134, 296); hierbei geht ungenaue oder unklare Fassung des Tarifs zuungunsten der Eisenbahn (EVO. § 6 Anm. 4; EE. 21 30, 78), unklare Deklaration zuungunsten des Absenders (EVO. § 57; EE. 20 3, 64, 21 352, 376); abweichend Rundnagel, BefGesch. S. 366 Anm. 23. Druckfehler im Tarif EE. 2 236; RG. 6 100; EE. 31 318; Senckpiehl, EE. 40 90; EVO. § 6 Anm. 4.

3. Nicht hierunter fallen: Ansprüche auf anderweite Frachtberechnung, weil Deklaration im Frachtbrief unrichtig oder das Gewicht falsch angegeben war (Reindl, ZVDEisV. 99 545; JW. 27 2320; EE. 22 74; siehe Senckpiehl, EE. 22 305). Weiter gehören nicht hierher Nachforderungen infolge Versehens bei der Einziehung richtig berechneter Fracht, bei Rückzahlungen auf Grund tarifarischer Vorschriften (z. B. bei nachträglichem Nachweis der Verwendung oder Ausfuhr; siehe Reindl, ZVDEisV. 99 545; EE. 22 27, 74, 23 296; RG. 64 284), sowie Ansprüche auf nachträgliche Bewilligung einer billigeren Abfertigungsart (Senckpiehl S. 267; EE. 24 70, 329) und auf Rückzahlung von Gebühren aus Sonderverträgen, z. B. Gleisanschluß- oder Frachtstundungsverträgen (EE. 15 208). Über die Erstattung wegen irrtümlicher Angaben im Frachtbrief s. Anm. 8.

4. Rechenfehler siehe Loening S. 435. Wiegefehler siehe Senckpiehl, EE. 22 305.

5. Beweispflichtig ist der Fordernde (siehe EE. 13 100; abweichend Senckpiehl S. 266).

6. Über Haftung für Auskunft siehe Goltermann, EE. 41 171 und oben § 6 Anm. 4. Eisenbahn haftet an sich für Verschulden bei Anwendung der Tarife (siehe EE. 24 184; Senckpiehl S. 268); ein Irrtum des tarifierenden Beamten ist aber an sich noch nicht als ein Verschulden der Verwaltung anzusehen, denn dann wäre § 70 EVO. nicht verständlich (EE. 9 196, 25 135, 24 348, 44 348). Gegenüber dem Nachzahlungsanspruch der Eisenbahn wegen unrichtiger Frachtberechnung kann nicht eingewendet werden, daß der an sich nachzuzahlende Betrag von der Eisenbahn wieder aus dem Gesichtspunkt des Schadensersatzes zu erstatten wäre (RG. ZVDEisV. 23 595; EE. 43 209; siehe Rundnagel, BefGesch. S. 364; Reindl, ZVDEisV. 99 546, 98 363; abweichend Senckpiehl S. 268; Loening S. 440; EE. 40 189; siehe auch EE. 24 184). Auf BGB. § 823 kann der Anspruch nicht gestützt werden, da keines der dort genannten Rechtsgüter verletzt ist (EE. 24 184, 19 214).

7. Dazu gehört ein nach den Umständen des Falles zu bemessendes unverzügliches Handeln. (EE. 44 340 [Entscheidung sonst bedenklich!]; siehe auch VR. 5 565).

8. Vgl. EVO. § 60 Anm. 15.

9. Auch bei Freivermerk des Absenders (EE. 32 425). Für die Verpflichtung des Empfängers zur Zahlung der Mehrbeträge kommt es also lediglich auf die Einlösung des Frachtbriefes, nicht auch noch — wie nach EVO. § 75 (3) — auf Annahme des Gutes durch ihn an.

10. Absender als Empfänger. Wird die vom Absender bereits bezahlte Fracht nochmals vom Empfänger eingezogen, so hat Erstattungsanspruch nur Empfänger (EE. 44 57; EVO. § 69 Anm. 6). Über Teilfrankaturen siehe ZVDEisV. 99 548. Wem kommt eine spätere Ermäßigung zugute? Wohl dem, dem sie der Tarif zugedacht hat (z. B. dem Verwender der Düngemittel!) (siehe Burger, EE. 29 20). Aktiv berechtigt ist jede Eisenbahn bezüglich der ihr selbst zustehenden, die Empfangsbahn für alle Forderungen (HGB. § 441), endlich die Versandbahn, soweit der Absender zahlungspflichtig ist (EE. 20 53, 21 61). Beweislast beim Kläger; teilw. abw. Loening S. 438.

11. Der Zinsfuß ist auch dann anzuwenden, wenn der Berechtigte Nicht-Kaufmann ist (Begr. II). Für den Beginn der Verzinsung bleiben Reklamationen bei einer unzuständigen Bahn außer Betracht. Über die Währungsfrage bei Erstattungsansprüchen VR. 4 480.

12. Die von den allgemeinen Vorschriften in EVO. §§ 95 (3), 96 (3) abweichende Regelung der außergerichtlichen Geltendmachung der Ansprüche bezweckt ihre rasche Erledigung.

13. Daß die gerichtliche Geltendmachung in anderer Weise geregelt ist als die außergerichtliche, erklärt sich daraus, daß EVO.

§ 96 (3) mit Rücksicht auf § 469 HGB. zur Zeit nicht geändert werden kann. (Begr. II).

§ 71. Nachnahme nach Eingang.[1] Barvorschuß[2]

(1) Der Absender[3] kann[4] das Gut bis zur Höhe des Wertes[5] mit Nachnahme nach Eingang belasten. Der Tarif kann bestimmen, daß solche Nachnahmen erst von einem Mindestbetrag an zulässig sind.

I Nachnahmen nach Eingang sind erst von einem Betrage von über 20 Reichsmark zulässig, es sei denn, daß es sich um Güter handelt, für die nach § 69 (2) Vorausbezahlung der Fracht verlangt werden kann.

Ob im übrigen eine Nachnahme in der angegebenen Höhe zulässig ist, entscheidet die Versandabfertigung.

(2) Als Bescheinigung über die Belastung mit Nachnahme dient der abgestempelte Frachtbrief, das Doppel oder die sonst zugelassene Bescheinigung über die Auflieferung des Gutes. Auf Verlangen ist außerdem gebührenfrei ein besonderer Nachnahmeschein auszuhändigen.[6]

(3) Der Absender hat dem Frachtbrief einen Nachnahmebegleitschein nach dem von der Eisenbahn vorgeschriebenen Muster beizugeben. Absendern von Massensendungen kann die Eisenbahn die Beigabe von Nachnahmebegleitscheinen auf Antrag erlassen.

II Der Absender hat in den Frachtbrief einzutragen: »Nachnahmebegleitschein beigefügt.«

Ist ihm die Beigabe erlassen, so hat er einzutragen: »Beigabe des Nachnahmebegleitscheins von (Angabe der Stelle, die die Beigabe erlassen hat) erlassen.«

Auf Antrag des Absenders übernehmen die Güterabfertigungen die Ausfüllung der Nachnahmebegleitscheine gegen die im Nebengebührentarif (Teil I Abteilung B) festgesetzte Gebühr.

(4) Die Eisenbahn hat die Nachnahme an den Absender auszuzahlen, sobald die Versandabfertigung die Anzeige der Empfangsabfertigung erhalten hat, daß der Empfänger[7] die Nachnahme bezahlt hat.[8] Die Bedingungen, unter denen Nachnahmen ausgezahlt werden, für welche die Eisenbahn die Beigabe von Nachnahmebegleitscheinen erlassen hat, setzt die Eisen-

bahn bei Entscheidung über den Antrag auf Erlaß des Nachnahmebegleitscheins [vgl. Abs. (3)] fest.

(5) Ist das Gut ohne Einziehung der Nachnahme abgeliefert worden, so hat die Eisenbahn dem Absender den Schaden[9] bis zum Betrag der Nachnahme[10] zu ersetzen, vorbehaltlich ihrer Ansprüche gegen den Empfänger.[11]

(6) Anträge an die Eisenbahn wegen Nachnahme sind an die Versandbahn zu richten. Wegen der gerichtlichen Geltendmachung der Ansprüche gegen die Eisenbahn vgl. § 96 (3).[12]

(7) Die Eisenbahn kann dem Absender einen Barvorschuß gewähren, wenn er nach dem Ermessen der Versandabfertigung durch den Wert des Gutes sicher gedeckt wird. Der Barvorschuß wird bei der Einlösung des Frachtbriefs vom Empfänger eingezogen.

III Barvorschüsse werden bis zur Höhe von 20 Reichsmark für eine Sendung gewährt, wenn sie nach dem Ermessen der Versandabfertigung durch den Wert des Gutes sicher gedeckt sind.

Auf Güter, für die nach § 69 (2) Vorausbezahlung der Fracht verlangt werden kann, werden keine Barvorschüsse gewährt.

(8) Der Betrag der Nachnahme oder des beantragten Barvorschusses ist vom Absender in den Frachtbrief an der hierfür vorgesehenen Stelle mit Buchstaben einzutragen.[13] Dieser Eintrag ist auch bei einer Abweichung von einem Eintrag in Ziffern maßgebend.

(9) Für die Belastung einer Sendung mit Nachnahme oder Barvorschuß kann die Eisenbahn die tarifmäßige Gebühr[14] erheben.

IV Die Gebühr für Nachnahmen oder Barvorschüsse sowie die Preise der Nachnahmebegleitscheine und die Gebühren für ihre Ausfüllung sind im Nebengebührentarif (Teil I Abteilung B) festgesetzt.

V Bei Neuabfertigung einer Sendung mit demselben Frachtbrief oder bei Änderung des Bestimmungsbahnhofs auf nachträgliche Verfügung des Absenders wird die Gebühr für Nachnahmen oder Barvorschüsse nicht nochmals erhoben.

HGB. §§ 426, 441; JÜG. Art. 19.

Literatur: Sendpiehl, EE. 24 199; über das österreichische Nachnahmeverfahren siehe S. 357 f.

1. Sog. Wertnachnahme; Geldbetrag, den die Eisenbahn nach Vereinbarung mit dem Absender Zug um Zug gegen Aushändigung des Gutes vom Empfänger einziehen und dem Absender abliefern soll. Kein besonderer Vertrag (etwa Auftrag) (Blume, JW. Art. 13 I) oder Geschäftsbesorgungsvertrag (Kittel § 72 Anm. 2) oder Anweisung (Cosack, Lehrbuch des Handelsrechtes § 96), gehört vielmehr zum Frachtvertrag (so auch Loening S. 451). Eisenbahn ist zur Aufwertung von Nachnahmen nicht verpflichtet (EE. 45 315).

2. Vorweggenommene Aushändigung des einzuziehenden Geldbetrages (siehe Anm. 1), kein Darlehen (EE. 17 39, 21 140; abweichend Rundnagel, BefGesch. S. 370); für die Eisenbahn ist er Auslage im Sinne EVO. § 68 (3). Deckung durch Pfandrecht (EVO. § 75 (4)).

3. D. h. der frachtbriefmäßige (RG. 99 245; EE. 40 293) siehe oben EVO. § 56 Anm. 12.

4. Bei der Aufgabe oder durch nachträgliche Anweisung (EVO. § 72) (EE. 21 65).

5. Des gemeinen Wertes am Versandort (Eger Anm. 344; abweichend Rundnagel, BefGesch. S. 369; Senckpiehl S. 272) Wert ist zu mindern um die erwachsenen Frachtbeträge und die etwa eintretende Einbuße an Gut. Unbegründete Ablehnung macht schadensersatzpflichtig.

6. Siehe EE. 21 65, 182.

7. Über Zahlungspflicht des Empfängers gegenüber der Eisenbahn siehe EVO. § 75 (3); EE. 17 311, 20 50, 6. Nachnahme ist auch einzuziehen, wenn ein Teil der Sendung in Verlust geraten ist (abweichend EE. 25 125; richtig Loening S. 457). Inwieweit Empfänger gegenüber Absender zur Zahlung der Nachnahme verpflichtet ist, richtet sich ausschließlich nach den Rechtsbeziehungen zwischen beiden (EE. 17 311). Anspruch des Absenders gegen Empfänger auf Zahlung der Nachnahme ist pfändbar.

8. Bei verspäteter Zahlung Schadensersatz. Haftung für unrichtige Auszahlung siehe EE. 21 182, auch (5). Überbringer des quittierten Nachnahmescheins gilt als zur Empfangnahme berechtigt (siehe auch EE. 21 182; abweichend Eger Anm. 346). BGB. § 370.

9. Wenn ein solcher tatsächlich entstanden ist.

10. Beweispflichtig dafür, daß Schaden hinter dem Betrage der Nachnahme zurückbleibt, ist Eisenbahn.

11. Siehe EE. 20 6; 26 146; HansRZeitschr. 22 218, VR. 7 327.

12. Vgl. EVO. § 70 Anm. 13 (Begr. II).

13. Sollvorschrift. Bei Verstoß kann Eisenbahn Frachtbrief zu-

rückweisen; wird er aber angenommen, gilt die Nachnahmebelastung (Rundnagel, BefGesch. S. 319).

14. Gebühr ist auch fällig bei nachträglicher Zurückziehung der Nachnahme (EVO. § 72).

§ 72. Nachträgliche Verfügungen des Absenders [1]

(1) Der Absender[2] kann nachträglich verfügen,[3] daß das Gut

a) auf dem Versandbahnhof zurückgegeben,[4]
b) auf einem Unterwegsbahnhof angehalten,[5]
c) auf dem Bestimmungsbahnhof zurückgehalten,
d) an einen anderen Empfänger[6] abgeliefert,
e) auf einem anderen Bestimmungsbahnhof abgeliefert,[7]
f) nach dem Versandbahnhof zurückgesandt werden soll,[8] oder daß
g) eine Nachnahme nach Eingang[9] nachträglich aufgelegt, erhöht, ermäßigt oder zurückgezogen werden soll,
h) überwiesene Beträge von ihm selbst anstatt vom Empfänger eingezogen werden sollen.[10]

(2) Verfügungen anderer Art sind, soweit der Tarif keine Ausnahmen zuläßt, unzulässig.[11] Ebenso sind besondere Verfügungen über einzelne Teile der Sendung[12] unzulässig.

I Der Absender ist berechtigt, neben der Rücksendung des Gutes die Streichung der Angabe des Lieferwerts in der nachträglichen Verfügung zu beantragen.

(3) Die Verfügungen sind schriftlich[13] unter Verwendung eines durch den Tarif einheitlich festzusetzenden Musters bei der Versandabfertigung[14] einzureichen. Die Unterschrift darf auch durch Stempel oder Druck bewirkt werden.[15]

II Für die nachträgliche Verfügung ist der Vordruck in Anlage V zu verwenden. Der Verkaufspreis ist im Nebengebührentarif (Teil I Abteilung B) festgesetzt.

(4) Die Versandabfertigung hat die Verfügung sobald wie möglich[16] weiterzugeben. Auf Antrag des Absenders kann dies unter den im Tarif festzusetzenden Bedingungen durch Telegramm oder Fernsprecher geschehen.

III 1 Die Weitergabe durch Telegramm oder Fernsprecher ist vom Absender in der nachträglichen Verfügung zu beantragen.

2 Sämtliche durch die Weitergabe entstehenden Kosten

(Postgeld, Telegramm- und Fernsprechgebühren, Botenlöhne usw.) hat der Absender auf Verlangen sofort zu entrichten.

(5) Die Eisenbahn darf die Ausführung einer nachträglichen Verfügung nur dann ablehnen, hinausschieben oder in veränderter Weise vornehmen, wenn

a) die Verfügung in dem Zeitpunkt, in dem sie der zur Ausführung berufenen Stelle zugeht, nicht mehr durchführbar ist, oder

b) durch ihre Befolgung der regelmäßige Beförderungsdienst gestört würde,[17] oder

c) ihrer Ausführung gesetzliche oder sonstige Bestimmungen, insbesondere Zoll-, Steuer-, Polizei- oder sonstige verwaltungsbehördliche Vorschriften entgegenstehen, oder

d) der Wert des Gutes die entstehenden Mehrkosten voraussichtlich nicht deckt und diese Mehrkosten nicht sofort entrichtet oder sichergestellt werden.

In diesen Fällen ist der Absender unverzüglich von der Sachlage zu benachrichtigen.

(6) Einem bei der Empfangsabfertigung[18] unmittelbar eingegangenen Antrag des Absenders, die Sendung zurückzuhalten, kann vorläufig entsprochen werden. Der Absender hat jedoch die vorgeschriebene Verfügung innerhalb einer angemessenen Frist durch die Versandabfertigung beizubringen.[19] Andernfalls ist nach § 75 zu verfahren.

IV Einem bei der Empfangsabfertigung unmittelbar eingegangenen Antrag wird auf Kosten des Absenders vorläufig entsprochen, wenn kein Zweifel besteht, daß er vom Absender herrührt. Im übrigen bleiben nachträgliche Verfügungen des Absenders, die nicht durch Vermittlung der Versandabfertigung gegeben werden, unbeachtet.

(7) Im Falle der Ausstellung eines Frachtbriefdoppels steht dem Absender das Verfügungsrecht nur zu, wenn er das Doppel vorlegt und auch darin die Verfügungen einträgt.[20] Befolgt die Eisenbahn die Verfügungen des Absenders, ohne die Vorlegung des Doppels zu verlangen, so ist sie für den daraus entstehenden Schaden dem Empfänger, dem der Absender die Urkunde übergeben hat,[21] haftbar.[22]

(8) Die Eisenbahn kann verlangen, daß sich der Absender ausweist.[23]

(9) Verweigert der Empfänger die Annahme des Gutes, so steht dem Absender das volle Verfügungsrecht auch dann zu, wenn er das Frachtbriefdoppel nicht vorweisen kann [vgl. § 80 (1)].[24]

(10) Wenn der Absender die Erhöhung, Ermäßigung oder Zurückziehung einer Nachnahme verlangt, so hat er auch den ihm etwa ausgestellten besonderen Nachnahmeschein vorzulegen. Wird die Nachnahme erhöht oder ermäßigt, so wird der Nachnahmeschein dem Absender nach Berichtigung zurückgegeben. Im Falle der Zurückziehung der Nachnahme wird ihm der Schein abgenommen.[25]

(11) Verfügt der Absender, daß die Sendung unterwegs angehalten oder auf dem Bestimmungsbahnhof zurückgehalten werden soll, so ist die Eisenbahn berechtigt, für jede Verzögerung über 6 Stunden das tarifmäßige Wagenstand- oder Lagergeld zu erheben. Beträgt die Verzögerung mehr als 24 Stunden, so kann die Eisenbahn das Gut auf Gefahr und Kosten des Absenders ausladen und es auf Lager nehmen.[26] Sie ist jedoch auch berechtigt, das Gut bei einem Spediteur oder in einem öffentlichen Lagerhaus auf Gefahr und Kosten des Absenders zu hinterlegen. Von diesen Maßnahmen ist der Absender zu benachrichtigen. § 80 (4) und (5) gilt sinngemäß.

V Das Lager-, Platz- und Wagenstandgeld sowie das Standgeld für Eisenbahnfahrzeuge auf eigenen Rädern sind im Nebengebührentarif (Teil I Abteilung B) festgesetzt.

(12) Die Eisenbahn kann, wenn die nachträgliche Verfügung nicht durch ihr Verschulden veranlaßt ist, für deren Ausführung neben den etwa erwachsenden Nebengebühren und sonstigen Kosten die tarifmäßige Gebühr verlangen.[27] Die Frachtberechnung bei Änderung des Bestimmungsbahnhofs oder bei Rücksendung regelt der Tarif.

VI Für die Ausführung einer nachträglichen Verfügung des Absenders werden folgende Frachtbeträge neben den etwa erwachsenden Nebengebühren und sonstigen Kosten erhoben:

a) wenn das Gut auf einem Unterwegsbahnhof angehalten und ausgeliefert wird, die Fracht bis zu diesem Unterwegsbahnhof;
b) wenn das Gut von dem Bestimmungsbahnhof oder von einem Unterwegsbahnhof nach dem Versandbahnhof

zurück oder nach einem anderen Bahnhof befördert wird, außer der Fracht für die Beförderung bis zum ursprünglichen Bestimmungsbahnhof oder bis zu dem Unterwegsbahnhof, auf dem das Gut angehalten wird, die Rückfracht bis zum Versandbahnhof oder die Fracht bis zum neuen Bestimmungsbahnhof.

VII Für die — auch nur versuchte — Ausführung nachträglicher Verfügungen werden die im Nebengebührentarif (Teil I Abteilung B) festgesetzten Gebühren erhoben. Diese sind sogleich bei Übergabe der nachträglichen Verfügungen vom Absender zu entrichten. Neben diesen Gebühren wird bei nachträglicher Auflegung oder Erhöhung von Nachnahmen die im Nebengebührentarif (Teil I Abteilung B) festgesetzte Nachnahmegebühr berechnet, bei Erhöhung für den zugesetzten Betrag besonders; bei nachträglicher Ermäßigung oder Zurückziehung von Nachnahmen bleibt die bereits berechnete Gebühr unverändert.

(13) Das Verfügungsrecht des Absenders erlischt,[28] auch wenn er das Frachtbriefdoppel besitzt, sobald der Empfänger nach Ankunft des Gutes[29] auf dem Bestimmungsbahnhof den Frachtbrief eingelöst oder seine Rechte aus § 75 (2) schriftlich geltend gemacht hat.[30] Von diesem Zeitpunkt an hat die Eisenbahn die Anweisungen des Empfängers[31] zu beachten,[32] sonst wird sie ihm gegenüber haftbar.[33]

HGB. §§ 433, 455, 471; JÜG. Art. 21, 22.

Literatur: Hertzer, ZVDEisV. 07 981 ff.; Düringer-Hachenburg § 433 Anm. IV; Leutke, Das Verfügungsrecht beim Frachtgeschäft; Reindl, EE. 38 9. Wegen des Ruhens der Lieferfrist vgl. § 74 (7). Über Empfängeranweisungen siehe Anm. 31.

1. „Verfolgungsrecht“; „droit de suite“, „right of stoppage“. Da Frachtvertrag Werkvertrag, kann Absender jederzeit kündigen (BGB. § 649), d. h. er kann jede Verfügung über das Gut treffen, soweit dem nicht seine vertragliche Verpflichtung gegenüber der Eisenbahn als Frachtführer entgegensteht. EVO. beschränkt den Absender auf die im Abs. 1 aufgezählten und nach Abs. 2 durch den Tarif zugelassenen Fälle. § 471 HGB. steht dem nicht im Wege. Über die Gültigkeit abweichender Verfügungen des Absenders vgl. EE. 44 223. Ob materiell, d. h. im Verhältnis zum Empfänger, zum eigentlichen Versender oder zum Gut, der Absender zur Verfügung berechtigt ist, hat Eisenbahn nicht zu prüfen (Staub § 433 Anm. 4; ROHG. 25 331). Die Anweisungen [EVO. §§ 73 (2), 80 (1)] gehören nicht hierher. Die nachträglichen

Verfügungen sind empfangsbedürftige Willenserklärungen (siehe EE. 40 139); Gefahr der Übersendung und ungenauen Fassung trägt der Verfügende (siehe ROHG. 25 331; BR. 7 182), jedoch haftet Eisenbahn für das Abhandenkommen einer ihr ordnungsmäßig erteilten nachträglichen Verfügung (EE. 45 297) und für deren verzögerte Weitergabe (BR. 7 184).

2. Der frachtbriefmäßige Absender (ROHG. 23 133), also weder der Empfänger (siehe Abs. 13), noch der Inhaber des Doppels, noch der Eigentümer (siehe EE. 21 65, 127); auch nicht unbevollmächtigte Angestellte des Absenders (siehe EE. 29 304). Wegen der Viehbegleiter siehe EVO. § 49 (2). Abtretung des Rechts des Absenders ist möglich; Doppel ist an den neuen Gläubiger zu übergeben (BGB. § 402); Anzeige an Eisenbahn (§ 409 a. a. O.) (siehe auch EE. 25 164, 39 265).

3. Auch mehrmalig (z. B. Ablieferung an mehrere Empfänger nacheinander); es können auch mehrere Anweisungen miteinander verbunden werden.

4. Umtausch ist nicht zulässig, auch nicht Teilaushändigung (EE. 18 161). Rückgabe bedeutet Kündigung des Frachtvertrags (BGB. § 649).

5. Soweit der Aufenthalt des Gutes zu ermitteln ist (Calmar, ZVDEisV. 98 1112). Es kann ein bestimmter Bahnhof genannt oder allgemeines Anhalten unterwegs verfügt werden.

6. Siehe aber Abs. 13, EE. 20 314. Bei irrtümlicher Auslieferung an den alten Empfänger hat Eisenbahn Rückforderungsrecht aus § 812 BGB. (EE. 1 133). Gegenüber dem Absender haftet sie wegen Verlustes (siehe auch Loening S. 506). Unzulässig ist jedoch Anweisung des Absenders, das an die eigene Adresse verladene Gut einem Dritten gegen Aushändigung der vom Absender ausgestellten Abtretungserklärung und gegen Zahlung der Fracht auszuhändigen (BR. 5 416).

7. Auch Berichtigung eines ursprünglich falsch bezeichneten Bestimmungsbahnhofes (EE. 16 14).

8. Dadurch wird an sich kein neuer Frachtvertrag abgeschlossen (EE. 40 139, 41 50; a. M. Eger, EVO. Anm. 352). Rücksendung erfolgt grundsätzlich in der ursprünglichen Beförderungsart; Haftung der Bahn ändert sich nicht. (Z. f. int. Transp. 06 253). Für die Rück- und Weitersendung ist der Tarif anzuwenden, der am Tage der Abfertigung gilt (siehe EVO. § 68 (1)); abweichend auf Grund der alten Bestimmung EE. 41 50. Nur wenn Absender einen neuen Frachtbrief beifügt (notwendig bei Änderung der Beförderungsart, und wenn Gut ursprünglich auf innerstaatlichen Frachtbrief befördert wurde und später ins Ausland gesandt werden soll [Loening S. 477; a. A. BR. 3 292]),

ist neuer Frachtvertrag anzunehmen (Rundnagel, BefGesch. S. 388 Anm. 4; ZVDEisV. 04 459, 421; EE. 44 65; abw. 40 139).

9. Nicht Barvorschüsse; EVO. § 71 Anm. 2 (EE. 21 65).

10. Teilfrankierung ist möglich, aber nur bezüglich der ganzen Sendung (siehe Abs. 2 Anm. 12). Über nachträgliche Frankierungsverfügungen siehe auch Muschweck SpedSchiffZtg. 09 3.

11. Über Bedenken gegen diese einschränkende Art der Regelung siehe Eger Anm. 356 S. 361. „Unzulässig" ist nicht richtig. Eisenbahn muß zurückweisen. Führt sie die nachtr. Verf. trotzdem aus, ist sie gegebenenfalls schadensersatzpflichtig.

12. Auch bei Sammelgut (EE. 18 161).

13. Nicht mündlich, telegraphisch oder durch Fernsprecher (EE. 22 126, 283). Anweisungen in anderer Form ist die Eisenbahn zurückzuweisen berechtigt (siehe EE. 24 128, 26 170).

14. Ausnahme (6), AAB. IV. Einreichung bei einer unzuständigen Stelle geht zu Lasten des Absenders (EE. 42 330).

15. Der Formvorschrift nicht entsprechende Anweisungen sind zurückzuweisen; werden sie angenommen, sind sie nicht nichtig. (Bestritten; siehe Rundnagel, BefGesch. S. 391 Anm. 19 bis 21, auch Loening S. 486).

16. Bei Unterlassung oder Verzögerung der Weitergabe ist Eisenbahn schadensersatzpflichtig (EE. 40 139).

17. Die Eisenbahn kann nicht gezwungen werden, ihre Rechte aus dem Werkvertrag schmälern zu lassen (siehe EE. 26 453). Senckpiehl (S. 276) will diese Einschränkung nur auf die Anweisungen des Abs. 1 g und h beschränken; aber gerade diese sind am wenigsten geeignet, zu stören (EE. 26 453). Ablehnung der Weiterabfertigung ohne Umladung in Zeiten von Verkehrsnot ist kein Verstoß gegen die Beförderungspflicht (RG. v. 21. März 1924).

18. Nicht Unterwegsbahnhof. Für Empfangsabfertigung besteht keine rechtliche Verpflichtung; Anweisungen anderer Art als auf Zurückhaltung sind nicht zu beachten. Wegen des Ruhens der Lieferfrist siehe EVO. § 74 (7), der hier sinngemäß anzuwenden ist.

19. Gegebenenfalls unter Vorlegung des Frachtbriefdoppels. Über das Erlöschen des Rechtes des Absenders zur Erteilung nachträglicher Verfügungen siehe EVO. §§ 72 (13), 75 (2). Empfangsabfertigung soll den Absender zur Abgabe der Erklärung durch Versandabfertigung veranlassen. Dies ist aber nur innere Dienstvorschrift. Unterlassen macht Eisenbahn nicht haftbar. Abweichend EE. 43 218.

20. Händigt Absender das Doppel dem Empfänger aus, so erwirbt dieser nicht das Verfügungsrecht (RG. in EE. 13 160), es ist nur bis zur Ankunft des Gutes auf dem Bestimmungsbahn-

hof niemand verfügungsberechtigt (siehe EVO. § 75 (2)). Mit der Ankunft entsteht das Recht des Empfängers, auch ohne daß es der Vorlegung des Doppels bedarf. Frachtbriefadresse: „An den Inhaber des Frachtbriefdoppels" ist unzulässig. Übergabe des Doppels an den Empfänger bedeutet auch keineswegs Abtretung des Anspruchs des Absenders gegen die Eisenbahn (richtig Staub § 455 Anm. 4; a. A. JW. 19 182). Besitz und Eigentum an der Ware gehen auf den Inhaber des Doppels nicht über, da dieses eben kein Traditionspapier ist (RG. 27 85). Über Zahlung gegen Doppel vgl. Staub § 455 Anm. 6. Ist die Abstempelung des Doppels gefälscht, haftet die Bahn nicht; ist sie erschlichen, haftet sie nicht nach Frachtvertrag, sondern nur nach BGB. (§§ 831, 839). Ausstellung nicht verlangten Doppels kann die Eisenbahn schadensersatzpflichtig machen (ZBDEisV. 90 304). Bei Verlust des Frachtbriefdoppels ist Kraftloserklärung nicht möglich (Senckpiehl S. 237; Staub § 455 Anm. 8; a. A. Eger Anm. 359). Absender bleibt nur der Weg übrig, durch gerichtliche einstweilige Verfügung die Auslieferung des Gutes zu verhindern. Fraglich ist, ob Zustimmung des Empfängers die Vorlage des Doppels ersetzt; dessen Schadensersatzanspruch wird man jedenfalls die exceptio doli entgegenstellen können (vgl. Z. f. int. EisTransp. 95 371; Düringer-Hachenburg § 455 Anm. 7, Loening S. 490). Sicherheitsleistung des Absenders genügt nicht (so Rundnagel S. 331; a. A. Staub § 455 Anm. 8; Senckpiehl S. 237; auch v. d. Leyen, Z. f. HandR. 39 80). Abs. 7 bezieht sich auf Verfügungen aller Art (a. A. Rundnagel, BefGesch. S. 329).

21. Daß Empfänger noch im Besitz ist, wird nicht verlangt; nur darf der Absender nicht wieder Besitzer sein. Mittelbarer Besitz genügt (RG. 110 199). Über die rechtliche Bedeutung der Übergabe vgl. EE. 37 122.

22. Für allen Schaden, also auch entgangenen Gewinn; jedoch bei Verlust usw. nur im Rahmen der §§ 82 bis 85 EVO. (siehe Rundnagel, BefGesch. S. 145, 330 und 390; a. M. Düringer-Hachenburg § 455 Anm. 7; Eger Anm. 360). Über konkurrierendes Verschulden von Eisenbahn und Absender siehe EE. 42 330. Passiv legitimiert sind die in EVO. § 96 (3) aufgeführten Eisenbahnen (EE. 21 176).

23. Selbstverständlich.

24. Eger (Anm. 362) hält diese Vorschrift, weil wider HGB. § 471 Abs. 1 verstoßend, für nichtig. Dem ist nicht zuzustimmen; es handelt sich nicht um eine Einschränkung der Verpflichtung der Eisenbahn; außerdem ist eine Haftung dem Empfänger (Abs. 7) gegenüber rechtlich dann nicht zu begründen, wenn dieser es abgelehnt hat, in den Frachtvertrag einzutreten.

25. Verfügt der Absender nachträglich ohne Vorlegung des Nachnahmescheins, so kann die Eisenbahn die Ausführung der Verfügung verweigern, sie ist aber nicht dazu verpflichtet (Loening S. 492).

26. Lagergeld EVO. § 68 (2).

27. Hat die nachträgliche Verfügung eine Verringerung der Vertragsleistung zur Folge, hat Eisenbahn trotzdem Anspruch auf Fracht, jedoch unter Anrechnung des Ersparten (BGB. § 649) (siehe AAB. VI).

28. Vorausgesetzt, daß es bis dahin nicht ausgeübt wurde.

29. Wie nach der EVO. von 08 ist auch nach der Neufassung des § 72 für das Erlöschen des Verfügungsrechtes des Absenders und für das Entstehen des Verfügungsrechtes des Empfängers die Ankunft des Gutes auf dem Bestimmungsbahnhof Voraussetzung (anders das österreichische Recht, siehe S. 357 f.). Bei Teilverlust genügt Ankunft eines Teiles des Gutes. Zeitpunkt des Ankommensollens oder Ablauf der Lieferfrist ersetzen Ankunft des Gutes nicht (a. A. Eger Anm. 365 und Angeführte). Dazu muß Einlösung des Frachtbriefes oder schriftliche Geltendmachung der Rechte aus § 75 (2) EVO., insbesondere des Anspruches auf Übergabe des Frachtbriefes und des Gutes durch den Empfänger treten. Empfänger braucht also nicht mehr wie bisher seine Rechte aus § 75 (2) EVO. einzuklagen, um das Verfügungsrecht zu erlangen. Bei Verlust des Frachtbriefes genügt Übergabe eines Ersatzbriefes an ihn. Nach herrschender Meinung wird Empfänger aber auch durch Auslieferung des Gutes ohne den (nicht vorhandenen) Frachtbrief verfügungsberechtigt (siehe Rundnagel, Haftung S. 28 Anm. 4; Staub, Einl. zu § 433). Übergabe kann auch durch vertragliche Vereinbarungen ersetzt werden, z. B. bei Anschlußgleisbesitzern. Dagegen ersetzt Aufforderung, den Frachtbrief einzulösen, nicht dessen Übergabe (ROHG. 6 273, 14 294). Nicht erforderlich eine bestimmte Reihenfolge (erst Ankunft des Gutes, dann Frachtbriefübergabe). Streitig ist, ob das Erlöschen des Verfügungsrechts endgültig ist (so Eger Anm. 365; EE. 15 112, 19 39, 24 253); richtiger ist wohl, daß das Recht des Absenders wiederauflebt, wenn der Empfänger von seinem Verfügungsrecht keinen Gebrauch macht (siehe Rundnagel S. 145; EE. 19 278; Staub § 433 Anm. 6; ROHG. 6 276; EE. 4 412). Verzicht auf seine Rechte durch Rückgabe des Frachtbriefes (ROHG. 6 273).

30. Durch die Einlösung des Frachtbriefs oder die schriftliche Geltendmachung seiner Rechte wird der Empfänger nicht schon Eigentümer (wichtig im Konkurs RG. 27 84).

31. Empfängeranweisungen (siehe EVO. § 75). HGB. gibt dem Empfänger das Recht, vor Ankunft des Gutes dem Frachtführer gegenüber Anweisungen zu erteilen zwecks Sicherstellung

des Gutes. Diese Rechte sind in EVO. nicht übernommen (siehe Rundnagel, BefGesch. S. 392; EE. 19 279; Hellwig, Leistung an Dritte, § 69; a. M. Senckpiehl, EisTranspGesch. S. 276; Düringer-Hachenburg § 434 (4); Hertzer, ZVDEisV. 07 983). Empfänger kann nach EVO. nur Weisungen erteilen, die den Frachtvertrag nicht berühren; er kann z. B. allgemein oder im besonderen Fall einen Dritten (z. B. einen Spediteur) bevollmächtigen zur Empfangnahme, Quittungsleistung, Annahmeverweigerung, er bleibt aber immer noch Empfänger; das ist für künftige Reklamationen zu beachten. Der Empfänger kann außerdem die Rechte aus dem Frachtbrief abtreten (BGB. §§ 398 ff.) und endlich in bezug auf die einzelne Sendung Anweisung erteilen, immer innerhalb des Rahmens des bestehenden Frachtvertrages (z. B. Bereitstellung an einer bestimmten Entladestelle; Aushändigung an einen Dritten). Nicht hierher gehört die Weitersendung des Gutes auf neuen Frachtvertrag usw. Der „Dritte" hat nicht das Recht weiterer Anweisungen nach EVO. § 72 (13), sondern nur das der Abtretung seiner Rechte nach BGB. Die Anweisung kann auch schon vor Ankunft des Gutes der Empfangsabfertigung zugehen; geht das Gut nicht innerhalb einer Woche ein, soll Empfangsabfertigung die Anweisung zurücksenden (interne Ordnungsvorschrift!). Nicht zulässig sind Anweisungen, durch die der ursprüngliche Frachtvertrag geändert wird (z. B. Weitersendung auf Grund des alten Frachtbriefs) (Starck EE. 40 10) oder der Eisenbahn Handlungen übertragen werden sollen, die außerhalb des Frachtvertrages liegen (z. B. Verteilung der Sammelgüter). Eine derartige Verpflichtung kann nur auf Grund besonderer Vereinbarung übernommen werden.

32. Ist der Absender zugleich Empfänger, hat er die Wahl, ob er nach Abs. 1 oder Abs. 13 verfügen will.

33. Eisenbahn haftet wie oben Anm. 22 dem Empfänger, nicht auch dem Absender (siehe Staub § 433 Anm. 8; Düringer-Hachenburg ebendort Anm. 15; abweichend Eger, Frachtrecht 2 131; siehe auch RG. in JW. 97 12 und Arch. f. Eis. 97 1005)

§ 73. Beförderungshindernisse [1]

(1) Stellen sich der Beförderung eines Gutes[2] Hindernisse entgegen, die durch Umleitung behoben werden können, so ist es dem Bestimmungsbahnhof auf einem Hilfsweg zuzuführen,[3] ohne daß hierfür eine Mehrfracht erhoben wird;[4] dagegen wird die Lieferfrist über den Hilfsweg berechnet. Den Bahnen bleibt es überlassen, gegeneinander Rückgriff zu nehmen.

(2) Bei Beförderungshindernissen, die nicht durch Um-

leitung behoben werden können,[5] hat die Eisenbahn den Absender um Anweisung zu ersuchen.[6, 7] Der Absender kann in diesem Falle[8] vom Vertrag zurücktreten,[9] hat aber dann der Eisenbahn je nach Lage des Falles entweder die Fracht für die bereits zurückgelegte Strecke oder die Kosten der Vorbereitung der Beförderung, außerdem alle sonstigen Kosten zu bezahlen, die in den Tarifen vorgesehen sind, es sei denn, daß die Eisenbahn ein Verschulden trifft.[10] Tritt der Absender vom Vertrag zurück oder trifft er die Anweisung, daß die Person des Empfängers oder der Bestimmungsbahnhof geändert werde, so hat er das etwa ausgestellte Frachtbriefdoppel vorzulegen und auf diesem die Änderung einzutragen.[11]

(3) Der Absender hat seine Anweisung durch Vermittlung der Versandabfertigung zu geben. § 72 (5) gilt sinngemäß.

(4) Erteilt der Absender innerhalb angemessener Frist keine ausführbare Anweisung, so ist nach § 80 zu verfahren. Vom Zeitpunkt der Säumigkeit des Absenders an ist das tarifmäßige Lager- oder Wagenstandgeld verwirkt.

Der Absender gilt von dem Zeitpunkt an als säumig, zu dem unter Berücksichtigung der Entfernung und der zur Verfügung stehenden Benachrichtigungsmittel das Eintreffen einer Verfügung erwartet werden kann, frühestens jedoch 24 Stunden und spätestens

bei Wagenladungen, lebenden Tieren, leicht verderblichen und explosionsgefährlichen Gütern nach Ablauf einer Frist von 2×24 Stunden,

bei anderen Gütern nach Ablauf einer Frist von 5×24 Stunden

nach dem vermutlichen Eingang der Benachrichtigung bei dem Absender.

(5) Fällt das Beförderungshindernis vor dem Eintreffen einer Anweisung des Absenders[12] weg, so ist das Gut dem Bestimmungsbahnhof zuzuleiten, ohne daß Anweisungen abgewartet werden; der Absender ist hiervon unverzüglich zu benachrichtigen.

HGB. §§ 428, 455, 471; JÜG. Art. 23.

Literatur: Rundnagel, BefGesch. § 49 S. 172 und § 120 S. 392; Eger, EE. 27 38; Loening VR. 6 119, 170. Nicht zu verwechseln mit Ablieferungshindernissen (EVO. § 80).

1. Z. B. Dammrutsch, Brückeneinsturz, Überschwemmung, Streik

der Eisenbahner (BR. 4 667), Heißläufer (EE. 41 247). Weitere Beispiele bei Loening S. 523.

2. Nach der Annahme (RG. 113 299). Ist das Gut noch nicht aufgeliefert, kann Eisenbahn Annahme verweigern (EVO. §§ 3, 63 (1)) oder von der Bezahlung der Fracht über den Beförderungsweg (Umweg) abhängig machen; daß das Gut schon rollt, ist nicht Voraussetzung.

3. Ohne Nachfrage beim Absender und ohne dessen Benachrichtigung (siehe Rundnagel S. 393; a. A. Eger Anm. 367). Benachrichtigung aus anderen Gründen [siehe EVO. § 65 (5)] bleibt aber bestehen. Bei Umleitung hat Eisenbahn die Sorgfalt eines ordentlichen Frachtführers zu beachten. Haftung für Verschulden und Fahrlässigkeit (BR. 3 84).

4. Eisenbahn braucht jedoch auch nicht eine etwaige Minderfracht zu erstatten (Rundnagel S. 393; a. A. Eger Anm. 367). Mehrauslagen wird sie jedoch ersetzt verlangen können.

5. Bezieht sich ebenso auf Beförderungshindernisse, für die kein Hilfsweg vorhanden ist, wie auf solche, die selbst durch mögliche Umleitung nicht behoben werden können, wie z. B. Ein-, Aus- und Durchfuhrverbote, Maßnahmen der Zoll- und Polizeibehörde (siehe EE. 23 175, 26 125ff., 30 317), Transportunfähigkeit des Gutes. Es kommen nur Schienenwege in Betracht (Gruchot 36 182).

6. Mitteilung einer für den Absender bedeutsamen Tatsache; kein Vertragsangebot oder Aufforderung zur Abgabe eines solchen. Pflicht der Eisenbahn zur Mitteilung beruht auf dem Frachtvertrag. Wird Einholung der Anweisung verzögert oder unterlassen, ist Eisenbahn schadensersatzpflichtig (EE. 37 242; BR. 7 26); Empfänger ist von der Verzögerung nicht zu benachrichtigen.

7. Eisenbahn darf nicht von sich aus ohne weiteres nach Abs. 4 verfahren (EE. 33 303).

8. D. h. solange das Hindernis dauert (siehe EE. 11 316 ff.).

9. Rücktrittsrecht des Absenders, das der Eisenbahn nicht zusteht; Bestimmung ersetzt der § 636 BGB., doch bleibt § 649 BGB. (jederzeitiges Kündigungsrecht) bestehen (vgl. JW. 04 170; RG. 5 279, 42 115).

10. Mit dem Verschulden entfällt das Recht der Entschädigung. Dem Absender stehen die Rechte aus BGB. § 326 zu. Bei beiderseitigem Verschulden nur Kündigung nach BGB. § 649. Entschädigung der Eisenbahn nach § 649 oder § 254 BGB. (Verteilung nach dem Grade des Verschuldens).

11. Befolgt Eisenbahn die Anweisung des Absenders, ohne sich abgeändertes Frachtbriefdoppel vorlegen zu lassen, ist sie dem Empfänger schadensersatzpflichtig (BR. 4 667).

12. Auf dem Bahnhof, auf dem das Gut sich befindet.

§ 74. Lieferfrist [1]

(1) Die Lieferfristen[2] betragen, sofern der Tarif keine kürzeren Fristen vorsieht,

a) für Frachtgut:
   1. Abfertigungsfrist . . . . 2 Tage,
   2. Beförderungsfrist:[3]
      bei einer Entfernung bis zu 100 Tarifkilometern . . . . 1 Tag,
      bei größeren Entfernungen für je weitere angefangene 200 Tarifkilometer . . 1 „

b) für Eilgut:
   1. Abfertigungsfrist . . . . 1 „
   2. Beförderungsfrist für je angefangene 300 Tarifkilometer . . . . 1 „

c) für beschleunigtes Eilgut:
   1. Abfertigungsfrist . . . . 1/2 „
   2. Beförderungsfrist für je angefangene 300 Tarifkilometer . . . . 1/2 „.

   Die Lieferfrist für beschleunigtes Eilgut gilt als gewahrt, wenn das Gut so schnell befördert wurde, wie es mit den dafür freigegebenen Zügen möglich war;

d) für Stückgutsendungen von Gütern, die nach den Bestimmungen der Anlage C nur bedingungsweise zur Beförderung zugelassen sind, sowie von leeren Packmitteln, in denen solche Güter enthalten waren, ferner für Frachtstückgutsendungen von Gütern, die wegen ihrer Länge, Breite oder Höhe nicht in gewöhnliche gedeckte Wagen verladen werden können,
   das Doppelte der Fristen unter a) bis c).

(2) Die Abfertigungsfrist wird ohne Rücksicht auf die Zahl der beteiligten Eisenbahnen nur einmal berechnet.[4] Die Beförderungsfrist wird nach der Gesamtentfernung zwischen Versand- und Bestimmungsbahnhof berechnet.

(3) Die Eisenbahn kann mit Genehmigung des Reichsverkehrsministers Zuschlagsfristen[5] für folgende Fälle festsetzen:

a) für Sendungen, die über Strecken mit verschiedener Spurweite[6] oder über Fährstrecken befördert werden,[7]
b) für Beförderungen von und nach Güternebenstellen,
c) für außergewöhnliche Verhältnisse, die eine ungewöhn-

liche Verkehrszunahme oder ungewöhnliche Betriebsschwierigkeiten zur Folge haben,[8] wobei die Zuschlagsfristen ausnahmsweise von der Eisenbahn vorbehaltlich der nachträglichen Genehmigung des Reichsverkehrsministers festgesetzt werden dürfen.

(4) Die Zuschlagsfristen des Abs. (3) unter a) und b) werden durch den Tarif festgesetzt. Die im Abs. (3) unter c) vorgesehenen Zuschlagsfristen sind besonders zu veröffentlichen und treten nicht vor ihrer Veröffentlichung in Kraft.[9] Aus der Veröffentlichung muß zu ersehen sein, ob die Genehmigung erteilt oder vorbehalten ist. Wird die nachträgliche Genehmigung vom Reichsverkehrsminister versagt oder wird die Genehmigung nicht innerhalb einer Woche nach der Veröffentlichung der Zuschlagsfristen bekanntgemacht, so ist die Festsetzung wirkungslos.[10]

I Die Zuschlagsfristen in den Fällen (3) a) und b) sind in den Tarifteilen II festgesetzt.

(5) Die Lieferfrist beginnt für die im Laufe des Vormittags aufgelieferten Güter um 12 Uhr mittags, für die nachmittags aufgelieferten Güter um Mitternacht.[11]

(6) Die Lieferfrist ist gewahrt, wenn vor ihrem Ablauf das Gut[12] dem Empfänger zugeführt ist[13] oder aus Gründen, die in seiner Person liegen, nicht zugeführt werden konnte. Für Güter, die nach den Bestimmungen der Empfangsbahn oder nach einer Verfügung des Empfängers nicht zugeführt werden, ist die Lieferfrist gewahrt, wenn vor ihrem Ablauf der Empfänger von der Ankunft benachrichtigt und das Gut zur Abholung bereit gestellt ist [§ 78 (3)].[14] Für Güter, die von der Eisenbahn dem Empfänger nicht zugeführt werden und von deren Ankunft der Empfänger nicht benachrichtigt zu werden braucht, ist die Lieferfrist gewahrt, wenn vor ihrem Ablauf die Güter auf dem Bestimmungsbahnhof zur Abholung bereitgestellt sind.[15]

(7) Der Lauf der Lieferfrist ruht[16] für die Dauer:

a) des Aufenthalts, der durch Zoll-, Steuer-, Polizei- oder sonstige verwaltungsbehördliche Maßnahmen verursacht wird,[17]

b) einer durch nachträgliche Verfügung des Absenders hervorgerufenen Verzögerung[18] der Beförderung,

c) einer ohne Verschulden der Eisenbahn eingetretenen Betriebsstörung,[19] durch die der Beginn oder die Fortsetzung der Beförderung zeitweilig verhindert wird,

d) einer von der zuständigen Stelle angeordneten Sperrmaßnahme,[20] durch die der Beginn oder die Fortsetzung der Beförderung zeitweilig verhindert wird,[21]

e) der durch Abladen eines Übergewichts erforderlichen Zeit,[22]

f) des Aufenthalts, der ohne Verschulden der Eisenbahn dadurch entstanden ist, daß am Gute oder an der Verpackung Ausbesserungsarbeiten vorgenommen oder vom Absender verladene Sendungen um- oder zurechtgeladen werden mußten.

(8)[23] Ist der auf die Auflieferung des Gutes folgende Tag ein Sonn- oder Feiertag, so beginnt bei nachmittags aufgeliefertem Frachtgut die Lieferfrist einen Tag später.

(9)[23] Ist der letzte Tag der Lieferfrist ein Sonn- oder Feiertag, so läuft bei Frachtgut die Lieferfrist erst mit der entsprechenden Stunde des nächsten Werktags ab.

II Welche Tage als Feiertage gelten, wird durch Aushang bekanntgemacht.

HGB. § 428; JüG. Art. 11; EVO. §§ 82 (3), 88, 90.

1. Früher enthielt EVO. Höchstfristen; diese erklärte der Tarif zu tarifmäßigen. Für die Zeit vom 14. August 1914 bis Ende April 1922 bestanden keine festen Lieferfristen; nach HGB. § 428 galt „eine den Umständen nach angemessene Frist" (siehe Rundnagel-Sperber S. 37 Anm. 19; VR. 6 398). Durch VO. des RVerkMin. v. 23. März 1922 (RGBl. I S. 282) und 27. Dez. 1922 (RGBl. 1923 II S. 1) wurden die Lieferfristen wieder eingeführt und ihre Bemessung den Tarifen überlassen. Die jetzt in die EVO. selbst aufgenommenen Fristen waren bereits durch den Tarif mit Wirkung vom 15. 3. 26 festgesetzt und entsprechen nach ihrer Dauer dem Stande der Vorkriegszeit. Der Tarif kann nur kürzere, nicht längere Fristen vorsehen. (Begr. II).

2. Zeitraum, innerhalb dessen die Eisenbahn gewisse Erfüllungshandlungen vorzunehmen hat. Grundsätzlich sind dies Beförderung und Zuführung oder Benachrichtigung und Bereitstellung zur Abholung (Rundnagel, BefGesch. § 118; Rundnagel-Sperber S. 33); siehe unten (6). Lieferfrist bei Tieren siehe EVO. § 51, bei Gepäck § 37; Haftung für Überschreitung siehe § 82 (3).

3. Lieferfrist bildet aber trotz ihrer Zerlegung in Abfertigungs- und Beförderungsfrist ein einheitliches Ganzes. Ob z. B. die Abfertigungsfrist als solche überschritten worden ist, ist gleich-

gültig, wenn nur die Gesamtfrist gewahrt bleibt. Literatur siehe Loening S. 260.

4. D. h. für den durchgehenden Frachtbrief; bei Änderung des Bestimmungsbahnhofes auf Grund nachträglicher Verfügung ist Abfertigungsfrist doppelt zu berechnen (EE. 31 340). Reexpedition ist Neuaufgabe.

5. Hierzu Sendpiehl EE. 44 7. Zuschlagsfristen bilden mit der gewöhnlichen Lieferfrist ein einheitliches Ganzes (EE. 30 84).

6. Siehe EE. 17 160.

7. Ist in den Tarif Beförderung mit Kraftwagen usw. nach EVO. § 2 (7) einbezogen, so kann für die von dem anderen Transportmittel benutzte Strecke die Lieferfrist auch ohne Genehmigung des Reichsverkehrsministers anders festgesetzt werden.

8. EE. 25 Sonderheft, 27 181; z. B. Eisgang, Güterandrang infolge Versagens der Schiffahrt, Ausstände von Nichteisenbahnern (z. B. der Rollkutscher), Krieg (EE. 21 57).

9. Abweichung von EVO. § 6 (4). Für die laufenden Frachtverträge gelten aber noch die zur Zeit des Abschlusses bestehenden Fristen (siehe Eger Anm. 274; EE. 17 319, 25 Sonderheft, 32 297).

10. Siehe EE. 25 28.

11. Maßgebend ist die tatsächliche Auslieferung, nicht die Angabe des Tagesstempels (abweichend Eger Anm. 376; EE. 24 24). Vereinbarungen über den Beginn der Lieferfristen sind ungültig (siehe Sendpiehl S. 282; EE. 10 85, 14 145, 15 52). Über Beginn der Lieferfrist bei vorheriger vorläufiger Einlagerung des Gutes EVO. § 64 Anm. 4.

12. Nicht erforderlich Übergabe des Frachtbriefs (EE. 21 375).

13. Siehe EVO. § 77.

14. Über Verzögerung der Benachrichtigung durch die Post vgl. EVO. § 78 Anm. 6 und Loening S. 274.

15. Kann unter Umständen auch im Eisenbahnwagen sein; abw. Loening S. 275; siehe EE. 21 138; 31 209.

16. D. h. die Zeit wird in die Lieferfrist nicht eingerechnet.

17. EE. 25 145, 29 77, 32 299. Zu den sonstigen verwaltungsbehördlichen Maßnahmen gehören auch solche der Besatzungsbehörden im besetzten Gebiet.

18. Auch bei nachträglicher Bestimmung des Entladebahnhofs (EVO. § 72).

19. Betriebsstörung ist jedes Ereignis, das den Betrieb als solchen, d. h. den technischen Gebrauch der Betriebsmittel auf einzelnen Bahnhöfen, Strecken oder Bezirken unterbricht (RG. 87 244; EE. 21 395); Brückeneinsturz, Tunnelstörung, auch höhere Gewalt. Nicht hierunter fällt Störung einzelner Beförderungshandlungen, z. B. Laufunfähigkeit des Wagens (a. A. EE. 27 45)

oder Betriebserschwernisse, z. B. große Güteranhäufungen, starke Kälte (EE. 17 347, 25 28, 21 57; RG. 87 244; abweichend Eger Anm. 378; dagegen Starck, EE. 40 9). Unrichtig Senckpiehl (EisTranspGesch. S. 283), der nur Betriebsstörungen anerkennt, die auf höhere Gewalt zurückzuführen sind; dagegen mit Recht Rundnagel, BefGesch. S. 383 Anm. 19; Starck EE. 40 8. Eisenbahn hat zu beweisen, daß Voraussetzungen des Abs. 7 vorliegen (EE. 24 343). Zeitpunkt des Eintritts der Störung ist unerheblich (ZVDEisV. 14 381). Rundnagel-Sperber S. 39 rechnet Streik oder passive Resistenz der eigenen Bediensteten, wenn sie kraft eigener Entschließung angewandt werden, hierher. Dem ist nicht beizutreten; siehe oben EVO. § 3 Anm. 13 und VR. 6 398.

20. D. h. allgemeine Verfügung, durch die der Beginn oder die Fortsetzung der Beförderung bereits angenommener Güter für einen bestimmten Bahnhof, Strecke oder ganzes Gebiet von der zuständigen Stelle (z. B. bei der Reichsbahn Reichsbahndirektion, Generalbetriebsleitung) verboten wird (siehe EVO. § 63 Anm. 9). Nicht hierher gehören einstweilige Maßnahmen betrieblicher Dienststellen (Zugleitungen, Bahnhöfe), z. B. Rückhaltsperren, Abrufverfahren. Die Befreiung von der Haftung gilt auch für die Güter, die durch besondere Genehmigung von der Sperrmaßnahme ausgenommen worden sind, nicht aber für diejenigen Güter, die trotz bestehender Annahmesperre versehentlich angenommen wurden. Annahmesperre fällt nicht unter Abs. (7).

21. Aber auch nur für die Dauer der tatsächlichen Behinderung; die angeordneten Sperrfristen sind also Höchstfristen. Abweichend Rundnagel-Sperber S. 40 Anm. 25.

22. Verlängerung infolge Prüfung der Inhaltsangabe? Ja, wenn diese unrichtig war (siehe EE. 31 210).

23. Absätze 8 u. 9 gelten auch dann, wenn die Festtage nur in einem Teil der durchfahrenen Strecke Geltung haben, und selbst dann, wenn sie für den einzelnen Fall nicht beförderungshindernd sind.

§ 75. Einlösung des Frachtbriefs. Ablieferung [1]

(1) Die Eisenbahn ist verpflichtet, den Frachtbrief und das Gut dem Empfänger[2], [3] am Orte der Ablieferung[4] gegen Zahlung der durch den Frachtvertrag begründeten Forderungen[5] und gegen Empfangsbescheinigung[6] zu übergeben. Der Übergabe des Gutes an den Empfänger steht gleich eine nach den maßgebenden Bestimmungen erfolgte Übergabe an die Zoll- oder Steuerverwaltung in deren Abfertigungsräumen oder Niederlagen,[7] wenn diese nicht unter Verschluß der Eisenbahn

stehen,[8] sowie die nach dieser Ordnung[9] zulässige Einlagerung bei der Eisenbahn oder Hinterlegung bei einem Spediteur oder in einem öffentlichen Lagerhaus.

I Dem Antrage des Absenders auf Erbringung des Ablieferungsnachweises wird gegen Entrichtung der im Nebengebührentarif (Teil I Abteilung B) festgesetzten Gebühr und gegen Ersatz der etwa erwachsenen Post-, Telegramm- und Fernsprechgebühren entsprochen. Vorausbezahlung kann verlangt werden. Die Gebühr wird nicht erhoben oder auf Antrag erstattet, wenn das Gut infolge eines von der Eisenbahn zu vertretenden Verschuldens innerhalb der Lieferfrist auf dem Bestimmungsbahnhof nicht eingegangen ist.

(2) Der Empfänger ist nach Ankunft[10] des Gutes am Orte der Ablieferung berechtigt,[11] die durch den Frachtvertrag[12] begründeten Rechte[13] gegen Erfüllung der sich daraus ergebenden Verpflichtungen[14] im eigenen Namen gegen die Eisenbahn geltend zu machen, ohne Unterschied, ob er hierbei im eigenen oder fremden Interesse handelt,[15] er ist insbesondere berechtigt, von der Eisenbahn die Übergabe des Frachtbriefs und des Gutes zu verlangen.[16] Dieses Recht erlischt, wenn der Absender der Eisenbahn eine nach § 72 noch zulässige entgegenstehende Verfügung erteilt.

II Außer den durch den Frachtvertrag begründeten Anweisungen [§§ 75 (2) und 72 (13)] kann der im Frachtbrief bezeichnete Empfänger Anweisung erteilen,

1. daß das Gut mit dem Frachtbrief gegen Zahlung der Fracht und der sonst auf dem Gute haftenden Beträge auf dem Bestimmungsbahnhof einem Dritten ausgeliefert wird,
2. daß ihm der Frachtbrief gegen Zahlung der Fracht und der sonst auf dem Gute haftenden Beträge, das Gut aber auf dem Bestimmungsbahnhof einem Dritten ausgeliefert wird,
3. daß ihm der Frachtbrief, das Gut aber gegen Zahlung der Fracht und der sonst auf dem Gute haftenden Beträge auf dem Bestimmungsbahnhof einem Dritten ausgeliefert wird,
4. daß das Gut nach Zahlung oder gegen Nachnahme der

Fracht und der sonst auf dem Gute haftenden Beträge mit neuem Frachtbrief von dem Bestimmungsbahnhof nach einem anderen Bahnhof gesandt wird.

Für die — auch nur versuchte — Ausführung dieser Anweisungen wird außer den etwa erwachsenden baren Auslagen die im Nebengebührentarif (Teil I Abteilung B) festgesetzte Gebühr erhoben. Die Ausführung der Anweisungen kann abgelehnt werden.[17]

(3) Durch die Annahme des Frachtbriefs[18a] und des Gutes[18] wird der Empfänger[19] verpflichtet, der Eisenbahn nach Maßgabe des Frachtbriefs[20] Zahlung zu leisten [vgl. jedoch § 70 (3)].[20]

(4) Die Empfangsbahn hat bei der Ablieferung alle durch den Frachtvertrag begründeten Forderungen, wie Fracht, Frachtzuschläge, Nebengebühren, Nachnahmen, Barvorschüsse, Zollgelder und andere Beträge einzuziehen.[21] Auch hat sie erforderlichenfalls das Pfandrecht an dem Gute geltend zu machen.[22]

(5) Als Ort der Ablieferung im Sinne der Absätze (1) und (2) gilt vorbehaltlich der Festsetzungen im Abs. (6) und im § 77 (1) der vom Absender bezeichnete Bestimmungsbahnhof[23] auch dann, wenn im Frachtbrief ein anderer Bestimmungsort angegeben ist.

(6)[24] Ist im Frachtbrief außer dem Bestimmungsbahnhof ein Bestimmungsort angegeben, nach dem die Sendung weiterbefördert werden soll [§ 56 (2) f)], oder ist ein Frachtbrief angenommen worden,[25] in dem als Bestimmungsbahnhof entgegen der Vorschrift in § 56 (1) b) ein Bestimmungsort angegeben ist, wo sich keine Güterabfertigung oder Güternebenstelle befindet, so hat die Eisenbahn wegen der Weiterbeförderung vom letzten Bahnhof bis zum Bestimmungsort die Pflichten eines Spediteurs. Übernimmt jedoch die Eisenbahn durch ihre Leute oder durch besondere von ihr bestellte Unternehmer die Weiterbeförderung nach solchen Orten, so haftet sie bis zum Bestimmungsort als Frachtführer nach den Vorschriften dieser Ordnung.

(7) Ob die Güter durch die Eisenbahn oder durch den Empfänger auszuladen sind, bestimmt der Tarif, soweit nicht diese Ordnung Vorschriften darüber enthält oder eine besondere Ver-

einbarung zwischen dem Absender und der Eisenbahn im Frachtbrief getroffen ist.[26]

III Welche Güter durch die Eisenbahn und welche Güter durch den Empfänger auszuladen sind, ist im Abschnitt II der Allgemeinen Tarifvorschriften (Teil I Abteilung B) festgesetzt.

(8) Der Eisenbahn steht es frei, Stückgüter, die von ihr auszuladen sind, dem Empfänger auf seine Kosten zuzuführen (§ 77) oder ihn von der Ankunft zu benachrichtigen.[27] Auf den Bahnhöfen, wo Stückgüter dem Empfänger zugeführt werden, ist dies durch Aushang bekanntzumachen. Von der Ankunft anderer Güter ist der Empfänger zu benachrichtigen [vgl. jedoch § 78 (5)].

(9) Die Eisenbahn kann im Tarif vorschreiben, daß Güter, die auf dem Bestimmungsbahnhof von Eisenbahnwagen unmittelbar auf andere Verkehrsmittel umgeladen werden sollen, gegen Zahlung der im Tarif oder durch Aushang bekanntzumachenden Gebühren durch ihre Leute oder durch besondere von ihr bestellte Unternehmer umgeladen werden. In beiden Fällen hat die Eisenbahn die Pflichten eines Spediteurs.[28]

IV Die Bahnhöfe, auf denen die Eisenbahn Güter in Schiffe durch ihre Leute oder durch Unternehmer umladet, sind in den Tarifteilen II genannt.

(10) Die Eisenbahn hat die Güter auf den für die Abnahme bestimmten Plätzen zur Verfügung zu stellen.[29]

(11) Das Gut wird nur gegen Vorzeigung des eingelösten Frachtbriefs ausgehändigt.[30] Die Eisenbahn darf außer der Empfangsbescheinigung weitere Erklärungen, namentlich über tadellose oder rechtzeitige Ablieferung, nicht verlangen.

(12) Wenn von mehreren im Frachtbrief verzeichneten Gegenständen einer Sendung bei der Ablieferung einzelne fehlen, so kann sie der Empfänger in der Empfangsbescheinigung[31] als fehlend aufführen.

(13) Der Empfänger kann die Annahme des Gutes auch nach Einlösung des Frachtbriefs so lange verweigern, bis einem etwaigen Antrag auf Feststellung einer behaupteten Minderung oder Beschädigung des Gutes stattgegeben ist (vgl. § 81). Vorbehalte bei der Annahme des Gutes sind nur wirksam, wenn sie mit Zustimmung der Eisenbahn gemacht sind.[32]

(14) Bei Wagenladungsgütern kann die Eisenbahn, soweit

erforderlich, verlangen, daß die Wagen nach der Entladung durch den Verfügungsberechtigten gereinigt zurückgegeben werden. Wird dies unterlassen, so kann die Eisenbahn für die Reinigung die tarifmäßige Gebühr erheben.

V Wird die erforderliche Reinigung der entladenen Wagen von der Eisenbahn ausgeführt, weil dies der Verfügungsberechtigte unterlassen hat, so wird die im Nebengebührentarif (Teil I Abteilung B) vorgesehene Gebühr vom Verfügungsberechtigten erhoben.

HGB. §§ 435, 436, 440, 441, 468; JüG. Art. 16, 17, 20, 25; EVO. § 82.

Literatur: v. d. Leyen, Z. f. HandR. 16 86; Rundnagel-Sperber § 5; Senckpiehl, Ablieferung im Frachtrecht (Z. f. VerkWiss. 1922 Heft 4/5); Ritter, Verpflichtung der Eisenbahn zum Vorzeigen der Güter (ZVDEisV. 08 430); Senckpiehl, Frachtführerpfandrecht (EE. 25 205); derselbe: Die Ablieferung auf dem Anschlußgleis, SpedSchiffZtg. 26 235; Classen, HansRZtg. 24 435; Stockmann, ZVDEisV. 26 1235 ff., 27 926 ff.; Schließfächer siehe RG. 103 147; ferner: 94 74, 63 337; EE. 39 135; Rundnagel, EE. 23 306.

1. Aufgabe des Gewahrsams aus dem Frachtvertrag mit Einwilligung des Empfangsberechtigten, so daß dieser die tatsächliche Gewalt über das Gut ausüben kann (ROHG. 14 294; RG. 52 399, 108 50; EE. 44 346; v. d. Leyen, JW. 26 797). Zweiseitiger Akt; einseitige Aufgabe genügt nicht (ROHG. 8 29), also auch nicht bloßes Überstellen des Gutes (Ladung) auf ein Gleis, es sei denn, daß dies besonders vereinbart ist (siehe EE. 18 201, 42 194; ROHG. 8 27). Über Ablieferung auf Privatanschlußgleisen siehe PAB. § 16 Ziff. 2 und Anm. 3 und 4 dazu, abgedruckt S. 355. Übergabe des Frachtbriefes genügt nicht (Arch. f. Eis. 92 153; RG. 27 84; abweichend JW. 21 1918); sie ist aber zur Ablieferung begrifflich nicht einmal erforderlich (Arch. f. Eis. 13 538); ebensowenig genügt Aufforderung zur Abholung des Gutes (v. d. Leyen Z. f. HandR. 16 86); gilt auch für bahnlagernde Sendungen. Auch die Quittung des Empfangsberechtigten ersetzt nicht die Ablieferung; da sie vor Aushändigung des Gutes abgegeben wird, ist Gegenbeweis zulässig (EE. 32 54, 44 213; ZVDEisV. 22 561; anscheinend unrichtig RG. 102 206). Daß der Empfangsberechtigte das Gut in Besitz nimmt, ist nicht verlangt (BGB. § 854 (2); Hans. Ger.-Ztg. 04 47).

Eisenbahn kann Gewahrsam auch weiterhin behalten, z. B. im Falle der EVO. § 80 (3) (Verwahrungsvertrag), sowie ferner bei Neuaufgabe des Gutes mittels neuen Frachtbriefes (siehe Senckpiehl, Haftung 41; RG. 102 92; JW. 21 1318; siehe EVO.

§ 93 Anm. 2). Weitersendung auf Grund des ursprünglichen Frachtbriefs auf Anweisung des Empfängers ist nicht zuzulassen (RG. 102 93, aber auch RG. 114 314. Dazu EVO. § 93 Anm. 2).

Als Ablieferung gilt auch Hinterlegung (EVO. § 80 (3), (4), (5)). Lagerung bahnlagernd gestellter Güter ist Nebenverpflichtung aus dem Frachtvertrag, also keine Ablieferung (Düringer-Hachenburg § 429 II 3 b); siehe EVO. § 82 Anm. 8ff.

Sind mehrere einzelne Stückgüter aufgegeben, so gilt jedes einzelne hinsichtlich der Ablieferung als eine Einheit. Wagenladungsgüter sind erst dann abgeliefert, wenn die gesamte Wagenladung abgeliefert ist (Rundnagel-Sperber S. 162).

2. Eisenbahn muß Empfangsberechtigung prüfen (RG. 103 147). Empfangsberechtigt ist, wer als Empfänger im Frachtbrief benannt (EVO. § 56) oder nachträglich bezeichnet ist (EVO. § 72; EE. 1 51); an seine Stelle können seine Leute treten (BGB. § 278) oder ein Bevollmächtigter (ROHG. 4 14, 14 1, 25 330; RG. 1 132, 19 337, 103 146; EE. 39 134); mündliche Bevollmächtigung genügt (EE. 40 134). Da Frachtbrief kein Legitimationspapier, genügt dessen Vorzeigen nicht, die Ablieferung des Gutes zu verlangen [siehe (11)] oder die an einen Nichtberechtigten erfolgte zu rechtfertigen (siehe Anm. 6); der Vorzeiger der vom Berechtigten quittierten Benachrichtigungskarte ist empfangsberechtigt (BGB. § 370; siehe auch EE. 32 54). Die Praxis handelt allerdings anders; meist wird die Legitimation des Frachtbriefvorzeigers an der Ausgabeluke des Güterschuppens nicht nochmals geprüft. Hat Empfänger Benachrichtigungskarte schuldhaft in unrechte Hände gelangen lassen, haftet er für den daraus entstandenen Schaden. Vgl. hierzu Classen, Hans. RZeitschr. 24 435 und Nottebohm, ZVDEisV. 22 561, dessen rechtlichen Ausführungen jedoch nicht beizutreten ist. Über Auslieferung an Nichtberechtigte siehe Goltermann, EE. 39 158 und EE. 31 185 und VR. 4 478; Brandis und v. d. Leyen, JW. 22 1307 sowie unten § 82 Anm .9. Wird Frachtgut irrtümlich an einen Dritten ausgeliefert, und hat dieser den Umständen nach annehmen müssen, daß es für ihn nicht bestimmt sei, haftet er für den Schaden (EE. 39 41). Rückgabepflicht als solche folgt aus BGB. § 812.

3. Über Pfändung des Anspruchs des Empfängers gegen die Eisenbahn auf Ablieferung siehe Seybold VR. 3 157; EE. 43 213; Staub § 435 Anm. 1.

4. Siehe unten (5). Im Falle der Zuführung ist Ort der Ablieferung die Behausung des Empfängers (Rundnagel, BefGesch. S. 400; Senckpiehl, Z. f. VerkWiss. 22 55).

5. Über den Unterschied: „Frachtvertrag" und „Frachtbrief" siehe unten Anm. 12 und 20. Erfüllung Zug um Zug; Ab-

lieferung kann Eisenbahn verweigern, bis Fracht, Nachnahme, Zölle usw. bezahlt sind (RG. 36 2; ROHG. 14 272). Der Zahlung steht die Stundung gleich (EVO. § 93 Anm. 1). Maßgebend Zeitpunkt der buchmäßigen Belastung (EE. 44 214).

6. Deren Echtheit Eisenbahn zu prüfen hat; abweichend BR 1 246.

7. Auf dem Empfangsbahnhof, nicht etwa unterwegs (siehe Rundnagel-Sperber § 7, ROHG. 2 254, 8 26; Arch. f. Eis. 08 971; RG. 67 336; EE. 1 270, 4 163, 434). Eisenbahn muß den Empfänger naturgemäß instand setzen, die Herausgabe des Gutes von der Zollverwaltung zu fordern (Benachrichtigung, Übergabe der Papiere usw.).

8. Bei Mitverschluß der Eisenbahn liegt Ablieferung nicht vor; abweichend RG. 67 335. Über die Haftung der Zollbehörde und der Eisenbahn wegen Verletzung aus § 59 VerZollGes. siehe RG. 67 335; EE. 23 14; Stephany, Zeitschr. für Zollwesen u. Reichssteuern Bd. 4 193; Zimmermann, ebenda Bd. 9 202.

9. Siehe z. B. EVO § 80.

10. Siehe § 72 Anm. 29. Vor Ankunft kein Recht (RG. EE. 11 302, 43 419); ist also das Gut vorher abhanden gekommen, entfällt das Recht des Empfängers (JurRundsch. 26 755 und bei Staub § 435 Anm. 1; unrichtig Eger Anm. 384; EE. 16 339). Literatur bei Rundnagel, BefGesch. S. 157 Anm. 22. Ankunft eines Teiles des Gutes verschafft dem Empfänger Gläubigerstellung (Rundnagel S. 157 und Anm. 25 daselbst), und zwar bezüglich des ganzen Gutes. Wird das Gut versehentlich weitergesandt, behält der Empfänger seine Rechte (ROHG. 11 293). Für den Binnenverkehr bestand kein Bedürfnis, Art. 16, § 3 Satz 2 JÜG. zu übernehmen, wonach der Empfänger auch bereits dann sein Verfügungsrecht geltend machen kann, wenn das Gut innerhalb einer bestimmten Frist nicht angekommen ist (Begr. II).

11. Nicht verpflichtet; daher keine Klage des Frachtführers auf Abnahme (EE. 17 219; JW. 00 339; EE. 21 62). Das Vertragsverhältnis zwischen Eisenbahn und Absender bleibt trotzdem bestehen (siehe oben Einleitung zu Abschn. VIII Anm. 2). Nur sind die Rechte des Absenders zugunsten des Empfängers ausgeschlossen (siehe ROHG. 6 275). Ob der Empfänger dem Absender gegenüber zur Abnahme verpflichtet ist, bestimmt das zwischen ihnen bestehende Vertragsverhältnis.

12. Siehe unten Anm. 20. Unterschied zwischen (2) [„Frachtvertrag"] und (3) [„Frachtbrief"] entspricht dem HGB. (§§ 435, 436); er ist beabsichtigt (siehe Denkschrift zum Entwurf eines HGB. 1897; ROHG. 20 409). Maßgebend ist der Frachtvertrag, keine Skripturobligation (ROHG. 7 217, 8 196, BR. 7 25),

und zwar zur Zeit des Rechtserwerbs (Düringer-Hachenburg § 435 S. 873; RG. 13 75); dominus negotii ist aber immer noch der Absender (Rundnagel, BefGesch. S. 154); das ist für die Auslegung maßgebend (RG. 13 76).

13. Ablieferung; Entschädigungsforderung wegen Beschädigung, Minderung und Lieferfristüberschreitung; auch Schadensersatz, z. B. wenn Eisenbahn einem Konkurrenten vertragswidrig über die Sendung Mitteilung gemacht hat; nicht aber Ansprüche wegen Verlustes (siehe Anm. 10), oder wegen Schäden, die vor Abschluß des Frachtvertrages während einer vorläufigen Einlagerung nach § 64 EVO. entstanden sind.

14. Zahlung der Fracht (ROHG. 20 410, 21 181; EE. 22 295); über Fall, daß Absender die Sendung als „frei" bezeichnet hat, siehe EVO. § 69 Anm. 6; wegen Frachtzuschlag, Lagergeld und Nachzoll siehe Anm. 20.

15. Über den Grundsatz des Handelsrechts, daß der für fremde Rechnung, aber im eigenen Namen Handelnde auch den Schaden seiner Auftraggeber geltend machen kann, siehe Rundnagel-Sperber S. 147 und die dort Anm. 4 Angeführten; ferner JW. 00 256; RG. 58 39.

16. Ein vorheriges Besichtigungsrecht des Empfängers wird mit Recht als unvereinbar mit dem Eisenbahnbetrieb verneint; es widerspräche auch dem Grundsatz der Leistung Zug um Zug. Bei Wagenladungen steht die Besichtigung dem Empfänger frei, bezieht sich aber nur auf Unverletztheit des Plombenverschlusses u. ä., bei Stückgütern ist sie unausführbar (siehe Rundnagel, BefGesch. S. 398 und Zit. Anm. 7 bis 10; a. A. Eger Anm. 385). Empfänger kann Besichtigung durch EVO. § 81 erreichen (Staub § 438 Anm. 3). Wenn Eisenbahn duldet, daß Empfänger vor Einlösung des Frachtbriefes den verschlossenen Wagen öffnet und das Gut besichtigt, so haftet sie für den daraus entstehenden Schaden (VR. 7 86).

17. Für die Gültigkeit dieser Bestimmung RG. 110 324.

18a. Über Aushändigung des Frachtbriefes durch Einlegung in ein dem Empfänger von der Bahn eingeräumtes Schließfach siehe Literatur am Anfang dieses Paragraphen.

18. D. h. Wechsel der Verfügungsgewalt und der Aufbewahrungspflicht mit Zustimmung oder nachträglicher Genehmigung des Empfängers. Annahme nur zur Besichtigung genügt nicht (siehe JW. 09 309). Annahme unter Vorbehalt wäre nur wirksam bei Zustimmung der Eisenbahn; Abfuhr durch den allgemein hierzu vom Empfänger bevollmächtigten Spediteur (EE. 19 337, 23 274, 306) ersetzt Annahme. Empfänger muß in der Lage sein, das Gut ordnungsgemäß in Besitz zu nehmen. Wird er darin gestört, dann Haftung bis zur vollendeten Ablieferung nach

Eisenbahnfrachtrecht, sonst nur bei Verschulden (EVO. § 5; BGB. § 278); siehe EE. 33 302 (Betreten der Gleise), 33 320 (Entladung). Gesicherter Zu- und Abgang siehe EE. 43 93. Bloße Avisierung genügt nicht (v. d. Leyen, Z. f. HandR. 16 86). Nachträgliche Rückgabe von Gut und Brief hebt die eingetretene Wirkung nicht auf; es ist nur Anfechtung wegen Irrtums, Täuschung (z. B. über die Beschaffenheit des Gutes) möglich.

19. Über den Einfluß des Eintritts des Empfängers in die Schuldnerstellung auf die Zahlungsverpflichtung des Absenders siehe Rundnagel, BefGesch. S. 164.

20. Siehe oben Anm. 12. Da aus § 70 hervorgeht, daß keine reine Skripturobligation beabsichtigt ist, kann dies nicht heißen, Empfänger habe nur den ziffernmäßig im Frachtbrief verzeichneten Betrag zu zahlen. Die Verpflichtung des Empfängers umfaßt alles, was aus dem nach Maßgabe des Frachtbriefs abgeschlossenen Frachtvertrag tarifmäßig geschuldet wird (siehe EE. 22 295; ROHG. 21 181 [Frachtzuschläge]; RG. 15 76 [Lagergeld]; JurZ. 08 366; EE. 24 348; Arch. f. Eis. 98 145 [Nachzoll]). Die Entscheidungen (EE. 25 374, 26 189, 22 295, 39 129; RG. 71 342) sind nicht einheitlich und zum Teil dadurch überholt, daß Eisenbahn Ansprüche wegen unrichtiger Frachtberechnung jetzt in viel größerem Umfang als früher geltend machen kann (EVO. § 70 Anm. 1). Im Frachtbrief muß aber wenigstens ein Anhalt gegeben sein, aus dem die Höhe der Zahlung sich tarifmäßig errechnen läßt (z. B. der Vermerk „Verzollt", der Wiegestempel). Vgl. auch JW. 27 2817. Empfänger ist auch dann zahlungspflichtig, wenn er zwar das Gut annimmt, dann aber die Verzögerung der Auslieferung des Frachtbriefes, dessen Inhalt er kennt, verursacht (EE. 45 314).

21. Ist Empfangsbahn auch dann berechtigt, die durch den Frachtvertrag begründeten Forderungen geltend zu machen, wenn Empfänger die Annahme des Gutes verweigert und Absender zahlen muß? Dazu Loening S. 468.

22. Schulz, Pfandrecht (ZVDEisV. 26 172); siehe ferner HGB. §§ 440, 441; JÜG. Art. 25. Literatur: siehe Rundnagel, Bef.-Gesch. § 54 S. 186 ff.; Senckpiehl, EE. 25 204 ff. und Sped.- u. SchiffZtg. 25 3; Staub, HGB. § 440 Anm. 1 ff. Beispiele bei Cosack, § 122 S. 448 und Rundnagel, BefGesch. § 55 S. 190. Empfangsbahn ist letzter Frachtführer. Das Pfandrecht entsteht als gesetzliches Pfandrecht; es setzt den Abschluß des Frachtvertrages voraus und steht der Eisenbahn an dem Frachtgut zu für Forderungen aus demselben Frachtvertrag (RG. 74 400), und zwar für alle Ansprüche (Fracht, Zölle, Auslagen, Nachnahmen, eigener Schaden), die einer oder mehreren an der Beförderung beteiligten Eisenbahnen zustehen, auch wenn sie sich nicht aus

dem Frachtbrief ergeben (ROHG. 15 200, 20 190, 24 288; RG. 74 400). Über Entstehung des Pfandrechtes, wenn Absender nicht Eigentümer oder nicht wenigstens über das Gut verfügungsberechtigt ist, siehe Seybold, BR. 3 302; Rspr. OLG. 6 97, 10 345. Das Pfandrecht dauert über die Ablieferung hinaus, wenn es innerhalb dreier Tage, den Tag der Ablieferung nicht mitgerechnet (BGB. § 187), gerichtlich geltend gemacht wird, und das Gut noch im Besitz des Empfängers ist. Pfandverkauf muß dem Empfänger angedroht werden (BGB. §§ 1228, 1234); Realisierungsfrist eine Woche (HGB. § 368 und BGB. § 1234); wegen Benachrichtigung vgl. BGB. §§ 1235, 1241; HGB. § 440; EVO. § 80; Ablösungsrecht BGB. § 1249. Über die Rangordnung mehrerer Pfandrechte vgl. HGB. § 443. Belastung mit Nachnahme schließt das Pfandrecht nicht aus (EE. 26 414). Im Konkurs des Eigentümers des Frachtgutes hat die Eisenbahn Anspruch auf abgesonderte Befriedigung (KO. §§ 48, 49, 118, 119, 127; Loening S. 566). Neben dem Pfandrecht steht dem Frachtführer noch das Zurückbehaltungsrecht des § 273 BGB. und das kaufmännische des § 369 HGB. zu. Das JüG. kennt nur Faustpfand.

23. Darunter fällt auch die Güternebenstelle.

24. EVO. § 75 (6) unterscheidet sich von § 77 (1) dadurch, daß im § 77 (1) die Zuführung der Güter durch die Eisenbahn oder bahnamtlichen Rollfuhrunternehmer in die Behausung (reine Bestätterei) und im § 75 (6) die Weiterbeförderung der Güter von dem Bestimmungsbahnhof bis zum Bestimmungsort, also nicht unmittelbar in die Behausung geregelt ist. — In den beiden in § 75 (6) behandelten Fällen hat Eisenbahn wegen der Weiterbeförderung nur die Pflichten, nicht auch die Rechte eines Spediteurs, z. B. nicht Recht auf Provision (Staub § 468 Anm. 2). Führt sie die Weiterbeförderung mit eigenen Leuten oder bahnamtlichen Rollfuhrunternehmern aus, hat sie lediglich die Pflichten als Frachtführer nach der EVO., nicht daneben auch noch die als Spediteur (a. A. Staub § 468 Anm. 3).

25. Siehe EVO. § 56 Anm. 4.

26. Vereinbarungen zwischen Eisenbahn und Empfänger, daß jener die der Eisenbahn obliegende Entladung selbst vornimmt, bedürfen keiner Form, wohl aber umgekehrt die Abmachung, daß die Eisenbahn die an sich dem Empfänger obliegende Entladung übernimmt. Stellt die Eisenbahn bei Gütern, die der Empfänger auszuladen hat, ohne schriftlichen Antrag Kran und Kranwärter [DEGT. I B § 50 (3)], so gelten diese als Leute des Empfängers, nicht als Erfüllungsgehilfen der Eisenbahn. Diese haftet also nur für Verschulden bei Gestellung des Kranes oder der Auswahl des Wärters (Arch. f. Eis. 20 468; RG. 97 17).

27. über Zustellung durch die Post siehe EVO. § 78 Anm. 6.
28. Sie haftet also für ihre Leute nur nach § 278 BGB., nicht nach § 5 EVO.
29. Wegen des Rechtes des Empfängers auf Besichtigung des Gutes vor Einlösung des Frachtbriefes siehe Anm. 16.
30. Empfänger hat also vorzuleisten (RG. 71 344; ROHG. 21 377).
31. Siehe Abs. 1.
32. EE. 20 315; 41 356; ROHG. 15 34, 142; RG. 25 33; DJZ. 04 312.

§ 76. Nachprüfung des Gutes auf dem Bestimmungsbahnhof

(1) Hat der Absender im Frachtbrief Nachzählung oder Nachwiegung auf dem Bestimmungsbahnhof beantragt [vgl. § 56 (2) e)] oder verlangt der Empfänger bei der Ablieferung,[1] daß die Güter in seiner Gegenwart auf dem Bahnhof nachgezählt[2] oder nachgewogen werden, so hat die Eisenbahn diesem Verlangen zu entsprechen, wenn die vorhandenen Wiegevorrichtungen ausreichen[3] und die Beschaffenheit des Gutes sowie die Betriebsverhältnisse es gestatten.

(2) Der Empfänger kann, wenn eine von ihm beantragte Nachwiegung abgelehnt wird, verlangen, daß das Gut auf der nächsten geeigneten Waage[4] in Gegenwart eines Bevollmächtigten der Eisenbahn nachgewogen wird. Er hat die hierdurch entstehenden Kosten einschließlich der Entschädigung für den Bevollmächtigten zu zahlen.[4a]

(3) Für die Nachwiegung von Wagenladungsgütern und sonstigen Gütern, die der Absender zu verladen hat, gelten die Vorschriften des § 58 (6).

I Ergibt die auf Antrag des Absenders oder Empfängers auf dem Bestimmungsbahnhof vorgenommene Nachwiegung von Wagenladungsgütern und sonstigen Gütern, die der Absender verladen hat, auf der Gleiswaage keine größere Abweichung von dem im Frachtbrief angegebenen Gewicht als 2 v. H., so wird das im Frachtbrief angegebene Gewicht als richtig angenommen.

(4) Für die Nachzählung oder Nachwiegung ist die tarifmäßige Gebühr zu zahlen, es sei denn, daß dabei ein von der Eisenbahn noch nicht anerkannter, von ihr zu vertretender[5] Unterschied (Minderzahl oder Mindergewicht) festgestellt wird.[6]

II Die Zählgebühr und das Wiegegeld sind im Nebengebührentarif (Teil I Abteilung B) festgesetzt.

III Ergibt die vom Verfügungsberechtigten beantragte Feststellung des Eigengewichts eines Wagens keine größere Abweichung von dem angeschriebenen Eigengewicht als 2 v. H., so wird Wiegegeld erhoben.

(5)[7] Verlangt der Empfänger auf dem Bestimmungsbahnhof nach Einlösung des Frachtbriefs, daß die Eisenbahn die Übereinstimmung der Sendung mit den Angaben im Frachtbrief über Inhalt und Verpackung nachprüft, so ist dem zu entsprechen, wenn die Betriebsverhältnisse und die Beschaffenheit des Gutes es ohne Schwierigkeit gestatten. Für die Nachprüfung ist die tarifmäßige Gebühr zu zahlen. Auf Verlangen des Empfängers ist die Nachprüfung in seiner Gegenwart vorzunehmen.

IV Die Gebühr für die Nachprüfung der Übereinstimmung der Sendung mit den Angaben im Frachtbrief ist im Nebengebührentarif (Teil I Abteilung B) festgesetzt.

EVO. § 56 (2) e.

1. Zeitpunkt wesentlich; Verlangen formlos; auch bei der Zuführung durch bahnamtliche Rollfuhrunternehmer. Rechte und Pflichten ergeben sich aus dem Frachtvertrag (nicht etwa besonderem Werkvertrag); so Senckpiehl S. 289.

2. Siehe EE. 30 102.

3. Bei Stückgut wird das meist zutreffen; für die Ablehnung der Verwiegung von Wagenladungen genügen nicht etwa bloße Betriebsunannehmlichkeiten.

4. Z. B. Fuhrwerkswaage, Dezimalwaage (EE. 18 305), aber nach Einlösung des Frachtbriefs.

4a. Abs. 2 gilt für das Nachzählen entsprechend (VR. 5 39).

5. Der Eisenbahn bleibt der Gegenbeweis offen, daß die erste Verwiegung unrichtig war (EE. 25 194 f.).

6. Nach der EVO. von 08 mußte sie in diesem Falle auch die nachgewiesenen notwendigen Kosten ersetzen; das ist weggefallen; Anspruch könnte nur bei Verschulden der Bahn zu Recht bestehen.

7. Neu. Anpassung an die österreichische EVO. Siehe auch EVO. § 58 Anm. 5.

§ 77. Zuführung

(1) Die Eisenbahn kann[1] die Stückgüter[2] dem Empfänger innerhalb des Bestimmungsorts oder nach benachbarten Orten

gegen eine durch Aushang bekanntzumachende Gebühr in die Wohnung oder die Geschäftsstelle selbst zuführen[3] oder Rollfuhrunternehmer dafür bestellen [§ 75 (8)].[4] In beiden Fällen haftet die Eisenbahn als Frachtführer[5] nach den Vorschriften dieser Ordnung.[6] Die Rollfuhrleute haben ihren Gebührentarif[7] bei sich zu tragen und auf Verlangen vorzuzeigen.

Auch wenn für die Zuführung von beschleunigtem Eilgut Rollfuhrunternehmer bestellt sind, ist die Eisenbahn berechtigt, an Stelle der Zuführung Benachrichtigung eintreten zu lassen.

(2) Die Fristen, innerhalb deren die Güter dem Empfänger zugeführt werden, sind durch den Tarif oder durch Aushang bekanntzumachen.

(3) Auch an Orten, wo die Eisenbahn für die Zuführung sorgt, sind die Empfänger berechtigt, ihre Güter selbst abzuholen oder sie durch andere als die von der Eisenbahn bestellten Fuhrunternehmer abholen zu lassen. Wollen sie von diesem Rechte Gebrauch machen, so haben sie es der Güterabfertigung vor der Ankunft des Gutes schriftlich anzuzeigen. Die Eisenbahn kann jedoch aus allgemeinen Verkehrsrücksichten[8] bei einzelnen Güterabfertigungen dieses Recht vorübergehend oder auch dauernd beschränken oder aufheben.[9] Maßnahmen dieser Art bedürfen der Genehmigung des Reichsverkehrsministers[10] und sind durch Aushang bekanntzumachen. In der Bekanntmachung ist auf die Genehmigung des Reichsverkehrsministers hinzuweisen.

(4) Müssen Güter nach Räumen der Zoll- oder Steuerverwaltung gebracht werden, die außerhalb des Bahnhofs liegen, so kann dies die Eisenbahn gegen Erstattung der Kosten selbst besorgen oder unter ihrer Verantwortung auf Kosten des Verfügungsberechtigten besorgen lassen, auch wenn sich der Empfänger die Selbstabholung vorbehalten hat.

IÜG. Art. 16, § 2; EVO. § 63 (9), § 75 (8).

Literatur: Starck in EE. 40 83. Über Verhältnis von EVO. § 77 (1) zu § 75 (6) siehe EVO. § 75 Anm. 24.

1. Eine Verpflichtung besteht nicht; Beschwerde an Aufsichtsinstanz; bei der Reichsbahn: Hauptverwaltung.

2. Nicht auch Ladungen.

3. Bisher war streitig, ob die Weiterbeförderung innerhalb des Hauses, also in der Regel vom Erdgeschoß eines Wohnhauses oder der Anlieferungsstelle eines Geschäftes, wenn sie im Erd-

geschoß liegt, nach dem Keller, Boden, höheren Stockwerk, Lager, noch unter die „Zuführung" fällt oder als gesonderte Beförderung dem Landfrachtrecht untersteht. Nach der neuen Fassung des Abs. 2 (vgl. die Worte: „in die Wohnung oder die Geschäftsstelle") wird man sich für die erweiterte Auslegung des Begriffes „Zuführung" zu entscheiden haben.

4. Lieferfrist endet mit der Zuführung. Verspätete Zuführung innerhalb der Gesamtlieferfrist bedingt keine Haftung der Eisenbahn (EE. 44 210, 81, 25 385, 19 239; RG. 89 338, 100 50). Annahmeverzug des Empfängers verwandelt die Bringschuld nicht in eine Holschuld (Staub § 435 Anm. 6); selbstverständlich Gebühr für doppelte Zurollung sowie Zahlung der Kosten für Aufbewahrung (BGB. § 304).

5. Bahnamtlicher Rollfuhrunternehmer ist also nicht nachfolgender Frachtführer, sondern Erfüllungsgehilfe. Es entsteht kein Vertragsverhältnis zwischen ihm und Empfänger; Empfänger kann sich nur an Eisenbahn halten (Rundnagel, BefGesch. S. 350, 401; Senckpiehl S. 294; RG. in ZVDEisV. 22 709). Eisenbahn haftet für die bei der Zuführung verwendeten eigenen Leute und bahnamtlichen Rollfuhrunternehmer nach EVO. § 5.

6. Sofern Rollfuhrmann nicht auf Grund privater Vollmacht (Vollmachtspediteur) handelt (RG. 66 406); über das Pfandrecht des Spediteurs siehe EE. 22 371.

7. Auf diese Beförderung ist EVO. § 6 nicht anzuwenden; es darf also der bahnamtliche Rollfuhrunternehmer niedrigere als die bahnamtlich festgesetzten Gebühren erheben (siehe Vogel EE. 46 109 ff., abw. Senckpiehl EE. 45 340 ff.).

8. Z. B. bei dauernd starker Auflieferung von Gütern und Unmöglichkeit, den Schuppen zu erweitern (z. B. im Wuppertal).

9. In der Anordnung der Eisenbahn, daß Vollmachten nur für bestimmte Zeiträume (z. B. für ein Kalenderjahr) oder nur zu bestimmten Terminen (1. Januar, 1. Juli) angenommen werden, liegt keine Beschränkung des Rechtes der Selbstabholung (a. A. EE. 45 374).

10. Der dieses Recht nicht delegieren kann (EE. 45 374).

§ 78. Benachrichtigung des Empfängers von der Ankunft

(1) Die Benachrichtigung[1] von der Ankunft des Gutes [§ 75 (8)] geschieht[2] nach Wahl der Eisenbahn durch die Post, durch Fernsprecher, durch Telegramm oder schriftlich durch besonderen Boten unter Angabe der Frist, innerhalb deren das Gut abzunehmen ist.[3] Auf schriftlichen Antrag des Empfängers kann die Güterabfertigung allgemein eine besondere Art der Benachrichtigung mit ihm vereinbaren.

(2) Die Benachrichtigung hat nach der Ankunft, spätestens aber sofort nach der Bereitstellung, bei Eilgut und beschleunigtem Eilgut spätestens binnen zwei Stunden nach der Ankunft zu erfolgen. Bei Frachtgut, das an Werktagen nach 18 Uhr oder an Sonn- und Feiertagen ankommt, braucht die Benachrichtigung erst am folgenden Werktag zu geschehen. Bei Eilgut und beschleunigtem Eilgut, das an Werktagen nach 18 Uhr oder an Sonn- und Feiertagen nach 12 Uhr ankommt, braucht die Benachrichtigung erst am folgenden Tage binnen zwei Stunden nach Beginn der Dienststunden der Güterabfertigung zu geschehen.[4]

I Welche Tage als Feiertage gelten, wird durch Aushang bekanntgemacht.

(3) Die Benachrichtigung gilt als bewirkt:[5]

a) bei Zustellung durch die Post[6] vier Stunden, durch Telegramm eine Stunde nach der Aufgabe; für besondere Fälle[6a] kann der Tarif längere Fristen vorsehen,

b) bei Zustellung durch Fernsprecher mit der Aufgabe,

c) bei anderer Zustellung durch die Aushändigung.

(4) Ausgefertigt wird die Benachrichtigung unentgeltlich; für die Zustellung kann die Eisenbahn den Ersatz ihrer Auslagen verlangen.[7]

II Die Gebühren für die Zustellung der Benachrichtigung sind im Nebengebührentarif (Teil I Abteilung B) festgesetzt.

(5)[8] Die Benachrichtigung unterbleibt, wenn der Empfänger schriftlich[9] darauf verzichtet hat, bei bahnlagernd gestellten Gütern auch, wenn der Absender im Frachtbrief ausdrücklich darauf verzichtet hat[9] oder wenn sie nach den Umständen nicht möglich ist.[10]

(6) Ist ein vom Absender verladener Wagen unterwegs umgeladen worden, so muß es dem Empfänger bei der Benachrichtigung mitgeteilt werden.[11]

Literatur: Hertzer, Die verspätete Zustellung des Avises (EE. 19 274); Sendpiehl, Haftung für verspätete Avisierung (Sped.-SchiffZtg. 26 653).

1. Benachrichtigung ist empfangsbedürftige Willenserklärung; sie gilt als bewirkt, wenn sie dem Empfänger zugeht (BGB. § 130).

2. Benachrichtigungspflicht (EE. 26 149).

3. Siehe EE. 29 322; ohne Fristangabe wirkungslos. Ausdruck ungenau; Empfänger ist ja noch nicht verpflichtet, abzunehmen.

4. Verschuldete Verspätung verpflichtet zum Schadensersatz (EE. 19 210, 23 355, 33 289, 296), aber nicht vor Ablauf der Lieferfrist (EE. 25 385, 44 80 und 211; RG. 100 50; a. A. Sendtpiehl, SpedSchiffZtg. 26 653); EVO. § 77 Anm. 4.

5. Gegenbeweis unzulässig (SpedSchiffZtg. 21 936).

6. Post gehört nicht zu den Leuten der Eisenbahn, § 278 BGB. also nicht anzuwenden; siehe EVO. § 5 Anm. 4; (Sommerfeldt, VR. 1 429; EE. 39 132, 147; 16 64, 24 280; ZVDEisV. 03 741; abweichend EE. 29 273, 30 40, 33 418; Hertzer 19 274, Loening S. 274, 373).

6a. Zustellung auf dem Lande, in Gebirgsgegenden usw.

7. Porto, Botenlohn, Fernsprechgebühr, nicht Kosten der Benachrichtigungskarte.

8. Bestimmung war bisher nur in der Ausführungsbestimmung III zu § 79 der EVO. von 08 enthalten.

9. EE. 39 276.

10. Z. B. bei Wandergewerbetreibenden.

11. Bei Unterlassung gegebenenfalls Schadensersatz. Benachrichtigungspflicht besteht nicht nur wie bisher bei Laufunfähigkeit des Wagens (Begr. II).

§ 79. Abnahme der nicht zugerollten Güter

(1) Die von der Eisenbahn auszuladenden Güter[1] sind innerhalb der im Tarif festzusetzenden Frist während der Dienststunden der Güterabfertigung abzunehmen. Die Frist beginnt mit dem Zeitpunkt, in dem die Benachrichtigung von der Ankunft des Gutes als bewirkt gilt [§ 78 (3)], und muß mindestens 24 Stunden[2] betragen.

(2) Die Frist, innerhalb deren die vom Empfänger auszuladenden Güter in der Regel abzunehmen sind, bestimmt der Tarif. Ausnahmen sind durch Aushang bekanntzumachen. Die Frist beginnt mit dem Zeitpunkt, in dem die Benachrichtigung von der Ankunft des Gutes als bewirkt gilt.[3] Sind die zu entladenden Wagen nicht rechtzeitig bereitgestellt, so beginnt die Entladefrist erst mit dem Zeitpunkt der Bereitstellung. Die Eisenbahn kann verlangen, daß die Güter während der Dienststunden ausgeladen und abgefahren werden.

I Die Dauer der Abnahmefristen ist in den Tarifteilen II festgesetzt.

(3) Hat der Absender bei bahnlagernd gestellten Gütern

im Frachtbrief oder hat der Empfänger schriftlich auf Benachrichtigung verzichtet[4] oder ist eine Benachrichtigung nach den Umständen nicht möglich,[4] so beginnt die Abnahmefrist mit der Bereitstellung des Gutes.

(4) An Sonn- und Feiertagen braucht die Eisenbahn keine Güter auszuliefern. Soweit dies doch geschieht, ist es durch Aushang bekanntzumachen.

(5) Der Lauf der Abnahmefristen ruht an Sonn- und Feiertagen sowie für die Dauer einer Behandlung durch die Zoll-, Steuer-, Polizei- oder sonstigen Verwaltungsbehörden, soweit die Behandlung nicht durch den Absender oder Empfänger verzögert wird.

(6) Wird das Gut nicht innerhalb der festgesetzten Fristen abgenommen, so ist das tarifmäßige Lager- oder Wagenstandgeld[5] verwirkt. Auch kann die Eisenbahn die vom Empfänger nicht rechtzeitig ausgeladenen Güter auf seine Gefahr und Kosten ausladen [vgl. auch § 80 (6)].[6] Für Sonn- und Feiertage ist Wagenstandgeld nur dann zu zahlen, wenn die Entladefrist schon am Tage vorher 14 Uhr abgelaufen ist. Folgen in einem solchen Falle mehrere Sonn- und Feiertage aufeinander, so ist nur der erste dieser Tage standgeldpflichtig.

II Welche Tage als Feiertage gelten, wird durch Aushang bekanntgegeben.

III Für die Neuaufgabe beladener Wagen auf dem Bestimmungsbahnhof durch den Empfänger zur Weiterbeförderung ohne Umladung wird nur die einfache Entladefrist standgeldfrei gewährt; bei Überschreitung dieser Frist wird Wagenstandgelt erhoben. In gleicher Weise wird bei Weitersendung durch den Absender verfahren; nur wird in diesem Falle die Entladefrist bereits von Eingang der Sendung, nicht erst von der etwa erfolgten Benachrichtigung des Empfängers an berechnet.

IV Das Lager-, Platz- und Wagenstandgeld sowie das Standgeld für Eisenbahnfahrzeuge auf eigenen Rädern sind im Nebengebührentarif (Teil I Abteilung B) festgesetzt.

(7) Meldet sich der benachrichtigte Empfänger zur Abnahme des Gutes und kann es ihm nicht innerhalb einer Stunde nach seinem Eintreffen bereitgestellt werden, so hat die Eisenbahn ihm etwaige Kosten für den Versuch der Abholung zu ersetzen.[7]

Auf Verlangen des Empfängers hat die Eisenbahn den vergeblichen Versuch der Abholung auf dem Frachtbrief zu bescheinigen.

(8) Wird die ordnungsmäßige Abwicklung des Verkehrs durch Güteranhäufungen gefährdet, so kann die Eisenbahn die Entladefristen und die lagergeldfreie Zeit soweit nötig abkürzen sowie Wagenstandgeld und Lagergeld erhöhen. Auch können die erleichternden Bestimmungen über die Berechnung des Wagenstandgelds im Absatz (6) außer Kraft gesetzt werden. Solche Maßnahmen sind durch Aushang bekanntzumachen, auch soll in der Presse auf sie hingewiesen werden.[8]

Literatur: Lehmann, DJZ. 02 491; RG. i. JurR. 26 42; Rundnagel-Sperber S. 161.

1. EVO. § 75; grundsätzlich also Stückgüter. Abnahme gleich Annahme: Das Gut geht mit Willen der Eisenbahn und des Empfängers in dessen Verfügungsgewalt über. Über Abnahme durch Vertreter siehe RG. 46 81; EE. 39 276; VR. 3 183. Wegschaffung des Gutes ist nicht erforderlich, z. B. bei Weiterauflieferung. Siehe im übrigen EVO. § 93.

2. Durchgehend gerechnet, und zwar Tages- und Nachtstunden; nicht etwa Dienststunden.

3. EVO. § 78 (3).

4. EVO. § 78 Anm. 9 u. 10.

5. Siehe Goudefroy, Streik und Standgeld, Z. f. VerkWiss. 22 Nr. 20; „Verkehr" 22 303, 430, 351, 466; Seybold, VR. 1 Nr. 14/15; Senckpiehl, SpedSchiffZtg. 22 Nr. 20, 23; RG. 105 70; ZVD.-EisV. 22 724; Wertheimer, Rechtliche Natur des Wagenstandgeldes, EE. 43 265; Dr. Schultz, ZVDEisV. 26 561; EE. 43 106; VR. 4 378, 5 27. Standgeld ist nicht abgestellt auf Verletzung einer Verbindlichkeit der Frachtberechtigten, nicht auf Verschulden, setzt keinen Verzug voraus, ist weder Schadensersatz noch Vertragsstrafe, sondern eine durch Gesetz und Vertrag ein für allemal fest normierte Vergütung für die Dauer der Wagenbenutzung.

6. In der Regel wird sie die Güter dann auf Lager nehmen. In diesem Falle haftete sie nach der EVO. von 08 dem Empfänger gegenüber nach BGB. § 688 für Vorsatz und grobe Fahrlässigkeit (siehe Düringer-Hachenburg § 429 Anm. 4; EE. 24 407); jetzt hat sie nach EVO. § 82 (4) für die Sorgfalt eines ordentlichen Kaufmanns einzustehen; a. A. Rundnagel-Sperber § 9 S. 31 und BefGesch. S. 406; Senckpiehl S. 298 und Eger Anm. 421, die Weiterhaftung nach Frachtrecht fordern. Das ist nicht richtig; denn Verzug eines der am Frachtvertrag Beteiligten muß der andere gegen sich gelten lassen (siehe § 80 Anm. 24).

7. Ohne daß ein Verschulden vorliegen muß, und nur in Höhe

der nachgewiesenen Selbstkosten (siehe Rundnagel, Haftung § 10 S. 56; EE. 23 355; ZVDEisV. 08 269). Wartet der Empfänger länger, und wird das Gut dann ausgeliefert, kein Ersatz (siehe Rundnagel S. 407; a. A. Eger Anm. 422). Ansprüche wegen etwaiger Lieferfristüberschreitung werden dadurch nicht berührt. Vorschrift gilt nicht, wenn Empfänger nicht zu benachrichtigen war (Rundnagel, BefGesch. S. 407; a. A. Eger, EVO. § 80 S. 429).

8. Die bisher vorgesehene Genehmigungspflicht durch den Reichsverkehrsminister ist weggefallen.

§ 80. Ablieferungshindernisse. Verzögerung der Annahme [1]

(1) Ist der Empfänger des Gutes nicht zu ermitteln[2] oder verweigert er die Annahme[3] oder löst er den Frachtbrief nicht innerhalb der von der Eisenbahn im Tarif festzusetzenden Frist ein oder ergibt sich vor Einlösung des Frachtbriefs [vgl Abs. (6)] ein sonstiges Ablieferungshindernis,[4] so hat die Empfangsabfertigung unverzüglich[5] den Absender[6] durch die Versandabfertigung von der Ursache des Hindernisses zu benachrichtigen[7] und seine Anweisung einzuholen.[8] Der Absender hat die Anweisung durch Vermittlung der Versandabfertigung[9] zu treffen. Er hat hierbei ein etwa ausgestelltes Frachtbriefdoppel vorzulegen und auch darin die Anweisung einzutragen [vgl. § 72 (7)]. Hat der Empfänger die Annahme des Gutes verweigert, so kann der Absender auch ohne Vorlage des etwa ausgestellten Frachtbriefdoppels Anweisung treffen.

(2) Der Absender kann im Frachtbrief vorschreiben, daß er auf seine Kosten unmittelbar telegraphisch oder durch die Post benachrichtigt werden soll; er ist in diesem Falle unter den im Tarif festzusetzenden Bedingungen berechtigt, seine Anweisung unmittelbar an die Empfangsabfertigung zu richten. Der Absender kann unter den im Tarif festzusetzenden Bedingungen im Frachtbrief auch vorschreiben, daß ihm das Gut bei Eintritt eines Ablieferungshindernisses ohne vorherige Benachrichtigung zurückgeschickt werden soll. § 72 (5) gilt sinngemäß. Sonst darf das Gut nur mit ausdrücklichem Einverständnis des Absenders zurückgeschickt werden.

I Der Frachtbrief ist einzulösen:

a) bei leicht verderblichen Gütern innerhalb der im § 79 bezeichneten Abnahmefristen;

b) bei anderen bahnlagernd gestellten Stückgütern, von deren Ankunft der Empfänger nicht benachrichtigt worden ist oder nicht benachrichtigt werden konnte, innerhalb fünf Tagen nach ihrer Bereitstellung [§ 79 (3)];

c) sonst innerhalb zweier Tage nach Ablauf der im § 79 bezeichneten Abnahmefristen.

II 1 Der Antrag auf unmittelbare Benachrichtigung durch die Empfangsabfertigung oder auf Rücksendung des Gutes ohne Benachrichtigung ist unter »Vorgeschriebene oder zulässige Erklärungen« wie folgt zu stellen:

»Bei Ablieferungshindernis unmittelbare telegraphische Benachrichtigung durch die Empfangsabfertigung auf meine Kosten«

oder

»Bei Ablieferungshindernis unmittelbare briefliche Benachrichtigung durch die Empfangsabfertigung auf meine Kosten«

oder

»Bei Ablieferungshindernis Rücksendung ohne vorherige Benachrichtigung.«

2 Einem Antrag auf frachtfreie Auslieferung wird nur dann entsprochen, wenn der auf der Sendung haftende Betrag bei der Empfangsabfertigung eingezahlt ist oder dieser die Zahlung an die Versandabfertigung nachgewiesen wird.

(3) Ist die Benachrichtigung des Absenders nach den Umständen nicht möglich[10] oder ist der Absender mit der Erteilung der Anweisung säumig[11] oder ist die Anweisung nicht ausführbar, so hat die Eisenbahn das Gut auf Kosten des Absenders auf Lager zu nehmen.[12], [13] Sie ist jedoch auch berechtigt,[14] das Gut unter Einziehung der etwa noch nicht bezahlten Kosten bei einem Spediteur oder in einem öffentlichen Lagerhaus auf Gefahr und Kosten des Absenders zu hinterlegen.[15], [16]

III Wegen der Säumigkeit findet die Ausführungsbestimmung I zu § 73 Anwendung.

(4) Die Eisenbahn ist ferner berechtigt:[14]

a) Güter, die nicht abgeliefert werden können, wenn sie schnellem Verderben unterliegen oder nach den örtlichen Verhältnissen weder einem Spediteur oder Lagerhaus übergeben noch eingelagert werden können, sofort,

b) Güter, die nicht abgeliefert werden können und die vom

Absender nicht zurückgenommen werden, einen Monat nach Ablauf der lagergeldfreien Zeit, wenn aber ihr Wert durch längere Lagerung unverhältnismäßig vermindert werden würde oder wenn die Lagerkosten in keinem Verhältnis zum Werte des Gutes stehen würden,[17] schon früher

ohne Förmlichkeit bestmöglich zu verkaufen.[18] Von dem bevorstehenden Verkauf ist der Absender[19] zu benachrichtigen, soweit dies nach den Umständen möglich ist. Für den Verkauf kann die Eisenbahn außer den baren Auslagen die tarifmäßige Gebühr erheben.

IV Für den Verkauf unanbringlicher Güter durch die Eisenbahn und die Vorbereitung eines nicht vollzogenen Verkaufs werden außer den baren Auslagen die im Nebengebührentarif (Teil I Abteilung B) festgesetzten Gebühren berechnet.

(5) Von der Hinterlegung und vom erfolgten Verkauf des Gutes hat die Eisenbahn den Absender[20] zu benachrichtigen, soweit dies nach den Umständen möglich ist; unterläßt sie es, so ist sie zum Schadensersatz verpflichtet. Dem Absender ist der Verkaufserlös nach Abzug der noch nicht bezahlten Kosten sowie der mit dem Verkauf verbundenen Auslagen[21] zur Verfügung zu stellen. Reicht der Erlös zur Deckung dieser Beträge nicht aus, so ist der Absender zur Nachzahlung der ungedeckten Beträge verpflichtet.

(6) Ist der Frachtbrief vom Empfänger eingelöst, so hat die Eisenbahn, wenn der Empfänger das Gut nicht innerhalb der tarifmäßigen Frist abnimmt oder sich ein sonstiges Ablieferungshindernis ergibt, das Gut auf Kosten des Empfängers auf Lager zu nehmen.[22] Der Empfänger ist hiervon zu benachrichtigen. Für die Lagerung solcher Güter, für ihre Überweisung an einen Spediteur oder an ein öffentliches Lagerhaus sowie für ihren Verkauf gelten die Vorschriften der Absätze (3) bis (5) mit der Maßgabe, daß überall an die Stelle des Absenders der Empfänger tritt.[23],[24]

V Wegen der tarifmäßigen Frist vgl. § 79 (2).

(7) Zoll- oder steuerpflichtige Güter (vgl. § 65) dürfen erst nach Vornahme der Zoll- oder Steuerbehandlung bei einem Spediteur oder in einem öffentlichen Lagerhaus hinterlegt oder verkauft werden.

(8) Fällt das Ablieferungshindernis weg, ohne daß eine anderweite Anweisung des Absenders bei der Empfangsabfertigung eingetroffen ist, und ist der Empfänger zur Annahme bereit, so wird ihm das Gut abgeliefert.[25] Von einer nachträglichen Ablieferung ist der Absender, wenn ihm das Hindernis schon mitgeteilt war, unmittelbar zu benachrichtigen.[26]

(9) Die Eisenbahn kann bei Ablieferungshindernissen, die sie nicht verschuldet hat, für ihre sich aus den vorstehenden Bestimmungen ergebenden Leistungen außer den erwachsenden Frachtkosten und Auslagen besondere im Tarif festzusetzende Gebühren verlangen.

VI Die Gebühren für Unbestellbarkeitsmeldungen und für die Ausführung der Anweisungen des Absenders sind im Nebengebührentarif (Teil I Abteilung B) festgesetzt.

HGB. §§ 437, 373; JüG. Art. 24.

Literatur: SpedSchiffZtg. 06 228, 242, 252, 266 (Muschweck); EE. 21 204 (Sendpiehl); VR. 4 232 (Röber); v. d. Leyen, Z. f. HR. 39 81; 65 22; Grünberg EE. 32 3.

1. Fassung unklar; überschrift sagt Abnahme, (1) Annahme (siehe EVO. § 79 Anm. 1). EVO. unterscheidet nunmehr klar zwei Tatbestände: Abs. 1—5 beziehen sich auf die Ablieferungshindernisse vor, Abs. 6 auf die nach Einlösung des Frachtbriefes.

2. § 242 BGB., § 346 HGB.; mangelnde Adresse; Wohnungswechsel; Ableben; mangelnde Verfügungsfähigkeit (siehe EE. 21 115); nicht bei Konkurs (so auch Seybold VR. 4 790; a. A. Loening S. 543). Umfangreiche Ermittelungen nach dem Empfänger anzustellen, ist Eisenbahn nicht verpflichtet. In der Regel genügt Aufgabe des Benachrichtigungsschreibens zur Post unter der im Frachtbrief angegebenen Adresse; kommt das Schreiben als unbestellbar zurück, wird die Eisenbahn weitere eigene Nachforschungen in der Regel nicht anzustellen haben.

3. D. h. den Eintritt in den Frachtvertrag (siehe EE. 15 168, 20 349). Auch Annahmeverzug gehört hierher (EE. 41 349), ferner Nichtabholung bahnlagernder Güter (EVO. § 78 (5)).

4. Nach Ankunft des Gutes auf dem Bestimmungsbahnhof; sonst EVO. § 73. Beispiele: Krieg, Ansprüche Dritter, Verweigerung der Frachtzahlung usw. (siehe EE. 24 41; ROHG. 2 417, 238, 20 377), Verbot der Auslieferung durch einstweilige Verfügung, Verlust des Benachrichtigungsschreibens durch die Post (EE. 23 261), Pfändung des Anspruchs auf Herausgabe des Gutes, Beschlagnahme des Gutes. Das Hindernis braucht kein dauerndes zu sein.

5. Ohne schuldhaftes Zögern (BGB. § 121); RG. 64 159.

6. Den frachtbriefmäßigen Absender, auch wenn er nicht mehr im Besitze des Frachtbriefdoppels ist; über die Pflicht des Absenders, das Doppel bei Erteilung von Anweisungen vorzulegen, siehe Abs. 1 Satz 3 u. 4.

7. Gefahr der Übermittelung trägt Absender (siehe EE. 23 261); wird die Benachrichtigung schuldhaft unterlassen, Schadensersatz. Beweispflichtig für Verschulden der Bahn und Höhe des Schadens ist Absender.

8. Wenn dies möglich (Gefahr im Verzuge, Aufenthalt unbekannt; siehe Coermann, EE. 16 181, 23 235).

9. Die Empfangsabfertigung braucht eine ihr unmittelbar und nicht durch Vermittlung der Versandabfertigung zugekommene Disposition des Absenders nicht zu berücksichtigen, es sei denn, daß der Frachtbrief einen entsprechenden Vorbehalt nach Abs. 2 enthält (VR. 6 87).

10. Siehe EE. 17 344.

11. Siehe EVO. § 73 AAB. I.

12. Wegen des Lagergeldes siehe EVO. § 68 (2).

13. Vertragspflicht; das Lagern kann aber auch im Eisenbahnwagen erfolgen, nur muß der Beginn des Lagervertrags genügend nach außen hervortreten; z. B. Anzeige an den Verfügungsberechtigten, Umstellen auf ein Nebengleis (siehe Gorden, EE. 28 140). Von da ab haftet sie nach EVO. § 82 (4) für die Sorgfalt eines ordentlichen Kaufmanns, z. B. keine Haftung für Frostschäden (siehe a. EE. 21 157, 22 107). Für Haftung aus der Lagerung gilt Verjährung aus BGB. § 196 Abs. 1 Ziff. 1, nicht Ziff. 3 und Abs. 2.

14. Aber nicht verpflichtet.

15. Eisenbahn kann auch ihr Pfandrecht durch Verkauf realisieren (EVO. § 75 (4) Anm. 22); auch hat sie das Recht aus EVO. § 81.

16. Durch Hinterlegung wird der Frachtvertrag beendet (EE. 43 213); streitig ist, ob die Eisenbahn den Verwahrungsvertrag im Namen des Verfügungsberechtigten oder im eigenen Namen abschließt; ersteres ist anzunehmen (Senckpiehl, Lagergeschäft S. 389; EE. 30 97, 44 196). Also keine Haftung der Eisenbahn für die Kosten der Lagerung und auch nicht für die Kosten, die vor der Lagerung entstanden und vom Lagerhalter durch Nachnahme erhoben sind (Fracht, Wagenstandgeld) (OLG. Naumburg v. 16. April 1923 — 8 U 257/23 —); abw. Senckpiehl a. a. O. S. 201. Auch erlangt der Verfügungsberechtigte einen Anspruch unmittelbar gegen den Verwahrer (siehe EE. 30 97, 43 417; RG. 100 163). Hinterlegung von Nachnahmesendungen siehe EE. 31 237; über Pfändung des Herausgabeanspruches siehe EE. 43 213

17. Siehe EE. 28 186, 16 243, 19 15, 20 258. Kann Eisenbahn wertloses Gut vernichten? (VR. 6 87); wohl zu bejahen.

18. Siehe EE. 17 309, 19 254 und 31 247. Literatur auch bei Grünberg, Unanbringliche Güter, EE. 32 3.

19. Nicht auch der Empfänger, wie dies durch die EVO. von 08 vorgeschrieben war. Benachrichtigung ist nicht erforderlich, wenn Absender Eisenbahn mit dem bahnamtlichen Verkauf beauftragt und sich nicht Benachrichtigung ausbedingt (VR. 2 222).

20. Nicht auch wie früher den Empfänger.

21. Sowie Gebühren nach (9).

22. Eine vorherige nochmalige Aufforderung des Empfängers zur Abnahme des Gutes, die in der EVO. von 08 vorgeschrieben war, ist nicht mehr erforderlich. Über das Verhältnis von Abs. 6 zu den Abs. 1—5 siehe Anm. 1. Über die Entstehungsgeschichte des Abs. 6 siehe Rundnagel, BefGesch. S. 413. Kein Verwahrungsvertrag; Eisenbahn haftet gemäß EVO. § 82 (4); ob Haftung bei Verschwinden ganzer Stücke vom Güterboden gegeben, ist Tatfrage (vgl. v. d. Leyen, JW. 21 1318; siehe Einl. zu Abschn. VIII Anm. 10).

23. Bei einem Verstoß gegen die Vorschriften des § 80 ist voller Schadensersatz zu leisten, z. B. bei Modewaren; besteht der Schaden jedoch in Verlust, Minderung oder Beschädigung des Gutes, haftet Eisenbahn nur gemäß § 85 EVO. (siehe EE. 17 251, 21 173).

24. Über Annahmeverzug des Berechtigten vgl. Rundnagel, BefGesch. § 71 S. 239. Mit dem Annahmeverzug beschränkt sich die Haftung der Eisenbahn auf Vorsatz und grobe Fahrlässigkeit, und zwar auch gegenüber dem Absender beim Verzug des Empfängers (vgl. Düringer-Hachenburg § 429 Anm. 4; Boethke, EE. 24 407, 29 283; EVO. § 79 Anm. 6; a. A. Senckpiehl S. 302, 71 und 78 u. Staub § 429 Anm. 9. Vgl. auch Hellwig, Leistung an Dritte § 18 S. 111). Keine Obhutspflicht für nicht völlig entladene Güter (siehe Arch. f. Eis. 26 780).

25. Die Zustimmung des Absenders ist nicht mehr erforderlich. Trifft nach Aushändigung eines Teiles des Gutes eine anderweite Anweisung des Absenders bei der Empfangsabfertigung ein, so wird die Eisenbahn gut tun, sofort die Auslieferung des restlichen Teiles einzustellen; doch wird man namentlich bei zusammengehörigen Sendungen (z. B. Wohnungseinrichtungen, Teilen einer Dreschmaschine) in der Weiterauslieferung des Restteiles ein Verschulden der Eisenbahn nicht finden können (siehe a. Loening S. 550).

26. Andernfalls ist Eisenbahn schadensersatzpflichtig.

§ 81. Feststellung von Minderung, Beschädigung oder Verlust des Gutes[1]

(1) Wird eine Minderung oder Beschädigung[2] des Gutes[3] von der Eisenbahn entdeckt oder vermutet[4] oder vom Verfügungsberechtigten[5] behauptet,[6] so hat die Eisenbahn den Zustand, erforderlichenfalls auch das Gewicht des Gutes und soweit möglich auch den Betrag des Schadens sowie die Ursache und den Zeitpunkt der Minderung oder Beschädigung ohne Verzug schriftlich festzustellen.[7] Eine solche Feststellung hat auch bei Verlust des Gutes stattzufinden.

(2) Der Verfügungsberechtigte[5] kann die Bekanntgabe des Ergebnisses oder eine Abschrift der Tatbestandsaufnahme verlangen.

(3) Zur Feststellung in Minderungs- oder Beschädigungsfällen sind unbeteiligte[8] Zeugen oder Sachverständige und wenn möglich auch der Verfügungsberechtigte[5] zuzuziehen.

(4) Ergibt die vom Verfügungsberechtigten veranlaßte Untersuchung keine oder nur eine von der Eisenbahn schon anerkannte Minderung oder Beschädigung, so ist neben Erstattung der etwa erwachsenen Kosten die tarifmäßige Gebühr zu zahlen.[9]

Die Gebühr ist im Nebengebührentarif (Teil I Abteilung B) festgesetzt.

(5) Der Absender oder Empfänger kann die Minderung oder Beschädigung[2] des Gutes auch durch amtlich ernannte Sachverständige[10] feststellen lassen. Zu dieser Feststellung ist die Eisenbahn einzuladen.[11] Die Vorschriften der Zivilprozeßordnung[12] über die Sicherung des Beweises bleiben unberührt.

HGB. §§ 434, 438, 464; BGB. § 810; JüG. Art. 43.

Literatur: Rundnagel, BefGesch. S. 415 Anm. 1; außerdem Rundnagel-Sperber, S. 181 ff.; Emil Schulz, Die Haftpflicht der Eisenbahn im Güterverkehr, Berlin 1920; Zedelmann, Eisenbahnberaubung und Beweislast, Z. f. VerkWiss. 1922 Heft 1; Seybold, VR. 4 619.

1. Verhältnis zu § 810 BGB.: Beide Bestimmungen schließen sich nicht aus. § 81 verlangt positives Tun, nämlich Fertigung und Bekanntgabe des Ergebnisses der Feststellung an die Beteiligten, d. h. alles dessen, was sich aus der gesamten Untersuchung als Schlußresultat ergibt; die Mitteilung hat sich nicht auf die nackte Angabe dieses Endresultates zu beschränken, sondern sie muß alle diejenigen Punkte enthalten, welche für das ge-

wonnene Resultat wesentlich sind und dessen tatsächliche Grundlage bilden (Eger, EVO. § 86; EE. 39 196; VR. 7 183, 281). Nach (2) kann der Verfügungsberechtigte abweichend von den bisherigen Vorschriften Abschrift der Tatbestandsaufnahme verlangen.

Zur Einsicht (§ 810 BGB.) sind nur diejenigen Urkunden vorzulegen, die zur Ermittelung des Tatbestandes gedient haben (z. B. Zeugenvernehmungen; Protokolle über örtliche Erhebungen), und nur dann, wenn der Antragsteller ein rechtliches Interesse an der Vorlage hat. Solches ist nicht anzunehmen, wenn die Vorlegung erst dazu dienen soll, Unterlagen für eine Rechtsverfolgung gegen den Besitzer der Urkunden zu sammeln (Kommentar der RG.-Räte § 810 Anm. 2) (siehe v. d. Leyen, JW. 51 S. 510; EE. 3 1, 100, 35 121). Einsicht in Akten, die erst nach Errichtung der Tatbestandsaufnahme entstanden sind, kann nicht verlangt werden. Der Zweck ihrer Errichtung liegt fast nie im gemeinschaftlichen, sondern lediglich im Interesse der Eisenbahn (Ermittelung des Schuldigen, Abstellung von Mißständen usw.).

Nach § 811 BGB. ist die Urkunde an dem Orte vorzulegen, an dem sie sich befindet, es sei denn, daß ein wichtiger Grund die Vorlegung an einem anderen Orte gebietet. Als ein solcher Grund kann die bloße Ersparnis von Kosten für den Dritten in der Regel nicht angesehen werden (OLG. Cassel, Urt. v. 27. Mai 1921 — 2 U 274/20 —).

Zu prüfen ist noch, ob die Prozeßgerichte verlangen können, daß ihnen sämtliche vorhandenen Akten eingereicht werden; meist wird dies auf Grund der VO. v. 2. Jan. 1849 (GS. S. 1) verlangt (siehe Schlegelberger, GVG., Vorbem. 4, 6 zu Tit. XIII, und derselbe Freiw. Ger. Einführungskommentar § 2 Anm. 1). Aus dieser öffentlich-rechtlichen Verpflichtung kann aber eine Urkundenvorlegepflicht der Eisenbahn als Transportunternehmer in einem gegen sie in dieser Eigenschaft angestrengten Zivilprozesse nicht hergeleitet werden. Die Wahrnehmung der der Eisenbahn anvertrauten Interessen ist regelmäßig mit der nachgesuchten Vorlegung der Akten nicht vereinbar. So auch Rundnagel-Sperber S. 183.

Ob die über den Verkauf unanbringlicher Sachen aufgenommene Verkaufsverhandlung den Interessenten zur Einsicht vorzulegen oder in Abschrift mitzuteilen ist, ist danach zu entscheiden, ob der Verkauf unanbringlicher Güter eine durch den Frachtvertrag vorgesehene Geschäftsbesorgung darstellt. Wird dies bejaht, ergibt sich die Verpflichtung zur Rechenschaftsablegung aus BGB. §§ 666, 675.

2. Unter Beschädigung des Gutes fällt auch völlige Entwertung (Rundnagel-Sperber S. 33 Anm. 8 und EVO. § 82 Anm. 5).

3. Gut ist in vorliegender Bestimmung Ware und Umhüllung, Verpackung (RG. 38 339; ZVDEisV. 23 465), z. B. Glasballons (EE. 21 161), Säcke (DJZ. 06 1034).

4. Es genügt nicht, daß Eisenbahn bei pflichtmäßiger Aufmerksamkeit die Minderung nicht hätte entgehen dürfen (siehe Rundnagel, BefGesch. S. 478; EE. 24 64, 27 45, 20 35; JW. 22 1142; abweichend ZVDEisV. 20 386).

5. Absender oder Empfänger; nicht z. B. Eigentümer, Versicherungsgesellschaften. Verfügungsrecht ist nach EVO. § 72 zu beurteilen (daselbst Anm. 20).

6. Die Behauptung einer Minderung oder Beschädigung des Gutes liegt weder in dem gem. EVO. § 76 gestellten Verlangen des Empfängers, die Ware nachzuzählen, noch in dem Antrag des Absenders auf dem Frachtbrief gem. EVO. § 56 (2) e, bei Entladung der Wagenladung die Stückzahl bahnamtlich nachzählen zu lassen (EE. 45 199).

7. Tatbestandsaufnahme (EE. 36 1); mündliche Anerkennung genügt nicht. Tatbestandsaufnahme ist öffentliche Urkunde (EE. 18 343). Durch die Aufnahme oder deren Unterlassung wird die Beweislast nicht umgekehrt (EE. 29 444; Rundnagel, BefGesch. S. 419 Anm. 4; EE. 18 343, 19 357, 20 14, 24 237; RG. 64 169; Zedelmann siehe oben). Folgen der Nichtaufnahme siehe EVO. § 93 (2) c; EE. 40 105, 35 259, 29 444; Senckpiehl, SpedSchiffZtg. 25 277. Verpflichtung der Eisenbahn zur Tatbestandsaufnahme beginnt mit Abschluß des Frachtvertrages, endet aber nicht mit Ablieferung des Gutes an den Empfänger, sondern erst mit Untergang oder Erlöschen seiner Rechte aus dem Frachtvertrag (Rundnagel-Sperber S. 182). Sie ist unabhängig von einem Antrag des Berechtigten, siehe EE. 33 233; abweichend Sommerfeld VR. 3 366.

8. Auch unbeteiligte Eisenbahner; bezüglich der Sachverständigen siehe EE. 22 139.

9. Eger (Anm. 438) hält diese Vorschrift zu Unrecht für nichtig (siehe Rundnagel, BefGesch. S. 421 Anm. 11; Blume, JÜ. Art. 25 S. 129).

10. Amtlich, d. h. vom Gericht besonders ernannt. Es genügt auch einer; an Stelle des Gerichts kann auch eine andere zuständige Behörde treten, z. B. die Handelskammer. Fehlt diese Eigenschaft, entfällt die Wirkung (Staub § 438 Anm. 12 u. 14; RG. in SpedSchiffZtg. 21 230). Sind solche Sachverständige nicht vorhanden, kann Beteiligter deren Bestellung beim Amtsgericht beantragen. (FreiwGerGes. § 164) oder Beweissicherung herbeiführen (ZPO. § 485). Wirkung: Sie steht der bahnamtlichen Tatbestandsaufnahme gleich im Falle des § 93 (2) c und d; diese wird aber hierdurch nicht entbehrlich.

11. Nur Sollvorschrift, da sie HGB. § 438 nicht kennt (§ 471 HGB.!). Nichtbefolgung ist ohne Wirkung. Verfahren im übrigen formlos.

12. Auch diejenigen bezüglich der Kosten dieses Verfahrens (vgl. ZPO. §§ 485 ff.). Bezüglich der Kostentragung bei Sachverständigenfeststellung vgl. HGB. § 438 Abs. 4, § 471; also Eisenbahn hat Kosten zu tragen im Falle ihrer Haftpflicht (so Eger Anm. 442). Dagegen mit an sich sehr beachtlicher Begründung Rundnagel-Sperber, S. 183; BefGesch. S. 421.

§ 82. Haftung der Eisenbahn im allgemeinen [1]

(1) Die Eisenbahn haftet für den Schaden,[2] der durch Verlust,[3] Minderung[4] oder Beschädigung[5] des Gutes[6] in der Zeit von der Annahme[7] zur Beförderung bis zur Ablieferung[8] entsteht,[9] es sei denn,[10] daß der Schaden durch ein Verschulden[11] oder eine nicht von der Eisenbahn verschuldete Anweisung[12] des Verfügungsberechtigten,[13] durch äußerlich nicht erkennbare Mängel der Verpackung,[14] durch die natürliche Beschaffenheit[15] des Gutes, namentlich durch inneren Verderb, Schwinden, gewöhnlichen Rinnverlust (gewöhnliche Leckage)[16] oder durch höhere Gewalt[17] verursacht ist.

(2) Ist ein äußerlich erkennbarer Mangel der Verpackung im Frachtbrief nicht anerkannt,[18] so ist die Eisenbahn von der Haftpflicht nur dann befreit, wenn der Absender arglistig handelt.[19]

(3) Die Eisenbahn haftet für den Schaden,[20] der durch Überschreitung der Lieferfrist entsteht, es sei denn, daß die Überschreitung durch Umstände herbeigeführt worden ist, die sie nicht abzuwenden und denen sie nicht abzuhelfen vermochte.[21]

(4) Wenn die Eisenbahn nach den Vorschriften dieser Ordnung oder des Tarifs ein Gut auf Lager nimmt, hat sie für die Sorgfalt eines ordentlichen Kaufmanns[22] einzustehen.[23]

Vgl. HGB. §§ 429, 438, 471; JÜG. Art. 27 ff.

Literatur: Rundnagel-Fritsch-Sperber, Die Haftung der Eisenbahnen, 3. und 4. Aufl. 1924; Rundnagel, BefGesch. S. 415 ff.; ferner die Kommentare zum HGB. § 456 (namentlich Staub; Düringer-Hachenburg); Sendpiehl, Die Haftung der Eisenbahn usw. 1923; Muschweck, EE. 12 270; Müller-Erzbach, Handelsrecht S. 596: Grundsatz der Gefahrtragung; Goltermann EE. 42 244, 43 163.

1. Haftung aus Frachtrecht; über Zusammentreffen von Vertragshaftung und Deliktshaftung siehe Rundnagel-Sperber § 3; über Haftung auf Grund des PrEisGes. v. 3. Nov. 1838 (Verbrennung von Postpaketen bei einem Eisenbahnunfall) siehe Vorbem. zu Abschn. VIII Anm. 9. Hierbei ist Ausschluß der Haftung durch Vereinbarung statthaft (RG. 92 8 u. 13); nicht aber bei der Haftung auf Grund der §§ 82 ff. EVO. (§ 471 HGB.); auch nicht zugunsten der Verkehrtreibenden.

Eisenbahn haftet regelmäßig auch ohne Verschulden bis zur höheren Gewalt, also auch für sog. niederen Zufall (RG. 1 278, 14 83, 21 19). Über die Höhe der Haftung siehe EVO. §§ 85, 86, 91; Einschränkung der Haftung siehe EVO. §§ 83, 84 (siehe auch RG. 70 174, 77 317, 92 10).

2. Hierzu gehört nicht entgangener Gewinn; auch nur unmittelbarer Schaden, nicht z. B. Kosten, die zur Sicherung der Beförderungsgüter notwendig waren, z. B. Wärmeöfen für Bierwagen [Haftung aus HGB. § 429 (?)]; siehe aber § 91 EVO.

3. Verlust liegt vor, wenn Eisenbahn aus irgendeinem Grunde, nicht nur vorübergehend, tatsächlich oder rechtlich außerstande ist, das Gut auszuliefern. (Literatur siehe Rundnagel-Sperber S. 31 Anm. 1; ROHG. 4 14, 15 30; RG. 49 93, 70 175, 94 97; EE. 15 168, 16 120, 318, 41 266.) Grund ist gleichgültig; er braucht nicht einmal bekannt zu sein. Hierher gehört auch Ablieferung an einen Unberechtigten (siehe unten Anm. 9) oder vor Erfüllung gewisser Bedingungen (Erhebung einer Nachnahme?); siehe RG. 75 109, 94 99, aber EE. 44 223. Arrest: EE. 22 355. Verschleppung oder Diebstahl: ROHG. 7 129. Beschlagnahme: ROHG. 7 56. Konfiskation, Untergang: RG. 49 92. Unbefugte Versteigerung: ROHG. 15 30; RG. 46 7. Weigerung der Auslieferung: EE. 24 379. Bei Verlust eines Teiles ist nur dieser zu ersetzen, es handle sich denn um ein unteilbares Ganzes (RG. 15 132; EE. 22 67 u. 137). Im Sinne dieser Bestimmung gehört auch die Verpackung zum Gut ZVDEisV. 22 572; EE. 42 327, 44 66 (siehe a. Anm. 6). Entwertung ist nicht Verlust (s. u. Anm. 5). Eisenbahn haftet naturgemäß nicht, wenn sie das abgeliefert hat, was ihr zur Beförderung übergeben wurde; also keine Haftung für Verlust bei Wiegedifferenzen (EE. 20 353, 21 251, 265) oder natürlichem Gewichtsabgang durch Eintrocknen (EE. 31 317).

4. Begriff der Minderung ist bestritten. Staub (§ 423 Anm. 4) setzt Minderung gleich teilweisem Verlust, quantitativer Verringerung (so auch EE. 19 44, 24 141); also in der Regel nur bei vertretbaren Sachen. Richtiger aber wohl Verringerung des Gutes, ohne daß der fehlende Teil an einem anderen Orte greifbar ist (siehe Düringer-Hachenburg § 414).

5. Beschädigung ist Verschlechterung in qualitativer Hinsicht (ROHG. 9 278; EE. 19 127, 20 13, 23 128); Zerspringen, Naßwerden [Hopfen] (EE. 6 243); Annahme von Gerüchen (RG. 60 45). Auch Minderung des Verkaufswertes (Entwertung) z. B. durch langes Lagern? (ROHG. 20 347; Eger Anm. 445) Wohl zu verneinen (Staub § 429 Anm. 6, § 414 Anm. 3; Düringer-Hachenburg § 390 II 3 b). Bei Sendungen, die ein einheitliches Ganzes bilden, ist die Verletzung einzelner Stücke eine Beschädigung der ganzen Sendung (ROHG. 15 374; RG. 15 134). Über völlige Entwertung vgl. ROHG. 17 80. Beispiele siehe Rundnagel, BefGesch. S. 218 Anm. 3; z. B. bei Mehlsendung (Käfer): EE. 23 128; Beseitigung des Fehlers: EE. 6 243, 19 127, 41 244.

6. Bei Wagenladungen jede einzelne Ladung, bei Stückgut jedes einzelne im Frachtbrief besonders verzeichnete Stück (wichtig für EVO. § 93). Glasballons bei Flüssigkeiten? siehe EE. 18 159, 21 161 und EVO. § 62 Anm. 1. Privatgüterwagen sind kein Gut. Sie werden auf Grund besonderen Vertrages zwischen der Eisenbahn und dem Einsteller, in dem der Einsteller sich besonderen Bedingungen unterwirft, eingestellt (EE. 44 205, 209; a. A. EE. 44 208, 332). Leere Behälterwagen sind jedoch u. U. Gut, siehe Senckpiehl, Rechtsverhältnis der privaten Behälterwagen, Jur. Rundsch. 26 285 ff., auch Hans. GerZtg. 22 257, EE. 41 155, Loening S. 586. Kommt die zur Bedeckung einer offenen Wagenladung verwendete Decke abhanden, so liegt Verlust eines Teiles des Gutes vor (siehe EVO. § 83 Anm. 9 b).

7. EVO. §§ 61, 63, 64; EE. 22 162, 356, 23 392. Annahme, d. i. Besitzübernahme zum Zwecke der Beförderung, muß vollendet sein; durch Bereitstellung eines Wagens zur Verladung entsteht kein stillschweigender Verwahrungsvertrag (EE. 23 54). Bei Auflieferung von mehreren Stücken auf einen Frachtbrief ist die Annahme erst mit Besitzübernahme des letzten Stückes vollendet; bis dahin liegt entweder ein Vertragsverhältnis überhaupt nicht vor oder ein Verwahrungsvertrag nach § 64 EVO. (EE. 1 46, 22 248, 33 73, 197, 295). Nach der Abstempelung des Briefes (EVO. § 61) spricht die Vermutung für vollständige Annahme. Für Schäden während der Verladung durch Absender, z. B. Unterbrechung durch Mittagspause oder Nacht, Haftung nicht nach Frachtrecht, sondern BGB. (Verschulden!) (EE. 33 295, 23 375, 391; RG. 66 402). Russische Otschteretlagerung ist nicht Annahme zur Beförderung. Über Zeitpunkt der Annahme von Gütern von der Hamburg-Amerika-Linie und der Hamburgischen Hafenbahn durch die Reichsbahn siehe RG. 114 387, über den Beginn der frachtrechtlichen Haftung der Eisenbahn bei Übernahme von Gütern von Privatanschlußgleisen § 16 Ziff. 1 Abs. 2 PAB., abgedruckt S. 355.

8. Begriff siehe EVO. § 75 Anm. 1; EE. 23 306. Mit der Ablieferung hört jedoch die Haftung aus dem Vertrage nicht auf; Eisenbahn muß dem Empfänger die Möglichkeit geben zur zweckentsprechenden Entladung und Abfuhr bis zur Bahnhofsgrenze (RG. 73 148 und in DJZ. 25 341; ZVDEisV. 04 211, 08 269; EE. 22 5, 43 93; siehe a. Staub § 456 Anm. 6). Hier Haftung nach BGB. (Werkvertrag) für Verschulden. Dieser Pflicht der Eisenbahn entspricht die vertragliche Pflicht des Empfängers, bei Benutzung der Eisenbahnwege die verkehrsübliche Sorgfalt zu beachten, sodaß seine Leute und Fahrzeuge keinen Schaden erleiden. Berufung auf BGB. § 831 daher ausgeschlossen (EE. 43 93). Wird das Gut bei Ankunft des Wagens nur teilweise und der Rest erst nach längerer Zeit ausgeladen, so haftet Eisenbahn in der Regel für einen in der Zwischenzeit entstandenen Verlust nicht, da Ablieferung mit Beginn des Ausladens erfolgt ist (RG. 112 341).

EVO. kennt kein Abandonsystem; d. h. auch beschädigtes oder gemindertes Gut muß der Empfänger annehmen unter Wahrung seiner Rechte (ROHG. 13 414, 15 374, 16 43; Arch. f. Eis. 81 193); er würde sonst in Annahmeverzug geraten (ROHG. 11 290, 13 416, 15 374) und zugleich den Absender in Verzug setzen. Eisenbahn haftet von da ab nur noch für Vorsatz oder grobe Fahrlässigkeit, es sei denn, daß sie das Gut (bewußtermaßen) auf Lager nimmt (siehe Abs. (4)). (Siehe EE. 39 58; z. T. a. A. Staub § 429 Anm. 9. Siehe auch EVO. § 80 Anm. 24).

Über Ablieferung von Sendungen an Inhaber von Privatgleisanschlüssen siehe § 16 Ziff. 2 PAB., abgedruckt S. 355.

9. Siehe EVO. § 75 Anm. 2. Auslieferung an einen Unberechtigten ist Verlust (siehe Sendpiehl in EE. 41 28; RG. 19 144, 58 77, 94 99, 103 146; EE. 39 156; Sommerfeld VR. 1 429; Reindl, ZVDEisV. 23 489; JW. 22 1716, 02 398 Nr .34); unberechtigt ist auch der ursprüngliche Empfänger, der durch nachträgliche Verfügung ausgeschlossen wurde (EE. 7 284, 10 101, 17 249). Hierbei ist gutgläubiger Eigentumserwerb zu beachten (siehe BGB. § 932; HGB. § 366). Empfänger haftet aber, wenn durch sein Verschulden das Gut an einen Unberechtigten ausgeliefert wird, z. B. wenn das Benachrichtigungsschreiben durch sein Verschulden in unrechte Hände gerät. Eisenbahn haftet aber nicht für die Post, wenn diese bei Zustellung des Benachrichtigungsschreibens ein Verschulden trifft; die Post gehört nicht zu den „Leuten“ der Eisenbahn (siehe oben EVO. §§ 5 Anm .4, 78 Anm. 6); siehe „Haftung der Bahn für Aviskarten“ in den „Wirtschaftlichen Nachrichten für Rhein und Ruhr“ 1925 S. 1746.

Die Gefahr der Prüfung, ob der Vorzeiger des Benachrichtigungsschreibens (am Schalter) oder des Frachtbriefes (an der Ausgabeluke) wirklich der Berechtigte ist, trägt die Eisenbahn (RG. 94 97, 103 146; unrichtig Nottebohm, ZVDEisV. 22 561, 23 314; v. d. Leyen, JW. 22 1307; Brandis und Isaac ebendort S. 1716; siehe auch Clasen, Hans. RichtZtg. 23 489).

10. Beweislast: Der Berechtigte hat das Bestehen des Frachtvertrages und die Tatsache des Verlustes, der Minderung oder Beschädigung während der Haftungszeit zu beweisen (siehe ROHG. 20 404, 25 333; EE. 23 66; RG. 102 92); der Eisenbahn verbleibt der Beweis der richtigen Ablieferung oder der fünf Einreden des § 82. Genügt Ankunft des Wagens mit unverletzten Plomben? (siehe Nolte VR. 3 317; Bernardt, ebendort Sp. 449). Ist die Ursache des Schadens nicht aufgeklärt, haftet Eisenbahn (EE. 3 353; JW. 07 368). Neben der Vertragshaftung ist Deliktshaftung ausgeschlossen (siehe Loening S. 596; Fritsch, Arch. f. Eis. 24 607).

11. Vgl. Droncke, EE. 25 (Jub.-Heft) 33 ff., 23 66, 25 379, 26 24. Es genügt jedes Verschulden, auch culpa in contrahendo (Loening S. 600); wirkt Verschulden der Eisenbahn mit, dann Ausgleichung gemäß § 254 BGB. (siehe Staub § 456 Bem. 15; JW. 09 46; RG. 96 277, 100 162, 112 287). Beispiele: Zu enge Verpackung und mangelnde Fütterungseinrichtungen bei Tieren (EE. 22 140, 153). Verheimlichung besonderer Beschaffenheit des Gutes (RG. 15 151, 20 78). Verhinderung von Sicherheitsmaßregeln (ROHG. 12 107). Unterlassen der Nachwiegung bei sofortiger Weitersendung der Ladung auf neuen Frachtbrief (RG. 102 95). Untätiges Verhalten des Empfängers (RG. 100 162). Nichtbeachten einer allgemein bekannten besonderen Verkehrslage (Besetzung, Ruhreinbruch) (EE. 45 311)). Über Mitverschulden bei Verpackungsmängeln siehe EVO. § 62. Bei unrichtiger Inhaltsangabe entfällt Haftung dann, wenn durch diese der Schaden entstanden ist; abweichend Nottebohm, ZVDEisV. 24 69.

12. Anweisung ist jede Anordnung, die auf die Ausführung des Beförderungsgeschäfts von Einfluß ist; sie umfaßt daher auch den ganzen, vom Absender einzutragenden Inhalt des Frachtbriefs (Adreßangabe, Angabe des Bestimmungsbahnhofes, Bezeichnung der Stückgüter, Wagennummer), ebenso auch die Weisungen auf dem Gut (Senckpiehl S. 306; abweichend Eger Anm. 448). Verschulden der Eisenbahn ist hier nicht im Sinne des BGB. auszulegen; es soll heißen, die Anweisung soll nicht durch Umstände veranlaßt sein, die sie zu vertreten hat (a. A. Loening S. 603). Über die Anordnung der „Beförderung in Privatwagen" siehe Rundnagel-Sperber S. 65 Anm. 7 und oben Anm. 6.

13. Verfügungsberechtigte sind Absender und Empfänger sowie

alle Personen, deren Handlungen diese zu vertreten haben (Bevollmächtigte, Konkursverwalter) (JW. 98 17; RG. 66 405), nicht dagegen am Frachtvertrag nicht beteiligte Personen, wie der Eigentümer oder andere dinglich Berechtigte (siehe auch Vorbem zu Abschnitt VIII Anm. 8).

14. Siehe EVO. § 62.

15. Natürliche Beschaffenheit ist in §§ 82, 83 EVO. aufgeführt. Die herrschende Meinung will den § 83 nur auf die besonders empfindlichen Güter anwenden lassen, während sie die Güter, bei denen nur die Möglichkeit einer Beschädigung besteht, dem § 82 zuweist (Staub § 456 Anm. 11, § 459 Anm. 12; RG. 15 149, 64 171, 110 43, 112 229; EE. 20 335; Rundnagel-Sperber § 18 Anm. 1; Muschweck ZVDEisV. 02 825). Welche Vorkehrungen die Eisenbahn im einzelnen Fall treffen muß, um den aus der natürlichen Beschaffenheit des Gutes entstehenden Gefahren entgegenzutreten, richtet sich nach der allgemeinen Verkehrsauffassung. Außergewöhnliche Vorsichtsmaßregeln liegen ihr nicht ob (EE. 4 282).

16. Dr. Röber, Faßschäden im Eisenbahntransport (Wirtschaftliche Nachrichten für Rhein und Ruhr 25 1742). Gewöhnliche Leckage ist das regelmäßige Dringen gewisser Flüssigkeiten durch die Fugen des Gebindes; übersteigt das Auslaufen oder Durchsickern das gewöhnliche Maß, so liegt außergewöhnliche Leckage vor (RG. 56 402, 64 171, 15 149; EE. 20 335, 23 283; Veltkamp, Die Leckage im Frachtrecht, EE. 41 83); siehe Anm. 15 oben.

17. Siehe EVO. § 3 Anm. 9.

18. Bei Verlust des Frachtbriefes muß Eisenbahn beweisen, daß das Anerkenntnis abgegeben war (Rundnagel-Sperber S. 88, Loening S. 307; a. A. Rundnagel, BefGesch. S. 441).

19. Arglist ist Täuschung über die verursachende Bedeutung des Tuns; sie ist mehr als Vorsatz. Gegen die Zulässigkeit dieser Ausnahme Rundnagel, BefGesch. S. 336 u. 440. Für Giltigkeit mit Recht Rundnagel-Sperber S. 82 Anm. 11 und die daselbst Angeführten. Liegt also bloßes Verschulden des Absenders vor (Vorsatz oder grobe Fahrlässigkeit), ist ein Ausgleich des Schadens gem. BGB. § 254 nicht möglich (EE. 19 193, 21 261; abweichend EE. 34 274).

20. Beweispflichtig für Art und Umfang des Schadens sowie die Lieferfristüberschreitung ist der Entschädigungsberechtigte; dagegen hat Eisenbahn das Vorliegen der Entlastungsgründe zu beweisen (siehe auch Anm. 10). Keine Schadensersatzpflicht der Eisenbahn bei Verzögerungen unterwegs, wenn Lieferfrist im Ganzen eingehalten ist (EVO. § 88 Anm. 1).

21. EVO. § 37 Anm. 5.

22. HGB. § 347 u. Düringer-Hachenburg § 347 Anm. 5.

23. Bestimmung ist mit Rücksicht darauf, daß die durch das HGB. festgelegte frachtvertragliche Haftung der Eisenbahn durch die EVO. nicht abgeändert werden kann, nur in den Fällen anwendbar, in denen die frachtvertragliche Haftung nicht in Frage kommt, z. B. im Falle des § 80 (3), (6) EVO.

§ 83. Beschränkung der Haftung bei besonderen Gefahren

(1) Die Eisenbahn haftet nicht[1] für Schäden, die dadurch entstehen:

a) daß Güter nach den Vorschriften dieser Ordnung[2] oder des Tarifs oder nach einer in den Frachtbrief[3] aufgenommenen Vereinbarung[4] mit dem Absender in offengebauten[5] Wagen befördert[6] werden;[7] hierunter[8] ist auffallender Gewichtsabgang[9] oder der Verlust ganzer Stücke[9] nicht zu verstehen, oder

b) daß Güter nach Erklärung des Absenders im Frachtbrief[10] unverpackt oder mit mangelhafter Verpackung zur Beförderung aufgegeben werden, obgleich ihre Natur eine Verpackung[11] zum Schutz gegen Verlust, Minderung oder Beschädigung[12] während der Beförderung erfordert,[13],[14] oder

c) daß Güter nach den Vorschriften dieser Ordnung oder des Tarifs[15] oder nach einer in den Frachtbrief aufgenommenen Vereinbarung mit dem Absender[16] von diesem oder vom Empfänger ver-[17] oder[18] entladen[19] werden,[20] oder

d) daß Güter wegen ihrer eigentümlichen natürlichen Beschaffenheit[21] der besonderen Gefahr des Verlustes,[22] der Minderung[23] oder der Beschädigung,[24] namentlich durch Bruch,[25] Rosten, inneren Verderb,[26] außergewöhnlichen Rinnverlust (außergewöhnliche Leckage),[27] Austrocknen, Verstreuen[28] ausgesetzt sind, oder

e) daß Gegenstände, die von der Beförderung ausgeschlossen[29] oder nur bedingungsweise[29] zur Beförderung zugelassen sind, vom Absender unter unrichtiger, ungenauer oder unvollständiger Bezeichnung[30] oder unter Außerachtlassung der vorgeschriebenen Vorsichtsmaßregeln[31] aufgegeben werden,[32] oder

f) daß für lebende Tiere[33] die Eisenbahnbeförderung mit einer besonderen Gefahr verbunden ist, oder

g) daß Güter, einschließlich der Tiere, denen nach den Vor-

schriften dieser Ordnung oder des Tarifs oder nach einer in den Frachtbrief aufgenommenen Vereinbarung mit dem Absender ein Begleiter beizugeben ist,[34] einer Gefahr ausgesetzt sind, deren Abwendung durch die Begleitung[35] bezweckt wird.

I Zu a) Wenn die Eisenbahn dem Absender auf dessen Antrag Decken überläßt, so übernimmt sie dadurch auch bei solchen Gütern, die nach Abschnitt III der Allgemeinen Tarifvorschriften (Teil I Abteilung B) in gedeckten Wagen zu befördern wären, keine weitergehende Haftung als ihr bei Beförderung in offenen Wagen ohne Decken obliegt.

II Zu d) Wenn Eisengußwaren oder gußeiserne Bestandteile anderer Waren, die nach Erklärung des Absenders auf dem Frachtbrief unverpackt oder mit mangelnder Verpackung als Stückgut aufgegeben wurden, bei der Eisenbahnbeförderung durch Bruch beschädigt worden sind, so werden die beschädigten Stücke auf Verlangen des Absenders oder Empfängers als Frachtgut vom Bestimmungsbahnhof nach dem Versandbahnhof frachtfrei befördert. Der Antrag auf frachtfreie Beförderung ist in den Frachtbrief aufzunehmen. Die frachtfreie Beförderung tritt nicht ein, wenn der Lieferwert angegeben wird.

(2) Konnte ein Schaden den Umständen nach aus einer der im Abs. (1) bezeichneten Gefahren entstehen,[36] so wird vermutet, daß er aus dieser Gefahr entstanden ist.[37]

(3) Eine Befreiung von der Haftung kann auf Grund dieser Vorschriften nicht geltend gemacht werden, wenn der Schaden durch Verschulden der Eisenbahn[38] entstanden ist.

HGB. §§ 459, 471; JüG. Art. 28.
Literatur: Loening S. 635.

1. Sog. bevorrechtigte Haftausschließungsgründe; gelten nur bei Verlust, Minderung und Beschädigung innerhalb des Frachtvertrages (siehe RG. EE. 23 283; JW. 06 775), nicht z. B. bei Überschreitung der Lieferfrist (ROHG. 12 24). Es handelt sich nicht nur um Umkehrung der Beweislast (siehe EE. 25 49), wenn diese aus der Vermutung des Abs. (2) sich ergebende Folge auch richtig ist, sondern um Befreiung von Verantwortlichkeit für unverschuldeten Schaden.

2. Hertzer, EVO. S. 137; Eger, Anm. 455; Sommerfeld, EE. 30 267 halten diesen Zusatz für rechtsungültig, weil eine Einschränkung gegenüber § 459 HGB. (a. A. Rundnagel-Sperber

§ 20 Anm. 2; Staub § 459 Anm. 4; Reindl, EE. 21 188; Barnickel, EE. 27 363). Durch die Veröffentlichung im Tarif (§ 6 (4) EVO.) wird übrigens auch den Bestimmungen des HGB. genügt (so auch Düringer-Hachenburg § 459 Anm. 3; ROHG. 21 108).

3. Nichtaufnahme in den Frachtbrief beseitigt nur die Vermutung aus § 83; § 82 ist deshalb nicht ausgeschlossen; die Anweisung, in offenen Wagen zu befördern, ist kein Verschulden des Absenders (a. A. ZVDEisV. 04 1163).

4. Gebrauch bestimmter Worte ist nicht vorgeschrieben; „2 Wagendecken!", „mit Privatplachen zugedeckt" oder Eintragung des Gattungszeichens „O", „R" usw. in der dafür vorgesehenen Frachtbriefspalte genügt (JW. 06 12; Arch. f. Eis. 92 148; EE. 22 293, 28 41, 38 283, 46 378; abweichend ZVDEisV. 04 432; vgl. auch EE. 26 58, 27 219); amtlicher Vermerk auf dem Frachtbrief genügt nicht (EE. 16 Anl. 1, 15, 28, 41; a. A. EE. 20 336). Eisenbahn ist für Vereinbarung beweispflichtig. Stillschweigende Vereinbarung der Beförderung im offenen Wagen liegt vor, wenn das in einem offenen Wagen verladene Gut mit neuem Frachtbrief ohne Umladung zur Weiterbeförderung aufgegeben und im Frachtbrief von dem Eisenbahnbediensteten der Vermerk „Weiter ohne Umladung" angebracht wird (VR. 7 231).

5. Siehe EVO. § 66 Anm. 3, z. B. Ve (Gatterwagen) und Kesselwagen (ZVDEisV. 20 323); Topfwagen (EE. 38 49, 44 209), jetzt Behälterwagen genannt (siehe DEGT. I B. § 48; oben § 82 Anm. 6); abweichend für Kesselwagen: EE. 39 185, 41 269, 43 80; Rspr. OLG. 45 67. Auch die Beförderung in Möbelwagen fällt hierunter (siehe EE. 24 58, 28 99; ZVDEisV. 10 1165; RG. 34 42, 70 174, 111 336, 104 47; EE. 32 213, 300, 43 97); a. M. Düringer-Hachenburg § 459 Bem. 3. Gedeckte Wagen werden durch Offenlassen der Tür, der Luken oder durch schadhafte Stellen im Dach nicht zu offenen; hier wird meist § 82 EVO. anwendbar sein (Verschulden oder Anweisung des Absenders). Umgekehrt werden offene Wagen durch Eindeckung mit Planen nicht zu gedeckten (ROHG. 12 120, 14 218, 20 238, 25 170; RG. 1 14, 10 105, 34 42; Gorden EE. 34 162, 38 47).

6. Stellt die Eisenbahn statt eines tarifarisch vorgesehenen oder bestellten offenen Wagens einen gedeckten, ist EVO. § 83 ebenfalls anzuwenden; so haftet also Eisenbahn außer bei Verschulden (§ 823 BGB.) nicht, wenn der Schaden durch eine Mangelhaftigkeit des gedeckten Wagens verursacht ist, die auch beim offenen Wagen vorhanden ist (z. B. Undichtigkeit des Daches; siehe Z. f. int. EisTransp. 1921 Heft 3, 1922 S. 315; EE. 41 156; abweichend JW. 23 238). Auch die Vermutung des Abs. 2 muß hier gelten; abweichend EE. 42 71. Zutreffend ist die Kritik v. Kienitz'

dazu. Es ändert sich aber die Rechtslage, wenn Eisenbahn auf einen außerhalb des Frachtvertrags gestellten Antrag einen gedeckten Wagen stellt und den zehnprozentigen Gewichtszuschlag für Stellung eines solchen Wagens erhebt. Dann liegt keine Liberalität vor, und eine analoge Anwendung des § 83 (1) a auf diese Fälle ist ausgeschlossen (teilweise abweichend siehe Düringer-Hachenburg § 459 Anm. 4; Rundnagel, BefGesch. § 143 S. 456; ROHG. 25 170; RG. 1 14, 10 105, 34 44; JW. 91 297, 06 12). Die Hergabe von schadhaften Decken verpflichtet zum Schadensersatz, wenn sie beantragt ist; Verfrachter hat aber die Verpflichtung, vor der Benutzung die gestellten Lademittel auf ihre Tauglichkeit zu untersuchen; sonst Ausgleich des Schadens gemäß § 254 BGB. (siehe Rundnagel, Haftung § 20 S. 170; EE. 22 293, 27 158; ROHG. 20 238; auch Reindl, EE. 32 349 ff.; a. M. Eger Anm. 459).

7. Zu den mit der Beförderung in offen gebauten Wagen verbundenen Gefahren zählen äußere Einwirkungen, wie Regen, Kälte, Sonnenbrand, Funkenflug (EE. 33 80, 365, 37 158; ROHG. 6 175, 19 135; RG. 70 174; JW. 23 238); Abstürzen von Teilen eines Bauwerks (EE. 35 158); Herabfallen über die Bordwand; auch Überspringen elektrischer Funken aus der Stromleitung (EE. 43 97, siehe jedoch auch RG. in EE. 43 312). Hierher gehören auch die durch die mitverladenen Güter hervorgerufenen Gefahren (Z. f. int. EisTransp. 23 243) sowie die Gefahr des Diebstahls (siehe Rundnagel, BefGesch. S. 457; Haftung S. 165; RG. in „Recht" 15 1620, 21 1630; RG. 100 82, 104 48, 282, 105 283; Arch. f. Eis. 23 182). Nichtverhütung eines Diebstahls während der Beförderung ist noch kein Verschulden der Bahn (RG. v. 10. Jan. 1925 — I 273/24 —). Die Vermutung des Abs. 2 spricht nicht dafür, daß Eisenbahner den Diebstahl ausgeführt haben. Ist dies aber geschehen, haftet Eisenbahn auf Grund des § 5 EVO. Der Kläger ist aber dafür beweispflichtig (abweichend Arch. f. Eis. 19 305; Literatur: siehe Gorden, EE. 34 160; Michalke, JW. 15 386, 21 409; Zeiler, EE. 36 93; Eckstein, EE. 32 249; 33 304, 404; ZVDEisV. 16 666, 20 429; abweichend Senckpiehl, BefGesch. S. 311; siehe auch EE. 32 306 und Schulz S. 81; abweichend auch Maier, EE. 38 94; Starck 38 91). Zu beachten aber Anm. 8 c.

Gegenüber der Vermutung aus Abs .2 kann Berechtigter Gegenbeweis führen:

a) daß der Schaden aus anderer Ursache als aus der mit der Beförderung im offenen Wagen verbundenen Gefahr entstanden ist (Einstellen des Wagens trotz feuergefährlicher Ladung ohne zwingende Gründe des Betriebs unmittelbar hinter die Lokomotive) (Senckpiehl S. 311; RG. 34 46; aber auch VR. 5 517);

b) daß in dem besonderen Falle durch besondere Vorkehrungen zum Schutze der auf offenen Wagen verladenen Güter die Beförderung derart gesichert und gegen die aus dieser Verladung sich ergebenden Gefahren geschützt worden sei, daß eine Gefahrerhöhung gegenüber der Beförderung in gedeckten Wagen nicht bestanden habe. Dies gilt namentlich bei Beförderung in gesicherten Möbelwagen (siehe RG. 98 339, 104 47, 105 283; Z. f. int. Transp. 23 86; ferner RG. I v. 11. Febr. 1922; Warneyer, Rechtspr. 1922 Nr. 78; Recht 22 1281; JW. 22 1308). Die bloße Umhüllung der Ladung mit einer Schutzdecke ist allerdings nicht geeignet, die Diebstahlsgefahr erheblich herabzumindern (JW. 22 1308; ZVDEisV. 22 708, 821 und 918).

8. Auffallender Gewichtsabgang und Verlust ganzer Stücke

a) Der Nachsatz bedeutet eine erhebliche Einschränkung des Vordersatzes. Die Einschränkung findet sich weder im § 459 Abs. 1 HGB. noch im Art. 28 des JÜG. Bei Vorliegen dieser Voraussetzungen verbleibt der Eisenbahn nur noch Berufung auf die Befreiungsgründe des § 82 EVO.

b) Die Einschränkung trifft nur den Fall des Verlustes durch eigentliches Abhandenkommen, nicht auch den Fall der Beschädigung. Bei einem Untergang durch Brand kann z. B. von einer Haftung für auffallenden Gewichtsabgang oder Verlust ganzer Stücke nicht gesprochen werden [sofern nicht schon Haftbefreiungsgründe aus § 83 (1) b bis d vorliegen]. Ein Unterschied zwischen aufgeklärtem oder unaufgeklärtem Abgang kann nicht gemacht werden (unklar RG. 70 174; richtig 100 82; Entsch. v. 28. Jan. 1923 — I 286/22 —; EE. 39 37; unrichtig Gorden, EE. 34 171, 36 97).

c) Die in Anm. 9 und 10 folgende Auslegung beider Begriffe führt praktisch zu dem Ergebnis, daß die Eisenbahn in den meisten Fällen von Diebstahl sich auf die Haftbefreiung von § 83 (1) a nicht berufen kann (VR. 1 414; RG. 104 281; JW. 22 1202; EE. 40 36, 114 und Anm. 7).

9. a) Der Gewichtsabgang muß das Maß übersteigen, das mit einer regelrecht verlaufenden Beförderung verbunden zu sein pflegt (RG. 104 282, 100 85); eine solche Beförderung liegt vor, wenn keine Umstände eingetreten sind, die nicht unvermeidbare Begleiterscheinungen eines durch keine Regelwidrigkeiten gestörten Transportes sind. Es muß sich hierbei um einen quantitativ auffallenden Gewichtsabgang handeln (bei den Vorverhandlungen zum Betriebsreglement sprach man von „auffallend hohem Gewichtsabgang"). Wann solcher vorliegt, ist Tatfrage. Bei Massengütern in Schüttung muß das Fehlgewicht mit der ganzen Ladung in Beziehung gesetzt werden; in der Regel wird 5 v. H. als unterste

Grenze angesehen, doch ist eine derartige Festlegung unangezeigt. Besteht die Ladung aus einzelnen Stücken (siehe unter b), wird man auffallenden Gewichtsabgang auch dann annehmen müssen, wenn der „einzelne Teil" einen erheblichen Gewichtsabgang zu verzeichnen hat (RG. v. 8. Juli 1922 — I 491/21 —).

b) Der Begriff „ganze Stücke" ist bestritten; er ist an Stelle der „ganzen Kolli" des Betriebsreglements von 1874 getreten. Ganze Stücke sind alle Teile einer Stückgutsendung sowie alle Teile einer Ladung, die in dem Zustande, in dem sie sich befinden, auch einzeln als Frachtgut aufgegeben werden könnten und auch üblicherweise aufgegeben werden (so auch G. Eger in VR. 6 222); nicht hierher gehören also Teile von Ladungen, die nur nach Maß und Gewicht gehandelt werden (Kohle, Getreide). Unrichtig ist, daß als „ganze Stücke" nur solche anzuerkennen sind, die nach Zeichen und Nummer im Frachtbrief aufgeführt sind (ZVDEisV. 16 666); vgl. hierzu Senckpiehl „Ganze Stücke" EE. 40 1 und ferner 33 404, 25 393, 39 37; Schulz S. 82; abw. Staub § 459 Anm. 6; vgl. auch Starck, EE. 39 8; Maier, EE. 38 94. Streitig ist endlich, ob Eisenbahn für den Verlust einer Wagendecke (Plane) haften muß. Ist sie im Frachtbrief besonders aufgeführt, kann dies nicht zweifelhaft sein (siehe Warneyer 1915 S. 50). Ist dies nicht der Fall, wird man trotzdem Haftung annehmen müssen; die Decke ist zwar bloße Verpackung, aber immerhin gehört auch die Verpackung zum Gut im Sinne des Frachtrechts (EE. 43 86; EVO. § 82 Anm. 6). Trifft den Versender ein Verschulden (z. B. wegen schlechter Befestigung), so würde dies die Haftung der Eisenbahn naturgemäß ausschalten.

10. Über die Form siehe oben § 62 Anm. 5. Eisenbahn hat nur Abgabe der Erklärung im Frachtbrief zu beweisen; fehlt dieser, hat sie darzutun, daß ein Anerkenntnis abgegeben ist (Reindl, Jahrb. d. Deutsch. Rechtes 07 720; Arch. f. Eis. 26 778; Maier, EE. 38 264; Hamburger, EE. 41 25). Dem Absender steht der Gegenbeweis offen, daß trotz der abgegebenen Erklärung tatsächlich ein Mangel nicht vorgelegen hat.

11. Über Verpackung siehe EVO. § 62; Derlien (Literatur bei § 62) und Hamburger, EE. 41 21.

12. Über die mit dem Mangel oder mit der mangelhaften Beschaffenheit der Verpackung verbundenen Gefahren siehe a. EVO. § 62 Anm. 2.

13. Beweislast: Eisenbahn kann sich von der Haftung befreien:

1. wenn Anerkenntnis im Frachtbrief fehlt:
   a) bei äußerlich erkennbaren Mängeln durch den Beweis:
      α) daß sie das Gut so abgeliefert hat, wie es ihr übergeben ist (EE. 15 36), oder

β) daß der Absender arglistig gehandelt hat (siehe EVO. § 82 Anm. 19),

b) bei äußerlich nicht erkennbaren Mängeln:

α) daß ein Mangel der Verpackung vorlag,

β) daß dieser äußerlich nicht erkennbar war,

γ) daß ein Kausalzusammenhang zwischen dem Verpackungsmangel und dem Schaden gegeben ist (EE. 25 292; Maier, SpedSchiffZtg. 22 1129);

2. wenn ein Anerkenntnis im Frachtbrief abgegeben war: Hier spricht die Vermutung für die mangelhafte Verpackung (anders im Fall 1 [EE. 46 294]); zu beweisen ist nur, daß der Schaden den Umständen nach auf den Mangel zurückgeführt werden kann. Absender hat Gegenbeweis, daß der Schaden aus anderen Ursachen entstanden ist, die die Eisenbahn zu vertreten hat, oder daß die Eisenbahn ein Verschulden trifft [EVO. § 83 (2) und (3)].

3. Behauptet die Eisenbahn, der Mangel sei bei der Annahme nicht erkennbar gewesen, ist sie beweispflichtig dafür, daß er nicht erkennbar war.

14. Ist der Schaden auf ein Verschulden der Eisenbahn und auf Verpackungsmängel zurückzuführen, so Ausgleich gem. § 254 BGB. (Rundnagel, BefGesch. S. 430 und EVO. § 83 Anm. 37).

15. Siehe EVO. § 59 Anm .2.

16. Es genügt, daß Selbstverladung aus dem Frachtbrief ersichtlich ist (EE. 20 336, 28 185), jedoch nicht nur mündliche Vereinbarung über Selbstverladung oder nur tatsächlich vorgenommene Selbstverladung oder -Entladung (EE. 27 219). Selbstverladung liegt auch dann vor, wenn ein an sich vom Absender zu verladendes Gut bei Ankunft auf dem Bestimmungsbahnhof ohne Umladung neu aufgegeben wird (EE. 40 275, 46 195). Übernimmt Eisenbahn Verladung nicht, gelten dabei beschäftigte Bedienstete als Leute des Absenders (RG. 97 17; auch EE. 14 341). Umgekehrt wird die bahnamtliche Ver- oder Entladung durch Hilfe des Absenders nicht zur Selbstver- oder Entladung (EE. 27 67).

17. Als Mängel kommen hierbei in Frage: Verschieben der Ladung, der Schutzbretter (EE. 23 186); Umfallen (EE. 24 375); auch Überschreitung des Lademaßes (EE. 43 97, wohl ebenso Rundnagel-Sperber S. 104); mangelhafte oder unterlassene Verteilung von Fässern (SpedSchiffZtg. 15 10; EE. 46 186); Offenhalten von Ladeluken oder deren unangebrachtes Schließen (EE. 20 222, 22 291; Rspr. OLG. 45 70); Diebstahl; ungenügende Befestigung eines auf einem offenen Bahnwagen verladenen Möbelwagens (ZVDEisV. 28 629); nicht hinreichende Sicherung von Ofenkacheln gegen die gewöhnlichen Erschütterungen während der

Beförderung (VR. 7 229); bewußte unbeanstandete Verwendung eines ungeeigneten Wagens durch den selbstverladenden Versender (EE. 46 397). Kannte die Eisenbahn den Mangel der Verladung, darf sie die Sendung nicht übernehmen; sonst handelt sie schuldhaft (EE. 18 140, 24 58, 25 307; ZVDEisV. 21 648). Sie ist jedoch nicht verpflichtet, das vom Absender mangelhaft verpackte und verladene Gut unterwegs besser zu verpacken oder anders zu verladen (EE. 46 391; a. A. EE. 43 396). Im übrigen erstreckt sich ihre Prüfungspflicht bei selbstverladenen Gütern lediglich darauf, ob die Ladung der Betriebssicherheit entspricht, nicht auch auf die Sicherung des Gutes selbst (EE. 45 69). Zweifelhaft ist, ob auch mangelhaftes Verschließen hierher gehört (bejaht in EE. 36 174; siehe Rundnagel-Sperber S. 104 Anm. 11). Eine Verpflichtung der Eisenbahn, gedeckte Wagen durch Privatschlösser zu verschließen, ist selbst bei höherwertigen Gütern nicht gegeben. Grundsätzlich ist Eisenbahn verpflichtet, zur Beförderung geeignete Wagen zu stellen. Jedoch hat auch Absender Prüfungspflicht, die um so größer ist, je empfindlicher das Gut ist (JW. 22 743; a. A. Sendpiehl, SpedSchiffZtg. 26 441, der Untersuchungspflicht des Absenders verneint); das gleiche gilt bei Tieren und besonders anormalen Gütern (hochgebaute Möbelwagen) (VR. 4 718; EE. 43 97). Fachliche Kenntnisse werden jedoch vom Absender bei Prüfung des Wagens nicht verlangt (VR. 6 142). Verwendung von vorher zur Salzbeförderung gebrauchten Wagen zur Kartoffelverladung siehe unten Anm. 26. Bei beiderseitigem Verschulden Ausgleich nach § 254 BGB. (Reindl, ZVDEisV. 98 1273; EE. 17 276, 19 1, 8, 132, 137, 23 254; auch 28 59). Mangelhaftigkeit der Verladung wird nicht dadurch ausgeschlossen, daß diese Art üblich ist (EE. 43 413, 46 186, 301).

18. Der Schaden muß aus, nicht bei der mit dem Auf- und Abladen oder mit einer mangelhaften Verladung verbundenen Gefahr entstanden sein. Bei Benutzung von Ladegeräten wird es sich meist um außervertragliche Beziehungen handeln (liegt vor Abschluß oder nach Beendigung des Frachtvertrages; EE. 17 275) oder um Haftung aus dem Mietrecht (wenn Gebühren erhoben werden; EE. 2 235, 25 381; BGB. § 535). Absender hat aber auch hier eine Prüfungspflicht (EE. 32 349, 17 275, 27 158), die allerdings nicht übertrieben werden darf (EE. 2 235).

19. Anerkenntnis mangelhafter Verladung im Frachtbrief gibt es nicht (EE. 18 244). Die Mangelhaftigkeit der Verladung und die Möglichkeit, daß der Schaden aus ihr entstanden ist, hat Eisenbahn darzutun (RG. 110 43, 112 229). Prima-facie-Beweis wird genügen müssen (RG. 112 229; EE. 46 76).

20. EVO. § 83 (1) c findet keine Anwendung, wenn nach Umladung oder anderer Lagerung oder Verstauung der Güter durch

die Eisenbahn Schaden entsteht (EE. 27 186, 31 213; siehe jedoch auch v. K.(ienitz) in EE. 46 394).

21. Über das Verhältnis zu § 82 vgl. § 82 Anm. 15 (EE. 23 283, 24 63; JW. 06 775; RG. 64 169; unrichtig: RG. 98 340 [Weinfässer]; siehe die zutreffenden Ausführungen ZVDEisV. 21 176). Bruch eines Propellerflügels EE. 31 216; Schaden darf nicht durch unsachgemäße Beförderung entstanden sein, doch ist Haftung bei Glasballons auch bei heftigem Rangierstoß grundsätzlich ausgeschlossen (EE. 39 202; VR. 1 241), es sei denn, daß Vorsatz oder grobes Verschulden vorliegt. Über die Gefahr der Beschädigung bei guten Holzfässern siehe Starck, EE. 40 6. Zu den Gütern des Buchstaben d gehören alle die Güter, die vermöge ihrer natürlichen Beschaffenheit leicht verletzbar sind (RG. 15 149, 64 170); über Flüssigkeiten in Fässern siehe Anm. 27; Bilder mit Glas (EE. 20 137); Glasballons (EE. 17 340, 18 159; RG. 98 339; Z. f. int. EisTransp. 23 299; JW. 22 1539); Glastafeln (EE. 20 137); Quecksilberthermometer (Z. f. int. EisTransp. 96 213); Eier (EE. 23 142, 31 336; RG. 64 169); Mehl (EE. 43 418); auch Kartoffeln; Dachziegel (ZVDEisV. 23 242); junger Wein (EE. 25 194); Selbstentzündung (RG. 15 149); Streichhölzer (ZVDEisV. 21 672); Marmorplatten (EE. 20 17); Zinkwaren (EE. 46 298). Nicht hierher gehören Güter mit leichter Verderblichkeit; denn Buchstabe d denkt nur an solche Gefahren, die dem Gut ohne Rücksicht auf die Dauer der Beförderung drohen (a. A. Loening S. 669 und die dort Angeführten); ferner scheiden aus die Verpackungsart sowie feuergefährliche Flüssigkeiten in ordnungsmäßig verschlossenen und gut gelagerten Gefäßen von guter Beschaffenheit, soweit die Brennbarkeit dieser Stoffe in Betracht kommt (EE. 43 424).

22. Siehe EVO. § 82 Anm. 3.

23. Siehe EVO. § 82 Anm. 4.

24. Siehe EVO. § 82 Anm. 5.

25. Über Bruch vgl. Anm. 21. Über Bruch bei gußeisernen Gütern vgl. Oßann, Eisen- und Stahlgießerei: „Das Herunter- oder Umfallen eines Stückes, ja sogar die Wirkung eines Sonnenstrahles oder eines Regentropfens genügen oft, um das Gußstück mit einem lauten Knall auseinanderspringen zu lassen. Geschieht das Reißen auf diese Weise, so spricht man von Kaltrissen." Gußeiserne Güter (z. B. Maschinenteile, Rohre) gehören daher ganz besonders zu den Gütern, die unter Buchstaben d fallen. Entscheidungen z. T. abweichend: VR. 5 241; EE. 38 141, 21 123, 28 52, 107. Eier sind Bruchgüter (siehe Anm. 21), ferner Glasballons, selbst wenn sie in Körben usw. eingebettet sind, auch Ölschalter (EE. 46 77).

26. Faulen von Früchten: EE. 34 109. Streit herrscht, ob

Eisenbahn haftet, wenn Kartoffeln in Wagen verladen werden, in denen sich Salzrückstände befunden haben. Diese Frage wird meist verneint, da nach sachverständigem Gutachten eine gesunde Kartoffel unter Salzeinwirkung nicht leidet (siehe oben Anm. 17 und Hanow, ZVDEisV. 25 1250; aber Senckpiehl, Kartoffelzeitung 25 Nr. 25).

27. Siehe RG. 56 400; EE. 20 342. Auslaufen von Flüssigkeiten: EE. 33 300. Außergewöhnliche Leckage ist eine der betreffenden Flüssigkeit anhaftende eigentümliche Beschaffenheit und eine infolge dieser Eigenschaft hervorgerufene, über das Maß der gewöhnlichen Leckage hinausgehende. Das Reichsgericht erklärt es für eine Frage des Einzelfalls, ob mit Flüssigkeit gefüllte, gute und starke Fässer zu den leicht verletzbaren Gegenständen zählen; zu prüfen sei, ob die Fässer gut und genügend widerstandsfähig sowie ob sie ordnungsmäßig verladen und befestigt waren (siehe RG. 98 341; ZVDEisV. 23 465; JW. 22 1007; abweichend Starck, EE. 40 5; Dr. Röder, Wirtschaftliche Nachrichten von Rhein und Ruhr 25 1742).

28. Getreide (EE. 23 186, 30 158).

29. Durch EVO., AAB. oder Tarif (abweichend Senckpiehl, Kostbarkeiten, S. 84; siehe EVO. §§ 3, 27, 48, 54, auch Anl. C; betr. Kunstgegenstände, die ohne diese Bezeichnung aufgeliefert werden, siehe ZVDEisV. 22 424, 673; unrichtig bez. Reisegepäck JW. 22 590). Unter die von der Beförderung ausgeschlossenen Gegenstände fallen auch — wie früher ausdrücklich erwähnt — solche Gegenstände, deren Beförderung nach gesetzlicher Vorschrift oder aus Gründen öffentlicher Ordnung verboten ist (Staub § 467 Anm. 1).

30. EVO. §§ 60 (1), 57 (1).

31. Namentlich Anl. C.

32. Damit ist die frühere Streitfrage, ob in Fällen der vorliegenden Art überhaupt ein Vertrag zustande kommt (siehe 3. Aufl. § 96 Anm. 5) oder nicht, im Sinne des Vertragsabschlusses entschieden. Während jedoch früher die Haftung der Eisenbahn in solchen Fällen unbedingt ausgeschlossen war, tritt sie jetzt ein, wenn der Geschädigte beweist, daß der Schaden nicht aus der bezeichneten Ursache entstanden ist oder daß die Eisenbahn ein Verschulden trifft (Begr. II).

33. Auch Bienen, Fische; Entspringen, Ersticken, Verhungern, Umfallen (vgl. auch EE. 25 10, 26 425, 22 140, 153, 44 209, 46 179); Milchfieber bei Kühen (EE. 34 312); nicht aber Verwechslung beim Ausladen (EE. 15 108); siehe auch ZVDEisV. 20 219; a. M. Senckpiehl S. 315 bezüglich des Entspringens. Bei Erkrankung der Tiere ist besondere Wartung usw. nicht vorgeschrieben (siehe EE. 31 329); auch nicht Fütterung (EE. 32

311); wegen der Beweislast EE. 25 375. Ist Schadensursache ungeklärt, haftet Eisenbahn nicht (BR. 1 75).

34. Sog. Begleitgüter: Tiere (EVO. § 48), Fahrzeuge (§ 54), auch Güter der Anl. C. Es kommt nicht darauf an, daß ein Begleiter tatsächlich beigegeben war, sondern nur darauf, daß er beigegeben werden mußte, wobei es einer besonderen Aufforderung der Eisenbahn, einen Begleiter zu stellen, nicht bedarf (EE. 39 187). Tatsächliche Begleitung macht Güter nicht zu Begleitgütern. Bestritten, ob Leichen hierunter fallen. Nein: Rundnagel, BefGesch. S. 451; Eger Anm. 176; Staub § 459 Anm. 14; siehe oben EVO. § 44 Anm. 3.

35. Zu den Pflichten des Begleiters gehören nicht: Sorge für Einstellung in den richtigen Zug (EE. 14 169, 17 115, 28 163) oder Überwachung richtiger Bezettelung (EE. 34 312); Verhütung eines Rangierstoßes (EE. 31 314); wohl aber Wartung, Hütung, Fütterung, Tränkung, ferner Verschluß der Wagen, Öffnen der Luftklappen, Befestigung, Beleuchtung des Wagens (EE. 22 121); Diebstahl (EE. 39 182, 187; ZVDEisV. 23 161; a. A. Loening S. 687); mangels anderer Vereinbarung geht Begleitung bis zur Auslieferung; Begleiter muß aber im Wagen Platz nehmen (EE. 22 121).

36. Verlangt wird die Möglichkeit der Entstehung des Schadens aus einer der aufgeführten Gefahren, nicht die Wahrscheinlichkeit des besonderen Falles (ZVDEisV. 07 148; EE. 28 46; RG. 64 170; JW. 06 775; siehe RG. 110 43). Es ist aber nicht zu vermuten, daß z. B. jede vom Absender erfolgte Verladung mangelhaft sei (BR. 5 267).

37. Gegenbeweis ist möglich (ZPO. § 292; RG. 10 105), und zwar dahin, daß der gefährliche Umstand nicht Ursache des Unfalls gewesen sein kann (a. A. Loening S. 693), oder daß der Schaden tatsächlich aus einer anderen Ursache entstanden ist (EE. 31 320), oder endlich, daß ein Verschulden, für das die Eisenbahn einzutreten hat, vorliegt (EE. 18 135, 19 21, 23 142, 283, 25 49; Fuld, EE. 19 171); Eisenbahn verbleibt demgegenüber Gegenbeweis aus EVO. § 82 (z. B. höhere Gewalt) (EE. 10 299; JW. 26 1438). Die Vermutung bezieht sich nur auf Ansprüche gegen die Eisenbahn, nicht auf solche der Eisenbahn gegen den Absender (EE. 4 424, 5 136) und gilt nicht für EVO. § 82.

Das Vorliegen eines Verschuldens sowie den ursächlichen Zusammenhang zwischen Verschulden und Schaden hat der Beschädigte zu beweisen (EE. 18 159). Über die daneben der Eisenbahn obliegende Darlegungspflicht über den Verlauf der Beförderung siehe Seuff. Arch. 78 329. Bei konkurrierendem Verschulden ist BGB. § 254 anzuwenden (EE. 22 293; JW. 06 12); über dessen Auslegung siehe JW. 26 1437; es genügt nicht der Beweis, daß das Gut unversehrt angenommen wurde (EE. 33 301). Als Verschulden (siehe hierzu auch Rundnagel-Sperber S. 60 Anm. 9) ist angesehen: Einstellen eines Wagens mit feuergefährlicher Ladung hinter die Lokomotive ohne zwingenden Grund (siehe oben Anm. 7a); Stellen eines mangelhaft gereinigten Wagens (EE. 25 261; siehe oben Anm. 17 und 26); Unterlassen der Benachrichtigung nach EVO. § 81 (3) (EE. 23 175); Versehen beim Umladen von Kartoffeln (EE. 25 159); Nichtbeachten der Vorschriften betr. Beförderung lebender Fische (EE. 26 411, 419); Verhinderung der Luftzufuhr für in Lattenkäfigen transportierte Schweine (EE. 46 179). Kein Verschulden ist Verschleppen innerhalb der Lieferfrist (siehe auch ZVDEisV. 08 1128, 169); Unterlassen der Nachprüfung der Verladung, es sei denn, daß die Eisenbahn bei Vertragsschluß den Mangel der Verladung kennt und unterläßt, Absender darauf hinzuweisen (Rundnagel-Sperber S. 104 und Anm. 17); Auffangen eines mit lebenden Tieren beladenen Wagens mit Bremsschuhen, der ohne eigene Bremsvorrichtung vom Ablaufberg ohne Lokomotivstoß abgelaufen ist (EE. 46 74); Nichtbeachten der Anweisung des Versenders „Nicht stürzen" (VR. 4 415; EVO. § 62 Anm. 10). Auch starker Rangierstoß ist nicht ohne weiteres Verschulden. Siehe dazu EVO. § 91 Anm. 9 a.

38. Oder ihrer Leute (EVO. § 5); bei mitwirkendem Verschulden Ausgleich des Schadens nach § 254 BGB. (RG. 112 284; EE. 42 92).

§ 84. Beschränkung der Haftung bei Gewichtsverlusten

(1)[1] Bei Gütern, die nach ihrer natürlichen Beschaffenheit bei der Beförderung[2] regelmäßig einen Gewichtsverlust erleiden,[3] haftet die Eisenbahn für einen solchen nur insoweit, als die nachstehenden Sätze überschritten werden:[4]

a) zwei vom Hundert des Gewichts für die flüssigen oder in feuchtem Zustand aufgegebenen Güter sowie für die nachstehenden Güter: geraspelte oder gemahlene Farbhölzer, Felle, Fettwaren, getrocknete Fische, frische Früchte, frische Gemüse, Häute, Hautabfälle, Hopfen, Hörner und Klauen, frische Kitte, ganze oder gemahlene Knochen, Leder, getrocknetes oder gebackenes Obst, Pferdehaare, Rinden, Salz, Schafwolle, Schweinsborsten, Seifen und harte Öle, Süßholz, geschnittener Tabak, frische Tabakblätter, Tierflechsen, Wurzeln;

b) eins vom Hundert des Gewichts bei allen übrigen trockenen Gütern der eingangs bezeichneten Art.

(2) Werden mehrere Stücke auf denselben Frachtbrief befördert, so wird der Gewichtsverlust für jedes Stück besonders berechnet, wenn das Gewicht der einzelnen Stücke im Frachtbrief angegeben ist[5] oder auf andere Weise festgestellt werden kann.

(3) Die Beschränkung der Haftung tritt nicht ein, soweit[6] der Verlust den Umständen nach nicht infolge der natürlichen Beschaffenheit des Gutes entstanden ist oder soweit der angenommene Satz dieser Beschaffenheit oder den sonstigen Umständen des Falles nicht entspricht.[7]

(4) Ist das Gut[8] verlorengegangen, so wird für Gewichtsverlust nichts abgezogen.

(5) Die weitergehende Haftungsbefreiung der Eisenbahn nach § 83 (1) d) wird hierdurch nicht berührt.

HGB. §§ 460, 471; JüG. Art. 31.

1. Kein neuer Haftausschließungsgrund, sondern nur Beweisregel, Rundnagel-Sperber S. 94 (Rechtsvermutung).

2. D. h. alle Vorgänge zwischen Annahme und Ablieferung, also auch Umladung.

3. Dies muß Eisenbahn beweisen; erleichtert wird dieser Beweis durch die Aufzählung (1) a) und b), Gegenbeweis steht dem Berechtigten allgemein und im Einzelfall offen (EE. 22 374; Eger Anm. 467).

4. Ist Verlust über den Normalsatz eingetreten, haftet Eisenbahn, jedoch nicht für den normalen Gewichtsverlust, sondern nur, soweit Verlust die Normalsätze übersteigt. Sie kann sich auch von dieser Haftung befreien, wenn sie nachweist, daß der die Normalsätze übersteigende Verlust auf die natürliche Beschaffenheit i. S. der §§ 82 (1), 83 (1) d EVO. zurückzuführen ist (Rundnagel-Sperber S. 95).

5. Hierzu Rundnagel-Sperber S. 96.

6. Also z. B. an sich Abzug möglich, auch bei Beraubung, wenn diese am Bestimmungsort erfolgt ist (EE. 22 67).

7. Beweispflichtig ist der Geschädigte. Eisenbahn hat jedoch Möglichkeit des Gegenbeweises auf Grund von EVO. § 83 (1) d).

8. Oder ein oder mehrere selbständige Teile der Sendung.

§ 85. Höhe der Entschädigung bei Verlust, Minderung oder Beschädigung des Gutes

(1) Muß[1] auf Grund des Frachtvertrags[2] von der Eisenbahn für Verlust[3] oder Minderung[4] des Gutes Ersatz geleistet wer-

den, so wird die Entschädigung berechnet:

nach dem Börsenpreis,[5]

in Ermanglung eines solchen nach dem Marktpreis,[6]

in Ermanglung beider nach dem gemeinen Handelswert[7] oder,

falls auch ein solcher nicht besteht, nach dem gemeinen[8] Wert[9],

den Güter derselben Art und Beschaffenheit am Versandort im Zeitpunkt der Annahme zur Beförderung[10] hatten unter Hinzurechnung dessen, was an Fracht,[11] Zöllen[12] und sonstigen Kosten[13] schon bezahlt oder noch zu bezahlen[14] ist.[15]

(2) Bei Beschädigung des Gutes ist für die Verminderung[16] des im Abs. (1) bezeichneten Wertes Ersatz zu leisten.

(3) Zur Zahlung eines höheren Entschädigungsbetrags ist die Eisenbahn nur nach §§ 90 und 91 verpflichtet.[17]

(4) Müssen bei der Berechnung der Entschädigung Beträge aus fremden Währungen umgerechnet werden, so geschieht dies zu dem Kurs, der zur Zeit und am Orte der Zahlung gilt.[18]

HGB. §§ 430, 457 ff., 471; JÜG. Art. 29, 32, 37.

Literatur: Rundnagel, Haftung und Z. f. HandR. 55 444; Rundnagel-Sperber § 24; Goltermann in EE. 38 12 ff.

1. Zweck dieser Regelung ist nicht wie bei § 249 BGB., den Absender zur Wiederbeschaffung der Ware instand zu setzen. Dies zeigte sich namentlich in der Inflationszeit (siehe RG. 96 125, 100 104; ZVDEisV. 23 802; Haustein, ZVDEisV. 23 587). Absender erhält den Versandwert, berechnet nach § 85 EVO., doch muß überhaupt ein Schaden entstanden sein (ROHG. 13 393; RG. 98 150; JW. 27 1858 und die vorgenannten Entscheidungen; Staub § 430 Anm. 4). Absender muß sich also anrechnen lassen, was er von Dritten an Vorteilen erhält.

2. Außerhalb des Frachtvertrages haftet Eisenbahn nach BGB. (§ 249) auf vollen Schadensersatz, z. B. EVO. § 64 (Verwahrung). Innerhalb des Frachtvertrages kennt EVO. folgende Ausnahmen von der Regelung des § 85:

a) bei Vorsatz und grober Fahrlässigkeit (§ 91);
b) Beschränkung der Höhe der Entschädigung durch den Tarif (§ 86).

Der Ersatzanspruch kann erhöht werden durch Angabe des Interesses an der Lieferung (EVO. §§ 89, 90).

3. EVO. § 82 Anm. 3.

4. EVO. § 82 Anm. 4.

5. Dieser kann sich nur dann bilden, wenn das Gut auch tatsächlich an der Börse gehandelt wird.

6. Er besteht nur bei Waren, bei denen ein regelmäßiger Umsatz im kaufmännischen Verkehr stattfindet (Dernburg, Schuldrecht II 1 S. 58; JW. 93 39 Anm .13). Der sich beim regelmäßigen Handel ergebende Durchschnittspreis ist der Marktpreis. Beispiele: EE. 26 318 (ein im Druck befindliches Buch); EE. 24 11 (Musterkollektion); alte Kleider usw. (RG. 98 150). Es ist gleichgültig, ob der Preis im Einzelfall sehr hoch ist, weil ihn etwa Wucher oder Börsenmanöver in die Höhe getrieben haben (RG. 100 104; ZVDEisV. 20 894). Börsen- und Marktpreis werden sich vielfach decken. Es kann jedoch unter Umständen ein Marktpreis gegeben sein, ohne daß für die Ware ein Börsenpreis besteht

7. Der gemeine Handelswert wird in der Regel mit dem Marktpreis identisch sein (so uneingeschränkt Staub § 457 Anm. 4). Jedoch ist für den Begriff nicht erforderlich, daß das Gut gerade auf dem Markt gehandelt wird (Rundnagel-Sperber S. 123 Anm. 3).

8. Wert, den eine Sache objektiv für jedermann hat (Verkäuflichkeitswert); siehe Düringer-Hachenburg § 430 Anm. 6; EE. 46 77; das ist oft der Kleinhandelspreis, aber nicht immer, es kann auch der Großhandelspreis sein, wenn es sich um eine Sendung aus einem Großhandelsvertrag handelt; z. B. Baumwolle aus Bremen. Er wird regelmäßig höher sein als der Erzeugerpreis (Selbstkosten für Arbeit und Rohstoff) (JW. 10 32); bei gebrauchten Sachen ist es der Althändlerverkaufspreis (Arch. f. Eis. 20 469). Wo Höchstpreise festgesetzt sind, kann gemeiner Wert nie höher als diese sein; auch nicht bei Auslandsware. Bei Richtpreisen gilt dasselbe, wenn sie tatsächlich den Preisstand maßgeblich beeinflußt haben (EE. 38 139). Schleichhandelspreise werden nie ersetzt (RG. 89 231; Arch. f. Eis. 20 100; RG. 96 124; JW. 20 502; aber auch 987; EE. 37 250, 38 13); völlig unmaßgeblich ist der Anschaffungspreis (RG. 98 151 [Umzugsgut]; Arch. f. Eis. 21 673); ebenso der individuelle Wert, den das Gut im Einzelfalle für einen der Frachtbeteiligten hat (ROHG. 13 395). Über die Beachtung der Geldentwertung siehe Mügel, Das gesamte Aufwertungsrecht, 5. Auflage S. 148 und die dort Angeführten; über Verzugsschaden Anm. 17.

9. Höhe hat der Berechtigte zu beweisen. Der Verkaufserlös bildet oft einen wichtigen Anhaltspunkt für die Bestimmung des gemeinen Wertes (EE. 45 408); vom Verkaufspreis (Rechnung) muß jedoch abgezogen werden, was nicht Kaufpreis ist (Provision, Übersendungskosten, Rabatt; siehe EE. 2 358); siehe auch EE. 38 290. Über den gemeinen Wert einer Monopolware siehe JW. 27 1857.

10. Siehe EVO. § 61.

11. Auch Wiegegebühr, Zählkosten, Nachnahmegebühr, nicht aber

Vorfrachten (Kleinbahnfracht). Diese können höchstens bei Berechnung des Versandwertes berücksichtigt werden.

12. Auch Zollspesen, z. B. Gebühren des Zollspediteurs (Senckpiehl, EE. 37 126; Goltermann EE. 38 17).

13. Z. B. Deckenmiete, Auslagen, Anrollkosten, statistische Gebühr, nicht aber Versicherungskosten (EE. 37 127); auch nicht Verpackungskosten, denn Verpackung gehört zum Gut. Anwaltsgebühren sind dann zu ersetzen, wenn sie zur zweckentsprechenden Rechtsverfolgung erforderlich waren (JW. 20 394; Goltermann, EE. 38 18; siehe dort auch wegen der Umsatzsteuer). Über die Erstattung von Gutachterkosten siehe EE. 46 179.

14. Bei Totalverlust sind diese Beträge in voller Höhe, bei Teilverlust pro rata zu erstatten (Rundnagel, Haftung S. 193; abweichend Eger § 88 S. 499); ob dadurch noch eine Wertminderung der gesamten Sendung eingetreten, ist Tatfrage und von dem Behauptenden zu beweisen (siehe ROHG. 15 372, 16 44; RG. 15 133). Nicht zu ersetzen ist der Betrag für Nachsendung eines Ersatzstückes.

15. Wegen der Verzinsung der Entschädigung siehe EVO. § 92.

16. Bei Beschädigung ist der Schadensbetrag folgendermaßen zu berechnen: Als Minuend ist der Wert nach Abs. 1 oben einzusetzen, also Versandwert des unbeschädigten Gutes zuzüglich der Beförderungskosten; die herrschende Meinung (Staub § 457 Anm. 5; Boethke, EE. 24 407) zieht hiervon ab den Wert des beschädigten Gutes am Ablieferungsort. Rundnagel (BefGesch. S. 462 und Haftung, 2. Aufl. S. 199) verbessert diese Formel, indem er auch im Subtrahend die Beförderungsleistung bewertet (ROHG. 13 395). Hiergegen Rundnagel-Sperber § 25; namentlich S. 129 ff. Mit ihm möchte ich der Denkschrift folgen: Zu ersetzen ist der Wert des unbeschädigten Gutes am Versandort (WuV) zuzüglich der Kosten (K), gemindert im Verhältnis des Wertes des beschädigten Gutes (WbE) zum unbeschädigten am Empfangsort (WuE); also $\frac{(WuV + K)\ (WuE - WbE)}{WuE}$ (a. A. Loening S. 740).

17. Über die Geltendmachung von Verzugschaden siehe Hans. RZ. 22 917; RG. 102 144. Über das Problem der Geltentwertung siehe Oertmann, BR. 2 234; JW. 23 433; Haustein, ZBDEisB. 23 587; Geiler, JW. 23 103; Kraner, ebendort S. 106; Süßkind, ebendort S. 108; über Valutaschäden JW. 23 498; über Verjährung des Aufwertungsanspruchs bei Verlust von Frachtgut EE. 45 397; über den der Aufwertung zu Grunde zu legenden Zeitpunkt EE. 45 198. Die Einlassung auf einen Rechtsstreit begründet allein noch keine Erhöhung der Entschädigungspflicht.

18. Nach BGB. § 244 ist grundsätzlich Schadensersatz in deutschem Geld zu leisten, gilt also auch bei Gütern, die in

fremder Währung eingekauft sind (EE. 39 122, 188), es sei denn, daß das Gut am Absendungsort ausschließlich in fremder Währung gehandelt wird, und Wertmesser in deutscher Währung nicht besteht (EE. 44 222). Die frühere Streitfrage, ob bei Umrechnungen der Kurs z. Z. der Auflieferung des Gutes oder z. Z. der Zahlung des Betrags zu Grunde zu legen ist, ist in Abs. 4 in Anlehnung an JüG. Art. 29 letzter Absatz entschieden worden.

§ 86. Beschränkung der Höhe der Entschädigung durch den Tarif

(1) Die Eisenbahn kann in besonderen Bedingungen[1] (Ausnahmetarifen),[2] die auf der ganzen Beförderungsstrecke eine Preisermäßigung[3] gegenüber den gewöhnlichen Tarifen enthalten, Höchstbeträge für die bei Verlust,[4] Minderung[4] oder Beschädigung[4],[5] zu gewährende Entschädigung festsetzen, sofern der gleiche Höchstbetrag auf die ganze Beförderungsstrecke Anwendung findet. Hat der Absender im Frachtbrief die Anwendung eines solchen Tarifs vorgeschrieben, so haftet die Eisenbahn nur bis zu dem festgesetzten Höchstbetrag.

I Ob und für welche Güter solche besonderen Bedingungen (Ausnahmetarife) mit beschränkter Haftung bestehen, ist in Teil I Abteilung B oder in den Tarifteilen II bestimmt.

(2) Ist das Gut nur zum Teil über eine Strecke befördert worden, für die ein solcher Höchstbetrag im Tarif vorgesehen ist, so tritt die Beschränkung der Haftung der Eisenbahn nur ein, wenn die die Entschädigung begründende Tatsache sich auf diesem Teil der Beförderungsstrecke ereignet hat.[6]

(3) Die Eisenbahn kann ferner die bei Verlust, Minderung oder Beschädigung von Gegenständen des § 54 (2) b) zu leistende Entschädigung[7] im Tarif auf einen Höchstbetrag beschränken.[8]

II Für die in der Ausführungsbestimmung II zu § 54 (2) b genannten Kunstgegenstände wird bei Verlust, Minderung oder Beschädigung keine höhere Entschädigung als 5000 Reichsmark für den einzelnen Gegenstand, für die übrigen dort genannten Gegenstände keine höhere Entschädigung als 150 Reichsmark für 1 kg Reingewicht des unverpakten Gegenstandes (sogenannte innere Verpackung gilt nicht als Ware) geleistet.

(4) Zur Zahlung eines höheren Entschädigungsbetrags ist die Eisenbahn nur nach §§ 90 und 91 verpflichtet.

HGB. §§ 461 ff.; JÜG. Art. 34.

Literatur: Pitzker, BR. 1 293; Sperber, ebendort S. 226; Oertmann, ebendort S. 305.

1. Siehe EE. 28 14. Hierher gehört z. B. die Bestimmung im Ausnahmetarif für Milch („Die Eisenbahn haftet nur für den Schaden, der ausschließlich auf ihr Verschulden zurückzuführen ist"); auch die Haftungsbeschränkung in den Einstellungsverträgen über Privatgüterwagen (siehe EVO. § 82 Anm. 6). Über Angabe des Interesses an der Lieferung siehe EVO. § 89 (4).

2. Veröffentlichung ist erforderlich (RG. 93 279; EE. 37 55).

3. Es muß also dem Absender die Wahl von mindestens zwei Tarifen möglich sein; siehe auch EE. 41 346.

4. Begriff siehe EVO. § 82 Anm. 3, 4, 5.

5. Nicht für Lieferfristüberschreitung.

6. Daß dies der Fall ist, hat die Eisenbahn zu beweisen.

7. ROHG. 20 404.

8. Ob es zulässig ist, die Haftung im Tarif zu beschränken, ist bestritten, namentlich von Eger Anm. 480; Senckpiehl, Sped.-SchiffZtg. v. 21. Mai 1920, „Recht" 19 364 und Kostbarkeiten S. 62; JW. 21 516. Dagegen mit Recht Rundnagel, Haftung, 2. Aufl. S. 207; EE. 37 207; Sperber und v. d. Leyen, JW. 21 517, 1302, 22 576; Arch. f. Eis. 22 757; ZVDEisV. 22 209. Das RG. 104 9 hat sich dem angeschlossen mit eingehender Begründung.

Über den Begriff „Kostbarkeit" siehe EVO. § 54 Anm. 12, über den Begriff Kunstgegenstände ebendort Anm. 13.

§ 87. Vermutung für den Verlust des Gutes. Wiederauffinden des Gutes

(1) Der Verfügungsberechtigte[1] kann das Gut ohne weiteren Nachweis[2] als verloren betrachten, wenn es nicht innerhalb eines Monats nach Ablauf der Lieferfrist[3] abgeliefert oder zur Abholung bereitgestellt worden ist.[4]

(2) Der Entschädigungsberechtigte kann bei Empfang der Entschädigung für das verlorene Gut in der Empfangsbescheinigung verlangen,[5] daß er sofort benachrichtigt wird, wenn das Gut binnen dreier Jahre[6] nach Zahlung der Entschädigung wieder aufgefunden wird. Hierüber ist ihm eine Bescheinigung zu erteilen.

(3) Innerhalb eines Monats nach erhaltener Nachricht kann der Entschädigungsberechtigte verlangen, daß ihm das Gut nach

seiner Wahl auf dem im Frachtbrief angegebenen Versand- oder Bestimmungsbahnhof kostenfrei ausgeliefert wird.[7] Die erhaltene Entschädigung hat er nach Abzug der gemäß §§ 88 und 90 für die Überschreitung der Lieferfrist zu gewährenden Entschädigung[8] zurückzuzahlen.[9]

(4) In allen anderen Fällen kann die Eisenbahn über das wiederaufgefundene Gut frei verfügen.[10, 11]

JÜG. Art. 30.

Literatur: Vogel, Anspruch auf Herausgabe überzähliger Güter (EE. 41 10).

1. Siehe EVO. § 95 (1); (EE. 31 188). Vorschrift ist gültig, denn sie enthält eine Erweiterung der Haftpflicht der Eisenbahn (HGB. § 471).

2. Rechtsvermutung zugunsten des Berechtigten; er kann Ersatz verlangen, ohne den Verlust beweisen zu müssen; Vermutung gilt nicht zugunsten der Eisenbahn; dieser steht Gegenbeweis, daß das Gut noch vorhanden, nicht zu (siehe EE. 17 328, 338, 18 358, 25 366, 28 172, 40 131; JW. 23 514). Will Berechtigter vor Fristablauf entschädigt sein, muß er den Verlust beweisen (EE. 27 139), es sei denn, daß dieser offenkundig ist.

3. Berechnung bei aufgehobener Lieferfrist siehe RG. 99 19, 104 415, 106 101; Sommerfeldt, ZVDEisV. 21 603; DJZ. 19 100.

4. Gilt auch bei teilweisem Verlust; ebenso Loening VR. 5 535; abweichend Eger Anm. 483; VR. 5 514.

5. Wortlaut ist nicht vorgeschrieben (z. B. „Vorbehaltlich meiner Rechte am Gut"). Vorbehalt, der nur mündlich oder schriftlich in anderer Form oder in einem anderen Zeitpunkt erhoben, ist unbeachtlich. Wird keine Quittung ausgestellt (z. B. bei Übersendung durch die Post), wird man dem Empfänger des Schadensbetrages das Recht zugestehen müssen, den Vorbehalt alsbald schriftlich der Eisenbahn gegenüber zu erklären (vgl. Rundnagel, Haftung S. 230 Anm. 7; siehe auch EE. 40 131; JW. 23 514).

6. Bisher war das Recht des Entschädigungsberechtigten auf Benachrichtigung unbefristet.

7. Nicht auch auf dem Fundbahnhof, es sei denn, daß sich die Eisenbahn insoweit freiwillig bereit erklärt (a. A. Eger, Bern.-FrÜb. Art. 36 Anm. 185). Versendung nach einem anderen als dem Versand- oder Bestimmungsbahnhof setzt neuen Frachtvertrag voraus. Freie Zuführung in die Wohnung ist nicht vorgeschrieben (siehe Boethke, EE. 24 407).

8. Also nicht auch etwaige andere Zahlungen aus §§ 90 und

aus 91 EVO. (so Rundnagel, BefGesch. S. 474; abweichend Eger Anm. 487).

9. Also kein Vergütungsanspruch der Eisenbahn für etwaige Mehrleistung (Aufbewahrung, Rückbeförderung u. a.; siehe Boethke, EE. 24 407). Auch Zinsen für die zurückzuzahlende Entschädigungssumme kann Eisenbahn nicht verlangen.

10. Eigentumsübergang kraft Gesetzes, aber nur, wenn die Eisenbahn Entschädigung gezahlt hat. In der vorbehaltlosen Annahme des Entschädigungsbetrages liegt eine Einigung über den Eigentumsübergang (BGB. § 929 Satz 2; vgl. auch BGB. § 255). Ist eine Entschädigung nicht gezahlt, ist Eisenbahn zur Auslieferung des wieder aufgefundenen Gutes verpflichtet (aber EVO § 94). Allerdings ist nicht oft nachweisbar, daß die Eisenbahn für ein bestimmtes überzähliges Gut Entschädigung gezahlt hat (z. B. bei Kohlensäureflaschen, Eisenfässern). Hier greift die gesetzliche Vermutung des BGB. (§§ 986, 1006) ein (siehe JW. 23 229; Seybold, VR. 2 240; Vogel, EE. 41 12).

11. Sind mehrere Bahnen an der Beförderung beteiligt, besteht Ausgleichspflicht.

§ 88. Höhe der Entschädigung bei Überschreitung der Lieferfrist

(1) Bei Überschreitung der Lieferfrist[1] hat die Eisenbahn den nachgewiesenen Schaden[2] bis zur Höhe der Fracht[3] zu ersetzen.

(2) Bei Verlust des Gutes kann keine besondere Entschädigung wegen Lieferfristüberschreitung verlangt werden.[4]

(3) Bei Minderung ist Entschädigung wegen Lieferfristüberschreitung bis zur Höhe der auf den nicht verlorengegangenen Teil der Sendung entfallenden Fracht zu leisten.

(4) Bei Beschädigung tritt die Entschädigung wegen Lieferfristüberschreitung gegebenenfalls zu der im § 85 vorgesehenen Entschädigung hinzu.[5]

(5) Zur Zahlung eines höheren Entschädigungsbetrags ist die Eisenbahn nur nach §§ 90 und 91[6] verpflichtet.[7]

HGB. §§ 466, 463, 471, 429; JüG. Art. 27, 33.

1. Lieferfrist: Begriff siehe EVO. § 74 Anm. 2. Überschreitung bedeutet Ablauf ohne Ablieferung des ganzen Gutes; auch bei Teilverspätung (siehe Rundnagel, BefGesch. S. 472 Anm. 7). Nur die bestimmungsgemäße Lieferfrist ist maßgebend, nicht etwa die übliche (EE. 31 314, 234, 34 316; ZVDEisV. 20 750). Innerdienstliche Vorschriften begründen keinen Rechtsanspruch (EE. 33 296). Auf Verzögerung unterwegs kommt es nicht an, wenn nur

die Frist im ganzen innegehalten ist (EE. 20 126, 25 182, 257, 44 68, 80, 210, 354; unrichtig für die Beförderung einer Tiersendung, weil der vorgeschriebene Beförderungsweg nicht innegehalten ist, EE. 46 59). Dies gilt selbst bei grobfahrlässiger Verzögerung (BR. 5 563), ob auch bei Vorsatz, kann im Hinblick auf § 226 BGB. (Schikane) fraglich sein (siehe RG. 89 338, 100 51). Die Erweiterung der Haftung der Eisenbahn wird gemildert durch die Vorschriften über das Ruhen der Lieferfrist in EVO. § 74 (7).

2. Also auch entgangenen Gewinn und individuelles Interesse an rechtzeitiger Lieferung.

3. Reine Fracht ohne Vorfracht, Nebengebühren, Auslagen (ROHG. 14 200; EE. 21 126). Beschränkung fällt fort bei Haftung nach EVO. § 91.

4. Der Verlust des Gutes kann eintreten a) vor Ablauf der Lieferfrist. Eisenbahn haftet nur nach EVO. § 82 ff., da Lieferfristüberschreitung nicht vorliegt; b) nach Ablauf der Lieferfrist, aber vor Ablieferung. Das ist der Fall des § 88 (2). Der Berechtigte hat dann nur den Verlustanspruch, nicht die Wahl zwischen diesem und dem Anspruch wegen Lieferfristüberschreitung (Loening S. 752).

5. Absatz 4 findet dann keine Anwendung, wenn die Beschädigung zwar auf eine Beförderungsverzögerung zurückzuführen ist, eine Lieferfristüberschreitung aber nicht stattgefunden hat (RG. 100 50). Im übrigen sind folgende Fälle zu unterscheiden:

a) Das Gut wird infolge von Umständen, die die Eisenbahn zu vertreten hat, vor Ablauf der Lieferfrist beschädigt und verspätet abgeliefert. Eisenbahn haftet nach EVO. § 88 (4). b) Das Gut wird infolge von Umständen, die die Eisenbahn zu vertreten hat, nach Ablauf der Lieferfrist beschädigt und verspätet abgeliefert. Beschädigung tritt unabhängig von der Lieferfristüberschreitung ein. Haftung wie zu a. c) Der Schaden stellt sich als Folge der überlangen Dauer der Beförderung dar. Haftung nur für Lieferfristüberschreitung (Rundnagel-Sperber S. 42; Sperber, ZVD.-EisW. 20 733).

6. Zahlreiche Beispiele bei Rundnagel, BefGesch. § 148 Anm. 7. In einer auffällig langen Dauer des Transportes an sich liegt noch kein Verschulden der Eisenbahn (EE. 44 65).

7. Beweislast bei Anwendung von EVO. § 88; Absender hat Frachtvertrag (EE. 25 361, 32 66), Ablauf der Lieferfrist, den durch die Lieferfrist entstandenen Schaden, Eisenbahn die Haftausschließungsgründe, also namentlich die Gründe für das Ruhen der Lieferfrist darzutun.

§ 89. Angabe des Lieferwerts (Interesses an der Lieferung)

(1) Der Absender kann den Wert, den er der unversehrten und fristgemäßen Lieferung des Gutes beimißt — Lieferwert[1] (Interesse an der Lieferung)[2] —, im Frachtbrief[3] angeben.

I Der Lieferwert ist in Reichsmark anzugeben.

(2) Der Betrag des Lieferwerts[4] ist an der dafür vorgesehenen Stelle des Frachtbriefs in Buchstaben einzutragen.[3]

(3) Für die Angabe des Lieferwerts ist eine im Tarif festzusetzende Gebühr zu zahlen,[5] die für unteilbare Einheiten von je 10 Reichsmark und 10 Tarifkilometer zu berechnen ist und 0,2 Reichspfennig für die Einheit nicht übersteigen darf. Überschießende Beträge werden auf 10 Reichspfennig aufgerundet. Als Mindestbetrag für die Beförderungsstrecke vom Versand- bis zum Bestimmungsbahnhof werden 40 Reichspfennig erhoben.

II Die Gebühr für Angabe des Lieferwerts ist im Nebengebührentarif (Teil I Abteilung B) festgesetzt.

(4)[6] Ist die Ersatzpflicht nach § 86 auf einen Höchstbetrag beschränkt, so ist eine Angabe des Lieferwerts über diesen Betrag hinaus unzulässig.[7]

HGB. §§ 463, 471; JÜG. Art. 35.

1. Durch die — bisher fehlende — Begriffsbestimmung des Lieferwertes soll ebensowenig wie durch die Verdeutschung des „Interesses an der Lieferung" eine sachliche Änderung des bisherigen Rechtszustands herbeigeführt werden (Begr. II).

2. EVO. kennt Angabe des Lieferwertes mit Wirkung für den Eintritt von
a) Verlust, Minderung, Beschädigung (EVO. § 90 (1) a) sowie von
b) Lieferfristüberschreitung (EVO. § 90 (1) b).
Getrennte Angabe des Interesses des Absenders am Mehrwert und am Verzug ist nicht gestattet, dagegen kann Schaden gleichzeitig aus beiden Ursachen entstehen (siehe Nehse, ZVDEisV. 08 1601). Über Zusammentreffen von Verlust und Lieferfristüberschreitung siehe EVO. § 90 Anm. 5. Beschränkungen in der Zulassung der Angabe des Lieferwertes hinsichtlich Zeitdauer, Beförderungsgegenstand oder Beförderungsweg sind nicht zulässig (ROHG. 7 99, 9 301, 12 280).

3. Abs. (1) und (2) decken sich nicht ganz. Ist Angabe des Lieferwertes zwar im Frachtbrief, nicht aber an der vorgeschriebenen Stelle eingetragen, muß Annahmebediensteter die Annahme ablehnen. Der Hinweis (Staub, 10. Auflage, § 463 Anm. 1), daß § 3 EVO. einen derartigen Grund zur Beförderungsverweigerung

nicht kenne, ist nicht stichhaltig. § 3 setzt voraus, daß die Formalien des Frachtvertrages in Ordnung sind. Die Nichtbeachtung des Abs. (2) bewirkt nach Ansicht der herrschenden Meinung Nichtigkeit der Angabe des Lieferwertes; der Frachtvertrag bleibt gültig (Staub, 12./13. Auflage, § 463 Anm. 1). Hiergegen unter Hinweis auf §§ 125, 139 BGB. mit beachtlichen Gründen Rundnagel-Sperber S. 146. Für den Fall, daß der Vermerk übersehen und sonst angewandte Sicherungsmaßnahmen unterlassen wurden, wird man zum mindesten ein Mitverschulden des Absenders annehmen müssen (Z. f. HandR. 19 614).

4. Der Höhe nach unbegrenzt.

5. Wird Gebühr nicht vom Absender übernommen, so gilt sie als auf den Empfänger überwiesen EVO. § 69 (5). Die Festsetzung der Höhe der Gebühr sollte man dem Tarif überlassen.

6. Bezieht sich nicht auf die in EVO. § 90 (1) b) geregelte Lieferfristüberschreitung (Rundnagel, Haftung S. 205). Da aber nur einheitliche Angabe möglich, ergibt sich folgendes: Auch im Falle des Abs. 4 kann das Interesse über den Betrag des § 86 EVO. angegeben werden; jedoch hat Mehrbetrag nur Bedeutung für Lieferfristüberschreitung (Schulz § 92 Anm. 3).

7. In dem nach § 86 EVO. festgesetzten Höchstbetrag ist die Höchstgrenze der Entschädigungsleistung für Verlust, Minderung oder Beschädigung zu suchen (Rundnagel, Haftung S. 218; Rundnagel-Sperber S. 143 Anm. 1).

§ 90. Umfang der Haftung bei Angabe des Lieferwerts

(1) Hat der Absender im Frachtbrief den Lieferwert angegeben, so kann beansprucht werden:

a) im Falle der Entschädigungspflicht der Eisenbahn für Verlust, Minderung oder Beschädigung des Gutes[1]
 1. die im § 85 vorgesehene Entschädigung,
 2. der Ersatz des nachgewiesenen weiteren Schadens[2] bis zur Höhe des Lieferwerts;[3]

b) bei Überschreitung der Lieferfrist:
 1. wenn nachgewiesen wird, daß ein Schaden aus der Überschreitung entstanden ist, eine Entschädigung bis zur Höhe des Lieferwerts,
 2. wenn ein Schaden aus Überschreitung der Lieferfrist nicht nachgewiesen wird:[4]
 bei einer Fristüberschreitung bis einschl.
 1 Tag . . . . $^1/_5$ der Fracht,
 bei einer Fristüberschreitung bis einschl.
 2 Tage . . . . $^2/_5$ der Fracht,

bei einer Fristüberschreitung bis einschl.
3 Tage . . . . 3/5 der Fracht,
bei einer Fristüberschreitung bis einschl.
4 Tage . . . . 4/5 der Fracht,
bei einer Fristüberschreitung von längerer Dauer die ganze Fracht, jedoch nicht mehr als der Betrag des Lieferwerts.

(2) Wird nachgewiesen, daß neben einem Schaden aus Lieferfristüberschreitung ein Schaden aus Minderung oder Beschädigung[5] entstanden ist, den die Eisenbahn zu vertreten hat, so kann verlangt werden:

a) die im § 85 vorgesehene Entschädigung,
b) der Ersatz des gesamten weiteren Schadens einschließlich des durch Überschreitung der Lieferfrist entstandenen bis zur Höhe des Lieferwerts.

(3) Ist der Betrag des Lieferwerts geringer als die ohne Angabe des Lieferwerts zu gewährende Entschädigung, so kann diese verlangt werden.

(4) Zur Zahlung eines höheren Entschädigungsbetrags ist die Eisenbahn nur nach § 91 verpflichtet.

Vgl. § 89 EVO.; HGB. §§ 463, 466, 471, 429; JÜG. Art. 27, 33.

1. Siehe § 82 Anm. 3 bis 5 EVO.

2. Einschließlich des entgangenen Gewinns; beweispflichtig für das Entstehen des Schadens und dessen Höhe ist der Berechtigte.

3. Über Zusammentreffen von Verlust und Lieferfristüberschreitung siehe Anm. 5.

4. Damit wird die Verordnung vom 27. 12. 22 (RGBl. 23 II 1) hinfällig, durch die die Eisenbahn von der Pflicht, auch bei nicht entstandenem oder nachgewiesenem Schaden einen Teil der Fracht zu erstatten, entbunden wurde. Es handelt sich bei der Bestimmung um eine widerlegbare Vermutung; Eisenbahn hat Möglichkeit des Gegenbeweises, daß kein oder nur ein geringerer Schaden als der der Überschreitung der Lieferfrist entsprechende Frachtanteil entstanden sei (Rundnagel, BefGesch. S. 467), und Einrede, daß ihre Haftung auf Grund von EVO. § 82 (3) ausgeschlossen sei. Es handelt sich um eine Schadensersatzpflicht der Eisenbahn, nicht um eine solche zur Frachtermäßigung (Rundnagel, BefGesch. S. 466; a. A. Schmedding, ZVDEisB. 14 383).

5. Wie EVO. § 88 (2) weicht auch diese Bestimmung vom bisherigen Recht insofern ab, als beim Zusammentreffen von Verlust des Gutes mit Lieferfristüberschreitung ein Entschädigungsanspruch

nur wegen Verlustes geltend gemacht werden kann (Begr. II). Siehe EVO. § 88 Anm. 4.

§ 91. Voller Schadensersatz [1]

Ist in den Fällen der §§ 85, 86, 88 und 90 der Schaden[2] durch Vorsatz[3] oder grobe Fahrlässigkeit[4] der Eisenbahn[5] herbeigeführt,[6,7] so ist der volle Schaden[8] zu ersetzen.[9,10]

HGB. §§ 457, 466, 471; BGB. §§ 249 ff.; JÜG. Art. 36.

1. Kein selbständiger Haftungsgrund; Haftung der Eisenbahn soll in den Fällen der §§ 85 usw. hinsichtlich der Höhe des Schadensbetrages verschärft werden (so schon für das alte Recht ROHG. 8 271); RG. 89 338, 100 53; Goltermann, EE. 38 16; abweichend Eger S. 534; Schulz, Haftpflicht S. 112. Eine Unterlassung kann nur dann schuldhaft sein, wenn eine Pflicht — hier dem Frachtvertragsgegner gegenüber — zum Handeln bestand (Planck, BGB. § 276 Anm. 1; JW. 20 969). Andere Ansprüche gegen Eisenbahn als in vorstehend genannten Paragraphen enthalten, sind nach allg. bürgerl. Recht zu behandeln.

2. Den die Eisenbahn zu vertreten hat. Beweispflichtig ist der Fordernde (Arch. f. Eis. 22 749, 964; Loening S. 787).

3. Voraussehen — nach anderer Meinung: Wollen — des Erfolges.

4. Grobe Außerachtlassung der Sorgfalt eines ordentlichen Frachtführers (EE. 17 259, 37 162); eine ohne jede Anstrengung der Aufmerksamkeit zu vermeidende Fahrlässigkeit (EE. 22 28).

5. Oder ihrer Leute (siehe EVO. § 5). Diebstahl der Bediensteten ist also der Eisenbahn als Vorsatz anzurechnen (ROHG 23 309; RG. 7 129; Düringer-Hachenburg S. 850). Daß Eisenbahner gestohlen haben, muß der Fordernde beweisen; es besteht keine Vermutung für Diebstahl der Bediensteten (siehe Sommerfeldt, ZVDEisV. 22 113 gegen RG. 102 206), doch muß Eisenbahn Vorkehrungen zur Überwachung ihrer Bediensteten treffen (ROHG. 12 430; siehe auch EVO. § 83 Anm. 7).

6. Bei beiderseitigem Verschulden Schadensausgleich gemäß § 254 BGB. (siehe hierüber JW. 26 1437; EE. 34 312), und zwar muß sich Absender ein Verschulden des Empfängers, dieser ein Verschulden des Absenders anrechnen lassen (siehe Düringer-Hachenburg § 430 Anm. 17).

7. Endgültig entscheidet das Ermessen des Richters, der zur Feststellung von Vorsatz oder Fahrlässigkeit der Eisenbahn auch auf die dem Beförderungsvorgang zu Grunde liegenden Betriebsverhältnisse eingehen muß (EE. 45 196); die Eigenarten des Bahnbetriebs (Massenbetrieb, Hast, Eile) sind dabei zu berücksichtigen (siehe Goltermann, EE. 38 16; RG. 89 347; abweichend Sendpiehl, EisTransp. S. 329).

8. Nach §§ 249 ff. BGB. also Naturalersatz (anders JÜG. Art. 36); in der Praxis aber fast nur Geldentschädigung üblich, die zureicht, statt des in Verlust geratenen Gutes Ersatz zu beschaffen. Dies war während der Zeit der Inflation besonders beachtlich (siehe RG. 101 418, 102 143, 383, 109 16). Zum Schaden gehört auch entgangener Gewinn (Begriff BGB. § 252), ferner Entwertung, Konventionalstrafen. Geltend zu machen ist der Schaden, der allen Frachtbeteiligten entstanden ist (siehe RG. 62 334; Hellwig S. 82 ff., 482; Sommerfeld, VR. 1 279, 4 217). Der volle Schaden ist nie geringer als die Entschädigung nach § 85 EVO.

9. Beispiele:

a) Vorsatz oder grobe Fahrlässigkeit ist nicht angenommen bei: Verzögerung innerhalb der Lieferfrist (EE. 31 338, 44 68, 80); Abfertigung nach einem Bahnhof gleichen oder ähnlichen Namens (EE. 26 298; abweichend Arch. f. Eis. 23 517); unrichtiger Bezettelung eines Wagens (EE. 20 118; abweichend 34 312) oder Stückgutes; Loslösen des Beklebezettels (SpedSchiffZtg. 21 777, 1043); Fehlverladung (EE. 27 160, 14 20; abweichend 22 271); Verwechslung von Wagennummern (EE. 17 252, 18 306, 26 140, 298); versäumter Ausladung auf einem Unterwegsbahnhof (EE. 17 329, 27 160; abweichend 16 54); falscher Frachtberechnung (EE. 44 59); Heißlaufen des Wagens (EE. 18 306). Rangierstöße, und zwar leichte, heftige und sogar übermäßig starke stellen als solche noch kein Verschulden der Eisenbahn dar. Dies trifft erst dann zu, wenn im Einzelfall durch bestimmte Tatsachen nachgewiesen wird, daß sie auf ein Verschulden der Eisenbahn zurückzuführen sind (VR. 3 37; EE. 38 128, 46 88; SpedSchiffZtg. 14 126; Loening S. 786).

b) Dagegen bedeutet grobe Fahrlässigkeit: das Abhandenkommen von Gut und Brief (siehe EE. 41 48, 43 83, 44 187; VR. 1 469; JW. 23 238; abweichend, aber wohl richtiger, EE. 41 360); Zusammenladung offensichtlich hierzu ungeeigneter Güter (Kaffee und Petroleum) (Busch, Arch. f. Eis. 10 388; Z. f. HandR. 19 614); Diebstahl durch Dritte, wenn Eisenbahn nicht die erforderlichen Abwehrmaßnahmen getroffen hat (ROHG. 12 430; siehe aber auch RG. in EE. 42 203 ff.) — vollständige Einzäunung der großen Bahnhöfe oder gar der Strecke ist natürlich unmöglich, Einzäunung oder Bewachung der Ladestraßen vielleicht im Einzelfall zu verlangen (Nähe großer Städte) —; Beachtung einer vorschriftswidrigen nachträglichen Verfügung (EE. 22 126); Einstellung eines beladenen Wagens in einen Leerzug (VR. 3 87); Unterbringung von Gütern in nicht vergitterten und unbeaufsichtigten Gepäckräumen des Nachts in ländlichen Gegenden (VR. 3 531—535); mangelhafte Handhabung des Ermittlungsdienstes (EE. 22 28, 27 57, 44 189; siehe Rundnagel-Sperber S. 142 Anm. 23); vgl. ferner die unter Anm. 9a als „abweichend" bezeichneten Urteile. Es ist sonach Tatfrage, ob im Einzelfall die Umstände eine erhöhte Sorgfalt hätten verlangen müssen. Nicht richtig ist, wenn Senckpiehl (S. 330) in jeder Verletzung positiver Vorschriften der EVO. oder ihrer Ausführungsvorschriften grobe Fahrlässigkeit sehen will. Noch weniger gilt dies naturgemäß bei Verletzung innerdienstlicher Vorschriften, z. B. der Allgemeinen Abfertigungsvorschriften oder auch der Ermittlungsvorschriften (siehe aber oben Anm. 9 b). Gemeinsames Verschulden ist angenommen bei Schreibfehler in der Frachtbriefadresse (EE. 40 126; doch ist dies Erkenntnis mit Rücksicht auf EVO. § 57 wohl unrichtig).

10. Beweislast: Berechtigter hat Haftpflicht der Eisenbahn nach §§ 85 ff. und Tatsachen darzutun, aus denen Vorsatz oder grobe Fahrlässigkeit hervorgeht (Loening VR. 5 13; EE. 39 38; aber auch ROHG. 21 21, 23 310; JW. 23 238; RG. 109 16).

§ 92. Verzinsung der Entschädigungsbeträge

Die von der Eisenbahn zu zahlenden Entschädigungsbeträge[1] sind auf Verlangen vom Tage des Eingangs des Entschädigungsantrags[2] an mit 5 v. H. zu verzinsen; Beträge unter 10 Reichsmark für den Frachtbrief[1] werden jedoch nicht verzinst.

JÜG. Art. 37; EVO. § 70 (6).

1. Hierunter fallen nicht zuviel erhobene Frachtbeträge, deren Verzinsung in § 70 (6) EVO. geregelt ist, sowie Entschädigungsansprüche, die nicht auf Grund des Frachtvertrages geltend gemacht werden. Dies folgt aus den Worten „für den Frachtbrief". Außerdem hebt die Begr. II. hervor, daß EVO. § 92 dem Art. 37 JÜG. nachgebildet worden ist. Dort ist aber noch deutlicher als in EVO. § 92 hervorgehoben, daß der Berechtigte nur eine Verzinsung „der ihm auf einen Frachtbrief gewährten Entschädigung" verlangen kann (siehe auch Loening S. 791).

2. Bei den zuständigen Stellen; bei der Reichsbahn entscheiden die sogenannten Normaldienststellen (Güterabfertigungen) über Anträge auf Entschädigungen bis zum Betrage von 30 RM., die Vorstände der Verkehrsämter über solche bis zum Betrage von 500 RM., und die Reichsbahndirektionen über Anträge, die den Betrag von 500 RM. übersteigen. Sind mehrere Eisenbahnen beteiligt, bestimmt EVO. § 96 die zuständige Bahn. Über die Prozeßvertretung der deutschen Reichsbahn siehe EVO. § 96 Anm. 8.

§ 93. Erlöschen der Ansprüche gegen die Eisenbahn aus dem Frachtvertrag

(1) Ist die Fracht nebst den sonst auf dem Gute haftenden Forderungen bezahlt[1] und das Gut vom Empfänger angenommen,[2] so sind alle Ansprüche gegen die Eisenbahn[3] aus dem Frachtvertrag[4] erloschen.

(2) Hiervon sind ausgenommen:

a) Entschädigungsansprüche für Schäden, die durch Vorsatz oder grobe Fahrlässigkeit der Eisenbahn herbeigeführt sind;[5]

b) Entschädigungsansprüche wegen Lieferfristüberschreitung, wenn sie innerhalb eines Monats,[6] den Tag der Annahme durch den Empfänger nicht mitgerechnet, bei einer der nach § 96 in Anspruch zu nehmenden Eisenbahnen schriftlich angebracht werden;[7]

c) Entschädigungsansprüche wegen solcher Mängel, die nach § 81 vor der Annahme durch den Empfänger festgestellt worden sind oder deren Feststellung entgegen dieser Vorschrift durch Verschulden der Eisenbahn unterblieben ist;[8]

d) Entschädigungsansprüche wegen solcher Mängel, die bei der Annahme durch den Empfänger äußerlich nicht erkennbar waren,[9] jedoch nur unter folgenden Voraussetzungen:

1. daß der Empfänger unverzüglich[10] nach der Entdeckung, spätestens aber binnen einer Woche nach der Annahme die Feststellung des Schadens gemäß § 81 beantragt,[11] und
2. daß er beweist,[12] daß der Mangel in der Zeit zwischen der Annahme zur Beförderung und der Ablieferung entstanden ist.

Ist der Eisenbahn der Mangel unverzüglich[10] nach der Entdeckung und binnen der bezeichneten Frist angezeigt,[13] so genügt es, wenn die Feststellung unverzüglich[10] nach dem Zeitpunkt beantragt wird, bis zu dem der Eingang einer Antwort der Eisenbahn unter regelmäßigen Umständen erwartet werden darf;

e) Ansprüche wegen zu Unrecht erhobener Frachtzuschläge, unrichtiger Erhebung von Fracht, Nebengebühren und sonstigen Kosten oder wegen Nachnahmen.[14]

HGB. §§ 438, 464, 471; JüG. Art. 44.

Literatur: Gorden, Erlöschen bei frankierten Sendungen, EE. 31 1, 163; Loening, Tatbestand und Entschädigungsanspruch, EE. 41 303; Irrtum des Empfängers bei der Annahme, EE. 41 149; Rundnagel-Sperber S. 159, namentlich Anm. 8.

1. Einerlei von wem, also auch vom Absender bei Freisendungen; dies auch dann, wenn Empfänger ebenfalls Zahlungen zu leisten hat (siehe Gorden, EE. 31 1 u. 163; Reindl, EE. 19 363 und ZVDEisV. 97 101; Senckpiehl, EisTransGesch. S. 334; Düringer-Hachenburg § 438 Anm. 20; abweichend Eger Anm. 505; Staub § 438 Anm. 4 u. 6). Zahlung in bar oder auch Hingabe an Zahlungs Statt. Im Frachtstundungsverkehr wird Barzahlung ersetzt durch vertraglich vereinbarte Zahlungsregelung (Vermerk im Stundungskonto, Hingabe von Anweisungsschecks; siehe Rundnagel-Sperber S. 161; Starck, EE. 39 7, 44 214; abweichend Staub § 438 Anm. 5; über die Bankstundung der Reichsbahn siehe Kröner VR. 6 3, 116, 167, 380; v. Schaewen, ZVD.-EisV. 26 417); Teilzahlung ist als genügend anzusehen (als Indiz will sie ROHG. 1 181 werten); Zahlungsversprechen genügt nicht (RG. 25 31). Rechtswirkung tritt kraft Gesetzes ein, ohne daß sie der Zahlende gewollt haben muß. Nur die Zahlung selbst oder die Annahme kann wegen Irrtums angefochten werden, nicht ihre Folgen (VR. 3 455; Rundnagel-Sperber S. 163).

2. Die Rechtswirkung des § 93 (1) EVO. entfällt somit bei Totalverlust während der Beförderung (EE. 22 371, 26 404, 28 40), natürlich auch bei Auslieferung eines falschen Gutes (EE. 16 3, 22 371; VR. 4 752). Annahme des Frachtbriefs oder Avises allein oder Quittungsleistung über Annahme, ohne daß diese tatsächlich erfolgt ist, genügt nicht (VR. 3 259); Wirkung tritt auch nicht ein, wenn Absender Gut vor Absendung zurücknimmt (RG. 22 145), oder Gut vor Ankunft auf dem Bestimmungsbahnhof ohne nachträgliche Anweisung des Absenders ausgeliefert wird. Über die Annahme von Gütern durch Anschlußgleisinhaber siehe PAB. § 16 Ziff. 2, abgedruckt S. 355. Ausstellen eines neuen Frachtbriefs zwecks Weitersendung des Gutes gilt als Annahme (ZVDEisV. 21 456; RG. 102 258, 93; EE. 39 50; Rundnagel-Sperber S. 22 u. 161; abweichend EE. 41 58, 40 10). Nach RG. 114 314, 115 92 kann unter Umständen bei sofortiger Weitersendung auf neuen Frachtbrief Annahme bis zur Verfügungstellung des Gutes auf dem neuen Bestimmungsbahnhof als hinausgeschoben erachtet werden; bagegen mit Recht Loening S. 377. Über Vollendung der Annahme bei Wagenladungs- und Stückgütern siehe Rundnagel-Sperber S. 162 ff

Erfolgte Annahme wird durch Rückgabe des Gutes nicht rückgängig gemacht (EE. 29 285).

3. Nicht auch umgekehrt die Ansprüche der Eisenbahn gegen Absender oder Empfänger. Nach der herrschenden Meinung ist das Erlöschen nicht von Amts wegen zu berücksichtigen (Rundnagel-Sperber S. 164; siehe auch Loening S. 864).

4. Alle Ansprüche aus der mangelhaften Erfüllung des Vertrages, also nicht nur wegen Verlusts, Minderung, Beschädigung oder Lieferfristüberschreitung, soweit sie bis zur Ablieferung entstanden sind (Senckpiehl, VR. 1 229). Nicht hierunter fallen die auf anderen Rechtsgründen beruhenden Ansprüche (unerlaubte Handlung, Verwahrung [§ 64]) (Gorden, EE. 15 79; ROHG. 15 34, 24 305), wohl aber Ansprüche wegen vergeblich versuchter Abholung (EE. 22 24, a. A. 23 355) und wegen Teilverlustes (EE. 21 155). Sie müssen aber z. Zt. der Annahme bestehen (VR. 1 229). Ansprüche wegen der Höhe der Fracht sind in § 70 besonders geregelt [siehe auch (2) e].

5. Siehe EVO. § 91. Bloßes Verschweigen etwa dem Zahlenden zustehender Ansprüche ist weder Vorsatz noch grobe Fahrlässigkeit. Bei Arglist ist BGB. § 823 anzuwenden (EE. 24 233). Gilt auch für Lieferfristüberschreitung (EE. 17 260, 24 63). Entgegen (2) b u. d ist keine Frist gesetzt (EE. 24 63). Beweispflichtig ist der Berechtigte (EE. 41 58).

6. Berechnung siehe BGB. §§ 187 ff., 193; EE. 25 150. Als empfangsbedürftige Willenserklärungen müssen die Ansprüche innerhalb der Frist den Eisenbahnen zugehen (siehe BGB. § 130 ff.; EE. 15 123; DJZ. 08 824, 09 1388; EE. 25 150).

7. Siehe EE. 15 123, 25 150. Schriftlichkeit ist Mußvorschrift, doch genügt Aufnahme eines Protokolls mit Unterschrift. Beigabe des Frachtbriefs ist nicht erforderlich (EE. 18 68, 20 352). Klageerhebung, Erhebung der Widerklage, einer Einrede, eines Arrestes innerhalb der einmonatigen Frist ersetzt schriftliche Anbringung. Beruht Lieferfristüberschreitung auf Vorsatz oder grober Fahrlässigkeit der Eisenbahn, so gilt (2) a. Anspruch braucht dann also nicht innerhalb der einmonatigen Frist geltend gemacht zu werden.

8. Für die Anwendung der Bestimmung zu c ist es gleichgiltig, welches Ergebnis die Tatbestandsaufnahme gehabt hat. Rechtsprechung: EE. 23 357, 24 64, 27 45, 28 194, 45 198.

9. EVO. § 82; Mängel von Gut und Verpackung (EE. 39 127, 11 216, 12 215, 42 328 [Gewichtsverlust]).

10. Da das „Unverzüglich" die Frist von einer Woche entgegen dem § 464 HGB. verkürzt, ist diese Fristbestimmung nichtig (HGB. § 471); so EE. 40 128; Eger Anm. 510 a; Düringer-Hachenburg § 464 Anm. 2; abweichend Rundnagel-Sperber S. 167.

11. Das bisherige Erfordernis der Schriftform für den Antrag

auf Feststellung des Schadens ist weggefallen (Begr. II). Als solcher ist auch die bloße Anzeige eines Mangels oder die eine solche enthaltende Erhebung einer Reklamation anzusehen (Rundnagel-Sperber S. 168). Der Antrag ist an die Bahn zu richten, die das Gut angenommen hat. Antrag oder Anzeige an den bahnamtlichen Rollfuhrunternehmer genügen nicht (Loening S. 874).

12. Siehe EE. 22 256, 25 361, 18 146, 21 280, 23 357, 41 58; RG. 102 92.

13. Nachweis der Absendung innerhalb der Frist genügt nicht.

14. Siehe EVO. § 70.

§ 94. Verjährung[1] der Ansprüche aus dem Frachtvertrag

(1) Ansprüche aus dem Frachtvertrag verjähren in einem Jahre.

(2) Die Verjährungsfrist beginnt:

a) bei Ansprüchen auf Zahlung oder Erstattung von Fracht, Frachtzuschlägen, Nebengebühren und sonstigen Kosten[2] oder Nachnahmen mit Ablauf des Tages der Zahlung[3] oder, wenn keine Zahlung stattgefunden hat, mit Ablauf des Tages, an dem das Gut zur Beförderung angenommen ist;[4]

b) bei Ansprüchen auf Entschädigung wegen Verlustes[5] des Gutes mit Ablauf der Lieferfrist;[6]

c) bei Ansprüchen auf Entschädigung wegen Minderung, Beschädigung oder Lieferfristüberschreitung mit Ablauf des Tages der Ablieferung;[7]

d) bei Ansprüchen auf Zahlung eines von der Zollbehörde verlangten Betrages mit Ablauf des Tages, an dem die Zollbehörde das Verlangen gestellt hat.

(3) Die Verjährung des Anspruchs gegen die Eisenbahn[8] wird, abgesehen von den allgemeinen gesetzlichen Hemmungsgründen[9] auch durch seine schriftliche Anmeldung[10] gehemmt. Ergeht auf die Anmeldung ein abschlägiger Bescheid, so läuft die Verjährungsfrist von dem Tage an[10a] weiter, an dem die Eisenbahn ihre Entscheidung dem Anmeldenden schriftlich bekanntmacht und ihm die der Anmeldung etwa beigefügten Belege[11] zurückgibt. Weitere Gesuche hemmen die Verjährung nicht.[12]

(4) Wegen der Unterbrechung der Verjährung bewendet es bei den allgemeinen gesetzlichen Vorschriften.[13]

(5) Die Ansprüche gegen die Eisenbahn wegen Verlustes, Minderung oder Beschädigung des Gutes oder wegen Überschreitung der Lieferfrist können nach der Vollendung der Verjährung nur aufgerechnet werden, wenn vorher[14] der Verlust, die Minderung, die Beschädigung oder die Überschreitung der Lieferfrist der Eisenbahn angezeigt oder die Anzeige an sie abgesandt worden ist. Der Anzeige an die Eisenbahn steht es gleich, wenn gerichtliche Beweisaufnahme zur Sicherung des Beweises beantragt oder wenn in einem zwischen dem Absender und Empfänger oder einem späteren Erwerber des Gutes wegen des Verlustes, der Minderung, der Beschädigung oder der Lieferfristüberschreitung anhängigen Rechtsstreit der Eisenbahn der Streit verkündet wird.

(6) Die Vorschriften dieses Paragraphen finden keine Anwendung, wenn die Eisenbahn den Verlust, die Minderung, die Beschädigung oder die Lieferfristüberschreitung vorsätzlich[15] herbeigeführt hat.[16] Sie finden ferner keine Anwendung auf Rückgriffsansprüche der Eisenbahnen untereinander (§ 96).

HGB. § 470; JüG. Art. 45.

Literatur: Gorden in EE. 28 134; Reindl, ebenda 21 318; Epstein, ebenda 22 320; DJZ. 03 100, 122; ZVDEisV. 02 386, 553, 627; Roeder, EE. 40 153; RG. 95 34; Kröner, ZVDEisV. 28 862.

1. In der EVO. von 08 war nur die Verjährung der Ansprüche gegen die Eisenbahn wegen Verlustes, Minderung oder Beschädigung des Gutes oder wegen Überschreitung der Lieferfrist geregelt. Die jetzige Bestimmung ist allgemein auf alle Ansprüche aus dem Frachtvertrag ausgedehnt und bezieht sich auch auf die Ansprüche der Eisenbahn gegen die Verfrachter. Unter die Ansprüche gegen die Eisenbahn aus dem Frachtvertrag fällt außer den bereits erwähnten und den in Abs. 2 aufgeführten auch der Anspruch auf Ersatz des Schadens, der dadurch entstanden ist, daß die Eisenbahn unanbringliches Gut nicht „bestmöglich“ (EVO. § 80 (4)) verkauft hat, usw. Keine Ansprüche aus dem Frachtvertrag sind solche aus Verwahrung (EVO. § 64), aus Verstoß gegen EVO. § 3, soweit der Frachtvertrag noch nicht abgeschlossen war, Ansprüche aus Anrollen durch den bahnamtlichen Rollfuhrunternehmer, usw. Hier läuft die dreißigjährige Frist. Über die sechsmonatige Frist des § 638 BGB. siehe Düringer-Hachenburg § 439 Anm. 2 (RG. 62 119, 64 41, 66 12).

2. Wegen der „sonstigen Kosten“ siehe EVO. § 70 Anm. 1.

3. Als solcher gilt bei Frachthinterlegung (EVO. § 69 (7)) der Tag der entgiltigen Verrechnung (Rundnagel, BefGesch. S

365; siehe auch EE. 23 60, 24 263), bei Frachtstundung der Tag der Belastung der Stundungsrechnung (Rundnagel-Sperber S. 161).

4. Als Tag der Annahme des Gutes gilt bis zum Beweis des Gegenteiles das Datum in dem Annahmestempel der Güterabfertigung, der dem Frachtbrief aufgedrückt wird (EVO. § 61 (1)).

5. Siehe EVO. § 82 Anm. 3.

6. Bei aufgehobener Lieferfrist nach Ablauf der angemessenen (EE. 38 206); siehe EVO. § 74. Die Frist des § 87 wird nicht einberechnet.

7. Ablieferung siehe EVO. § 75 Anm. 1. Frist läuft also nicht bei Annahmeverweigerung, wohl aber bei Ersatzablieferung (ROHG. 17 80; RG. 34 260; EE. 14 306).

8. Siehe JW. 22 1539. Beigabe des Frachtbriefs wird nicht gefordert. Die Frist läuft ab, auch wenn der Berechtigte die Entstehung des Schadens nicht kennt oder den Anspruch nicht geltend machen kann (ROHG. 15 126; Staub § 414 Anm. 6).

9. Siehe BGB. §§ 202 ff.

10. Bei der nach § 96 EVO. zuständigen Eisenbahn. (A. A. Eger Anm. 523; Düringer-Hachenburg § 470 Anm. 10). Hemmung beginnt mit Eingang der schriftlichen Anmeldung (EE. 40 154). Auf die Hemmung durch Anmeldung kann sich nur der Anmeldende selbst oder sein Rechtsnachfolger berufen, nicht dagegen der Absender, wenn der Empfänger seinen Anspruch aus eigenem Recht angemeldet hat (RG. 109 310). Keine Anmeldung des Anspruches ist das Ersuchen um Nachforschung nach ausgebliebenem oder verschwundenem Gut (EE. 42 329), ebensowenig der Antrag auf Aufnahme des Tatbestandes und die Aufnahme selbst (SpedSchiff.-Ztg. 26 154).

10a. Dieser Tag wird also abweichend von BGB. § 187 für den Weiterlauf der Verjährung mitgerechnet (EE. 46 390).

11. D. s. nicht nur Urkunden, die für die Klageerhebung und die Verfolgung des Ersatzanspruchs von Bedeutung sind, wie Frachtbriefe, Originalfakturen, Abtretungsurkunden, eidesstattliche Versicherungen, sondern auch alle solche Belege, die nicht die Eigenschaft von Beweisurkunden haben. Beendigung der Hemmung erst mit Rückgabe des letzten Beleges (EE. 23 357).

12. Es sei denn, daß die Eisenbahn ihren ersten Bescheid ausdrücklich als keinen entgiltigen bezeichnet hat, und daß dies der Grund für die Versäumung der Frist zur Klageerhebung war (EE. 45 62).

13. Siehe BGB. § 205 ff. Feststellungsklage unterbricht Verjährung in voller Höhe, bezifferte Leistungsklage nur in Höhe des geforderten Betrages (RG. 75 306; Recht 23 242, 250), es sei denn, daß Klage ersehen läßt, daß voller Ausgleich erstrebt wird

(RG. 102 143; Recht 23 321). Dagegen keine Unterbrechung der Verjährung, wenn Reklamation von einem Dritten ohne Vorlage der Reklamationsurkunde eingereicht wird. Eisenbahn ist nicht verpflichtet, den unberechtigten Reklamanten zur Nachbringung einer Abtretungsurkunde aufzufordern.

14. Vor Vollendung der Verjährung (Epstein EE. 21 95, 22 320; Reindl, ebendort 21 318).

15. Also nicht auch grobfahrlässig (ROHG. 12 137, 15 32).

16. Es gilt dann die 30jährige Verjährungsfrist des § 195 BGB. (EE. 46 305). Verhinderung der Geltendmachung der Verjährung siehe JW. 24 1968.

§ 95. Geltendmachung der Rechte aus dem Frachtvertrag

(1) Zur Geltendmachung der Rechte[1] aus dem Frachtvertrag[2] gegenüber der Eisenbahn ist nur der befugt, dem das Verfügungsrecht[3] über das Gut zusteht [vgl. aber §§ 70 (4) und 71 (4) und (5)].

(2) Ist ein Frachtbriefdoppel ausgestellt, so kann der Absender Rechte aus dem Frachtvertrag nur geltend machen, wenn er das Doppel in Urschrift vorlegt. Ist er dazu nicht imstande, so hat er nachzuweisen, daß der Empfänger[4] seine Zustimmung erteilt oder die Einlösung des Frachtbriefes[5] verweigert hat.

(3) Außergerichtliche Ansprüche sind schriftlich[6] bei einer der nach § 96 (3) zuständigen Eisenbahnen[7] geltend zu machen, abgesehen von den in den §§ 70 (7) und 71 (6) vorgesehenen Fällen. War der Frachtbrief dem Empfänger übergeben, so ist er in Urschrift vorzulegen. Andere Belege[8] können auch in Abschrift vorgelegt werden, die jedoch auf Verlangen der Eisenbahn öffentlich beglaubigt sein muß. Handelt es sich um eine Entschädigung wegen Verlustes, Minderung oder Beschädigung, so ist eine Bescheinigung über den Wert des Gutes beizufügen. Die Eisenbahn hat die Ansprüche mit tunlichster Beschleunigung zu prüfen und den Antragsteller schriftlich zu bescheiden, wenn keine Verständigung erfolgt.[9]

Wird ein Anspruch aus dem Frachtvertrag auf einen Dritten übertragen, so muß für jede Frachtbriefsendung eine besondere Abtretungserklärung abgegeben werden.

HGB. §§ 455, 471; JüG. 40, 41.

1. Aktivlegitimation; gilt für gerichtliche wie außergerichtliche Geltendmachung.

2. Also nicht aus anderen Verträgen, z. B. Verwahrungs-

vertrag (§ 64 EVO.), aus Handlungen vor Abschluß oder nach Ablauf des Vertrages; siehe auch EE. 23 391.

3. D. h. wenn ein Frachtbriefdoppel nicht ausgestellt ist, der Absender bis zur Ankunft des Gutes oder wenigstens eines Teiles (bei Teilverlust) auf dem Bestimmungsbahnhof; von da ab bis zur Einlösung des Frachtbriefes oder schriftlichen Geltendmachung des Anspruches auf Übergabe des Frachtbriefes und des Gutes durch den Empfänger (EVO. § 72 (13)) sowohl Absender als Empfänger, von da ab lediglich der Empfänger (vgl. Rundnagel-Sperber S. 176; siehe EE. 17 164, 23 10, 24 253, 379). Der Empfänger erlangt kein Verfügungs- und damit auch kein Reklamationsrecht, wenn das Gut auf dem Bestimmungsbahnhof nicht ankommt (EE. 23 377); bei Teilverlust erlangt er auch das Reklamationsrecht über den fehlenden Teil (siehe EVO. § 75 Anm. 10). Ist ein Frachtbriefdoppel ausgestellt, ist das Verfügungsrecht des Absenders beschränkt (siehe EVO. § 72 (7) und § 95 (2)). Bei gänzlichem Verlust des Gutes ist also lediglich der Absender berechtigt (Staub § 435 Anm. 1; EE. 23 377; Hellwig, Verträge auf Leistung § 68). Tritt der Empfänger zurück, leben die Rechte des Absenders wieder auf (siehe oben § 72 Anm. 29; a. A. Eger Anm. 528 und die dort Angeführten). Außer Betracht bleibt das Rechtsverhältnis zwischen dem Absender und Empfänger (RG. 1 1; siehe Leutke, Das Verfügungsrecht beim Frachtgeschäft, S. 59 ff.; EE. 23 377) oder zwischen ihnen und Dritten. Der Eigentümer hat aus dem Frachtvertrag kein Klagerecht (siehe EE. 33 395 und Einl. zu Abschn. VIII; a. A. Senckpiehl S. 341), auch nicht der Dritte, für den etwa der Absender angeblich den Frachtvertrag geschlossen hat (siehe RG. in Z. f. Kleinbahnen 20 326).

4. Siehe EE. 18 319. Verweigert der Empfänger die Zustimmung, hat niemand das Reklamationsrecht. Es ist Sache des Absenders, sich wegen Erklärung der Zustimmung mit dem Empfänger auseinanderzusetzen.

5. Nach der EVO. von 08 war nachzuweisen, daß der Empfänger sich geweigert hatte, „das Gut" anzunehmen.

6. Auch zu Protokoll. Der Berechtigte kann auch sofort klagen; Prozeßkosten nach § 93 ZPO. Muß Reklamation vom Berechtigten unterschrieben sein? (VR. 1 446). Auf Vorlage des Frachtbriefes hat die Eisenbahn einen Rechtsanspruch (vgl. aber Übereink. z. VerBetrRegl. Art. 18 Ziff. 3).

7. Die Eisenbahnen werden gerichtlich und außergerichtlich vertreten durch ihre Direktionen, die Deutsche Reichsbahn-Gesellschaft durch die Reichsbahndirektionen. Die Verkehrsämter und Dienststellen (Abfertigungen) sind zwar zur außergerichtlichen Behandlung von Entschädigungsansprüchen zuständig, soweit sie bestimmte

Beträge nicht übersteigen (siehe EVO. § 92 Anm. 2), nicht aber zur Prozeßvertretung. Rollfuhrunternehmer und ihre Kutscher sind zur Entgegennahme von Reklamationen nicht befugt (Loening, Danziger JurMSchr. 457). Klagen gegen deutsche Bahnen im Ausland siehe RG. 62 165; EE. 26 376.

8. Abtretungs-, Vollmachtsurkunden usw. Über die Folgen der Nichtbeifügung siehe Loening S. 814 f. Abs. 3 Satz 3 ist in Anpassung an Art. 40 § 4 JÜG. zur Erleichterung für die Verfrachter neu aufgenommen worden.

9. Bei schuldhafter Versäumung und Mahnung nach Fälligkeit: Verzug (JW. 26 486).

§ 96. Haftung mehrerer an der Beförderung beteiligter Eisenbahnen[1]

(1) Die Versandbahn[2] haftet für die Ausführung der Beförderung bis zur Ablieferung des Gutes an den Empfänger ohne Rücksicht darauf, ob nur eigene oder auch fremde Strecken benutzt werden.

(2) Jede nachfolgende Bahn tritt dadurch, daß sie das Gut[3] mit dem ursprünglichen Frachtbrief[4] annimmt, diesem gemäß in den Frachtvertrag ein und übernimmt die selbständige Verpflichtung, die Beförderung nach dem Inhalt des Frachtbriefs auszuführen.

(3) Die Ansprüche aus dem Frachtvertrag[5] können jedoch im Wege der Klage nur gegen die Versandbahn oder Empfangsbahn[6] oder gegen die Bahn, welche das Gut zuletzt mit dem Frachtbrief übernommen hat, oder gegen diejenige, auf deren Strecke sich die den Anspruch begründende Tatsache ereignet hat,[7] gerichtet werden. Unter diesen Bahnen hat der Kläger die Wahl.[8] Das Wahlrecht erlischt mit Erhebung der Klage.[9] Durch Widerklage oder Aufrechnung[10] können Ansprüche aus dem Frachtvertrag auch gegen eine andere Bahn geltend gemacht werden, wenn deren Klage sich auf denselben Frachtvertrag gründet.

(4) Hat auf Grund dieser Vorschriften eine der beteiligten Bahnen Schadensersatz geleistet, so steht ihr der Rückgriff gegen die Bahn zu, die den Schaden verschuldet hat. Kann diese nicht ermittelt werden, so haben die beteiligten Bahnen den Schaden nach dem Verhältnis der Streckenlängen, mit denen sie an der Beförderung beteiligt sind, gemeinsam zu tragen, soweit nicht festgestellt wird, daß der Schaden nicht auf ihren

Strecken entstanden ist. Die Eisenbahnen können über den Rückgriff allgemein oder im einzelnen Falle andere Vereinbarungen treffen.[11]

HGB. §§ 468, 469, 471; IÜG. Art. 26, 42, 48.

1. Passivlegitimation (siehe ROHG. 3 59, 7 99, 11 209, 21 57). Bestimmung regelt nur die Frage, welche von verschiedenen an der Beförderung beteiligten Bahnen in Anspruch zu nehmen ist, nicht aber welche Verwaltungsstelle der einzelnen Bahn (siehe EVO. § 95 Anm. 7).

2. Gesetzliches Gesamtschuldverhältnis (BGB. § 421; HGB. § 432), aber nur im Rahmen des Frachtvertrages; was vor seinem Abschluß liegt oder ihm nachfolgt, berührt die übrigen Bahnen nicht (VR. 7 324). Wegen Gesamthaftung von Groß- und Kleinbahnen siehe EVO. § 1 Anm. 3.

3. Oder ein Teil des Gutes (Ann. d. RG. 4 489; EE. 16 111). Annahme unter Protest berührt nicht das Verhältnis zum Absender (ROHG. 11 209).

4. Es muß sich um einen durchgehenden Frachtbrief handeln (RG. 18 170; Staub § 469 Anm. 2). Jeder neue oder unter Umständen auch alte, aber in seinem wesentlichen Inhalt veränderte Frachtbrief (z. B. Weiterbeförderung auf Grund nachträglicher Anweisung) bedeutet für diesen Fall einen neuen Frachtvertrag; an ihm sind nur die Bahnen beteiligt, deren Strecken auf Grund dieses Frachtbriefes durchlaufen werden (ROHG. 7 218; a. A. Loening S. 574, 577). Bei Verlust des ursprünglichen Frachtbriefes genügt für Anwendung des Abs. 2 Übernahme einer gleichlautenden Abschrift (EE. 1 1, 29 289).

5. Z. B. Ersatzansprüche für Schäden und Frachterstattungsansprüche (ZVDEisV. 28 545). Für Ansprüche anderer Art, z. B. aus einem Verwahrungsvertrage, aus unerlaubter Handlung, ungerechtfertigter Bereicherung, haftet nur die betreffende Bahn (EE 16 159). Weitergabe an Gut und Brief hat die beklagte Eisenbahn zu beweisen (abweichend Eger Anm. 547).

6. Daß künftig die Empfangsbahn auch dann verklagt werden kann, wenn sie das Gut nicht erhalten hat, ist eine zu Gunsten der Verkehrstreibenden in Anlehnung an Art .42 § 3 IÜG. eingeführte Neuerung.

7. Maßgebend ist der Eintritt, nicht die Verursachung des Schadens (Rundnagel-Sperber S. 179); den nicht immer leichten Nachweis hat der Kläger zu führen (Düringer-Hachenburg § 409 Anm. 3, § 469 Anm. 5).

8. Siehe EE. 39 52. Zu den Bahnen i. S. von EVO. § 96 gehören nicht die außerhalb der EVO. stehenden Kleinbahnen (EE. 46 195). Klage nur gegen eine Bahn; Gerichtsstand Sitz der beklagten Behörde (Reichsbahndirektion) (§§ 17 ff. ZPO., für

die Deutsche Reichsbahn-Gesellschaft in Verbindung mit § 28 des Reichsbahn-Gesetzes vom 30. 8. 24 (RGBl. II 272) und Ziff. 21 ihrer Geschäftsordnung); über den Gerichtsstand des Erfüllungsortes siehe EE. 5 64, 21 127; bei unerlaubter Handlung ZPO. § 32 (Tatort); auch besonderer Gerichtsstand ist möglich. — Über die abweichende Regelung in EVO. § 70 (7) siehe § 70 Anm. 12 und 13.

9. Einerlei, ob sie zum gewollten Ziel führt; Klageerhebung gegen eine passiv nicht legitimierte Bahn oder Antrag auf Beweissicherung oder Streitverkündung oder eine der Klage vorhergehende Reklamation hat diese Wirkung nicht.

10. Aufrechnung gegenüber Reichsbahn (BGB. § 395) siehe RG. 82 235.

11. So hat der Verein Deutscher Eisenbahnverwaltungen im Art. 14 des Übereinkommens zum Betriebsreglement (1. Juli 1914; Nachtrag 1. Jan. 1923) besondere Regelung für seine Vereinsmitglieder getroffen.

Anlage B
(Zu den §§ 48 (10) und 49 (4))

Nähere Bestimmungen über die Verladung und Beförderung von lebenden Tieren

I. Verladung

§ 1. Ladeeinrichtungen, Unterkunftsräume

(1) Soweit die Bahnhöfe nach dem Tarif, wenn auch nur beschränkt, für den Tierverkehr bestimmt sind, müssen sie nach Maßgabe der Abfertigungsbefugnisse mit Vorrichtungen versehen sein, die ein zweckmäßiges Ein- und Ausladen der Tiere gestatten.

(2) Auf der Oberfläche hölzerner Verladerampen müssen in angemessenen Zwischenräumen Leisten mit abgerundeten Kanten angebracht sein, damit die Tiere sicher fußen können.

(3) Die Oberfläche fester Rampen darf höchstens 1 : 8, die der beweglichen Vorrichtungen höchstens 1 : 3 geneigt sein.

(4) Die Ladebrücken müssen hinreichend breit und mit mindestens 20 cm hohen Schutzleisten an beiden Seiten sowie mit Tretleisten (Abs. (2)) versehen sein. Auch müssen Vorkehrungen zum Schutze gegen seitliches Abdrängen der Tiere getroffen sein.

(5) Auf Bahnhöfen mit regelmäßigem größeren Tierversand sowie auf den Tränkbahnhöfen (§ 5) oder in deren Nähe müssen zur vorübergehenden Unterbringung der Tiere eingefriedigte Räume (Buchten oder Bansen) vorhanden sein, von denen ein angemessener Teil überdeckt sein muß. Diese von der Eisenbahn zu schaffenden Räume müssen Brunnen oder Wasserleitung sowie Vorrichtungen zum Anbinden, Füttern und Tränken der Tiere enthalten. Sie müssen in kleinere Abteilungen geteilt sein, in denen die Tiere verschiedener Gattung und das Großvieh (Pferde, Maultiere, Ponys, Rindvieh, Esel u. dgl.) vom Kleinvieh (Schweine, Kälber, Schafe, Ziegen, Hunde, Ge-

flügel u. dgl.) getrennt unterzubringen sind. Muttertiere mit saugenden Jungen bleiben zusammen. Der Fußboden muß so beschaffen sein, daß er ordnungsmäßig gereinigt werden kann.

(6) Für die vorübergehende Unterbringung der Tiere in eingefriedigten Räumen kann eine im Tarif festzusetzende Gebühr erhoben werden, die zugleich als Vergütung für die Benutzung der Einrichtungen zum Füttern und Tränken gilt.

§ 2. Wagen

(1) Die Tiere sind in gedeckten oder in hochbordigen offenen Wagen zu befördern. In der Zeit vom 1. November bis zum 31. März dürfen offene Wagen nur auf Antrag des Absenders gestellt werden. Geflügel darf nur in gedeckten Wagen befördert werden.

(2) Mehrbödige Wagen dürfen nur verwendet werden, wenn sie an den Seiten Lattenwände haben; diese müssen so weit aus dichten Brettern bestehen oder mit dichten Klappen versehen sein, daß die Tiere gegen Zugluft von unten geschützt sind und das Herausfallen von Kot und Streu verhindert wird. Diese Bestimmung gilt nicht für die mehr als zweibödigen, zur Geflügelbeförderung bestimmten Wagen. Doch müssen auch bei diesen Wagen die Seitenwände aus Latten bestehen und mit Schutzleisten versehen sein, die das Herausfallen von Kot und Streu verhindern.

(3) Die Unterkästen der Wagen dürfen nur zur Beförderung einzelner unterwegs erkrankter Tiere benutzt werden.

(4) Die lichte Breite der zur Beförderung von Großvieh dienenden Wagen muß mindestens 2,60 m betragen.

(5) Bei Verwendung gedeckter Wagen zur Tierbeförderung sind solche Wagen auszuwählen, die in der Nähe der Wagendecke an den Längs- oder Stirnseiten je zwei verschließbare Öffnungen von je mindestens 40 cm Länge und 30 cm Breite haben und außerdem an den Türen mit Vorrichtungen versehen sind, die ihr Offenhalten in einer Breite von 35 cm bei Großvieh und von 15 cm bei Kleinvieh ermöglichen. Bleiben die Türen während der Fahrt ganz geöffnet, so müssen die Türöffnungen durch einen 1,50 m hohen Bretterverschlag oder durch Lattengitter verstellt sein.

(6) Die offenen Wagen müssen bei Verwendung für Groß

vieh eine Bordhöhe von mindestens 1,50 m und bei Verwendung für Kleinvieh eine Bordhöhe von mindestens 75 cm über dem Fußboden haben.

(7) Zum Festbinden der Tiere müssen Vorrichtungen, wie eiserne Ringe oder dergleichen, in den Wagen angebracht sein.

(8) Die Ladefläche der zur Beförderung von Tieren dienenden Wagen muß an der Außenseite angegeben sein, und zwar bei mehrbödigen und bei den in mehrere Abteile geteilten Wagen derart, daß die Größe eines jeden Raumes ersichtlich ist.

(9) Für die vorhandenen alten Wagen kann der Reichsverkehrsminister Abweichungen von den Vorschriften in Abs. (4) und (5) zulassen.

§ 3. Schutz der Tiere

(1) Die zur Beförderung von Tieren dienenden Behälter müssen geräumig und luftig sein. Die Tiere dürfen nicht geknebelt aufgegeben werden.

(2) Käfige oder ähnliche Behälter müssen einen dichten Boden und so weit hinauf dichte Wände haben, daß eine Verunreinigung des Wagens durch Kot und Streu möglichst ausgeschlossen ist. Diese Vorschrift gilt nicht für Geflügel in Wagenladungen. Der Boden der Behälter muß mit Heu, Stroh, Sand, Torfmull oder Sägespänen bedeckt sein. Bei der Verladung ist darauf zu achten, daß zu den Tieren ausreichend frische Luft treten kann; insbesondere dürfen andere Güter nicht auf die Behälter und diese nur dann übereinander verladen werden, wenn durch Leisten oder dergleichen dafür gesorgt ist, daß zwischen dem Boden des oberen und dem Deckel des unteren Behälters ein Luftraum von mindestens 3 cm Höhe frei bleibt. Behälter, die ganz oder zum Teil aus Latten bestehen, müssen so beschaffen sein, daß die Tiere nicht einzelne Körperteile hindurchzwängen können, auch müssen sie so hoch sein, daß die Tiere zwanglos darin stehen können. Ferner müssen Käfige oder ähnliche Behälter, wenn die Beförderung voraussichtlich mehr als 36 Stunden dauert, mit zweckmäßigen Vorrichtungen zum Tränken und bei Kleinvieh auch zum Füttern der Tiere versehen sein, sofern nicht der Absender für die Fütterung und Tränkung auf Unterwegsbahnhöfen in anderer Weise gesorgt

hat. Die Behälter dürfen beim Ein-, Um- und Ausladen nicht gestoßen, geworfen oder gestürzt werden. Gebrauchte Behälter dürfen nur nach gründlicher Reinigung wieder benutzt werden.

(3) Bei Festsetzung der größten Zahl der in einen Wagen zu verladenden Tiere ist zu berücksichtigen, daß Großvieh nicht aneinander und gegen die Wandung des Wagens gepreßt stehen darf. Dieser Vorschrift ist genügt, wenn sich ein Mann zwischen den eingeladenen Tieren hindurchbewegen kann. Bei der Querverladung muß außerdem zwischen den Tieren und den Wagenwänden so viel Raum bleiben, daß eine Verletzung der Tiere vermieden wird. Kleinvieh, auch solches in Käfigen, muß die Möglichkeit haben, sich zu legen. Die Entscheidung darüber, ob diesen Vorschriften entsprochen ist, steht dem Aufsichtsbeamten zu.

(4) Großvieh und Kleinvieh sowie Tiere verschiedener Gattung müssen bei Verladung in denselben Wagen durch Schranken, Bretter- oder Lattenverschläge voneinander getrennt werden. Auch in Käfigen oder ähnlichen Behältern müssen Tiere verschiedener Gattung durch Verschläge oder dergleichen voneinander getrennt werden. Für die Beförderung von Muttertieren mit saugenden Jungen gelten diese Beschränkungen nicht.

(5) Die mit unverpacktem Geflügel beladenen Wagen sind unter Bleiverschluß zu befördern.

(6) Die Fußböden der offenen und der mehrbödigen Wagen (§ 2 Abs. (2)) dürfen nicht mit leicht entzündlichen Stoffen bestreut werden.

Als leicht entzündliche Stoffe sind anzusehen und daher nicht zu verwenden: Stroh, Spreu und grasartige Streu; dagegen darf mit Wasser besprengtes Sägemehl, mit oder ohne Zusatz von Sand, sowie Torfstreu, wenn sie vorher mit Wasser mäßig angefeuchtet ist, verwendet werden. Zu den offenen Wagen im Sinne dieser Bestimmung gehören auch solche Wagen, die zwar eine feste Decke haben, deren Wände aber aus Latten bestehen (mehrbödige Wagen).

II. Beförderung

§ 4. Züge

(1) Lebende Tiere werden in Viehzügen und Güterzügen, nach näherer Bestimmung der Eisenbahn auch in Personenzügen, befördert.

(2) Viehzüge müssen auf Strecken mit regelmäßigem, starkem Viehverkehr an bestimmten, von der Eisenbahn bekanntzumachenden Tagen — regelmäßig oder nur nach Bedarf — nach den bei jedem Fahrplanwechsel festzusetzenden Fahrplänen verkehren; sie müssen derart gelegt sein, daß der Aufenthalt für das auf Anschlußlinien zu- und abgehende Vieh auf das unbedingt nötige Maß beschränkt wird. Bei Aufstellung der Fahrpläne ist für die Tränkbahnhöfe (§ 5) ein ausreichender Aufenthalt vorzusehen.

(3) Steht so viel Vieh zur Beförderung, daß zu seiner Verladung mindestens 20 Achsen erforderlich sind, so ist in Ermanglung anderer Beförderungsgelegenheiten ein besonderer Viehzug abzulassen.

(4) Die durchschnittliche Geschwindigkeit der Viehzüge (Abs. (2)) darf — vorbehaltlich der Befugnis des Reichsverkehrsministers, bei besonderen Verhältnissen Abweichungen zu gestatten — nicht weniger als 25 Kilometer in der Stunde betragen; soweit Bestimmungen der Eisenbahn-Bau- und Betriebsordnung dieser Geschwindigkeit entgegenstehen, ist sie zu ermäßigen. Die für die Tränkbahnhöfe vorzusehenden Aufenthalte (Abs. (2)) bleiben bei Berechnung der durchschnittlichen Geschwindigkeit außer Betracht.

§ 5. Fütterung und Tränkung

(1) Alle Tiere, deren Beförderung 24 Stunden oder länger in Anspruch nimmt, müssen vor der Verladung vom Absender gefüttert und getränkt werden. Dauert die Beförderung mehr als 36 Stunden, so sind die Tiere spätestens nach je 36 Stunden zu füttern und zu tränken. Für die Beförderung von Militärpferden gelten diese Bestimmungen nicht.

(2) Für die unterwegs erforderliche Fütterung und Tränkung sind nach Bedarf besondere Bahnhöfe mit Einrichtungen zu versehen. Diese Bahnhöfe (Tränkbahnhöfe) werden vom Reichsverkehrsminister bestimmt und sind in den Tarifen bekanntzumachen.

Zu (1) und (2):

I Die vorgeschriebene Fütterung und Tränkung der Tiere liegt dem Absender ob. Er hat bei der Auflieferung unbegleiteter Sendungen eine in den Tierfrachtbrief, bei verpackten Sendungen in den Frachtbrief aufzunehmende Erklärung darüber abzugeben, wo und wie er die Fütterung und Tränkung vornehmen will. Wenn er die Erklärung nicht abgibt oder wenn die Verpflegung nicht rechtzeitig vorgenommen wird, so wird die Eisenbahn die Fütterung und Tränkung auf Gefahr und Kosten des Absenders veranlassen. Unterbleibt die Fütterung oder Tränkung oder wird die Verpflegung nicht sachgemäß ausgeführt, so haftet die Eisenbahn nicht für den daraus entstandenen Schaden.

II Dem Bahnhof, auf dem die Fütterung oder Tränkung stattfinden soll, wird die Sendung auf Antrag des Absenders oder Begleiters telegraphisch vorgemeldet. Unbegleitete Sendungen werden stets telegraphisch vorgemeldet. Wegen der Gebühr für das Telegramm siehe den Nebengebührentarif (Abschnitt C).

III Auf Wunsch des Absenders wird auf geeigneten Bahnhöfen zum Tränken der Tiere in den Wagen Wasser am Zuge bereit gehalten oder zum Überspritzen der Tiere abgegeben, wenn der Zugaufenthalt zum Tränken oder zum Erfrischen der Tiere genügend Zeit bietet. Für die Verabreichung des Wassers werden die im Nebengebührentarif (Abschnitt C) festgesetzten Gebühren erhoben. Die zum Tränken oder zum Erfrischen der Tiere geeigneten Bahnhöfe sind bei den Versandabfertigungen zu erfragen.

§ 6. Verschieben der Wagen

(1) Das Verschieben der mit Tieren beladenen Wagen ist auf das dringendste Bedürfnis zu beschränken und stets mit besonderer Vorsicht vorzunehmen; heftiges Anstoßen ist unbedingt zu vermeiden.

§ 7. Schutz gegen Feuersgefahr

(1) Das Rauchen in den Viehwagen ist verboten, wenn sich darin Stroh, Heu oder andere leicht entzündliche Stoffe befinden.

(2) Bei Beförderung zur Nachtzeit müssen die Begleiter von Viehsendungen gut brennende, gegen Feuersgefahr ausreichend gesicherte Laternen mit sich führen.

Allgemeine Bedingungen für Privatanschlüsse (PAB)

(Auszugsweise)

A. Betriebsdienstliche Bestimmungen

§ 15. Betriebsführung auf dem Anschluß

(1) Im Anschlußvertrage wird festgesetzt, inwieweit die Reichsbahn und inwieweit der Anschließer den Betrieb auf dem Anschluß führt.

(2) Auch soweit die Reichsbahn die Betriebsführung auf dem Anschluß vertragsmäßig übernommen hat, kann sie jederzeit verlangen, daß der Betrieb ganz oder teilweise vom Anschließer übernommen wird, und zwar nach Ablauf einer angemessenen, mindestens sechswöchigen Frist, wenn der Betrieb ohne Maschinenkraft bewirkt werden kann, sonst nach Ablauf von 12 Monaten.

(3) Im Anschlußvertrage werden die Übergabestellen (Übergabegleise, Übergabepunkte) bezeichnet, wo die zuzuführenden und abzuholenden Wagen aufzustellen sind.

(4) Wenn nichts anderes vereinbart wird, stellt die Reichsbahn die dem Anschluß zuzuführenden Wagen ungeordnet an den Übergabestellen zu und holt die zurückgegebenen Wagen von dort wieder ab.

(5) Die planmäßigen Bedienungszeiten setzt die Reichsbahn fest und teilt sie dem Anschließer mit. Von außerplanmäßigen Bedienungen ist der Anschließer rechtzeitig zu benachrichtigen.

(6) Wenn die Zustellung der Wagen wegen Überfüllung des Anschlusses nicht möglich ist, so gilt sie mit dem Zeitpunkt als bewirkt, zu dem sie geschehen wäre, wenn der Anschluß frei gewesen wäre. Diese Bestimmung findet keine Anwendung, wenn nachträglich durch die Reichsbahn festgestellt wird, daß die Überfüllung des Anschlusses im Betriebe der Reichsbahn selbst begründet ist.

(7) Der Reichsbahn bleibt es bei Überfüllung überlassen, die Wagen auf dem öffentlichen Ladegleis zur Be- oder Entladung bereitzustellen. Der Anschließer ist von der Bereitstellung rechtzeitig zu benachrichtigen. Wegen des Wagenstandsgeldes vgl. § 17 (3).

(8) Bei der Zuführung und Abholung der leeren und beladenen Wagen an den Übergabestellen soll der Anschließer oder ein von ihm Beauftragter zur Feststellung etwaiger Mängel an den Fahrzeugen anwesend sein.[1]

(9) Die zur Abholung bereitgestellten Wagen müssen ordnungsmäßig gekuppelt sein und auf Verlangen der Reichsbahn nach den Bedürfnissen ihres Betriebes geordnet zurückgegeben werden, in diesem Falle ist mit dem Anschließer eine dem tatsächlichen Zeitaufwand und den Betriebsverhältnissen entsprechende besondere Rangierfrist zu vereinbaren. Lose Wagenbestandteile müssen bei der Rückgabe vollzählig vorhanden und an den vorgeschriebenen Stellen angebracht sein.

(10) Der Anschließer hat die zum Festlegen der Wagen im Anschlusse nötigen Sicherungsmittel bereitzustellen. Bei der Übergabe hat das Bahnpersonal, im übrigen der Anschließer die Wagen gegen unbeabsichtigte Bewegungen zu sichern.

(11) Dem Anschließer steht kein Anspruch auf Entschädigung zu, wenn der Betrieb auf dem Anschluß aus Gründen des Betriebes oder aus sonstigen Hinderungsgründen unterbrochen wird. Die Reichsbahn hat dem Anschließer vor der Vornahme von Erneuerungs- und Unterhaltungsarbeiten rechtzeitig Mitteilung zu machen.

1. Die Bestimmung ist — wie sich aus ihrer Fassung und der Überschrift des § 15 ergibt — ausschließlich betriebsdienstlicher Art und muß bei Beurteilung der Frage, ob das Gut angenommen (EVO. § 61) oder abgeliefert (EVO. § 75) ist, außer Betracht bleiben.

B: § 16. Verkehrsdienstliche Bestimmungen

(1) Der Frachtvertrag ist, soweit nichts anders vereinbart ist, abgeschlossen, nachdem die Abfertigungsstelle des Anschlußbahnhofs Gut und Frachtbrief angenommen hat (§ 61 EVO.).[1]

Die Reichsbahn übernimmt jedoch die Haftung für Verlust, Minderung und Beschädigung des Gutes nach Maßgabe der

EVO. bereits für die Beförderung der Sendung von der Übergabestelle zum Anschlußbahnhof.[2]

Für Anschlüsse auf freier Strecke wird die Abfertigungsstelle im Vertrag bestimmt.

(2) Die ankommenden Sendungen werden zur Ablieferung[3] an der Übergabestelle[4] bereitgestellt. Der Anschließer hat dafür zu sorgen, daß sie hierbei ihm oder seinem Beauftragten übergeben werden können. Wird dem nicht entsprochen, so gilt das Gut als unbeanstandet abgenommen.[5]

Der Anschließer ist von der Ankunft des Gutes zu benachrichtigen, wenn nichts anderes vereinbart ist.

(3) Bei Überfüllung des Anschlusses gelten für die Bereitstellung der Sendungen zur Ablieferung die Vorschriften des § 15 (6) und (7).

(4) Die Reichsbahn kann verlangen, daß die Frachtbriefe für das aufzuliefernde Gut schon bestimmte Zeit vor der Abholung der Wagen von dem Anschlusse der Güterabfertigung übergeben werden.

(5) Dem Anschluß beladen übergebene Wagen dürfen nur mit Zustimmung der zuständigen Güterabfertigung wieder beladen werden. Für jeden Fall der Zuwiderhandlung kann dem Anschließer für jeden Wagen eine Vertragsstrafe bis zur Höhe des zehnfachen Betrags des jeweilig für den Anschluß geltenden Wagenstandgeldes (erster Tag) auferlegt werden.

(6) Bahneigene Lademittel (z. B. Decken und Ketten), die sich auf den beladen übergebenen Wagen befinden, sind auf dem Güterboden, bei Anschlüssen auf freier Strecke auf dem Güterboden oder an den Zugführer des Bedienungszuges zurückzugeben.

(7) Auf dem Anschluß entladene Wagen — mit Ausnahme der desinfektionspflichtigen — sind gereinigt (besenrein) zurückzugeben. Ungereinigt zurückgegebene Wagen werden auf Kosten des Anschließers von der Reichsbahn gereinigt.

(8) Alte Kreideanschriften und Bezettelungen — mit Ausnahme der Übergangs-, Desinfektions- und Beschädigungszettel sowie solcher mit dem Aufdruck „Gesucht in der Suchliste" oder „Bremse beschädigt" — sind vor der Rückgabe der Wagen zu entfernen.

(9) Der Anschließer hat die abzuholenden beladenen Wagen mit der Bestimmungsstation zu bezeichnen und Nummer, Eigentumsmerkmal und Ladegewicht der Wagen in die Frachtbriefe einzutragen. Die Reichsbahn kann auch verlangen, daß der Anschließer die Wagen bezettelt und die bedeckten Wagen verbleit, sie übernimmt es in diesem Falle, den Anschließer über die hierfür geltenden Vorschriften laufend zu unterrichten.

1. Die Annahme zur Beförderung im Sinne des § 61 EVO. sowie die dieser vorausgehenden Prüfungen der frachtrechtlichen Beförderungsfähigkeit des Gutes und des Frachtbriefes erfolgen also nicht bereits bei Übernahme der Wagen auf der Übergabestelle, sondern erst nach Beförderung des Gutes von der Übergabe- zur Abfertigungsstelle durch diese (unrichtig Senckpiehl: Sped.-SchiffZtg. 27 Nr. 3/4).

2. Ausnahme von EVO. § 82, nach dem die frachtvertragliche Haftung erst mit der Annahme des Gutes beginnt.

3. Begriff siehe EVO. § 75 Anm. 1.

4. Im allgemeinen werden Ladungen auf dem Freiladegleis „abgeliefert." Bei Inhabern von Privatanschlußgleisen wird die Ablieferung auf Grund vertraglicher Vereinbarungen zwischen den Anschlußgleisinhabern und der Reichsbahn bis zur Bereitstellung der Wagen an der Übergabestelle hinausgeschoben. Daraus ergibt sich zwangsläufig eine Fortdauer der Haftung der Eisenbahn nach EVO. § 82 ff. bis zu diesem Zeitpunkt. Es wird also die Haftung nach der EVO. vertragsmäßig auf eine im übrigen der EVO. nicht unterliegende Strecke ausgedehnt (siehe EVO. § 1 Anm. 3).

5. Siehe EVO. § 93. Die Ansprüche gegen die Eisenbahn erlöschen mit der Abnahme im Anschluß auch dann, wenn zu diesem Zeitpunkt der Frachtbrief noch nicht eingelöst ist (JW. 26 796; EE. 43 325).

Österreichische Eisenbahn-Verkehrsordnung vom 23. 5. 1928.

(Bundesgesetzblatt für die Republik Österreich, Jahrgang 1928, S. 815ff.)

(Auszugsweise)

Literatur: Friebe, ZVDEisV. 28 1015ff.

Die neue österreichische EVO. stimmt nach ihrem Inhalt und Wortlaut weitgehend mit der neuen deutschen EVO. überein. Die hauptsächlichsten Unterschiede sind folgende:

1. Die deutsche EVO. ist als Verordnung, die österreichische als Bundesgesetz erlassen worden.

2. Im Unterschied zum deutschen Recht enthält die österreichische EVO. in § 54 (2) b) eine gesetzliche Bestimmung des Kostbarkeitsbegriffs.

3. Nach § 75 (2) der deutschen EVO. ist in jedem Fall die Ankunft des Gutes am Orte der Ablieferung Voraussetzung für den Übergang des Verfügungsrechts vom Absender auf den Empfänger. Nach § 75 (2) der österreichischen EVO. kann der Empfänger von der Eisenbahn die Übergabe des Frachtbriefs und des Gutes auch dann verlangen, wenn das Gut innerhalb eines Monats nach Ablauf der Lieferfrist nicht angekommen ist.

4. Unterschiede im Nachnahmeverfahren:
   a) In Deutschland: Auszahlung durch die Versandabfertigung und nur an Absender — in Österreich: Auszahlung durch die Empfangsabfertigung an Absender oder den von ihm namhaft gemachten Dritten.
   b) In Deutschland: Auszahlung durch die Eisenbahn — in Österreich: Auszahlung durch die Post.
   c) In Deutschland: Keine Frist für Auszahlung vorgesehen — in Österreich: Auszahlung spätestens innerhalb 14 Tagen.

§ 54. Von der Beförderung ausgeschlossene oder nur bedingungsweise zur Beförderung zugelassene Gegenstände

(2) Bedingungsweise sind zur Beförderung zugelassen:

a) usw.

b) Gold und Silber, Platin, Geld, Münzen und Papiere mit Geldwert, auch amtliche Wertzeichen, Dokumente, Edelsteine, echte Perlen, besonders wertvolle Spitzen und besonders wertvolle Stickereien, ferner Kunstgegenstände, wie Gemälde, Bildwerke, Gegenstände aus Erzguß, Kunstaltertümer **sowie Gegenstände, deren nach § 85 (1) zu berechnender Wert 150 S für 1 Kilogramm Rohgewicht übersteigt.**

§ 71. Nachnahme nach Eingang. Barvorschuß

(3) Die Eisenbahn ist verpflichtet, **dem Absender oder dem vom Absender namhaft gemachten Dritten** den Nachnahmebetrag möglichst bald, **spätestens jedoch innerhalb 14 Tagen,** nachdem er vom Empfänger eingezahlt worden ist, zur Verfügung zu stellen. Wenn die Eisenbahn diese Frist überschreitet, hat sie den Nachnahmebetrag vom Ablauf dieser Frist zu dem für Verzugszinsen bei Handelsgeschäften jeweils gesetzlich vorgesehenen Zinsfuß zu verzinsen.

§ 75. Einlösung des Frachtbriefs. Ablieferung

(2) Der Empfänger ist nach Ankunft des Gutes am Orte der Ablieferung berechtigt, die durch den Frachtvertrag begründeten Rechte gegen Erfüllung der sich daraus ergebenden Verpflichtungen im eigenen Namen gegen die Eisenbahn geltend zu machen, ohne Unterschied, ob er hierbei im eigenen oder fremden Interesse handelt; er ist insbesondere berechtigt, von der Eisenbahn die Übergabe des Frachtbriefs und des Gutes zu verlangen. **Dieses Recht steht dem Empfänger auch dann zu, wenn das Gut innerhalb der im § 87 (1) vorgesehenen Frist nicht angekommen ist.** Es erlischt, wenn der Absender der Eisenbahn eine nach § 72 noch zulässige entgegenstehende Verfügung erteilt.

Handelsgesetzbuch.

Vom 10. Mai 1897.

Sechster Abschnitt

Frachtgeschäft

§ 425. Frachtführer ist, wer es gewerbsmäßig übernimmt, die Beförderung von Gütern zu Lande oder auf Flüssen oder sonstigen Binnengewässern auszuführen.

§ 432. Übergibt der Frachtführer zur Ausführung der von ihm übernommenen Beförderung das Gut einem anderen Frachtführer, so haftet er für die Ausführung der Beförderung bis zur Ablieferung des Gutes an den Empfänger.

Der nachfolgende Frachtführer tritt dadurch, daß er das Gut mit dem ursprünglichen Frachtbrief annimmt, diesem gemäß in den Frachtvertrag ein und übernimmt die selbständige Verpflichtung, die Beförderung nach dem Inhalt des Frachtbriefes auszuführen.

Hat auf Grund dieser Vorschriften einer der beteiligten Frachtführer Schadensersatz geleistet, so steht ihm der Rückgriff gegen denjenigen zu, welcher den Schaden verschuldet hat. Kann dieser nicht ermittelt werden, so haben die beteiligten Frachtführer den Schaden nach dem Verhältnis ihrer Anteile an der Fracht gemeinsam zu tragen, soweit nicht festgestellt wird, daß der Schaden nicht auf ihrer Beförderungsstrecke entstanden ist.

Siebenter Abschnitt

Beförderung von Gütern und Personen auf den Eisenbahnen

§ 453. Eine dem öffentlichen Güterverkehre dienende Eisenbahn darf die Übernahme von Gütern zur Beförderung nach einer für den Güterverkehr eingerichteten Station innerhalb des Deutschen Reiches nicht verweigern, sofern

1. der Absender sich den geltenden Beförderungsbedingungen und den sonstigen allgemeinen Anordnungen der Eisenbahn unterwirft;
2. die Beförderung nicht nach gesetzlicher Vorschrift oder aus Gründen der öffentlichen Ordnung verboten ist;
3. die Güter nach der Eisenbahnverkehrsordnung oder den gemäß der Verkehrsordnung erlassenen Vorschriften und, soweit diese keinen Anhalt gewähren, nach der Anlage und dem Betriebe der beteiligten Bahnen sich zur Beförderung eignen;
4. die Beförderung mit den regelmäßigen Beförderungsmitteln möglich ist;
5. die Beförderung nicht durch Umstände, die als höhere Gewalt zu betrachten sind, verhindert wird.

Die Eisenbahn ist nur insoweit verpflichtet, Güter zur Beförderung anzunehmen, als die Beförderung sofort erfolgen kann. Inwieweit sie verpflichtet ist, Güter, deren Beförderung nicht sofort erfolgen kann, in einstweilige Verwahrung zu nehmen, bestimmt die Eisenbahnverkehrsordnung.

Die Beförderung der Güter findet in der Reihenfolge statt, in welcher sie zur Beförderung angenommen worden sind, sofern nicht zwingende Gründe des Eisenbahnbetriebs oder das öffentliche Interesse eine Ausnahme rechtfertigen.

Eine Zuwiderhandlung gegen diese Vorschriften begründet den Anspruch auf Ersatz des daraus entstehenden Schadens.

§ 454. Auf das Frachtgeschäft der dem öffentlichen Güterverkehre dienenden Eisenbahnen finden die Vorschriften des vorigen Abschnitts insoweit Anwendung, als nicht in diesem Abschnitt oder in der Eisenbahnverkehrsordnung ein anderes bestimmt ist.

§ 455. Die Eisenbahn ist verpflichtet, auf Verlangen des Absenders den Empfang des Gutes unter Angabe des Tages, an welchem es zur Beförderung angenommen ist, auf einem Duplikate des Frachtbriefes zu bescheinigen; das Duplikat ist von dem Absender mit dem Frachtbriefe vorzulegen.

Im Falle der Ausstellung eines Frachtbriefduplikats steht dem Absender das im § 433 bezeichnete Verfügungsrecht nur zu, wenn er das Duplikat vorlegt. Befolgt die Eisenbahn die Anweisungen des Absenders, ohne die Vorlegung des Duplikats zu verlangen, so ist sie für den daraus entstehenden Schaden dem Empfänger, welchem der Absender die Urkunde übergeben hat, haftbar.

§ 456. Die Eisenbahn haftet für den Schaden, der durch Verlust oder Beschädigung des Gutes in der Zeit von der Annahme zur Beförderung bis zur Ablieferung entsteht, es sei denn, daß der Schaden durch ein Verschulden oder eine nicht von der Eisenbahn verschuldete Anweisung des Verfügungsberechtigten, durch höhere Gewalt, durch äußerlich nicht erkennbare Mängel der Verpackung oder durch die natürliche Beschaffenheit des Gutes, namentlich durch inneren Verderb, Schwinden, gewöhnliche Leckage, verursacht ist.

Die Vorschrift des § 429 Abs. 2 findet Anwendung.

§ 457. Muß auf Grund des Frachtvertrags von der Eisenbahn für gänzlichen oder teilweisen Verlust des Gutes Ersatz geleistet werden, so ist der gemeine Handelswert und in dessen Ermangelung der gemeine Wert zu ersetzen, welchen Gut derselben Art und Beschaffenheit am Orte der Absendung in dem Zeitpunkte der Annahme zur Beförderung hatte, unter Hinzurechnung dessen, was an Zöllen und sonstigen Kosten sowie an Fracht bereits bezahlt ist.

Im Falle der Beschädigung ist für die Minderung des im Abs. 1 bezeichneten Wertes Ersatz zu leisten.

Ist der Schaden durch Vorsatz oder grobe Fahrlässigkeit der Eisenbahn herbeigeführt, so kann Ersatz des vollen Schadens gefordert werden.

§ 458. Die Eisenbahn haftet für ihre Leute und für andere Personen, deren sie sich bei der Ausführung der Beförderung bedient.

§ 459. Die Eisenbahn haftet nicht:

1. in Ansehung der Güter, die nach der Bestimmung des Tarifs oder nach einer in den Frachtbrief aufgenommenen Vereinbarung mit dem Absender in offen gebauten Wagen befördert werden,

   für den Schaden, welcher aus der mit dieser Beförderungsart verbundenen Gefahr entsteht;

2. in Ansehung der Güter, die, obgleich ihre Natur eine Verpackung zum Schutze gegen Verlust oder Beschädigung während der Beförderung erfordert, nach Erklärung des

Absenders auf dem Frachtbrief unverpackt oder mit mangelhafter Verpackung zur Beförderung aufgegeben worden sind,
für den Schaden, welcher aus der mit dem Mangel oder mit der mangelhaften Beschaffenheit der Verpackung verbundenen Gefahr entsteht;
3. in Ansehung der Güter, deren Aufladen und Abladen nach der Bestimmung des Tarifs oder nach einer in den Frachtbrief aufgenommenen Vereinbarung mit dem Absender von diesem oder von dem Empfänger besorgt wird,
für den Schaden, welcher aus der mit dem Aufladen und Abladen oder mit einer mangelhaften Verladung verbundenen Gefahr entsteht;
4. in Ansehung der Güter, die vermöge ihrer eigentümlichen natürlichen Beschaffenheit der besonderen Gefahr ausgesetzt sind, Verlust oder Beschädigung, namentlich Bruch, Rost, inneren Verderb, außergewöhnliche Leckage, Austrocknung und Verstreuung, zu erleiden,
für den Schaden, welcher aus dieser Gefahr entsteht;
5. in Ansehung lebender Tiere
für den Schaden, welcher aus der für sie mit der Beförderung verbundenen besonderen Gefahr entsteht;
6. in Ansehung derjenigen Güter, einschließlich der Tiere, welchen nach der Eisenbahnverkehrsordnung, dem Tarif oder nach einer in den Frachtbrief aufgenommenen Vereinbarung mit dem Absender ein Begleiter beizugeben ist,
für den Schaden, welcher aus der Gefahr entsteht, deren Abwendung durch die Begleitung bezweckt wird.

Konnte ein eingetretener Schaden den Umständen nach aus einer der im Abs. 1 bezeichneten Gefahren entstehen, so wird vermutet, daß er aus dieser Gefahr entstanden sei.

Eine Befreiung von der Haftpflicht kann auf Grund dieser Vorschriften nicht geltend gemacht werden, wenn der Schaden durch Verschulden der Eisenbahn entstanden ist.

§ 460. Bei Gütern, die nach ihrer natürlichen Beschaffenheit bei der Beförderung regelmäßig einen Gewichtsverlust erleiden, ist die Haftpflicht der Eisenbahn für Gewichtsverluste bis zu den aus der Eisenbahnverkehrsordnung sich ergebenden Normalsätzen ausgeschlossen.

Der Normalsatz wird, falls mehrere Stücke auf denselben

Frachtbrief befördert werden, für jedes Stück besonders berechnet, wenn das Gewicht der einzelnen Stücke im Frachtbriefe verzeichnet ist oder sonst festgestellt werden kann.

Die Beschränkung der Haftpflicht tritt nicht ein, soweit der Verlust den Umständen nach nicht infolge der natürlichen Beschaffenheit des Gutes entstanden ist oder soweit der angenommene Satz dieser Beschaffenheit oder den sonstigen Umständen des Falles nicht entspricht.

Bei gänzlichem Verluste des Gutes findet ein Abzug für Gewichtsverlust nicht statt.

§ 461. Die Eisenbahnen können in besonderen Bedingungen (Ausnahmetarifen) einen im Falle des Verlustes oder der Beschädigung zu erstattenden Höchstbetrag festsetzen, sofern diese Ausnahmetarife veröffentlicht werden, eine Preisermäßigung für die ganze Beförderung gegenüber den gewöhnlichen Tarifen der Eisenbahn enthalten und der gleiche Höchstbetrag auf die ganze Beförderungsstrecke Anwendung findet.

Ist der Schaden durch Vorsatz oder grobe Fahrlässigkeit der Eisenbahn herbeigeführt, so kann die Beschränkung auf den Höchstbetrag nicht geltend gemacht werden.

§ 462. Inwieweit für den Fall des Verlustes oder der Beschädigung von Kostbarkeiten, Kunstgegenständen, Geld und Wertpapieren die zu leistende Entschädigung auf einen Höchstbetrag beschränkt werden kann, bestimmt die Eisenbahnverkehrsordnung. Die Vorschrift des § 461 Abs. 2 findet entsprechende Anwendung.

§ 463. Ist das Interesse an der Lieferung nach Maßgabe der Vorschriften der Eisenbahnverkehrsordnung in dem Frachtbriefe, dem Gepäckschein oder dem Beförderungsschein angegeben, so kann im Falle des Verlustes oder der Beschädigung des Gutes außer der im § 457 Abs. 1, 2 bezeichneten Entschädigung der Ersatz des weiter entstandenen Schadens bis zu dem angegebenen Betrage beansprucht werden.

Ist die Ersatzpflicht nach den Vorschriften des § 461 oder des § 462 auf einen Höchstbetrag beschränkt, so findet eine Angabe des Interesses an der Lieferung über diesen Betrag hinaus nicht statt.

§ 464. Wegen einer Beschädigung oder Minderung, die bei der Annahme des Gutes durch den Empfänger äußerlich nicht erkennbar ist, können Ansprüche gegen die Eisenbahn nach § 438 Abs. 3 nur geltend gemacht werden, wenn binnen einer Woche nach der Annahme zur Feststellung des Mangels entweder bei Gericht die Besichtigung des Gutes durch Sachverständige oder schriftlich bei der Eisenbahn eine von dieser nach den Vorschriften der Eisenbahnverkehrsordnung vorzunehmende Untersuchung beantragt wird.

Ist der Schaden durch Vorsatz oder grobe Fahrlässigkeit der Eisenbahn herbeigeführt, so kann sie sich auf diese Vorschrift nicht berufen.

§ 465. Für den Verlust von Reisegepäck, das zur Beförderung aufgegeben ist, haftet die Eisenbahn nur, wenn das Gepäck binnen acht Tagen nach der Ankunft des Zuges, zu welchem es aufgegeben ist, auf der Bestimmungsstation abgefordert wird.

Inwieweit für den Fall des Verlustes oder der Beschädigung von Reisegepäck, das zur Beförderung aufgegeben ist, die zu leistende Entschädigung auf einen Höchstbetrag beschränkt werden kann, bestimmt die Eisenbahnverkehrsordnung. Ist der Schaden durch Vorsatz oder grobe Fahrlässigkeit der Eisenbahn herbeigeführt, so kann die Beschränkung auf den Höchstbetrag nicht geltend gemacht werden.

Für den Verlust oder die Beschädigung von Reisegepäck, das nicht zur Beförderung aufgegeben ist, sowie von Gegenständen, die in beförderten Fahrzeugen belassen sind, haftet die Eisenbahn nur, wenn ihr ein Verschulden zur Last fällt.

§ 466. Die Eisenbahn haftet für den Schaden, welcher durch Versäumung der Lieferfrist entsteht, es sei denn, daß die Verspätung von einem Ereignisse herrührt, welches sie weder herbeigeführt hat noch abzuwenden vermochte.

Der Schaden wird nur insoweit ersetzt, als er den in dem Frachtbriefe, dem Gepäckschein oder dem Beförderungsschein als Interesse an der Lieferung nach Maßgabe der Eisenbahnverkehrsordnung angegebenen Betrag und in Ermangelung einer solchen Angabe den Betrag der Fracht nicht übersteigt. Für das Reisegepäck kann an Stelle der Fracht durch die Eisenbahnverkehrsordnung ein anderer Höchstbetrag bestimmt werden.

Inwieweit ohne den Nachweis eines Schadens eine Vergütung zu gewähren ist, bestimmt die Eisenbahnverkehrsordnung.

Der Ersatz des vollen Schadens kann gefordert werden,

wenn die Versäumung der Lieferfrist durch Vorsatz oder grobe Fahrlässigkeit der Eisenbahn herbeigeführt ist.

§ 467. Werden Gegenstände, die von der Beförderung ausgeschlossen oder zur Beförderung nur bedingungsweise zugelassen sind, unter unrichtiger oder ungenauer Bezeichnung aufgegeben oder werden die für diese Gegenstände vorgesehenen Sicherheitsmaßregeln von dem Absender unterlassen, so ist die Haftpflicht der Eisenbahn auf Grund des Frachtvertrags ausgeschlossen.

§ 468. Für den Fall, daß auf dem Frachtbrief als Ort der Ablieferung ein nicht an der Eisenbahn liegender Ort bezeichnet wird, kann bestimmt werden, daß die Eisenbahn als Frachtführer nur für die Beförderung bis zur letzten Eisenbahnstation haften, bezüglich der Weiterbeförderung dagegen die Verpflichtungen des Spediteurs übernehmen soll.

§ 469. Wird die Beförderung auf Grund desselben Frachtbriefs nach § 432 Abs. 2 durch mehrere aufeinanderfolgende Eisenbahnen bewirkt, so können die Ansprüche aus dem Frachtvertrag, unbeschadet des Rückgriffs der Bahnen untereinander, im Wege der Klage nur gegen die erste Bahn oder gegen diejenige, welche das Gut zuletzt mit dem Frachtbrief übernommen hat, oder gegen diejenige, auf deren Betriebsstrecke sich der Schaden ereignet hat, gerichtet werden.

Unter den bezeichneten Bahnen steht dem Kläger die Wahl zu; das Wahlrecht erlischt mit der Erhebung der Klage.

Im Wege der Widerklage oder mittels Aufrechnung können Ansprüche aus dem Frachtvertrag auch gegen eine andere als die bezeichneten Bahnen geltend gemacht werden, wenn die Klage sich auf denselben Frachtvertrag gründet.

§ 470. Ansprüche der Eisenbahn auf Nachzahlung zu wenig erhobener Fracht oder Gebühren sowie Ansprüche gegen die Eisenbahn auf Rückerstattung zu viel erhobener Fracht oder Gebühren verjähren in einem Jahre, sofern der Anspruch auf eine unrichtige Anwendung der Tarife oder auf Fehler bei der Berechnung gestützt wird. Die Verjährung beginnt mit dem Ablaufe des Tages, an welchem die Zahlung erfolgt ist.

Die Verjährung des Anspruchs auf Rückerstattung zuviel erhobener Fracht oder Gebühren sowie die Verjährung der im § 439 Satz 1 bezeichneten Ansprüche wird durch die schriftliche Anmeldung des Anspruchs bei der Eisenbahn gehemmt. Ergeht auf die Anmeldung ein abschlägiger Bescheid, so beginnt der Lauf der Verjährungsfrist wieder mit dem Tage, an welchem die Eisenbahn ihre Entscheidung dem Anmeldenden schriftlich bekannt macht und ihm die der Anmeldung etwa angeschlossenen Beweisstücke zurückstellt. Weitere Gesuche, die an die Eisenbahn oder an die vorgesetzten Behörden gerichtet werden, bewirken keine Hemmung der Verjährung.

§ 471. Die nach den Vorschriften des § 432 Abs. 1, 2, der §§ 438, 439, 453, 455 bis 470 begründeten Verpflichtungen der Eisenbahnen können weder durch die Eisenbahnverkehrsordnung noch durch Verträge ausgeschlossen oder beschränkt werden.

Bestimmungen, welche dieser Vorschrift zuwiderlaufen, sind nichtig. Das gleiche gilt von Vereinbarungen, die mit den Vorschriften der Eisenbahnverkehrsordnung im Widerspruche stehen.

§ 472. Die Vorschriften über die Beförderung von Personen auf den Eisenbahnen werden durch die Eisenbahnverkehrsordnung getroffen.

§ 473. Bei einer dem öffentlichen Verkehre dienenden Bahnunternehmung, welche der Eisenbahnverkehrsordnung nicht unterliegt (Kleinbahn), sind insoweit, als in den §§ 453, 459, 460, 462 bis 466 auf die Vorschriften der Eisenbahnverkehrsordnung verwiesen ist, an deren Stelle die Beförderungsbedingungen der Bahnunternehmung maßgebend.

Den Vorschriften des § 453 unterliegt eine solche Bahnunternehmung nur mit der Maßgabe, daß sie die Übernahme von Gütern zur Beförderung auf ihrer Bahnstrecke nicht verweigern darf.

Internationales Übereinkommen über den Eisenbahnfrachtverkehr

(JÜG.)*)

vereinbart zwischen

Deutschland, Österreich, Belgien, Bulgarien, Dänemark, der Freien Stadt Danzig, Spanien, Estland, Finnland, Frankreich, Griechenland, Ungarn, Italien, Lettland, Litauen, Luxemburg, Norwegen, den Niederlanden, Polen, Portugal, Rumänien, dem Königreich der Serben, Kroaten und Slowenen, Schweden, der Schweiz und der Tschechoslowakei.

Die Regierungen der oben aufgeführten Staaten, in der Erkenntnis der Notwendigkeit, zahlreiche Abänderungen anzubringen an dem Internationalen Übereinkommen vom 14. Oktober 1890 über den Eisenbahnfrachtverkehr, das am 16. Juli 1895, am 16. Juni 1898 und am 19. September 1906 abgeändert worden ist und an dem die meisten von ihnen teilhaben,

haben beschlossen, auf Grund des in ihrem Auftrag ausgearbeiteten und in dem Protokoll d. d. Bern, 8. Juni 1923, niedergelegten Entwurfs ein Übereinkommen über den Eisenbahnfrachtverkehr zu treffen, und haben zu ihren Bevollmächtigten ernannt:

(Folgen die Namen der Bevollmächtigten),

die in Gegenwart und unter Beteiligung des (folgt Name), Delegierter der Regierungskommission des Saarbeckengebiets, nachdem sie sich ihre Vollmachten mitgeteilt und sie in guter und gehöriger Form befunden haben, über folgende Artikel übereingekommen sind:

---

*) Verkündet mit Reichsgesetz vom 30. 5. 1925 (RGBl. II 183), Hinterlegung der Ratifikationsurkunden am 18. 10. 1927 (RGBl. 1928 II 162).

Titel I

Gegenstand und Geltungsbereich des Übereinkommens

Artikel 1

Eisenbahnen und Sendungen, auf die das Übereinkommen Anwendung findet

§ 1. Dieses Übereinkommen findet Anwendung auf alle Sendungen von Gütern, die mit durchgehendem Frachtbrief zur Beförderung auf einem Wege aufgegeben werden, der die Gebiete mindestens zweier Vertragsstaaten berührt und ausschließlich Strecken umfaßt, die in der gemäß Artikel 58 dieses Übereinkommens aufgestellten Liste verzeichnet sind.

§ 2. Von der Anwendung des Übereinkommens sind jedoch ausgenommen:

1. Sendungen, deren Versand- und Bestimmungsstationen im Gebiete desselben Staates liegen und das Gebiet eines anderen Staates nur im Durchgang berühren:
   a) wenn die Durchgangsstrecken von einer Eisenbahn des Versandstaates betrieben werden;
   b) auch dann, wenn die Durchgangsstrecken nicht von einer Eisenbahn des Versandstaates betrieben werden, die beteiligten Eisenbahnen aber besondere Abkommen geschlossen haben, nach denen diese Sendungen nicht als internationale angesehen werden sollen.
2. Sendungen zwischen Stationen zweier Nachbarstaaten, wenn die Beförderung auf der ganzen Strecke von Eisenbahnen des einen dieser Staaten bewirkt wird, jedoch nur unter der Bedingung, daß der Versender durch die Wahl des Frachtbriefformulars die Anwendung des inneren Reglements dieser Eisenbahnen beansprucht und keiner dieser Staaten widerspricht.

EVO. § 1.

Artikel 2

Beteiligung anderer Unternehmungen als der Eisenbahnen

§ 1. Außer Eisenbahnstrecken können in die im Artikel 1 vorgesehene Liste auch regelmäßig betriebene Kraftwagen- oder Schiffahrtslinien aufgenommen werden, die im Anschluß an eine Eisenbahn internationale Beförderungen unter der Verantwortung eines der Vertragsstaaten oder einer in die Liste eingetragenen Eisenbahn ausführen.

§ 2. Die Unternehmungen, die solche Linien betreiben, haben alle Rechte und Pflichten, die den Eisenbahnen durch dieses Übereinkommen übertragen sind, vorbehaltlich der sich aus der Verschiedenartigkeit der Beförderungsart ergebenden Abweichungen. Die durch dieses Übereinkommen festgesetzten Haftungsbestimmungen dürfen jedoch nicht geändert werden.

§ 3. Jeder Staat, der eine der im § 1 bezeichneten Linien in die Liste eintragen lassen will, muß dafür Sorge tragen, daß die im § 2 vorgesehenen Abweichungen in gleicher Weise wie die Tarife veröffentlicht werden.

EVO. § 2 (7).

Artikel 3

Von der Beförderung ausgeschlossene Gegenstände

Von der Beförderung auf Grund dieses Übereinkommens sind vorbehaltlich der im § 2 des Artikels 4 vorgesehenen Ausnahmen ausgeschlossen:

1. diejenigen Gegenstände, die auch nur in einem der an der Beförderung beteiligten Staaten dem Postzwang unterworfen sind;
2. diejenigen Gegenstände, die sich wegen ihres Umfanges, ihres Gewichts oder ihrer Beschaffenheit nach den Anlagen oder Betriebsmitteln auch nur einer der in Betracht kommenden Eisenbahnen zur Beförderung nicht eignen;
3. diejenigen Gegenstände, deren Beförderung auch nur in einem der in Betracht kommenden Staaten durch gesetzliche Bestimmungen oder aus Gründen der öffentlichen Ordnung verboten ist;
4. vorbehaltlich der in der Anlage I zu diesem Übereinkommen angegebenen Ausnahmen:
   A. explosionsgefährliche Gegenstände, wie
      a) Spreng- und Schießmittel;
      b) Munition;
      c) Zündwaren und Feuerwerkskörper;
      d) verdichtete, verflüssigte oder unter Druck gelöste Gase;
      e) Stoffe, die in Berührung mit Wasser entzündliche oder die Verbrennung unterstützende Gase entwickeln.

Stoffe, die nicht Schieß- oder Sprengzwecken dienen, sind keine explosionsgefährlichen Gegenstände im Sinne dieses Übereinkommens, wenn die Berührung mit einer Flamme sie nicht zur Explosion bringen kann, und wenn sie gegen Stoß oder Reibung nicht empfindlicher sind als Dinitrobenzol;

B. selbstentzündliche Stoffe;

C. ekelerregende oder übelriechende Stoffe.

EVO. § 54.

Artikel 4

Bedingungsweise zur Beförderung zugelassene Gegenstände

§ 1. Die nachstehenden Gegenstände werden zur Beförderung mit internationalem Frachtbrief unter folgenden Bedingungen zugelassen:

1. Die in der Anlage I zu diesem Übereinkommen bezeichneten Gegenstände zu den daselbst angegebenen Bedingungen.
2. Leichentransporte, wenn die folgenden Bedingungen erfüllt werden:
   a) sie müssen als Eilgut unter Begleitung einer dazu beauftragten Person befördert werden, wenn nicht die Aufgabe als Frachtgut oder ohne Begleitung auf allen an der Beförderung beteiligten Eisenbahnen gestattet ist;
   b) die Beförderungsgebühren sind bei der Aufgabe zu entrichten;
   c) die Beförderung unterliegt im Gebiet jedes einzelnen Staates den daselbst geltenden Gesetzen und Polizeivorschriften, soweit nicht einzelne Staaten unter sich besondere Abmachungen treffen.
3. Eisenbahnfahrzeuge, die auf eigenen Rädern laufen, werden unter der Bedingung zugelassen, daß eine Eisenbahn feststellt, daß das Fahrzeug lauffähig ist, und dies durch eine Aufschrift auf dem Fahrzeug oder durch ein besonderes Zeugnis bescheinigt; Lokomotiven, Tender und Motorwagen müssen außerdem von einem vom Absender gestellten sachverständigen Angestellten begleitet werden, der sie insbesondere zu schmieren hat.
4. Lebende Tiere werden unter folgenden Bedingungen zugelassen:

a) den Sendungen lebender Tiere muß ein vom Absender gestellter Begleiter beigegeben werden, sofern es sich nicht um kleine Tiere handelt, die in gut verschlossenen Käfigen, Kisten, Körben usw. zur Beförderung aufgegeben werden. Die Begleitung ist indessen nicht erforderlich, soweit in den direkten internationalen Tarifen oder in den Vereinbarungen der Eisenbahnen Ausnahmen vorgesehen sind;

b) der Absender hat die viehseuchenpolizeilichen Vorschriften des Versand- und Empfangs- sowie der Durchfuhrstaaten zu erfüllen. Er hat zu diesem Zweck alle erforderlichen Begleitpapiere beizugeben.

5. Gegenstände, deren Verladung oder Beförderung nach dem Ermessen der Versandbahn mit Rücksicht auf die Anlagen oder Betriebsmittel einer oder mehrerer der berührten Eisenbahnen besondere Schwierigkeiten verursacht, werden nur unter besonderen, von Fall zu Fall festzusetzenden Bedingungen zugelassen.

§ 2. Zwei oder mehrere Vertragsstaaten können durch besondere Abmachungen vereinbaren, daß einzelne durch dieses Übereinkommen ausgeschlossene Gegenstände unter gewissen Bedingungen oder daß die in der Anlage I aufgeführten Gegenstände unter leichteren Bedingungen zur internationalen Beförderung zwischen diesen Staaten zugelassen werden.

Die Eisenbahnen können auch durch entsprechende Tarifbestimmungen entweder gewisse, von der Beförderung ausgeschlossene Gegenstände zulassen oder für die bedingungsweise zugelassenen Güter leichtere Bedingungen zugestehen.

EVO. § 54.

Artikel 5

Beförderungspflicht der Eisenbahn

§ 1. Jede diesem Übereinkommen unterstehende Eisenbahn ist verpflichtet, die Beförderung aller im Sinne dieses Übereinkommens zugelassenen Güter nach dessen Bestimmungen zu übernehmen, sofern

a) der Absender den Vorschriften dieses Übereinkommens nachkommt;

b) die Beförderung mit den regelmäßigen Beförderungsmitteln möglich ist;

c) die Beförderung nicht durch Umstände verhindert wird, welche die Eisenbahn nicht abzuwenden und denen sie auch nicht abzuhelfen vermochte.

§ 2. Die Eisenbahn ist zur Annahme von Gütern, deren Auf-, Um- oder Abladung die Verwendung besonderer Anlagen erforderlich macht, nur verpflichtet, wenn die in Betracht kommenden Stationen derartige Anlagen besitzen.

§ 3. Die Eisenbahn ist nur verpflichtet, Güter anzunehmen, deren Beförderung alsbald erfolgen kann; die für die Versandstation geltenden Vorschriften bestimmen, in welchen Fällen diese Station verpflichtet ist, Güter, die dieser Bedingung nicht entsprechen, vorläufig in Verwahrung zu nehmen.

§ 4. Die Güter sind vorbehaltlich der im nachstehenden Paragraphen vorgesehenen Ausnahme in der Reihenfolge ihrer Annahme zu befördern.

§ 5. Wenn das öffentliche Interesse oder zwingende Gründe des Betriebs es erfordern, kann die zuständige Behörde anordnen, daß

a) der Betrieb ganz oder teilweise eingestellt wird;
b) gewisse Sendungen ausgeschlossen oder nur bedingungsweise zugelassen werden;
c) gewisse Sendungen vorzugsweise befördert werden.

Diese Maßnahmen müssen veröffentlicht werden.

Jede Eisenbahn kann Güter, deren Beförderung durch eine solche Einschränkung verhindert würde, zurückweisen.

§ 6. Jede Zuwiderhandlung gegen die Bestimmungen dieses Artikels begründet einen Anspruch auf Ersatz des dadurch entstandenen Schadens.

EVO. §§ 3, 53.

Titel II

Frachtvertrag

Kapitel I

Form und Bedingungen des Frachtvertrags

Artikel 6

Inhalt und Form des Frachtbriefs

§ 1. Der Absender muß mit jeder unter dieses Übereinkommen fallenden internationalen Sendung einen Frachtbrief nach dem Muster der Anlage II dieses Übereinkommens überreichen.

Die Frachtbriefformulare müssen auf festes, weißes Schreibpapier gedruckt sein, das für Eilfracht auf der Vorder- und Rückseite oben und unten am Rande einen mindestens einen Zentimeter breiten roten Streifen trägt.

§ 2. Die internationalen Tarife oder Vereinbarungen zwischen den Eisenbahnen bestimmen, in welcher Sprache die Frachtbriefformulare gedruckt werden müssen. Wenn die Tarife oder Vereinbarungen nichts bestimmen, sind die Frachtbriefformulare in einer der amtlichen Sprachen des Versandstaates zu drucken; sie müssen daneben einen französischen oder deutschen oder italienischen Text enthalten; Übersetzungen in andere für zweckmäßig erachtete Sprachen können beigefügt werden.

Der vom Absender auszufüllende Teil muß immer in einer der amtlichen Sprachen des Versandstaates abgefaßt sein. Welche Übersetzungen beizufügen sind, wird in den internationalen Tarifen oder besonderen Vereinbarungen der Eisenbahnen bestimmt. In deren Ermangelung muß der Absender eine französische oder deutsche oder italienische Übersetzung beifügen.

§ 3. Die stark umrahmten Teile des Formulars hat die Eisenbahn, die übrigen der Absender auszufüllen. Der Absender muß die Spalten, die er nicht ausfüllen will, durch einen Strich ungültig machen.

§ 4. Die Wahl des weißen oder rotumränderten Formulars zeigt an, ob das Gut in gewöhnlicher oder in Eilfracht befördert werden soll. Vorbehaltlich besonderer Vereinbarungen zwischen allen beteiligten Eisenbahnen ist es nicht zulässig, die Beförderung auf einer Teilstrecke in Eilfracht und auf einer anderen Teilstrecke in gewöhnlicher Fracht vorzuschreiben.

§ 5. Frachtbriefe mit abgeänderten oder radierten Eintragungen werden nicht zugelassen. Durchstreichungen sind nur zulässig, wenn der Absender sie mit seiner Unterschrift anerkennt und, wenn es sich um die Zahl oder das Gewicht der Stücke handelt, die berichtigten Mengen in Buchstaben einschreibt.

§ 6. Die Angaben auf dem Frachtbrief müssen in unauslöschbarer Schrift geschrieben oder gedruckt sein.

Der Frachtbrief muß folgende Angaben enthalten:

a) Ort und Tag der Ausstellung;

b) die Bezeichnung der Versandbahn;
c) die Bezeichnung der Empfangsbahn und der Bestimmungsstation mit allen näheren Angaben, die notwendig sind, um jede Verwechslung zwischen verschiedenen Stationen desselben Ortes oder gleich oder ähnlich benannter Orte auszuschließen;
d) Namen und Wohnort des Empfängers. Als Empfänger darf nur eine einzige Person, Firma oder juristische Person angegeben werden. Die Bestimmungsstation oder deren Vorsteher als Empfänger anzugeben, ist nur statthaft, wenn der anzuwendende Tarif es ausdrücklich zuläßt. Adressen, die den Namen des Empfängers nicht bezeichnen, wie „An Order von . . . . .“ oder „An den Inhaber des Frachtbriefduplikats“, sind unzulässig;
e) die Bezeichnung der Sendung nach ihrem Inhalt, die Angabe des Gewichts oder statt dessen eine den Vorschriften der Versandbahn entsprechende ähnliche Angabe, ferner bei Stückgut die Anzahl, Art der Verpackung, Zeichen und Nummern der Frachtstücke und bei Gütern, deren Verladung dem Absender obliegt, die Gattung, die Nummer und die Eigentumsmerkmale des Wagens. Die Güter müssen wie folgt bezeichnet werden: die in der Anlage I enthaltenen Güter nach der in dieser Anlage gewählten Bezeichnung; die in der Güterklassifikation oder im Tarif aufgeführten Güter nach der daselbst gewählten Bezeichnung, die übrigen Güter nach ihrer handelsüblichen Bezeichnung.

   Wenn der auf dem Frachtbrief für die Bezeichnung der Güter vorgesehene Platz nicht ausreicht, so sind besondere, dem Frachtbrief sorgfältig angeheftete und vom Absender unterzeichnete Blätter hierfür zu verwenden;
f) das genaue Verzeichnis der durch die Zoll-, Steuer-, Finanz-, Polizei- oder sonstigen Verwaltungsbehörden vorgeschriebenen Begleitpapiere, die dem Frachtbrief beigefügt oder als bei einer bestimmten Station hinterlegt bezeichnet sind;
g) die Unterschrift des Absenders mit seinem Namen oder seiner Firma sowie die Angabe seiner Wohnung, nach seinem Ermessen ergänzt durch seine Telegramm- oder Telephonadresse. Die Unterschrift des Absender kann aufgedruckt oder aufgestempelt werden, wenn die für die Ver-

sandstation geltenden Gesetze und Reglemente es gestatten. Als Absender darf nur eine einzige Person, Firma oder juristische Person auf dem Frachtbrief erscheinen.

Der Frachtbrief kann außerdem folgende Angaben enthalten:

h) die Angabe „bahnlagernd" oder „in der Wohnung abzuliefern", wenn die letztere Zustellungsart auf der Bestimmungsstation eingeführt ist (Artikel 16, § 2). Explosionsgefährliche Gegenstände oder selbstentzündliche Stoffe (vgl. Anlage I) dürfen nicht bahnlagernd gestellt werden;

i) das Verlangen, bestimmte Tarife, insbesondere Spezial- oder Ausnahmetarife gemäß Artikel 11, § 10 und Artikel 34 anzuwenden;

k) den Betrag eines gemäß Artikel 35 angegebenen Interesses an der Lieferung;

l) die Angaben der Kosten, die der Absender gemäß Artikel 17 übernimmt;

m) die Höhe der auf dem Gut haftenden Nachnahme und der von der Eisenbahn geleisteten Barvorschüsse gemäß Artikel 19;

n) die Vorschrift des Beförderungsweges und die Bezeichnung der Stationen, auf denen die Behandlung durch die Zoll-, Steuer-, Finanz-, Polizei- und sonstigen Verwaltungsbehörden stattfinden soll;

o) die Bezeichnung eines Bevollmächtigten gemäß Artikel 15.

§ 7. Andere Erklärungen dürfen in den Frachtbrief nur aufgenommen werden, wenn sie durch die Gesetze und Reglemente eines Staates vorgeschrieben sind und diesem Übereinkommen nicht widersprechen.

Die Ausstellung anderer Urkunden anstatt des Frachtbriefes oder die Beifügung anderer als der von diesem Übereinkommen zugelassenen Schriftstücke zum Frachtbrief ist unzulässig. Der Absender hat indessen, wenn es die für die Versandstation geltenden Gesetze oder Reglemente vorschreiben, außer dem Frachtbrief eine Urkunde auszustellen, die dazu bestimmt ist, in den Händen der Eisenbahn zu bleiben und ihr als Beweis über den Frachtvertrag zu dienen.

§ 8. Es ist unzulässig, in einen und denselben Frachtbrief mehrere Güter aufzunehmen, die nach ihrer Beschaffenheit nicht ohne Nachteil oder nur unter Verletzung von Zoll-, Steuer-,

Finanz-, Polizei- oder sonstigen verwaltungsbehördlichen Vorschriften zusammengeladen werden können.

§ 9. Den vom Absender oder Empfänger auf- oder abzuladenden Gütern sind besondere Frachtbriefe beizugeben, die keine von der Eisenbahn auf- oder abzuladende Güter betreffen.

Für die im Artikel 4 bezeichneten Gegenstände müssen gleichfalls besondere Frachtbriefe ausgestellt werden.

§ 10. Ein und derselbe Frachtbrief darf nur eine einzige Wagenladung umfassen mit Ausnahme der unteilbaren Gegenstände, die mehr als einen Wagen beanspruchen. Diese Vorschrift gilt jedoch nicht, wenn die besonderen Vorschriften für den betreffenden Verkehr oder die Tarife die Aufgabe mehrerer Wagen mit einem und demselben Frachtbrief für die ganze Beförderungsstrecke zulassen.

§ 11. Der Absender darf auf dem unteren Teil der Rückseite des Frachtbriefes, jedoch nur zur Nachricht für den Empfänger und ohne jede Verbindlichkeit und Verantwortlichkeit für die Eisenbahn, die folgenden Vermerke anbringen:

„Von Sendung des N.";
„Im Auftrag des N.";
„Zur Verfügung des N.";
„Zur Weiterbeförderung an N.";
„Versichert bei N.";
„Für Schiff N.";
„Aus Schiff N.";
„Zur Ausfuhr nach N.".

Jeder dieser Vermerke muß sich auf die ganze Sendung beziehen.

EVO. §§ 55, 56.

Artikel 7

Haftung für die Angaben im Frachtbrief. Frachtzuschläge Maßnahmen bei Überlastung

§ 1. Der Absender haftet für die Richtigkeit der von ihm in den Frachtbrief aufgenommenen Angaben und Erklärungen. Er trägt alle Folgen, die daraus entstehen, daß diese Angaben oder Erklärungen unrichtig, ungenau, unvollständig oder nicht an der für sie vorgesehenen Stelle eingetragen sind.

§ 2. Die Eisenbahn ist jederzeit berechtigt, die Übereinstimmung der Sendungen mit den Angaben des Frachtbriefes nachzuprüfen. Findet die Feststellung auf der Versandstation statt, so ist der Absender, findet sie auf der Bestimmungsstation statt, der Empfänger einzuladen, ihr beizuwohnen. Erscheint der Beteiligte nicht, oder findet die Feststellung auf einer Unterwegsstation statt, so sind, sofern die Gesetze oder Reglemente des Staates, in dem die Feststellung stattfindet, nichts anderes vorschreiben, zwei Zeugen beizuziehen, die nicht der Eisenbahn angehören. Wenn die Sendung den Angaben im Frachtbrief nicht entspricht, haften die durch die Feststellung verursachten Kosten, falls sie nicht an Ort und Stelle beglichen werden, auf dem Gut.

§ 3. Die Gesetze und Reglemente jeden Staates sind maßgebend für die Bedingungen, unter denen die Eisenbahn das Recht oder die Pflicht hat, das Gewicht des Gutes oder die Stückzahl zu ermitteln oder nachzuprüfen sowie das wirkliche Eigengewicht der Wagen festzustellen.

§ 4. Wenn Wagenladungen auf einer Gleiswage gewogen werden, wird das Gewicht dadurch ermittelt, daß vom Gesamtgewicht des beladenen Wagens das auf dem Wagen verzeichnete Eigengewicht abgezogen wird, es sei denn, daß eine besondere Verwiegung des leeren Wagens ein anderes Eigengewicht ergibt.

§ 5. Bei unrichtigen, ungenauen oder unvollständigen Angaben oder Erklärungen, die zur Folge haben können, daß Gegenstände angenommen werden, die gemäß Ziffer 4 des Artikels 3 von der Beförderung ausgeschlossen sind, daß das Gut eine niedrigere Fracht genießt, oder daß die normale Anwendung des Tarifs verhindert wird, oder bei Nichtbeachtung der in der Anlage I vorgeschriebenen Sicherheitsvorschriften, sowie bei Überlastung eines vom Absender beladenen Wagens ist ein Frachtzuschlag zu zahlen, vorbehaltlich der Nachzahlung des Frachtunterschieds und gegebenenfalls der Haftung für den Schaden sowie der strafrechtlichen Folgen.

Der Frachtzuschlag wird wie folgt festgestellt:

a) Bei unrichtiger, ungenauer oder unvollständiger Bezeichnung der von der Beförderung gemäß Ziffer 4 des Artikels 3 ausgeschlossenen oder der in der Anlage I angeführten Gegenstände oder bei Nichtbeachtung der in dieser

Anlage gegebenen Sicherheitsvorschriften wird folgender Frachtzuschlag erhoben:

Für die gemäß Ziffer 4 des Artikels 3 von der Beförderung ausgeschlossenen Gegenstände .... 15 Franken

Für die in der Anlage I bezeichneten Gegenstände der	Klasse I, Gruppe 1 a	15	"
	" I, Gruppen 1 b, 1 c und 1 d	10	"
	" I, Gruppe 1 e und Klasse II und III	5	"
	Klassen IV, V u. VI	1	"

für das Kilogramm Rohgewicht des ganzen Frachtstücks.

Wenn die Vorschriften für den inneren Verkehr der Eisenbahn, auf welcher die Zuwiderhandlung entdeckt wird, niedrigere Zuschläge vorsehen, so werden die letzteren erhoben.

b) Bei unrichtiger, ungenauer oder unvollständiger Bezeichnung einer Sendung, die andere als die unter a) vorgesehenen Güter enthält, beträgt der Zuschlag das Doppelte des Unterschieds zwischen der Fracht, die für das unrichtig, ungenau oder unvollständig bezeichnete Gut von der Versandstation bis zur Bestimmungsstation zu erheben wäre, und der Fracht, die hätte erhoben werden müssen, wenn die Bezeichnung richtig, genau und vollständig erfolgt wäre.

Selbst wenn kein Frachtunterschied besteht, beträgt der Zuschlag mindestens einen Franken. Wenn die Vorschriften für den inneren Verkehr der Eisenbahn, auf welcher die Zuwiderhandlung entdeckt wird, einen niedrigeren Mindestzuschlag vorsehen, so wird dieser letztere erhoben.

c) Bei zu niedriger Angabe des Gewichts beträgt der Frachtzuschlag das Doppelte des Unterschieds zwischen der Fracht für das angegebene und das ermittelte Gewicht von der Versand- bis zur Bestimmungsstation.

d) Bei Überlastung eines vom Absender beladenen Wagens beträgt der Frachtzuschlag das Sechsfache der Fracht für das die Belastungsgrenze übersteigende Gewicht von der Versand- bis zur Bestimmungsstation. Eine Überlastung liegt vor, wenn die wie folgt ermittelte Belastungsgrenze eines Wagens überschritten ist:

Wenn ein Wagen nur eine die zulässige Belastung kennzeichnende Aufschrift trägt, wird diese als normales Ladegewicht angesehen; die Belastungsgrenze entspricht alsdann diesem Ladegewicht zuzüglich fünf vom Hundert.

Wenn ein Wagen zwei Aufschriften trägt, bezeichnet die niedrigere Zahl die normale Belastung, die höhere Zahl die Belastungsgrenze.

e) Wenn für ein und denselben Wagen eine zu niedrige Gewichtsangabe und eine Überlastung vorliegt, werden die Frachtzuschläge für beide Zuwiderhandlungen nebeneinander erhoben.

§ 6. Die nach § 5 zu erhebenden Frachtzuschläge haften auf dem Gut, gleichgültig, an welchem Orte die Tatsachen, die ihre Erhebung nach sich ziehen, festgestellt worden sind.

Wenn der Wert des Gutes den Betrag der Frachtzuschläge nicht deckt, oder wenn der Empfänger die Annahme des Gutes verweigert, hat der Absender den aus den Frachtzuschlägen sich ergebenden Mehrbetrag zu bezahlen.

§ 7. Ein Frachtzuschlag wird nicht erhoben:

a) bei unrichtiger Gewichtsangabe von Gütern, zu deren Verwiegung die Eisenbahn nach den für die Versandstation geltenden Bestimmungen verpflichtet ist;

b) bei unrichtiger Gewichtsangabe oder bei Überlastung, wenn der Absender im Frachtbrief die Verwiegung durch die Eisenbahn beantragt hat;

c) bei einer während der Beförderung infolge von Witterungseinflüssen eingetretenen Überlastung, wenn der Absender nachweist, daß er bei der Beladung des Wagens die für die Versandstation geltenden Bestimmungen eingehalten hat;

d) bei einer während der Beförderung eingetretenen Gewichtszunahme ohne Überlastung, wenn der Absender nachweist, daß die Gewichtszunahme auf Witterungseinflüsse zurückzuführen ist.

§ 8. Wenn die Überlastung eines Wagens durch die Versandstation oder durch eine Zwischenstation festgestellt wird, kann der überschießende Teil der Ladung aus dem Wagen entfernt werden, selbst wenn zur Erhebung eines Frachtzuschlags kein Anlaß vorliegt. Der Absender ist gegebenenfalls unverzüglich durch Vermittlung der Versandstation zur Verfügung über den überschießenden Teil der Ladung aufzufordern.

Die Fracht für den überschießenden Teil der Ladung wird für die durchfahrene Strecke nach dem für die Hauptladung anzuwendenden Tarif berechnet, gegebenenfalls zuzüglich des im vorstehenden § 5 vorgesehenen Frachtzuschlags; bei Entladung werden die Kosten für diese Maßnahme nach dem Nebengebührentarif der Eisenbahn, die sie ausführt, berechnet.

Wenn der Absender vorschreibt, daß der überschießende Teil der Ladung zurückgeschickt oder weiterbefördert werden soll, so wird dieser als besondere Sendung behandelt.

EVO. §§ 57, 58, 59, 60.

Artikel 8

Abschluß des Frachtvertrags. Frachtbriefduplikat

§ 1. Der Frachtvertrag ist abgeschlossen, sobald die Versandstation das Gut mit dem Frachtbrief zur Beförderung angenommen hat. Als Zeichen der Annahme wird dem Frachtbrief der Tagesstempel der Versandstation aufgedrückt.

§ 2. Der Frachtbrief ist nach vollständiger Auflieferung des darin verzeichneten Gutes und nach Zahlung der vom Absender übernommenen Beträge ohne Verzug abzustempeln, und zwar auf Verlangen des Absenders in dessen Gegenwart.

§ 3. Der abgestempelte Frachtbrief dient als Beweis für den Frachtvertrag.

§ 4. Jedoch bilden bezüglich der Güter, deren Aufladen nach den Tarifen oder nach besonderer Vereinbarung, soweit eine solche für die Versandstation zulässig ist, dem Absender obliegt, die Angaben des Frachtbriefs über das Gewicht und die Anzahl der Stücke gegen die Eisenbahn keinen Beweis, sofern nicht die Nachwiegung oder Nachzählung durch die Eisenbahn erfolgt und dies auf dem Frachtbriefe beurkundet ist.

§ 5. Die Eisenbahn ist verpflichtet, den Empfang des Gutes unter Angabe des Tages der Annahme zur Beförderung auf dem ihr vom Absender zugleich mit dem Frachtbrief vorzulegenden Duplikat zu bescheinigen.

Dieses Duplikat hat nicht die Bedeutung des Frachtbriefs oder eines Konnossements (Ladescheins).

EVO. § 61.

Artikel 9

Grundsätze für die Frachtberechnung. Tarife und Wegevorschriften

§ 1. Die Fracht und die Nebengebühren werden nach den in jedem Staat zu Recht bestehenden und gehörig veröffentlichten Tarifen berechnet. Diese Tarife müssen alle zur Berechnung der Fracht und der Nebengebühren notwendigen Angaben enthalten und gegebenenfalls bestimmen, in welcher Weise den Verschiedenheiten der Währungen Rechnung getragen werden soll.

§ 2. Die Tarife müssen alle besonderen Bedingungen für die verschiedenen Beförderungsarten, besonders auch eine Bestimmung darüber enthalten, ob sie für Eilgut oder Frachtgut gültig sind. Wenn eine Eisenbahn für alle Güter oder für einzelne von ihnen oder für bestimmte Strecken nur einen Tarif für eine einzige Beförderungsart besitzt, so ist dieser Tarif für alle Sendungen anwendbar, gleichgültig, ob sie von einem gewöhnlichen oder von einem Eilfrachtbrief begleitet sind; dabei gelten die Lieferfristen, die im Artikel 6, § 4 und Artikel 11 dieses Übereinkommens für die jeweilige Beförderungsart des betreffenden Frachtbriefs vorgesehen sind.

Die Tarife müssen jedermann gegenüber in gleicher Weise angewendet werden. Ihre Bestimmungen gelten nur insoweit, als sie diesem Übereinkommen nicht widersprechen; andernfalls sind sie nichtig.

§ 3. a) Wenn der Absender auf dem Frachtbrief den Beförderungsweg vorgeschrieben hat, werden die Beförderungskosten nach diesem Wege berechnet.

Die Bezeichnung der Stationen, auf denen die von den Zoll-, Steuer-, Finanz-, Polizei- und sonstigen Verwaltungsbehörden vorgeschriebenen Förmlichkeiten zu erfüllen sind, ist einer Wegevorschrift gleichzuachten.

b) Wenn der Absender im Frachtbrief nur die anzuwendenden Tarife vorgeschrieben hat, wendet die Eisenbahn diese Tarife an, sofern diese Vorschrift für die Feststellung der Stationen, zwischen denen die verlangten Tarife Anwendung finden sollen, genügt. Die Eisenbahn sucht unter den Beförderungswegen, für die diese Tarife am Tage des Abschlusses des Frachtvertrags gültig sind, den Beförderungsweg aus, der ihr für den Absender am vorteilhaftesten erscheint.

c) Wenn der Absender im Frachtbrief die Vorauszahlung der Fracht bis zu einer Zwischenstation gemäß Artikel 17, § 1 vorgeschrieben hat, sucht die Eisenbahn unter den Beförderungswegen, die die genannte Zwischenstation berühren, den aus, der ihr für den Absender am vorteilhaftesten erscheint. Die Beförderungskosten werden nach dem von der Eisenbahn gewählten Beförderungsweg berechnet.

d) Wenn in den vorstehend unter a) und c) erwähnten Fällen ein internationaler Tarif zwischen der Versand- und der Bestimmungsstation auf dem nach a) vorgeschriebenen Beförderungswege oder zwischen der Versandstation und der vorstehend unter c) genannten Station besteht, so wird dieser Tarif angewendet, vorausgesetzt, daß zur Zeit der Auflieferung auf den betreffenden Beförderungswegen seine Anwendbarkeit nicht Bedingungen unterliegt, die nicht erfüllt sind.

e) Wenn die vom Absender gemachten Angaben nicht genügen, um den Leitungsweg oder die Tarife vollständig festzustellen, oder wenn einzelne dieser Angaben sich widersprechen, wählt die Eisenbahn den Leitungsweg oder die Tarife, die ihr für den Absender am vorteilhaftesten erscheinen. Bezüglich der unter a), Absatz 2 erwähnten Stationen richtet sich die Eisenbahn immer nach den Angaben im Frachtbrief, ebenso — soweit möglich — bezüglich der anderen Vorschriften des Absenders.

Wenn jedoch zwischen der Versandstation und der Bestimmungsstation ein direkter internationaler Tarif besteht, so wird dieser Tarif angewendet, vorausgesetzt, daß seine Wegevorschrift den etwaigen Angaben des Frachtbriefs bezüglich der unter a), Absatz 2 erwähnten Stationen entspricht und daß seine Anwendung nicht anderen Bedingungen unterliegt, die nicht erfüllt sind.

f) In allen obenerwähnten Fällen werden die Fristen nach dem vom Absender vorgeschriebenen oder von der Bahn gewählten Leitungsweg berechnet.

g) Die Eisenbahn kann außer den im Artikel 5, § 5 und Artikel 23, § 1 erwähnten Fällen die Beförderung nur dann auf einem anderen als dem vom Absender vorgeschriebenen Weg vornehmen, wenn:

1. die Beförderungskosten und Lieferfristen nicht größer sind

als die Kosten und Fristen auf dem vom Absender vorgeschriebenen Weg;

2. die von den Zoll-, Steuer-, Finanz-, Polizei- und sonstigen Verwaltungsbehörden vorgeschriebenen Förmlichkeiten immer auf den vom Absender angegebenen Stationen erfüllt werden.

Der Absender ist zu benachrichtigen, wenn die Beförderung auf einem anderen als dem von ihm vorgeschriebenen Wege erfolgt.

h) In den unter b), c) und e), Absatz 1 des gegenwärtigen Paragraphen erwähnten Fällen ist die Eisenbahn für einen aus der Wahl des Leitungswegs oder der Tarife etwa entstehenden Schaden nur bei Vorsatz oder grober Fahrlässigkeit verantwortlich.

§ 4. Außer den in den Tarifen vorgesehenen Frachtsätzen und Nebengebühren dürfen zugunsten der Eisenbahn nur Barauslagen erhoben werden, wie Aus- und Einfuhrabgaben, nicht in den Tarif aufgenommene Kosten für die Überführung von einem Bahnhof zum anderen, Kosten der Instandsetzung der äußeren und inneren Verpackung der Güter, die zu ihrer Erhaltung notwendig sind, und ähnliche Auslagen. Diese Auslagen sind gehörig festzustellen und getrennt auf dem Frachtbrief zu berechnen, dem die Belege beizufügen sind. Wenn die Bezahlung dieser Auslagen dem Absender obliegt, sind die Beweisstücke dem Empfänger nicht mit dem Frachtbrief auszuhändigen, sondern dem Absender mit der Kostenrechnung gemäß Artikel 17 zuzustellen.

EVO. §§ 6, 67, 68.

Artikel 10

Verbot von Sonderübereinkommen

Jedes Sonderübereinkommen, wodurch einem oder mehreren Absendern eine Preisermäßigung gegenüber den Tarifen gewährt wird, ist verboten und nichtig.

Dagegen sind Tarifermäßigungen erlaubt, welche gehörig veröffentlicht sind und unter Erfüllung der gleichen Bedingungen jedermann in gleicher Weise zugute kommen, sowie die Ermäßigungen, die für den Eisenbahndienst, für Zwecke der öffentlichen Verwaltungen oder für Wohlfahrtszwecke gewährt werden.

EVO. § 6.

Artikel 11
Lieferfristen

§ 1. Die Lieferfristen dürfen folgende Höchstmaße nicht überschreiten:

a) für Eilgüter:
1. Abfertigungsfrist . . . . 1 Tag;
2. Beförderungsfrist für je auch nur angefangene 250 Tarifkilometer . . . . 1 Tag;

b) für Frachtgüter:
1. Abfertigungsfrist . . . . 2 Tage;
2. Beförderungsfrist für je auch nur angefangene 250 Tarifkilometer . . . . 2 Tage.

§ 2. Wenn die Beförderung sich über mehrere durch Schienen verbundene Eisenbahnnetze erstreckt, berechnet sich die Beförderungsfrist nach der Gesamtentfernung zwischen der Versand- und der Bestimmungsstation; die Abfertigungsfrist wird nur einmal berechnet ohne Rücksicht auf die Zahl der beteiligten Netze.

§ 3. Die Gesetze und Reglemente jedes Staates bestimmen, inwiefern den unter seiner Aufsicht stehenden Eisenbahnen gestattet ist, Zuschlagfristen für folgende Fälle festzusetzen:

a) für Beförderungen, die benutzen:
entweder den Seeweg oder die Binnenwasserstraßen mittels Fähre oder Schiffes,
oder eine Landstraße ohne Eisenbahn,
oder Verbindungsbahnen, die zwei Linien desselben Netzes oder verschiedener Netze verbinden,
oder Eisenbahnen untergeordneter Bedeutung,
oder eine Linie mit einer anderen als der normalen Spurweite;

b) für außergewöhnliche Verhältnisse, die zur Folge haben:
eine ungewöhnliche Verkehrszunahme
oder ungewöhnliche Betriebsschwierigkeiten.

Die Zuschlagsfristen müssen stets nach ganzen Tagen bemessen sein.

§ 4. Die Zuschlagsfristen, die durch die im § 3 unter a) vorgesehenen Verhältnisse begründet sind, müssen in den Tarifen erwähnt sein.

Die im § 3 unter b) vorgesehenen Zuschlagsfristen müssen veröffentlicht werden und treten nicht vor ihrer Veröffentlichung in Kraft.

§ 5. Die Lieferfrist beginnt mit der auf die Annahme des Gutes (Artikel 8, § 1) folgenden Mitternacht.

§ 6. Die Lieferfrist ist gewahrt, wenn vor ihrem Ablauf der Empfänger oder diejenige Person, die nach den Reglementen der abliefernden Eisenbahn zur Empfangnahme berechtigt ist, das Gut ausgeliefert erhalten hat oder von der Ankunft des Gutes benachrichtigt ist. Die Gesetze und Reglemente jedes Staates bestimmen die Art und Weise, wie die Übergabe des Benachrichtigungsschreibens festzustellen ist.

Für Güter, die von der Eisenbahn dem Empfänger nicht zugeführt werden und von deren Ankunft der Empfänger nicht benachrichtigt zu werden braucht, ist die Lieferfrist gewahrt, wenn sie vor Ablauf der Lieferfrist auf der Bestimmungsstation zur Ablieferung an den Empfänger bereitgestellt sind.

§ 7. Der Lauf der Lieferfrist ruht für die ganze Dauer des Aufenthalts, der durch die Zoll-, Steuer-, Finanz-, Polizei- oder sonstige verwaltungsbehördliche Abfertigung verursacht wird, sowie für die Dauer jeder ohne Verschulden der Eisenbahn eingetretenen Verkehrsunterbrechung, durch die der Beginn oder die Fortsetzung der Beförderung zeitweilig verhindert wird.

Der Lauf der Lieferfrist ruht gleichfalls während der Ausführung der im Artikel 7, §§ 2 und 3 vorgesehenen Maßnahmen und während der Dauer des durch eine nachträgliche Verfügung des Absenders im Sinne des Artikels 21 verursachten Aufenthaltes.

Außerdem ruht bei der Beförderung lebender Tiere der Lauf der Lieferfrist während der Dauer:

a) des Aufenthalts dieser Tiere in Tränkstationen,
b) des Aufenthalts wegen einer polizeilichen Maßregel,
c) der viehseuchenpolizeilichen Untersuchung.

§ 8. Bei Frachtgütern ruht der Lauf der Lieferfrist an Sonntagen und gesetzlichen Feiertagen.

Bei Eilgütern beginnt, wenn der auf die Annahme des Gutes zur Beförderung folgende Tag ein Sonntag oder gesetzlicher Feiertag ist, die Lieferfrist einen Tag später. Falls der letzte Tag der Lieferfrist ein Sonntag oder gesetzlicher Feiertag ist, so läuft die Lieferfrist erst am darauffolgenden

Tage ab. Diese Bestimmungen sind jedoch nicht anwendbar, soweit im Versand- oder Empfangsstaat die Stationen für den Eilgutverkehr an Sonn- und Feiertagen geöffnet sind.

§ 9. Wenn die Gesetze oder Reglemente eines Staates bestimmen, daß die Eilgutbeförderung an Sonn- und bestimmten gesetzlichen Feiertagen ganz oder teilweise ruht, werden die Lieferfristen entsprechend verlängert.

§ 10. Wenn nach den Gesetzen und Reglementen eines Staates Spezial- oder Ausnahmetarife zu ermäßigten Preisen und mit verlängerten Lieferfristen gestattet sind, so können die Eisenbahnen dieses Staates diese Tarife mit verlängerten Lieferfristen auch im internationalen Verkehr anwenden.

EVO. § 74.

Artikel 12

Zustand des Gutes. Verpackung

§ 1. Nimmt die Eisenbahn ein Gut zur Beförderung an, das offensichtlich Spuren von Beschädigungen aufweist, so kann sie verlangen, daß der Zustand des Gutes im Frachtbrief besonders vermerkt wird.

§ 2. Der Absender hat das Gut, soweit dessen Natur eine Verpackung erfordert, zum Schutze gegen gänzlichen oder teilweisen Verlust und gegen Beschädigung während der Beförderung sowie zur Verhütung einer Beschädigung von Personen, Betriebsmitteln oder anderen Gütern sicher zu verpacken.

Im übrigen gelten für die Verpackung die Bestimmungen der Tarife und Reglemente der Versandbahn.

§ 3. Ist der Absender der Vorschrift des § 2 nicht nachgekommen, so ist die Eisenbahn berechtigt, entweder die Annahme des Gutes zu verweigern oder zu verlangen, daß der Absender auf dem Frachtbrief das Fehlen oder den mangelhaften Zustand der Verpackung unter genauer Beschreibung desselben anerkennt.

§ 4. Der Absender haftet für die Folgen des Fehlens oder des mangelhaften Zustandes der Verpackung, die in dieser Weise auf dem Frachtbrief anerkannt sind, sowie für äußerlich nicht erkennbare Mängel der Verpackung. Alle sich daraus ergebenden Schäden fallen dem Absender zur Last, der gegebenenfalls der Eisenbahn den von ihr erlittenen Schaden zu ersetzen hat.

Der Absender haftet auch für äußerlich erkennbare Mängel der Verpackung, die im Frachtbrief nicht anerkannt sind, wenn das Vorhandensein dieser Mängel von der Eisenbahn nachgewiesen wird.

§ 5. Wenn ein Absender gleichartige Güter, die einer Verpackung bedürfen, unverpackt oder mit den gleichen Mängeln der Verpackung auf der gleichen Station aufzugeben pflegt, kann er sich der Verpflichtung, für jede Sendung der im § 3 enthaltenen Vorschrift gesondert zu entsprechen, dadurch entziehen, daß er auf dieser Station eine allgemeine Erklärung nach dem Muster der Anlage III hinterlegt. In diesem Falle muß der Frachtbrief einen Hinweis auf die bei der Versandstation hinterlegte allgemeine Erklärung enthalten.

§ 6. Vorbehaltlich der ausdrücklich in den Tarifen vorgesehenen Ausnahmen ist der Absender verpflichtet, Stückgüter mit deutlichen, unauslöschbaren äußeren Zeichen zu versehen, die keine Verwechslung zulassen und mit den auf dem Frachtbrief angegebenen Zeichen genau übereinstimmen. Außerdem ist er verpflichtet, auf jedem Stück einen Zettel anzubringen, auf dem in unauslöschbarer Schrift die Bestimmungsstation angegeben ist. Name und Adresse des Empfängers müssen gleichfalls angegeben werden, wenn dies durch das Reglement der Versandbahn vorgeschrieben ist, und zwar entweder offen oder in einer Falte des Zettels, die nur beim Fehlen des Frachtbriefs geöffnet werden darf.

Alte Anschriften oder Zettel müssen vom Absender durchstrichen oder entfernt sein.

§ 7. Vorbehaltlich der ausdrücklich in den Tarifen vorgesehenen Ausnahmen dürfen leichtzerbrechliche Gegenstände (wie Glaswaren, Porzellan, Töpferwaren), Gegenstände, die sich leicht im Wagen verstreuen (wie Nüsse, Obst, Futtermittel, Steine), und Güter, die andere Sendungen beschmutzen oder beschädigen könnten (wie Kohlen, Kalk, Asche, gewöhnliche Erden, Farberden), nur als Wagenladungen befördert werden, es sei denn, daß diese Güter so verpackt oder zusammengebunden werden, daß sie nicht zerbrechen, verlorengehen oder andere Sendungen beschmutzen oder beschädigen können.

EVO. § 62.

Artikel 13

Begleitpapiere für die Abfertigung durch die Zoll-, Steuer-, Finanz-, Polizei- und sonstigen Verwaltungsbehörden. Zollverschluß

§ 1. Der Absender ist verpflichtet, dem Frachtbrief die Begleitpapiere beizugeben, die zur Erfüllung der Zoll-, Steuer-, Finanz-, Polizei- und sonstigen verwaltungsbehördlichen Vorschriften vor der Ablieferung des Gutes an den Empfänger erforderlich sind. Diese Papiere dürfen nur Güter umfassen, die den Gegenstand eines und desselben Frachtbriefs bilden, es sei denn, daß Verwaltungs- oder Tarifvorschriften etwas anderes bestimmen.

Wenn solche Papiere dem Frachtbrief nicht beigegeben werden können, weil sie in einer Grenzstation hinterlegt sind, muß der Frachtbrief die genaue Angabe enthalten, bei welcher Stelle sie hinterlegt sind.

§ 2. Die Eisenbahn ist nicht verpflichtet, die beigegebenen Papiere auf ihre Richtigkeit und Vollständigkeit zu prüfen.

Der Absender haftet der Eisenbahn, sofern dieser kein Verschulden zur Last fällt, für alle Schäden, die aus dem Fehlen, der Unzulänglichkeit oder Unrichtigkeit dieser Papiere entstehen könnten.

Die Eisenbahn haftet nach den Bestimmungen des Titels III für die Folgen des Verlustes der nach Artikel 6, § 6, f in den Frachtbriefen erwähnten und ihnen beigegebenen Papiere.

§ 3. Der Absender ist verpflichtet, für die Verpackung und Bedeckung der Güter entsprechend den Zollvorschriften zu sorgen. Güter, deren zollamtlicher Verschluß verletzt oder mangelhaft ist, können zurückgewiesen werden.

EVO. § 65.

Kapitel II

Ausführung des Frachtvertrags

Artikel 14

Auflieferung und Verladung der Güter

§ 1. Das Verfahren bei der Auflieferung der Güter richtet sich nach den für die Versandstation geltenden gesetzlichen und reglementarischen Bestimmungen.

§ 2. Ob die Güter durch die Eisenbahn oder durch den Absender zu verladen sind, bestimmen die für die Versandstation geltenden Vorschriften, soweit nicht dieses Übereinkommen andere Bestimmungen darüber enthält oder eine besondere Vereinbarung zwischen dem Absender und der Eisenbahn getroffen und im Frachtbrief vermerkt ist.

§ 3. Ob die Güter in bedeckten, offenen oder besonders eingerichteten Wagen oder in offenen Wagen mit Decke befördert werden, richtet sich, soweit dieses Übereinkommen keine Vorschriften darüber enthält, nach den Bestimmungen der direkten internationalen Tarife. Falls solche nicht bestehen oder keine Bestimmungen darüber enthalten, sind die für die Versandstation geltenden Vorschriften für den ganzen Durchlauf des Gutes maßgebend.

EVO. §§ 63, 59, 66.

Artikel 15

Abfertigung durch die Zoll-, Steuer-, Finanz-, Polizei- und sonstigen Verwaltungsbehörden

§ 1. Die Zoll-, Steuer-, Finanz-, Polizei- und sonstigen verwaltungsbehördlichen Vorschriften werden, solange das Gut sich unterwegs befindet, von der Eisenbahn erfüllt. Sie kann diese Aufgabe unter ihrer eigenen Verantwortlichkeit einem Kommissionär übertragen oder sie selbst übernehmen. In beiden Fällen hat sie die Verpflichtungen eines Kommissionärs.

Der Absender kann jedoch entweder selbst oder durch einen im Frachtbrief bezeichneten Bevollmächtigten der im vorigen Absatz bezeichneten Behandlung beiwohnen, um alle nötigen Aufklärungen zu geben und sachdienliche Bemerkungen zu machen, ohne daß daraus für ihn das Recht begründet würde, das Gut in Besitz zu nehmen oder die Förmlichkeiten selbst zu erfüllen.

Wenn der Absender für die Behandlung durch die Zoll-, Steuer-, Finanz-, Polizei- oder sonstigen Verwaltungsbehörden eine unzulässige Art des Vorgehens vorgeschrieben hat, handelt die Eisenbahn so, wie es ihr für die Interessen des Berechtigten am günstigsten erscheint, und teilt dem Absender die getroffenen Maßnahmen mit.

§ 2. Wenn auf der Bestimmungsstation ein Zollamt besteht, und wenn entweder der Frachtbrief die Zollbehandlung auf der Bestimmungsstation vorschreibt oder beim Fehlen einer solchen Vorschrift das Gut unverzollt auf der Bestimmungsstation ankommt, so hat der Empfänger das Recht, auf der Bestimmungsstation die Zollbehandlung zu besorgen. Wenn er von diesem Recht Gebrauch macht, muß er vorher die auf der Sendung haftenden Kosten begleichen und den Frachtbrief einlösen.

Die Eisenbahn kann, solange der Frachtbrief nicht eingelöst ist, die Zollbehandlung gemäß § 1 besorgen, wenn dies innerhalb einer im Reglement der Empfangsbahn vorgeschriebenen Frist weder durch den Empfänger noch durch den Bevollmächtigten des Absenders geschieht.

EVO. § 65.

Artikel 16
Ablieferung

§ 1. Die Eisenbahn ist verpflichtet, auf der vom Absender bezeichneten Bestimmungsstation dem Empfänger den Frachtbrief und das Gut gegen Quittung und gegen Bezahlung der sich aus dem Frachtbrief ergebenden Beträge auszuhändigen.

Durch die Annahme des Gutes und des Frachtbriefs wird der Empfänger verpflichtet, der Eisenbahn die aus dem Frachtbrief sich ergebenden Beträge zu bezahlen.

§ 2. Das Verfahren bei der Ablieferung des Gutes sowie die etwaige Verpflichtung der Eisenbahn, das Gut dem Empfänger, sei es am Orte der Bestimmungsstation, sei es an einem anderen Orte, zuzuführen, richtet sich nach den für die abliefernde Eisenbahn geltenden gesetzlichen und reglementarischen Bestimmungen.

§ 3. Nach Ankunft des Gutes auf der Bestimmungsstation ist der Empfänger berechtigt, von der Eisenbahn die Übergabe des Frachtbriefs und die Ablieferung des Gutes zu verlangen. Ist das Gut innerhalb der im Artikel 30, § 1 vorgesehenen Frist nicht angekommen, so kann er die sich aus dem Frachtvertrag ergebenden Rechte gegen vorherige Erfüllung der sich daraus ergebenden Verpflichtungen in eigenem Namen gegen die Eisenbahn geltend machen, sei es, daß er hierbei in eigenem oder in fremdem Interesse handle.

EVO. § 75.

Artikel 17
Zahlung der Fracht

§ 1. Die Frachtgelder und sonstigen Kosten, deren Bezahlung der Absender nicht laut Frachtbriefvorschrift übernommen hat, gelten als auf den Empfänger überwiesen. Der Absender kann als Frankatur entweder gewisse genau bezeichnete Kosten oder nach näherer Bestimmung der Tarife die Frachtkosten bis zu einer beliebigen Grenze oder Grenzstation übernehmen; ausnahmsweise können die Tarife oder Vereinbarungen zwischen den Eisenbahnen die Frankatur auch bis zu bestimmten Stationen, die nicht Grenzstationen sind, zulassen.

Der Absender muß in der dafür bestimmten Spalte des Frachtbriefs die Kosten, die er übernehmen will, in der nachfolgenden Form angeben:

a) wenn der Absender die Frachtkosten und alle übrigen Kosten übernimmt, die nach Maßgabe des Reglements und des Tarifs von der Versandstation in Rechnung gestellt werden können, einschließlich der Gebühr für eine etwaige Angabe des Interesses an der Lieferung gemäß Artikel 35 und der Gebühr für Barvorschüsse und Nachnahmen, bezeichnet er es durch das Wort „Franko";

b) wenn der Absender andere Kosten als die unter a) angegebenen übernimmt, bezeichnet er es durch die Worte „Franko Fracht und ..... (genaue Angabe der Gebühr oder Gebühren, die er bezahlen will)";
die Angabe „Franko Zoll" bedeutet, daß der Absender sowohl die von der Zollbehörde zu erhebenden Gebühren und Spesen als auch die von der Eisenbahn zu erhebende Gebühr für die Besorgung der Verzollung zu tragen hat;

c) wenn der Absender alle irgendwie erwachsenden Gebühren übernimmt, auch wenn sie nach der Annahme des Gutes zur Beförderung entstehen, bezeichnet er es durch die Worte „Franko einschließlich aller Gebühren";

d) wenn der Absender nur eine oder mehrere der unter a) bezeichneten Gebühren übernehmen will, bezeichnet er es durch die Worte „Franko ..... (genaue Angabe der Gebühr oder Gebühren, die er übernimmt)";

e) wenn der Absender die Fracht bis zu einer Grenze (oder einer Grenzstation) oder ausnahmsweise bis zu einer bestimmten anderen Station, die nicht Grenzstation ist, übernimmt, bezeichnet er es durch die Worte „Franko bis X. (Grenze oder Grenzstation)" oder „Franko bis X.".

Im Frachtbrief können mehrere einander ergänzende Frankaturvermerke angebracht werden, z. B. „Franko und franko Zoll" oder „Franko bis X. Grenze und franko Zoll".

§ 2. Bei Sendungen, die nach dem Ermessen der Versandbahn schnellem Verderb ausgesetzt sind oder wegen ihres geringen Wertes oder ihrer Natur nach die Fracht nicht sicher decken, kann sie Vorauszahlung der Fracht verlangen.

§ 3. Wenn der Absender die Kosten ganz oder teilweise übernimmt und wenn dieser Betrag bei der Auflieferung nicht genau festgestellt werden kann, kann die Eisenbahn gegen Quittung die Hinterlegung einer den Kosten annähernd entsprechenden Summe als Sicherheit fordern. Diese Kosten werden nacheinander von den einzelnen Übergangsstationen in eine Frankaturrechnung eingetragen, die die Sendung bis zur Bestimmungsstation begleitet und innerhalb von zwei Monaten nach Ablauf der Lieferfrist an die Versandstation zurückgesandt sein muß.

Nach Rückkunft der Frankaturrechnung ist endgültig abzurechnen und dem Absender gegen Rückgabe der Quittung eine den Eintragungen in die Frankaturrechnung entsprechende Kostenrechnung auszuhändigen.

Die Frankaturrechnung ist nach dem Muster der Anlage IV zu diesem Übereinkommen aufzustellen.

§ 4. Die Versandstation muß sowohl im Duplikat wie im Frachtbrief die als Frankatur erhobenen Beträge einzeln aufführen.

EVO. § 69.

Artikel 18

Unrichtige Anwendung des Tarifs

§ 1. Ist der Tarif unrichtig angewendet worden, oder sind bei der Festsetzung der Fracht und der sonstigen Kosten Fehler vorgekommen, so muß der Mehr- oder Minderbetrag erstattet werden.

§ 2. Von der Eisenbahn festgestellte Überzahlungen müssen, wenn sie für einen Frachtbrief den Betrag 0,50 Franken über steigen, von Amts wegen den Beteiligten mitgeteilt und möglichst bald ausgeglichen werden.

§ 3. Zuwenig bezahlte Beträge hat der Absender der Eisenbahn nachzuzahlen, wenn der Frachtbrief nicht eingelöst wird. Hat der Empfänger den Frachtbrief eingelöst, so ist der Absender zur Nachzahlung nur bezüglich der Kosten verpflichtet, die er nach Maßgabe des Frankaturvermerks im Frachtbrief übernommen hat; im übrigen liegt die Nachzahlung dem Empfänger ob.

§ 4. Die nach diesem Artikel auf einem Frachtbrief geschuldeten Summen sind, sofern sie den Betrag von 10 Franken übersteigen, mit sechs vom Hundert zu verzinsen. Diese Zinsen laufen vom Tage der im Artikel 40 vorgesehenen Reklamation oder, wenn keine Reklamation vorausging, vom Tage der Klageerhebung an.

EVO. § 70.

Artikel 19

Nachnahmen und Barvorschüsse

§ 1. Der Absender kann das Gut bis zur Höhe seines Wertes mit Nachnahme belasten. Der Nachnahmebetrag muß in der Währung des Versandstaates ausgedrückt werden; hiervon können die Tarife Ausnahmen zulassen.

§ 2. Die Eisenbahn ist nicht verpflichtet, dem Absender die Nachnahme auszuzahlen, bevor der Betrag vom Empfänger bezahlt ist. Dieser Betrag muß dem Absender innerhalb einer Frist von drei Monaten nach der Einzahlung zur Verfügung gestellt werden; bei Verzögerung ist er vom Ablauf dieser Frist mit sechs vom Hundert zu verzinsen.

§ 3. Ist das Gut dem Empfänger ohne vorherige Einziehung der Nachnahme abgeliefert worden, so hat die Eisenbahn dem Absender den Schaden bis zum Betrag der Nachnahme zu ersetzen, vorbehaltlich ihres Rückgriffs gegen den Empfänger.

§ 4. Für die Nachnahme wird die tarifmäßige Gebühr berechnet; diese Gebühr bleibt geschuldet, auch wenn die Nachnahme durch nachträgliche Verfügung aufgehoben oder eingeschränkt wird (Artikel 21, § 1).

§ 5. Barvorschüsse werden nur nach den für die Versandstation geltenden Bestimmungen zugelassen.

EVO. § 71.

Artikel 20

Verpflichtungen der Empfangsbahn

Die Empfangsbahn hat alle sich aus dem Frachtvertrag ergebenden Forderungen, insbesondere Fracht- und Nebengebühren, Zollgebühren, Nachnahmen sowie die sonstigen auf dem Gute haftenden Beträge, einzuziehen, und zwar sowohl für eigene Rechnung als auch für die der vorhergehenden Eisenbahnen und der sonstigen Berechtigten.

EVO. § 75.

Kapitel III

Abänderung des Frachtvertrags

Artikel 21

Recht zur Abänderung des Frachtvertrags

§ 1. Der Absender allein hat das Recht, den Frachtvertrag nachträglich abzuändern, indem er verfügt, daß das Gut entweder auf der Versandstation wieder zurückgegeben oder daß es unterwegs aufgehalten oder daß seine Ablieferung ausgesetzt werde, oder daß es am Bestimmungsort oder an einem anderen vor der Bestimmungsstation oder darüber hinaus gelegenen Ort dem im Frachtbrief angegebenen Empfänger oder einer anderen Person abgeliefert oder schließlich, daß es an die Versandstation zurückgesandt werde.

Die Eisenbahn kann außerdem auf Wunsch des Absenders nachträgliche Verfügungen wegen Auflage, Erhöhung, Minderung oder Zurückziehung von Nachnahmen sowie wegen Frankierung der Sendungen annehmen; solche nachträgliche Verfügungen werden ohne jede Gewähr für ihre Ausführung angenommen.

Nachträgliche Verfügungen anderen als des obenerwähnten Inhalts sind unzulässig.

Nachträgliche Verfügungen dürfen niemals eine Teilung der Sendung zur Folge haben.

§ 2. Die oben erwähnten Verfügungen muß der Absender durch eine schriftliche, von ihm unterschriebene Erklärung nach dem Muster der Anlage V zu diesem Übereinkommen treffen.

Diese Erklärung ist auf dem Frachtbriefduplikat zu wiederholen, das gleichzeitig der Eisenbahn vorzulegen und von ihr dem Absender zurückzugeben ist. Hat die Eisenbahn die Verfügungen des Absenders befolgt, ohne die Vorzeigung des Duplikats zu verlangen, so ist sie für den daraus entstandenen Schaden dem Empfänger, dem der Absender dieses Duplikat übergeben hat, verantwortlich.

Wenn der Absender die Erhöhung, Ermäßigung oder Aufhebung einer Nachnahme verlangt, so muß er die ihm ausgestellte Bescheinigung über die Nachnahme vorweisen. Wird die Nachnahme erhöht oder ermäßigt, so wird die Bescheinigung dem Absender nach Berichtigung zurückgegeben. Im Falle der Aufhebung der Nachnahme wird ihm die Bescheinigung abgenommen.

Jede Verfügung des Absenders, die in anderer als der oben vorgeschriebenen Form gegeben wird, ist nichtig.

§ 3. Die Eisenbahn gibt den Verfügungen des Absenders nur Folge, wenn sie ihr durch Vermittlung der Versandstation zugegangen sind.

Wenn der Absender es verlangt, ist die Bestimmungs- oder Anhaltestation auf seine Kosten durch ein Telegramm der Versandstation zu benachrichtigen; das Telegramm ist durch schriftliche Erklärung zu bestätigen. In diesem Falle darf die Bestimmungs- oder Anhaltestation dem Empfänger den Frachtbrief nicht übergeben und das Gut nicht ausliefern oder weitersenden, bis sie die schriftliche Erklärung erhalten hat.

§ 4. Das Recht des Absenders zur Abänderung des Frachtvertrags erlischt, auch wenn er das Frachtbriefduplikat besitzt, sobald der Frachtbrief dem Empfänger übergeben ist, oder sobald der letztere seine Rechte aus dem Frachtvertrage nach Maßgabe des Artikels 16, § 3 geltend gemacht hat. Von diesem Zeitpunkt an hat die Eisenbahn die Anweisungen des Empfängers zu beachten, widrigenfalls sie ihm gegenüber für die Folgen der Nichtbeachtung unter den im Titel III angegebenen Bedingungen haftbar wird.

EVO. § 72.

Artikel 22

Ausführung der nachträglichen Verfügungen

§ 1. Die Eisenbahn darf die Ausführung der im Artikel 21, § 1, Abs. 1 vorgesehenen Verfügungen nur dann verweigern oder verzögern oder solche Verfügungen in veränderter Weise ausführen, wenn

a) ihre Ausführung in dem Zeitpunkt, in dem sie der Eisenbahn zugehen, nicht mehr möglich ist,

b) durch ihre Befolgung der regelmäßige Beförderungsdienst gestört würde,

c) ihrer Ausführung in den Fällen einer Änderung der Bestimmungsstation gesetzliche oder sonstige Bestimmungen eines der an der Beförderung beteiligten Staaten, insbesondere Zoll-, Steuer-, Finanz-, Polizei- oder sonstige verwaltungsbehördliche Vorschriften, entgegenstehen,

d) in den Fällen einer Änderung der Bestimmungsstation der Wert des Gutes voraussichtlich die Gesamtkosten der Beförderung bis zur neuen Bestimmungsstation nicht deckt, es sei denn, daß der Betrag dieser Kosten sofort entrichtet oder sichergestellt werde.

In diesen Fällen ist der Absender unverzüglich von den Hindernissen zu verständigen, die der Ausführung seiner Verfügung entgegenstehen.

Wenn die Eisenbahn diese Hindernisse nicht voraussehen konnte, trägt der Absender alle Folgen, die sich daraus ergeben, daß die Eisenbahn seine Verfügung auszuführen begonnen hat.

§ 2. Hat der Absender die Auslieferung des Gutes auf einer Zwischenstation verfügt, so wird die Fracht bis zu dieser Station nach den zwischen der Versandstation und der genannten Zwischenstation geltenden Tarifen erhoben.

Hat der Absender die Rücksendung nach der Versandstation verfügt, so wird die Fracht berechnet: 1. bis zur Station, wo die Sendung aufgehalten worden ist, nach den zwischen dieser Station und der Versandstation geltenden Tarifen; 2. von der genannten Station bis zur Versandstation nach den für diese Strecke geltenden Tarifen.

Hat der Absender die Weiterbeförderung nach einer anderen Station verfügt, so wird die Fracht berechnet: 1. bis zur Station, wo die Sendung aufgehalten worden ist, nach den zwischen dieser und der Versandstation geltenden Tarifen; 2. von der genannten Station bis zur neuen Bestimmungsstation nach den zwischen diesen beiden letzteren Stationen geltenden Tarifen.

§ 3. Die Eisenbahn ist berechtigt, den Ersatz der Kosten

zu verlangen, die durch die Ausführung der im Artikel 21, § 1 erwähnten Verfügungen entstanden sind, sofern diese Kosten nicht durch ihr eigenes Verschulden verursacht worden sind.
EVO. § 72.

Artikel 23

Beförderungshindernisse

§ 1. Wird der Beginn oder die Fortsetzung der Beförderung einer Sendung verhindert, so hat die Eisenbahn zu entscheiden, ob es im Interesse des Absenders liegt, ihn um Anweisung zu ersuchen, oder ob es zweckmäßiger ist, das Gut von Amts wegen unter Abänderung des Beförderungswegs zu befördern. Die Eisenbahn hat Anspruch auf Zahlung der Fracht über diesen anderen Weg und verfügt über die entsprechende Lieferfrist, selbst wenn diese größer ist als diejenige des ursprünglichen Beförderungswegs, es sei denn, daß die Eisenbahn ein Verschulden trifft.

§ 2. Wenn kein anderer Beförderungsweg vorhanden ist, ersucht die Eisenbahn den Absender um Anweisung; indessen ist die Eisenbahn zur Einholung der Anweisung im Falle vorübergehender Behinderung infolge der im Artikel 5, § 5 bezeichneten Umstände nicht verpflichtet.

§ 3. Der Absender, der von einem Beförderungshindernis benachrichtigt wird, kann vom Vertrag zurücktreten, muß aber dann der Eisenbahn je nach Lage des Falles entweder die Fracht für die bereits zurückgelegte Strecke oder die Kosten der Vorbereitung der Beförderung, außerdem alle sonstigen Kosten bezahlen, die in den Tarifen vorgesehen sind, es sei denn, daß die Eisenbahn ein Verschulden trifft.

§ 4. Ist der Absender nicht im Besitz des Frachtbriefduplikats, so dürfen die in diesem Artikel vorgesehenen Anweisungen weder die Person des Empfängers noch den Bestimmungsort abändern.

§ 5. Es wird nicht Folge gegeben:

a) Anweisungen des Absenders, die nicht durch Vermittlung der Versandstation gegeben werden;

b) der Anweisung, ein Gut zurückzusenden, dessen Wert aller Wahrscheinlichkeit nach die Kosten der Rücksendung nicht deckt, es sei denn, daß diese Kosten sofort bezahlt oder sichergestellt werden.

§ 6. Erteilt der Absender, der von einem Beförderungshindernis benachrichtigt worden ist, innerhalb angemessener Frist keine ausführbare Anweisung, so ist nach den für Ablieferungshindernisse geltenden reglementarischen Bestimmungen der Eisenbahn zu verfahren, auf deren Strecken das Gut aufgehalten wurde.

§ 7. Wenn das Beförderungshindernis vor dem Eintreffen einer Anweisung des Absenders wegfällt, so ist das Gut der Bestimmungsstation zuzuleiten, ohne daß Anweisungen abgewartet werden; der Absender wird hiervon möglichst rasch benachrichtigt.

EVO. § 73.

Artikel 24
Ablieferungshindernisse

§ 1. Wenn der Ablieferung Hindernisse entgegenstehen, so hat die Bestimmungsstation den Absender davon durch Vermittlung der Versandstation sofort in Kenntnis zu setzen und seine Anweisung einzuholen. Wenn diese schon im Frachtbrief beantragt ist, so muß der Absender sofort auf telegraphischem Wege benachrichtigt werden. Das Gut haftet für die Kosten der Benachrichtigung.

Verweigert der Empfänger die Abnahme des Gutes, so steht dem Absender das Verfügungsrecht auch dann zu, wenn er das Frachtbriefduplikat nicht vorweisen kann.

Wenn der Empfänger nach Verweigerung der Abnahme sich nachträglich zur Abnahme des Gutes meldet, ist ihm dieses abzuliefern, sofern nicht die Bestimmungsstation inzwischen entgegengesetzte Anweisungen des Absenders erhalten hat. Von dieser nachträglichen Ablieferung ist der Absender sofort durch eingeschriebenen Brief zu benachrichtigen, dessen Kosten auf dem Gut haften.

In keinem Falle darf das Gut dem Absender ohne sein ausdrückliches Einverständnis zurückgesandt werden.

§ 2. Soweit im § 1 dieses Artikels keine Bestimmungen getroffen sind und vorbehaltlich der Vorschriften des Artikels 43 richtet sich das Verfahren bei Ablieferungshindernissen nach den für die abliefernde Eisenbahn geltenden gesetzlichen und reglementarischen Bestimmungen.

EVO. § 80.

Kapitel IV
Sicherstellung der Rechte der Eisenbahn

Artikel 25
Pfandrecht der Eisenbahn

§ 1. Die Eisenbahn hat für alle im Artikel 20 bezeichneten Forderungen die Rechte eines Faustpfandgläubigers am Gut. Dieses Pfandrecht besteht, solange sich das Gut in der Verwahrung der Eisenbahn oder eines Dritten befindet, der es für sie innehat.

§ 2. Die Wirkungen des Pfandrechts bestimmen sich nach Gesetzen und Reglementen des Staates, in dem die Ablieferung erfolgt.

EVO. § 75.

Titel III
Haftung der Eisenbahnen. Klagen

Kapitel I
Haftung

Artikel 26
Haftungsgemeinschaft der Eisenbahnen

§ 1. Die Eisenbahn, die das Gut mit dem Frachtbrief zur Beförderung angenommen hat, haftet für die Ausführung der Beförderung auf der ganzen Strecke bis zur Ablieferung.

§ 2. Jede nachfolgende Eisenbahn tritt dadurch, daß sie das Gut mit dem ursprünglichen Frachtbrief übernimmt, nach Maßgabe des letzteren in den Frachtvertrag ein und übernimmt die sich daraus ergebenden Verpflichtungen, unbeschadet der die Empfangsbahn betreffenden Vorschrift des Artikels 42, § 3.

§ 3. Die Haftung der Eisenbahn auf Grund dieses Übereinkommens hört auf der im Frachtbrief bezeichneten Bestimmungsstation auf, auch wenn der Absender einen anderen Bestimmungsort angegeben hat. Die Weiterbeförderung richtet sich nach den inneren Gesetzen und Reglementen.

EVO. § 96.

Artikel 27

Umfang der Haftung

§ 1. Die Eisenbahn haftet unter den in diesem Kapitel festgesetzten Bedingungen für den Schaden, der durch gänzlichen oder teilweisen Verlust oder durch Beschädigung des Gutes in der Zeit von der Annahme bis zur Ablieferung oder durch Überschreitung der Lieferfrist entsteht.

§ 2. Sie ist bei gänzlichem oder teilweisem Verlust oder bei Beschädigung des Gutes von dieser Haftung befreit, wenn sie beweist, daß der Schaden durch ein Verschulden oder eine nicht von der Eisenbahn verschuldete Anweisung des Berechtigten, durch die natürliche Beschaffenheit des Gutes (inneren Verderb, Schwinden, gewöhnliche Leckage usw.) oder durch höhere Gewalt herbeigeführt worden ist.

§ 3. Sie ist von der Haftung für den durch Überschreitung der Lieferfrist entstandenen Schaden befreit, wenn sie beweist, daß die Überschreitung durch Umstände herbeigeführt worden ist, die sie nicht abzuwenden und denen sie auch nicht abzuhelfen vermochte.

EVO. § 82.

Artikel 28

Beschränkung der Haftung für Schäden, die aus besonderen Ursachen entstehen können

§ 1. Die Eisenbahn haftet nicht für Schäden, die aus einer oder mehreren der nachbenannten Ursachen entstehen:

a) der mit der Beförderung in offenen Wagen verbundenen Gefahr für Güter, die nach den Tarifbestimmungen oder nach einer in den Frachtbrief aufgenommenen Vereinbarung mit dem Absender auf diese Weise befördert werden;

b) der mit dem Fehlen einer Verpackung oder mit der mangelhaften Beschaffenheit der Verpackung verbundenen Gefahr für Güter, die ohne Verpackung nach ihrer Natur Verlusten oder Beschädigungen ausgesetzt sind;

c) der mit dem Auf- oder Abladen oder mit mangelhafter Verladung verbundenen Gefahr für Güter, die nach den Tarifbestimmungen oder nach einer in den Frachtbrief aufgenommenen Vereinbarung mit dem Absender oder nach Vereinbarung mit dem Empfänger vom Absender verladen oder vom Empfänger entladen werden;

d) der besonderen Gefahr des gänzlichen oder teilweisen Verlustes oder der Beschädigung, namentlich durch Bruch, Rost, inneren Verderb, außergewöhnliche Leckage, Austrocknung, Verstreuung, der gewisse Güter wegen ihrer eigentümlichen Beschaffenheit ausgesetzt sind;

e) der Gefahr, die damit verbunden ist, daß Gegenstände, die von der Beförderung ausgeschlossen sind, trotzdem unter unrichtiger, ungenauer oder unvollständiger Bezeichnung aufgegeben werden, oder daß Gegenstände, die nur bedingungsweise zur Beförderung zugelassen sind, unter unrichtiger, ungenauer oder unvollständiger Bezeichnung oder unter Außerachtlassung der vorgeschriebenen Vorsichtsmaßregeln durch den Absender aufgegeben werden;

f) der für lebende Tiere mit der Beförderung verbundenen besonderen Gefahr;

g) der Gefahr, deren Abwendung durch die Begleitung von lebenden Tieren oder Gütern bezweckt wird, wenn nach den Bestimmungen dieses Übereinkommens oder nach den Tarifbestimmungen oder nach einer in den Frachtbrief aufgenommenen Vereinbarung mit dem Absender diesen Tieren oder Gütern eine Begleitung beigegeben werden muß.

§ 2. Wenn nach den Umständen des Falles ein Schaden aus einer oder mehreren dieser Ursachen entstehen konnte, so wird bis zum Nachweis des Gegenteils durch den Berechtigten vermutet, daß der Schaden hieraus entstanden ist.

EVO. § 83.

Artikel 29

Höhe der Entschädigung bei gänzlichem oder teilweisem Verlust des Gutes

Wenn von der Eisenbahn auf Grund der Bestimmungen dieses Übereinkommens Entschädigung für gänzlichen oder teilweisen Verlust des Gutes zu leisten ist, so wird die Entschädigung berechnet

nach dem Börsenpreis,
in Ermangelung eines solchen nach dem Marktpreis,
in Ermangelung beider nach dem gemeinen Wert,

den Güter derselben Art und Beschaffenheit am Versandort zu der Zeit hatten, zu der das Gut zur Beförderung angenommen worden ist. Jedoch darf vorbehaltlich der im Artikel 34 vorgesehenen Einschränkung die Entschädigung 50 Franken für jedes fehlende Kilogramm des Rohgewichts nicht übersteigen.

Dazu kommt die Erstattung dessen, was an Fracht, Zöllen und sonstigen Kosten für das Gut bezahlt worden ist, jedoch vorbehaltlich der in den Artikeln 35 und 36 vorgesehenen Ausnahmen ohne weiteren Schadenersatz.

Sind die als Grundlage für die Berechnung der Entschädigung dienenden Beträge nicht in der Währung des Staates ausgedrückt, in dem die Zahlung verlangt wird, so erfolgt die Umrechnung nach dem Kurs zur Zeit und am Orte der Zahlung.

EVO. § 85.

Artikel 30.

Vermutung für den Verlust des Gutes. Wiederauffinden verlorenen Gutes

§ 1. Der Berechtigte kann das Gut ohne weiteren Nachweis als in Verlust geraten betrachten, wenn es nicht innerhalb von 30 Tagen nach Ablauf der gemäß Artikel 11 berechneten Lieferfrist dem Empfänger abgeliefert oder zur Verfügung gestellt worden ist.

Zu diesen 30 Tagen werden so oft 10 Tage — höchstens aber 30 Tage — hinzugerechnet, wie Staaten außer dem Versand- und Empfangsstaat an der Beförderung beteiligt sind.

§ 2. Der Berechtigte kann bei der Empfangnahme der Entschädigung für das in Verlust geratene Gut in der Quittung den Vorbehalt machen, daß er für den Fall, daß das Gut binnen vier Monaten nach Zahlung der Entschädigung wieder aufgefunden wird, sofort benachrichtigt werden soll.

Über diesen Vorbehalt wird ihm eine Bescheinigung erteilt.

§ 3. In diesem Falle kann der Berechtigte innerhalb 30 Tagen nach erhaltener Nachricht verlangen, daß ihm das Gut nach seiner Wahl auf der Versandstation oder auf der im Frachtbrief angegebenen Bestimmungsstation kostenfrei gegen Rückerstattung der ihm bezahlten Entschädigung und vorbehaltlich aller Ansprüche auf Entschädigung wegen Verspätung gemäß Artikel 33 und gegebenenfalls 35, § 3 ausgeliefert werde.

§ 4. Wenn der im § 2 erwähnte Vorbehalt in der Quittung nicht gemacht oder keine Anweisung in der im § 3 bezeichneten Frist von 30 Tagen erteilt worden ist, oder endlich, wenn das Gut später als vier Monate nach Zahlung der Entschädigung wieder aufgefunden worden ist, so kann die Eisenbahn darüber nach den Gesetzen und Reglementen ihres Staates verfügen.

EVO. § 87.

Artikel 31

Einschränkung der Haftung bei Gewichtsverlusten

§ 1. Bei Gütern, die nach ihrer besonderen natürlichen Beschaffenheit bei der Beförderung regelmäßig einen Verlust an Gewicht erleiden, haftet die Eisenbahn für Gewichtsverluste nur insoweit, als die nachstehend bestimmten Normalsätze überschritten werden:

a) zwei vom Hundert des Gewichts für die flüssigen oder in feuchtem Zustand aufgegebenen Güter sowie für die nachstehenden Güter:

Farbhölzer, geraspelte oder gemahlene,
Felle,
Fettwaren,
Fische, getrocknete,
Früchte, frische,
Gemüse, frische,
Häute,
Hautabfälle,
Hopfen,
Hörner und Klauen,
Kitte, frische,
Knochen, ganze oder gemahlene,
Leder,
Obst, getrocknetes oder gebackenes,
Pferdehaare,
Rinden,
Salz,
Schafwolle,
Schweinsborsten,
Seifen und harte Öle,
Süßholz,

Tabak, geschnittener,
Tabakblätter, frische,
Tierflechsen,
Wurzeln;

b) eins vom Hundert des Gewichts für alle übrigen trockenen Güter, die gleichfalls bei der Beförderung einem Gewichtsverlust unterliegen.

§ 2. Die im § 1 dieses Artikels vorgesehene Beschränkung der Haftung tritt nicht ein, soweit nachgewiesen wird, daß der Verlust nach den Umständen des Falles nicht auf die Ursachen zurückzuführen ist, die die Annahme eines regelmäßigen Gewichtsverlustes rechtfertigen.

§ 3. Wenn mehrere Stücke mit einem einzigen Frachtbrief befördert werden, wird der Gewichtsverlust für jedes Stück berechnet, sofern sein Gewicht bei der Aufgabe entweder auf dem Frachtbrief einzeln angegeben ist oder auf andere Weise festgestellt werden kann.

§ 4. Bei gänzlichem Verlust des Gutes findet bei der Berechnung der Entschädigung kein Abzug für Gewichtsverlust statt.

§ 5. Durch diesen Artikel werden die Vorschriften des Artikels 28 nicht berührt.

EVO. § 84.

Artikel 32

Höhe der Entschädigung bei Beschädigung des Gutes.

Bei Beschädigung hat die Eisenbahn, abgesehen von dem im Artikel 34 vorgesehenen Fall, den Betrag des Minderwerts des Gutes, und zwar ohne weiteren Schadensersatz vorbehaltlich der in den Artikeln 35 und 36 vorgesehenen Ausnahmen zu zahlen.

Die Entschädigung darf jedoch nicht übersteigen:

a) wenn die ganze Sendung durch die Beschädigung entwertet ist, den Betrag, der im Falle des Verlustes der ganzen Sendung zu zahlen wäre;

b) wenn nur ein Teil der Sendung durch die Beschädigung entwertet ist, den Betrag, der im Falle des Verlustes dieses Teiles der Sendung zu zahlen wäre.

EVO. § 85.

Artikel 33

Höhe der Entschädigung bei Überschreitung der Lieferfrist

§ 1. Bei Überschreitung der Lieferfrist hat die Eisenbahn, wenn der Berechtigte nicht nachweist, daß ein Schaden aus dieser Überschreitung entstanden ist, zu zahlen:

$^1/_{10}$ der Fracht bei einer Überschreitung bis einschließlich $^1/_{10}$ der Lieferfrist;

$^2/_{10}$ der Fracht bei einer Überschreitung von mehr als $^1/_{10}$ bis einschließlich $^2/_{10}$ der Lieferfrist;

$^3/_{10}$ der Fracht bei einer Überschreitung von mehr als $^2/_{10}$ bis einschließlich $^3/_{10}$ der Lieferfrist;

$^4/_{10}$ der Fracht bei einer Überschreitung von mehr als $^3/_{10}$ bis einschließlich $^4/_{10}$ der Lieferfrist;

$^5/_{10}$ der Fracht bei jeder Überschreitung von mehr als $^4/_{10}$ der Lieferfrist.

§ 2. Wird der Nachweis erbracht, daß ein Schaden aus der Überschreitung entstanden ist, so ist für diesen Schaden eine Entschädigung bis zur Höhe der Fracht zu entrichten.

§ 3. Die in den §§ 1 und 2 dieses Artikels vorgesehenen Entschädigungen können nicht neben der bei gänzlichem Verlust zu leistenden Entschädigung verlangt werden.

Bei teilweisem Verlust sind sie gegebenenfalls für den nicht verlorengegangenen Teil der Sendung zu entrichten.

Bei Beschädigung treten sie gegebenenfalls neben die im Artikel 32 vorgesehene Entschädigung.

EVO. § 88.

Artikel 34

Beschränkung der Entschädigung bei gewissen Tarifen

Wenn die Eisenbahn besondere Beförderungsbedingungen (Spezial- oder Ausnahmetarife) gewährt, die gegenüber der nach den gewöhnlichen Bedingungen (allgemeinen Tarifen) für die ganze Beförderung berechneten Fracht eine Ermäßigung enthalten, so kann sie die dem Berechtigten bei Verlust, Beschädigung oder Überschreitung der Lieferfrist zu leistende Entschädigung auf einen Höchstbetrag beschränken.

Ist ein solcher Höchstbetrag in einem Tarif vorgesehen, der nur auf einem Teil der Beförderungsstrecke angewendet worden ist, so tritt die Beschränkung der Haftung der Eisenbahn nur ein, wenn die die Entschädigung begründende Tatsache sich auf diesem Teil der Beförderungsstrecke ereignet hat.

EVO. § 86.

Artikel 35

Angabe des Interesses an der Lieferung

§ 1. Für jede Sendung kann das Interesse an der Lieferung durch Eintragung in den Frachtbrief gemäß Artikel 6, § 6 k angegeben werden.

Der Betrag des Interesses muß in der Währung des Versandstaates, in Goldfranken oder in einer anderen durch die Tarife festgesetzten Währung ausgedrückt werden.

§ 2. Es wird eine besondere Gebühr von einem Viertel vom Tausend der angegebenen Summe für je angefangene 10 km erhoben.

Die Tarife können die Gebühr herabsetzen, auch einen Mindestbetrag festsetzen.

§ 3. Ist das Interesse an der Lieferung angegeben, so kann bei Überschreitung der Lieferfrist beansprucht werden:

a) wenn nicht nachgewiesen wird, daß ein Schaden aus dieser Überschreitung entstanden ist, bis zur Höhe des angegebenen Interesses

$^{2}/_{10}$ der Fracht bei einer Überschreitung bis einschließlich $^{1}/_{10}$ der Lieferfrist,

$^{4}/_{10}$ der Fracht bei einer Überschreitung von mehr als $^{1}/_{10}$ bis einschließlich $^{2}/_{10}$ der Lieferfrist,

$^{6}/_{10}$ der Fracht bei einer Überschreitung von mehr als $^{2}/_{10}$ bis einschließlich $^{3}/_{10}$ der Lieferfrist,

$^{8}/_{10}$ der Fracht bei einer Überschreitung von mehr als $^{3}/_{10}$ bis einschließlich $^{4}/_{10}$ der Lieferfrist,

die ganze Fracht bei jeder Überschreitung von mehr als $^{4}/_{10}$ der Lieferfrist;

b) wenn der Nachweis erbracht wird, daß ein Schaden aus der Überschreitung entstanden ist, eine Entschädigung bis zur Höhe des angegebenen Interesses.

Ist der Betrag des angegebenen Interesses geringer als die im Artikel 33 vorgesehenen Entschädigungen, so können diese Entschädigungen an Stelle der unter a und b erwähnten Beträge verlangt werden.

§ 4. Wird der Nachweis erbracht, daß ein Schaden aus dem gänzlichen oder teilweisen Verlust oder aus der Beschädigung des Gutes entstanden ist, für welches das Interesse an der Lieferung angegeben ist, so kann außer der in den Artikeln 29 und 32 oder gegebenenfalls im Artikel 34 vorgesehenen Entschädigung ein weiterer Schadenersatz bis zur Höhe der angegebenen Summe beansprucht werden.

EVO. §§ 89, 90.

Artikel 36

Höhe der Entschädigung bei Vorsatz oder grober Fahrlässigkeit der Eisenbahn

In allen Fällen, in denen der gänzliche oder teilweise Verlust, die Beschädigung oder die Überschreitung der Lieferfrist auf Vorsatz oder grobe Fahrlässigkeit der Eisenbahn zurückzuführen ist, ist der Schaden jeweils bis zum Doppelten der in den Artikeln 29, 32, 33, 34 und 35 vorgesehenen Höchstbeträge zu ersetzen.

EVO. § 91.

Artikel 37

Verzinsung des Entschädigungsbetrags

Der Berechtigte kann sechs vom Hundert Zinsen der ihm auf einen Frachtbrief gewährten Entschädigung verlangen, sofern sie den Betrag von 10 Franken übersteigt.

Diese Zinsen laufen vom Tage der in Artikel 40 vorgesehenen Reklamation oder, wenn keine Reklamation vorausging, vom Tage der Klageerhebung an.

EVO. § 92.

Artikel 38

Rückerstattung der Entschädigung

Jede zu Unrecht empfangene Entschädigung ist zurückzuerstatten.

Außerdem hat die Eisenbahn im Falle eines Betrugs unbeschadet der strafrechtlichen Folgen Anspruch auf Zahlung einer Summe, die dem zu Unrecht bezahlten Betrage gleichkommt.

Artikel 39

Haftung der Eisenbahn für ihre Leute

Die Eisenbahn haftet für ihre Leute und für andere Personen, deren sie sich bei Ausführung der von ihr übernommenen Beförderung bedient.

Wenn indessen Bahnangestellte auf Verlangen eines Beteiligten Frachtbriefe ausstellen oder Übersetzungen anfertigen oder sonstige der Eisenbahn nicht obliegende Verrichtungen ausüben, gelten sie als Beauftragte dessen, für den sie tätig sind.

EVO. § 5.

Kapitel II

Reklamationen. Klagen. Verfahren bei Rechtsstreitigkeiten aus dem Frachtvertrag. Verjährung der Ansprüche aus dem Frachtvertrag

Artikel 40

Reklamationen

§ 1. Außergerichtliche Ansprüche aus dem Frachtvertrag müssen schriftlich bei der in Artikel 42 näher bezeichneten Eisenbahn angebracht werden.

§ 2. Zur Geltendmachung sind die gemäß Artikel 41 zur Erhebung der Klage gegen die Eisenbahn berechtigten Personen befugt.

§ 3. Bei Geltendmachung solcher Ansprüche hat der Absender das Frachtbriefduplikat, der Empfänger den Frachtbrief vorzulegen, vorausgesetzt, daß er ihm übergeben worden ist.

§ 4. Der Frachtbrief, das Frachtbriefduplikat und die übrigen Belege, die der Berechtigte seiner Reklamation beifügen will, müssen in Urschrift oder Abschrift vorgelegt werden, Abschriften auf Verlangen der Eisenbahn in gehörig beglaubigter Form.

Bei der endgültigen Erledigung der Reklamation kann die Eisenbahn die Vorlage der Urschriften des Frachtbriefs, Frachtbriefduplikats oder des Nachnahmescheines verlangen, um auf ihnen die endgültige Erledigung zu beurkunden.

EVO. § 95.

Artikel 41

Zur Erhebung der Klage gegen die Eisenbahn berechtigte Personen

§ 1. Zur gerichtlichen Geltendmachung von Ansprüchen auf Rückerstattung von Zahlungen, die auf Grund des Frachtvertrags geleistet worden sind, ist nur befugt, wer die Zahlung geleistet hat.

§ 2. Zur gerichtlichen Geltendmachung von Ansprüchen wegen Nachnahmen (Artikel 19) ist nur der Absender befugt.

§ 3. Zur gerichtlichen Geltendmachung sonstiger Ansprüche gegen die Eisenbahn auf Grund des Frachtvertrags sind befugt:

der Absender, solange ihm nach Artikel 21 das Recht zusteht, nachträgliche Verfügungen über das Gut zu treffen;

der Empfänger von dem Zeitpunkt an, zu dem ihm der Frachtbrief übergeben worden ist oder er seine Rechte aus dem Frachtvertrag nach Maßgabe des Artikels 16, § 3 geltend gemacht hat.

Zur Erhebung der Klage durch den Absender bedarf es der Vorlegung des Frachtbriefduplikats. Vermag der Absender das Frachtbriefduplikat nicht vorzulegen, so kann er seinen Anspruch gegen die Bahn nur mit Zustimmung des Empfängers oder dann gerichtlich geltend machen, wenn er nachweist, daß der Empfänger die Annahme des Gutes verweigert hat.

EVO. § 95.

Artikel 42

Eisenbahnen, gegen welche die Klagen zu richten sind. Zuständigkeit

§ 1. Ansprüche auf Rückerstattung von Zahlungen, die auf Grund des Frachtvertrags geleistet sind, können nur gegen die Eisenbahn gerichtlich geltend gemacht werden, die den Betrag erhoben hat.

§ 2. Ansprüche wegen Nachnahmen (Artikel 19) können nur gegen die Versandbahn gerichtlich geltend gemacht werden.

§ 3. Sonstige Ansprüche auf Grund des Frachtvertrags können nur gegen die Versandbahn, die Empfangsbahn oder diejenige Eisenbahn gerichtlich geltend gemacht werden, auf deren Strecken sich die den Anspruch begründende Tatsache ereignet hat.

Auch wenn die Empfangsbahn das Gut nicht erhalten hat, kann sie gleichwohl gerichtlich in Anspruch genommen werden.

Unter den bezeichneten Eisenbahnen steht dem Kläger die Wahl zu; mit der Erhebung der Klage erlischt das Wahlrecht.

§ 4. Die Klage kann, wenn nicht in Staatsverträgen oder Konzessionen ein anderes bestimmt ist, nur vor den zuständigen Gerichten des Staates erhoben werden, dem die beklagte Eisenbahn angehört.

Betreibt ein Eisenbahnunternehmen mehrere Eisenbahnnetze mit selbständiger Betriebsverwaltung in verschiedenen Staaten, so wird jedes dieser Eisenbahnnetze als besondere Eisenbahn im Sinne dieser Vorschrift angesehen.

§ 5. Im Wege der Widerklage oder der Einrede können Ansprüche auch gegen eine andere als die in den §§ 1, 2 und 3 bezeichneten Eisenbahnen erhoben werden, wenn sich die Klage auf denselben Frachtvertrag gründet.

§ 6. Die Vorschriften dieses Artikels finden keine Anwendung auf den Rückgriff der Eisenbahnen gegeneinander nach Maßgabe des Kapitels III dieses Titels.

EVO. § 96.

Artikel 43

Feststellung eines teilweisen Verlustes oder einer Beschädigung des Gutes

§ 1. Wird ein teilweiser Verlust oder eine Beschädigung des Gutes von der Eisenbahn entdeckt oder vermutet oder von dem Berechtigten behauptet, so hat die Eisenbahn den Zustand und das Gewicht des Gutes und, soweit dies möglich ist, den Betrag, die Ursache und den Zeitpunkt des Schadens sofort, wo möglich im Beisein des Berechtigten, durch eine Tatbestandsaufnahme festzustellen.

Dem Berechtigten ist auf Verlangen eine Abschrift der Tatbestandsaufnahme auszuhändigen.

§ 2. Wenn der Berechtigte die Feststellungen der Tatbestandsaufnahme nicht anerkennt, kann er verlangen, daß der Zustand und das Gewicht des Gutes sowie die Schadensursache und der Betrag des Schadens gemäß den Gesetzen und Reglementen des Staates, wo die Ablieferung stattgefunden hat, gerichtlich festgestellt wird.

EVO. § 81.

Artikel 44

Erlöschen der Ansprüche gegen die Eisenbahn aus dem Frachtvertrag

§ 1. Mit der Abnahme des Gutes sind alle Ansprüche gegen die Eisenbahn aus dem Frachtvertrag erloschen.

§ 2. Jedoch erlöschen nicht:

1. Entschädigungsansprüche, bei denen der Berechtigte nachweist, daß der Schaden durch Vorsatz oder grobe Fahrlässigkeit der Eisenbahn herbeigeführt worden ist;
2. Entschädigungsansprüche wegen Überschreitung der Lieferfrist, wenn sie bei einer der im Artikel 42, § 3 bezeichneten Bahnen innerhalb einer Frist von vierzehn Tagen, den Tag der Abnahme nicht mitgerechnet, angebracht werden;
3. Entschädigungsansprüche wegen teilweisen Verlustes oder Beschädigung:
   a) wenn der Verlust oder die Beschädigung vor der Abnahme des Gutes durch den Berechtigten gemäß Artikel 43 festgestellt worden ist;
   b) wenn die Feststellung, die nach Artikel 43 hätte erfolgen sollen, nur durch Verschulden der Eisenbahn unterblieben ist;
4. Entschädigungsansprüche wegen äußerlich nicht erkennbarer Schäden, die erst nach der Abnahme festgestellt worden sind, jedoch nur unter nachstehenden Voraussetzungen:
   a) daß sich die Eisenbahn dem Berechtigten gegenüber nicht zur Feststellung des Zustandes des Gutes auf der Bestimmungsstation bereit erklärt hat;
   b) daß unverzüglich nach der Entdeckung des Schadens und spätestens sieben Tage nach der Abnahme des Gutes der Antrag auf Feststellung gemäß Artikel 43 angebracht wird;
   c) daß der Berechtigte beweist, daß der Schaden in der Zeit zwischen der Annahme zur Beförderung und der Ablieferung entstanden ist;

5. Ansprüche auf Rückerstattung geleisteter Zahlungen oder wegen Nachnahmen (Artikel 19).

§ 3. Der Berechtigte kann die Abnahme des Gutes auch nach Annahme des Frachtbriefs und Bezahlung der Fracht so lange verweigern, bis seinem Antrag auf Feststellung von behaupteten Schäden stattgegeben ist.

Vorbehalte bei der Abnahme des Gutes sind wirkungslos, sofern sie nicht von der Eisenbahn anerkannt sind.

§ 4. Wenn von mehreren im Frachtbrief verzeichneten Gegenständen einzelne bei der Ablieferung fehlen, so kann der Berechtigte in der in Artikel 16, § 1 vorgesehenen Quittung feststellen, daß diese genau zu bezeichnenden Gegenstände ihm nicht abgeliefert worden sind.

EVO. § 93.

Artikel 45

Verjährung der Klagen aus dem Frachtvertrage

§ 1. Klagen aus dem Frachtvertrage verjähren in einem Jahre, wenn die geschuldete Summe nicht bereits durch Anerkenntnis, Vergleich oder gerichtliches Urteil festgestellt worden ist.

Die Verjährung beträgt indessen drei Jahre, wenn es sich handelt um eine Klage:

a) des Absenders auf Auszahlung einer Nachnahme, die die Eisenbahn vom Empfänger eingezogen hat;

b) wegen eines durch Vorsatz oder grobe Fahrlässigkeit verursachten Schadens;

c) wegen des in Artikel 38 erwähnten Falles des Betrugs.

§ 2. Die Verjährung beginnt:

a) bei Entschädigungsansprüchen wegen teilweisen Verlustes, Beschädigung oder Überschreitung der Lieferfrist
mit dem Tage der Ablieferung;

b) bei Entschädigungsansprüchen wegen gänzlichen Verlustes
mit dem Tage des Ablaufs der Lieferfrist;

c) bei Ansprüchen auf Zahlung oder Rückerstattung von Fracht, Nebengebühren oder Frachtzuschlägen oder auf Berichtigung bei unrichtiger Tarifanwendung oder bei Rechenfehlern
mit dem Tage der Zahlung oder, wenn keine Zahlung stattgefunden hat, mit dem Tage der Aufgabe des Gutes;

d) bei Ansprüchen wegen Nachnahmen (Artikel 19)
mit dem 90. Tage nach Ablauf der Lieferfrist;
e) bei Ansprüchen auf Zahlung eines von der Zollbehörde verlangten Zuschlags
mit dem Tage, an dem die Zollbehörde das Verlangen gestellt hat.

Der als Beginn der Verjährung bezeichnete Tag ist in der Frist nicht einbegriffen.

§ 3. Wenn der Berechtigte eine schriftliche Reklamation gemäß Artikel 40 bei der Eisenbahn eingereicht hat, wird der Lauf der Verjährung gehemmt. Der Lauf beginnt wieder mit dem Tage, an dem die Eisenbahn die Reklamation durch schriftlichen Bescheid zurückgewiesen und die der Reklamation etwa beigefügten Belege zurückgegeben hat. Der Beweis des Eingangs der Reklamation oder des Bescheids und der Rückgabe der Belege liegt dem ob, der sich auf diese Tatsachen beruft.

Weitere Reklamationen hemmen die Verjährung nicht.

§ 4. Vorbehaltlich vorstehender Bestimmungen gelten für die Hemmung und die Unterbrechung der Verjährung die Gesetze und Reglemente des Staates, in dem die Klage angestellt wird.

EVO. § 94.

Artikel 46

Unzulässigkeit der Geltendmachung erloschener oder verjährter Ansprüche

Ansprüche, die gemäß den Artikeln 44 und 45 erloschen oder verjährt sind, können auch nicht im Wege einer Widerklage oder einer Einrede geltend gemacht werden.

Kapitel III

Abrechnung. Rückgriff der Eisenbahnen gegeneinander

Artikel 47

Abrechnung zwischen den Eisenbahnen

§ 1. Jede Eisenbahn, die bei der Aufgabe oder Ablieferung des Gutes die Fracht oder andere aus dem Frachtvertrag herrührende Forderungen eingezogen hat, ist verpflichtet, den beteiligten Eisenbahnen den ihnen gebührenden Anteil an der Fracht und den erwähnten Forderungen zu bezahlen.

§ 2. Die Übergabe des Gutes von einer Eisenbahn an die nächstfolgende begründet für die erstere das Recht, die letztere sofort mit dem Betrage der Fracht und der sonstigen Forderungen zu belasten, soweit sich diese zur Zeit der Übergabe des Gutes aus dem Frachtbrief ergeben, vorbehaltlich der endgültigen Abrechnung nach Maßgabe des § 1 dieses Artikels.

§ 3. Die Versandbahn haftet vorbehaltlich ihrer Ansprüche gegen den Absender für die Fracht und sonstigen Beträge, die sie nicht erhoben hat, obwohl sie der Absender nach Maßgabe des Frachtbriefs zu seinen Lasten übernommen hatte.

§ 4. Liefert die Empfangsbahn das Gut ab, ohne bei der Ablieferung die Fracht und die sonstigen Forderungen, mit denen es belastet war, einzuziehen, ist sie vorbehaltlich ihrer Ansprüche gegen den Empfänger für die Bezahlung dieser Beträge verantwortlich.

EVO. § 96.

Artikel 48

Rückgriff bei Entschädigung für gänzlichen oder teilweisen Verlust oder Beschädigung

§ 1. Hat eine Eisenbahn auf Grund der Bestimmungen dieses Übereinkommens eine Entschädigung für gänzlichen oder teilweisen Verlust oder Beschädigung geleistet, so steht ihr der Rückgriff gegen die an der Beförderung beteiligten Eisenbahnen nach Maßgabe folgender Bestimmungen zu:

a) die Eisenbahn, die den Schaden verursacht hat, haftet ausschließlich dafür;

b) haben mehrere Eisenbahnen den Schaden verursacht, so haftet jede Bahn für den von ihr verursachten Schaden. Ist eine solche Unterscheidung nach den Umständen des Falles nicht möglich, so bestimmen sich ihre Anteile an der Entschädigung nach den Grundsätzen unter c);

c) wenn nicht nachgewiesen werden kann, daß eine oder mehrere Eisenbahnen den Schaden verursacht haben, so haften sämtliche an der Beförderung beteiligten Eisenbahnen mit Ausnahme derjenigen, die beweisen, daß der Schaden auf ihrer Strecke nicht verursacht worden ist; die Verteilung erfolgt nach Verhältnis der Tarifkilometer.

§ 2. Bei Zahlungsunfähigkeit einer dieser Eisenbahnen wird der auf sie entfallende, aber von ihr nicht bezahlte Anteil unter alle übrigen an der Beförderung beteiligten Eisenbahnen nach Verhältnis der Tarifkilometer verteilt.

Artikel 49

Rückgriff bei Entschädigung für Überschreitung der Lieferfrist

§ 1. Die Vorschriften des Artikels 48 finden auch bei Entschädigung für Überschreitung der Lieferfrist Anwendung. Wird die Überschreitung durch Unregelmäßigkeiten veranlaßt, die im Bereiche mehrerer Eisenbahnen festgestellt worden sind, so ist die Entschädigung unter diese Eisenbahnen nach Verhältnis der Zeitdauer der auf ihren Strecken vorgekommenen Verspätung zu verteilen.

§ 2. Die im Artikel 11 dieses Übereinkommens festgesetzten Lieferfristen verteilen sich unter die an der Beförderung beteiligten Eisenbahnen wie folgt:

1. Im Verkehre zweier Nachbarbahnen:
   a) die Abfertigungsfrist wird zu gleichen Teilen verteilt,
   b) die Beförderungsfrist wird nach dem Verhältnis der Tarifkilometer, die auf jede der beiden Eisenbahnen entfallen, verteilt;
2. Im Verkehre zwischen drei oder mehr Bahnen:
   a) vorweg werden aus der Abfertigungsfrist der ersten und der letzten Eisenbahn je zwölf Stunden bei Frachtgut und je sechs Stunden bei Eilgut zugeteilt,
   b) der Rest der Abfertigungsfrist und ein Drittel der Beförderungsfrist werden zu gleichen Teilen unter alle beteiligten Eisenbahnen verteilt,
   c) die beiden anderen Drittel der Beförderungsfrist werden nach dem Verhältnis der Tarifkilometer, die auf jede dieser Eisenbahnen entfallen, verteilt.

§ 3. Zuschlagsfristen, auf die eine Eisenbahn Anspruch hat, werden dieser Eisenbahn zugeteilt.

§ 4. Die Zeit von der Aufgabe des Gutes bis zum Beginn der Lieferfrist wird lediglich der Versandbahn zugeteilt.

§ 5. Die obenerwähnte Verteilung kommt nur in Betracht, wenn die Lieferfrist im ganzen nicht eingehalten worden ist.

Artikel 50

Verfahren bei Rückgriffen

§ 1. Keine Eisenbahn, gegen die nach Artikel 48 oder 49 Rückgriff genommen wird, ist befugt, die Rechtmäßigkeit der durch die rückgriffnehmende Eisenbahn geleisteten Zahlung zu bestreiten, wenn über die Entschädigung gerichtlich entschieden worden ist, nachdem der Eisenbahn in gehöriger Weise der Streit verkündet und ihr die Möglichkeit gegeben war, in dem Rechtsstreit zu intervenieren. Der Richter der Hauptsache bestimmt nach den Umständen des Falles die Fristen für die Streitverkündung und für die Intervention.

§ 2. Die den Rückgriff nehmende Eisenbahn hat sämtliche beteiligten Eisenbahnen, mit denen sie sich nicht gütlich geeinigt hat, in einer und derselben Klage zu belangen, widrigenfalls das Recht des Rückgriffs gegen die nicht belangten Eisenbahnen erlischt.

§ 3. Der Richter hat in einem und demselben Verfahren über alle Rückgriffe, mit denen er befaßt ist, zu entscheiden.

§ 4. Den beklagten Eisenbahnen steht ein weiterer Rückgriff nicht zu.

§ 5. Die Verbindung des Rückgriffsverfahrens mit dem Entschädigungsverfahren ist unzulässig.

Artikel 51

Zuständigkeit im Rückgriffsverfahren

§ 1. Der Richter des Wohnsitzes der Eisenbahn, gegen die der Rückgriff genommen wird, ist für alle Rückgriffsansprüche ausschließlich zuständig.

§ 2. Ist die Klage gegen mehrere Eisenbahnen zu erheben, so hat die klagende Eisenbahn die Wahl unter den nach § 1 dieses Artikels zuständigen Richtern.

Artikel 52

Besondere Vereinbarungen über den Rückgriff

Die Befugnis der Eisenbahnen, über den Rückgriff im voraus oder im einzelnen Falle andere Vereinbarungen zu treffen, bleibt unberührt.

Titel IV

Verschiedene Vorschriften

Artikel 53

Anwendung des inneren Rechtes

Soweit in diesem Übereinkommen keine Bestimmungen getroffen sind, finden die Gesetze und Reglemente für den inneren Verkehr jedes Staates Anwendung.

Artikel 54

Allgemeine Vorschriften über das Verfahren

In allen Rechtsstreitigkeiten, zu denen die diesem Übereinkommen unterworfenen Sendungen Anlaß geben, richtet sich das Verfahren nach dem Rechte des zuständigen Richters, soweit nicht durch dieses Übereinkommen andere Bestimmungen getroffen sind.

Artikel 55

Vollstreckbarkeit von Urteilen, Beschlagnahmen und Sicherstellungen

§ 1. Urteile, die auf Grund der Bestimmungen dieses Übereinkommens von dem zuständigen Richter infolge eines kontradiktorischen oder eines Versäumnisverfahrens erlassen und nach den für den urteilenden Richter maßgebenden Gesetzen vollstreckbar geworden sind, erlangen im Gebiet jedes anderen Vertragsstaats Vollstreckbarkeit, sobald die in diesem Staate vorgeschriebenen Förmlichkeiten erfüllt sind. Eine sachliche Nachprüfung des Inhalts ist nicht zulässig.

Auf nur vorläufig vollstreckbare Urteile findet diese Vorschrift keine Anwendung, ebensowenig auf solche Bestimmungen eines Urteils, durch die der Kläger, weil er im Rechtsstreit unterliegt, außer in dessen Kosten zu einer weiteren Entschädigung verurteilt wird.

§ 2. Aus einer internationalen Beförderung herrührende Forderungen einer Eisenbahn gegen eine andere Eisenbahn, die nicht dem gleichen Staat angehört wie die erstere, können nur auf Grund einer Entscheidung der Gerichte des Staates, dem die forderungsberechtigte Eisenbahn angehört, mit Arrest belegt oder gepfändet werden.

§ 3. Das rollende Material einer Eisenbahn mit Einschluß sämtlicher beweglichen, der betreffenden Eisenbahn gehörenden Gegenstände, die zu diesem Material gehören, kann in dem Gebiet eines anderen Staates als desjenigen, welchem die betreffende Eisenbahn angehört, nur auf Grund einer Entscheidung der Gerichte des Staates, dem die betreffende Eisenbahn angehört, mit Arrest belegt oder gepfändet werden.

§ 4. Eine Sicherstellung für die Kosten des Rechtsstreits kann bei Klagen, die auf Grund des internationalen Frachtvertrags erhoben werden, nicht gefordert werden.

Artikel 56

Währungen. Umrechnungs- und Annahmekurse für fremde Währungen

§ 1. Als Franken im Sinne dieses Übereinkommens oder seiner Anlagen gelten Goldfranken im Werte von $\frac{1}{5,18}$ Golddollar der Vereinigten Staaten von Amerika.

§ 2. Die Eisenbahn hat die Kurse, zu denen sie die in ausländischer Währung ausgedrückten Frachten, Nachnahmen, Neben- oder anderen Gebühren, die in inländischer Währung bezahlt werden, umrechnet (Umrechnungskurse), durch Schalteraushang oder auf sonstige geeignete Weise bekanntzugeben.

§ 3. Ebenso hat eine Eisenbahn, die fremdes Geld in Zahlung nimmt, die Kurse bekanntzugeben, zu denen sie es annimmt (Annahmekurse).

Artikel 57

Zentralamt für die internationale Eisenbahnbeförderung

§ 1. Um die Ausführung dieses Übereinkommens zu erleichtern und zu sichern, ist ein Zentralamt für die internationale Eisenbahnbeförderung errichtet, das die Aufgabe hat:

a) die Mitteilungen eines jeden der vertragschließenden Staaten und einer jeden der beteiligten Eisenbahnen entgegenzunehmen und sie den übrigen Staaten und Eisenbahnen zur Kenntnis zu bringen;

b) Nachrichten aller Art, die für das internationale Beförderungswesen von Wichtigkeit sind, zu sammeln, zusammenzustellen und zu veröffentlichen;
c) auf Verlangen der Parteien Entscheidungen über Streitigkeiten der Eisenbahnen untereinander zu treffen;
d) die durch den internationalen Verkehr bedingten finanziellen Beziehungen zwischen den beteiligten Eisenbahnen sowie die Einziehung rückständig gebliebener Forderungen zu erleichtern und in dieser Hinsicht die Sicherheit des Verhältnisses der Eisenbahnen untereinander zu fördern;
e) die geschäftliche Behandlung der Vorschläge zur Abänderung dieses Übereinkommens zu übernehmen und, wenn ein Anlaß dazu vorliegt, den Zusammentritt von Konferenzen (Artikel 60) vorzuschlagen.

§ 2. Ein besonderes Reglement, das die Anlage VI zu diesem Übereinkommen bildet, trifft Bestimmung über Sitz, Zusammensetzung und Organisation dieses Zentralamts sowie über die zur Ausübung seiner Tätigkeit nötigen Mittel. Dieses Reglement und die an ihm durch Vereinbarung aller Vertragsstaaten vorgenommenen Änderungen haben dieselbe Geltung und Gültigkeitsdauer wie das Übereinkommen selbst.

Artikel 58

Liste der dem Übereinkommen unterstehenden Strecken

§ 1. Das in Artikel 57 bezeichnete Zentralamt hat die Liste der diesem Übereinkommen unterstehenden Strecken aufzustellen und auf dem laufenden zu halten. Zu diesem Zweck erhält es von den Vertragsstaaten die Mitteilungen über die Eintragung oder Streichung von Strecken einer Eisenbahn oder einer der in Artikel 2 bezeichneten Unternehmungen.

§ 2. Eine neue Strecke nimmt am internationalen Beförderungsdienst erst nach Ablauf eines Monats vom Tage der vom Zentralamt an die anderen Staaten gerichteten Mitteilung über ihre Eintragung an teil.

§ 3. Das Zentralamt streicht eine Strecke, sobald derjenige Vertragsstaat, auf dessen Ersuchen diese Strecke in die Liste aufgenommen worden ist, ihm mitgeteilt hat, daß sie nicht mehr in der Lage ist, den durch das Übereinkommen auferlegten Verpflichtungen nachzukommen.

§ 4. Jede Eisenbahn ist, sobald sie vom Zentralamt die Nachricht von der erfolgten Streichung erhalten hat, ohne weiteres berechtigt, mit der gestrichenen Strecke alle sich aus der internationalen Beförderung ergebenden Beziehungen abzubrechen. Die bereits in der Ausführung begriffenen Beförderungen sind jedoch vollständig auszuführen.

Artikel 59

Zulassung neuer Staaten

§ 1. Ein an diesem Übereinkommen nicht beteiligter Staat, der ihm beitreten will, richtet seinen Antrag an die schweizerische Regierung, die ihn allen Vertragsstaaten mitteilt unter Beifügung einer Äußerung des Zentralamts über die Lage der Eisenbahnen des antragstellenden Staates hinsichtlich der internationalen Beförderung.

§ 2. Wenn innerhalb einer Frist von sechs Monaten nach Absendung dieser Mitteilung nicht mindestens zwei Staaten der schweizerischen Regierung ihren Widerspruch bekanntgegeben haben, ist der Antrag rechtsverbindlich angenommen und macht die schweizerische Regierung dem Antragsteller und allen Vertragsstaaten hiervon Mitteilung.

Andernfalls teilt die schweizerische Regierung allen Staaten und dem Antragsteller mit, daß die Prüfung des Antrags vertagt ist.

§ 3. Jeder Beitritt wird einen Monat nach dem Tage der von der schweizerischen Regierung versandten Mitteilung wirksam.

Artikel 60

Revision des Übereinkommens

§ 1. Die Vertreter der Vertragsstaaten treten zur Revision des Übereinkommens auf Einladung der schweizerischen Regierung spätestens fünf Jahre nach dem Inkrafttreten der auf der letzten Konferenz beschlossenen Änderungen zusammen.

Auf Verlangen von mindestens einem Drittel der Vertragsstaaten ist eine Konferenz schon früher einzuberufen.

§ 2. Zur Fortbildung der Anlage I wird eine fachmännische Kommission eingesetzt, über deren Organisation und Geschäftsgang ein besonderes Reglement, das die Anlage VII zu diesem

Übereinkommen bildet, nähere Bestimmungen trifft. Die Beschlüsse der Kommission werden durch Vermittlung des Zentralamts unverzüglich den Regierungen der Vertragsstaaten mitgeteilt. Sie gelten als angenommen, wenn innerhalb der Frist von zwei Monaten, vom Tage der Mitteilung an gerechnet, nicht mindestens zwei Regierungen Widerspruch erhoben haben. Sie treten am ersten Tage des dritten Monats in Kraft, an dem das Zentralamt den Regierungen der Vertragsstaaten von ihrer Annahme Kenntnis gegeben hat; das Zentralamt bezeichnet bei der Mitteilung der Beschlüsse den Tag des Inkrafttretens.

Artikel 61

Zusatzbestimmungen

§ 1. Die von den einzelnen dem Übereinkommen angehörenden Staaten oder Eisenbahnen zur Ausführung des Übereinkommens etwa erlassenen Zusatzbestimmungen sind dem Zentralamt mitzuteilen.

§ 2. Die Vereinbarungen über die Annahme dieser Bestimmungen können auf den Eisenbahnen, die ihnen beigetreten sind, in der in den Gesetzen und Reglementen jedes Staates vorgeschriebenen Form in Kraft gesetzt werden; sie können aber die Vorschriften des Übereinkommens nicht abändern.

Ihre Einführung ist dem Zentralamt mitzuteilen.

Artikel 62

Dauer der durch den Eintritt zum Übereinkommen eingegangenen Verpflichtungen

§ 1. Die Dauer dieses Übereinkommens ist unbeschränkt. Jedoch kann jeder Vertragsstaat unter den nachstehenden Bedingungen zurücktreten:

Das Übereinkommen ist bis zum 31. Dezember des fünften Jahres nach dem Tage seines Inkrafttretens für jeden Vertragsstaat verbindlich. Jeder Staat, der nach Ablauf dieser Frist zurückzutreten wünscht, hat diese Absicht wenigstens ein Jahr vorher der schweizerischen Regierung mitzuteilen, die allen Vertragsstaaten davon Kenntnis gibt.

In Ermangelung einer Kündigung innerhalb der bezeichneten Frist erstreckt sich die Verpflichtung ohne weiteres auf weitere drei Jahre, und so fort von drei zu drei Jahren, sofern nicht wenigstens ein Jahr vorher auf den 31. Dezember des letzten Jahres einer der dreijährigen Zeiträume gekündigt wird.

§ 2. Für die neuen Staaten, die im Laufe des fünfjährigen oder eines der dreijährigen Zeiträume zugelassen werden, ist das Übereinkommen bis zum Ende dieses Zeitraums und weiter bis zum Ende jedes folgenden Zeitraums verbindlich, sofern sie nicht wenigstens ein Jahr vor dem Ablauf eines Zeitraums ihren Rücktritt erklärt haben.

Artikel 63

Texte des Übereinkommens und deren Verhältnis zueinander

Dieses Übereinkommen ist dem diplomatischen Gebrauch entsprechend in französischer Sprache abgeschlossen und gezeichnet.

Dem französischen Texte sind ein deutscher und ein italienischer Text beigefügt, die als amtliche Übersetzungen gelten.

Bei Nichtübereinstimmung entscheidet der französische Text.

Zu Urkund dessen haben die obengenannten Bevollmächtigten und der Delegierte der Regierungskommission des Saarbeckengebiets das gegenwärtige Übereinkommen unterzeichnet.

So geschehen zu Bern, den dreiundzwanzigsten Oktober eintausendneunhundertvierundzwanzig, in einer einzigen Urschrift, die im Archiv der Schweizerischen Eidgenossenschaft hinterlegt und von der jeder der unterzeichneten Mächte eine amtliche Ausfertigung zugestellt werden wird.

(Folgen die Unterschriften.)

Internationales Übereinkommen über den Eisenbahn-Personen- und Gepäckverkehr

(IÜP.)*)

vereinbart zwischen

Deutschland, Österreich, Belgien, Bulgarien, Dänemark, der Freien Stadt Danzig, Spanien, Estland, Finnland, Frankreich, Griechenland, Ungarn, Italien, Lettland, Litauen, Luxemburg, Norwegen, den Niederlanden, Polen, Portugal, Rumänien, dem Königreich der Serben, Kroaten und Slowenen, Schweden, der Schweiz und der Tschechoslowakei.

Die Regierungen der oben aufgeführten Staaten, in der Erkenntnis des Nutzens einer Vereinbarung über den Eisenbahn-Personen- und Gepäckverkehr,

haben beschlossen, zu diesem Zwecke auf Grund des in ihrem Auftrag ausgearbeiteten und in dem Protokoll d. d. Bern, 8. Juni 1923, niedergelegten Entwurfs ein Übereinkommen zu treffen, und haben zu ihren Bevollmächtigten ernannt:

(Folgen die Namen der Bevollmächtigten),

die in Gegenwart und unter Beteiligung von (folgt Name), Delegierter der Regierungskommission des Saarbeckengebiets, nachdem sie sich ihre Vollmachten mitgeteilt und sie in guter und gehöriger Form befunden haben, über folgende Artikel übereingekommen sind:

---

*) Verkündet durch Reichsgesetz vom 12. 6. 1925 (RGBl. II 483), Hinterlegung der Ratifikationsurkunden am 18. 10. 1927 (RGBl. 1928 II 161).

Titel I
Gegenstand und Geltungsbereich des Übereinkommens

EVO. Abschn. III.

Artikel 1
Eisenbahnen und Beförderungen, auf die das Übereinkommen Anwendung findet

§ 1. Dieses Übereinkommen findet auf alle Beförderungen von Personen und Gepäck auf Grund internationaler Fahrausweise und Gepäckscheine Anwendung, deren Beförderungsweg die Gebiete mindestens zweier Vertragsstaaten berührt und ausschließlich Strecken umfaßt, die in der gemäß Artikel 58 dieses Übereinkommens aufgestellten Liste verzeichnet sind.

§ 2. Von der Anwendung des Übereinkommens sind jedoch ausgenommen:

1. Beförderungen, deren Abgangs- und Bestimmungsstationen im Gebiete desselben Staates liegen und das Gebiet eines anderen Staates nur im Durchgang berühren:
   a) wenn die Durchgangsstrecken von einer Eisenbahn des Abgangsstaats betrieben werden;
   b) auch dann, wenn die Durchgangsstrecken nicht von einer Eisenbahn des Abgangsstaats betrieben werden, die beteiligten Eisenbahnen aber besondere Abkommen geschlossen haben, nach denen diese Beförderungen nicht als internationale angesehen werden sollen.
2. Beförderungen zwischen Stationen zweier Nachbarstaaten, wenn sie auf der ganzen Strecke von Eisenbahnen des einen dieser Staaten bewirkt werden und keiner dieser Staaten widerspricht.

§ 3. Die Tarife bestimmen, in welchen Verbindungen internationale Fahrausweise und Gepäckscheine verabfolgt werden.

EVO. § 1.

Artikel 2
Beteiligung anderer Unternehmungen als der Eisenbahnen

§ 1. Außer Eisenbahnstrecken können in die im Artikel 1 vorgesehene Liste auch regelmäßig betriebene Kraftwagen- oder Schiffahrtslinien aufgenommen werden, die im Anschluß an eine Eisenbahn internationale Beförderungen unter der Verantwortung eines der Vertragsstaaten oder einer in die Liste eingetragenen Eisenbahn ausführen.

§ 2. Die Unternehmungen, die solche Linien betreiben, haben alle Rechte und Pflichten, die den Eisenbahnen durch dieses Übereinkommen übertragen sind, vorbehaltlich der sich aus der Verschiedenartigkeit der Beförderungsart ergebenden Abweichungen. Die durch dieses Übereinkommen festgesetzten Haftungsbestimmungen dürfen jedoch nicht geändert werden.

§ 3. Jeder Staat, der eine der im § 1 bezeichneten Linien in die Liste eintragen lassen will, muß dafür Sorge tragen, daß die im § 2 bezeichneten Abweichungen in gleicher Weise wie die Tarife veröffentlicht werden.

EVO. § 2 (7).

Artikel 3

Anschlußabfertigung

§ 1. Das Übereinkommen ist auch anwendbar, wenn der Reisende und sein Gepäck von einer nicht in einen internationalen Tarif aufgenommenen Station zunächst nach einer in diesem Tarif enthaltenen Anschlußstation desselben Staates und von dort aus nach der in diesem Tarif enthaltenen Bestimmungsstation entweder mit einem durchgehenden Fahrausweis und Gepäckschein, in dem die Tarifsätze für die direkte Strecke und die Anschlußstrecke zusammengerechnet sind, oder mit zwei aneinanderschließenden Fahrausweisen befördert werden. Werden zwei Fahrausweise ausgestellt, so ist auf dem zweiten Fahrausweis die ursprüngliche Abgangsstation zu vermerken.

§ 2. Die Eisenbahnen bestimmen, inwieweit und unter welchen Bedingungen von gewissen Stationen aus eine solche Anschlußbeförderung beansprucht werden kann. Diese Stationen werden in ein Verzeichnis aufgenommen, das den anderen beteiligten Eisenbahnen mitgeteilt wird.

Artikel 4

Beförderungspflicht der Eisenbahn

Soweit ein internationaler Tarif besteht oder eine Anschlußbeförderung nach Artikel 3 vorgesehen ist, kann die Beförderung nicht verweigert werden, wenn:

a) der Reisende den Bedingungen dieses Übereinkommens nachkommt;
b) die Beförderung mit den regelmäßigen Beförderungsmitteln möglich ist;
c) die Beförderung nicht auch nur in einem der an der Beförderung beteiligten Staaten durch gesetzliche Bestimmungen oder aus Gründen der öffentlichen Ordnung verboten ist;
d) die Beförderung nicht durch Umstände verhindert wird, welche die Eisenbahn nicht abzuwenden und denen sie auch nicht abzuhelfen vermochte.

EVO. § 3.

Titel II
Beförderungsvertrag

Kapitel 1
Beförderung der Reisenden

Artikel 5
Berechtigung zur Fahrt

§ 1. Der Reisende muß bei Antritt der Fahrt mit einem Fahrausweis versehen sein. Die Tarife können Ausnahmen zulassen.

§ 2. Der Reisende ist verpflichtet, den Fahrausweis bis zur Beendigung der Reise aufzubewahren. Er hat ihn auf Verlangen jedem mit der Prüfung betrauten Beamten vorzuzeigen und bei Beendigung der Fahrt abzugeben.

EVO. §§ 13, 15.

Artikel 6
Fahrausweise

§ 1. Die für eine internationale Beförderung nach diesem Übereinkommen ausgegebenen Fahrausweise müssen das Zeichen Ȼ tragen.

§ 2. Die Fahrausweise müssen folgende Angaben enthalten:
a) die Abgangs- und die Bestimmungsstation;

b) den Beförderungsweg; wenn die Benutzung verschiedener Wege oder Beförderungsmittel gestattet ist, ist dies ersichtlich zu machen;
c) die Zuggattung und die Wagenklasse;
d) den Fahrpreis;
e) den ersten Geltungstag;
f) die Geltungsdauer.

§ 3. Die Tarife oder die Vereinbarungen zwischen den Eisenbahnen bestimmen, in welcher Sprache die Fahrausweise zu drucken und auszufüllen sind, sowie deren Form und Inhalt.

§ 4. Die Fahrausweise in Heftform, die Kontrollscheine enthalten, sowie die zusammengestellten Fahrscheinhefte bilden einen einzigen Fahrausweis im Sinne dieses Übereinkommens.

Die von amtlichen Reisebüros oder privaten Agenturen in einem Hefte vereinigten Fahrausweise bilden je einen besonderen Fahrausweis, der je nach dem einzelnen Fall den inneren Bestimmungen des betreffenden Staates oder denen dieses Übereinkommens untersteht.

§ 5. Ein Fahrausweis ist, soweit die Tarife nicht Ausnahmen zulassen, nur übertragbar, wenn er nicht auf den Namen lautet und die Reise noch nicht angetreten ist.

Der Handel mit Fahrausweisen und deren Wiederverkauf zu einem von den Tarifen abweichenden Preise unterliegen in jedem Staate den Gesetzen und Verordnungen dieses Staates.

EVO. § 13.

Artikel 7

Fahrpreisermäßigung für Kinder

§ 1. Kinder bis zum vollendeten vierten Lebensjahr, für die kein besonderer Platz beansprucht wird, sind ohne Fahrausweis frei zu befördern.

§ 2. Kinder vom vollendeten vierten bis zum vollendeten zehnten Lebensjahr und jüngere Kinder, für die ein besonderer Platz beansprucht wird, sind zu ermäßigten Preisen zu befördern, die nicht mehr als die Hälfte der Preise der Fahrausweise für Erwachsene betragen dürfen.

Diese Ermäßigung braucht für Fahrausweise, die schon eine Ermäßigung gegenüber dem allgemeinen Tarif genießen, nicht gewährt zu werden.

EVO. § 11.

Artikel 8
Geltungsdauer der Fahrausweise

§ 1. Die Geltungsdauer der Fahrausweise muß durch den Tarif bestimmt werden.

§ 2. Diese Geltungsdauer muß mindestens betragen:
bei einfacher Fahrt:
für je auch nur angefangene 150 km ..... 1 Tag;
bei Hin- und Rückfahrt:
für Entfernungen bis und mit 50 km ... 2 Tage,
für Entfernungen von 51 bis 100 km.... 3 Tage,
für je auch nur angefangene weitere 100 km 1 Tag.

§ 3. Besondere Fahrausweise zu ermäßigten Preisen können eine andere Geltungsdauer haben.

EVO. § 13.

Artikel 9
Anweisung und Vorausbestellung der Plätze

§ 1. Für die Anweisung der Plätze gelten die Bestimmungen der einzelnen Eisenbahnen.

§ 2. Ob und unter welchen Bedingungen für einzelne Züge bestimmte Plätze bestellt werden können, bestimmen die Tarife oder die Fahrpläne.

EVO. §§ 14, 18.

Artikel 10
Unterbrechung der Fahrt auf Zwischenstationen

Ob und unter welchen Bedingungen der Reisende innerhalb der Geltungsdauer der Fahrausweise die Fahrt unterbrechen darf, bestimmen die Tarife.

EVO. § 23.

Artikel 11
Übergang in eine höhere Wagenklasse oder in einen Zug höherer Gattung

Der Übergang in eine höhere Wagenklasse oder in einen Zug höherer Gattung, als der Fahrausweis angibt, ist dem Reisenden unter den in den Tarifen enthaltenen Bedingungen gegen Zahlung des vorgesehenen Zuschlags gestattet.

EVO. § 19.

Artikel 12

Reisende ohne gültigen Fahrausweis

Ein Reisender, der keinen gültigen Fahrausweis vorzeigen kann, hat unbeschadet seiner strafrechtlichen Verantwortlichkeit außer dem Fahrpreis für die durchfahrene Strecke einen Zuschlag zu bezahlen, der sich nach den Vorschriften der Eisenbahn, wo die Vorzeigung des Fahrausweises verlangt wurde, berechnet; in Ermangelung solcher Vorschriften hat der Reisende einen Zuschlag in Höhe des Fahrpreises für die durchfahrene Strecke zu bezahlen.

EVO. § 15.

Artikel 13

Von der Fahrt ausgeschlossene oder nur bedingungsweise zugelassene Personen

§ 1. Folgende Personen werden in die Züge nicht zugelassen oder können unterwegs von der Fahrt ausgeschlossen werden:

a) betrunkene Personen und solche, die den Anstand verletzen oder die Vorschriften der Gesetze und Reglemente nicht beachten; solche Personen haben weder Anspruch auf Rückerstattung des Fahrpreises noch der bezahlten Gepäckfracht;

b) Personen, die wegen einer Krankheit oder aus anderen Gründen Mitreisenden augenscheinlich lästig fallen würden, wenn nicht ein besonderes Abteil für sie im voraus gemietet ist oder ihnen sonst gegen Bezahlung angewiesen werden kann. Unterwegs erkrankte Personen sind jedoch wenigstens bis zur nächsten geeigneten Station zu befördern, wo sie Pflege finden können. Das Fahrgeld und die Gepäckfracht sind nach Abzug des Betrags für die durchfahrene Strecke zu erstatten.

§ 2. Für die Beförderung von Personen, die an ansteckenden Krankheiten leiden, sind die internationalen Vereinbarungen und mangels solcher die in den einzelnen Staaten geltenden Bestimmungen maßgebend.

EVO. § 10.

Artikel 14

Von der Mitnahme in die Personenwagen ausgeschlossene Gegenstände

§ 1. Gefährliche Gegenstände, insbesondere geladene Schußwaffen, explosionsfähige, leicht entzündbare und ätzende Stoffe sowie Gegenstände, die geeignet sind, den Reisenden lästig zu fallen, dürfen nicht in die Personenwagen mitgenommen werden.

Reisende, die in Ausübung des öffentlichen Dienstes eine Schußwaffe führen, sowie Jäger und Schützen dürfen jedoch Handmunition mitnehmen; die in den geltenden Reglementen der berührten Gebiete festgesetzten untersten Gewichtsgrenzen dürfen aber nicht überschritten werden. Den Begleitern von Gefangenen, die mit diesen in besonderen Wagen oder Wagenabteilen fahren, ist gestattet, geladene Schußwaffen mitzuführen.

§ 2. Die Eisenbahnbediensteten sind berechtigt, sich von der Beschaffenheit der mitgenommenen Gegenstände in Gegenwart des Reisenden zu überzeugen, wenn triftige Gründe eine Zuwiderhandlung gegen die Bestimmungen des § 1 vermuten lassen.

§ 3. Der Zuwiderhandelnde haftet für jeden aus der Übertretung des Verbots (§ 1) entstehenden Schaden und verwirkt außerdem die durch die Gesetze und Reglemente festgesetzten Strafen.

EVO. § 27.

Artikel 15

Mitnahme von Handgepäck und Tieren in die Personenwagen

§ 1. Der Reisende darf leicht tragbare Gegenstände (Handgepäck) unentgeltlich in Personenwagen mitnehmen, wenn keine Zoll-, Steuer-, Finanz-, Polizeivorschriften oder sonstige verwaltungsbehördlichen Vorschriften entgegenstehen, und wenn die Wagen dadurch nicht beschädigt werden können. Jedem Reisenden steht für sein Handgepäck nur der Raum über und unter seinem Sitzplatz zur Verfügung; weitere Beschränkungen können die Tarife bestimmen.

§ 2. Lebende Tiere dürfen in die Personenwagen nicht mitgenommen werden. Jedoch sind kleine Hunde und andere kleine Haustiere zugelassen, soweit nicht Polizeivorschriften der einzelnen Staaten entgegenstehen und kein Mitreisender widerspricht.

Die Tarife oder Fahrpläne können die Mitnahme von Tieren in bestimmte Gattungen von Wagen oder Zügen verbieten oder zulassen.

Die Tarife bestimmen, ob und für welche Tiere eine Beförderungsgebühr zu bezahlen ist.

§ 3. Die in die Personenwagen mitgenommenen Gegenstände und Tiere sind von den Reisenden selbst zu beaufsichtigen.

ECB. §§ 25, 26.

Artikel 16

Verspätungen. Versäumung des Anschlusses. Ausfall von Zügen

Wird infolge einer Zugverspätung der Anschluß an einen anderen Zug versäumt, oder fällt ein Zug ganz oder teilweise aus, und will der Reisende seine Reise fortsetzen, so hat ihn die Eisenbahn nebst seinem Gepäck, soweit es möglich ist, und zwar ohne Preiszuschlag, mit einem auf der gleichen oder auf einer anderen Strecke derselben Eisenbahnen nach derselben Bestimmungsstation fahrenden Zuge zu befördern, wenn hierdurch die Ankunft auf der Bestimmungsstation beschleunigt wird. Der Stationsvorstand hat gegebenenfalls auf dem Fahrausweis die Versäumung des Anschlusses oder den Zugausfall zu bescheinigen, die Geltungsdauer des Fahrausweises soweit erforderlich zu verlängern und ihn mit Gültigkeitsvermerk für den neuen Weg, für eine höhere Wagenklasse oder für einen Zug mit höheren Fahrpreisen zu versehen. Die Eisenbahn ist indessen berechtigt, durch den Tarif oder durch die Fahrpläne einzelne Züge von der Benutzung auszuschließen.

EVO. § 24.

Kapitel II

Gepäckbeförderung

EVO. Abschn. IV.

Artikel 17

Begriff des Reisegepäcks. Von der Beförderung ausgeschlossene Gegenstände

§ 1. Als Reisegepäck werden nur die Gegenstände angesehen, die zum persönlichen Gebrauch des Reisenden für seine

Reise bestimmt und in Reisekoffer, Reisekörbe, Reisetaschen, Reisesäcke, Hutschachteln oder dergleichen verpackt sind.

§ 2. Ferner sind zur Beförderung als Reisegepäck unter der Bedingung zugelassen, daß sie dem Gebrauch des Reisenden dienen:

a) Trag- und Rollstühle für Kranke;
b) Kinderwagen;
c) Warenproben- und Musterkoffer;
d) tragbare Musikinstrumente in Kasten, Futteralen und anderen Umschließungen;
e) Geräte für Schaustellungen von Artisten unter der Bedingung, daß ihre Art und Verpackung, ihr Rauminhalt und ihr Gewicht das rasche Verladen und Unterbringen in die Gepäckwagen gestatten;
f) Vermessungsgeräte bis zu 4 m Länge und Handwerkszeug;
g) Fahrräder, auch einsitzige Motorräder, wenn die Zubehörstücke von ihnen entfernt sind, und wenn die Brennstoffbehälter Ablaßhähne haben und vollständig leer sind; ferner ein- und zweisitzige Handschlitten, Skis und Schlittschuhsegel.

§ 3. Die Tarife können noch andere, nicht zum Reisebedarf gehörende Gegenstände, auch Tiere in genügend sicheren Behältern, als Reisegepäck zulassen.

§ 4. Die nach den Bestimmungen des Internationalen Übereinkommens über den Eisenbahnfrachtverkehr von der Beförderung ausgeschlossenen oder nur bedingungsweise zugelassenen Gegenstände sind zur Beförderung als Reisegepäck nicht zugelassen.

EVO. § 28.

Artikel 18

Verantwortlichkeit des Reisenden für sein Gepäck. Zuschläge

§ 1. Der Inhaber des Gepäckscheins ist für die Beachtung der Vorschriften des Artikels 17 verantwortlich und trägt alle Folgen einer Zuwiderhandlung gegen diese Vorschriften.

§ 2. Vermutet die Eisenbahn eine solche Zuwiderhandlung, so hat sie das Recht, nachzuprüfen, ob der Inhalt der Gepäckstücke den Vorschriften entspricht. Der Inhaber des Gepäckscheins wird aufgefordert, bei der Prüfung zugegen zu sein

Falls er sich nicht einstellt oder nicht zu erreichen ist, so hat die Nachprüfung in Ermanglung anderer gesetzlicher oder reglementarischer Bestimmungen des Staates, in dem sie stattfindet, unter Zuziehung von zwei der Eisenbahn nicht angehörenden Zeugen zu erfolgen. Wird eine Zuwiderhandlung festgestellt, so hat der Inhaber des Gepäckscheins die Kosten der Nachprüfung zu bezahlen.

§ 3. Bei einer Zuwiderhandlung gegen die Bestimmungen des § 4 des Artikels 17 hat der Inhaber des Gepäckscheins unbeschadet seiner strafrechtlichen Verantwortlichkeit den Unterschied der Beförderungsgebühren nachzubezahlen, den etwaigen Schaden zu ersetzen und außerdem einen Zuschlag zu entrichten.

Der Zuschlag beträgt für das Kilogramm Rohgewicht der von der Beförderung ausgeschlossenen Gegenstände 15 Franken, mindestens aber 30 Franken für jede Gepäcksendung bei den gemäß Artikel 3 Ziffer 4 des Internationalen Übereinkommens über den Eisenbahnfrachtverkehr von der Beförderung ausgeschlossenen oder bei den in der Anlage I zum Übereinkommen über den Eisenbahnfrachtverkehr in die Klassen I und II eingereihten Gegenständen, und 5 Franken, mindestens aber 10 Franken für jede Sendung in den übrigen Fällen.

Wenn die für den Binnenverkehr der Eisenbahn, wo die Zuwiderhandlung festgestellt wurde, geltenden Vorschriften niedrigere Gesamtzuschläge vorsehen, sind diese zu erheben.

Artikel 19

Verpackung und Beschaffenheit des Gepäcks

§ 1. Gepäckstücke, deren Verpackung ungenügend oder deren Herrichtung zur Beförderung mangelhaft ist, können zurückgewiesen werden. Werden sie gleichwohl zur Beförderung angenommen, so ist die Eisenbahn berechtigt, in den Gepäckschein einen Vermerk über den Zustand aufzunehmen.

§ 2. Auf den Gepäckstücken müssen der Name und die Adresse des Reisenden sowie die Bestimmungsstation in genügender Haltbarkeit verzeichnet sein. Gepäckstücke, die diese Angaben nicht tragen, können zurückgewiesen werden.

§ 3. Der Reisende hat alte Gepäckzettel, Adressen oder andere Aufschriften, die sich auf frühere Beförderungen beziehen, zu entfernen.

EVO. § 29.

Artikel 20
Abfertigung. Gepäckschein

§ 1. Reisegepäck wird nur gegen Vorweis eines mindestens bis zur Bestimmungsstation des Gepäcks gültigen Fahrausweises abgefertigt.

Die Tarife bestimmen, ob und inwieweit Reisegepäck ohne Fahrausweis zur Beförderung zugelassen ist.

§ 2. Bei der Auflieferung des Gepäcks ist dem Reisenden ein Gepäckschein zu verabfolgen.

§ 3. Im übrigen richtet sich das Verfahren für die Abfertigung des Reisegepäcks nach den für die Aufgabestation geltenden Bestimmungen.

§ 4. Die Gepäckscheine, die für internationale Sendungen ausgegeben werden, sind nach dem diesem Übereinkommen als Anlage I beigegebenen Muster auszustellen.

§ 5. Die Gepäckscheine müssen folgende Angaben enthalten:

a) die Aufgabe- und Bestimmungsstation;
b) den Beförderungsweg;
c) den Tag der Aufgabe und den Zug, zu dem das Gepäck aufgegeben worden ist;
d) die Anzahl der Fahrausweise (mit Ausnahme des im § 1, 2. Absatz, vorgesehenen Falles);
e) die Anzahl und das Gewicht der Gepäckstücke;
f) die Gepäckfracht und etwaige andere Gebühren;
g) gegebenenfalls den Betrag (in Buchstaben) des nach Artikel 35 angegebenen Interesses an der Lieferung.

§ 6. Die Tarife oder die Vereinbarungen zwischen den Eisenbahnen bestimmen, in welcher Sprache die Gepäckscheine zu drucken und auszufüllen sind.

EVO. § 30.

Artikel 21
Auslieferung

§ 1. Das Gepäck wird gegen Rückgabe des Gepäckscheins ausgeliefert. Die Eisenbahn ist nicht verpflichtet, die Berechtigung des Inhabers zu prüfen.

§ 2. Der Inhaber des Gepäckscheins ist berechtigt, auf der Bestimmungsstation die Auslieferung des Gepäcks an der Ausgabestelle zu verlangen, sobald nach der Ankunft des Zuges, zu dem es aufgegeben war, die Zeit abgelaufen ist, die zur Bereitstellung und gegebenenfalls zur zoll-, steuer-, finanzamtlichen, polizeilichen oder sonstigen verwaltungsbehördlichen Abfertigung erforderlich ist.

§ 3. Wird der Gepäckschein nicht beigebracht, so ist die Eisenbahn zur Auslieferung des Gepäcks nur verpflichtet, wenn die Empfangsberechtigung nachgewiesen wird; wird dieser Nachweis für ungenügend erachtet, so kann die Eisenbahn Sicherstellung verlangen.

§ 4. Das Gepäck ist auf der Station auszuliefern, nach der es abgefertigt war. Auf rechtzeitiges Verlangen des Inhabers des Gepäckscheins kann es jedoch, wenn die Umstände dies gestatten, auch keine zoll-, steuer-, finanzamtlichen, polizeilichen oder sonstigen verwaltungsbehördlichen Vorschriften entgegenstehen, gegen Rückgabe des Gepäckscheins und, wenn es der Tarif vorschreibt, gegen Vorzeigung des Fahrausweises auf der Aufgabestation zurückgegeben oder auf einer Zwischenstation ausgeliefert werden.

§ 5. Der Inhaber des Gepäckscheins, dem das Gepäck nicht unter den im vorstehenden § 2 bezeichneten Bedingungen ausgeliefert wird, kann verlangen, daß ihm auf dem Gepäckschein Tag und Stunde der Abforderung bescheinigt werden.

§ 6. Im übrigen unterliegt die Auslieferung den bei der ausliefernden Bahn bestehenden Bestimmungen.

EVO. § 33.

Kapitel III

Gemeinsame Bestimmungen für Personen- und Gepäckbeförderung

Artikel 22

Züge. Fahrpläne. Tarifauszüge

§ 1. Zur Beförderung dienen die im Fahrplan enthaltenen regelmäßigen und die nach Bedarf verkehrenden Züge.

§ 2. Die Eisenbahnen haben die Fahrpläne der Züge ihrer eigenen Strecken rechtzeitig auf den Stationen auszuhängen. Aus ihnen müssen Gattung, Wagenklassen und Abfahrzeiten, für die größeren Übergangs- und die Endstationen auch die

Ankunftzeiten der Züge sowie die wichtigeren Zuganschlüsse zu ersehen sein.

Außer Kraft getretene Fahrpläne sind sofort zu entfernen.

§ 3. Auf jeder dem internationalen Verkehre dienenden Station muß der Reisende den Tarif oder Tarifauszug einsehen können, der die Preise der dort verkäuflichen internationalen Fahrausweise und die entsprechenden Gepäckfrachten enthält.

EVO. §§ 4, 9.

Artikel 23

Grundsätze für die Berechnung der Beförderungspreise. Tarife

§ 1. Die Beförderungspreise sind nach Maßgabe der zu Recht bestehenden und in jedem Staate gehörig veröffentlichten Tarife zu berechnen. Diese Tarife müssen alle zur Berechnung der Beförderungspreise und Nebengebühren nötigen Angaben enthalten und gegebenenfalls bestimmen, in welcher Weise den Verschiedenheiten der Währungen Rechnung getragen werden soll.

§ 2. Die Tarife müssen die besonderen Bedingungen für die Beförderung enthalten.

Die Tarife müssen jedermann gegenüber in gleicher Weise angewendet werden. Ihre Bestimmungen gelten nur insoweit, als sie diesem Übereinkommen nicht widersprechen, andernfalls sind sie nichtig.

Direkte internationale Tarife sowie deren Abänderungen treten an dem in der Veröffentlichung angegebenen Tage in Kraft. Erhöhungen dieser Tarife oder andere Erschwerungen der Beförderungsbedingungen sind spätestens acht Tage vor dem für die Einführung festgesetzten Zeitpunkt zu veröffentlichen.

Falls internationale Fahrausweise oder Gepäckscheine ohne Bestehen eines direkten Tarifs ausgegeben werden und eine Eisenbahn ihren Tarif ändert, kann die Durchführung der Änderung bei den andern Bahnen frühestens acht Tage nach Eintreffen der Mitteilung beansprucht werden.

Tarife, die nur für eine bestimmte Zeit eingeführt sind, treten mit Ablauf dieser Zeit außer Kraft.

EVO. § 6.

Artikel 24

Verbot von Sonderübereinkommen

Jedes Sonderübereinkommen, wodurch einem oder mehreren Reisenden eine Preisermäßigung gegenüber den Tarifen gewährt wird, ist verboten und nichtig.

Dagegen sind Preisermäßigungen zulässig, die gehörig veröffentlicht sind und unter Erfüllung der gleichen Bedingungen jedermann in gleicher Weise zugute kommen, ebenso Ermäßigungen, die für den Eisenbahndienst, für Zwecke der öffentlichen Verwaltungen oder für Wohlfahrts-, Erziehungs- und Unterrichtszwecke gewährt werden.

EVO. § 6.

Artikel 25

Abfertigung durch die Zoll-, Steuer-, Finanz-, Polizei- und sonstigen Verwaltungsbehörden

Die Reisenden haben die zoll-, steuer- und finanzamtlichen, polizeilichen und sonstigen verwaltungsbehördlichen Vorschriften hinsichtlich ihrer Person und hinsichtlich der Untersuchung ihres Gepäcks und Handgepäcks zu befolgen. Dieser Untersuchung haben sie beizuwohnen vorbehaltlich der durch die Reglemente zugelassenen Ausnahmen. Die Eisenbahn ist gegenüber den Reisenden von jeder Haftung für die Folgen der Nichtbeachtung dieser Vorschriften befreit.

EVO. § 32.

Artikel 26

Rückerstattungen

§ 1. Ist ein Fahrausweis nicht benutzt worden, so kann vorbehaltlich der in den §§ 3 und 4 bezeichneten Abzüge der bezahlte Fahrpreis zurückverlangt werden.

§ 2. Ist ein Fahrausweis infolge von Tod, Krankheit oder Unfall des Reisenden oder wegen zwingender Gründe ähnlicher Art nur teilweise benutzt worden, so wird vorbehaltlich der in den §§ 3 und 4 bezeichneten Abzüge der Unterschied zwischen dem bezahlten Gesamtpreis und dem nach dem Normaltarif für die zurückgelegte Strecke berechneten Fahrpreis erstattet.

§ 3. Von der Rückerstattung ausgeschlossen sind die Steuern, Zuschläge für Platzkarten, Herstellungskosten für Fahrausweise in Heftform und die für den Verkauf der Fahrausweise bezahlten Provisionen.

§ 4. Von dem zu erstattenden Betrage wird außer den etwaigen Portoauslagen für seine Zusendung eine Gebühr von zehn vom Hundert, jedoch nicht weniger als 0,50 Franken und nicht mehr als 3 Franken für die Fahrkarte abgezogen.

Dieser Abzug findet nicht statt, wenn ein unbenutzt gebliebener Fahrausweis am Ausgabetage der Ausgabestelle zurückgegeben wird.

§ 5. Verzichtet ein Reisender, der infolge von Anschlußversäumnis wegen Zugverspätung den Anschlußzug versäumt hat oder durch den Ausfall eines Zuges oder durch eine Verkehrsunterbrechung an der fahrplanmäßigen Fortsetzung seiner Reise verhindert worden ist, auf die Weiterreise, so ist er berechtigt, von der Eisenbahn die Anwendung der Bestimmung des § 2 zu verlangen; die Abzüge nach § 4 dürfen jedoch nicht gemacht werden.

§ 6. Auf Fahrausweise zu ermäßigtem Preise kann eine Rückerstattung nur in den Fällen und im Umfang des § 5 beansprucht werden; die nach Artikel 7, § 2, Absatz 1, ausgegebenen Kinderfahrkarten gelten nicht als Fahrausweise zu ermäßigtem Preis im Sinne dieser Bestimmung.

§ 7. Für verlorene Fahrausweise wird keine Rückerstattung gewährt.

§ 8. Wird das aufgegebene Gepäck zurückgenommen, ehe es die Aufgabestation verlassen hat, so kann die bezahlte Gepäckfracht zurückverlangt werden.

Wird das Gepäck auf einer Unterwegsstation zurückgenommen, so kann die Frachterstattung nur in den Fällen und im Umfang der Bestimmungen der §§ 2 und 5 verlangt werden.

In beiden Fällen wird eine Gebühr von 0,50 Franken für den Gepäckschein und eine etwaige Steuer abgezogen.

§ 9. Die Tarife können abweichende Bestimmungen treffen, die jedoch keine Erschwerungen für die Reisenden enthalten dürfen.

§ 10. Alle Ansprüche auf Rückerstattungen nach den Bestimmungen der §§ 1, 2, 5, 6 und 8 dieses Artikels sind erlöschen, wenn sie nicht binnen sechs Monaten nach Ablauf der Gültigkeitsdauer des Fahrausweises bei der Eisenbahn geltend gemacht worden sind.

§ 11. Wurde der Tarif unrichtig angewendet, oder sind bei der Festsetzung der Beförderungspreise und Gebühren Fehler vorgekommen, so muß der Mehr- oder Minderbetrag erstattet werden.

§ 12. Von der Eisenbahn festgestellte Überzahlungen müssen, wenn sie für einen Fahrausweis oder Gepäckschein den Betrag von 0,50 Franken übersteigen, soweit möglich von Amts wegen den Beteiligten mitgeteilt und möglichst bald ausgeglichen werden.

§ 13. In allen anderen in diesem Artikel nicht vorgesehenen Fällen sowie in Ermanglung von besonderen, zwischen den Eisenbahnen getroffenen Vereinbarungen gelten die Bestimmungen des Binnenverkehrs der einzelnen Eisenbahnen.

EVO. § 19.

Artikel 27

Streitigkeiten

Streitigkeiten unter den Reisenden und Streitigkeiten zwischen den Reisenden und den Bediensteten entscheidet vorläufig auf den Stationen der Aufsichtsbeamte, während der Fahrt der Zugführer.

EVO. §§ 7, 21.

Titel III

Haftung der Eisenbahnen. Klagen

Kapitel I

Haftung

Artikel 28

Haftung für die Beförderung von Reisenden, Handgepäck und Tieren

§ 1. Die Haftung der Eisenbahn für die Tötung oder Verletzung eines Reisenden infolge eines Zugunfalles sowie für den Schaden, der durch Verspätung oder Ausfall eines Zuges oder durch Anschlußversäumnis verursacht wird, richtet sich nach den Gesetzen und Reglementen des Staates, in dem das schädigende Ereignis eingetreten ist. Die Vorschriften dieses Titels finden in diesen Fällen keine Anwendung.

§ 2. Für Handgepäck und Tiere, deren Überwachung dem Reisenden nach Artikel 15, § 3, obliegt, haftet die Eisenbahn nur insoweit, als der Schaden durch ihr Verschulden entstanden ist.

§ 3. Eine Haftungsgemeinschaft der Eisenbahnen ist in diesen Fällen ausgeschlossen.

EVO. §§ 24, 25, 26.

Artikel 29

Haftungsgemeinschaft der Eisenbahnen für das Reisegepäck

§ 1. Die Eisenbahn, die Reisegepäck unter Aushändigung eines internationalen Gepäckscheins zur Beförderung angenommen hat, haftet für die Ausführung der Beförderung auf der ganzen Strecke bis zur Auslieferung.

§ 2. Jede nachfolgende Eisenbahn tritt dadurch, daß sie das Gepäck übernimmt, in den Beförderungsvertrag ein und übernimmt die sich daraus ergebenden Verpflichtungen, unbeschadet der die Empfangsbahn betreffenden Vorschrift des Artikels 42, § 2.

EVO. § 35.

Artikel 30

Umfang der Haftung

§ 1. Die Eisenbahn haftet unter den in diesem Kapitel festgesetzten Bedingungen für den Schaden, der durch gänzlichen oder teilweisen Verlust oder Beschädigung des Gepäcks in der Zeit von der Annahme bis zur Auslieferung oder durch verspätete Auslieferung entsteht.

§ 2. Sie ist bei gänzlichem oder teilweisem Verlust oder bei Beschädigung des Gepäcks von dieser Haftung befreit, wenn sie beweist, daß der Schaden durch ein Verschulden des Reisenden, durch die natürliche Beschaffenheit des Gepäcks oder durch höhere Gewalt herbeigeführt worden ist.

Sie ist von der Haftung für Schäden befreit, die aus der besonderen Beschaffenheit des Gepäcks oder daraus entstehen, daß das Gepäck mangelhaft verpackt war oder von der Beförderung ausgeschlossene Gegenstände trotzdem als Gepäck aufgegeben wurden.

Konnte nach den Umständen des Falles ein Schaden aus einer Gefahr entstehen, die mit der besonderen Beschaffenheit des Gepäcks, mit Mängeln der Verpackung oder damit verbunden ist, daß von der Beförderung ausgeschlossene Gegenstände als Gepäck aufgegeben wurden, so wird bis zum Nachweis des Gegenteils durch den Berechtigten vermutet, daß der Schaden hieraus entstanden ist.

§ 3. Sie ist von der Haftung für den Schaden aus der verspäteten Auslieferung befreit, wenn sie beweist, daß die Verspätung durch Umstände herbeigeführt worden ist, die sie nicht abzuwenden und denen sie auch nicht abzuhelfen vermochte.

EVO. § 35.

Artikel 31

Höhe der Entschädigung bei gänzlichem oder teilweisem Verlust des Reisegepäcks

Wenn von der Eisenbahn auf Grund der Bestimmungen dieses Übereinkommens für gänzlichen oder teilweisen Verlust des Gepäcks Entschädigung zu leisten ist, so kann beansprucht werden:

a) wenn der Betrag des Schadens nachgewiesen ist, der Ersatz dieses Schadens bis zur Höhe von 20 Franken für jedes fehlende Kilogramm des Rohgewichts;

b) wenn der Betrag des Schadens nicht nachgewiesen ist, ein Pauschalsatz von 10 Franken für jedes fehlende Kilogramm des Rohgewichts.

Dazu kommt die Erstattung dessen, was an Gepäckfracht, Zöllen und sonstigen Kosten für das verlorene Gepäck bezahlt worden ist, jedoch ohne weiteren Schadenersatz, vorbehaltlich der in den Artikeln 35 und 36 vorgesehenen Ausnahmen.

EVO. § 35.

Artikel 32

Vermutung für den Verlust des Reisegepäcks. Wiederauffinden verlorenen Gepäcks

§ 1. Ein fehlendes Gepäckstück gilt nach Ablauf des vierzehnten Tages nach der Abforderung als verloren.

§ 2. Wird ein für verloren gehaltenes Gepäckstück innerhalb eines Jahres nach der Abforderung wiederaufgefunden, so hat die Eisenbahn den Reisenden, wenn sein Aufenthaltsort bekannt ist oder sich ermitteln läßt, hiervon zu benachrichtigen.

§ 3. Innerhalb von 30 Tagen nach erhaltener Nachricht kann der Reisende verlangen, daß ihm das Gepäck nach seiner Wahl auf der Bestimmungsstation oder der Aufgabestation kostenfrei gegen Rückerstattung der ihm bezahlten Entschädigung und vorbehaltlich aller Ansprüche auf Entschädigung wegen Verspätung gemäß Artikel 34 und gegebenenfalls Artikel 35 § 3 ausgeliefert werde.

§ 4. Wird das wiederaufgefundene Gepäck nicht innerhalb der im § 3 vorgesehenen Frist von 30 Tagen zurückverlangt, oder wird es erst nach Ablauf eines Jahres nach der Abforderung wiedergefunden, so kann die Eisenbahn darüber nach den Gesetzen oder Reglementen ihres Staates verfügen.

EVO. § 36.

Artikel 33

Höhe der Entschädigung bei Beschädigung des Reisegepäcks.

Bei Beschädigung hat die Eisenbahn den Betrag des Minderwerts des Gepäcks zu zahlen, und zwar ohne weiteren Schadenersatz vorbehaltlich der in den Artikeln 35 und 36 vorgesehenen Ausnahmen.

Die Entschädigung darf jedoch nicht übersteigen:

a) wenn die ganze Sendung durch die Beschädigung entwertet ist,
   den Betrag, der im Fall des Verlustes der ganzen Sendung zu zahlen wäre;

b) wenn nur ein Teil der Sendung durch die Beschädigung entwertet ist,
   den Betrag, der im Fall des Verlustes dieses Teils der Sendung zu zahlen wäre.

EVO. § 35.

Artikel 34

Höhe der Entschädigung für Reisegepäck bei verspäteter Auslieferung

§ 1. Bei verspäteter Auslieferung hat die Eisenbahn, falls der Reisende nicht nachweist, daß ein Schaden aus dieser Ver spätung entstanden ist, eine Entschädigung von 0,10 Franken für das Kilogramm des Rohgewichts des Gepäcks, soweit es verspätet ausgeliefert worden ist, für je angefangene 24 Stunden von der Abforderung an gerechnet, höchstens aber für 14 Tage, zu zahlen.

§ 2. Wird der Nachweis erbracht, daß ein Schaden aus der Verspätung entstanden ist, so ist für diesen Schaden eine Entschädigung zu zahlen, die das Vierfache der im § 1 dieses Artikels bestimmten Pauschalentschädigung nicht übersteigen darf.

§ 3. Die in den §§ 1 und 2 dieses Artikels vorgesehenen Entschädigungen können nicht neben der bei gänzlichem Verlust zu leistenden Entschädigung verlangt werden.

Bei teilweisem Verlust sind sie gegebenenfalls für den nicht verlorengegangenen Teil zu entrichten.

Bei Beschädigung treten sie gegebenenfalls neben die im Artikel 33 vorgesehene Entschädigung.

EVO. § 37.

Artikel 35

Angabe des Interesses an der Lieferung

§ 1. Für jede Gepäcksendung kann das Interesse an der Lieferung angegeben werden. Der Betrag ist auf dem Gepäckschein zu vermerken.

In Ermangelung einer entgegenstehenden Vorschrift der Tarife muß die angegebene Summe in der Währung des Versandstaates ausgedrückt werden.

§ 2. Es wird eine besondere Gebühr von einem Viertel vom Tausend der angegebenen Summe für je angefangene 10 km erhoben.

Die Tarife können die Gebühr herabsetzen, auch einen Mindesterhebungsbetrag festsetzen.

§ 3. Ist das Interesse an der Lieferung angegeben, so kann bei verspäteter Auslieferung beansprucht werden:

a) wenn nicht nachgewiesen wird, daß ein Schaden aus dieser Verspätung entstanden ist, bis zur Höhe des angegebenen Interesses 0,20 Franken für das Kilogramm des Rohgewichts des verspätet ausgelieferten Gepäcks, für je angefangene 24 Stunden von der Abforderung an gerechnet, höchstens aber für 14 Tage;

b) wenn der Nachweis erbracht wird, daß ein Schaden aus der Verspätung entstanden ist, eine Entschädigung bis zur Höhe des angegebenen Interesses.

Ist der Betrag des angegebenen Interesses geringer als die im Artikel 34 vorgesehenen Entschädigungen, so können diese an Stelle der unter a und b erwähnten Beträge verlangt werden.

§ 4. Wird der Nachweis erbracht, daß ein Schaden aus einem gänzlichen oder teilweisen Verlust oder aus einer Beschädigung des Gepäcks entstanden ist, das den Gegenstand einer Angabe des Interesses an der Lieferung bildet, so kann außer der in den Artikeln 31 und 33 vorgesehenen Entschädigung Schadenersatz bis zur Höhe der angegebenen Summe beansprucht werden.

EVO. § 37.

Artikel 36

Höhe der Entschädigung bei Vorsatz oder grober Fahrlässigkeit der Eisenbahn

In allen Fällen, in denen der gänzliche oder teilweise Verlust, die Beschädigung oder die verspätete Auslieferung auf Vorsatz oder grobe Fahrlässigkeit der Eisenbahn zurückzuführen ist, ist der Schaden jeweils bis zum Doppelten der in den Artikeln 31, 33, 34 und 35 vorgesehenen Höchstbeträge zu ersetzen.

EVO. §§ 35, 37, 91.

Artikel 37

Verzinsung der Entschädigungsbeträge

Der Reisende kann sechs vom Hundert Zinsen der ihm auf einen Gepäckschein gewährten Entschädigung verlangen, sofern sie den Betrag von 10 Franken übersteigt.

Diese Zinsen laufen vom Tage der im Artikel 40 vorgesehenen Reklamation oder, wenn keine Reklamation vorausging, vom Tage der Klageerhebung an.

EVO. §§ 35, 92.

Artikel 38

Rückerstattung der Entschädigung

Jede zu Unrecht empfangene Entschädigung ist zurückzuerstatten.

Außerdem hat die Eisenbahn im Falle eines Betrugs unbeschadet der strafrechtlichen Folgen Anspruch auf Zahlung einer Summe, die dem zu Unrecht gezahlten Betrage gleichkommt.

Artikel 39

Haftung der Eisenbahn für ihre Leute

Die Eisenbahn haftet für ihre Leute und für andere Personen, deren sie sich bei der Ausführung der von ihr übernommenen Beförderung bedient.

Wenn indessen Bahnangestellte auf Verlangen eines Reisenden Verrichtungen ausüben, die der Bahn nicht obliegen, gelten sie als Beauftragte des Reisenden, für den sie tätig sind.

EVO. §§ 5, 38.

Kapitel II

Reklamationen. Klagen. Verfahren bei Rechtsstreitigkeiten aus dem Beförderungsvertrag. Verjährung der Ansprüche aus dem Beförderungsvertrag

Artikel 40

Reklamationen

§ 1. Außergerichtliche Ansprüche aus dem Beförderungsvertrag müssen schriftlich bei der in Artikel 42 näher bezeichneten Eisenbahn angebracht werden.

§ 2. Zur Geltendmachung sind die gemäß Artikel 41 zur Erhebung der Klage gegen die Eisenbahn berechtigten Personen befugt.

§ 3. Der Berechtigte muß den Fahrausweis, den Gepäckschein und sonstige Belege, die er seiner Reklamation beifügen will, in Urschrift oder Abschrift vorlegen, Abschriften auf Verlangen der Eisenbahn in gehörig beglaubigter Form.

Die Eisenbahn kann bei der endgültigen Erledigung der Reklamation die Rückgabe der Fahrausweise und Gepäckscheine verlangen.

EVO. §§ 35, 95.

Artikel 41

Zur Erhebung der Klage gegen die Eisenbahn berechtigte Personen

Zur gerichtlichen Geltendmachung von Ansprüchen gegen die Eisenbahn ist nur befugt, wer den Fahrausweis oder den Gepäckschein vorweist oder, wenn er den Fahrausweis oder den Gepäckschein nicht beibringen kann, seine Berechtigung nachweist.

Artikel 42

Eisenbahnen, gegen welche die Klagen zu richten sind. Zuständigkeit

§ 1. Ansprüche auf Rückerstattung von Zahlungen, die auf Grund des Beförderungsvertrags geleistet sind, können nur gegen die Eisenbahn gerichtlich geltend gemacht werden, die den Betrag erhoben hat.

§ 2. Sonstige Ansprüche aus dem Beförderungsvertrag können nur gegen die Abgangsbahn, die Bestimmungsbahn oder diejenige Eisenbahn gerichtlich geltend gemacht werden, auf deren Strecke sich die den Anspruch begründende Tatsache ereignet hat.

Auch wenn die Bestimmungsbahn das Gepäck nicht erhalten hat, kann sie gleichwohl gerichtlich in Anspruch genommen werden.

Unter den bezeichneten Eisenbahnen steht dem Kläger die Wahl zu; mit der Erhebung der Klage erlischt das Wahlrecht.

§ 3. Die Klage kann, wenn nicht in Staatsverträgen oder Konzessionen ein anderes bestimmt ist, nur vor den zuständigen Gerichten des Staates erhoben werden, dem die beklagte Eisenbahn angehört.

Betreibt ein Eisenbahnunternehmen mehrere Eisenbahnnetze mit selbständiger Betriebsverwaltung in verschiedenen Staaten, so wird jedes dieser Eisenbahnnetze als besondere Eisenbahn im Sinne dieser Vorschrift angesehen.

§ 4. Im Wege der Widerklage oder der Einrede können Ansprüche auch gegen eine andere als die in den §§ 1 und 2 bezeichneten Eisenbahnen erhoben werden, wenn sich die Klage auf denselben Beförderungsvertrag gründet.

§ 5. Die Vorschriften dieses Artikels finden keine Anwendung auf den Rückgriff der Eisenbahnen gegeneinander nach Maßgabe des Kapitels III dieses Titels.

EVO. §§ 35, 96.

Artikel 43

Feststellung eines teilweisen Verlustes oder einer Beschädigung des Reisegepäcks

§ 1. Wird ein teilweiser Verlust oder eine Beschädigung des Gepäcks von der Eisenbahn entdeckt oder vermutet oder vom Reisenden behauptet, so hat die Eisenbahn den Zustand und das Gewicht des Gepäcks und, soweit dies möglich ist, den Betrag, die Ursache und den Zeitpunkt des Schadens sofort, womöglich in Gegenwart des Reisenden, durch eine Tatbestandsaufnahme festzustellen.

Dem Reisenden ist auf sein Verlangen eine Abschrift der Tatbestandsaufnahme auszuhändigen.

§ 2. Wenn der Reisende die Feststellungen der Tatbestandsaufnahme nicht anerkennt, kann er verlangen, daß der Zustand und das Gewicht des Gutes, die Schadensursache sowie der Betrag des Schadens gemäß den Gesetzen und Reglementen des Staates, in dem die Auslieferung stattgefunden hat, gerichtlich festgestellt wird.

§ 3. Bei Verlust eines Gepäckstücks ist der Reisende, um die Nachforschungen der Eisenbahn zu erleichtern, verpflichtet, eine möglichst genaue Beschreibung des verlorengegangenen Gepäckstücks zu geben.

EVO. §§ 35, 81.

Artikel 44

Erlöschen der Ansprüche gegen die Eisenbahn aus dem Gepäckbeförderungsvertrag

§ 1. Mit der Abnahme des Gepäcks sind alle Ansprüche gegen die Eisenbahn aus dem Gepäckbeförderungsvertrag erloschen.

§ 2. Jedoch erlöschen nicht:

1. Entschädigungsansprüche, bei denen der Reisende nachweist, daß der Schaden durch Vorsatz oder grobe Fahrlässigkeit der Eisenbahn herbeigeführt worden ist;
2. Entschädigungsansprüche wegen verspäteter Auslieferung, wenn sie an eine der im Artikel 42, § 2, bezeichneten Eisenbahnen innerhalb einer Frist von nicht mehr als vierzehn Tagen, den Tag der Abnahme nicht mitgerechnet, angebracht werden;
3. Entschädigungsansprüche wegen teilweisen Verlustes oder Beschädigung:
   a) wenn der Verlust oder die Beschädigung vor der Abnahme des Gepäcks durch den Reisenden gemäß Artikel 43 festgestellt ist;
   b) wenn die Feststellung, die gemäß Artikel 43 hätte erfolgen müssen, nur durch Verschulden der Eisenbahn unterblieben ist;
4. Entschädigungsansprüche wegen äußerlich nicht erkennbarer Schäden, die erst nach der Abnahme festgestellt worden sind, jedoch nur unter nachstehenden Voraussetzungen:
   a) daß sich die Eisenbahn dem Reisenden gegenüber nicht zur Feststellung des Zustandes des Gepäcks auf der Bestimmungsstation bereit erklärt hat;
   b) daß unverzüglich nach der Entdeckung des Schadens und spätestens drei Tage nach der Abnahme des Gepäcks der Antrag auf Feststellung gemäß Artikel 43 angebracht wird;
   c) daß der Reisende beweist, daß der Schaden in der Zeit zwischen der Annahme zur Beförderung und der Auslieferung entstanden ist;
5. Ansprüche auf Rückerstattung geleisteter Zahlungen.

§ 3. Der Reisende kann die Abnahme des Gepäcks so lange verweigern, bis seinem Antrag auf Feststellung der behaupteten Schäden stattgegeben ist.

Vorbehalte bei der Abnahme des Gepäcks sind wirkungslos, sofern sie nicht von der Eisenbahn anerkannt sind.

§ 4. Wenn von mehreren im Gepäckschein verzeichneten Stücken bei der Auslieferung einzelne fehlen, so kann der Reisende, ehe er die anderen annimmt, von der Eisenbahn eine Bescheinigung hierüber verlangen.

§ 5. Die Haftung für gänzlichen Verlust erlischt, wenn das Gepäck nicht binnen sechs Monaten nach der Ankunft des Zuges, zu dem es aufgegeben war, auf der Bestimmungsstation abgefordert wird, unbeschadet der Verpflichtung der Eisenbahn, den Reisenden auch später zu benachrichtigen, falls das Gepäckstück wiedergefunden wird und die zur Ermittlung der Adresse des Reisenden nötigen Merkmale trägt.

EVO. §§ 35, 93.

Artikel 45

Verjährung der Klagen aus dem Beförderungsvertrag

§ 1. Klagen aus dem Beförderungsvertrag verjähren in einem Jahr, wenn die geschuldete Summe nicht bereits durch Anerkenntnis, Vergleich oder gerichtliches Urteil festgestellt worden ist.

Die Verjährung beträgt indessen drei Jahre, wenn es sich um Klagen wegen eines durch Vorsatz oder grobe Fahrlässigkeit verursachten Schadens oder wegen des im Artikel 38 erwähnten Falles des Betrugs handelt.

§ 2. Die Verjährung beginnt:

a) bei Entschädigungsansprüchen wegen teilweisen Verlustes, Beschädigung oder verspäteter Auslieferung
mit dem Tage der Auslieferung;

b) bei Entschädigungsansprüchen wegen gänzlichen Verlustes
mit dem Tage, an dem die Auslieferung hätte erfolgen sollen;

c) bei Ansprüchen auf Zahlung oder Rückerstattung von Beförderungs- und Nebengebühren oder von Zuschlägen oder auf Berichtigung bei unrichtiger Tarifanwendung oder bei Rechenfehlern
mit dem Tage der Zahlung oder, wenn keine Zahlung stattgefunden hat, mit dem Tage, an dem sie hätte erfolgen sollen;

d) bei Ansprüchen auf Zahlung eines von der Zollbehörde verlangten Zuschlags
mit dem Tage, an dem die Zollbehörde das Verlangen gestellt hat;

e) bei sonstigen, die Personenbeförderung betreffenden Ansprüchen mit dem Tage des Ablaufs der Gültigkeitsdauer des Fahrausweises.

Der als Beginn der Verjährung bezeichnete Tag ist in der Frist nicht einbegriffen.

§ 3. Wenn der Reisende eine schriftliche Reklamation gemäß Artikel 40 bei der Eisenbahn eingereicht hat, wird der Lauf der Verjährung gehemmt. Der Lauf beginnt wieder mit dem Tage, an dem die Eisenbahn die Reklamation durch schriftlichen Bescheid zurückgewiesen und die der Reklamation etwa beigefügten Belege zurückgegeben hat. Der Beweis des Einganges der Reklamation oder des Bescheids und der Rückgabe der Belege liegt dem ob, der sich auf diese Tatsachen beruft.

Weitere Reklamationen hemmen die Verjährung nicht.

§ 4. Vorbehaltlich vorstehender Bestimmungen gelten für die Hemmung und die Unterbrechung der Verjährung die Gesetze und Reglemente des Staates, wo die Klage angestellt wird.

EVO. §§ 35, 94.

Artikel 46

Unzulässigkeit der Geltendmachung erloschener oder verjährter Ansprüche

Ansprüche, die gemäß den Artikeln 26, § 10, 44 und 45 erloschen oder verjährt sind, können auch nicht im Wege einer Widerklage oder einer Einrede geltend gemacht werden.

Kapitel III

Abrechnung. Rückgriff der Eisenbahnen gegeneinander

Artikel 47

Abrechnung zwischen den Eisenbahnen

Jede Eisenbahn hat den übrigen beteiligten Eisenbahnen die ihnen zukommenden Anteile an den Beförderungsgebühren zu bezahlen, die sie erhoben hat oder hätte erheben müssen.

Artikel 48

Rückgriff bei Entschädigung für gänzlichen oder teilweisen Verlust oder Beschädigung

§ 1. Hat eine Eisenbahn auf Grund der Bestimmungen dieses Übereinkommens eine Entschädigung für gänzlichen oder teilweisen Verlust oder Beschädigung des Gepäcks geleistet, so steht ihr der Rückgriff gegen die an der Beförderung beteiligten Eisenbahnen nach Maßgabe folgender Bestimmungen zu:

a) die Eisenbahn, die den Schaden allein verursacht hat, haftet ausschließlich dafür;

b) haben mehrere Eisenbahnen den Schaden verursacht, so haftet jede Eisenbahn für den von ihr verursachten Schaden. Ist eine solche Unterscheidung nach den Umständen des Falles nicht möglich, so bestimmen sich ihre Anteile an der Entschädigung nach den Grundsätzen unter c;

c) wenn nicht nachgewiesen werden kann, daß eine oder mehrere Eisenbahnen den Schaden verursacht haben, so haften sämtliche an der Beförderung beteiligten Eisenbahnen mit Ausnahme derjenigen, die beweisen, daß der Schaden auf ihrer Strecke nicht verursacht worden ist; die Verteilung erfolgt nach dem Verhältnis der Tarifkilometer.

§ 2. Bei Zahlungsunfähigkeit einer dieser Eisenbahnen wird der auf sie entfallende, aber von ihr nicht bezahlte Anteil unter alle anderen an der Beförderung beteiligten Eisenbahn nach Verhältnis der Tarifkilometer verteilt.

Artikel 49

Rückgriff bei Entschädigung für Überschreitung der Lieferfrist

Die Vorschriften des Artikel 48 finden auch bei Entschädigung für verspätete Auslieferung Anwendung. Wird die Verspätung durch Unregelmäßigkeiten veranlaßt, die im Bereich mehrerer Eisenbahnen festgestellt worden sind, so ist die Entschädigung unter diese Eisenbahnen nach Verhältnis der Zeitdauer der auf ihren Strecken vorgekommenen Verspätung zu verteilen.

Artikel 50

Verfahren bei Rückgriffen

§ 1. Keine Eisenbahn, gegen die nach Artikel 48 oder 49 Rückgriff genommen wird, ist befugt, die Rechtmäßigkeit der durch die Rückgriff nehmende Eisenbahn geleisteten Zahlung zu bestreiten, wenn über die Entschädigung gerichtlich entschieden worden ist, nachdem der Eisenbahn in gehöriger Weise der Streit verkündet und ihr die Möglichkeit gegeben war, in dem Rechtsstreit zu intervenieren. Der Richter der Hauptsache bestimmt nach den Umständen des Falles die Fristen für die Streitverkündung und für die Intervention.

§ 2. Die den Rückgriff nehmende Eisenbahn hat sämtliche beteiligten Eisenbahnen, mit denen sie sich nicht gütlich geeinigt hat, in einer und derselben Klage zu belangen, widrigenfalls das Recht des Rückgriffs gegen die nicht belangten Eisenbahnen erlischt.

§ 3. Der Richter hat in einem und demselben Verfahren über alle Rückgriffe, mit denen er befaßt ist, zu entscheiden.

§ 4. Den beklagten Eisenbahnen steht ein weiterer Rückgriff nicht zu.

§ 5. Die Verbindung des Rückgriffverfahrens mit dem Entschädigungsverfahren ist unzulässig.

Artikel 51

Zuständigkeit im Rückgriffverfahren

§ 1. Der Richter des Wohnsitzes der Eisenbahn, gegen die der Rückgriff genommen wird, ist für alle Rückgriffansprüche ausschließlich zuständig.

§ 2. Ist die Klage gegen mehrere Eisenbahnen zu erheben, so hat die klagende Eisenbahn die Wahl unter den nach § 1 dieses Artikels zuständigen Richtern.

Artikel 52

Besondere Vereinbarungen über den Rückgriff

Die Befugnis der Eisenbahnen, über den Rückgriff im voraus oder im einzelnen Falle andere Vereinbarungen zu treffen, bleibt unberührt.

Titel IV

Verschiedene Vorschriften

Artikel 53

Anwendung des inneren Rechtes

Soweit in diesem Übereinkommen keine Bestimmungen getroffen sind, finden die Gesetze und Reglemente für den inneren Verkehr jedes Staates Anwendung.

Artikel 54

Allgemeine Vorschriften über das Verfahren

In allen Rechtsstreitigkeiten, zu denen die diesem Übereinkommen unterworfenen Beförderungen Anlaß geben, richtet sich das Verfahren nach dem Recht des zuständigen Richters, soweit nicht durch dieses Übereinkommen andere Bestimmungen getroffen sind.

Artikel 55

Vollstreckbarkeit von Urteilen. Beschlagnahmen und Sicherstellungen

§ 1. Urteile, die auf Grund der Bestimmungen dieses Übereinkommens von dem zuständigen Richter infolge eines kontradiktorischen oder eines Versäumnisverfahrens erlassen und nach den für den urteilenden Richter maßgebenden Gesetzen vollstreckbar geworden sind, erlangen im Gebiete jedes anderen Vertragsstaates Vollstreckbarkeit, sobald die in diesem Staat vorgeschriebenen Förmlichkeiten erfüllt sind. Eine sachliche Nachprüfung des Inhalts ist nicht zulässig.

Auf nur vorläufig vollstreckbare Urteile findet diese Vorschrift keine Anwendung, ebensowenig auf solche Bestimmungen eines Urteils, durch die der Kläger, weil er im Rechtsstreit unterliegt, außer in dessen Kosten zu einer weiteren Entschädigung verurteilt wird.

§ 2. Aus einer internationalen Beförderung herrührende Forderungen einer Eisenbahn gegen eine andere Eisenbahn, die nicht dem gleichen Staat angehört wie die erstere, können nur auf Grund einer Entscheidung der Gerichte des Staates, dem die forderungsberechtigte Eisenbahn angehört, mit Arrest belegt oder gepfändet werden.

§ 3. Das rollende Material einer Eisenbahn mit Einschluß sämtlicher beweglichen, der betreffenden Eisenbahn gehörenden Gegenstände, die zu diesem Material gehören, kann im Gebiet eines anderen Staates als desjenigen, dem die betreffende Eisenbahn angehört, nur auf Grund einer Entscheidung der Gerichte des Staates, dem die betreffende Eisenbahn angehört, mit Arrest belegt oder gepfändet werden.

§ 4. Eine Sicherstellung für die Kosten des Rechtsstreits kann bei Klagen, die auf Grund des internationalen Beförderungsvertrags erhoben werden, nicht gefordert werden.

Artikel 56

Währungen. Umrechnungs- und Annahmekurse für fremde Währungen

§ 1. Als Franken im Sinne dieses Übereinkommens oder seiner Anlagen gelten Goldfranken im Werte von $\frac{1}{5,18}$ Golddollar der Vereinigten Staaten von Amerika.

§ 2. Die Eisenbahn hat die Kurse, zu denen sie die in ausländischer Währung ausgedrückten Beträge, die in inländischer Währung bezahlt werden, umrechnet (Umrechnungskurse), durch Schalteraushang oder auf sonstige geeignete Weise bekanntzugeben.

§ 3. Ebenso hat eine Eisenbahn, die fremdes Geld in Zahlung nimmt, die Kurse bekanntzugeben, zu denen sie es annimmt (Annahmekurse).

EVL. § 9.

Artikel 57

Einrichtung eines Zentralamts für die internationale Eisenbahnbeförderung

§ 1. Um die Ausführung dieses Übereinkommens zu erleichtern und zu sichern, wird ein Zentralamt für die internationale Eisenbahnbeförderung errichtet, das die Aufgabe hat:

a) die Mitteilungen eines jeden der vertragschließenden Staaten und einer jeden der beteiligten Eisenbahnen entgegenzunehmen und sie den übrigen Staaten und Eisenbahnen zur Kenntnis zu bringen;

b) Nachrichten aller Art, die für das internationale Beförderungswesen von Wichtigkeit sind, zu sammeln, zusammenzustellen und zu veröffentlichen;

c) auf Verlangen der Parteien Entscheidungen über Streitigkeiten der Eisenbahnen untereinander zu treffen;

d) die durch den internationalen Verkehr bedingten finanziellen Beziehungen zwischen den beteiligten Eisenbahnen sowie die Einziehung rückständig gebliebener Forderungen zu erleichtern und in dieser Hinsicht die Sicherheit des Verhältnisses der Eisenbahnen untereinander zu fördern;

e) die geschäftliche Behandlung der Vorschläge zur Abänderung dieses Übereinkommens zu übernehmen und, wenn ein Anlaß dazu vorliegt, den Zusammentritt von Konferenzen (Artikel 60) vorzuschlagen.

§ 2. Ein besonderes Reglement, das die Anlage II zu diesem Übereinkommen bildet, trifft Bestimmung über Sitz, Zusammensetzung und Organisation dieses Amtes sowie über die zur Ausübung seiner Tätigkeit nötigen Mittel. Dieses Reglement und die an ihm durch Vereinbarung aller Vertragsstaaten vorgenommenen Änderungen haben dieselbe Geltung und Gültigkeitsdauer wie das Übereinkommen selbst.

Artikel 58

Liste der dem Übereinkommen unterstehenden Strecken

§ 1. Das im Artikel 57 bezeichnete Zentralamt hat die Liste der diesem Übereinkommen unterstehenden Strecken aufzustellen und auf dem laufenden zu halten. Zu diesem Zwecke erhält es von den Vertragsstaaten die Mitteilungen über die Eintragung oder Streichung von Strecken einer Eisenbahn oder einer der im Artikel 2 bezeichneten Unternehmungen.

§ 2. Eine neue Strecke nimmt am internationalen Beförderungsdienst erst nach Ablauf eines Monats vom Tage der vom Zentralamt an die anderen Staaten gerichteten Mitteilungen über ihre Eintragung an teil.

§ 3. Das Zentralamt streicht eine Strecke, sobald derjenige Vertragsstaat, auf dessen Ersuchen diese Strecke in die Liste aufgenommen worden ist, ihm mitgeteilt hat, daß sie nicht mehr in der Lage ist, den durch das Übereinkommen auferlegten Verpflichtungen nachzukommen.

§ 4. Jede Eisenbahn ist, sobald sie vom Zentralamt die Nachricht von der erfolgten Streichung erhalten hat, ohne weiteres berechtigt, mit der gestrichenen Strecke alle sich aus der internationalen Beförderung ergebenden Beziehungen abzubrechen. Die bereits in der Ausführung begriffenen Beförderungen sind jedoch vollständig auszuführen.

Artikel 59

Zulassung neuer Staaten

§ 1. Ein an diesem Übereinkommen nicht beteiligter Staat, der ihm beitreten will, richtet seinen Antrag an die schweizerische Regierung, die ihn allen Vertragsstaaten mitteilt unter Beifügung einer Äußerung des Zentralamts über die Lage der Eisenbahnen des antragstellenden Staates hinsichtlich der internationalen Beförderung.

§ 2. Wenn innerhalb einer Frist von sechs Monaten nach Absendung dieser Mitteilung nicht mindestens zwei Staaten der schweizerischen Regierung ihren Widerspruch bekanntgegeben haben, ist der Antrag rechtsverbindlich angenommen und macht die schweizerische Regierung dem Antragsteller und allen Vertragsstaaten hiervon Mitteilung.

Andernfalls teilt die schweizerische Regierung allen Staaten und dem Antragsteller mit, daß die Prüfung des Antrags vertagt ist.

§ 3. Jeder Beitritt wird einen Monat nach dem Tage der von der schweizerischen Regierung versandten Mitteilung wirksam.

Artikel 60

Revision des Übereinkommens

Die Vertreter der Vertragsstaaten treten zur Revision des Übereinkommens auf Einladung der schweizerischen Regierung spätestens fünf Jahre nach dem Inkrafttreten der auf der letzten Konferenz beschlossenen Änderungen zusammen.

Auf Verlangen von mindestens einem Drittel der Vertragsstaaten ist eine Konferenz schon früher einzuberufen.

Artikel 61

Zusatzbestimmungen

§ 1. Die von den einzelnen dem Übereinkommen angehörenden Staaten oder Eisenbahnen zur Ausführung des Übereinkommens etwa erlassenen Zusatzbestimmungen sind dem Zentralamt mitzuteilen.

§ 2. Die Vereinbarungen über die Annahme dieser Bestimmungen können auf den Eisenbahnen, die ihnen beigetreten sind, in der in den Gesetzen und Reglementen jedes Staates vorgeschriebenen Form in Kraft gesetzt werden; sie können aber die Vorschriften des Übereinkommens nicht abändern.

Ihre Einführung ist dem Zentralamt mitzuteilen.

Artikel 62

Dauer der durch den Eintritt zum Übereinkommen eingegangenen Verpflichtungen

§ 1. Die Dauer dieses Übereinkommens ist unbeschränkt. Jedoch kann jeder Vertragsstaat unter den nachstehenden Bedingungen zurücktreten:

Das Übereinkommen ist bis zum 31. Dezember des fünften Jahres nach dem Tage seines Inkrafttretens für jeden Vertragsstaat verbindlich. Jeder Staat, der nach Ablauf dieser Frist zurückzutreten wünscht, hat diese Absicht wenigstens ein Jahr vorher der schweizerischen Regierung mitzuteilen, die allen Vertragsstaaten davon Kenntnis gibt.

In Ermangelung einer Kündigung innerhalb der bezeichneten Frist erstreckt sich die Verpflichtung ohne weiteres auf weitere drei Jahre und so fort von drei zu drei Jahren, sofern nicht wenigstens ein Jahr vorher auf den 31. Dezember des letzten Jahres eines der dreijährigen Zeiträume gekündigt wird.

§ 2. Für die neuen Staaten, die im Laufe des fünfjährigen oder eines der dreijährigen Zeiträume zugelassen werden, ist das Übereinkommen bis zum Ende dieses Zeitraums und weiter bis zum Ende jedes folgenden Zeitraums verbindlich, sofern sie nicht wenigstens ein Jahr vor dem Ablauf eines Zeitraums ihren Rücktritt erklärt haben.

Artikel 63

Texte des Übereinkommens und deren Verhältnisse zueinander

Dieses Übereinkommen ist dem diplomatischen Gebrauch entsprechend in französischer Sprache abgeschlossen und gezeichnet.

Dem französischen Text sind ein deutscher und ein italienischer Text beigefügt, die als amtliche Übersetzungen gelten.

Bei Nichtübereinstimmung entscheidet der französische Text.

Zu Urkund dessen haben die obengenannten Bevollmächtigten und der Delegierte der Regierungskommission des Saarbeckengebiets das gegenwärtige Übereinkommen unterzeichnet.

So geschehen zu Bern, den 23. Oktober eintausend-neunhundertvierundzwanzig, in einer einzigen Urschrift, die im Archiv der Schweizerischen Eidgenossenschaft hinterlegt und von der jeder der unterzeichneten Mächte eine amtliche Ausfertigung zugestellt werden wird.

(Folgen die Unterschriften).

Sachregister

(Die arabischen Zahlen verweisen auf die Paragraphen und ihre Unterabteilungen, Buchstabe a und römische Zahlen auf die „Allgemeinen Ausführungsbestimmungen")

F.

G.

J.

K.

M.

N.

W.

Guttentagsche Sammlung

Deutscher Reichs- und Preußischer Gesetze

einschließlich

de Gruytersche Sammlung Deutscher Gesetze

(Handkommentare)

Systematisches Verzeichnis

Juni 1928

Walter de Gruyter & Co., Berlin W 10 und Leipzig

Bürgerliches Recht

Bürgerliches Gesetzbuch

Band **Reichsgesetze:**

38/39. **Bürgerliches Gesetzbuch nebst Einführungsgesetz.** Von A. Achilles. In Verbindung mit F. André, O. Meyer, O. Strecker, K. v. Unzner herausgegeben von M. Greiff. 12. Auflage. — 1926. 24.—

84. **Sammlung kleinerer privatrechtlicher Reichsgesetze.** Von G. Müller. — 1903. 5.50

129. **Zivilrechtkriegsgesetze.** Von Fischer. — 1918. 1.50

116. **Kriegs-Zivil- und Finanzgesetze.** 3. Auflage. — 1915. 1.50

116 a. Desgl. Zweite Folge: Jahr 1915. — 1916. 1.20

Preußische Gesetze:

23. **Ausführungsgesetze zum Bürgerlichen Gesetzbuche.** Von P. Siméon. 3. Auflage. — 1914. 2.20

Textausgaben:

Bürgerliches Gesetzbuch. 15. Auflage. — 1928. 5.—

Schuldverhältnisse insbesondere

Reichsgesetze:

34. **Die Abzahlungsgeschäfte.** 3. Auflage von E. Wilke. — 1910. 1.20

93. **Sicherung der Bauforderungen.** Von E. Harnier. 3. Auflage. — 1912. 1.50

55. **Beschlagnahme von Lohn- und Gehaltsforderungen.** Von G. Meyer. 6. Auflage. — 1927. Mit Nachtrag 1928. 4.50

70. **Das Reichshaftpflichtgesetz.** Von G. Eger. — 1903. Vergriffen.
Als Ersatz: Seligsohn, **Haftpflichtgesetz.** — 1920. (Außerhalb der Sammlung.) 8.—, geb. 9.50

94. **Die Beamtenhaftpflichtgesetze des Reiches und der Länder.** Von H. Delius. 3. Auflage. — 1921. 3.20

52. **Rechte der Besitzer von Schuldverschreibungen.** Von H. Göppert. 2. Auflage von E. Trendelenburg. — 1915. 1.50

50. **Der Viehkauf (Viehgewährschaft).** Von H. Stölzle. 6. Auflage. — 1926. 15.—

Band

90. **Das Internationale Privatrecht.** Die Haager Abkommen über. Von G. Bogeng. — 1908. 2.—

98. **Sechs Haager Abkommen über Internationales Privatrecht.** H. Dungs. — 1910. 1.50

Preußische Gesetze:

37. **Enteignung von Grundeigentum.** Von O. Meyer. 3. Auflage. — 1927. 5.50

Sachenrecht insbesondere

de Gruytersche Sammlung Deutscher Gesetze (Handkommentare):

Aufwertungsrecht von Michaelis. — 1926. Mit Nachtrag 1927. 16.—

Nachtrag einzeln —.30

Reichsgesetze:

135. **Erbbaurecht.** Von H. Günther. — 1919. 2.—

42. **Grundbuchordnung.** Von O. Fischer und R. Fischer. 9. Auflage. — 1927. 5.—

156. **Mietrecht und Wohnungsmangelgesetz.** Von Krieg. 4. Auflage. — 1928. 10.—

Textausgaben:

Aufwertungsgesetze mit Einleitung. Von Michaelis. — 1925. Mit Nachtrag 1927. 1.50

Reichsmietengesetz. — 1922. —.50

Familienrecht und Erbrecht

Reichsgesetze:

45. **Entmündigungsrecht.** Von P. Koll. — 1900. 1.20

58. **Recht der unehelichen Kinder.** Von H. Jastrow. — 1901. Mit Nachtrag 1925. 1.60

47. **Deutsches Vormundschaftsrecht.** Von M. Schultzenstein und P. Köhne. 2. Auflage. — 1901. Vergriffen.

124. **Todeserklärung Kriegsverschollener.** Von J. Bartsch. — 1917. 2.—

59. **Beurkundung des Personenstandes und die Eheschließung.** Von F. Fidler. 2. Auflage. — 1912. 2.30

Preußische Gesetze:

8. **Nottestamente.** Von E. Kurtz. — 1904. 1.50

Handelsrecht

Band	Reichsgesetze:	
4.	**Handelsgesetzbuch** ohne Seerecht. Von Litthauer und Mosse. 17. Auflage. Von E. Heymann. — 1926.	14.—
162.	**Handelsrechtliche Nebengesetze.** Von Schreiber. — 1926.	14.—
169.	**Bank- und Börsengesetze.** Von Arthur Nußbaum. — 1927.	11.—
41.	**Börsengesetz.** Von Th. Hemptenmacher. 3. Auflage von O. Meyer. — 1915.	3.50
26.	**Münz- und Notenbankwesen.** Von R. Koch. 7. Auflage von Schacht. — 1925.	14.—
117.	**Darlehnskassengesetz.** Von H. Salomon u. K. Bud. — 1915.	1.80
40.	Gesetz, betr. die **Pflichten der Kaufleute bei Aufbewahrung fremder Wertpapiere (Depotgesetz).** Von F. Lusensky. 3. Auflage. — 1916. Mit Nachtrag 1924.	1.—
24.	**Aktiengesellschaft und Kommanditgesellschaften auf Aktien.** Von H. Keyßner und H. Veit Simon. 7. Auflage.	In Bearbeitung.
32.	**Gesellschaften mit beschränkter Haftung.** Von L. Parisius und H. Crüger. 17. Auflage. — 1926.	3.50
29.	**Erwerbs- und Wirtschaftsgenossenschaften.** Von L. Parisius und H. Crüger. 19. Auflage. — 1928.	4.—
51.	**Hypothekenbankgesetz.** Von H. Göppert. 2. Auflage von Seidel. — 1911. Mit Nachtrag 1926.	2.20
100.	**Kaligesetz.** Von B. Voelkel. — 1910.	2.40
167.	**Verordnung gegen Mißbrauch wirtschaftlicher Machtstellungen (Kartellgesetz).** Von Staffel. — 1927.	3.50
115.	**Das vertragliche Wettbewerbsverbot (Konkurrenzklausel).** Von G. Baum. — 1914.	3.—
113.	**Postscheckgesetz.** Von J. Weiland. — 1914. Mit Nachtrag 1918.	Vergriffen.
113 a.	**Postscheckordnung.** Von J. Weiland. — 1914. Mit Nachtrag 1918.	1.50
85.	**Scheckgesetz.** Von M. Apt. Vergriffen. Neue Auflage von W. Schmidt.	In Bearbeitung.
	Kommentar von Michaelis. — 1927. (Außerhalb der Sammlung.) 16.—, geb.	18.—
5.	**Wechselordnung.** Von J. Stranz und M. Stranz. 12. Auflage. — 1923. Mit Nachtrag 1926, enthaltend **Wechselstempelgesetz und Scheckgesetz.**	3.50
	Nachtrag einzeln	—.60

Band

36. **Privatrechtliche Verhältnisse der Binnenschiffahrt und Flößerei.** Von E. Löwe. 6. Auflage. — 1923. 4.—

19. **Die Seegesetzgebung.** Von W. E. Knitschky. 5. Auflage von O. Rudorff. — 1913. 8.—

Preußische Gesetze:

54. **Anlegung von Sparkassenbeständen in Inhaberpapieren.** Von H. Döhring. — 1914. 2.80

21. **Handelskammern.** Von F. Lusensky. 2. Aufl. — 1909. 3.—

Textausgaben:

Handelsgesetzbuch mit **Seerecht.** 11. Auflage. — 1924. 2.60

Wechselordnung. — 1908. Mit Anhang: Wechselprozeß und Ausführungsanweisung. — 1920. —.50

Versicherungsrecht

Reichsgesetze:

62. **Private Versicherungsunternehmungen.** Von H. Koenige. 3. Auflage von Koenige und Petersen. — 1927. 20.—

83. **Versicherungsvertrag.** Von P. Hager und E. Bruck. 5. Auflage. — 1926. 14.—

164. **Aufwertung von Versicherungsansprüchen.** Teil I: **Lebensversicherungen.** Von Berliner und Pfaffenberger. — 1926. 6.50

164 a. Desgl. Teil II: **Sach-** (Feuer-, Glas-, Wasser- usw.) **und Transportversicherung, Unfall- und Haftpflichtversicherung.** — 1926. Mit Nachtrag 1927. 3.50

Nachtrag einzeln —.30

Gewerberecht

Reichsgesetze:

6. **Reichsgewerbeordnung** nebst Ausführungsbestimmungen. Von Fr. Hiller und H. Luppe. 21. Auflage. — 1928. 11.—

64. **Handel mit Drogen und Giften,** Gesetzsammlung, betr. den. Von H. Sonnenfeld. 3. Auflage. — 1926. 12.—

Band

48. **Drogen-, Gift- und Farbenhandel außerhalb der Apotheken**, Gesetze, betr. den. Von J. Broh. — 1899. 1.20

130. **Ersatzlebensmittelverordnung.** Von H. E. Wendel. — 1918. 1.50

54. **Nahrungsmittelgesetze** mit Erläuterungen. Von Georg Lebbin. 2. Auflage in zwei Bänden.
   a) I. **Lebensmittelgesetz** vom 5. Juli 1927 mit Nebengesetzen (Margarine, Fleisch, Milch, Süßstoff, Essigsäure usw.). Von Lebbin und Gießner. — 1928. 8.50
   b) II. **Getränkegesetze und Getränkesteuergesetze** (Wein, Bier, Branntwein, Mineralwasser). Unter Mitarbeit von Kniebe. — 1926. 10.—

65. **Weingesetz.** Von G. Lebbin. 2. Auflage. — 1909. Vergriffen.

71. **Kinderarbeit in gewerblichen Betrieben.** Von H. Spangenberg. 2. Auflage. — 1904. 1.20

Preußische Gesetze:

16. **Konzessionierung gewerblicher Anlagen.** Von W. v. Rüdiger. 2. Auflage. — 1901. Vergriffen.

Textausgaben:

Gewerbeordnung, Preußische Ausführungsanweisung zur. — 1904. 1.—

Arbeitsrecht

Reichsgesetze:

138 a. **Arbeiterschutz und Arbeitsrecht.** Von A. Günther. 2. Auflage. Teil I: **Arbeitszeitschutz.** Von Günther und Schneider. — 1927. 7.50

138 b. **Betriebsrätegesetz.** Von A. Günther. — 1920. Vergriffen.

168. **Arbeitsgerichtsgesetz.** Von Depène. — 1927. 3.60

74. **Die Kaufmannsgerichte.** Von M. Apt. 3. Auflage. — 1904. Vergriffen.

112. **Kaufmannsgerichtsgesetz.** Von H. Depène. — 1914. 2.60

112 a. **Kaufmanns- und Gewerbegerichtsgesetz nebst Schlichtungsordnung.** (Ergänzungsband zu Bd. 112.) Von H. Depène. 1924. 3.50

Die Bde. 112 und 112 a enthalten zusammen den vollständigen Text des Gewerbegerichtsgesetzes.

Preußische Gesetze:

58. **Arbeitsnachweis.** Von P. Wölbling. — 1920. 1.—

Sozialpolitische Gesetze

Band	Reichsgesetze:	
106—109.	**Reichsversicherungsordnung.** Von F. Caspar und A. Spielhagen. 1913—1922. 4 Bände. Komplett.	18.—
161.	**Reichsversicherungsordnung.** Von Lippmann. — 1925.	11.—
161 a.	Desgl. **Ergänzungsband,** enthaltend die neue Fassung des **Unfallversicherungsgesetzes** sowie die Änderungen der übrigen Bücher der RVO. Von Lippmann. — 1926.	4.—
161 b.	Desgl. **Zweiter Ergänzungsband,** enthaltend die im ersten Halbjahr 1926 ergangenen Änderungen der RVO. — 1926.	—.80
155.	**Reichsknappschaftsgesetz.** Von Max Reuß und Fritz Hense. 2. Auflage. — 1926. Mit Nachtrag 1927.	12.—
152.	**Wohlfahrtsgesetze.** Von Behrend und Stranz-Hurwitz. Teil I. — 1923.	5.—
152 a.	Desgl. Teil II. — 1925.	9.—
	152 und 152 a zusammen bezogen	12.—
165.	**Handbuch der Erwerbslosenfürsorge.** Von Schmeißer. 2. Auflage. — 1926. Mit Nachtrag 1927.	13.—
	Nachtrag einzeln	2.50
160.	**Fürsorgepflicht.** Von Sandré. — 1925.	6.—
154.	**Jugendwohlfahrtsgesetz und Jugendgerichtsgesetz.** Von Drewes und Sandré. — 1923. Mit Nachtrag, enthaltend die Ergänzungen bis April 1924.	6.—

Textausgaben:

Versicherungsgesetz für Angestellte. 2. Auflage. — 1927. 2.50

Geistig-gewerblicher Rechtsschutz

Reichsgesetze:

81.	**Urheberrecht an Werken der bildenden Künste und der Photographie.** Von L. Fuld. 2. Auflage. — 1926.	6.—
60.	**Das Urheberrecht an Werken der Literatur und der Tonkunst.** Von O. Lindemann. 4. Auflage. — 1921.	1.80
102.	**Urheberrecht an Mustern und Modellen** und Schutz von **Gebrauchsmustern.** Von J. Neuberg. — 1911.	2.40
95.	Die Berner Übereinkunft über **Internationales Urheberrecht.** Von H. Dungs. — 1910.	1.—
61.	**Verlagsrecht.** Von B. Marwitz. 3. Auflage. — 1922.	1.60

Band

22. **Patentgesetz.** Von R. Lutter. 8. Auflage. — 1920. Mit Nachtrag 1927. 4.—

Nachtrag einzeln 1.—

87a. **Das deutsche Warenzeichenrecht.** Von Freund und Magnus. 6. Auflage von Jüngel und Magnus. Teil I: **Die internationalen Verträge.** — 1924. 9.—
Teil II: In Bearbeitung.

37. **Unlauterer Wettbewerb.** Von A. Pinner und A. Elster. 8. Auflage. — 1927. 5.—

Zivilprozeß

de Gruytersche Sammlung Deutscher Gesetze (Handkommentare):

Zivilprozeßordnung. Von Sydow-Busch-Krantz. 19. Auflage. — 1926. 25.—

Reichsgesetze:

14. **Gerichtsverfassungsgesetz.** Von R. Sydow. Fortgeführt von L. Busch. 10. Auflage. — 1925. 6.—

15. **Das deutsche Gerichtskostengesetz.** Von R. Sydow. Fortgeführt von L. Busch und Krieg. 11. Auflage. 7.50

17. **Gebührenordnung für Rechtsanwälte usw.** Von R. Sydow. Fortgeführt von L. Busch und O. Krieg. 13. Auflage. In Bearbeitung.

16. **Rechtsanwaltsordnung.** Von R. Sydow. 5. Auflage von M. Jacobsohn. — 1907. Mit Nachtrag 1910. Vergriffen.

80. **Gerichtliche Registerführung.** Von O. Lindemann. — 1906. 2.40

Preußische Gesetze:

17. **Preußisches Gerichtskostengesetz.** Von P. Siméon. 8. Auflage von O. Lindemann. 8.—

35. **Geschäftsordnung für Gerichtsvollzieher.** Von E. Exner. — 1904. 3.—

Textausgaben:

Zivilprozeßordnung mit Gerichtsverfassungsgesetz und Einführungsgesetzen. — 1924. 3.50

Freiwillige Gerichtsbarkeit

Band	Reichsgesetze:	
46.	**Freiwillige Gerichtsbarkeit.** Von H. Jastrow. 6. Auflage von Herm. Günther. — 1921.	4.50
76.	**Die Rechtshilfe im Verkehr mit den ordentlichen Gerichten.** Von A. Friedländer. — 1906.	1.50
163.	**Notariatsrecht.** Von Szkolny und L. Kober. — 1925.	8.50
	Preußische Gesetze:	
4.	**Gebührenordnung für Notare** vom 28. Oktober 1922. Von Rausnitz. 6. Auflage. — 1925.	7.—
29.	**Ärztliche Ehrengerichte, das Umlagerecht und die Kassen der Ärztekammern.** Von F. Fidler. — 1901.	1.50
	Textausgaben:	
	Freiwillige Gerichtsbarkeit. — 1920.	1.—

Konkursordnung und Zwangsvollstreckung

	Reichsgesetze:	
13.	**Konkursordnung und Anfechtungsgesetz.** Von R. Sydow. Fortgeführt von L. Busch und O. Krieg. 14. Auflage. — 1926. Mit Nachtrag 1927, enthaltend die **Vergleichsordnung.**	10.—
	Nachtrag einzeln	—.80
127.	**Geschäftsaufsicht zur Abwendung des Konkurses.** Von G. Klien und Ernst Jaeger. — 1917. Durch Nachträge ergänzt.	3.—
43.	**Zwangsvollstreckung.** Von J. Krech und O. Fischer. 9. Auflage von O. Fischer. — 1922.	3.50
	Textausgaben:	
	Konkursordnung. 2. Auflage. — 1915. Mit Nachtrag 1925.	1.—

Strafrecht

Band **Reichsgesetze:**

2.	**Strafgesetzbuch.** Von Fr. v. Liszt und E. Delaquis. 27. Auflage von E. Kohlrausch. — 1927.	8.—
9.	**Sammlung kleinerer strafrechtlicher Reichsgesetze.** Von N. H. Kriegsmann. 3. Auflage. — 1910.	4.—
53.	**Reichspreßgesetz.** Von A. Born. 3. Auflage. — 1924.	4.—
133.	**Reichswuchergesetzgebung.** Von Ad. Lobe. — 1918.	2.80
67.	**Militärstrafgesetzbuch.** Von A. Romen und E. Rissom. 3. Auflage. — 1918.	Vergriffen.

Preußische Gesetze:

34.	Sammlung der wichtigsten **preußischen Strafgesetze.** Von Lindemann. 2. Auflage. — 1912.	3.50
36.	**Polizeiverordnungen in Preußen.** Von O. Lindemann. 2. Auflage. — 1912.	2.50

Textausgaben:

Strafgesetzbuch. — 1925. 3.—

Strafprozeß

de Gruyter'sche Sammlung Deutscher Gesetze (Handkommentare):

Strafprozeßordnung von Feisenberger. — 1926. Mit Nachtrag 1927. 17.—

Nachtrag einzeln —.80

Reichsgesetze:

12.	**Strafprozeßordnung und Gerichtsverfassungsgesetz.** Von E. Kohlrausch. 21. Auflage. — 1927.	7.50
158.	**Strafprozeßordnung.** Alte und neue Fassung synoptisch gegenübergestellt. Von Feisenberger. — 1924. Mit Nachtrag 1927.	4.50
3.	**Militärstrafgerichtsordnung.** Von A. Romen und E. Rissom. 2. Auflage. — 1918.	5.—
128.	**Verhaftung und Aufenthaltsbeschränkung.** Von A. Romen. — 1917.	1.20
73.	**Entschädigung für unschuldig erlittene Verhaftung und Bestrafung.** Von A. Romen. — 1904.	1.70

Textausgaben:

Strafprozeßordnung. 5. Auflage. — 1924. Mit Nachtrag 1927. 2.50

Öffentliches Recht

Staatsrecht

Band **Reichsgesetze:**

137. **Reichsverfassung.** Von Arndt. 3. Auflage. — 1927. 8.—
166. **Das deutsche Ausländerrecht.** Von Fraustädter und Kreutzberger. — 1927. 9.—
86. **Die Auslieferungsverträge des Deutschen Reiches.** Von A. Cohn. — 1908. 4.—
44. **Auswanderungswesen.** Von F. Stoerk. — 1899. 2.—
134. **Der Ostfrieden.** Von Karl Strupp. — 1918. 3.—
111. **Reichs- und Staatsangehörigkeitsgesetz.** Von A. Romen. 2. Auflage. In Bearbeitung.
141. **Sozialisierungsgesetze.** Von Reier. — 1920. 2.20
99. **Die Abkommen der Haager Friedenskonferenz.** Vergriffen. Jetzt: Wehberg, **Völkerbundakte.** — 1919. (Außerhalb der Sammlung.) 4.—

Preußische Gesetze:

1. **Die Verfassung des Freistaats Preußen.** Von A. Arndt. — 1921. 2.—
   Ausführlicher Kommentar von Stier-Somlo. — 1921. (Außerhalb der Sammlung.) 8.—

Textausgaben:

Verfassung des Freistaates Preußen. — 1921. —.60

Verwaltungsrecht

a) Reichsrecht

Reichsgesetze:

82. **Reichsbeamtengesetz.** Von A. Arndt. 3. Auflage. — 1923. Mit Nachtrag, enthaltend die Änderungen bis 1924. 3.50
122. **Belagerungszustand.** Von H. Bürschel. — 1916. 3.50
35. **Die Reichs-Eisenbahngesetzgebung.** Von W. Coermann. — 1895. Vergriffen.
66. **Die Eisenbahngesetzgebung.** Von W. Pietsch. 2. Auflage. — 1913. Vergriffen.
91. **Eisenbahn-Verkehrsordnung.** Von E. Blume. 3. Auflage von Weirauch. — 1926. 12.—

Band

147. **Filmzensur.** Von Szczesny. — 1920. 1.50

68. **Fleischbeschaugesetz.** Von G. Lebbin und G. Baum. — 1903. 2.80

27. **Gesundheitswesen im Deutschen Reich.** — 1888. Vergriffen.

56. **Bekämpfung gemeingefährlicher Krankheiten.** Von B. Burkhardt. — 1900. 1.20

63. **Gesetzestafel des deutschen Reichsrechts.** Von H. Bruhns. 2. Auflage. — 1913. 3.—

49. **Deutsche Kolonialgesetzgebung.** Von Ph. Zorn. 2. Auflage von Sassen. — 1913. 5.—

21. **Die Konsulargesetzgebung.** Von Ph. Zorn. 3. Auflage von K. Zorn. — 1911. 4.50

75. **Konsulargerichtsbarkeit.** Von A. F. Vorwerk. — 1908. 1.60

92. **Verkehr mit Kraftfahrzeugen.** Von R. Kirchner. 3. Auflage. — 1915. Mit Nachtrag 1926. 5.—
Nachtrag einzeln 1.50

119. **Kriegsleistungsgesetz.** Vergriffen.

118. **Militärhinterbliebenengesetz.** Von Reh. — 1915. 2.20

79. **Die Militärpensionsgesetze.** Von A. Romen. Vergriffen.

136. **Militärversorgungsgesetz.** Von H. Günther. — 1919. 2.30

7. **Post- und Telegraphen-Gesetzgebung.** Vergriffen.

120. **Telegraphenwegegesetz.** Von Wolf. — 1916. 1.—

148. **Reichsausgleichsgesetz.** Von Decke. — 1920. 1.50

150. **Reichsschädengesetze.** Von Adolf Hohenstein und Wenzel Goldbaum. — 1922. 4.—

97. **Schutzgebietsgesetz.** Von J. Gerstmeyer. — 1910. 2.50

105. **Das Geldwesen in den deutschen Schutzgebieten.** Von W. Hintze. — 1912. 1.80

140. **Die Siedelungsgesetzgebung im Reich und in Preußen.** Von W. Holzapfel. — 1920. 3.—

125. **Vaterländischer Hilfsdienst.** 3. Auflage. — 1917. 1.—

88. **Vereinsgesetz.** Von A. Romen. 5. Auflage. In Bearbeitung.

33. **Vereins- und Versammlungsrecht.** Von E. Ball. 2. Auflage von F. Friedenthal. — 1907. 2.—

103. **Reichs-Viehseuchengesetz.** Von W. v. Hippel. 2. Auflage. — 1913. 4.—

Band

89. **Vogelschutzgesetz.** Von L. v. Boxberger. — 1909. 1.—
69. Reichsgesetz über die **Naturalleistungen der bewaffneten Macht im Frieden.** Von W. v. Hippel. — 1903. 1.—
114. **Waffengebrauch und Festnahmerecht des Militärs.** Von A. Romen und C. Rissom. — 1914. 1.80
142. **Wirtschaftliche Demobilmachung.** Von Gg. Fischbach. — 1920. 1.—
170. **Luftrecht.** Von R. Busse. 1928. 10.—
171. **Seewasserstraßenordnung.** Von Jul. Sebba. — 1928. 8.50

Preußische Gesetze:

48. **Zweckverbandsgesetz für Groß-Berlin.** Von L. Brühl, K. Gorban und W. Ledermann. — 1912. 4.—

b) Landesrecht

Preußische Gesetze:

50. **Gesetz, betr. die Anlegung und Veränderung von Straßen und Plätzen in Städten und ländlichen Ortschaften.** Von O. Meyer. — 1913. 3.—
46. **Austritt aus der Landeskirche.** Von H. Caro. — 1911. 2.40
2. **Preußische Beamtengesetzgebung.** Von K. Pfafferoth. 5. Auflage. — 1916. 2.40
51. **Das preußische Disziplinargesetz für die nichtrichterlichen Beamten.** Von E. v. Dultzig. — 1914. 4.20
25. **Preußische Kommunalbeamtengesetzgebung.** Von F. Kremski. — 1901. 3.—
22. **Anstellung und Versorgung der Kommunalbeamten.** Von W. Ledermann. 2. Auflage von L. Brühl. — 1914. 2.—
26. **Diensteinkommen der Lehrer und Lehrerinnen.** Von E. Cremer. — 1900. 2.20
12. **Allgemeines Berggesetz.** Von Schlüter und Hense. 4. Auflage. In Vorbereitung.
47. **Feuerbestattung.** Von W. Lohmann. — 1912. 1.50
28. **Die Fürsorgeerziehung Minderjähriger.** Von P. F. Aschrott. 3. Auflage. — 1917. 2.80
31a/b. **Die preußischen Gesindeordnungen.** Zwei Bände. Von St. Gerhard. 5.50
24. **Die Hinterlegungsordnung (1879).** Von G. Bartels. 2. Auflage. — 1908. 2.—
53. **Hinterlegungsordnung** von 1913. Von Hasemann. — 1914. 2.20

Band

41. **Die preußischen Jagdpolizeigesetze**, siehe Nr. 63.

19. **Jagdscheingesetz.** Von F. Kunze. 2. Auflage. — 1899. 2.—

45. **Rechtsverhältnisse der Juden in Preußen.** Von M. Kollenscher. — 1910. 2.40

15. **Die Kreisordnungen.** Von O. Kolisch. — 1894. Vergriffen.

57. **Landeskulturbehörden.** Von W. Holzapfel. — 1919. 2.—

42. **Allgemeine Landesverwaltung** und **Zuständigkeit der Verwaltungs- und Verwaltungsgerichtsbehörden.** Von K. Friedrichs. 3. Auflage. — 1927. 5.—

44. **Quellenschutzgesetz.** Von C. Voelkel. — 1909. 1.—

33. **Rentenguts- und Anerbenrechtsgesetzgebung.** Vergriffen.

30. **Preußisches Staatsschuldbuch** und **Reichsschuldbuch.** Von F. Mücke. — 1902. 2.—

59. **Bildung der neuen Stadtgemeinde Berlin.** Von P. Wölbling. 2. Auflage. — 1920. 1.40

32. **Städteordnung.** Von W. Ledermann und L. Brühl. 2. Auflage. — 1913. 6.—

56. **Das preußische Tumultschadengesetz.** Von Bruno Friedländer. — 1919. —.80

60. **Umlegungsordnung.** Von W. Holzapfel. — 1921. 1.80

43. **Verschuldungsgrenze** für land- und forstwirtschaftlich benutzte Grundstücke. Von R. Leweck. — 1908. 2.40

49. **Gesetze gegen die Verunstaltung landschaftlich hervorragender Gegenden.** Von O. Goldschmidt. — 1912. 2.40

40. **Verwaltungsstrafverfahren.** Von R. Katzenstein. — 1907. 3.50

39. **Unterhaltung der öffentlichen Volksschulen.** Von A. Marcks. — 1906. 1.80

52. **Preußisches Wassergesetz.** Von G. Wulff und F. Herold. 2. Auflage von G. Wulff. — 1928. 12.—

55. **Preußisches Wohnungsgesetz.** Von B. Schmittmann. — 1918. 2.60

62. **Das preußische Fischereigesetz.** Von A. Born. — 1928. 7.50

63. **Die preußischen Jagdgesetze.** Von A. Born. — 1928. 8.—

64. **Die preußischen Baupolizeigesetze.** Von H. Heine. — 1928. 8.—

Steuerrecht

Band **Reichsgesetze:**

143. **Reichsabgabenordnung.** Von Nieberl. 2. Auflage. — 1927. Mit Nachtrag 1928. 12.—
126. **Besitzsteuergesetz.** Von A. Mrozek. Vergriffen.
151. **Einkommensteuer und Körperschaftsteuer.** Von Hollaender. — 1926. Mit Nachtrag, enthaltend die Änderungen vom 22. Dezember 1927. 24.—
77. **Das Erbschaftssteuergesetz.** Von B. Henckel. 1920. Vergriffen. Neue Fassung von H. Schachian. 4. Auflage. — 1926. (Außerhalb der Samml. ng.) 2.50
54 b. **Nahrungsmittelgesetze** mit Erläuterungen. Von Georg Lebbin. 2. Auflage in zwei Bänden. II. **Getränkegesetze und Getränkesteuergesetze** (Wein, Bier, Branntwein, Mineralwasser). Unter Mitwirkung von Kniebe. — 1926. 10.—
139. **Grunderwerbsteuergesetz.** Von Otto Lindemann. 2. Auflage. — 1926. Mit Nachtrag 1927. 4.—
Nachtrag einzeln —.30
159. **Industriebelastungsgesetz.** Von Höpker. — 1925. 4.—
121. **Direkte Kriegssteuer.** Von A. Mrozek. — 1916. 3.50
131 a. **Reichsfinanzgesetzgebung 1918.** Bd. I: **Getränkesteuern.** Von G. Mayer. — 1918. 2.50
131 b. **Reichsfinanzgesetzgebung 1918.** Bd. II: **Einkommen, Umsatz** usw. Von G. Mayer. — 1919. 1.50
149. **Reichsnotopfergesetz.** Von Friedmann und Wrzeszinsky. — 1921. 4.—
18. **Reichsstempelgesetz.** Von P. Loeck. Vergriffen. Wird durch Kapitalverkehrssteuergesetz ersetzt. Erläuterte Ausgabe in Bearbeitung.
145. **Steuer- und Kapitalflucht.** Von E. H. Meyer. 2. Auflage. — 1921. 1.60
157. **Dritte Steuernotverordnung vom 14. Februar 1924** mit den Vorschriften über **Aufwertung.** 2. Auflage unter dem Titel: **Aufwertungsgesetze.** Von Michaelis. — 1925. 16.—
132. **Umsatzsteuergesetz.** Von Otto Lindemann. 4. Auflage. — 1926. 10.—
110. **Wehrbeitragsgesetz.** Von A. Fernow. 2. Auflage. — 1913. 1.60
146. **Tabaksteuergesetz.** Von Wündisch. — 1920. Mit Nachtrag 1925. 4.—
Nachtrag einzeln 1.50

Band

78. **Zigarettensteuergesetz.** Von Cuno. Vergriffen.
101. **Zuwachssteuergesetz.** Von W. Cuno. Vergriffen.
153. **Zwangsanleihegesetz.** Von Simon und Beutner. — 1923. 8.—

Preußische Gesetze:

20. **Die preußischen Erbschaftssteuergesetze.** Von U. Hoffmann. — 1905. 3.—
13. **Ergänzungssteuergesetz.** Von A. Fernow. 5. Auflage. 1914. 3.—
11. **Gewerbesteuergesetz.** Von A. Fernow. Vergriffen.
14. **Kommunalabgabengesetz.** Von F. Adickes. 6. Auflage von Falk. — 1922. 3.50
38. **Kreis- und Provinzialabgabengesetz.** Von F. Schmidt. — 1906. 1.20
18. **Preußisches Stempelsteuergesetz.** Von P. Loeck und W. Seyffarth. 10. Auflage von Eiffler. In Bearbeitung.
61. **Preußische Verwaltungsgebührenordnung.** Von K. Eiffler. — 1925. Mit Nachtrag 1925. 6.—
27. **Warenhaussteuer.** Von G. Strutz. — 1900. 1.20

Textausgaben:

Erbschaftsteuergesetz. Neue Fassung von H. Schachian. 4. Auflage. — 1926. 2.50

Reichssteuergesetze 1925 (Steuerüberleitungsgesetz mit Durchführungsbestimmungen — Einkommensteuer, Körperschaftssteuer, Reichsbewertungsgesetz, Vermögensteuer, Erbschaftsteuer). — 1925. 4.—

Wehrbeitrag und **Besitzsteuer.** — 1913. —.50

Zuwachssteuergesetz. — 1911. —.50

—, **Ausführungsbestimmungen.** — 1911. —.40

VI 28 II

Druck von Otto Walter, Berlin S 14

Kolibri 360 GmbH
Ferdinand-Jühlke-Straße 7
99095 Erfurt, Deutschland
produktsicherheit@kolibri360.de